Zu diesem Buch

In diesem Buch veröffentlicht Bernd Nitzschke seine wichtigsten
Aufsätze zum Thema «Sexualität und Männlichkeit» – Texte aus
zwanzig «ziemlich aufgeregten» Jahren, vom Ende der 60er bis zum
Ende der 80er Jahre.

Der Autor schreibt in seinem Vorwort:
«Man wird in den hier versammelten Texten kulturkritische Anmerkungen finden – kaum aber modisches Gerede über ‹Emanzipation›;
und – hoffentlich – kaum Illusionen hinsichtlich eines ‹neuen› Mannes und dergleichen. Im Gegenteil: Einige der Texte bringen deutliche Kritik an manchen zeitgenössischen Reden zum Ausdruck, an
Reden, wie sie sich seit Ende der 60er Jahre im Zeichen einer vermeintlichen ‹sexuellen Revolution› entwickelt haben und seither in
immer kürzeren Abständen immer uneinlösbarere Hoffnungen
transportierten, wobei – unter dem Deckmantel eines Anspruchs auf
Befreiung – manchmal die alte Barbarei nur in neuen Worten wiederholt worden ist. Die Kritik richtet sich gegen das ‹Alte› *und* gegen
dessen verdeckte Wiederkehr im scheinbar ‹Neuen›.»

Der Autor

Bernd Nitzschke, 1944 in Dresden geboren, studierte in Marburg
Psychologie und promovierte mit einer Arbeit über Freud und Schopenhauer in Bremen. Von 1979–1987 war er am Klinischen Institut
für Psychotherapie und Psychosomatik der Universität Düsseldorf
beschäftigt. 1979–1986 Ausbildung zum Psychoanalytiker. Ver-
öffentlichungen u. a.: «Die Zerstörung der Sinnlichkeit» (1974);
«Männerängste, Männerwünsche» (1980); «Der eigene und der
fremde Körper – Bruchstücke einer psychoanalytischen Gefühls-
und Beziehungstheorie» (1985). Er lebt und arbeitet als freier Schriftsteller und Psychoanalytiker in Düsseldorf.

Bernd Nitzschke

Sexualität und Männlichkeit

Zwischen Symbiosewunsch und Gewalt

Originalausgabe
Veröffentlicht im Rowohlt Taschenbuch Verlag GmbH,
Reinbek bei Hamburg, Februar 1988
(Bibliographische Hinweise auf die Erstveröffentlichung
einiger Beiträge finden sich auf S. 413 «Drucknachweise»)
Copyright © 1988 by Rowohlt Taschenbuch Verlag GmbH,
Reinbek bei Hamburg
Umschlaggestaltung: Thomas Henning
Lektorat: Jürgen Volbeding
Satz Bembo (Linotron 202)
Gesamtherstellung Clausen & Bosse, Leck
Printed in Germany
1680-ISBN 3 499 18230 0

Inhalt

Zur Einleitung ein Rückblick auf Texte aus zwanzig (ziemlich aufgeregten) Jahren

I

Kritik an einem restriktiven Kulturverständnis ist gemeinsames Merkmal aller hier versammelten Texte. Insofern ein restriktives Kulturverständnis gemeinhin als «patriarchalisch» oder als «männlich» bezeichnet wird, geht es also auch um eine Kritik an einer bestimmten Form von «Männlichkeit». Dabei richtet sich die Kritik gegen ein gewaltsames Prinzip, das Erfahrungen zu verbannen, zu disqualifizieren, wohl auch zu pathologisieren versucht, die dem Prinzip der Einheit der Person im Wege stehen. Demnach versucht die Kritik, «transzendente» oder «regressive» Erlebnisweisen zu *ihrem* Recht kommen zu lassen, *ohne* allerdings in solchen Erlebnisweisen per se das «Glück» zu vermuten (denn sie enthalten ebenso den «Schrecken», der um so größer werden muß, je mehr Kultur sich weigert, diesen Erlebnisweisen versöhnende Gesten zur Verfügung zu stellen). Kritik an der bestehenden Kultur, wie sie hier versucht wird, wäre demnach nicht gleichzusetzen mit einem naiven «Zurück zur Natur».

Die in den beiden ersten Teilen des Buches enthaltenen Skizzen zur «Kultur» der Sexualität und der Gewalt verweisen auf den Ort eines «geheimen» Wunsches, kreisen diesen Wunsch ein. Es wäre dies der Wunsch, das *principium individuationis* – also den gesellschaftlich geforderten Zwang, eine einheitliche und abgeschlossene Persönlichkeit und eine darauf beruhende Vernunft vorzuweisen – wenigstens vorübergehend aufzuheben. Die hermetische Ordnung der Dinge steht zur Debatte – und der gegen diese Ordnung gerichtete Wunsch, der utopisch-anarchische Wunsch, die «Dinge» in Erfahrungen zurückzuverwandeln.

Man wird in den hier versammelten Texten kulturkritische Anmerkungen finden – kaum aber modisches Gerede über «Emanzipation»; und – hoffentlich – kaum Illusionen hinsichtlich eines «neuen» Mannes und dergleichen. Im Gegenteil: Einige der Texte bringen deutliche Kritik an manchen zeitgenössischen Reden zum Ausdruck, an Reden, wie sie sich seit Ende der 60er Jahre im Zeichen einer vermeintlichen «sexuellen Revolution» entwickelt haben und seither in immer kürzeren Abständen immer uneinlösbarere Hoffnungen transportierten, wobei – unter dem Deckmantel eines Anspruchs auf Befreiung – manchmal die alte Barbarei nur in neuen Worten wiederholt worden ist. Die Kritik richtet sich gegen das «Alte» *und* gegen dessen verdeckte Wiederkehr im scheinbar «Neuen».

Der dritte Teil des Buches vereinigt Texte, die auf ihre Weise die «Ahnen» aus dem Museum zu befreien suchen. Es geht um «Psychoanalyse und Sexualität» – und dabei überwiegend um biographisch orientiertes Material, das geeignet sein könnte, den Zusammenhang zwischen dem Denken als Theorie und dem Erleben und Erleiden der «Denker» zu rekonstruieren. Bruchstücke einer neu zu konzipierenden Geschichte der Psychoanalyse, die nicht nur die Theorie, sondern auch deren Subjekte *ernst* nimmt, werden gesammelt. Tatsächlich aber soll der Rückgriff auf ältere Texte und Autoren Anschauungsmaterial für die *Gegenwart* liefern. Dem kommt entgegen, daß ältere Autoren – Freud voran – Texte verfaßten, denen das Erleben des jeweiligen Autors noch anzumerken ist, während sich die meisten der neueren psychoanalytischen Autoren doch sehr wenig in ihren Texten zu erkennen geben (wobei gleichzeitig die Sprache dieser Texte immer abstrakter wird).

Dennoch plädiere ich keineswegs für die (Schein-)Authentizität jener Bekenntnis- und Verständigungstexte, die während der 70er Jahre en vogue waren – und zwar nicht nur in der «schönen», sondern auch in der soziologisierend-psychoanalysierenden Literatur. Mein Widerwille gegen eine Sprache, die versteckt, indem sie entblößt, und mein Unbehagen an der Unfähigkeit, im Individuellen noch das Allgemeine zu entdecken, haben mich davon abgehalten, derlei Formen der Selbstanpreisung anders als kritisch aufzugreifen. Ich hoffe dennoch, daß den hier gesammelten Texten anzumerken ist, daß sie nicht in der dünnen Luft der bloßen Abstraktion zur Welt gekommen sind. Und ich hoffe natürlich, daß sie «über den Tag hinaus», für den sie einmal bestimmt waren, Bestand haben mögen.

Ich habe alle Texte noch einmal bearbeitet – in sehr unterschiedlichem Ausmaße: Manche sind nahezu geblieben, wie sie waren; viele wurden stilistisch, einige sachlich verbessert; in wenigen Fällen habe ich Aussagen gestrichen, zu denen ich rückblickend nicht mehr stehen konnte. Insgesamt aber hatte ich den Eindruck, die seinerzeit geäußerten grundsätzlichen Argumentationszusammenhänge könnten beibehalten werden.

2

Warum Kultur? – Kultur, das wäre: die Wildnis im Zoo; die Ahnen im Museum und das Wissen in der Bibliothek. Und was wäre Kunst? – Es wäre Kunst, die Wildnis aus dem Zoo, die Ahnen aus dem Museum und das Wissen aus den Bibliotheken zu befreien – wenigstens *vorübergehend*. Aber: Seit die Kunst ebenfalls im Museum untergebracht worden ist, scheint der Akt der Befreiung kaum mehr möglich zu sein.

Die *eine* Seite der Kultur weist allem einen – nämlich *seinen* – Platz zu; so entstehen Übersichtlichkeit und die Ordnung der Dinge. Die *andere* Seite verwandelt die «Dinge» wieder zurück in Erfahrungen, in Erlebnisweisen. Aber kennen wir diese Seite in «unserer» Kultur überhaupt noch?

Waren nicht Kult und Ritual die ursprünglichen Mittel, die Affekte zu *formen*, und sind sie damit nicht zugleich der Ursprungsort der Kultur? Den Affekten eine Form zu geben, darin bestand Kultur zur *einen* Hälfte. Die *andere* Hälfte: die geformten «Dinge» vor der Gefahr der Erstarrung zu retten, sie vorübergehend wieder «aufzulösen». Gesetz und Fest, die beiden Hälften der Kultur, die zusammengenommen nur ein «Ganzes» ergeben, bedingen ein labiles Gleichgewicht stabilisierender und destabilisierender Erfahrungen – im Hinblick auf die Persönlichkeit und die Gesellschaft. Kultur ist also nötig, um *beide* Erfahrungszusammenhänge individuell wie kollektiv so zu gestalten, daß sie nicht als unversöhnliche Gegensätze, einander feindlich, gegenüberstehen.

Kultur wäre in diesem Sinne – in einem sehr hintergründigen Sinne: *Kunst*; die Kunst nämlich, die Balance zu halten zwischen dem erstarrten und dem rasenden Affekt.

Eine restriktive Kultur (und ein entsprechendes Verständnis von Kultur) vergißt am Ende, daß sie das, was sie notwendig schafft, immer auch «zerstören» muß, um es zu *erhalten*. Diese Dialektik des «Werdens», auf die ich im letzten Beitrag des vorliegenden Buches ausführlich eingehe, scheint sich aber seit Beginn der Neuzeit, also in der abendländisch-bürgerlichen Kultur, immer mehr zu verflüchtigen – mit dem Resultat, daß die einst im Fest ermöglichten affektiven Erfahrungen der Denunziation, schließlich der scheinbaren Irrealität verfallen sind. Sie sammeln sich so, hinter dem Rücken der Kultur, in einem imaginären Bereich, der allenfalls noch der Kunst (jetzt verstanden als *exklusive* Veranstaltung einiger Privilegierter, der «Künstler» und der «Kunstverständigen») zugänglich ist, ansonsten aber, unverstanden, zum vermeintlich nur persönlichen «Schicksal», im Extremfall zur Pathologie verkommt. Der Rückzug von den ausgegrenzten Möglichkeiten, die Welt zu *erleben*, schafft, so die in vielen Texten vertretene These, das «Böse» erst in jener Gestalt, die dann als vermeintliche «Natur» der Kultur gegenübergestellt wird. Soweit die hier versammelten Texte kulturkritisch sind, betonen sie den *Mangel* unserer Kultur im Umgang mit unerwünschten affektiven Vergnügen – den Mangel an versöhnenden Gesten, an einem kunstvollen (und insofern auch therapeutischen) Umgang mit Hinter-Welten, die doch unverbrüchlich zum Wesen des Menschen gehören.

Daß sich diese Hinter-Welten, für jeden erfahrbar, trotz aller Normierung, aller guten Sitten, aller Vernunft und aller Beherrschung nicht aus der Welt schaffen lassen, zeigt jener Erfahrungsbereich, den wir mit einem sehr abstrakten Wort umschreiben: die Sexualität. Sollten, einem tradierten Verständnis zufolge, Männlichkeit, Vernunft, Macht und Beherrschung identisch sein, so wäre Männlichkeit *in diesem Sinne* Ergebnis einer Kultur, die die Wunsch- und Traumwelten in die Nähe der Ohnmacht, der Unvernunft, der Schwäche gebracht hat, um sie sodann mit Weiblichkeit zu identifizieren. Damit gewinnt das

«Weib», das dem traditionellen Verständnis zufolge mit «Natur» gleichgesetzt wurde, ein doppeldeutiges Wesen: Das Ausgeschlossene, das im «Weib» Verkörperte, wird zugleich ersehnt *und* gefürchtet. Der Wunsch, mit diesem Ausgegrenzten wieder (symbiotisch) zu verschmelzen, provoziert Angst, wenn es kaum noch kulturelle Gesten gibt, die geeignet wären, solchen Rückzug immer aufs neue zu ermöglichen. Und diese Angst legt den anderen Ausweg nahe: die Gewalt, ein Versuch, das Verschlossene machtvoll anzueignen. Gewiß ist diese «männliche» Strategie im Umgang mit dem «Weiblichen» längst nicht mehr das Privileg *nur* der Männer. Verschiedene der in diesem Buch enthaltenen Texte versuchen aufzuzeigen, daß Frauen seit geraumer Zeit damit beschäftigt sind, in dieser Hinsicht aufzuholen. Wenn ich also die tradierte Form der Männlichkeit – und ihres Verhältnisses zur «Natur» – kritisiere, so kritisiere ich unter *gleichen* Voraussetzungen auch manche jener pseudo-emanzipatorischen Texte, die im Zuge des Neofeminismus die alte Barbarei nur im neuen Gewand vorführen.

Noch einmal: warum Kultur? – Weil es nötig ist, *alle* Affekte zu ihrem Recht kommen zu lassen, sie *in* menschlichen Beziehungen, begleitet von kulturellen Gesten, auszudrücken. Das aber heißt, daß die vorliegenden Texte jene Affekte, die im Bild der «reinen» Liebe glorifiziert worden sind, mit den anderen, die diesem Bild nicht entsprechen, wieder in Beziehung zu setzen versuchen. Solange kulturelle Gesten nur das «Gute» und »Schöne« schaffen wollen, verfehlten sie das «Wahre», das das sogenannte Böse immer mitenthält. Ein Stück weit plädiere ich also für *versöhnende* Gesten im Umgang mit dem «Bösen». Und das heißt auch, das Bild der «Liebe», wie es in den Texten enthalten ist, berücksichtigt die gefährlichen und «bösen» Anteile der Liebe – und zerstört insofern die Idealität der Liebe. Anders als auf diesem Wege scheint mir aber eine Versöhnung der Geschlechter nicht möglich zu sein, eine Versöhnung, die, recht verstanden, immer eine Aussöhnung mit dem *eigenen* Verlangen bedeuten würde. Dies aber ist eine Leistung, die der Einzelne, der Vereinzelte, der Isolierte *nicht* vollbringen kann. *Darum:* Kultur.

Wenn man so will: Die Texte bemühen sich, die «Wildnis» vorübergehend wieder aus dem Zoo, die «Ahnen» (insbesondere die Archaik unserer «Triebe») wieder aus dem Museum (oder aus den Straf- und Irrenanstalten) und das «Wissen» wieder aus den Bibliotheken zu befreien. Möglicherweise ist demnach auch *zwischen* den Zeilen manches zu finden, was *auf* den Zeilen selbst nicht zu lesen ist.

Wenn für die hier abgedruckten Texte Wissen aus den Bibliotheken geholt wurde, so war dieses Wissen doch mit persönlichen Erfahrungen zu vergleichen und zu verbinden. Dies erklärt die Auswahl und die Würdigung des übernommenen Wissens, das im (Nach-)Erleben aufgehoben werden mußte, sollte nicht nur aus dem Kopf und über die Köpfe hinweg geredet werden.

Der Leser wird im Einzelfall wohl den Anlaß wiedererkennen können, der zur Entstehung des jeweiligen Textes führte. Diese Anlässe (und die ursprünglich angesprochenen Leserkreise) waren sehr verschieden; das heißt, die Form der Texte ist recht unterschiedlich, sie reicht vom «wissenschaftlichen» Text bis zur Polemik. Dennoch habe ich den Eindruck, die Texte ließen sich als Facetten eines Bildes oder als Steine eines Mosaiks erkennen, wobei der Leser des vorliegenden Buches gewiß «frei» entscheiden kann, ob er die hier gewählte Reihenfolge beherzigen will oder – je nach Interesse – eine Auswahl oder andere Reihenfolge trifft. Leser, die mit der psychoanalytischen Literatur im engeren Sinne vertraut sind, werden bemerken, daß es sich nicht eigentlich um psychoanalytische Texte handelt. Vielmehr gibt die Psychoanalyse im weitesten Sinne den theoretischen Hintergrund der Reflexionen ab, wenn sie nicht selbst – wie in vielen Texten (vor allem des dritten Teils) – zum Gegenstand der Reflexion wird.

Grob gerechnet, stammen die Texte aus zwanzig – «ziemlich aufgeregten» – Jahren. Sie reichen vom Ende der 60er bis zum Ende der 80er Jahre. Ausgangs- und Endpunkt wären demnach mit zwei Schlagworten zu charakterisieren: Die Texte reichen von der Zeit der sogenannten «sexuellen Revolution» bis zur neuen Wende im Zeichen von AIDS. Sie beziehen sich also auf eine Zwischen-Zeit der wechselnden Moden und der in immer rascherer Abfolge verkündeten «neuen» Modelle des Zusammenlebens der Geschlechter. Beim Wiederlesen hatte ich den Eindruck, die Texte seien zwar vom Zeit-Geist angeregt worden, hätten sich ihm aber nicht unterworfen. Die neuen Disziplinierungsstrategien, die im Zeichen von AIDS eingesetzt haben, werden noch nicht berücksichtigt. Ich vermute aber, daß Ende der 80er Jahre ein neuer Einschnitt erfolgt, der wahrscheinlich größere Folgen haben wird als der Mitte/Ende der 60er Jahre erfolgte Einschnitt im Zeichen der sogenannten «sexuellen Revolution». Erste Überlegungen hierzu habe ich an anderer Stelle publiziert (Nitzschke 1988). Der durch das vorliegende Buch gekennzeichnete Zeitraum beschränkt sich also auf eine Zwischen-Zeit, für die man vielleicht in absehbarer Zukunft eine diese Zeit charakterisierende Bezeichnung finden wird.

War Ende der 60er Jahre – unter Rückgriff auf die utopischen Entwürfe Herbert Marcuses und Wilhelm Reichs – die Hoffnung formulierbar, Sexualität und Gewalt könnten unter dem Einfluß versöhnender Gesten einer «befreiten» Kultur eines Tages womöglich ihre destruktiven Potentiale verlieren, so zeigten manche pseudoemanzipatorischen Entwürfe der Zwischen-Zeit, die oft alte Klischees und Vorurteile (zum Beispiel: «die» Frau ist gefühlshafter als «der» Mann) nur in neuer Sprache zum Ausdruck brachten, daß jeder Versuch, einen *nur*-«guten» Sexus zu kreieren, über kurz oder lang beim moralisch-geistigen Terrorismus enden muß.

Kennzeichnend für die Zwischen-Zeit ist ein Widerspruch, der – unaufgelöst – zur Wiederkehr einer neuen Sentimentalität *und* zur Wiederkehr eines verdeckten (oder kultisch propagierten) Sadomasochismus führt. Der Versuch, den spannungs- und konfliktreichen *Unterschied* der Geschlechter vorschnell und unter Verzicht auf viel-fältige Erfahrungsmöglichkeiten zu verabschieden, durch ein-fältige Erlebnisformen zu ersetzen, kann wohl als gescheitert gelten. Meine Kritik an manch «modischen» Texten ist bisweilen harsch; darin drückt sich gewiß auch Enttäuschung an solch oberflächlicher, dennoch verkaufsträchtiger Emanzipationslektüre aus, die oft den Mangel an gesellschaftspolitischer Analyse erkennen läßt, ein Mangel, der bisweilen die Geister dazu verführte, zu glauben, das ganze Elend sei «aus einem Punkte» zu kurieren. Wenn es um das Verhältnis der Geschlechter und um das damit verbundene facettenreiche Erleben geht: die «Vögelperspektive» ist nicht geeignet, die ganze Wirklichkeit der gesellschaftlichhistorisch organisierten Gefühlswelten erkennen zu lassen.

Es ist schließlich selbstverständlich, daß sich ein Buch, das im Titel von «Sexualität und Männlichkeit» redet, auch von den *Frauen* spricht. Es geht dabei nicht nur um die Frauen als Gegenstand der männlichen Phantasie (das wohl auch); und es geht nicht nur darum, solche Phantasien mit Verweis auf eine andersartige Realität zu disqualifizieren. Denn immerhin sind solche Phantasien über das andere, das fremde Geschlecht auch Auskünfte über das eigene Geschlecht. Das gilt auch im umgekehrten Falle: für den Mann als Gegenstand weiblicher (oder feministischer) Phantasie. In der Verklärung oder Abwertung des

fremden Geschlechts wird immer auch der eigene gegengeschlecht-
liche Anteil mitverklärt oder abgewertet. Das fremde Geschlecht ist –
so betrachtet – ein Teil des eigenen Geschlechts: der verdrängte, verleugnete, abgespaltene Teil, der in der Mono-Sexualität nicht aufgeht.

Das heikle Thema eines möglicherweise unaufhebbaren und unterir-
dischen *Zusammenhangs* von Begehren und Gewalt, von Eros und Thanatos, wird am Ende des Buches in einem hier erstmals publizierten
Beitrag behandelt – und zwar unter Berufung auf eine *Frau*: Sabina
Spielrein. Ich meine, daß diese Frau zu den (seltenen) wahrhaft Liebenden und über die Liebe wahrhaftig Auskunft gebenden Autoren gehört, weshalb sie auch nichts über Klischees und Illusionen der Liebe
berichtet, dafür um so mehr zu erzählen weiß von der Leidenschaft,
vom Bedingungszusammenhang des Leidens und des Begehrens.

Die Annahme, Liebe und Tod seien verschwistert, erfährt allerdings
im Zeichen einer neuen Krankheit (AIDS) eine bedrückende Gewißheit: Der Virus und die durch ihn (wenigstens zum Teil) bewirkten
neuen Kontroll- und Disziplinierungsmaßnahmen scheinen das heute
gültige Verhältnis der Geschlechter in absehbarer Zukunft zu verändern – und zwar keineswegs nur im Sinne einer Rückkehr zu früheren,
restriktiven Moralvorstellungen. Wer sich hinfort in die Arme des anderen begibt – ungeschützt, unaufmerksam, unbedacht –, mag sich
geradewegs in die Arme des Todes stürzen. Ist das eine zu pessimisti-
sche Sicht? Die Zukunft wird zeigen, inwieweit sich alte Ängste mit
neuen – und durchaus realistischen – Befürchtungen mischen werden.
Schon heute aber läßt sich erkennen, daß das künftige Schicksal des
Sexus einer an sich vertrauten, jetzt aber mit neuen Begründungen ver-
sehenen Zweiteilung unterworfen sein wird: Pornographisierung und
Romantisierung – bei gleichzeitiger Vermeidung einer grenzenlosen
Vermischung der Gefühle, der Leiber und der Körperflüssigkeiten.
Die Entgrenzung als das Ziel des «geheimen», des anarchischen Wunsches bei Verlust der Kontrolle, bei Verzicht auf die allgegenwärtige
Wachsamkeit, wird mehr als je zuvor dem Tabu unterliegen. Aufgehoben werden vermutlich manch ältere Tabuierungen, besonders gewisse Äußerungsformen des pornographischen Sexus, soweit sie sich
auf Praktiken beziehen, die einstmals als «pervers» galten, jetzt aber als
Vorsichtsmaßnahmen erscheinen können, die das Leben des Virus beeinträchtigen. Vielleicht gilt eines Tages als «moralisch», was das Leben des Virus behindert, und als «unmoralisch», was dessen Weiterleben befördern könnte. «Moralisch» in diesem Sinne könnten also in

absehbarer Zukunft all die Verhaltensweisen genannt werden, die eine unaufhebbare Distanz zwischen den Körpern voraussetzen und sichern und die, im weitesten Sinne verstanden, masturbatorische Qualitäten besitzen.

Das immer gegenwärtige Pendant der Pornographisierung des Sexus ist dessen Romantisierung. Das mystisch-übersinnliche und illusionäre Erleben, das der unaufgehobenen Distanz, also der emotionalen Einsamkeit entspringt, könnte den Verlust an leibhaftiger Begegnung kompensieren helfen. Die in den 70er Jahren geführten Diskussionen haben ohnehin bereits erkennen lassen, daß eine pornographisch-sadomasochistische Orientierung mit einer mystisch-illusionären Überhöhung des sexuellen Erlebens oft Hand in Hand geht. Der pornographische Blick, das sadomasochistische Genießen der Distanz und Mystifikationen und Romantizismen aller Art vertragen sich seit jeher gut. Es ist also zu vermuten, daß im Zeichen von AIDS eine neuartige Verquickung der beiden genannten Strategien, den Sexus als lebendige Erfahrung zu liquidieren, zustande kommen wird: Pornographisierung und Romantisierung ergänzen und stützen einander wechselseitig.

Wenden wir den Blick von der, möglicherweise düsteren, Zukunft des Sexus wieder ab. Noch einmal – aus persönlicher Sicht – ein Blick auf die Zwischen-Zeit: Als die ersten Texte des vorliegenden Bandes entstanden, hatte ich gerade begonnen, als freier Lektor in jenem Verlag zu arbeiten, in dem die Texte nunmehr erscheinen. Damals, Ende der 60er Jahre, war ich mit der Redaktion einer Taschenbuchreihe («rororo-sexologie») betraut, die sich (sexuelle) Aufklärung zum Ziel gesetzt hatte. Die Zeiten und demzufolge auch die Taschenbuchreihen haben sich geändert; die zwischenzeitlich angefertigten Texte erscheinen in einer neuen Reihe («rororo Mann»). Das zeigt wohl auch, daß heute nicht mehr ohne weiteres über «die» Sexualität gesprochen werden kann; daß wir uns inzwischen bewußter sind, daß es männliche und weibliche Formen der Aneignung des Körpers und seiner Gefühle gibt. Eine solche Akzentuierung der Unterschiede ist gerechtfertigt, soweit dadurch nicht neue Klischees entstehen. – Jürgen Volbeding, dem verantwortlichen Lektor, möchte ich an dieser Stelle dafür danken, daß er die von mir ausgewählten Texte jenseits aller möglichen Klischee-Vorstellungen in die von ihm herausgegebene «Mann»-Reihe aufgenommen hat.

4

Wenngleich «Sexualität», «Symbiosewunsch» oder «Gewalt» Stichworte sind, die nicht notwendig *nur* im Hinblick auf «Männlichkeit» zu erörtern wären, so können sie doch auch sinnvoll mit einer Kritik an der «Männlichkeit» (und an der entsprechenden «patriarchalischen» Kultur) verbunden werden.

Männlichkeit gibt, wenn man so will, die ausgesprochene Achse ab, an der entlang die Texte dieses Bandes anzusiedeln wären. Die unausgesprochene Achse (wenigstens was den *Titel* dieses Buches betrifft) bleibt die Weiblichkeit. An dieser Stelle will ich noch einige Anmerkungen zum Stichwort «Männlichkeit» machen, die zeigen sollen, in welcher Weise sich «Sexualität» und «Gewalt» verbinden, wenn man sie unter einer ausgewählten Perspektive betrachtet.

Stoller (1975, 206) meint, Männlichkeit erweise sich in unserer – wie in den meisten anderen – Kultur(en) am Ausmaß der *Befreiung* vom Bedürfnis nach Symbiose mit der Mutter. Würde man hierbei «Mutter» nicht wörtlich verstehen, so hieße das: Männlichkeit wäre gleichbedeutend mit dem *Verzicht* auf den anarchischen Wunsch, der eine grenzenlose Vereinigung intendiert; mit dem Verzicht auf wieder-holende Beziehungs- und Erlebnisformen, die den ursprünglichen Körperkontakt wesentlich kennzeichnen. In dieser erweiterten Fassung betrifft die von Stoller vorgeschlagene Definition der Männlichkeit allerdings nur den Mann (der typisch für «unsere» Kultur sein mag – oder auch nicht), der aufgrund von Identitätsängsten bestimmte Erfahrungsmöglichkeiten (der Entgrenzung) *phobisch* vermeiden muß und zu diesem Zwecke die Frau als das potentiell verführerische, zur Symbiose verlockende Objekt des Begehrens (also eigentlich: den *eigenen* Symbiosewunsch) in irgendeiner Form verächtlich erscheinen lassen will (was auch umgekehrt gilt, denn auch Frauen können Angst vor den hier gemeinten Erfahrungen haben). In diesem Sinne scheint Stollers Bemerkung nicht auf *alle* Kulturen zuzutreffen. Denn viele traditionelle Kulturen verfügten über Mittel, die Männlichkeit im Sinne einer Abgrenzung gegenüber der Weiblichkeit, gegenüber dem grenzenlosen Verlangen, wenigstens vorübergehend wieder in Frage zu stellen. Männlichkeit, Gesetz, Verbot, Abgrenzung, monadische Existenz des Individuums, das war eben doch oft nur die *eine* Hälfte der traditionellen Kulturen; die andere Hälfte, das «Fest» (in der Regel kultisch-religiös gestaltet), *fehlte* nicht. Die sanktionierten Formen der Grenzüberschreitung – also die regressiv-symbiotische Wiedervereinigung mit der «Mutter» – gehörten, so die hier vertretene These, zur Kultur und damit in einem gewissen Sinne auch zum Repertoire der Männlichkeit. Erst der Verlust solcher Formen der Wiederannäherung an eine dem Alltag widersprechende Erlebensrealität kennzeichnet den Begriff der «Männlichkeit», der für die modernen und nachmodernen Gesellschaften gültig sein mag.

Wenn ich Stoller recht verstehe, ist das wahre Kennzeichen des (modernen) Mannes die Symbioseangst (bzw. deren Überwindung in Gestalt eines Verzichts auf den Symbiosewunsch). Neurose und Perversion wären dann zu verstehen als unterschiedliche Formen eines gescheiterten Versuchs, die Symbioseangst zu bewältigen. Positiv ausgedrückt hieße das: In der Pathologie ist wenigstens noch der anarchische Wunsch zu entdecken, auf den zu verzichten eine männlich geprägte Kultur verlangt. Und tatsächlich hat Freud Neurose und Perversion ja immer gekennzeichnet als Ausdruck einer Unwilligkeit zum Verzicht, als Ausdruck eines Festhaltens an archaisch-infantilen Formen des Verlangens, als Ausdruck übergroßer «Trieb»-Stärke – als Ausdruck mithin, *nicht* in den Prozeß der Zivilisation (der Affekte) einzuwilligen.

Charakteristisch für unsere Kultur – und für große Teile der psychoanalytischen Literatur – scheint mir die *Individualisierung* des «geheimen» Wunsches, des symbiotischen Wunsches, zu sein, der dann auch die Pathologisierung dieses Wunsches auf der Stelle folgt. Als hätte es nie Kulturen gegeben, in denen der «geheime» Wunsch als ein kollektiver erkannt und gestaltet worden wäre. Tatsächlich aber hat es solche Kulturen nicht nur gegeben, vielmehr zentrierten sich «primitive» Gesellschaften um die kultische Ausgestaltung und Eingrenzung des «geheimen» Wunsches (vgl. Maffesoli 1986). Die Gestaltung dieses Wunsches wäre als identisch mit der Geburt der Kultur anzunehmen, als identisch mit der «Geburt der Tragödie» (Nietzsche) – der «Tragödie» des Verzichts auf eine vor- und außerhistorische Existenz des Menschen, an die aber, zumindest aus Anlaß des «Festes», noch erinnert werden durfte. Erst die kollektive Verdrängung des «Festes» läßt den «geheimen» Wunsch als einen individualisierten und – im nächsten Schritt – als einen pathologisierten erscheinen. Daß dieser Wunsch dennoch nicht aus der Wirklichkeit, aus der Affektrealität verschwindet, macht ihn – den kulturellen Gesten entzogen – *gefährlich*. Als verstümmelter Wunsch wird er gefährlich für den Bestand des Individuums wie für den des Kollektivs, das ihn heimtückisch womöglich doch noch zur Kenntnis nehmen kann, indem es ihn instrumentalisiert. Ein Hinweis auf Formen der (zum Beispiel) faschistischen Vereinnahmung des «geheimen» Wunsches, auf die orgiastischen Massenveranstaltungen während jener Zeit, mag genügen (es finden sich im vorliegenden Band einige Texte, die diesem Gedanken genauer nachgehen). Also: im individuellen wie im kollektiven Zusammenhang gilt, daß die bloße Verleugnung des «geheimen» Wunsches den Rückfall in Barbarei keineswegs verhindert, ihn eher sogar befördert.

Bestimmen wir Destruktivität als den Willen zu schaden und zu zerstören, und zwar völlig unabhängig davon, ob es sich dabei um einen «bewußten» Willen handelt. Möglicherweise ist dieser Wille einem, dem erwachsenen Bewußtsein weitgehend entzogenen, «Schicksal» zuzuschreiben und nur in seinen Ausläufern bewußtseinsnah. Dabei richten sich die folgenreichsten Destruktionsabsichten gegen die psycho-somatische Integrität – und vor allem auch gegen die Geschlechts*identität* – des als Objekt der Destruktionswünsche ausgewählten Menschen (nicht selten ein «Liebes»-Partner). Diese nach außen gerichtete Destruktion mildert die Tendenz zur Selbst-Destruktion und ist doch deren Abbild und Wiederholung. Es ist anzunehmen, daß ein großer Teil der – kollektiven und individuellen – Destruktion der verweigerten oder ausbeuterisch-destruktiven Symbioseerfahrung entstammt. Die Angst vor der Nähe findet in derartigen Erfahrungen ebenfalls ihre Begründung. Eine Gesellschaft, eine Familie, ein Paar, die symbiotische Erfahrungen nicht zulassen, nicht kultivieren oder nur destruktiv-ausbeuterisch zu praktizieren verstehen, begründen Traumata, die den innersten Kern der Emotionalität berühren. Vermutlich handelt es sich dabei um Traumata, die nicht rückgängig zu machen sind, bestenfalls ausgeglichen werden können. Diese Traumata, die unsichtbare Verletzungen konstituieren und durch «unsichtbare» Formen der emotionalen Kommunikation verursacht werden, erzeugen Wut, Neid und den Wunsch nach Rache, der vorübergehend befriedigt werden kann, wenn ein anderer Mensch – ein «Liebes»-Objekt – zur Verfügung steht, an dem das eigene Schicksal, das einmal passiv erlitten worden ist, aktiv wiederholt werden kann. Gelingt dies, so stellt sich das Gefühl des Triumphes ein, der zugleich, aber eben nur vorübergehend, das Gefühl der eigenen Machtfülle, Vollkommenheit, der scheinbaren Integrität ermöglicht. Da aber auf diesem Wege die emotionale Einsamkeit (die mit der soziologischen Einsamkeit nicht verwechselt werden darf) nicht aufzuheben ist – eine Einsamkeit, die Folge unzureichender oder destruktiver Symbioseerfahrungen ist –, zwingt die traumatische Verletzung zur Wiederholung, zur endlosen Fortsetzung destruktiver Handlungen und Kommunikationsstrategien.

Wenn ich die Ausführungen Stollers recht verstanden habe, begreift er das Wesen der sexuellen Perversion in dem soeben von mir rekapitulierten Zusammenhang. Stoller – wie viele andere Psychoanalytiker (besonders auch die Theoretiker des Narzißmus, Kernberg und Kohut) – sehen die Ursache für traumatische Verletzungen der Identität in kalten, narzißtischen Müttern (erweitert: Eltern). Daß aber solche Mütter (erweitert: Eltern) in einer Gesellschaft aufgewachsen sind, die ihrerseits Symbioseerfahrungen nicht mehr kultiviert, zum großen Teil auch gar nicht mehr zulassen will, daran wäre auch wieder zu erinnern, um erneut einer kurzschlüssigen Individualisierung des Problems zu entgehen.

Ein Charakteristikum der sexuellen Perversion – die mit Stoller als Ausdruck eines spezifischen Verhältnisses zum Objekt und *nicht* im Sinne der einen oder anderen von Norm- und Wertvorstellungen abweichenden sexuellen Handlung verstanden werden soll – besteht in der manipulativen und gewaltsamen Annäherung an das Objekt des Begehrens (und damit an das Begehren selbst). Die Perversion könnte demnach auch als eine *Karikatur* der Ekstase, als eine kontrollierte Form der Ekstase verstanden werden, bei der sich das Subjekt im innersten Kern seiner Emotionalität *nicht* berühren lassen will, während es das Objekt des Verlangens zu entgrenzen, zu destruieren versucht. Im Grunde wird die affektive Erregung des Objekts intendiert und parasitär mitgenossen. Schließlich soll dieses Objekt so manipuliert werden, daß es umstandslos an eine vorbestimmte Stelle in der Phantasiewelt des Subjekts paßt. Das Objekt wird also nur in ausgewählten *Funktionen* begehrt, während jede der vorgegebenen Phantasie widersprechende Eigenschaft oder Regung des Objekts nach Möglichkeit auszuschalten ist. Überspitzt ausgedrückt und an einem Beispiel dargestellt bedeutet dies: Der Vergewaltiger will bei seinem Objekt den Affekt der Angst hervorrufen, diesen Affekt mitgenießen und ihn dann in eigene Lust verwandeln. Stieße er hingegen bei seinem Opfer nicht auf Angst, sondern auf ein eigenständiges sexuelles Verlangen, wäre er impotent. Die Perversion wäre demnach als eine Form der Ekstase zu begreifen, die die Grenzen der Monade beim Subjekt der Handlung im großen und ganzen intakt läßt, sie nur *punktuell* aufhebt. Insofern unsere Kultur einer *principio individuationis* verpflichtet ist, die von ihrer grundsätzlichen Unaufhebbarkeit überzeugt ist, könnte man überspitzt davon sprechen, diese Kultur habe das perverse, das sadomasochistische Verhältnis der Menschen zueinander als ihr ureigenstes Prinzip akzeptiert und bestehe darauf, dieses Prinzip beizubehalten. Es wäre gewissermaßen das unvernünftige Prinzip dieser Kultur, eine Vernunft zu verabsolutieren, die ohne dieses Prinzip in Frage stünde.

Gewiß ist der Schmerz – ursprünglich der Schmerz der Trennung, dann der Schmerz der Marter und der Kasteiung, schließlich der Schmerz, den die Objekte der Kultivierung, Kolonialisierung und Zivilisierung erleiden mußten – *das* Mittel, eine *Grenze* zu etablieren. Das Bewußtsein, ein abgegrenztes (und als solches einsames) Individuum zu sein, entsteht nicht *ohne* die Empfindung des Schmerzes. Nicht zufällig also hängt als Menetekel der gemarterte Leib (des gekreuzigten Nazareners) über der christlich-abendländischen Kultur. Konterkariert wird dieses Leit-Bild von einem zweiten: von der Mutter («Gottes») mit dem Kind. In dem einen Bild die Martern einer irdischen Welt, die sich immer mehr in ihre eigenen Grenzen einschnürt – und im anderen Bild die Sehnsüchte, die hypertrophieren, je weniger sie sich in der Realität noch einlösen lassen.

Der Verzicht auf stets von neuem stimulierte, dann aber doch unerfüllte und unerfüllbare Sehnsucht erzeugt Haß; und Stoller hat recht, wenn er schreibt, ein Teil des Hasses gegen die «Mutter», den der Sohn / Mann empfindet, verdanke sich dem Bemühen um Abgrenzung von ihr, erleichtere demnach die Trennung. So gesehen wäre also der Haß ein Mittel, die traditionelle Männlichkeit aufrechtzuerhalten.

Die Mutter / Frau, die als Wunsch nah, als Realität des Erlebens aber fern bleibt, fordert zur Phantasiebildung geradezu heraus. Das fehlende Stück Realität wird durch Phantasien und Illusionen ersetzt. Und was als freies Erleben nicht zu haben ist, muß wenigstens gewaltsam angeeignet werden. Es ist anzunehmen, daß auch die inzestuösen Phantasien infolge einer unaufhebbaren Trennung nicht ab-, sondern zunehmen. Und der «Mutter»-Mord ist am Ende nur das Gegenstück des unerfüllbaren Inzest-Wunsches. Im Drama des Barockdichters Daniel Caspar von Lohenstein verlangt die Mutter (Agrippina) von ihrem Sohn (Nero) den Inzest:

Die Brüste
die du oft geküß't hast
säugten dich:
Was hat nun Brust und Schoos
für Unterschied in sich?

– fragt die Mutter den Sohn (zit. n. Kleinspehn 1987, 230). Dessen Antwort ist schließlich der Mord. Die Fixierung an einen Wunsch, der am Ende eine emotionale Berührung und keine körperliche sexuelle Vereinigung meint, kann zur Qual werden, die zu einer absoluten Form der Trennung in Gestalt des Todes des vergeblich begehrten, weil zu gefährlichen Objekts, zwingt.

Noch einige Worte zum Bild der «reifen» Heterosexualität, das in vielen psychoanalytischen Schriften kolportiert wird. Es ist fraglich, ob es eine solche «reife» Heterosexualität, die tatsächlich alle inzestuös-symbiotischen Wünsche aufgesaugt und überwunden hätte, außerhalb der ideologischen Phantasie-Welt der Psychoanalytiker überhaupt gibt. Zweifel an einer solch schönen neuen Welt der bereinigten Gefühle sind angebracht – Zweifel, die von Morgenthaler (1984) und, im Anschluß an ihn, auch von Parin (1986) vorgebracht wurden. Dennoch beherrscht das Phantasma der «reifen» genitalen Heterosexualität die Köpfe konformistisch denkender Psychoanalytiker. Sie denken nur nach, was die Kultur vorgedacht hat: daß nämlich «Reife» identisch sei mit dem gelungenen Verzicht auf den anarchischen Wunsch.

Bleiben wir beim Thema «Männlichkeit». Es ist wahrscheinlich, daß das Bild der Mutter/Frau in der «Seele» (oder affektiven Erinnerung) des Mannes in allen Schattierungen überlebt – und bei Gelegenheit auch in allen Varianten wiederbelebt werden kann. Das aber heißt, daß die den verschiedenartigen Bildern entsprechenden Erlebens- und Beziehungsmodi (von denen ein großer Teil in Widerspruch zur Identität, zur «Männlichkeit» steht) prinzipiell vorhanden sind und reaktiviert werden *könnten*. Die Vereinigung der Geschlechter ermöglicht – wenigstens potentiell – die Rückkehr vieler und vielgestaltiger Bilder, wenn dabei auch das Bild der abgegrenzten und mit sich selbst identischen Monade in die Brüche geht. Wenn aber nur der *Verzicht* auf einen Teil dieser potentiell möglichen Erfahrungen «Männlichkeit» garantiert, dann ist zu verstehen, wenn mit deren Verteidigung auch Gewalt gegen Frauen einhergeht – gegen solche Frauen jedenfalls, die – als «Hexen» – wieder hervorzaubern könnten, was unterdrückt bleiben *muß*, soll «Männlichkeit» erhalten bleiben.

Was im einzelnen an Erfahrungen und Erinnerungen wieder erweckt werden könnte, mag individuell sehr verschieden sein. Dennoch gibt es einige allgemein vorhandene Erlebensmodi, darunter auch solche, die nicht ins Bild der «reifen» Heterosexualität passen. Zum Beispiel gehört dazu das Bild der Mutter als eines Teils des eigenen Selbst (oder des Selbst als eines Teils der Mutter). Dem entspricht der Wunsch, eine Beziehungsform zu finden, die solche Erlebnisse beinhaltet. Gemeinhin gilt dies – dem psychoanalytischen Jargon – als Zeichen einer narzißtischen Bedürftigkeit. Aber vielleicht dokumentieren auch solche klinifizierenden und pathologisierenden Abwertungen eines Wunsches nur die Unfähigkeit, ihn angstfrei zu tolerieren? Ein zweites Beispiel, das einen anderen Aspekt des vielgestaltigen Mutter-Bildes zeigt (das auf deren Stellvertreterin *übertragen* werden kann), verweist auf die Mutter als Besitz eines anderen (des Vaters). Wie erfindungsreich sind Männer, sich *diesem* Bild wieder anzunähern! Wenn sie keinen Rivalen haben, dann schaffen sie einen herbei (und sei der ihr «bester» Freund). Grundsätzlich gilt: Wann immer die Realität *heute* sich einem der urtümlichen Phantasie-Erinnerungs-Bilder wieder annähert, erwachen die Leidenschaften, werden die Affekte am heftigsten. Verschmelzen gar Phantasie und Realität (ohne daß dieser Vorgang, wie bei der Perversion, noch gesteuert werden könnte), dann tritt jener bereits von Platon als Wahn bezeichnete Zustand ein, den Freud als das Normalvorbild der Psychose begriff – und den man gemeinhin als Verliebtheit anspricht.

Schließlich wäre als eine der wiederzubelebenden Phantasien die Vorstellung des Kindes zu nennen, derzufolge alle Menschen *gleich* (und gleichen Geschlechts) sind. Es ist dies eine Phantasie, die zu mörderischen, jedenfalls zu zerstörerischen Konsequenzen führen kann – zur illusionären Vernichtung des anderen, des fremden Geschlechts. Gerade auch in bezug auf das Verhältnis der Geschlechter gilt der Satz: Freiheit ist immer die Freiheit des anderen – Geschlechts.

Ich will es bei diesen wenigen einführenden Bemerkungen belassen, deren Sinn es sein sollte, die Erwartungen des Lesers hinsichtlich der Texte, die in diesem Buch versammelt sind, nicht in falsche Bahnen zu lenken. Es ist hier also keine «modische» Lektüre zu erwarten, keine Rede über «neue» Männer und dergleichen. Zur Debatte stehen die *alten* Konflikte, die alten Ängste, die alten Wünsche, die alten Hoffnungen und Enttäuschungen – und vielleicht, im Einzelfalle, ein paar neue Antworten, die sich aus der Kritik an fragwürdigen alten Antworten ergeben. Schließlich wäre das Buch wieder aus der Hand zu legen, wenn es seinen Zweck – verdunkelte Räume zu erhellen – erfüllt haben sollte, Räume, die dann auf andere Weise weiter zu erfahren wären.

Düsseldorf, im Juli 1987   Bernd Nitzschke

Literatur

Kleinspehn; T.: Warum sind wir so unersättlich? Über den Bedeutungswandel des Essens. Frankfurt/M. (Suhrkamp) 1987

Maffesoli, M.: Der Schatten des Dionysos. Zu einer Soziologie des Orgiasmus. Frankfurt/M. (Syndikat) 1986

Morgenthaler, F.: Homosexualität, Heterosexualität, Perversion. Frankfurt/M. (Qumran) 1984

Nitzschke, B.: Vom Nutzen und Nachteil der Sexualität für das (postmoderne) Leben. Reflexionen über den «unhistorischen Augenblick» und sein mögliches zukünftiges Schicksal. Leviathan (Sonderheft: «Politische Psychologie») 1988

Parin, P.: Die Verflüchtigung des Sexuellen in der Psychoanalyse. In: Psychoanalytisches Seminar Zürich (Hg.): Sexualität. Frankfurt/M. (Syndikat/EVA) 1986, 11–22

Stoller, R. J.: Perversion. Die erotische Form von Haß (1975). Reinbek (Rowohlt) 1979

Teil I
Skizzen zur
«Kultur»
der Sexualität

1

Sexualität.
Ein kurzer historischer
Abriß

Während sich das Wort «sexuell», bezogen auf die Geschlechtsunterschiede im allgemeinen, seit dem späten 18. Jahrhundert nachweisen
läßt, wird der Begriff Sexualität erst im 19. Jahrhundert gebräuchlich.
Sein Auftauchen markiert eine zunehmende Problematisierung und
Objektivierung sexueller Erfahrung durch eine Reihe literarisch-wis-
senschaftlicher Instanzen der bürgerlichen Kultur, wie Psychologie,
Biologie, Soziologie, Demographie oder Kunst. Ein Meilenstein in der
wissenschaftlichen Betrachtung der Sexualität ist die von Freud begründete Psychoanalyse, die ältere Traditionen sexualwissenschaft-
licher Forschung, zum Beispiel Krafft-Ebings, des Begründers der
wissenschaftlichen Sexualpathologie, mit den seit der Romantik manifesten Tendenzen zur Psychologie des Unbewußten zusammenfaßte. In
ihrer Popularisierungsphase wurde die psychoanalytische Theorie der
sexuellen Entwicklung zu einem Faktor der sogenannten «sexuellen
Revolution», mit der man Erscheinungen zusammenfaßt, die in unserem Jahrhundert eine relative Liberalisierung der Sexualität und deren
Ablösung von älteren christlich-bürgerlichen Wertungen und Einschränkungen bewirkt haben.

Die Wandlungen im neuzeitlichen Sexualitätsbewußtsein sind Teil eines umfassenden *Kulturwandels*, der sich bis in die überlieferten Familienstrukturen, Charakterformen und Erlebnisweisen der Individuen erstreckt. Die Ausrichtung der Gesellschaft an der industriellen Produktion und am erweiterten Warenverkehr verwickelte die Individuen in die Widersprüche zwischen zunehmender Triebkontrolle und Instrumentalisierung körperlicher und geistiger Fähigkeiten und fortschreitender Vereinzelung durch die Auflösung traditioneller Bindungen an Dorfgemeinschaft, Großfamilie, Zunftverband. Der moderne Individualismus, wesentliche Komponente westlicher Sozialideologien, ist auch der Versuch, die Verluste jener älteren Bindungen vor allem als Gewinn an «Freiheiten» aufzufassen, als die Freiheit, über eigene Arbeitskraft, Talente und Sexualität unbevormundet zu verfügen. Mit dem bürgerlichen Ideal der Liebesehe erbt das 20. Jahrhundert vom 19. und 18. Jahrhundert auch die an diesem Ideal haftenden Desillusionierungen und Widersprüche in Form einer doppelten Moral; so Freizügigkeit des Mannes bei ehelicher Treue der Frau; Liebesidealismus und abgespaltene «niedere» Sexualbefriedigung in Form eines latenten erotischen Zynismus, der Prostitution, Promiskuität wie auch eine florierende pornographische Illusionsindustrie einschließt, ein Zynismus, der sowohl Ausdruck von «Liberalisierung» als auch von fortbestehender Sexualunterdrückung und Wunschnotständen ist.

In der Weimarer Republik mehrten sich die Anzeichen dafür, daß Verhaltensweisen, die zuvor auf die Sphäre der «erotischen Kunst», der Bohème und der Außenseiter begrenzt waren, in die Massenkultur vorzudringen begannen. Die sozialgeschichtliche Forschung hat die Frage nach der sexuellen Emanzipation in jenen Jahren noch kaum zureichend durchdrungen. Ist von der Kultur der zwanziger Jahre die Rede, so tauchen zwar unweigerlich bekannte Klischees von freier Sexualität, Frauenemanzipation und «Neuer Frau» als Kameradin, Girl, Kumpel, Genossin, Angestellte, Mädel, Modell auf, jedoch besagt dies wenig Genaues über das wirkliche Verhältnis von Zwang und Freiheit in den Geschlechtsverhältnissen. Es gibt Hinweise darauf, daß das Wort «Freie Sexualität» in gewisser Hinsicht nur einen Strukturwandel der Prostitution verklärt, wenn man z. B. die in der deutschen Provinz berüchtigte «Berliner Libertinage», die zu einem Gutteil aus der Elendsprostitution der Inflationsjahre 1921 bis 1923 hervorging, berücksichtigt.

Die Zeit des Nationalsozialismus steht im Zeichen einer sexualpolitischen Restauration. Die Weimarer «Phänomene» werden durchwegs von der offiziellen Ideologie als undeutsch und entartet diffamiert. Von der neusachlichen Sexualmoral wenigstens mitinspiriert ist jedoch der faschistische «züchterische Gedanke», der ideologisch im völkischen Rassismus wurzelt und praktisch im Zusammenhang mit der Remilitarisierung des Staates zum Zweck der Kriegsvorbereitung gesehen werden muß. Den Geschlechterrollen werden altertümelnde Vereinfachungen aufgeprägt: «Krieger» und «gebärende Mutter». Als Ideal gilt das Bild der bäuerlich-ständischen, autoritären, patriarchalischen, kinderreichen Familie. Die «emanzipierte Frau» erscheint als Produkt demokratischer, «westlicher», jüdisch-bolschewistischer Dekadenz. Was in diesen Schablonen nicht aufgeht, wird entweder sportlich-züchterisch umkleidet oder mehr noch propagandistisch auf das Feindbild der triebhaften Juden projiziert; es ist die Rede von der «unersättlichen und unbezähmbaren Geschlechtsgier der Juden», ihrem «Hang zur Unzucht, zur Perversität»; die Jüdin gilt als «verkörperte Sinnenlust» (Der Stürmer, 7/1929).

In den 50er und 60er Jahren der Bundesrepublik knüpfte die Familien- und Erziehungspolitik der CDU und CSU, insbesondere was die Fixierung der Frau auf Haushalt und Mutterrolle anbelangt, an restaurativen Vorstellungen an. Ausdruck dessen ist eine restriktive Rechtsprechung im Familien- und Sexualstrafrecht. Im Zuge des Wiederaufbaus und des Wunsches nach geordneten Verhältnissen wurden häuslich-familiäre Wertvorstellungen auch hinsichtlich der Geschlechterverhältnisse neu betont. Auf welche Weise sich diese innerdeutschen psychopolitischen Traditionen und Reaktionen mit den sexual-kulturellen Moden und Leitbildern der Nachkriegszeit, insbesondere der existentialistischen Strömungen und der zweiten Amerikanisierungswelle nach jener der 20er Jahre verbanden, ist noch nicht hinreichend erforscht. Wie stark sich die Nachkriegssexualität an Idealen der Familiengründung und Fortpflanzung orientiert, zeigen die bis in die 60er Jahre außerordentlich hohen Geburtenraten, die jährlich eine Million überstiegen, gegenüber durchschnittlich 500000 am Ende der 70er Jahre. Erst im Klimaumschwung der späten 60er Jahre, die zugleich mit der *Außerparlamentarischen Opposition* und dann der sozialliberalen Koalition eine neue Dimension politischer Kultur eröffnen, die ihre Akzente auf Emanzipation, Antiautoritarismus und Abwehr einer repressiven politischen und sexuellen Moral setzte, kommt es zu einem Neuansatz im Erleben der Geschlechterverhältnisse. Populäre Zeitschriftenserien zur sexuellen Aufklärung für Erwachsene (O. Kolle) deuten die gesellschaftliche Breite des Bewußtseinswandels an und leiten eine bis heute ungebrochen anschwellende Psychologisierung des Sexualitätsbewußtseins ein, wie sie zur Zeit für die gehobenen Mittelschichten typisch ist und zur Ausbildung neuer Subkulturen zu führen begonnen hat. Die Strafrechtsreformen der Jahre 1969 bis 1973 heben die Strafverfolgung erwachsener Homosexueller auf. Seit 1974 werden Schwangerschaftsabbrüche auf Grund bestimmter medizinischer oder sozialer Indikationen freigegeben. Während der 60er Jahre führten die in den Medien stattfindende Diskussion über neuere Methoden der Empfängnisverhütung sowie die Liberalisierung des allgemeinen Zugangs zur «Antibabypille» zu einem tiefen Einschnitt in die Kulturgeschichte der Sexualität. Seither lassen sich komplexe Verschiebungen im kollektiven und individuellen Sexualverhalten und -erleben beobachten. Empirische Untersuchungen deuten auf einen moralgeschichtlichen Bruch zwischen den Generationen, die vor oder nach der «antikonzeptiven Revolution» aufgewachsen sind. Sie wirkt als einer von vielen Faktoren in der neuen, bewußteren Einstellung der jüngeren Generation zur Fortpflanzung, die zu einem rapiden Geburtenrückgang beigetragen hat – scheinbar in paradoxer Gegenbewegung zu der permanenten Verlängerung der Periode sexueller Aktivität und Fruchtbarkeit der Frau, die im Unterschied zu der kürzeren Spanne vom 16. bis 45. Lebensjahr in den zurückliegenden Jahrhunderten heute vom 12. bis zum 51. Lebensjahr reicht. Es deutet indes – seit der Bedrohung durch AIDS – manches darauf hin, daß Ende der 80er Jahre sich erneut ein Umschwung abzeichnet, der, sollten sich tiefgreifende prophylaktische und therapeutische Gegenmittel nicht finden lassen, eine einschneidende Änderung im *Erleben* der Sexualität bewirken könnte – möglicherweise eingreifender, als dies durch die Revolte der 60er Jahre bewirkt worden ist. Bereits heute lassen sich zwei gesellschaftspolitische Gegenstrategien (zur vorausgegangenen sexuellen «Befreiung») erkennen: Pornographisierung *und* Romantisierung des Sexus (bei gleichzeitiger Kontrolle des Verhaltens).

In der psychologischen und soziologischen Literatur der Bundesrepublik begann in den 60er und 70er Jahren eine Grundsatzdiskussion über Entwicklung der Psychosexualität unter den bestehenden gesellschaftlichen Verhältnissen, ohne doch bislang zu eindeutigen Resultaten geführt zu haben. Mit Sicherheit jedoch haben die Frauenbewegungen der 70er Jahre sowie verschiedene Ansätze zu einer «Männerbewegung» und Homosexuellenemanzipation von den freiheitlichen Anregungen der Studentenbewegung profitiert. Seither sind in der theoretischen Diskussion so gut wie alle ideologischen Positionen bürgerlicher Sexualmoral in Frage gestellt worden. Moral insgesamt wurde als Herrschaftsinstrument aufgefaßt, das die faktische sozialpsychische Desintegration, Entfremdung und Isolierung der Individuen im Kapitalismus verschleiern solle. In der einschlägigen Literatur der DDR ist diese Kritik oft übernommen worden, freilich nur hinsichtlich der «widerlichsten moralischen Verfallserscheinungen des imperialistischen Systems» (Kuhrig, Steigner, 1979, 26), ohne daß sie für eine Überprüfung der Verhältnisse im Sozialismus der DDR erprobt worden wäre. Sozialreformerische Ansätze, wie sie zum Beispiel von Kentler und Reiche im Anschluß an Freud, Reich, Marcuse, Fromm, Adorno und Horkheimer im Hinblick auf die Verhältnisse in der Bundesrepublik formuliert worden sind, werden für die DDR von dortigen Autoren ausdrücklich abgelehnt und als «Utopien linker Sexualpädagogen» (Schille 1979, 197) kritisiert. Diesen Ansätzen werden eine «Überbetonung» der Sexualität, «Subjektivismus» und «Individualismus» vorgeworfen. Hatten die westlichen Kritiker die «bürgerliche Kleinfamilie» als wichtige «Agentur» der «kapitalistischen Sozialisationen», somit als Voraussetzung der bestehenden Herrschaftsverhältnisse angeprangert, so kehren Autoren der DDR die Bedeutung der Familie für die eigene Gesellschaftsordnung ins Positive um: «In der sozialistischen Gesellschaft stimmen die Grundinteressen der Familie mit denen der Gesellschaft überein» (Hörz 1979, 25). Das Credo, «daß im Sozialismus Liebe und Entscheidung für einen anderen Menschen zum erstenmal im wesentlichen nur noch von den Beteiligten selbst bestimmt werden» (Streisand 1981, 127), wird in der entsprechenden Literatur als ein bereits erreichter Zustand dargestellt. Gleichzeitig wird offiziell eine normenstrenge Familien- und Sexualmoral propagiert, die von revolutionären Ideen über «freie Liebe», wie sie zu Beginn der russischen Revolution vorhanden waren, nichts erkennen läßt. Solche Ideen wurden im Gefolge der Stalinisierung, die mit den Erfordernissen des ökonomischen Aufbaus der Sowjetunion und einem möglichst effektiven Einsatz menschlicher Arbeitskraft begründet wurde, konsequent abgelehnt.

Früher und umfassender als in der Bundesrepublik erfolgte in der DDR die rechtliche Gleichstellung der Frau mit dem Mann. Dabei spielten auch ökonomische Bedingungen eine entscheidende Rolle.

Ein sexualmoralischer Konservativismus, der in der Bundesrepublik bis Mitte der 6oer Jahre bestand, läßt sich in der DDR bis heute nachweisen. Sexuelle Abweichungen und moralische Korruption werden als «Auswüchse des Kapitalismus» gebrandmarkt, im eigenen Land jedoch nur an «Außenseitern» oder «Opfern der imperialistischen Propaganda» festgestellt. Das Idealbild «Du sollst sauber und anständig leben und deine Familie achten», wie es im Programm der SED als eines der zehn Gebote sozialistischer Moral verkündet wird, hält einem Vergleich mit den Tatsachen im «real existierenden Sozialismus» allerdings nicht stand. Obgleich «in den Ländern des real existierenden Sozialismus die Frauenfrage» als «gelöst» angesehen wird (Kuhrig, Steigner 1979, 19), lassen statistische Untersuchungen doch andere Schlüsse zu. So ist nach Clauss unter den Bürgern der DDR «das männliche Sexualverhalten durch eine höhere Bedürfnisfrequenz, das der Frau durch einen stärkeren Wunsch nach zärtlich-liebevoller Zuwendung durch den Partner sowie durch höhere Integration mit den Gefühlen der Liebe gekennzeichnet» (Wörterbuch der Psychologie 1976, 480). Zwar gibt es weder für die DDR noch für die Bundesrepublik sexualstatistische Erhebungen von vergleichbarem Umfang, wie sie für die USA angestellt wurden, doch lassen sich aus vorliegenden Zahlen für ausgewählte Gruppen vorsichtige Schlüsse ziehen. Demnach besteht kein wesentlicher Unterschied im Sexualverhalten von Männern und Frauen in beiden deutschen Staaten, mit dem Vorbehalt, daß statistische Aussagen wenig Erkenntnisse über die emotionale Qualität sexuellen Erlebens gewähren. Im Anschluß an die Einsichten der kritischen Sexualpsychologie haben sich vor allem in der Bundesrepublik seit 1968 eine Reihe von kulturaktiven Bewegungen herauskristallisiert, die durch ein erneuertes Bewußtsein von Sinnlichkeit, Körperlichkeit, Emotionalität, sozialer Bindungsfähigkeit und Geschlechtsrollen «psychosexuelle Entfremdung» aufzuheben versuchen. Derartige Impulse stammen vor allem aus Teilen der undogmatischen Linken, der Frauenbewegung, aus städtischen Subkulturen und aus alternativen psychotherapeutischen Ansätzen und Bürgerinitiativen. Analoge Widerstandsformen sind auch in der Jugendkultur der DDR anzunehmen, wenn sie auch keinen vergleichbaren offiziellen Ausdruck finden oder nur als Folge «imperialistischer» Einflüsse abgewertet werden.

Literatur

Bronnen, B., Henny, F.: Liebe, Ehe, Sexualität in der DDR. München (Piper) 1975

Freud, S.: Drei Abhandlungen zur Sexualtheorie (1905). G. W. V

Hörz, H. E.: Ethische Probleme bei der Sexualerziehung Jugendlicher. In: Grassel, H., Bach, K. R. (Hg.): Kinder und Jugendlichensexualität. Berlin/ Ost (VEB Dt. Verlag der Wissensch.) 1979, 19–30

Kuhrig, H., Steigner, W.: Gleichberechtigung der Frau – Aufgabe und Realisierung in der DDR. In: Kuhrig, H.; Steigner, W. (Hg.): Wie emanzipiert sind die Frauen in der DDR? Beruf – Bildung – Familie. Köln (Pahl-Rugenstein) 1979, 11–85

Schille, H.-J.: Zur Auseinandersetzung mit einigen philosophischen und psychologischen Grundpositionen der bürgerlichen Sexualpädagogik in der Bundesrepublik. In: Grassel, H., Bach, K. R. (Hg.): Kinder- und Jugendlichensexualität. Berlin/Ost (VEB Dt. Verlag der Wissensch.) 1979, 194–198

Streisand, J.: Kulturgeschichte der DDR. Köln (Pahl-Rugenstein) 1981

2

Sexualaufklärung – Ende der 60er und Mitte der 80er Jahre

1 Fünf Versuche sexueller Aufklärung in den 60er Jahren

Das «Phänomen», dem wir alle unsere Existenz verdanken, gehört neben Essen, Trinken und Schlaf zu den primären menschlichen Bedürfnissen. Viel mehr läßt sich mit Gewißheit über die Sexualität nicht sagen. Sie erfährt von allen primären Bedürfnissen in unserer Gesellschaft wohl die einschneidendste Zäsur während des Sozialisationsprozesses. Und eben dieser Eingriff ist es, der den scheinbar so einfachen Zusammenhang eines primären Bedürfnisses mit primären Reizen und Reaktionen so sehr kompliziert. Ausgiebig läßt sich über die zahlreichen Verschränkungen der Sexualität mit dem individuellen und gesellschaftlichen Leben diskutieren, über das «Triebschicksal», um mit Freud zu reden. Seit Pawlow wissen wir, daß alle primären Bedürfnisse mit einer schier unbegrenzten Zahl sekundärer Reize und Reaktionen gekoppelt werden können. Angst in Form von Tabus und psychischen Störungen, Ersatzbefriedigungen in Verkleidung antisexueller Kampagnen oder mit Hilfe einer Verselbständigung einzelner Partialtriebe, schließlich eine Unzahl sekundärer Motivationen – vom Leistungsnachweis über Geltungsbedürfnis bis zum Herrschaftsanspruch – können so eine fast untrennbare Einheit mit primären sexuellen Bedürfnissen eingehen.

Die Mär, es gäbe eine «Sexwelle», von der die einen behaupten, sie überflute uns, die anderen meinen, sie ebbe bereits wieder ab – diese Mär setzt voraus, Sexualität sei nur dann im Spiele, wenn eindeutige Reize auszumachen sind. Wenn man dies mit Recht bestreitet, gab es immer und überall eine «Sexwelle». Nur: die unterschiedlichen Reize und Reaktionen ließen bisweilen ursprüngliche Bedürfnisse schlechter erkennen als vielleicht heute.

Einstweilen sind uns die Moralisten den Beweis dafür noch schuldig, daß der vorgeblich asoziale Sexualtrieb veredelt werden müsse, da er ursprünglich nur auf egoistischen Lustgewinn aus sei. So wird behauptet, ihn gelte es zu bändigen, zu sozialisieren, da er sonst die Gemeinschaft gefährde. Dagegen steht die These, der nicht-entfremdete Sexualtrieb sei seinem Wesen nach sozial, eigener Lustgewinn und libidinöse Gemeinschaftsbildung bedingten sich gegenseitig.

Die Ideologie der traditionellen Lustfeindlichkeit hatte das Ziel, «offene» Sexualität aus dem Leben der Gemeinschaft zu verbannen, sie ins Getto der monogamen Ehe zu zwingen. Hier galt Zucht als einzig legitimer Zweck, und man identifizierte die eigene Moral so sehr mit diesem Ukas, daß man jedes abweichende Verhalten guten Gewissens als «abartig» und «unzüchtig» diffamieren konnte. Auf den ersten Blick erscheinen die neuen Parolen von der Sexualität als Vergnügen wie eine Befreiung vom alten Zwang. Kaum eins der alten Tabus, das von der Legion moderner Lustapostel nicht angegriffen würde. Doch ein zweiter Blick läßt erkennen, wie mühelos sich solche Appelle mit der durch die alte Moral erzwungenen Isolierung der Menschen verbinden lassen. Diese wird nicht durchbrochen, sie wird nicht durch echte libidinöse Gemeinschaftsbildung ersetzt, sie wird vielmehr perpetuiert durch autoerotisch-narzißtische Scheinbefriedigung. Lust zu propagieren, ohne gleichzeitig jene Strukturen ändern zu wollen, die Solidarität und Geborgenheit in der Gruppe verhindern, ist ein auswegloses Unterfangen. Der nicht auf das Primat der Genitalität fixierte Sexualtrieb ist hierzulande noch unbekannt.

So bleibt bis auf weiteres nur die Hoffnung auf eine Gesellschaft, in der sich dieses menschliche Bedürfnis sozial, zärtlich und lustvoll zugleich entfalten könnte. Kritisiert man vor diesem Hintergrund sexuelle Aufklärungsliteratur, so hat man ihre Aussagen auf das implizit enthaltene Menschenbild hin zu überprüfen. Hinzu kommt, daß sich die Darstellung der menschlichen Sexualität wie kaum ein anderes Thema dazu eignet, unter dem Anspruch objektiven Wissens Vorurteile zu verbreiten.

Dies gelingt Rudolf Affemann, Theologe, Arzt und Psychoanalytiker in einer Person, in besonders krasser Weise. Der Inhalt seines Buches (Affemann 1970) widerspricht dem Vorsatz des Autors, *«den Menschen mündig zu machen».*

«Je mehr sich die Wissenschaft mit dem Lebendigen befaßt..., um so mehr *unbeweisbare Voraussetzungen benötigt sie»*, behauptet Affemann. Diese unbeweisbaren Voraussetzungen durchziehen das Buch vom Anfang bis zum Ende und machen seine Lektüre auch dort wertlos, wo Fakten referiert werden, da sich Information und Vorurteil zu einem unauflösbaren Konglomerat vermischen. Nach Affemann gibt es zum Beispiel immer noch die von Freud postulierte Latenzzeit, die durch eine dem *«Sexualtrieb innewohnende Tendenz»* biologisch bedingt sein soll, obgleich zahlreiche Beobachtungen an Naturvölkern diese Behauptung eindeutig widerlegt und ins Reich kultureller Vorurteile verwiesen haben. Dorthin gehören auch die *«überwiegend Lust am Überwältigtwerden empfindende Frau»* und der *«überwiegend aktive, überwältigende Mann».* Daß Sexualtabus *«genetisch verankert und vererbt»* werden können, ist schlichtweg Unsinn.

Bei Affemann kann man das gesamte Arsenal an Argumenten einer konservativen Sexualpädagogik studieren, die sich obendrein noch liberalistisch gebärdet. Affemann kennt eine *«natürliche Scham»*, lehnt koedukative Erziehung nach der Pubertät ab und möchte den Sexualtrieb nur allzu gerne in einem Dampfkessel lokalisiert wissen, dem bei regelmäßigem (wohlgemerkt: vorehelichem) Geschlechtsverkehr dann *«wichtige Kraft verlorengeht, da Spannung in Lust umgesetzt wird».* Schließlich braucht sich die Sowjetunion nur der Sexwelle zu verschließen, damit *«der Kommunismus sein Ziel der Weltherrschaft»* doch noch erreicht. Es ist nicht einzusehen, wieso Wilhelm Reich ausgerechnet von Affemann als «Wirrkopf» tituliert wird. Affemanns Auffassung der Sexualität offenbart ihre Inhumanität in vielen Sentenzen des Buches. So heißt es etwa: *«Sicherlich lieferte die christliche Sexualverdrängung notwendige Energien, die zur Kultivierung barbarischer Völker und barbarischer Zustände benötigt wurden.»* Hier gehen Herrenmenschen- und

Kreuzzugsideologie Hand in Hand. Wie wenig solche Einstellungen dem christlichen Abendland abhanden gekommen sind, zeigt sich darin, daß Affemann vom baden-württembergischen Kultusminister zum Beauftragten für die Fortbildung der Lehrer im Fach Sexualerziehung berufen wurde.

Im Unterschied zu Affemann haben Robert Demarest und John Sciarra (1969), beide ebenfalls Mediziner, ein Buch geschrieben, dessen sämtliche Fakten korrekt sind. Mit einfachen und anschaulichen Worten nebst zahlreichen informativen Zeichnungen werden Anatomie und Physiologie der Geschlechtsorgane, der Zeugung, der Embryonalentwicklung, der Geburt und der Empfängnisverhütung dargestellt. Das ist aber auch alles. Mit Verwunderung entnimmt man dem Vorwort, daß dieses Biologiebuch das Ziel gehabt haben soll, *«gegen sexuelle Ignoranz und sexuelle Tabus»* zu kämpfen. Kenntnisse in Anatomie und Physiologie als Voraussetzung einer freien Sexualität? Dann steckten die Lehrbücher asiatischer Hochkulturen, die indischen und japanischen Kopfkissenbücher, voller sexueller Ignoranz und Tabus.

Der Psychiater David Reuben, «der amerikanische Kolle», wettert mit seinem Werk (1970) gegen *«die Anstandsapostel und Moralistenvereine»* und verheißt dem Leser, alles mitzuteilen, damit dieser *«ein Maximum an sexueller Freude»* erreichen kann. Doch wie Reuben das zustande bringen will, wenn er hartnäckig Sexualität und Technik miteinander verwechselt, bleibt sein Geheimnis. Befolgte man sein Buch, dann legte man sich am besten erst einmal Meßstab, Schublehre und Winkelmesser bereit. Seine Ratschläge, die *«Prozedur automatisch und komplikationslos»* zu gestalten, sind vielfältig. Eine *«Kontrollzentrale»* überwacht das *«kooperative Unternehmen, das von beiden Teilhabern konzentrierte und begeisterte Mitarbeit verlangt»*, und steuert *«Zylinder»*, *«Kolben»* und *«Kurbelwelle»*. *«Übung und Training»* sind unerläßliche Voraussetzungen für den *«Hauptkampf»*, der mit dem *«Endsieg»* abschließt. Und klappt es nicht beim erstenmal, so besteht kein Grund zur Verzweiflung – dem *«Count-down»* folgt nur eine halbe Stunde, *«bis die nächste Rakete zum Abschuß freigegeben wird»*. Merke: *«Man ist einfach nicht gesellschaftsfähig, solange man sein sexuelles Werkzeug nicht auf den üblichen Stand gebracht hat.»*

Hinter dieser unfreiwilligen Komik verbirgt sich absolute Lustfeindlichkeit. Der Autor appelliert offen an das dem Leser aus der Konkurrenzgesellschaft vertraute Leistungsprinzip: *«Es kommt in erster Linie auf die Leistung an – und diese Leistung ist Sache jedes einzelnen.»*

Reubens Plädoyer für ein Maximum an Lust wird – für den Autor selber nicht einsehbar – zum Plädoyer für ein Maximum an Entmenschlichung menschlicher Sexualität. Es bleibt anzumerken, daß dieser Autor mit angeblich wissenschaftlichen Argumenten in übler Weise gegen Neger, Homosexuelle und Prostituierte hetzt. Um Reuben zu zitieren: *«Sogar ein argloser Leser merkt, wie von Grund auf unaufrichtig dies alles ist.»*

Günter Amendt (o. J.), während der Zeit der Studentenunruhen als einer der Theoretiker des SDS hervorgetreten, versucht jene Widersprüche aufzuzeigen, denen sich Sexualität in unserer Gesellschaft gegenübersieht. In einfacher Sprache und häufig leider unzulässiger Verkürzung wiederholt er die von Reimut Reiche in «Sexualität und Klassenkampf» (1969) vorgelieferten Argumente. Dabei gerät er unversehens selber in Widersprüche, heben sich rhetorischer Anspruch und Inhalt des Buches oft gegenseitig auf. Der Forderung nach zärtlichen, freiwilligen und gleichberechtigten Beziehungen zwischen den Partnern widerspricht das brutalisierte Vokabular, das Amendt unvermittelt aus der Umgangssprache übernimmt. Und wenn er für die Gleichstellung der Frau eintritt, der er ein *«Recht auf Orgasmus»* zubilligt, das sie *«fordern»* kann, dann ist es zumindest ungeschickt, wenn er dort, wo er allgemein über die Sexualität spricht, ausschließlich Beispiele männlicher Sexualität referiert. Der Anspruch, für die Erotisierung des gesamten Körpers einzutreten, wird fast auf jeder Seite des Buches widerlegt: Die Fixierung auf den überdimensionalen Phallus, hinter einer verkrampften Ironie nur schlecht verdeckt, drückt sich nicht nur in der Sprache aus, sondern weit mehr noch in den Bildern, die kaum jemals den Penis in Verbindung mit einem ganzen Körper zeigen. Amendts rhetorische Argumente gegen den Konsumterror, gegen *«mehr Kleider, mehr Auto, mehr Kino»* verlieren jeden Sinn, wenn er als Gegenmittel *«mehr Vögeln»* propagiert – ein Rat, den die Konsumpresse für Jugendliche doch bereits seit Jahren mehr oder weniger verschlüsselt erteilt. So kann Amendt die von ihm verbal attackierte Austauschbarkeit der Beziehungen zu Gegenständen und zu Menschen nur schlecht denunzieren, gelingt es ihm in seinem Buch inhaltlich kaum, der Degradierung des Partners zur Ware, diesem konsequenten Ergebnis eines andressierten Konsumbewußtseins, entgegenzutreten. Die von ihm geforderte Zärtlichkeit bleibt vollends auf der Strecke, denn wie bei Reuben, so finden sich auch bei ihm zahlreiche Formulierungen, die auf eine Mechanisierung der Sexualität hinweisen.

Seine zentrale These formuliert Amendt in dem Satz: «*Das Sexual-leben des Jugendlichen* (warum nur des Jugendlichen?) *wird sich erst dann radikal verändern können, wenn die herrschende Klasse, also das Großkapital, unser wahrer Erzieher, gestürzt ist.*» Eine solche Pauschalität und Verkür-zung machen die Aussage wertlos. Am Beispiel der Sowjetunion hat Wilhelm Reich bereits vor mehr als vierzig Jahren die naive Erlösungs-hoffnung widerlegt. Auch empirische Untersuchungen aus der DDR bestätigen Amendts Ansicht nicht; bei Studenten läßt sich dort im Ver-gleich etwa zur Bundesrepublik eine verstärkte Tendenz zur Doppel-moral feststellen.

Eine «freie» Sexualität, soweit hat Amendt recht, setzt allerdings eine Umstrukturierung des Produktionsprozesses voraus. Solange die tägliche Arbeit von der großen Mehrzahl der Produzenten automati-sierte Gestik an Stelle autonomer Selbstverwirklichung erfordert, ver-langt sie eine Infantilisierung des Menschen, eine psychische Struktur, deren Energien autoerotisch gebunden bleiben. Wie soll sich die psy-chische Struktur, vom Acht-Stunden-Arbeitstag vorgeprägt, plötzlich nach Feierabend prinzipiell ändern, wenn die Bedürfnisse nach Zärt-lichkeit und Lust geradezu unterdrückt werden müssen, damit man arbeitsfähig bleibt? Dieser Verstümmelung des Menschen entspricht dann eine isolierte Sexualität am Feierabend. Das Illustrierten-Leben zu zweit ist frei von Arbeit, nicht aber frei von jenen Zwängen und Verkümmerungen, die der Arbeitsprozeß verlangt. Ökonomische Ef-fizienz als Wert an sich und die ihr korrespondierende Degradierung des Menschen zum Objekt des Arbeitsprozesses verhindern eine freie Entfaltung der Sexualität, ob nun zum Wohle des «Großkapitals» oder einer fiktiven – nämlich in den psychischen Beziehungen nicht reali-sierten – Gemeinschaft produziert wird.

Martin Goldstein (1970), ein Arzt, der seit fünfzehn Jahren in der Jugendarbeit tätig ist, hat das einzige Buch dieser Übersicht geschrie-ben, das man als «aufklärend» bezeichnen kann. Dies ist vor allem auf die Ehrlichkeit des Autors zurückzuführen, der Fakten nicht für eine spekulative Weltanschauung mißbraucht, sondern sachliche, vorur-teilsfreie Information mit kritischer Distanz der gängigen Einstellung der Sexualität gegenüber verbindet. Erstaunlicherweise ist das Buch in einem kirchlichen Verlag erschienen.

Dem Wust an Pseudoaufklärung tritt Goldstein mit der Bemerkung entgegen: «*Die gesellschaftlich anerkannte Sexualpädagogik taugt nichts für die Zukunft, weil sie sich an der Vergangenheit orientiert. Sie ist unzurei-*

chend, aber nicht deshalb, weil sie etwas Überkommenes vertritt, sondern weil sie behauptet, überhaupt etwas zu wissen.» Das für den jugendlichen Leser bestimmte Buch stellt dementsprechend keine neuen Wertmaßstäbe auf, sondern die alten kritisch in Frage. Durch die Negation bestehender Auffassungen wird so die Perspektive auf eine neue, menschliche Moral eröffnet, die den Weg für sexuelle Beziehungen weist, bei denen sich die Partner nicht *«gegenseitig verhärtet wie Gegenstände verbrauchen und vernichten»*. Goldstein unterstreicht den gesamtgesellschaftlichen Kontext, in dem Sexualität zu suchen ist, und zeigt die Verbindung zwischen *«Mitbestimmung (im Bereich der Arbeit), finanzieller Unabhängigkeit und sexueller Betätigung»*. Er weist darauf hin, daß die Angst vor der Sexualität Symptom einer Einstellung ist, die *«Sexualität als etwas ganz Besonderes»* aus dem menschlichen Zusammenleben reißt und isoliert. Er führt die verselbständigte Sexualität dorthin zurück, wovon sie sich gelöst hat, auf zwischenmenschlichen Kontakt und Kommunikation, auf *«Wiedererleben des körperlichen Kontaktes Haut an Haut, so intensiv, wie er nur in der ganz frühen Kindheit erlebt wurde»*, zwischen Mutter und Kind. *«Geschlechtsverkehr ist die intensivste Zärtlichkeit zwischen Menschen»*, und in Richtung dieser sozialen Möglichkeit klärt Goldstein auf, ohne auf die monogame Ehe oder jugendliche Abstinenz eingeschworen zu sein.

Dieser Intention des Autors entsprechen die meisterhaften Fotos von Will McBride, die dem Buch beigegeben sind. Sie sind ebenso ehrlich wie der Text, sie zerstören Tabus, ohne jemals pornographisch zu sein, sie zeigen die verbliebene Möglichkeit zärtlicher Sexualität in einer sexualfeindlichen Welt, in der sich Lust zwischen Unterdrückung und Verdinglichung behaupten muß. Zum erstenmal wird damit in einem Buch für Jugendliche mit der Tradition gebrochen, immer nur das abzubilden, was ohnehin kein Mensch in seinem Leben sieht, wenn er sexuelle Beziehungen hat: Eierstöcke im Aufriß etwa. Statt dessen zeigt Will McBride, was jeder sehen könnte, wenn er halbwegs ohne Scheu sehen kann, und bietet so dem Jugendlichen die Möglichkeit, Angst vor sexuellen Reizen abzubauen.

Diese Bilder McBrides propagieren keine neue Lust, sie geben nicht vor, eine befreite Sexualität zu zeigen – was unvermittelt wohl auch nicht möglich ist –, sondern sie fangen Ängstlichkeit und Zärtlichkeit ein und zeigen erste, tastende Versuche einer Befreiung. Es wundert nicht, daß diese Fotos in konservativen Kreisen einen Entrüstungssturm provozierten, dessen Höhepunkt ein inzwischen aufgehobenes

Verbot des Buches in der Schweiz war. Aus der Schuldirektion der Stadt Bern zieh ein Schreiber den Autor «krimineller Unverantwortlichkeit», und ein Rezensent des niedersächsischen Lehrerverbands meinte, die Fotos könnten «bei sensiblen Mädchen Verstörtheit und Angst» erzeugen. In großer Offenheit drückt sich hier die Sexualangst Erwachsener aus, die nur notdürftig durch den Verweis auf «sensible Mädchen» kaschiert wird. Goldsteins und McBrides Buch, obgleich für Jugendliche gedacht, dürfte auch für die meisten Erwachsenen Aufklärungslektüre sein, wenn durch Angst provozierte, vorzeitige Entrüstung nicht zu einer Wahrnehmungssperre führt, die dann die humane Intention dieses Buches nicht erkennen läßt.

2 Historisch-kritische Versuche, Mitte der 80er Jahre noch über Sexualität zu reden

Die Liebe, das war schon immer ein Bündnis gegen den Tod. Bis daß der Tod euch scheide – ein Versprechen gegen die Zeit und Vergänglichkeit. Im symbolischen Tausch der Liebenden ist der Tod als vorübergehende Auflösung des «Ichs» aber schon immer mitenthalten. Der Mythos von der «reinen» Liebe täuscht darüber nur hinweg: daß es *keine* Liebe ohne Beimischung von Macht, Gewalt und Tod gibt. «Tragische» Zeitalter wußten dies seit jeher – schwächere, verlogenere setzen hingegen an die Stelle dieser Wahrheit Ideologie. Diese kann von der Leugnung des Unterschieds über die Gartenlaubenmentalität bis zum Totalitarismus einer gereinigten, bürokratisch verwalteten Sexualität reichen. Aber gerade solche Anstrengungen und Verbannungen setzen erst frei, was sie eigentlich verhindern wollen: Die Integration von Liebe und Tod zerfällt; neben den unerfüllbaren Wunsch nach narzißtischer Vollkommenheit tritt die Angst, die nicht zuletzt durch das perverse Ritual gebunden werden soll. Ein Schleier aus Blei legt sich dann über die Gefühle, während die Körper einander begegnen, als seien sie entweder aus Watte oder nur Maschinen.

Sadomasochismus ist «in». Ist unsere Welt perverser geworden? Eberhard Schorsch stellt diese Frage in einem von dem Frankfurter Sexualwissenschaftler Volkmar Sigusch herausgegebenen Buch mit dem Titel «Die sexuelle Frage» (1982). Ist das nun schon die zeitgemäße Variante der uralten Frage nach der Liebe? Liest man die Texte in diesem Buch, so erhält man zumindest diesen Eindruck: Dem zeitgenössischen Leser muß es ein sadomasochistisches Vergnügen bereiten, wenn ihm behauptetes oder tatsächliches sexuelles Elend seitenweise um die Ohren gehauen wird. «Gemeinsam bluten» – Titel eines der Beiträge – scheint Programm zu sein.

Gunter Schmidt widmet sich in demselben Buch dem Thema «Erotik ist nur noch Alleinsein». Dabei erscheint der Koitus nur noch als eine besonders umständliche Variante der Masturbation. Die Monaden, die sich wechselseitig emotional nicht mehr erreichen können, die sich hinter Grenzen verbarrikadiert haben, betäuben ihre Einsamkeit mit Hilfe rhythmischer Körpergymnastik. Ist das nun eine realistische Bestandsaufnahme des Status quo nach dem Scheitern der «sexuellen Revolution», die hauptsächlich in den Köpfen und einschlägigen Magazinen stattgefunden hat? Oder drückt sich hier nicht auch eine Enttäuschung solcher Geister aus, die einstmals glaubten, durch Anleihen bei der Fliegenbeinzählerei à la Kinsey und der Körpertechnokratie à la Masters & Johnson einen Beitrag zur Emanzipation des Bewußtseins geleistet zu haben? Es kann keine Sexualwissenschaft geben, solange es keine Theorie der menschlichen Emotionalität gibt. Denn noch immer ist die Sexualität der Ort, an dem sich die Körper in Emotionen und Imaginationen auflösen oder aus Angst gerade vor diesem *Erleben* wie Panzer durchs unvermeßbare Gelände der Leidenschaften rollen. Gewiß leistet die Erforschung von Partnerfrequenzen, Körperstellungen und physiologischen Reaktionsmustern nur in einem sehr beschränkten Sinne einen Beitrag dazu, das Wesentliche des sexuellen *Erlebens* zu erhellen.

In dem von Ariès, Foucault und anderen herausgegebenen Buch «Die Masken des Begehrens» (1984) formuliert André Béjin die Kritik am Orgasmologen, wie er zynisch den modernen Sexualtherapeuten nennt, besonders eindringlich. Béjin, der *en passant* das Versagen des Psychoanalytikers beim Versuch der Therapeutisierung des Sexus konstatiert, charakterisiert die *«eindrucksvolle therapeutische Hartnäckigkeit» des* Orgasmologen als *«Vernichtungswerk»* im Hinblick auf die menschlichen Leidenschaften. Wie Foucault in einem weiteren Beitrag zeigt, beginnt die *«Rationalisierung der Sexualität»* allerdings schon mit der Produktion der Keuschheit in der klösterlichen Mönchszelle. Dieses Gefängnis ist das Vorbild des modernen Ichs, hinter dessen Grenzen sich die Monade verbarrikadiert wie weiland der Mönch im Kloster. Die Kasteiung des Körpers, die später von der «Schwarzen Pädagogik» und von den Ärzten, die einen unerbittlichen Kampf gegen die Onanie führen, fortgesetzt wird, die Einschnürung des Individuums in seine eigenen vier Wände, hat eine folgenschwere Konsequenz: Die Sinnlichkeit des Körpers verflüchtigt sich in Übersinnlichkeit, in unverstandene dämonisch-teuflische Fratzen, in erschreckende Masken des Begehrens.

Wenn, wie Béjin glaubt, die Geschlechter einander heute wie *«Buchhalter der Onanie»* gegenübertreten, so hat das wechselseitige vibratorische Vergnügen, das sie sich mit scheelen Augen gönnen, zumindest auch den Sinn, die Angst zu beschwichtigen, die ohne solche Körperkontrolle dem Imaginären gegenüber empfunden werden müßte. Im modernen Koitus, den Béjin unterstellt, erscheint der andere nur noch als *«Parasit einer im Grunde autoerotischen Handlung»*. Und die *«Utopie des sexuellen Egalitarismus»* ist unschwer zu erkennen als eine Variante des Totalitarismus, der jeden Unterschied haßt. Was der Große Bruder öffentlich fordert, das verkündet seine feministische Schwester bisweilen im Schlafzimmer. Immerhin wird dadurch ein Kunst-Stück möglich: der *«vernünftige amour fou»*. Das Verrückteste, was es zwischen Himmel und Erde gibt, die Liebe nämlich, ist dank aller Schulweisheit endlich «normal» geworden.

In einer Beigabe zum soeben wieder aufgelegten Standardwerk Krafft-Ebings, *«Psychopathia sexualis»* (1984), erstmals erschienen 1877, skizziert Julia Kristeva so nüchtern wie überzeugend die zivilisatorische Transformation des *«Ego affectus est»* zum *«Ego cogito»*. Die Direktiven, die der moderne Naturwissenschaftler erläßt, um die Natur als Objekt zu unterwerfen und auszubeuten, entsprechen jenen, so behauptet Kristeva, die Sade dem Libertin erteilt. Auch der geht mit kalter Berechnung gegen das Objekt seines Begehrens vor. Nur: Der Moralist Sade wußte, was er sagen wollte, als er das Panoptikum einer karikierenden Pornographie entwarf. Viele seiner heutigen Verehrer, die die Perversionen als Wiederkehr einer angeblich archaischen «Triebnatur» feiern, verstehen weder Sade noch die Perversionen. Schade also, daß Kristevas Gedanke nicht durch weitere Beigaben zur *«Psychopathia sexualis»* vertieft wird. So bleibt Krafft-Ebings Gruselkabinett der Abweichungen als theoretisches Wachsfigurenkabinett stehen. Und dies, obgleich wir inzwischen wissen, daß der Perverse weit eher ein «Ich»-Täter als ein «Trieb»-Täter ist. Durch seine Rituale der Fesselung und der Knebelung äfft er die bindende Kraft der Liebe nur nach. Und mit seinen Ritualen des Blickens, Zeigens oder Zerstückelns will er vor allem eins – er will sich das Liebesobjekt buchstäblich vom Leibe halten. Jede emotionale Berührung, jede die Distanz verrückende Nähe, könnte sein brüchiges Ich endgültig in Stücke fallen lassen. Gerade davor muß er sich schützen. Er stärkt sein Ich; und er befriedigt weit weniger seine «Lust», als man herkömmlich glaubt.

In einigen der Beiträge des von Ziehe und Knödler-Bunte herausgegebenen Buches «Der sexuelle Körper – Ausgeträumt?» (1984; auch hier ist der Titel fast schon wieder Programm) wird das falsche Bild des Perversen als des Archaisch-Wilden unter Anleihen bei einer modisch mißverstandenen französischen Philosophie der Entgrenzung und Verschwendung unerträglich ideologisch überhöht. Die den Texten beigegebenen Bilder verschreiben sich zudem größtenteils einer Ästhetik des Häßlichen, die, aus welchen Gründen immer, ebenfalls «modern» zu sein scheint.

Frappierend, daß sich die männlichen Autoren, die sich über den «sexuellen Körper» den Kopf zerbrechen, oft selbstquälerisch-bekennerhaft dem Feminismus andienern wollen, während sich gerade die Frauen mit den Wünschen und Ängsten, die sich im entfremdeten Verhältnis der Geschlechter verbergen, weit differenzierter und feinfühliger beschäftigen. So enthält sich etwa Jutta Brückner der verfügbaren moralinsauren Argumente, wenn sie ihren feministisch geschulten Blick auf den pornographischen Film wirft. Und Marina Fischer-Kowalski erkennt zumindest die grundsätzliche Notwendigkeit, daß die Geschlechter einander wechselseitig als Spiegel benützen müssen, um sich ihrer jeweiligen Identität zu versichern, wenn sie auch den Männern vorwirft, sie hätten diese Funktion einseitig und zu Lasten der Frauen eingefordert.

Ridikül ist der Beitrag von Burckhard Lietz, einem Urologen, der gnadenlos über die in den Potenzprotzereien verborgenen Ängste seiner männlichen Patienten herzieht, die an Penis und Hoden operiert worden sind. Es scheint sich noch nicht bis zu ihm herumgesprochen zu haben, daß es auch für Ärzte Balint-Gruppen gibt, in denen es möglich ist, in den Ängsten von Patienten auch die eigenen abgewehrten Potenzängste zu erkennen. Dann muß man sich nicht nur an anderen dafür schadlos halten und braucht auch nicht die schwere Bürde des Super-Feministen zu tragen. Wenn das eigene männliche Begehren in dieser Maske auftritt, ist es ohnehin immer besonders suspekt.

Trauriger und ein wenig realistischer geht es da schon zu bei den «Berührungen – Gespräche über Sexualität und Lebensgeschichte» (1984). Dieses Buch zeichnet Gespräche aus einer Therapiegruppe nach. Irmgard Hülsemann, die Autorin und Gruppenleiterin, behauptet einleitend sogar den *«Versuch einer kritischen Überprüfung der orthodoxen Psychoanalyse»*, was immer das auch heißen mag. Bis zur Einsicht dieser «orthodoxen» Wissenschaft, daß Therapie keine Variante des Exorzismus sein kann, um die eine Hälfte der Welt, das «Böse», hinwegzuheilen, ist sie offenbar nicht vorgedrungen. Anstatt das «Böse» mit dem «Guten» zu integrieren, um somit zu einem realistischen Menschen- und Weltbild zu gelangen, erschafft sie sich ein moralistisch-therapeutisches Jenseits von Gut und Böse, in dem der Terror des Leidens durch den des Heilens ersetzt wird. Alles, was *auch* und unverbrüchlich zur menschlichen Sexualität gehört – alle Formen der Macht, des Wunsches nach Herrschaft und Beherrschtwerden, die Gefühle der Verletzung, die Angst, verlassen zu werden, Eifersucht, Scham, Konkurrenz, Unsicherheit –, kurz die eine Hälfte der menschlichen Leidenschaft, wird von der Autorin nur als Ausdruck einer «Störung» begriffen. Was dabei herauskommt, das ist eine neue Ideologie oder auch ein Verständigungstext, der jedes Verstehen der menschlichen Realität unmöglich macht.

Fritz Morgenthalers Arbeiten über «Homosexualität, Heterosexualität, Perversion» (1984) hätten der Autorin vielleicht helfen können, die unaufhebbare Vielfalt der menschlichen Sexualität besser zu begreifen.

Leider sind Morgenthalers Texte in einer für den Laien schwer verständlichen Sprache abgefaßt. Der Autor selbst hat Schwierigkeiten, zwischen der klassischen Triebtheorie Freuds und modernen Konzepten der analytischen Ichpsychologie und Objektbeziehungstheorie zu vermitteln. Das macht aber auch wiederum den Reiz dieses Buches aus, verdeckt es doch die Brüche nicht, die derzeit die Psychoanalyse insgesamt charakterisieren. Ein neues Paradigma, was die gleiche theoretische Sicherheit vermitteln könnte, die einst der Freudsche Entwurf erlaubte, steht noch aus. Morgenthaler zeigt die Schwierigkeiten und enthält sich jeden Versuchs, dogmatisch Heilslehren zu verkünden.

Bedauerlich, daß im selben Verlag neuerdings zwei Bände erschienen sind, die Arbeiten enthalten, die erstmals in dem von Magnus Hirschfeld herausgegebenen «Jahrbuch für sexuelle Zwischenstufen» (1899–1923) veröffentlicht worden sind. Bedauerlich deshalb, weil das editorische Unternehmen in mehrfacher Hinsicht mißlungen ist. Warum aus über zehntausend Druckseiten gerade die paar Hundert ausgewählt wurden, die jetzt reproduziert vorliegen, entbehrt jeder sinnvollen Begründung. Personen- und Sachregister gibt es nicht, die Literaturangaben fehlen, soweit sie nicht im Originaltext in Fußnoten erscheinen. Zudem sind die Texte gekürzt, so daß etwa folgender Unsinn zu lesen ist: *«Aber da ist jener schon erwähnte Artikel von O-Grady im ‹Gentleman's Magazine›, den Bucke zum Abdruck brachte.»* Da nun aber der Herausgeber gerade die Stelle, auf die hier verwiesen wird, nicht zum Abdruck brachte, sondern sie kürzte, ist der Verweis sinnlos. Derartige Beispiele ließen sich mehrere nennen. Die Neuausgabe ist demnach für wissenschaftliche Leser unbrauchbar und für Laien oftmals unverstehbar. Es genügt auch nicht der Hinweis, daß Magnus Hirschfeld sich um die gesellschaftliche Anerkennung der Homosexuellen Verdienste erworben hat, oder der, daß er von den Nazis verfolgt und ins Exil getrieben wurde, um Texte wieder kommentarlos abzudrucken, die eine äußerst fragwürdige Theorie der Homosexualität ventilieren, und dies auf weiten Strecken im Stile der *Gartenlaube*.

Zum Ärgernis wird das Ganze durch die «Editorische Notiz» des Herausgebers Wolfgang Johann Schmidt. Da wird Magnus Hirschfeld zum *«Gründungsmitglied der deutschen Abteilung der von Freud initiierten Psychoanalytischen Vereinigung»* im Jahre 1905 ernannt, in dem es eine solche Vereinigung noch gar nicht gab. Daß die *«Wiener Psychoanalytische Vereinigung»* 1908 als erste derartige Gruppe offiziell gegründet wurde, erfährt man hingegen nicht. Und daß es Magnus Hirschfeld war, der sich an Freud und dessen Wiener Anhänger wandte, um mit ihnen gemeinsam – und lange vor Kinsey – eine der ersten empirischen Fragebogenaktionen zum Sexualverhalten durchzuführen, erfährt man auch nicht. Diese Bitte war schließlich für Freud der Anlaß, um mit einer offiziellen Briefkopfbezeichnung den Fragebogen zu schmücken. So gesehen, war Hirschfeld Initiator der organisatorischen Verfestigung der Freudschen Schule. Noch ärgerlicher sind Schmidts Bemerkungen dort, wo er Freud unterstellt, der habe von einer *«homosexuellen Deformation»* gesprochen. Das gehört in die Rubrik: Alles, was Sie schon immer über Freud gewußt haben, aber noch niemals bei ihm nachlesen konnten. Tatsächlich wandte sich Freud ausdrücklich gegen die zu seiner Zeit weitverbreitete Auffassung, Homosexualität sei als Degeneration zu begreifen. Hingegen bescheinigte Freud einem Teil der Homosexuellen *«hohe intellektuelle Entwicklung und ethische Kultur»*. Im übrigen war er der Auffassung, daß jeder Mensch ein Leben lang zwischen homosexueller und heterosexueller

Einstellung schwanke. Was ihn interessierte: Unter *welchen* Bedingungen kommt es zu einer kulturell geforderten oder verdammten Zwangsmonosexualität?

Freud wußte, daß er diese und andere Fragen im Hinblick auf die menschliche Sexualität nicht erschöpfend beantworten konnte. Er war sich seines Nicht-Wissens nur ein wenig bewußter als viele seiner damaligen und heutigen Kritiker. Und ein Blick auf die hier genannte Auswahl zeitgenössischer Bücher zum Thema «Nummer 1» zeigt, daß wir nach wie vor im dunkeln tappen. Die Quadratur des Sexus steht noch aus. Gott Amor sei Dank!

Literatur

Affemann, R.: Geschlechtlichkeit und Geschlechtserziehung in der modernen Welt. Gütersloh (Gütersloher Verlagshaus) 1970

Amenth, G.: Sexfront. Frankfurt/M. (März) o. J.

Ariès, P. et al. (Hg.): Die Masken des Begehrens und die Metamorphosen der Sinnlichkeit. Zur Geschichte der Sexualität im Abendland. Frankfurt/M. (Fischer) 1984

Demarest, R. J., Sciarra, J. S.: Zeugung, Geburt und Verhütung. Ein Bilderatlas. Frankfurt/M. (G. B. Fischer) 1969

Goldstein, M., McBride, W.: Lexikon der Sexualität. Wuppertal (Jugenddienst) 1970

Hülsemann, I.: Berührungen. Gespräche über Sexualität und Lebensgeschichte. Darmstadt (Luchterhand) 1984

Jahrbuch für sexuelle Zwischenstufen (Auswahl aus den Jahrgängen 1899–1923, hg. von J. Schmid). Frankfurt/M. (Qumran) 1983–1984

Krafft-Ebing, R. von: Psychopathia sexualis. München (Matthes & Seitz) 1984

Morgenthaler, F.: Homosexualität, Heterosexualität, Perversion. Frankfurt/M. (Qumran) 1984

Reiche, R.: Sexualität und Klassenkampf. Frankfurt/M. (Neue Kritik) 1969

Reuben, D.: Alles, was Sie schon immer über Sex wissen wollten – aber bisher nicht zu fragen wagten. München (Droemer-Knaur) 1970

Sigusch, V. (Hg.): Die sexuelle Frage. Hamburg (Konkret Literatur) 1982

Ziehe, T., Knödler-Bunte, E. (Hg.): Der sexuelle Körper – ausgeträumt? Berlin (Ästhetik & Kommunikation) 1984

3 Sexualität und Eros

In einer Abhandlung, die gewiß zu den eindrucksvollsten Schriften Sigmund Freuds gehört, in jener nämlich über *Das Unbehagen in der Kultur* (1930), beschreibt Freud in den einleitenden Sätzen einen Disput mit Romain Rolland. Der Dichter stimmte mit Freud in der These überein, wonach die Religion sich als Illusion erweisen lasse, bemängelte aber, Freud habe dabei die Quelle der Religion, die Religiosität, übersehen. «Diese sei ein besonderes Gefühl, das ihn (Romain Rolland – B. N.) selbst nie zu verlassen pflege, das er von vielen anderen bestätigt gefunden und bei Millionen Menschen voraussetzen dürfe» (1930, 421). Der Religiosität liege ein Gefühl zugrunde, das etwas mit «Unbegrenztem, Schrankenlosem, gleichsam ‹Ozeanischen›» (1930, 422) zu tun habe. Freud nennt es im weiteren das «ozeanische Gefühl», «also ein Gefühl der unauflösbaren Verbundenheit, der Zusammengehörigkeit mit dem Ganzen der Außenwelt» (1930, 422).

Freud bekennt nun im weiteren Verlauf der Diskussion, daß ihm dieses Gefühl an seiner eigenen Person nicht vertraut sei. Man mag dieses Selbstbekenntnis durch den Verweis auf ein anderes ergänzen:

Er sei auch nicht besonders musikalisch, könne mit Musik nicht viel anfangen, schreibt Freud an einer anderen Stelle seines Werkes.

Die mangelnde Gefühlserfahrung versucht Freud im Fortschritt seiner Abhandlung durch eine intellektuelle Aneignung des zur Diskussion stehenden Problems des «ozeanischen Gefühls» – ja, darf man das sagen? – zu kompensieren: «Die Idee, daß der Mensch durch ein unmittelbares, von Anfang an hierauf gerichtetes Gefühl Kunde von seinem Zusammenhang mit der Umwelt erhalten sollte, klingt so fremdartig, fügt sich so übel in das Gewebe unserer Psychologie, daß eine psychoanalytische, das ist genetische Ableitung eines solchen Gefühls versucht werden darf» (1930, 423). Und er führt dann aus, daß uns *normalerweise* nichts gesicherter erscheine als das Gefühl unseres eigenen Selbst, unseres von der Außenwelt scharf abgegrenzten Ichs. «Nur in einem Zustand, einem außergewöhnlichen zwar, den man aber nicht als krankhaft verurteilen kann, wird es anders. Auf der Höhe der Verliebtheit droht die Grenze zwischen Ich und Objekt zu verschwimmen. Allen Zeugnissen der Sinne entgegen behauptet der Verliebte, daß Ich und Du Eines seien, und ist bereit, sich, als ob es so wäre, zu benehmen» (1930, 423). Hier also, im Zustand der Verliebtheit, schwindet die Grenze zwischen Ich und Außenwelt, zumindest in bezug auf das geliebte Objekt, wie Freud meint. Besteht am Ende gar ein Zusammenhang zwischen der von Romain Rolland gemeinten «Religiosität» und dem von Freud konstatierten Zustand der «Verliebtheit»?

Lassen wir diese Frage hier unbeantwortet, und wenden wir uns den psychoanalytischen Thesen über «Verliebtheit» zu. Specht (1977) behandelt dieses Problem in einem Essay. Danach zielt Verliebtheit nicht nur auf die *Vereinigung* mit dem geliebten Objekt, sondern sei ein Gefühlszustand, der bereits von Platon im *Phaidros* als eine Form der Mania bezeichnet worden ist – ein Wahn, der gelegentlich zu erheblichen Störungen des Realitätssinnes führe. Die Struktur der Realität, die auf der Trennung von Subjekt und Objekt (Außenwelt) aufbaut, wird in diesem Zustand hinfällig. Generell aber, so lauten die psychoanalytischen Thesen, könne Verliebtheit als ein regressiver Zustand interpretiert werden, als ein Versuch der Rückkehr zu frühinfantilen Gefühlsverfassungen. In der Verliebtheit solle das ursprüngliche Trennungstrauma überwunden werden; es handle sich um einen Restitutionsversuch, bei dem durch die sexuelle Vereinigung die verlorene Mutter-Kind-Einheit wieder erreicht werden solle.

Es scheint mir bedeutsam zu sein, daß in diesen Annahmen, die sich im übrigen mit vielen Thesen der psychoanalytischen Theoriebildung decken, Verliebtheit als *regressive* Bewegung gedacht wird. Ein nach rückwärts gerichteter Wunsch nach Vereinigung mit einem präödipalen Objekt mehr noch als ein nach vorne gerichteter, progressiver Wunsch scheint die Verliebtheit zu kennzeichnen.

Dagegen findet sich, wenigstens auf den ersten Blick, in den frühen Religionen, soweit sie sich auf die Sexualität beziehen, eher eine gegenteilige Sicht: Der Verliebte versucht demnach nicht, in seine Kindheit zurückzukehren, sondern strebt durch die Vereinigung mit dem geliebten Objekt den Göttern nahezukommen, sich also *nach vorne* zu bewegen: Erlösung, die Befreiung von subjektiven Grenzen, ist sein Ziel. Die sexuelle Vereinigung ist in den frühen Religionen jener Vorgang, der den einzelnen mit dem Ganzen – der Gattung und des Universums – verbindet.

Es ist nun, wie ich glaube, für das abendländische Denken und den ihm zugrundeliegenden Zivilisationsprozeß charakteristisch, wenn Freud behauptet, das «ozeanische Gefühl», nach Romain Rollands Annahme Ursprung der Religiosität, sei neben der Verliebtheit vor allem in einer großen Anzahl pathologischer Zustände anzutreffen, bei denen «die Abgrenzung des Ichs gegen die Außenwelt unsicher wird, oder die Grenzen wirklich unrichtig gezogen werden» (1930, 423). Sollte es möglich sein, daß im Abendland ein Gefühls- und Erfahrungszusammenhang, der ursprünglich die Mythologien und Religionen der Völker mitkonstituierte, ganz der *Pathologie* verfallen ist? Wird die Liebe tatsächlich dadurch gekennzeichnet, daß ein Aussetzen der Vernunft zu konstatieren sei? Haben die Konstituierung dieser Form der Vernunft und die nach den von ihr gesetzten Maßstäben einer Beherrschung der inneren und äußeren Natur dazu geführt, bestimmte Erfahrungen ganz ins Reich der Irrationalität abzudrängen?

Ich habe diese Frage an anderer Stelle bejaht (Nitzschke 1974; 1978). In den pathologischen Äußerungen des psychischen Organismus verselbständigen sich Erfahrungsbereiche, die von der gesellschaftlichen Kommunikation abgeschnitten worden sind, so lautet meine These. Einmal ins Getto verbannt, kehren solche Erfahrungen sich gegen das Individuum, während sie zuvor, in den sozialen Kontext integriert, gerade dessen Überleben sicherten. Dies trifft insbesondere auf die mit der Sexualität verbundenen Erfahrungen, Affekte und Leidenschaften zu. In den Perversionen beispielsweise, so wird ja vermutet, leben archaische Reste einer längst vergessenen Sinnlichkeit fort, die einstmals mit dem Kult und dem Ritual verbunden waren, also dem öffentlichen Zeremoniell unterlagen.

Die Formung des Subjekts, das von der Möglichkeit der Transzendenz seiner selbst nichts mehr ahnt und entsprechende Äußerungen stets als Ausfluß des Wahnsinns, der Verrücktheit oder der Regression interpretieren muß, unterliegt ganz und gar einem historischen Prozeß. Mit der Entwicklung der modernen Produktion, mit der Teilung der Arbeit, geht die Degradierung des Subjekts zum Teilmoment der materiellen Produktion einher. Verfügbarkeit im Arbeitsprozeß, Mobilität im geographischen und sozialen Sinn, also auch im Bereich persönlicher, libidinöser Beziehungen, sind Voraussetzung moderner Industriearbeit. Die Orientierung des Verstandes am Greifbaren, scheinbar Tatsächlichen, die Parzellierung der Zeit nach Maßgabe der industriellen Produktion im Gegensatz zur Rhythmisierung der Zeit im Gefolge der Jahres-, Saat- und Erntezeiten, sind Momente eines historischen Prozesses, an dessen Ende wir stehen. Der sinnliche Zugang zur Wirklichkeit hat sich im Verlauf dieses Prozesses einschneidend geändert.

Die Instrumentalisierung der Persönlichkeit, die ihre Eigenschaften in den sozialen Tauschbeziehungen nach den Gesetzen des Marktes einzusetzen hat, ist Teilmoment dieses historischen Prozesses. Das Ende dieser Instrumentalisierung läuft aber auf den Zerfall des Subjekts hinaus: «Die im Individuum vollendete Arbeitsteilung, seine radikale Objektivation, kommt auf seine kranke Aufspaltung heraus. Daher der ‹psychotische Charakter›, die anthropologische Voraussetzung aller totalitären Massenbewegungen... Danach wären die Destruktionstendenzen der Massen, die in den totalitären Staaten beider Spielart explodieren, nicht so sehr Todeswünsche wie Manifestationen dessen, wozu sie schon geworden sind. Sie morden, damit ihnen gleicht, was lebendig ihnen dünkt» (Adorno 1969, 310).

Was hat das alles mit dem Thema «Sexualität und Eros» zu tun? Theweleit hat in seinen *Männerphantasien* (1977; 1978) versucht, diese Frage zu beantworten. Der soldatische Mann, das faschistische Ideal vom Mann, mordet, um seinem eigenen psychotischen Untergang zu entgehen. Er, dieser Held des Abendlandes, Teil einer gigantischen Maschinerie, der Kriegsmaschinerie, die er bedient und von der er doch zur vollständigen Un-Wesentlichkeit herabgesetzt wird, gleicht, folgt man den Analysen Theweleits, einem hilflosen Kind, das den Zugang zur Objektwelt nur durch jene Aggression aufrechterhalten kann, der es zuvor durch das militärische Ritual unterworfen worden ist. Nebenbei sei angemerkt, daß die Produktion der für die moderne Industrie benötigten Arbeitskräfte, die Disziplin, Hierarchie und Zeittakt akzeptieren, wohl kaum ohne die Etablierung der modernen Heere und der durch sie vermittelten «Erziehung» hätte durchgesetzt werden können. Was hier eingeübt wird, kann dort verwendet werden – und umgekehrt.

Der Krieger der vorindustriellen Gesellschaften mußte sich durch Rituale verschiedener Art auf den Kampf vorbereiten; dazu gehörte vor allem auch die vorübergehende Trennung von den Frauen. Kann es sein, daß dieser Prozeß einer Trennung heute individuell kaum noch nachvollzogen werden muß, weil er längst schon zur gesellschaftlichen Zubereitung des Subjekts, also zur durchschnittlichen Erziehung, gehört? So erscheint das «moderne» Töten – hier im direkten *und* übertragenen Sinne gemeint – als ein vielleicht letztes Mittel, den verlorenen libidinösen Zugang zur Realität wenigstens zu kompensieren. Der vollständige Verlust der libidinösen Beziehungen zur Wirklichkeit kommt aber, wie Freud in seiner Analyse des Falles «Schreber» (1911) gezeigt hat, dem Verlust der Wirklichkeit selbst gleich – entspricht also dem Wahnsinn. Die libidinösen Besetzungen der Objekte werden zurückgenommen; dadurch aber zerfällt auch das Ich: die innere Katastrophe entspricht dem erlebten «Weltuntergang».

Es ist hier nicht der Platz, auf die einzelnen Wahnerlebnisse Schrebers einzugehen; ich habe das an anderer Stelle getan (Nitzschke 1978; 1985). So viel aber soll im Zusammenhang mit unserem Thema behauptet werden: Auch der Wahnsinn spricht von der Auflösung der Grenze zwischen Innen und Außen, nur, was der Verliebte erstrebt, die Vereinigung mit dem geliebten Objekt, will ihm nicht mehr gelingen. Die Rückführung der Libido zum Objekt, die Wiederaufnahme libidinöser Beziehungen zur Wirklichkeit, käme dagegen einer Heilung des Wahnsinns gleich. Eben darin, in der Wiederherstellung überwiegend positiv besetzter Vorstellungsinhalte (vom Objekt *und* vom eigenen Selbst), besteht nach Ansicht Freuds die Aufgabe der Therapie.

Aber hat nicht Freud auch darauf hingewiesen, daß die Sexualität ihrerseits als eine Kraft zu verstehen sei, die den Bestand des Individuums gefährdet? In seinen frühen Theorien über den Sexualtrieb spricht Freud immer wieder davon, die Sexualität könne zu einer Gefahr, zu einer die Organisation des Ichs bedrohenden Gefahr werden. Wird der psychische Apparat durch Impulse aus dem Es überschwemmt, tritt das Lustprinzip an die Stelle des Realitätsprinzips, dann ist die Einheit der Person bedroht. Ein einziges Zitat mag stellvertretend als Beleg für diese Ansicht Freuds gelten: «Das Lustprinzip bleibt... noch lange Zeit die Arbeitsweise der schwer... ‹erziehbaren› Sexualtriebe, und es kommt immer wieder vor, daß es, sei es von diesen letzteren aus, sei es im Ich selbst, das Realitätsprinzip zum Schaden des ganzen Organismus überwältigt» (1920, 6). Neben dieser Gefahr, die vom Lustprinzip, beziehungsweise von den mit ihm verbundenen Sexualtrieben ausgeht, sieht Freud noch eine weitere Gefahr, die der konservativen Natur der Triebe entspricht. Die Triebe seien, so meint Freud, stets bestrebt, frühere psychische Zustände wieder herzustellen, also die Erfolge der Erziehung, die unter anderem die Herrschaft der Vernunft und die Beachtung der äußeren Realität zum Ziele habe, rückgängig zu machen. Rückbildung, Wiederherstellung primärer Erlebenszustände sind nach Ansicht Freuds mit der Natur der Triebe originär verbunden.

Sexualität erscheint im Zusammenhang solcher Vorstellungen als eine an sich archaische, die Grenzen des Individuums sprengende Kraft, die dort, wo sie verdrängt wird, zur Neurose disponiert. Dieser Kraft zu entkommen, sie in den psychischen Organismus zu integrieren, ist das charakteristische Anliegen, das viele Schriften Freuds kennzeichnet.

Der historische Prozeß, den wir bereits angesprochen haben, scheint nun gerade dieses Anliegen verwirklicht zu haben: Sexualität ist fungibel geworden, eines unter vielen psychischen Vermögen, die vom «reifen» Individuum situationsgerecht einsetzbar sind. Das von archaischen Ängsten und mythologischen Vorstellungen emanzipierte Subjekt verfügt über eigene und fremde Sexualität scheinbar nach selbstgesetzten Normen und Wünschen. Das alles findet statt bei gleichzeitig festgefügten Ichgrenzen. Hinter diesen aber verkümmert das Subjekt mit seinen Leidenschaften, benötigt es doch, wenn wir den primitiven Mythologien und ursprünglichen Religionen Glauben schenken wollen, eben gerade dies: die Überwindung jener Grenzen, die seinen Bestand zu sichern scheinen.

Es ist hier nicht möglich, den historisch gewachsenen und gesellschaftlich geforderten Bestand der Ichgrenzen im einzelnen mit den zeitgenössischen psychischen Krankheiten in Zusammenhang zu setzen. Sicher scheint aber zu sein, daß der Begriff der Sexualität, den wir heute kennen, an den Bestand solcher Grenzen gebunden ist. Angemerkt sei hier, daß dieser Begriff selbst sich erst im 19. Jahrhundert durchsetzte, wobei eine spezifische Form der *Trennung* zwischen den Geschlechtern vorauszusetzen war. Ein entsprechender Begriff findet sich weder bei Homer noch etwa in der Bibel. Reservieren wir den modernen Begriff der *Sexualität* also für Erfahrungszusammenhänge, die sich der Trennung verdanken, und verwenden wir den Begriff des *Eros* für solche Erfahrungszusammenhänge, die die Überwindung der Trennung, die Transzendierung des Ichs implizieren.

Wenn die hier vertretenen Thesen zutreffen sollten, so muß unser sexuelles Erleben in fundamentaler Weise verschieden sein von dem in «primitiveren» Gesellschaften möglichen Erleben. Denn in diesen Gesellschaften war die Transzendierung des Ichs, die Auflösung der Ichgrenzen, fester Bestandteil religiöser Rituale und sozialer Zeremonien. Erst unter der Voraussetzung der gesellschaftlichen Unmöglichkeit, die Grenzen des Ich gesellschaftlich sanktioniert zu transzendieren, scheint jene Bedrohung Wirklichkeit zu werden, die von Freud den «Sexualtrieben» zugeschrieben worden ist. Einschränkend soll bemerkt werden, daß natürlich auch in den sogenannten «primitiven» Gesellschaften die «destruktive» Macht der Sexualität bekannt war. Aber die religiösen Rituale, die Einbindung der Sexualität und damit die eines wichtigen Erlebensbereiches des Individuums in den sozialen Zusammenhang, scheint ja zum Ziel gehabt zu haben, die destruktiven Tendenzen sozial zu integrieren und aufzulösen.

Die Beziehung der Sexualität zum «Dämonischen» ist, neben jener zum «Transzendenten», den frühen Gesellschaften von jeher bekannt. Zwischenzeitlich geleugnet, kehrt sie in der Pathologie des Individuums wieder und fällt so ganz diesem, vom sozialen Prozeß abgeschnitten, zur Last. In der psychischen Ausbeutung, im Versuch, die Ichgrenzen des Objekts zu durchbrechen, ohne die eigenen in Frage und damit zur Disposition zu stellen, scheint sich jene Destruktion, von der wir sprechen, heute noch am ehesten darzustellen. Aber auch die Angst vor Kontrollverlust, vor einer ursprünglich sinnlich-affektiven Erfahrung im Zusammenhang mit sexuellem Erleben, ist charakteristisch für den vom archaischen Erbe emanzipierten modernen Menschen: Er fürchtet zu erfahren, was nach glaubwürdiger Überzeugung seines Verstandes eigentlich gar nicht existieren dürfte.

Wenn die in dieser kleinen Abhandlung gemachten Voraussetzungen zutreffen sollten, dann wäre der Gegenstand unserer Rede ein Erlebenszusammenhang, den wir zwar rekonstruieren, kaum aber in der gegenwärtigen sozialen Realität wiederfinden können. Drei Wege der

Rekonstruktion stehen zur Verfügung: einmal der Rückgriff in die Gattungsgeschichte, die Aufarbeitung des stammesgeschichtlichen Erbes; dann der analytische Versuch, die individuelle Genese in die infantile Vorgeschichte hineinzuverfolgen (ein Weg, den Freud mit seiner psychoanalytischen Methode zu gehen versuchte); schließlich die interpretierende Untersuchung historischer oder zur Zeit noch bestehender «primitiver» Kulturen. Keiner dieser drei Wege soll hier beschritten werden. Verweisen aber wollen wir auf eine Darstellung der «Liebe in der Kunst» (1977), die bildlich einige jener Behauptungen illustriert, die wir im Vorangegangenen aufgestellt haben.

In der antiken Kultur Griechenlands beispielsweise finden sich all jene Momente der Integration der Sexualität in den öffentlichen und religiösen Zusammenhang, die wir behauptet haben. Die Götter- und die Menschenwelt sind durchdrungen von einer Allgegenwart des Eros. Muttergottheiten, Phalluskulte und Dionysosfeiern verweisen auf den integralen und öffentlich bekundeten Zusammenhang, in dem die menschliche Sexualität mit dem übrigen Leben stand. Sexualität in jenem eingeschränkten Sinne, wie wir sie heute kennen, kennzeichnet die antike Bilderwelt nur schlecht. Indische, persische, chinesische Philosophen vergangener Jahrtausende sind unverständlich, wenn man die Darstellung menschlicher Sexualität nicht als ein wichtiges Moment dieser Denkgebäude begreift. Die Bildbände, von denen hier die Rede ist, verdeutlichen, in welch innigem Zusammenhang Religiosität einstmals mit allen Äußerungsformen menschlicher Sexualität stand. Die Lösung der rituellen Verschränkung beider Lebensbereiche und Erfahrungen ist ein relativ spätes historisches Ereignis. Vermutlich war sie Voraussetzung der Emanzipation jener Vernunft, die wir heute kennen und die wir als die einzig vernünftige gelten lassen wollen. Durch solche Reduktion und Disziplinierung wird aber Sexualität zu einem «individuellen» Ereignis – und zugleich zu einer *Gefahr* für das hinter seine Grenzen verbannte Individuum.

Der Eros, so meint Freud in seiner späteren Triebtheorie, die er etwa ab 1920 vertritt, sei die lebenspendende, Vereinigung stiftende Kraft. Er sei somit direkt dem Todestrieb entgegengesetzt und müsse diesen in Schach halten. In den späten Schriften Freuds erscheint der Eros denn auch wie eine Form «pazifizierter» Sexualität; so, als habe Eros die ursprünglich archaisch-destruktive Kraft der Sexualität in sich aufgenommen. Eros ist damit identisch mit der Liebe, wie Freud meinte. Es mag erlaubt sein, hier daran zu erinnern, daß die Gleichsetzung

«Gott ist die Liebe» auch bis in die Gegenwart für unsere christlich-abendländische Kultur Gültigkeit wenigstens in der religiösen Vorstellungswelt besaß. Wie zeitgemäß mag jene Feststellung Nietzsches am Ende des letzten Jahrhunderts sein – «Gott ist tot»? Das heißt, rückübersetzt in die menschliche Realität, doch nichts anderes als: Ein Erfahrungszusammenhang besteht nicht mehr, der es einstmals erlaubte, Eros zu vergöttlichen.

Literatur

Adorno, T. W.: Mimima moralia. Frankfur / M. (Suhrkamp) 1969
Die Liebe in der Kunst. München, Genf, Paris (Nagel) 1977
Freud, S.: Psychoanalytische Bemerkungen über einen autobiographisch beschriebenen Fall von Paranoia (1911). G. W. VIII
Freud, S.: Jenseits des Lustprinzips (1920). G. W. XIII
Freud, S.: Das Unbehagen in der Kultur (1930). G. W. XIV
Nitzschke, B.: Die Zerstörung der Sinnlichkeit. München (Kindler) 1974. Neuausgabe: München (Matthes & Seitz) 1981
Nitzschke, B.: Die reale Innenwelt. Anmerkungen zur psychischen Realität bei Freud und Schopenhauer. München (Kindler) 1978
Specht, E.-K.: Die psychoanalytische Theorie der Verliebtheit – und Platon. Psyche 31, 1977, 101–141
Theweleit, K.: Männerphantasien, Bd. I–II. Frankfurt / M. (Roter Stern) 1977–1978

4

Verlieb dich oft ...

[...] verlob dich selten, heirate nie! Warum nicht? – Der Volksmund, der diese Redensart erfunden hat, weiß wohl, wie sehr, wer verheiratet ist, über kurz oder lang gezwungen wird, die Dinge nüchtern und realistisch zu betrachten. Wer aber verliebt ist, kann es sich leisten, die Welt in den schönsten Farben zu sehen. Er befindet sich in einem *psychischen* Ausnahmezustand, von dem schon Platon glaubte, er sei einer Form der Manie nicht ganz unähnlich.

So anstrengend diese psychische Verfassung auch sein mag: Wer verliebt ist, würde wohl mit niemandem auf der Welt tauschen wollen. Er zieht jenes Schwanken zwischen herzzerreißender Sehnsucht und höchster Glückseligkeit allen normal genannten seelischen Zuständen vor und stört sich auch nicht daran, wenn seine Mitmenschen ihn milde lächelnd als verrückt bezeichnen. Verrückt? Ja – so sah es wenigstens Freud, der die «psychologisch so merkwürdigen Zustände von Verliebtheit» als die «Normalvorbilder der Psychosen» bezeichnete.

Was geschieht, wenn man sich verliebt? Eine Antwort auf diese Frage bei der «akademischen» Psychologie und gar bei der zeitgenössischen Sexualwissenschaft zu finden, erscheint nahezu als unmöglich. Wer mit wem wann was unternimmt, um sich sexuelle Befriedigung zu verschaffen, wissen wir seit Kinsey. Und wie die physiologischen Prozesse bei sexueller Erregung ablaufen, haben Masters und Johnson säuberlich im Labor erforscht. Aber – über die Liebe oder über das Verliebtsein, über das *Erleben* der Sexualität, haben sich diese modernen Seelenforscher kaum jemals geäußert. Symptom unserer Zeit?

Um über die Verliebtheit etwas zu erfahren, muß man auf ältere Quellen zurückgreifen. Eine der schönsten Erklärungsversuche zum Phänomen des Verliebens findet sich in Platons *Phaidros*. Wie später Freud, so ordnet auch Platon den Zustand des Verliebtseins in die Reihe der pathologischen Seelenverfassungen ein, die sich unter anderem durch ein Aussetzen der «Vernunft» charakterisieren ließen, wie es heißt. Aber – die Verliebtheit ist nicht ausschließlich unter pathologischen Gesichtspunkten zu betrachten. Denn beim «Wahnsinn» der Verliebten haben die Götter die Hand im Spiel, wie sie ja auch für die ekstatischen Zustände der Prophetin in Delphi oder für die dichterische Inspiration verantwortlich sein sollen.

Zur Erklärung der Verliebtheit greift Platon im *Phaidros* auf einen Mythos zurück, der – wie jeder Mythos nach Auffassung des französischen Mythenforschers Lévi-Strauss – als Versuch zu verstehen wäre, präverbale Erfahrung mit Hilfe der Sprache auszudrücken. Vor der Geburt schwebten die Seelen der Menschen – so Platon – im Zustand seligen Glücks neben den Göttern am Himmel. Aber die Seelen der Menschen konnten diesen göttergleichen Zustand nicht erhalten: Sie verloren ihr Gefieder, stürzten ab und vereinigten sich mit dem sterblichen Körper. So wurden die Menschen geboren. Nach der Geburt vergessen die Menschen ihr ursprüngliches Glück. Begegnet aber eine menschliche Seele einem Menschen, der dem Gott gleicht, mit dem diese Seele einst am Himmel entlangzog, dann erinnert sie sich an den ursprünglichen Glückszustand – und verliebt sich. Das Gefieder beginnt wieder zu wachsen, und die Seele verlangt erneut, sich mit den Göttern zu vereinigen. Sie schwingt sich zum Himmel empor.

Was ist aus dieser poetischen Schilderung Platons über den Vorgang des Verliebens zu erfahren? Der Philosoph und Psychoanalytiker Ernst-Konrad Specht (1977) hat versucht, Verbindungen zwischen dem platonischen Mythos und der psychoanalytischen Theorie der Verliebtheit, wie sie Freud zeichnete, herzustellen. Wie Platon, so glaubt auch Freud, daß jedes Verlieben ein Versuch sei, sich an eine längst vergangene Zeit zu erinnern, ursprüngliche psychische Erlebnisweisen wieder einzusetzen. Die Verliebtheit entwickelt sich nach Ansicht Freuds auf dem Hintergrund eines Verlust- und Trennungstraumas, das mit der Geburt beginnt und in der allmählichen Ablösung des Kindes von der Mutter seinen endgültigen Ausdruck findet. Der Verliebte «erinnert» sich an die ursprüngliche Einheit, die er einmal – vor aller Trennung – erlebt hat. An eine Einheit, in der die Trennung zwischen Subjekt und Objekt, die als die Grundlage des *rationalen* Erfassen der Welt anzusehen wäre, noch nicht bestand. Das Kind fühlt sich ursprünglich mit der Mutter eins – erlebt einen beglückenden Urzustand, den zu verlassen die Not des Lebens, die «Realität», erzwingt. Der Individuationsprozeß ist nach Auffassung Freuds identisch mit dem Prozeß, sich als einen von anderen Menschen *getrennten* Menschen zu erleben und zu begreifen.

Gegen diese Forderung spricht das dionysische Prinzip, ein Ausdruck, den Nietzsche zur Bezeichnung des ursprünglichen Ichgefühls benutzte. Das Ichgefühl des Erwachsenen ist nach Auffassung Freuds nur noch «ein eingeschrumpfter Rest eines weitumfassenderen, ja eines allumfassenden Gefühls, welches einer innigeren Verbundenheit des Ichs mit der Umwelt entsprach». Der Verliebte aber versuche, diesen Urzustand in seinem Gefühlsleben wieder herzustellen, und benehme sich dabei wie ein Psychotiker, der behaupte, zwischen Ich und Du gebe es keine Grenzen, beide seien im Grunde eins. Wer sich verliebt, belebt also archaische Erlebnisweisen wieder – kehrt zurück ins «Paradies». Vermutlich ist diese Erfahrung eine der Quellen aller Paradies-Mythen, die sich in primitiven Gesellschaften, aber auch – in dieser oder jener Form – in vielen Religionen wiederfinden lassen. Der regressive Zug in der Verliebtheit richtet sich auf einen idealen, aber längst verlorenen Ausgangszustand.

Nicht ganz sicher ist, ob der Verliebte sich tatsächlich in das real vorhandene Liebesobjekt verliebt. Freud war diesbezüglich skeptisch. Er meinte, jeder Mensch bleibe mehr oder weniger an sein ursprüngliches Liebesobjekt – meist, aber nicht immer, die Mutter – psychisch gebunden. Freud betont in vielen Schriften «die einzigartige, unvergleichliche, fürs ganze Leben unabänderlich festgelegte Bedeutung der Mutter als erstes und stärkstes Liebesobjekt, als Vorbild aller späteren Liebesbeziehungen – bei beiden Geschlechtern».

Das Bild der Mutter als verinnerlichtes «Klischee», das unbewußt erhalten bleibt, steuert und beeinflußt die spätere Objektwahl oder verhindert diese bisweilen auch ganz. Die nach der Pubertät einsetzende «Objektfindung ist eigentlich eine Wiederfindung», wie Freud meint. Er geht an manchen Stellen seines Werkes sogar so weit, alle späteren Liebesobjekte als «Surrogate» der ursprünglichen Liebesobjekte zu behaupten, zu denen neben der Mutter auch der Vater, die Geschwister oder andere wichtige Figuren der Kindheit gehören.

In wen verliebt sich also die Seele des Verliebten? In die «Götter», mit denen sie ursprünglich vereint war. Die Mutter oder der Vater mußten dem kleinen, hilflosen Kind noch wie Götter erscheinen. Das reale Liebesobjekt aber, auf das die Verliebtheit sich zumindest äußerlich und bewußt richtet, besitzt in der Regel irgendwelche psychischen Züge, die den ursprünglichen Liebesobjekten ähnlich sind. Falls diese Annahmen Freuds zutreffen, dann wird auch erklärlich, warum der Zustand des Verliebtseins nicht ewig dauern kann. Eine neuerliche Ent-Täuschung ist oftmals unausweichlich. Der Verliebte, der die Traumata der Trennung – deren Höhepunkt nach Freud zum Zeitpunkt des Ödipuskomplexes erreicht wird – rückgängig machen will, muß früher oder später vor der Wirklichkeit kapitulieren. Wenn der Verliebte versucht, sich – im frühkindlichen Sinne – wieder mit einem Liebesobjekt zu vereinigen, jede Grenze zwischen Subjekt und Objekt leugnend, so gerät er damit in Widerspruch zur Realität. Außerdem gestattet ihm die psychische Organisation des Erwachsenen, die an eine relativ starke Verankerung der Ichgrenzen gebunden ist, nicht auf Dauer, jene Grenzen zu leugnen oder aufzuheben. Würde er dies tun, so wäre er – jedenfalls nach unserer herkömmlichen Auffassung – tatsächlich verrückt. Der «Wahn» des Verliebten, seine Hoffnung auf Wiederherstellung eines ursprünglichen Zustandes, ist irreal. Real sind diese Hoffnungen nur im Sinne einer Vergangenheit, die stets aufs neue beschworen und in einem gewissen Sinne auch wiedererlebt werden kann. Der Wunsch nach Wiedervereinigung mit dem infantilen Liebesobjekt, der aller Verliebtheit zugrunde liegt, muß dennoch aufgegeben (oder zumindest erheblich modifiziert werden), soll es zu einer Bindung an das gegenwärtige Liebesobjext unter *realen* Bedingungen kommen.

In diesem Aufgeben eines infantilen und archaischen Wunsches, der allerdings im Unbewußten erhalten bleibt, ist der Fortschritt zum «reifen» Erwachsenen zu sehen. Erst durch die Lösung vom infantilen Liebesobjekt werden reale Beziehungen zum späteren Liebespartner möglich. Erst so kann man den realen Liebespartner wahrnehmen, wie er tatsächlich ist; und erst dann wird man ihn nicht mehr nur als Surrogat für ein in der Vergangenheit liegendes Wunschziel benutzen müssen. Gelingt diese Lösung nicht, so verliebt man sich nur in sehr oberflächlicher Form in den realen Liebespartner, hinter dessen Gestalt aber die hinzuphantasierte Gestalt des infantilen Liebesobjektes als der eigentliche Gegenstand des Verlangens bestehen bleibt. Wie gut die Ablösung von den kindlichen Objekten auch gelingen mag – unabänderlich wird sein, daß man ein gewisses Maß an Hoffnungen und Wünschen aus der Kindheit auf den realen Liebespartner «überträgt». Mit dieser Übertragung arbeitet der Psychoanalytiker, der nach einer Aussage Freuds nichts weiter unternimmt, als verdrängte, aus der Kindheit stammende Liebe zu befreien, zu lösen, um den Patienten zur realen Liebesfähigkeit zu verhelfen. Ein Rest an Übertragung, der noch für jede reale Liebe eine große Rolle spielt und in der Kindheit wurzelt, macht wohl immer den Zauber der Verliebtheit aus.

Verlieb dich oft, verlob dich selten, heirate nie! – Was ist an diesem Spruch wahr? Wer sich immer nur verlieben kann, mag wohl ewig ein Kind bleiben. So schön dieser Zustand des Erlebens auch sein mag, so flüchtig ist er. Nur wer vom Verlieben zum Lieben voranschreitet, verläßt endlich den infantilen Status des Begehrens.

Warum aber ist es für viele Menschen so schwer, sich in den Partner dauerhaft zu verlieben, ihn zu lieben? Freud würde sagen: Solche Menschen bleiben zeitlebens Gefangene ihrer ersten Liebe, von der sie sich nicht befreien können. Sie wiederholen immer von neuem – wenn sie sich in immer neue Liebesobjekte verlieben; die ursprünglichen Gefühlsrelationen sind ihnen wichtiger als die eines Erwachsenen. Im Zurückschrecken vor einer tatsächlichen Bindung aber drücken sich die Ängste des Kindes aus, das im tiefsten Sinne an die infantilen Objekte gebunden bleibt und den Schritt in die Realität, zum realen Liebesobjekt, nicht vollziehen mag. Man bleibt in das infantile Objekt verliebt und benutzt den realen Partner als Ersatz: Dies mag in vielen Fällen auch dann so sein, wenn äußerlich eine längerfristige Beziehung eingegangen wird.

Literatur

Specht, E.-K.: Die psychoanalytische Theorie der Verliebtheit – und Platon. Psyche 31, 1977, 101–141

5 Religion und Sinnlichkeit

An den Beginn dieses Aufsatzes möchte ich eine Frage stellen, die ich nicht erschöpfend beantworten kann, die aber vielleicht den einen oder anderen Leser mit besseren religionsphilosophischen und -geschichtlichen Kenntnissen als ich sie habe zur Diskussion anregen mag. Mich interessiert, meiner Ausbildung entsprechend, der psychologische Aspekt dieser Frage.

Ist es vielleicht so, daß der Körper ursprünglich nicht als jene abgeschlossene Entität empfunden wurde, als die wir unseren Körper heute zu erleben gewohnt sind? Und sollte dieser ursprünglich «offenere» Körper die Quelle eines psychischen Vermögens, des Erlebens der Transzendenz nämlich, gewesen sein? Welche Strategien führten zur Abriegelung des Körpers von der Außenwelt? Welche Folgen hatte diese Abriegelung für das psychische Erleben? Führte die Barrikade zwischen Innen und Außen zu einer Introversion der Transzendenz?

Wie man sieht, ein und dieselbe Frage in unterschiedlicher Formulierung.

Wir sind gewohnt, die «Gottes-Erfahrung» als eine transzendente zu bezeichnen. Der Begriff «Gott» ist das Resultat dieser Erfahrung, die

61

nicht mit dem Bild Gottes identisch ist, das wir uns gemacht haben. Da das Bild aber die Tendenz provoziert, sich an die Stelle der Erfahrung zu setzen, war das ursprünglich religiöse Bilderverbot gewiß sinnvoll. Die Erfahrung Gottes ist eine Erfahrung, die unsere Alltagsrealität übersteigt, unser identisches Ich, unseren abgegrenzten Körper transzendiert – aber als Erfahrung bleibt sie uns zugehörig, ist sie *Ausdruck* unseres Körpers. Transzendente Erfahrung ist also nach meinem Verständnis kein Mysterium, es sei denn eins des menschlichen Körpers.

Ich setze dabei voraus, daß die Erfahrung Gottes, von der ich hier spreche, kein Privileg einer einzelnen Religion ist, noch nicht einmal das Privileg von Menschen, die sich selbst als religiös oder gläubig begreifen. Es geht um eine Erfahrung, die vor jedem Monopolanspruch auf Religiosität existiert, und die durch das ursprüngliche Bilderverbot gerade auch vor der Monopolisierung geschützt werden sollte. Es ist eine Erfahrung, die im tiefsten Sinne verstanden authentisch ist. Der Glaube an irgendwelche religiöse Bilder, Inhalte, Vorstellungen, Dogmen oder Gesetze scheint schon ein erster Schritt weg von dieser authentischen Erfahrung zu sein.

Ist die Erfahrung der Transzendenz also auch gebunden an einen bestimmten körperlichen Zustand, den ich als Offenheit des Körpers der Natur gegenüber begreifen möchte, als Offenheit, in der das, was «Gott» genannt wird, nicht nur außerhalb, sondern auch innerhalb der eigenen Grenzen erlebt wird, weshalb sich diese Erfahrung gerade auch einer Auflösung der Ich- und Körpergrenzen verdankt?

Frühe Kulturen kannten viele Götter, faßten nicht in einem Begriff zusammen, wovon wir soeben sprachen. Die Göttin Harmonia beispielsweise ist die Tochter des Kriegsgottes Ares und der Liebesgöttin Aphrodite. Mythologisches Denken erfaßt noch die Einheit der Gegensätze, löst sie auf – ein wesentlicher Zug jeder echten Transzendenz der Kategorien, mit denen der Verstand arbeitet, der, um sich überhaupt bewegen zu können, von Gegensätzen ausgehen muß.

Der Körper, der mythologisch, ursprünglich religiös, transzendent erlebt und in Folge dessen auch zu bestimmten Vorstellungen gelangt, war, so scheint es mir, anders organisiert als der Körper, der uns heute vertraut ist. Die materielle Produktion der Naturvölker konnte überhaupt nur erfolgreich sein, soweit ein ständiger und ungestörter Austausch des sinnlichen Körpers mit der Natur vorhanden war. Das Leben der Jagdtiere, der Rhythmus der Jahreszeiten, die Bewegung von Saat und Ernte mußten sinnlich nachvollzogen werden, wollte man die materielle Produktion – Jagd, Ackerbau – überhaupt adäquat realisieren.

In der sinnlichen Offenheit des Körpers der Außenwelt gegenüber liegt die wesentliche Bedingung der «primitiven» Produktion, und in dieser Produktion selbst ist damit schon das transzendente Erleben der Wirklichkeit mit eingeschlossen. Jagd- und Ernteopfer tragen die Spuren des religiösen Erlebens an sich, ein Erleben, das aus der materiellen Reproduktion selbst stammt. Diese Opfer leben vom Bewußtsein des «Wilden», dem «Ganzen» etwas – notwendig, die Not wendend – entnommen zu haben. Die Götter, die Ahnen, die Geister, die Tiere und Pflanzen mußten versöhnt werden durch die Opfergaben.

Umgekehrt: Die Arbeitsleistung unter der Bedingung der technischen Produktion heute erfordert notwendig eine weitgehende Einschränkung der Sinnlichkeit, eine spezifische Form der Abgrenzung des Körpers von der Außenwelt. Wer in einem Büro, in einer Fabrik, in einem Kaufhaus überleben will, muß sich dem transzendenten Erleben verschließen, um überhaupt arbeiten zu können. Formulieren wir also die These: Der Kult, das Ritual waren ursprünglich abgeleitete Bestandteile der materiellen Produktion und sind heute geradezu das Ganz-Andere, der Gegensatz, das aus der materiellen Produktion Ausgeschlossene.

Die geforderten Tätigkeiten im industriellen Betrieb bedürfen der Mechanisierung des Körpers, der Affektregulierung; sinnliche Offenheit wäre unter solchen Bedingungen weitgehend ein Störfaktor. Die Bedürfnisse des Produzenten sind im Akt der Produktion gänzlich nebensächlich. Industrielle Arbeit erfordert stärksten Reizschutz, stabil und tief verankerte Abgrenzungen des psychisch-körperlichen Systems zur Außenwelt hin; primitive Arbeit war demgegenüber auf größte Reizoffenheit nach außen hin angewiesen. Die «*sinnliche* Aneignung des menschlichen Wesens und Lebens ... jedes seiner *menschlichen* Verhältnisse zur Welt, Sehen Hören, Riechen, Schmecken, Fühlen, Denken, Anschauen, Empfinden, Wollen Tätigsein, Lieben ...» (Marx 1968, 79), im Akt der Produktion ist archaischer Natur und erhält erst in einem zweiten Schritt utopischen Charakter.

Die Produktion der Individualität, des gegen seine Außenwelt abgegrenzten Körpers – und Individuums –, wird also zu sehen sein im historischen Zusammenhang der Entwicklung der Produktionsbedingungen. Die Vergöttlichung der Natur hat bei den primitiven Völkern ursprünglich wohl auch den Sinn, die Natur als Reproduktionsbasis zu erhalten, sie vor zu weitgehenden Eingriffen, vor Zerstörung zu schützen.

Wenn der Körper ursprünglich nicht jene Entität darstellte, als die wir ihn heute empfinden, dann war er in vielfältiger Weise mit der Sozietät, der gegenwärtigen und der vergangenen (der Ahnen), und mit der Natur *verflochten*. Ein strenger Monotheismus war unter dieser Voraussetzung vielleicht gar nicht *denkbar*. Ihm hätte das vielfältige Erleben der Verflochtenheit des Körpers mit der Natur gar nicht entsprochen. Die Vielzahl der Götter spiegelte hingegen die Vielfältigkeit der sinnlich erfahrbaren Natur.

Die Synthesis der Vielfalt zur Einfalt des strengen Monotheismus scheint also eine keineswegs einfache oder auch nur naheliegende Leistung der frühen Völker gewesen zu sein. Und dennoch hat das jüdische Volk diese Wendung relativ früh vollzogen: eine radikale Abkehr von der sinnlich erfahrbaren Wirklichkeit. Entspricht dieser *Idee* des «einen» Gottes die Abgrenzung des Körpers im Verlauf des Zivilisationsprozesses? Hat sich diese religiöse Vorstellung vielleicht deshalb so erfolgreich durchsetzen können, weil sie das Programm der Entwicklung des Produktionsprozesses vorwegnahm?

Die Integrität des Körpers, der Zusammenhang einer geschlossenen Einheit, eines individuell verfügbaren Ichs, bedurfte womöglich einer historisch langen Zwischenepoche der Vorstellung *eines* Gottes. Als diese Vorstellung den – von mir hier unterstellten – Zweck erfüllt hatte, konnte sie im Zuge der Aufklärung säkularisiert werden. Man konnte Gottes Tod verkünden; der jetzt abgeschlossene, mit sich selbst identische Körper blieb scheinbar dennoch erhalten.

Daß die Einheit des mit sich selbst identischen Körpers allerdings trügerisch ist, zumal dann, wenn man die ideelle Befestigung (die Gottesvorstellung) aufgibt, und daß diese Einheit von Zerfall und Desintegration bedroht ist, zeigten die großen Enthüller (und Atheisten) Nietzsche und Freud: Sie sprachen ein Wissen von der Hinfälligkeit des Körpers ohne «Gott» aus, das heute zur gesellschaftlichen Gewißheit zu werden droht.

Nietzsche konzipierte den Über-Menschen; Freud forderte die «Diktatur der Vernunft» – Rettungsversuche, Befestigungen, die halten (zusammenhalten) sollten, was überall zu zerfließen droht. Die zeitgemäße Identitätskrise signalisiert vielleicht auch das Ende einer jahrtausendelangen Epoche des Ringens um Einheit.

«Was für eine Vorstellung, daß auch die Integrität des Körpers zerstiebt, wenn man sich verbietet, ‹Gott› zu denken! Körper – ja, Gott – nein: Das geht nicht…» (Poertner 1978, 223). Das ist zumindest ungewohnt, stürzt ins Chaos. Wir leben nicht mehr eingebettet in Sicherheit, in den religiösen Vorstellungen primitiver Völker, die das Chaos eben mit Vorstellungen gezähmt hatten, denen zufolge im Chaos, in der Auflösung die tiefste Gewißheit empfunden werden konnte, eben auch ein Teil der Natur, des Göttlichen zu sein. Dieser Trost begrenzt das Chaos, hält dessen zerstörerische Kräfte in Schach. Der abgeriegelte Körper, um den herum dennoch alles sich auflöst, findet hingegen nicht zurück zum Erleben der Transzendenz.

Der Weg von der Vielfalt zur Einfalt war lang. Hatte der Katholizismus bis zum Erscheinen Luthers noch eine Reihe quasi-heidnischer Rituale integriert, so gelang es Luther, das Ich, die autonome Person radikal gegen den *einzigen* Gott zu setzen. Damit war dieses Ich aber auch ganz einsam, ganz auf sich angewiesen, ganz allein verantwortlich vor Gott und den Menschen. Die protestantische Leistungsethik wurzelt, so scheint mir, in dieser fast unmenschlichen Leistung, den einzelnen als das direkte Gegenüber Gottes zu denken.

Wenn der jüdische Monotheismus, der sich später im Christentum fortsetzte, die Synthesis des einzelnen vorbereitete und durchsetzte, dann hat er damit ein heute kaum mehr nachvollziehbares Maß an Triebverzicht gefordert. Nicht nachvollziehbar deshalb, weil die grundlegenden Voraussetzungen dieses Verzichts auf Verflochtenheit des einzelnen mit allen und mit der Natur heute schon zu den «normalen» Voraussetzungen der primären Sozialisation gehören. Freud hat diesen ursprünglichen Triebverzicht an der Gestalt des Moses analysiert, am Religionsstifter, mit dem er sich offenbar selbst identifizierte. Gleichzeitig aber hat Freud immer wieder betont, daß Triebverzicht zur Rebellion, zum Haß, zum Widerstand herausfordert. Ist in diesem Zirkel von Triebverzicht und archaischem, ins Unbewußte verdrängtem Haß *eine* Wurzel des Antisemitismus zu sehen? Ich rede hier nicht vom Rassen-Antisemitismus, wohlgemerkt.

Wenn es also zutrifft, daß sich der Körper unter dem Leitbild einer streng monotheistischen Zwangs-Vorstellung als Entität etabliert und gleichzeitig aus dem Naturzusammenhang und dem Gruppen-Ich gelöst hat, dann wären archaische Haßreaktionen gegen den auferlegten Triebverzicht zu erwarten und in gewisser Weise auch verstehbar.

Es geht ja nicht nur um die Ablösung von der Natur, es geht ja auch um den Zerfall der archaischen Gruppenstruktur, die einstmals «Heimat» war. Utopische Entwürfe von Heimat und Hoffnung leben vielleicht mehr als sie auf den ersten Blick erkennen lassen aus dieser Vergangenheit. Und Regression muß nicht notwendig immer nur die Rückkehr im individualisierten Sinne meinen, die Rückkehr zur Mutter-Kind-Dyade, zur embryonalen Einheit mit dem einen, mütterlichen Körper. Diese Regressionsvorstellung ist vielleicht schon historisches Produkt des beschriebenen Individualisierungsprozesses. Vielleicht entspricht auf noch tieferer Basis dieser individualisierten Regressionsvorstellung der Regressionswunsch nach Einheit mit der archaischen Gruppe, nach Auflösung der starren Körpergrenzen im Gruppen- und Naturkörper. Im Nationalsozialismus haben solche Regressionswünsche ihren pervertiertesten Ausdruck gefunden.

Wo also der Weg zurück versperrt ist, da erscheint das verlorene Paradies als Zukunftsentwurf, Utopie. Die Hoffnung auf Zukunft wäre so auch als ein Wunsch zu verstehen, die Vergangenheit möge von außen wiederkehren. Wenn durch den monotheistischen Entwurf bestimmte archaische Erfahrungsmöglichkeiten nach und nach abgeschnitten worden sein sollten, was läge näher als die Vermutung, die Architekten dieses Entwurfs müßten das ausgeschlossene Glück immer wieder neu in *zukünftigen* Bildern entwerfen? «Darauf, meine ich, läuft in der Tat alles hinaus. Man muß es nicht unbedingt so geschichtstheologisch formulieren, aber sicher ist, daß im Judentum immer dieses sittliche Element auf vehemente und herausfordernde Weise wirkt. Von Moses bis Marx, von Freud bis Bloch, gaben Juden, eben weil für sie das Heil ‹noch nicht› eingetreten ist, immer wieder Anstöße, die Welt ‹heiler› zu machen. Man kann von einer diesseitigen Eschatologiesehnsucht sprechen. Insofern waren sie immer die Infragesteller, die Tabubrecher. Es ist wohl berechtigt, in ihnen, dem Salz der Völker, die klassischen Erzieher zu sehen, was ihre Notwendigkeit ebenso wie den unvermeidlichen Grad ihrer Unbeliebtheit einschließt» (Krüger 1979).

Mit all dem ist nicht gesagt, daß die monotheistische Gottesvorstellung die einzige und unabdingbare Voraussetzung des Produktionsprozesses der «Kultur» gewesen sei. Sie hat aber zumindest diesem Prozeß nicht im Wege gestanden; sie hat ihn befördert, unterstützt. In dieser Vorstellung liegt ein Moment, das vorantreibend wirkt. Vorwärts, wir müssen weiter, das Glück ist inwendig verriegelt, vielleicht finden wir's außerhalb wieder – ein Programm, etwas frei nach Georg Büchners Einsicht in das Getriebe dieser Welt. Die

Ausrufung des autonomen bürgerlichen Subjekts ist jedenfalls kein grundsätzlicher Widerspruch zur religiösen Basis abendländischer Zivilisation.

Sehen wir uns den Zivilisationsprozeß der letzten Jahrhunderte an, wie er etwa von Elias, Ariès oder Foucault beschrieben worden ist, so wird deutlich, daß die Herrichtung des bürgerlichen Subjekts – seines Körpers – im Auftrag und zu Diensten der materiellen Produktion an einem bestimmten historischen Punkt auf die religionsgeschichtlichen Voraussetzungen, von denen wir bisher gesprochen haben, verzichten konnte. Mit der Aufklärung werden diese Vorstellungen säkularisiert, aber in ihrer inneren Dynamik nicht gebrochen, sondern nur transformiert. Die Mythen gehen teilweise in der Ratio auf, wie Horkheimer und Adorno in ihrer Untersuchung zur Dialektik abendländischen Denkens gezeigt haben. Die Mythen gehen scheinbar sogar ohne Rest in der Ratio auf, die Wirklichkeit wird eindimensional, verflacht zur greifbaren Positiviät – Transzendenz verfällt ganz der Irrationalität.

Begleitet wird dies allerdings von sehr konkreten Zurichtungs- und Dressurakten, die sich auf Körper und Geist richten: Tischsitten und Sexualkodex, Gettoisierung des Kindes und des Jugendlichen, Dressur der Grobmotorik (Körperhaltung) und der Feinmotorik (Schönschreiben), Ausschließung und Internierung der Unvernunft in den psychiatrischen Spitälern, zunehmende Verfeinerung der Bestrafungsrituale – von der körperlichen Züchtigung und Verstümmelung bis zur psychotherapeutischen Behandlung –, Mechanisierung der Arbeitsabläufe, Trennung der Geschlechter und Altersgruppen, Aufsplitterung der Zunft-, Dorf- und Familienverbände, eine Bewegung von der Großfamilie zur Kleinfamilie, schließlich zum «Single», allgemeine Militarisierung des öffentlichen Lebens, die Volksheere als «Schulen der Nation», die Zurichtung der Vernunft in den öffentlichen Schulen und Hochschulen nach Maßstäben bürgerlicher Zweckrationalität, Metaphysik und Transzendenz als Hokuspokus in den Augen moderner Wissenschaft, Reduktion des Wissens aufs Greifbare: Das sind einige Splitter des Zivilisationsprozesses. Und in diesen Splittern, zu denen als Endeffekt zivilisatorischer Anstrengung auch die Herauslösung des Individuums aus dem gesellschaftlichen «Ganzen» zu rechnen wäre, erkennen wir schon wieder das Zersplittern, das Zerfallen des aus allen Bindungen gelösten Subjekts. Seine vollständige Autonomie läuft auf seinen vollständigen Zerfall hinaus.

Was geschah im Verlauf dieses Prozesses mit der Fähigkeit des Menschen zum Erleben der Transzendenz? Diese Fähigkeit steht nicht mehr in einem integrativen Zusammenhang des Körpers mit dem «Ganzen»; sie ist, wie alle anderen Eigenschaften und psychischen Vermögen, zu einem Teilmoment verkommen. Vermittelte das transzendente Erleben einst die tiefste Gewißheit vom Zusammenhang, von der Einheit, so erscheint es heute beim einzelnen, Isolierten eher, wenn es überhaupt noch bewußt wird, aufblitzt, als Ereignis des Schreckens, als in den vertrauten Erfahrungszusammenhang nicht integrierbares Erleben. Der von allem und jedem abgeriegelte Körper ist auch im transzendenten Erleben bei sich allein. Der Widerspruch, wonach Transzendenz unmöglich nach innen gerichtet sein könne, ist keiner mehr.

In der Philosophie Kants erscheint das Dilemma des autonomen Subjekts, das hinter seinen eigenen Grenzen verbarrikadiert ist, besonders deutlich. Das von Kant konzipierte Subjekt teilt die Überzeugung, «daß es zwei Stämme der menschlichen Erkenntnis gebe, die vielleicht aus einer gemeinschaftlichen, aber uns unbekannten Wurzel entspringen, nämlich Sinnlichkeit und Verstand, durch deren ersteren uns Gegenstände gegeben, durch den zweiten aber gedacht werden» (Kant 1976, 66). «Die unbekannte Wurzel», von der hier die Rede ist, war vermutlich einst der kultische Mittelpunkt der Gemeinschaft. Gegen solche verlorene Erfahrung steht das Programm der Kantschen Philosophie (kein Manko dieser Philosophie übrigens, die zu retten versucht, was noch zu retten ist): Das Ding an sich, das außerhalb unseres Körpers liegt, ist und bleibt unbekannt. Denken rekonstruiert ein mehr oder weniger verläßliches Abbild. Dessen Verläßlichkeit beweist sich später – bedingt durch den Siegeszug der modernen Naturwissenschaft – im erfolgreichen Manipulieren des Objekts. Das erkennende Subjekt kann als eine raum-zeitliche Einheit dem Objekt gegenübertreten, weiß nichts mehr von einer Auflösung der Zeit, des Raumes, der Notwendigkeit, von einer Einheit, in der Subjekt und Objekt stehen könnten, dürften sie sich noch vereinigen.

Die geordnete bürgerliche Erkenntnis- und Produktionswelt entläßt immer mehr Individuen, die sich ihrem Diktat nicht mehr unterwerfen können oder wollen: Kranke, Gestörte, Zerstörte. Sie teilen sich selbst, lösen sich auf, verlieren Grenzen, kennen keine Identität mehr, verlieren den Halt in Raum und Zeit. Die bis zur Schizophrenie gesteigerte Subjektivität signalisiert das Ende der bürgerlichen Autonomie. Die verleugnete Transzendenz kehrt im Wahnsinn, im Individuum, das sich ganz in seiner Innenwelt auflöst, als Schrecken wieder (vgl. Nitzschke 1978).

Transzendenz ursprünglich extravertiert, in religiösen Zeremonien sozial verankert, dann zunehmend ausgeschlossen, verdrängt, kehrt durch die Hintertür wieder ins gefestigte, gereinigte Leben der Vernunft zurück. Jetzt allerdings zeigt sie ein anderes Gesicht, eine Fratze; und so wird sie als unverständlich, krankhaft, pathologisch begriffen. Die Psychiatrie, die säkularisierte Form des Schamanismus, ist zuständig für das Unbegriffene, Unbegreifbare. Und sie beginnt, das Vergessene zu observieren, mißtrauisch zu begutachten, zu katalogisieren, zu beschreiben, allerdings auch zu fesseln und zu knebeln, wenn es gar nicht mehr anders geht. Es entwickelt sich der psychologische Blick. Freud findet diesen Blick in der Psychiatrie des 19. Jahrhunderts schon vor. Er entwirft für diesen Blick aber ein neues Setting, ein neues Instrument: die schwebende Aufmerksamkeit des Therapeuten, der als makelloser Spiegel der Krankheit fungiert. Das Kranke wird damit gänzlich objektivierbar, analysierbar, am Ende auch der Vernunft wieder greifbar. Der Kranke ist krank und nichts weiter – man muß ihn vom Leiden befreien. Nichts in seinem Leiden weist auf die Transzendenz hin, die einstmals die Priesterärzte im Wahnsinn verehrt hatten.

Der psychologische Blick ist das seelenlose Starren der Vernunft: «Der Irre kann diesen Blick in keiner Form erwidern, denn er wird lediglich angesehen und ist wie ein Neuhinzugekommener, wie der Zuletztgekommene in der Welt der Vernunft» (Foucault 1973, 508).

Aber das stimmt doch nicht! Bemüht sich Freud nicht gerade darum, die Äußerungen des Kranken zu verstehen, seinem Blick auszuweichen, ihn ungestört zum Reden kommen zu lassen? Führt er nicht einen therapeutischen Dialog mit dem Kranken? Ginge es um einen Dialog, so müßte der Therapeut auch von *sich* reden. Das Verfahren, das Freud beschrieben hat, sieht jedoch eher so aus, als werde ein Monolog über die Krankheit geführt, geteilt in zwei Hälften, die eine scheinbar dialogische Form annehmen. Die Vernunft behält die Oberhand, der regressive Umweg in die infantile, archaische, animalische Welt ist allemal ein Gang durch die Geschichte, der am Ende nur beweisen soll, daß Vergangenes vergangen, Unvernünftiges unvernünftig und das erreichte Ziel der Geschichte eines ist, das der Kranke bisher nicht erreicht hatte und endlich doch noch erreichen könnte. Krankheit wird als Strafe für die nicht erfolgreiche Teilhabe an der Kulturentwicklung begriffen, nicht als Chance einer anderen, vielleicht sogar utopischen

Welt der verlorenen Freiheit. Für diesen Blick der Vernunft spricht die Qual des Leidens allerdings, aber es könnte am Ende die von solcher Vernunft errichtete Welt sein, die das Leiden in dieser Form erst geschaffen hat.

Freuds Programm der Beherrschung der Affekte, des Niederringens der Leidenschaften, der Diktatur der Vernunft, der Nacherziehung unerzogener Triebansprüche steht in der Tradition aufklärerischer Pädagogik. 1748 schon beschreibt beispielsweise Sulzer «Übungen zur völligen Unterdrückung der Affekte» (vgl. Rutschky 1977, 362). Und der Pädagoge Sailer erläßt 1809 Leitlinien zur Disziplinierung der Einbildungskraft: «... so laß nichts unversucht, um die *Einbildungskraft* mit Bildern eines besseren Geistes zu füllen, das heißt: *Lerne selbst die Träume meistern oder wenigstens im Traume ein physischer Sieger werden, durch moralische Beherrschung der Einbildungskraft im Zustand des Wachens*» (zit. n. Rutschky 1977, 331).

Schön, auch der Traum sollte nicht länger ein Reich der undisziplinierten Wünsche, Ängste, Schrecken, Entwürfe, Hoffnungen bleiben. Wollust und Mordlust sind aus den Träumen zu verbannen. Die Disziplinierung des Traumlebens – ein utopisches, nicht ernst zu nehmendes Programm? Schon die Deutung der Träume läuft auf Disziplinierung hinaus, denn wäre der Traum tatsächlich nichts anderes als das, was in seiner Deutung erscheint, dann wäre er eben mit der Deutung identisch. Er ist es nicht; deshalb *muß* er gedeutet werden. In der Deutung wird die entscheidende Differenz nivelliert, wird der Traum der Vernunft unterworfen – wird der Traum domestiziert. Und je mehr die Sprache der Symptome ganz allgemein verständlich wird, desto mehr verstummt sie – sie will ja gerade mitteilen, was in der Sprache der Vernunft nicht mitzuteilen ist und «vernünftig» *nicht* verstanden werden soll. Deutet man die Symptome, verhilft man ihnen zur Sprache, dann werden sie lautlos. Das ist die Geschichte des Symptomwandels, die vom 19. ins 20. Jahrhundert verweist.

Der Körper zerfällt. Aber die Realität um ihn her hat sich geändert. Die Auflösung seiner Grenzen führt nicht zurück zur transzendenten Verschränkung mit dem Ganzen des sozialen und natürlichen Körpers des Menschen. Die äußere Realität hat sich grundsätzlich gewandelt. Die Natur selbst tritt nur noch als Gegenstand der Produktion auf, ist schon Produkt menschlicher Arbeit. Selbst der Körper des *anderen* Menschen ist nur noch unter der Vorgabe der Produktion präsent. Der später Erwachsene ist *Arbeitsprodukt* einer Vielzahl von Produzenten

(Erzieher, Lehrer, Sozialarbeiter, Psychologen, Therapeuten, Vorgesetzte, Verwaltungsbeamte). Sie alle haben ihre Spuren in diesem Körper hinterlassen. Längst ist der Körper nicht mehr nur Produktionsmittel; längst ist er selbst Produktionsgegenstand.

Wir sprachen eingangs vom jüdischen Monotheismus als einer wichtigen Voraussetzung des Zivilisationsprozesses. Sprechen wir abschließend von jener – historisch gesehen – jüdischen Sekte, die sich später in Form des Christentums über die Welt verbreitet hat. Ist der Antisemitismus, den das Christentum tradiert hat, ein negatives Zeichen seiner Abkunft?

Im Christentum ist das Wort, die Vorstellung vom *einen* Gott, Fleisch geworden: In *einem* Körper hat sich Gott konkretisiert, ein leibhaftiger Körper, dessen Menschlichkeit sich in den Martern offenbarte, an denen er zugrunde ging. Der Mord an Gott in Gestalt der Kreuzigung: Ist das vielleicht auch ein Symbol für das verdrängte Wissen, daß man Gott zwangsläufig tötet, wenn man ihn in *einen* Leib einsperrt?

Und dieses Symbol des gemarterten *Körpers* war sichtbar über die Jahrhunderte hinweg das Zeichen Gottes an den Stätten seiner christlichen Verehrung. Welch ein Kontrast zu den Tempelbildern der Inder, zu den Fruchtbarkeitsgöttern der Antike, zu den Göttern und Götzen der Primitiven. Sicher, der rituelle Mord gehört zum Inventar vieler Religionen; und viele waren noch konsequenter, brachten ihren Göttern rituelle Menschenopfer dar. Die Abtötung des Körpers hat in der christlichen Tradition einen weniger brutalen Ausdruck gefunden, erfolgte sublimer, aber ich sehe zwischen dem Menschenopfer und der – in vielfältigem Sinne zu verstehenden – Kasteiung des Leibes keinen *prinzipiellen* Unterschied. Weiß Gott, das Christentum hätte aus seiner Lehre von der Auferstehung des Leibes noch eine sehr irdische Konsequenz zu ziehen. Eine solche Auferstehung könnte auch zu einer Befreiung der Transzendenz führen.

Literatur

Ariès, P.: Geschichte der Kindheit. München (Hanser) 1965
Elias, N.: Über den Prozeß der Zivilisation, Bd. I–II. Frankfurt/M. (Suhrkamp) 1977

Foucault, M.: Wahnsinn und Gesellschaft. Eine Geschichte des Wahns im Zeitalter der Vernunft. Frankfurt/M. (Suhrkamp) 1973

Foucault, M.: Überwachen und Strafen. Die Geburt des Gefängnisses. Frank-
furt/M. (Suhrkamp) 1976

Freud, S.: Die Zukunft einer Illusion (1927). G. W. XIV

Kant, I.: Die Kritik der reinen Vernunft (1781). Frankfurt/M. (Suhrkamp)
1976

Krüger, H.: Was es heißt, ein Jude zu sein. DIE ZEIT, 9. 2. 1979

Marx, K.: Pariser Manuskripte (1844). Reinbek (Rowohlt) 1968

Nitzschke, B.: Die reale Innenwelt. Anmerkungen zur psychischen Realität bei
Freud und Schopenhauer. München (Kindler) 1978

Poertner, P.: Das Eine oder das Spiel. Ein Scherenschnitt. Konkursbuch 2,
1978, 223

Rutschky, K. (Hg.): Schwarze Pädagogik. Quellen zur Naturgeschichte der
bürgerlichen Erziehung. Frankfurt, Berlin, Wien (Ullstein) 1977

6 Männlichkeit. Versuch einer Definition

Die Begriffe «Mann» und «Frau» sind Beziehungsbegriffe. Sie haben relative oder relationale Bedeutung. Ihr Sinn ergibt sich im Gegensatz oder in Ergänzung zum jeweils anderen Begriff. Im Hinblick auf die Chromosomenausstattung könnte man den Mann – im Vergleich zur Frau – als das unvollkommenere Geschlecht auffassen. Die «Schwäche» des Mannes zeigt sich in einer erhöhten pränatalen Mortalität und in einer durchschnittlich kürzeren Lebenserwartung erwachsener Männer. Könnte man den Mann chromosomal auch als eine unvollkommene Frau interpretieren, so haben sich in den von Männern beherrschten Kulturen die Perspektiven allerdings umgekehrt. Häufig wurden Frauen – etwa in der Theorie Freuds – als unvollkommene Männer wahrgenommen. Frauen wurden mit der Materie (vgl. *mater*), mit der Natur, allgemein mit dem Gefühlsleben identifiziert, während Geist, Kultur und Fortschritt zur Vernunft als «männlich» galten. Frauen nahmen eine Zwischenstufe ein. Sie sollten dem Kind, dem Tier, ganz allgemein der Natur näherstehen als dem höherwertigen Mann. «Weiblichkeit» war für den Mann daher in fast allen Kulturen von einer gewissen Doppeldeutigkeit: Die Frau verkörperte sowohl die geheimen Sehnsüchte und Wünsche des Mannes, in den Schoß der Natur zurückzukehren, wie auch die entsprechenden Ängste vor solcher Regression. Die verschiedenen Bilder der Frau in den Köpfen der Männer variieren dieses Grundthema, sind häufig Inkarnationen männlicher Wünsche *oder* Ängste.

Aufgrund einer auch beim Menschen noch vorhandenen bisexuellen Anlage und aufgrund der Sozialisation durch Beziehungen zu beiden Geschlechtern – Mutter und Vater – erwirbt jeder Mensch eine gemischte Geschlechtsidentität, also niemals eine «reine» Männlichkeit oder Weiblichkeit. Jede Kultur bemüht sich allerdings – geleitet von bestimmten Idealvorstellungen, wie ein «richtiger» Mann oder eine «vollkommene» Frau zu sein hätten –, das Kontinuum männlicher und weiblicher Eigenschaften zu dichotomisieren, um annäherungsweise «reine» Männer oder Frauen zu sozialisieren. Untersuchungen an Hermaphroditen haben gezeigt, daß das Erziehungs- und Zuschreibungsgeschlecht, also das durch die Umwelt bestätigte Geschlecht, im Einzelfall sogar das genetische Geschlecht dominieren kann. Ein genetisch männliches Kind kann bei Auftreten von Anomalien an den äußeren Geschlechtsorganen fälschlich als Mädchen erkannt und dementsprechend erzogen werden. Die subjektive Geschlechtsidentität richtet sich in solchen Fällen nach dem Erziehungs- und nicht nach dem genetischen Geschlecht.

Ob ein Mann sich später als «männlich» erleben kann, also sich auch subjektiv als Mann begreift, ist allerdings nicht nur abhängig von der äußerlich zugeschriebenen und gezeigten Geschlechtsrolle. Häufig widerspricht das subjektive Erleben mehr oder weniger dem äußerlich gezeigten Verhalten. Es ist anzunehmen, daß bereits in der frühesten Mutter-Kind-Beziehung, vor allem während besonders sensibler Prägungsphasen und vermittelt durch nonverbale, affektive, häufig auch dem bewußten Erleben der Mutter verborgene Faktoren, die spätere Männlichkeit oder Weiblichkeit entscheidend determiniert werden. Eine Mutter, die der Männlichkeit ihres Sohnes bewußt oder unbewußt ablehnend gegenübersteht, vermittelt solche Einstellungen auch ihrem Sohn, der später entsprechende Schwierigkeiten haben wird, seine Männlichkeit als gefestigt und identisch zu erleben. Im Umgang mit der Mutter erwirbt der Sohn aber in jedem Falle auch eine «weibliche» Ur-Identität, die in einem späteren Transformationsprozeß allmählich umgestaltet wird. Hierbei spielen die Formen der Abgrenzung von der Mutter und die Hilfestellungen des Vaters, der den Ablösungsprozeß unterstützen sollte, eine wesentliche Rolle. Der Vater als Repräsentant der Männlichkeit ist für den Sohn ein sekundäres Identifikationsobjekt. Der fehlende, der zu schwache oder der in seiner Männlichkeit von der Mutter herabgesetzte, schließlich der autoritäre und bedrohliche Vater versagen in ihrer Rolle als Identifikationsobjekte für den Sohn mehr oder weniger, helfen bei der Abgrenzung von der Mutter nicht und verstärken oft sogar die Bindung an die Mutter. Dies führt zu einer Fixierung an die Mutter, zu anhaltend starken Wünschen nach regressiver Wiederverschmelzung mit ihr, begleitet von korrespondierenden Ängsten, die in jedem Falle mit der Regression, also mit der Wiederauflösung der Identität, verbunden sind.

Im allgemeinsten Sinne ist Männlichkeit in jeder bekannten Kultur dadurch definiert, daß sie den erreichten und gesicherten Abstand von der Weiblichkeit der Mutter bezeichnet. Diese Abgrenzung scheint dennoch – vom unbewußten Wunschleben aus betrachtet – stets unvollkommen erreicht zu werden, weshalb sich viele Tabuisierungen und Ritualisierungen, die eine Ausbildung der Männlichkeit unterstützen sollen, gegen einen Kontakt mit den Frauen richten. In primitiven Gesellschaften wird der Knabe während bestimmten Phasen seiner Entwicklung ganz von den Frauen getrennt, in Männergruppen integriert, die als sublimierte oder manifeste homosexuelle Verbände angesehen werden können. Erst nach der Initiation, also nach der Bestätigung der erreichten Männlichkeit, die häufig verbunden ist mit einer neuen Namensgebung als Zeichen der erlangten Individuation, ist eine Wiederannäherung an die «Mutter» in Gestalt ihrer Stellvertreterin, der erwachsenen Frau als Liebes- und Sexualobjekt, möglich. Die Wiederannäherung erfolgt dabei im Sinne zeremonieller Vorschriften, über deren Einhaltung die Gemeinschaft wacht, und die etwa während der Zeit der Werbung, der Hochzeit, aber auch noch während der Ehe zu beachten sind. Die «freie» Liebe war immer auch ein Verstoß gegen solche sozial verankerten Vorschriften und gab seit jeher den Stoff für Dramen und Tragödien ab.

Dort, wo Männlichkeit brüchig und nur fassadenhaft ausgebildet ist, bestehen im Hinblick auf eine Wiederannäherung an die Frau, besonders im Zusammenhang mit einer intensiven emotionalen Beziehung, wie sie im heterosexuellen Koitus potentiell am stärksten erlebt werden kann, extreme Ängste. Es sind dies Ängste vor einer Regression, durch die sich die erworbene, latent aber ungesicherte Identität wieder auflösen könnte. Bis zu einem gewissen Grad bestimmen solche Ängste (die in ihrer positiven Gestalt auch als Wünsche aufzufassen sind) bei jedem Mann die Beziehung zur Frau. Werden derartige Ängste überstark, kann es zu einem gänzlichen Vermeiden des Kontakts zu Frauen kommen. In diesem Sinne interpretierte Freud die manifeste männliche Homosexualität *primär* als eine *Flucht* vor der Frau, nur sekundär als Ausdruck eines Verlangens nach dem eigenen Geschlecht. Dabei erscheint dieses Verlangen – im Gegensatz zur herkömmlichen Auffassung – überwiegend determiniert zu sein als ein unbewußt reparativer Versuch, eine brüchige Identität durch die Beziehung zum *Gleichen* im Anderen wenigstens sekundär zu befestigen. Die homosexuelle Objektwahl als solche setzt zwar an der menschlichen Bisexualität an, ist aber in gewissem Umfang, und vor allem während bestimmter Entwicklungsphasen (Pubertät), ein durchaus «normales» Phänomen.

Generell läßt sich sagen, daß sexuelle «Perversionen» bei Männern häufiger auftreten als bei Frauen (das gilt auch im interkulturellen Vergleich), so daß anzunehmen ist, «daß die Natur größere Schwierigkeiten hat, eine männliche Geschlechtsidentität zu differenzieren als eine weibliche» (Money, Ehrhardt 1975). Die erhöhte psychosexuelle Verletzbarkeit des Mannes mag ein Grund dafür sein, daß sich Männer in den meisten bekannten Kulturen nachdrücklich darum bemüht haben, das «gefährliche», identitätsbedrohende Objekt ihres Verlangens, die Frau, zu depotenzieren, minderwertig erscheinen zu lassen, sie nun ihrerseits in eine abhängige Position zu zwingen. Zu diesem Zweck mußte der Mann nicht nur die Frau beherrschen und kontrollieren, sondern auch seine eigenen Gefühle, Wünsche, Leidenschaften, also sich selbst. Dementsprechend galten Selbstbeherrschung, Selbstdisziplin, «Treue» im Sinne einer Aufrechterhaltung von Identität, auch angesichts der von Frauen ausgehenden «Gefahren» einer Verführbarkeit, als «männliche» Tugenden. Odysseus als männlicher Held bleibt an den Mast, an den Phallus, an seine Identität gebunden – so kann er sich den verführerischen Gesang der Sirenen anhören, während seine schwächeren Genossen die Ohren verstopfen, ihre Sinnlichkeit zerstören müssen, um *arbeiten* (rudern) zu können. Arbeit am Fortschritt ist in diesem Sinne auch aufzufassen als Leistung, die Triebverzicht, Verzicht auf die von den Frauen ausgehende Verführung, bedeutet. In allen primitiven Gesellschaften gibt es allerdings die Angst, der Mann könne bei einer unkontrollierten Annäherung an die Frau von deren «Weiblichkeit» angesteckt, infiziert werden. Freud meinte, diese Angst, gegen die sich das Berührungstabu richte, sei im Unbewußten auch noch der «zivilisierten» Männer erhalten. Bei der Bekämpfung dieser Angst wurden die Frauen auch mit der magisch-dämonischen, mit der schrecklichen Seite der Natur identifiziert. Die Frau als Hexe ist die Inkarnation der entsprechenden Männerängste. Auf solchen Wegen wurde das Ersehnte zum Verhaßten. Das andere Geschlecht wurde zum fremden, unbekannten, rätselhaften Geschlecht.

Wie sehr Männer sich selbst als «Menschen» auffaßten, um die Frauen als unvollkommene Menschen erscheinen zu lassen, zeigt auch die Sprachgeschichte. In fast allen indogermanischen und romanischen Sprachen sind ursprünglich die Bezeichnungen für «Mann» und «Mensch» identisch, während die Bezeichnung «Frau» häufig als eine Ableitung vom Wortstamm «Mann» gebildet worden ist (englisch: man-woman). Auch in Freuds Theorie erscheint die Frau als der verkürzte, nämlich penislose Mann. Durch eine Verkehrung ins Gegenteil erkennt Freud Männlichkeit nicht als das Produkt einer Abgrenzung gegenüber der Weiblichkeit, als Verzicht auf die primäre Identifikation mit der Mutter, vielmehr begreift er Weiblichkeit als Verzicht auf Männlichkeit, als akzeptierte Einsicht der Frau in ihre Penislosigkeit. In eigenartiger Weise beschreibt Freud die psychosexuelle Organisation anhand wichtiger Körperöffnungen (orale, anale und phallische Stufe), die Vulva kommt in dieser Theorie aber gar nicht vor. Solche Verleugnung und Umkehrung oder Umwertung läßt sich schon anhand der Mythen erkennen. Dies gilt nicht nur für die jüdisch-christliche Religion, sondern bereits für die griechische Kultur. War etwa das Schwein, auf dem die Göttin Baubo (ein Symbol der Vulva) sitzt, ursprünglich ein heiliges, matriarchalisches Symbol der weiblichen Fruchtbarkeit, so wird es später als ein unrein-sündiges Tier erkannt. Anhand vieler anderer Beispiele ließe sich diese Umkehrung des ursprünglich Heiligen ins Sündige, Teuflisch-Dämonische, des Wertvollen ins Minderwertige und Unreine ebenfalls nachweisen. Mit der Aufwertung von Männlichkeit kommt es zugleich zu einer Abwertung der Weiblichkeit.

Obgleich derartige Umgestaltungen nahezu ubiquitär sind und sich in den meisten frühen und traditionellen Gesellschaften die Etablierung einer *Grenze* zwischen Mann und Frau bei gleichzeitiger Abwertung der Frau nachweisen läßt (vgl. Müller 1984), findet sich in der abendländischen Geschichte zu Beginn der Neuzeit dennoch ein bedeutsamer Einschnitt im Verhältnis der Geschlechter. Kannten die «primitiven» Gesellschaften immer noch zeremonielle und ritualisierte Formen, die «Grenze» zu überschreiten, sie vorübergehend aufzuheben, etwa im orgiastischen Fest, so wird diese Grenze jetzt nahezu unüberwindbar. Mit der Produktion der Keuschheit in der klösterlichen Mönchszelle entsteht zugleich das Bild des «modernen» Mannes, der als Monade, abgegrenzt von den Frauen, lebt und seine Männlichkeit als Einsamkeit heroisch bejaht. In der anhaltenden emotionalen Isolation bilden sich dann aber auch die teuflisch-dämonischen Imaginationen von der Frau in verstärktem Maße aus. Der Asket lebt auf Schritt und Tritt nicht nur mit Gott, sondern auch mit der Sünde, mit seinem Verlangen nach der Frau, das in Form projektiver Bilder und als quälende Verfolgung erscheint. Die Hexenjäger und Inquisitoren bestätigen auf ihre Weise das gespaltene Bild von der Frau: Sie sind *zugleich* glühende Marienverehrer, also Anbeter der «reinen» Mutter (Gottes), wie auch sadistische Verfolger der «unreinen», hexenhaften, sündigverführerischen Frauen. Männlichkeit gewinnt so ein Stück Sadismus gegenüber den Frauen hinzu, wie überhaupt in der sadistischen Beziehung zum begehrten Objekt das Kunststück möglich wird, bei größtmöglicher Annäherung an das verbotene Objekt zugleich äußerste Distanz zu bewahren. Das sadistische Ritual zielt auf Kontrolle des Begehrens und des begehrten Objekts. Was vermieden werden soll, ist die Verschmelzung und Vermischung der Leiber, der Geschlechter, der Emotionen, also die Regression hin zu einer ungeschiedenen (wenn auch vorübergehenden) Einheit der Geschlechter, zu einer Aufhebung der Schranke zwischen Subjekt und Objekt.

Das traditionelle Bild der Männlichkeit zeichnet sich ebenso durch Widersprüche aus wie das entsprechende Bild der Frau im Kopf des traditionellen Mannes. Wird Männlichkeit einerseits als Stärke ausgewiesen, so ist sie doch stets in Gefahr, bei einer unkontrollierten Annäherung an die Frau in Hilflosigkeit, Ohnmacht, Abhängigkeit und Schwäche umzuschlagen. Und wird die Frau einerseits als ein potentiell gefährliches, übermächtiges, mit allen magischen Kräften der Natur ausgestattetes Wesen imaginiert (wobei sich solche Imaginationen entweder kollektiv ausgestalten oder aber im Unbewußten überleben), so gilt die Frau andererseits als ein schwaches, schutzbedürftiges, vom Manne abhängiges Wesen (was im Sinne der ökonomischen Herrschaftsverhältnisse weitgehend auch eine objektive Berechtigung hatte). Männlichkeit definiert sich demgemäß einerseits als Standfe-

stigkeit und Herrschaft gegenüber den Frauen, andererseits als Ritter-
lichkeit und Bereitschaft, die Frau als abhängiges Wesen zu beschützen
und zu versorgen.

Spätestens seit Beginn der Romantik wurde dieses traditionelle Bild
von Männlichkeit brüchig. Das romantische Ideal begreift die
Geschlechter als androgyn, kommt damit also den tatsächlichen Verhältnissen durchaus nahe. Diesem Ideal zufolge soll der Mann seine
«weiblichen» Eigenschaften nicht länger verleugnen, sie nicht mehr
projektiv zum Feindbild verzerren, er soll sie vielmehr akzeptieren.
Tatsächlich kann der Haß auf die Frau auch verstanden werden als Ausdruck eines Selbsthasses des Mannes, der seine eigene «Weiblichkeit»
ablehnt (was analog auch für den Männerhaß von Frauen gilt). Die
emotionale Begegnung der Geschlechter ist, wie bereits Ferenczi fest-
stellte, im Sinne eines intensiveren Erlebens auch so lange unmöglich,
wie sich die Geschlechter nicht wechselseitig miteinander identifizieren können. Die Voraussetzung solcher Identifikation, also das Verstehen des Anderen oder «Fremden» als Bestandteil des Eigenen, ist aber
die Anerkennung des jeweils Andersgeschlechtlichen in der eigenen
Person. Insofern könnte man die Entfremdung vom jeweils anderen
Geschlecht auch begreifen als Ausdruck einer Selbstentfremdung.

Die Forderung nach einer prinzipiellen Gleichwertigkeit der Geschlechter sollte dennoch nicht zu einer unterschiedslosen Gleichma-
cherei führen, da dies nur als ein weiterer Versuch verstanden werden
kann, die prinzipiell spannungs- und konfliktreiche Beziehung der Geschlechter um den Preis einer Reduktion differenzierten Erlebens abzubauen. Was immer Männlichkeit oder Weiblichkeit inhaltlich in
einer je spezifischen Kultur bedeuten mögen, Identität gibt es nur dort,
wo es Trennung und Unterschied gibt. Die regressive Wiederauflösung von Identität, die das innerste Geheimnis der Begegnung der Geschlechter ausmacht, ist nur insofern angstfrei zu ertragen, als es zugleich die Möglichkeit gibt, aus der Regression zurückzukehren in
irgendeine Form von Identität, deren Kern die Geschlechtsidentität
bleibt. Bedingt durch die «Frauenbewegung» hat sich (möglicherweise
nur vorübergehend) das traditionelle Selbstverständnis der Männer
stark verändert. Dies ist im Sinne einer partiellen Auflockerung verfe-
stigter, oft nur fassadenhaft aufgesetzter Männlichkeit durchaus zu be-
grüßen. Wo allerdings die Ablehnung von Männlichkeit bei Männern
bis zum Selbsthaß geführt hat, dort ist kein Fortschritt in Richtung
einer freieren Begegnung der Geschlechter zu erwarten. Noch immer

gilt das Gebot «Liebe deinen Nächsten *wie* dich selbst» uneinge-
schränkt – und kein Mensch *kann* eigentlich gegen dieses Gebot versto-
ßen: Man liebt den Anderen – oder haßt ihn – stets so, wie man im
Innersten sich selbst liebt oder haßt. Auch der Abbau von Idealisierungen des eigenen und des fremden Geschlechts, der Männlichkeit oder
der Weiblichkeit, ist bis zu einem gewissen Grade sinnvoll, da Ideale
die selbst-mörderische Eigenschaft haben, stets über kurz oder lang
durch die Realität korrigiert zu werden, was in der Regel zu einer entgegengesetzten Haltung führt: die Ent-täuschung mündet in Entwertung. Aber auch hierbei sollte man bedenken, daß ein bestimmter Grad
an Idealisierung, der zur Stilisierung von Männlichkeit und Weiblichkeit seit je beigetragen hat, durchaus sinnvoll ist. Die Realität scho-
nungslos entidealisiert so zu sehen, wie sie «ist», sie auch so ertragen
und akzeptieren zu können, das ist wiederum bereits eine ideale Vorstellung, eine Illusion, die nicht unwesentlich zum traditionellen Bild
der Männlichkeit gehörte, sich aber dennoch niemals verwirklichen,
sondern immer nur ideologisch behaupten ließ.

Literatur

Ford, C. S., Beach, F. A.: Formen der Sexualität. Das Sexualverhalten bei
Mensch und Tier. Reinbek (Rowohlt) 1968
Money, J., Ehrhardt, A.: Männlich-Weiblich. Die Entstehung der Ge-
schlechtsunterschiede. Reinbek (Rowohlt) 1975
Müller, K. E.: Die bessere und die schlechtere Hälfte. Ethnologie des Ge-
schlechterkonflikts. Frankfurt / M., New York (Campus) 1984
Nitzschke, B.: Männerängste, Männerwünsche. München (Matthes & Seitz)
1980
Nitzschke, B.: Der eigene und der fremde Körper. Bruchstücke einer psycho-
analytischen Gefühls- und Beziehungstheorie. Tübingen (Konkursbuch
Verlag) 1985

7 Vom ewigen Kampf der Geschlechter

Aus den Protokollen der Gewissensprüfung
eines (zeitweiligen) Kriegsdienstverweigerers

«Die Liebe ist eine köstliche Blume, aber man muß
den Mut haben, sie vom Rande eines schauerlichen
Abgrundes zu pflücken.»
STENDHAL («De l'amour»)

«Es liegt um uns herum so mancher Abgrund,
Doch in uns selber liegt der tiefste.»
GOETHE («Tasso»)

I

Erstaunlich: Da versichert einer, daß ihm bei der «Schilderung des
weiblichen Liebeslebens jede Tendenz zur Herabsetzung des Weibes»
(Freud 1914, 156) fernliege, und doch entwickelt eben dieser *Mann* eine
Theorie der *Weiblichkeit*, in der die Frau in vieler Hinsicht disqualifi-
ziert wird. Das Weib sei, so der Wiener Altmeister, ein zu kurz gerate-
ner Mann, der Penis*neid*, der Wunsch, den Penis zu besitzen, beweise
dies. Außerdem sei das Weib narzißtisch, liebe häufig nur sich selbst,
ihren eigenen Körper, während sie nach dem Mann nur verlange, um
von ihm ein Kind als *Ersatz* für den nicht vorhandenen Penis zu bekommen. Schließlich, so Freud weiter, habe die Frau ein geringer aus-
geprägtes moralisches Gewissen, ein schwächeres Über-Ich als der
Mann – eine Übernahme der These von der moralischen Minderwertigkeit der Frau, die im 19. Jahrhundert von Möbius bis Weininger ge-
läufig war. Letzten Endes zeichne die Frau ein grundsätzlicher Masochismus aus, den sie auch benötige, um den starken, überwältigenden

Mann und dessen Wunsch nach Eindringen in ihren Körper zu ertragen. Fürwahr, in dieser Freudschen Konzeption der Weiblichkeit liegt ein schönes Arsenal von männlich-theoretischen Waffen für den Kampf gegen das «schwache» Geschlecht bereit.

Und noch erstaunlicher: Da entwickelt einer eine umfassende Theorie des Seelenlebens, genannt Psychoanalyse, indem er seine wichtigsten Erkenntnisse aus der Analyse von *Frauen* gewinnt. Freuds Souffleusen aus dem Parterre seelischer Dramatik heißen: Anna O., Dora, Frau Cäcilie, Frau P., Fräulein Elisabeth v. R., Fräulein Mathilde, Fräulein Rosalie, Katharina, Miss Lucy; die männlichen Patienten, der «Rattenmann» und der «Wolfsmann», spielen eine vergleichsweise späte und für die Entwicklung der Theorie geringere Rolle und liefern in erster Linie Stichworte zum Thema Homosexualität. Und doch behauptet Freud am Ende seines Lebens, das Seelenleben des Weibes sei ihm zeitlebens ein «Rätsel» (vgl. Freud 1933, 120) geblieben; «das Geschlechtsleben des erwachsenen Weibes (sei – B. N.) ein *dark continent*» (Freud 1931, 241).

Was Wunder, wenn man sich als Mann vor dem Neid, dem moralischen Schwachsinn und dem Narzißmus dieser Rätselwesen in acht nehmen muß. Wenn sie sich denn als kastriert empfinden, wie Freud behauptet, werden sie, denen trotz aller Anstrengung kein Penis wächst, vermutlich alles daransetzen, die Schmach zu tilgen, indem sie Rache, also dem Mann den Penis nehmen, ihn kastrieren, um ihn seiner Macht und seines stolzen Besitzes zu berauben.

Die Kastrationsangst des Mannes – von Freud irrtümlich der Angst des Sohnes vor dem potenten Vater zugeschrieben – entwirft das Schreckensbild der Vagina dentata, das Phantastikum des zubeißenden, verschlingenden Geschlechts. Was bleibt Daniel in dieser furchterregenden Löwengrube anders übrig, als sich ein intellektuell geschliffenes Präservativ zu verschaffen, das ihn und seine Angst zu besänftigen hilft?

2

Beobachten wir also den Waffenschmied bei der Arbeit. In einer nur anderthalb Druckseiten umfassenden Notiz aus dem Jahre 1922 versucht Freud, «das abgeschnittene, Grauen erweckende Haupt der Meduse» psychoanalytisch zu interpretieren. Dieses Bild aus der griechischen Mythologie symbolisiert, laut Freud, das weibliche, speziell das Genitale der Mutter. Das abgeschlagene Haupt bedeute die Kastration, wie ja der Mann beim Anblick eines weiblichen Schoßes generell Schreck, Angst vor der Kastration, empfinde. Und dieser Anblick des weiblichen Genitals sei denn auch die Quelle der tiefen Überzeugung des Mannes von der Minderwertigkeit – weil Penislosigkeit – des Weibes.

Das Medusenhaupt, so sagt der Mythos, sei derart häßlich und grauenerregend gewesen, daß jeder, der es erblickte, vor Schreck erstarrte. Freud interpretiert dieses Erstarren nun als eine Gegen-Reaktion auf die Angst, als den symbolisierten Ausdruck einer Erektion, die dem männlichen Betrachter versichert: Sieh an, noch steht er mir – zur Verfügung. Ist das ein Erstarren aus Angst vor dem «schauerlichen Abgrund» oder ein Erstarren aus Freude über den Anblick des verführerischen Schoßes des Weibes? Angst, so meine ich, stellt sich schon deshalb ein, weil hier etwas geschieht, das die Begrenztheit des «freien» Willens des «mächtigen» Mannes beweist: Die «magische» Kraft des weiblichen Genitals beherrscht die Reaktionen des männlichen Körpers. Der Besitz des Penis entpuppt sich, wenigstens in emotionaler Hinsicht, als ein nicht in jeder Situation *verläßlicher* Besitz; Erstarren und Erschlaffen sind nicht unbegrenzt der eigenen Verfügungsgewalt unterworfen. Gerade der Besitz des Penis läßt die «magische» Macht des Weibes deutlich werden. Impotenz kann so auch verstanden werden als ein Versuch, dieser zauberischen, hexenhaften Macht der Frau über den Mann zu entkommen.

Die Schlangen, die das Haupt der Medusa krönen, so Freud weiter, seien eine allegorische Darstellung der weiblichen Schambehaarung, dann aber auch eine Versinnbildlichung männlicher Genitalien: Jede Schlange bedeute einen Penis, womit die Penislosigkeit des Weibes geleugnet werde. Aber auch in diesem Punkt stimme ich Freuds Interpretation des Mythos nicht zu. Wenn die Schlangen der Medusa den Besitz des Penis bedeuten, dann nicht, wie Freud meinte, den *vermeintlichen* Besitz des Phallus, der über die Penislosigkeit des Weibes hinwegtrösten soll, sondern vielmehr den *tatsächlichen:* den immer wiederkehrenden Besitz des Penis im Akt der Vereinigung, den das archaische Seelenleben des Mannes als einen Akt der Kastration empfinden *kann*. Sieh an, so oft hat das Ungeheuer, die Medusa, den Penis bereits verschlungen, eine Vielzahl von Männern haben auf ihrem Altar geopfert. Einmal mehr scheint das schlangenumgebene Haupt der Medusa die Macht des Weibes und seines Schoßes zu symbolisieren.

Und eine letzte Interpretation des Mythos durch Freud und ein letzter Einwand: Freud meinte, das Medusenhaupt sei die allegorische Darstellung der (Kastrations-)Angst der «stark homosexuellen Griechen» (1922, 47f.) vor der Frau. Aber das kann nicht stimmen, denn der Mythos der Medusa stammt aus einer historischen Epoche, in der die homosexuelle Knabenliebe der Griechen, wie sie uns aus dem Zeitalter des Sokrates und des Platon überliefert ist, noch nicht existierte. Die griechische Homosexualität ist das Produkt des Patriarchats, das der Entmachtung der matriarchalischen Großen Göttin folgte, wie die Medusa-Sage überhaupt diesen historischen Prozeß der Umwandlung vom Matriarchat zum Patriarchat in mehrfacher Hinsicht widerspiegelt. Das abgeschlagene Haupt der Medusa ist selbst die Versinnbildlichung der Entmachtung der Großen Göttin aus matriarchalischer Zeit. Das Grauen, das dieses Haupt aber noch immer erweckt, ist ein letzter Widerschein der einstmals verehrten und gefürchteten Macht der Großen Göttin. Überhaupt ist uns ja die Umkehrung des einstmals Heiligen ins Teuflisch-Dämonische durch das Studium zahlreicher Mythen vertraut.

3

Die männlichen Griechen wußten, daß mit der Herrschaft der Großen Göttin kein Staat zu machen sei – jedenfalls kein patriarchalisch-asketischer, apollinisch-klarer. Daher ließen sie sich, wie lange nach ihnen Freud, einfallen, der Großen Göttin zunächst die Ehre und dann das Haupt abzuschneiden.

Medusa und ihre Schwestern Stheno und Euryale, die drei Gorgonen, können verstanden werden als die in drei Personen aufgegliederte Gestalt der Dreifaltigen Göttin, der ursprünglich matriarchalischen Gottheit, wie sie in allen prähistorischen Kulturen des Mittelmeerraums und des Nahen Ostens nachweisbar ist (vgl. Ranke-Graves 1960). Das Christentum hat daraus später die dreifaltige männlich-geistige Gottheit gemacht.

Die drei Gorgonen, auch als die Töchter des Meeres, des Grenzenlos-Konturlosen, bekannt, sind denn auch nach dem älteren Mythos ursprünglich von *schöner, blendender* Gestalt; ihre Häßlichkeit ist eine spätere, patriarchalische Verleumdung. Eine analoge Umkehrung vom Schönen zum Häßlichen beim Übergang vom Matriarchat zum

Patriarchat sehen wir beim heiligen, der matriarchalischen Göttin geweihten Tier: dem *Schwein*. Ursprünglich ein Symbol der Fruchtbarkeit – in manchen frühen Sprachen werden «Schwein» und «Vulva» mit demselben Wort bezeichnet (vgl. Devereux 1981) –, ist das Schwein jenes Tier, auf dem die göttliche Baubo, die als Gottheit symbolisierte Vulva, sitzt. Das patriarchalische Bewußtsein aber etikettiert dieses heilige, matriarchalische Tier als ekelhaft. Etwas von der ursprünglich heiligen Scheu vor dem göttlichen Tier ist noch erkennbar im Verbot, dieses Tier zu «essen», wie es im Nahen Osten bis heute, wenngleich unter vollkommen anderen Begründungen ausgewiesen, existiert.

Wenn auch die Gorgonen von blendender Schönheit sind, so tragen sie doch von Anfang an häßliche *Masken*. Diese Masken sollen tatsächlich abschrecken, und zwar – nach matriarchalischer Lesart – den in den matriarchalischen Ritus Nicht-Eingeweihten. Damit soll das Geheimnis der Großen Göttin vor Profanisierung geschützt, soll die unbefugte Teilnahme an den orgiastischen Fruchtbarkeitsriten der Dreifaltigen Göttin verhindert werden. Die Mondpriesterinnen, die das Mysterium der Fruchtbarkeit und des Gebärens hüten, tragen zu rituellen Anlässen die Masken der Gorgonen. Die sakrale Bedeutung der Vulva als des Ursprungs allen Lebens muß bewahrt bleiben. Dies ist das Denken eines vorgeschichtlichen Zeitalters, das zunächst noch überhaupt keine männlichen Götter kennt und die Profanisierung der Mysterien der Großen Göttin mit dem tatsächlichen Tod bestraft. Die Entschleierung des Mysteriums der Mutterschaft, das Erkennen der Bedeutung des Mannes beim Akt der Zeugung, ist denn auch eine wichtige Voraussetzung bei der Umwandlung matriarchalischer in patriarchalische religiöse Vorstellungen.

Auch die Schlange ist zunächst nicht deshalb ein heiliges Tier, weil sie den Phallus symbolisiert, sondern weil sie auf der *Mutter Erde* kriecht. Auch dieses heilige Tier der matriarchalischen Großen Göttin wird in späterer Umkehrung der ursprünglichen Bedeutung zum Symbol des Bösen, der Sünde, wie wir es aus der jüdisch-christlichen Überlieferung kennen. Schließlich hat selbst Iahu, wie der sumerische Name der Großen Göttin lautet, Pate gestanden für den hebräischen Namen Jehova, der jetzt allerdings einen *männlichen* Gott bezeichnet.

Schlangenhaare tragen denn auch die Furien oder Erinnyen, wiederum die drei Gestalten der Großen Göttin, die älter sind als Zeus und alle olympischen Götter. Und schließlich lebt im Orakelschrein der Mutter Erde, in Delphi, die Heilige Schlange, wenn sie dort auch, nach dem Sieg des Patriarchats, hinfort dem Olympier Apoll zu dienen hat. In einer anderen Version des Mythos heißt es von Apoll auch, er habe die Schlange Python, das Symbol der Mondgöttin, getötet. So erst gewinnt er die Macht über das Delphische Orakel und die dort ansässige, einstmals der Großen Göttin geweihte Priesterin Pythia. Apoll ist schließlich auch der erste Olympier, von dem die Liebe zu einem Knaben, zu Hyakinthos (eine Parallelerscheinung des Narkissos) berichtet wird. Apoll, der männlich-klare Gott, ist der Widersacher des Dionysos, des Gottes der Frauen, des Gottes des ekstatischen Rausches, der Grenzenlosigkeit und des Wahnsinns. Dieser Bockgestalt, diesem zwittrigen Wesen, diesem Weiberfreund Dionysos schleudert Apoll seine Sprüche – «Kenne dich selbst!» und «Nichts im Übermaß!» – entgegen.

Neben Apoll übernimmt bei der Entmachtung der matriarchalischen Großen Göttin die jungfräuliche Athene, die nicht von einer Mutter, sondern aus dem Haupt des Zeus geboren wurde, eine gewichtige Rolle. In diesem Zeugungsmythos wird – analog zur Entstehung der Eva aus der Rippe des Adam – das Monopol der Gebärfähigkeit der Frau direkt geleugnet. Zwar war auch Athene in vorolympischer Zeit eine ausschließlich matriarchalische Göttin, doch durch die nachträgliche Version ihrer Geburt ist sie als patriarchalische Göttin rehabilitiert. Als diese erscheint sie als die eigentliche Widersacherin der Medusa. Athene haßt Medusa, weil sie diese beim sinnenfrohen Buhlen mit dem Meeresgott Poseidon überrascht – immerhin entspringt dieser Verbindung Pegasos, Gott der Phantasie, der Kreativität und der Dichtkunst. Wutentbrannt verwandelt Athene Medusa in ein Ungeheuer. Doch damit ist ihrer Rache noch nicht Genüge getan. Athene schenkt dem Perseus, einem patriarchalischen Helden der Hellenen (der Name leitet sich von Helena, der ursprünglichen Mondgöttin, ab), die im 2. Jahrtausend v. Chr. die Griechen (von graikos – die Anbeter der Grauen Göttin) überrennen und damit den Beginn der Entmachtung des Matriarchats einleiten, einen Schild. Diesen soll Perseus verwenden, um Medusa zu enthaupten, denn Athene weiß, daß der direkte Anblick der Medusa den Perseus zu Stein erstarren lassen würde, daß also die Entweihung der matriarchalischen Göttin seinen Tod bedeuten würde. Deshalb darf Perseus im Kampf mit der Medusa deren Bild nur als Spiegelbild im glänzenden Schild anblicken. Indem er sich so dem direkten Anblick der einstmals mächtigen Göttin entzieht, kann er sie besiegen.

Das abgeschlagene Medusenhaupt befestigt Athene an ihrem Gürtel, genauer: an ihrer Aigis. Die Aigis war ursprünglich der Ziegenfell-Keuschheitsgürtel der libyschen Jungfrauen, ein magischer Beutel (Symbol der magischen Kraft der Vulva), der eine Schlange enthielt und von einer Gorgonenmaske geschützt wurde. Aigis selbst war eine matriarchalische Ziegengöttin. Schlange und Gorgonenmaske dienen hier also wiederum dem Schutz des Mysteriums der Großen Göttin. Immerhin bewahrt auch der patriarchalische Mythos noch etwas vom ursprünglichen Sinn jenes Brauches, schützt doch selbst Athene ihre eigene Jungfräulichkeit noch dadurch, daß sie das abgeschlagene Medusenhaupt an ihrer Aigis befestigt.

4

Ödipus, so wissen wir seit Freud, ist als tragischer Held das Vorbild jedes Mannes. Aber auch die ursprüngliche Bedeutung dieses Mythos hält nicht, was seine patriarchalische Interpretation verspricht. Auch dieser Mythos hat zunächst eine ausschließlich matriarchalische Bedeutung, die erst in späterer Zeit verlorengeht, weil das patriarchalische Denken den Mythos jetzt für eigene Zwecke benutzt.

Die Eltern des Ödipus, Jokaste und Laios, symbolisieren ursprünglich das Paar der Heiligen Königin (eine reale Personifikation der Großen Göttin) und des Heiligen Königs. Das Schicksal des Heiligen Königs ist unter der Bedingung des Matriarchats mißlich: Nach Ablauf eines Mondjahres oder eines Großen Jahres von hundert Mondzyklen wird er getötet oder der Großen Göttin geopfert. Den rituellen Mord vollführen die Priesterinnen der Mondgöttin, denen die Heilige Königin vorsteht. Zu diesem Anlaß tragen die Priesterinnen der Muttergottheit wiederum Gorgonenmasken. Die «Kastration» des Heiligen Königs ist hier also noch als unmittelbarer Tod erkennbar. Im Totenmahl wird der zerstückelte Leib des Heiligen Königs in ritueller Weise von den Priesterinnen verzehrt, ein Thema, das im christlichen Abendmahl seine späte, wenn auch anders begründete, Wiederkehr erlebt. Es ist also nicht, wie Freud in «Totem und Tabu» behauptet, die Urhorde der Söhne und Brüder, die den König und Vater erschlägt und verzehrt, vielmehr sind es die Frauen, die sich auf diese Weise von der Herrschaft des Mannes und Königs immer aufs neue befreien.

Nach dem Totenmahl wird die Hochzeit der Heiligen Königin mit dem Nachfolger des Getöteten zelebriert, den allerdings – auf lange Sicht gesehen – ein ähnliches Schicksal erwarten wird wie den soeben Getöteten. Ein solcher legitimer Nachfolger des Heiligen Königs (des «Vaters») ist nun Ödipus, dem erst das spätere patriarchalische Denken die Tötung des Vaters vorwirft. Wenn Ödipus sich an die Stelle des Laios bei der Mutter-Gattin Jokaste setzt, so ist dies in älterer Lesart sein Recht und seine heilige Pflicht. Erst das patriarchalische Denken wird ihm «Vatermord» und «Mutterinzest» vorwerfen. Der Ödipus der attischen Tragödie, der für Freuds Interpretation den Vorwand liefert, ist nach ältester Lesart also ein legitimer Nachfolger des Heiligen Königs, zeigt in manchen Zügen den Übergang vom Matriarchat zum Patriarchat an und erweist sich erst in neuerer, patriarchalischer Lesart als ein Frevler.

Was den Übergang von der Mutter- zur Vaterherrschaft betrifft, so ist Ödipus zunächst deshalb ein Frevler, weil er selbst, indem er das Rätsel der Sphinx löst, also das Mysterium der Großen Göttin entweiht, gegen das Matriarchat handelt. Indem er die Macht der Sphinx bricht, die selbst wiederum ein Symbol der Großen Göttin ist, wobei Jokaste auch als Priesterin der Sphinx verstanden werden muß, beendet er die Herrschaft der Sphinx-Großen-Göttin-Jokaste: Hinfort müssen der Sphinx keine weiteren Menschenopfer, in erster Linie kein Opfer des Heiligen Königs mehr gebracht werden. Historisch erweist sich dies als die Institutionalisierung eines *neuen* Brauchs: Nach Ablauf des Mondjahres wird der Heilige König nicht mehr getötet, vielmehr versteckt er sich bloß noch symbolisch in einer Grabkammer, während sein Nachfolger, der Interrex, für einen rituell vorbestimmten Zeitraum das Lager mit der Heiligen Königin teilen darf, um danach, *anstelle* des «Vaters», getötet zu werden. Ist dies geschehen, so erfolgt die «Wiederauferstehung» des Heiligen Königs aus dem Grab, der nun seine Herrschaft fortsetzen kann. Der Tod des Sohnes anstelle des Vaters und der Glaube an die Wiederauferstehung finden sich, wenn auch in abgeänderter Form, in der christlichen Mythologie wieder.

Wenn sich also Ödipus in der attischen Tragödie an die Stelle des Vaters setzt, anstatt für diesen zu sterben, so kehrt er damit einmal zum ursprünglichen, seinerzeit gerechtfertigten matriarchalischen Brauch zurück; für das patriarchalische Denken ist jedoch eben dies der Ausdruck einer Sünde. Die versuchte Rückkehr zur Gültigkeit matriarchalischer Gesetze macht das Unglück des Ödipus aus. Will man, um dies nur anzudeuten, den Ödipus-Mythos im Lichte der neueren psychoanalytischen Theorien über «frühe» Störungen, beziehungsweise über die «präödipale» Zeit, also die Zeit der ausschließlichen oder doch erheblichen Bindung des Kindes an die Mutter, interpretieren, dann besteht das Unglück des Ödipus eben darin, daß er den Vater (und damit seine eigene männliche Identität) tötet, um zur Mutter, in die Verschmelzung mit der grenzenlosen, präödipalen Mutter, zurückzukehren. Das Grauen, das der Mutterinzest, also die regressive, symbiotische Wiederverschmelzung mit der allmächtigen Mutter(gottheit) bedeutet, ist ein Grauen, das sich aus dem drohenden Verlust der eigenen Identität, der Ichgrenzen, aus der möglichen Fragmentierung des Selbst, ja, seiner gänzlichen Auflösung ergibt. Die Zerstückelung durch die Mutter oder ihre Stellvertreterinnen (Priesterinnen) ist das gefürchtete Schicksal, eine Depotenzierung und Kastration, die im Bild der Vagina dentata nur andeutungsweise enthalten ist. Ödipus «erkennt» die Mutter, blickt das Haupt der Medusa «direkt» an – der Schreck über das, was er somit über sich und seine Existenz erfährt, zwingt ihn zur Blendung. Er hätte, so fügen wir mahnend hinzu, zunächst einmal die Geschichte von Perseus lesen sollen, um zu erfahren, wie man den Kampf mit den «präödipalen» Ungeheuern siegreich besteht: Man braucht einen Schutz-Schild, der vor dem direkten Blick bewahrt, oder eben auch ein Arsenal von Waffen, um sich als patriarchalischer Held zu erweisen.

5

Die archaischen Gesellschaften verknüpfen, wie wir gezeigt haben, den Mythos stets auch mit dem praktizierten Ritual. Von *Mythologie* sprechen wir erst dann, wenn der Mythos diese Verbindung zur kollektiv zelebrierten religiösen Praxis verloren hat, wenn nur noch die «Geschichten» als solche, losgelöst von der sozialen Ordnung, tradiert werden (vgl. Wipf 1979). Die naive Auffassung interpretiert die Elemente des Mythos als Botschaften über reale Ereignisse, historische Vorfälle. Das ist immer *auch* im Mythos enthalten. Dennoch ist sein wesentlicher Gehalt gleichzeitig immer psychologische Wahrheit, Darstellung eines inneren Dramas, eines Psycho-Dramas. So dient der kollektiv praktizierte Mythos stets auch einem Versuch zur Bewältigung affektiver Realität. Die Gemeinschaft wird sich im Ritus ihrer innersten Wünsche und ihrer Ängste gleichermaßen und stets von neuem bewußt.

Der zeitgenössische Neofeminismus, soweit er zu einer Wiederentdeckung ursprünglicher matriarchalischer Mythen geführt hat, ist allerdings weit davon entfernt, deren psychologische Wahrheit verstanden zu haben; vielmehr werden, häufig in plattester Form, Elemente des Mythos herausgegriffen, um ins Korsett einer mehr oder weniger dürftigen Ideologie (z. B. Davis ³1980) eingepaßt zu werden. Von der dialektischen Spannung der Einheit der Gegensätze ist in solchen Pamphleten wenig zu spüren. An die Stelle archaischer Vermittlung von Wunschdenken und Angstabwehr tritt bloße masturbatorische Phantasie: die Wünsche werden eindimensional. «Das beunruhigende Element in diesem Neomatriarchalismus ist, daß er eine reine Negation des Patriarchalismus und eine Regression zu einer infantilen Einstellung statt eine dialektische Progression zu einer höheren Form des ‹Matriarchalismus› darstellt» (Fromm ⁴1976, 75). Nicht zuletzt ist aus der Wiederentdeckung matriarchalischer Mythen der «Mythos vom Matriarchat» (Wesel 1980, Zinser 1981) entstanden, von einem «Goldenen Zeitalter» allgegenwärtiger Friedfertigkeit, das nirgendwo bestanden hat, es sei denn in den Köpfen meist recht aggressiver Neofeministinnen. Ein Matriarchat im Sinne ausschließlicher Herrschaft der Frauen hat denn auch nirgendwo existiert, wenngleich eine Vielzahl von Gesellschaften bekannt ist, in denen die Stellung der Frauen weit besser ausfällt als etwa in den abendländischen Gesellschaften der letzten 300 Jahre. Der *Unterschied* der Geschlechter, die Ungleichheit, aus der keineswegs eine Ungleich*wert*igkeit resultiert, wird aber in den Mythen nirgendwo geleugnet, ja, gibt vielmehr einen dynamischen Ursprung ihrer komplexen Entwicklungen und Ausgestaltungen ab.

Ganz anders die Mythen des Neofeminismus, die auf eine Beseitigung der Geschlechterunterschiede, auf die Nivellierung der Differenz, kurz auf die regressive Ent-Spannung des Verhältnisses der Geschlechter abzielen, einen nirwana-ähnlichen Zustand anstreben, der, wenn er denn einträte, dem solipsistischen Lallen eines Säuglings entsprechen dürfte. Es ist dies die Sehnsucht nach dem autoerotischen Vergnügen, das den Unterschied von Ich und Du, Subjekt und Objekt, Frau und Mann leugnen muß, weil es ihn nicht ertragen kann, weil «ewiger Friede» um den Preis dieses Unterschieds nicht zu haben ist, ja, weil dieser Unterschied selbst die Unmöglichkeit spannungslosen

Vergnügens beweist. Man wird mit der Zeit begreifen, daß diese neo-feministischen Ideologien in letzter Konsequenz ebenso frauenfeindlich sind, wie sie auf den ersten Blick männerfeindlich erscheinen. Denn mit dem Unterschied der Geschlechter wird auch deren Identität geleugnet, bzw. auf eine Identität reduziert, die einem «hohlen Bauch» entspringt.

Da heißt es denn, es müsse «die feministische Revolution... nicht einfach auf die Beseitigung männlicher *Privilegien*, sondern der Geschlechter*unterschiede* selbst zielen» (Firestone 1975, 17). Das ist das Programm der nachlassenden Kraft zur Ausbildung der eigenen (Geschlechts-)Identität. Versteckt in diesem Programm ist der Kampf gegen die *eigene* Mutter, aus deren Schoß man nicht entkommen konnte, weshalb solche Frauen denn auch in erster Linie gegen die potentielle Möglichkeit eigener Mütterlichkeit ankämpfen: So propagiert Phyllis Chesler (1977) die extrauterine Aufzucht des Embryos, wettert Shulamith Firestone gegen jegliche Bindung des Kindes an die Mutter und verdammt Alice Schwarzer den Mutterinstinkt als eine geschickte Erfindung männlicher Psychologen zwecks Unterdrückung der Frau. In solchen Entwürfen stecken die ambivalente Bindung an die eigene Mutter, nie erfüllte Liebe und abgrundtiefer Haß, die in einen ständigen Kampf mit präödipalen «Ungeheuern» verwickeln und nicht zuletzt in der Maske des über-mächtigen Mannes erscheinen. Verleugnung der Heterosexualität, Homosexualität und phantasierter (emotionaler) Inzest mit der Mutter, die auf der Realebene doch so bedrohlich erlebt wird – eben gerade wegen des nie überwundenen infantilen Wunsches –, sind denn auch identisch (vgl. Wolff 1973).

Selbstverständlich, und darüber berichten uns die Mythen, ist es die frühkindliche Beziehung zur Mutter, die über das spätere Schicksal der Heterosexualität, der Fähigkeit zur Bindung und zur Hingabe an den/die andere(n) entscheidet. Gewiß, auch dem Vater kommt für die Entwicklung der Liebesfähigkeit, die eine Ausbildung eigener Identität voraussetzt, eine gewichtige Rolle zu (Mahler et al. 1978, Rotmann 1978), aber die Beziehung des Vaters zum Kind modifiziert nur die zunächst primäre Beziehung zwischen Mutter und Kind. Helene Deutsch hat am Beispiel des Dionysos und des Apoll die Bedeutung der Mutter(bindung) für die Entwicklung männlicher Geschlechtsidentität nachgewiesen. Der bisexuelle Dionysos hat zwei Mütter – heute würden wir sagen: eine präödipale und eine ödipale. Soweit er an die präödipale Mutter gebunden ist, bleibt er fragmentiert, gespalten, chaotisch, ambivalent an die alles beherrschende Mutter(imago) gefesselt, ständig auf der Suche nach Synthese und Individuation. Sein mythologisches Schicksal ist die Zerstückelung; mit der ihn begleitenden Schar der Mainaden lebt er die polymorph-perverse, desintegrierte Sexualität in allen Stücken frei aus. Dionysos will die Trennung – und das heißt: die Individuation – nicht anerkennen, er will in der symbiotischen Beziehung zur Mutter verharren. Seinen tragischen, weil nicht lösbaren Konflikt macht die «Sehnsucht... nach einer nicht ambivalenten Bindung an seine... Mutter, nach ständiger Einheit mit ihr» (Deutsch 1973, 19) aus. Die Bindung an die präödipale Mutter, die Sehnsucht nach der symbiotischen Verschmelzung mit ihr, *muß* zur Ambivalenz führen, weil damit stets auch die Sehnsucht nach Individualität und Identität bedroht und in Frage gestellt wird.

Apoll, der Gott der Individuation, wie ihn vor allem Nietzsche in der «Geburt der Tragödie» charakterisiert hat, ist der Gegensatz des Dionysos – und beide Götter sind Symbolisierungen unterschiedlicher Wünsche in *einem* Menschen. In der Orestie nimmt Apoll Partei für Agamemnon, also für den Heiligen König, der von seiner Gattin, der Heiligen Königin, Klytämnestra, umgebracht worden ist. Die matriarchalischen Erinnyen aber verteidigen – nach altem Recht und Brauch – die Klytämnestra, denn, so sagen sie: «Sie war dem Mann nicht blutsverwandt, den sie erschlug.» Es ist, wir haben das gezeigt, ja auch das Recht der Heiligen Königin, ihren Gatten zu töten, um sich mit dem Nachfolger zu vermählen. Orest allerdings rächt den Tod des Vaters, indem er die Mutter umbringt, eine Tat, die nach altem Gesetz *unsühnbar* ist, eine Tat zumal, die das matriarchalische Denken verletzt. Apoll nun aber, ein Vertreter des neuen Rechts, erklärt den Göttern, die über Orest zu Gericht sitzen: «Nicht ist die Mutter ihres Kindes Zeugerin, sie hegt und trägt das auferweckte Leben nur, es zeugt der Vater, aber sie bewahrt das Pfand...»

Es ist – bei Stimmengleichheit – Athene, die mit ihrer Entscheidung für Orest zu dessen Freispruch beiträgt. Damit ist die Macht des Blutrechts gebrochen, wird die Tötung des Heiligen Königs als Unrecht erkannt, ja, wird die ausschließliche (oder doch vorwiegende) Macht der Mutter über Zeugung und Geburt des Kindes beendet. Apoll, der Gott der griechischen Aufklärung, siegt über die Macht der Mutter. In der Gestalt der kopfgeborenen Athene müssen sich die präödipalen Ungeheuer (Mütter) mit dem Gedanken der Möglichkeit einer extrauterinen Geburt vertraut machen. Wiederum kennen wir dieses Motiv der Zeugung aus dem «Geist» in abgewandelter Form aus der christlichen Mythologie.

6

Bachofen, der die genannte Lesart der Orestie zum erstenmal vorgetragen hat, um damit seine These vom ursprünglichen Matriarchat und dessen Untergang zu untermauern, ist denn nun auch einer der wichtigsten Kronzeugen der Neofeministinnen im Kampf gegen den Patriarchalismus. Aber hätten sie ihn nur gelesen, sie würden sich nicht auf ihn berufen! Zwar schildert Bachofen das von ihm angenommene Matriarchat ursprünglicher Zeiten, von dessen Blutrünstigkeit und Menschenopfern er wenig wissen will, in rosigen Farben, aber ein «Zurück zum Matriarchat!» kommt ihm dennoch nicht über die Lippen. Vielmehr ist Bachofen einer jener typischen Vertreter männlichen Denkens, die die Existenz der Frau nur als gespaltene anerkennen können: Hier die reine, liebevolle, allumsorgende Mutter (= ursprüngliches matriarchalisches Stadium nach Bachofen), dort die der Sexualität und Hurerei verfallene, dem Trieb, dem Stoff, der Materie (von mater = Mutter) preisgegebene Frau (Stadium des Hetärismus), eine Spaltung des Mutter-Objekts, die nach Aussage moderner psychoanalytischer Entwicklungspsychologie durchaus dem emotionalen Erleben des Kindes auf präödipaler Stufe entspricht. Diese Spaltung in Engel und Hure, heilige Jungfrau und Hexe findet sich durchgängig im männlichen Denken, etwa in der beginnenden Neuzeit, in der bei Anbruch abendländischer Rationalität Madonnenkult und Hexenverfolgung gleichermaßen eine Hochblüte erreichen, etwa eben bei Bachofen, dann auch bei Weininger (1980; vgl. Nitzschke 1980), schließlich bei Freud und endlich bei den von Theweleit beschriebenen präfaschistischen, soldatischen Männern, nicht zuletzt bei Theweleit, dem Autor, selbst.

Bachofen, zeitlebens in tiefer Abhängigkeit von seiner Mutter lebend – ihr widmet er sein Werk, erst nach ihrem *Tod* ist er fähig zu heiraten –, schwärmt zwar vom «Zauber des Muttertums», das «als göttliches Prinzip der Liebe, der Einigung, des Friedens wirksam wird» ([3]1980, 12). Doch er weiß – oder er meint mit Plato und Strabo zu wissen –, «daß von jeher alle ‹Dämonenfurcht› von dem weiblichen Geschlecht über die Männerwelt verbreitet worden sei» ([3]1980, 19).

Nun ja, es ist die magische Vulva, die heilige Aigis, das schreckeinflö-
ßende Haupt der Medusa, das so manchem Manne den Glauben an die
Dämonen wiederbringt.

Zu Anfang, so Bachofen, herrschten die «Matronen» in einem prähistorischen Reich von Zucht und Ordnung. Doch unter dem Einfluß
des Gottes Dionysos – «im vollsten Sinne des Wortes der Frauen Gott»
(³1980, 39) – verkommt die Sinnlichkeit der Frauen zum Exzeß, womit
das Zeitalter des «Hetärismus» anbricht. Der dionysische Kult löst die
politische Organisation auf und führt zum Verfall des staatlichen Lebens, ja, er führt gar zur *Demokratie*, zu einer Staatsform, die der aristo-
kratisch orientierte Patrizier Bachofen als «fleischliche und politische
Emanzipation» (³1980, 40) und als Dekadenz verabscheut. Mit dem
dionysischen Kult sind aber auch «Entkräftigung und Entwürdigung»
(³1980, 41) des Mannes verbunden, der nun ganz zum Opfer der
wollüstigen geilen Weiber wird. «Der Mann fürchtet, vom Weib geschwächt, mit dessen Weiblichkeit angesteckt zu werden», schreibt
Freud (1918, 168) später in einem ganz anderen, jedoch dem gleichen
Gedanken oder doch derselben Furcht verpflichteten Zusammenhang.
Freud, respektive der von ihm phantasierte Primitive, weiß denn auch
«von der Existenz einer Macht, die sich (bei den Männern – B. N.) der
Liebe widersetzt, indem sie das Weib als fremd und feindselig ablehnt»
(1918, 169). Von dieser Macht weiß auch Bachofen zu berichten, der
den Untergang des Hetärismus und damit der «Vergötterung der tierischen Seite unserer Natur» (³1980, 42) durchaus begrüßt. Bevor allerdings die Männer endgültig das Heft in die Hand nehmen können und
damit die Geschichte gestalten, sind vorübergehend noch die «Amazo-
nen» am Ruder, die den Hetären folgen und die Männer nun zwar nicht
mehr in Sünde und Wollust verstricken, sie aber brutal unterdrücken
und beherrschen. Den «wichtigsten Wendepunkt in der Geschichte des
Geschlechtsverhältnisses» (³1980, 47) sieht Bachofen denn auch in
einer endgültigen Befreiung des Mannes vom Joch der Frauen, in
einem endgültigen Sieg der Paternität. Bachofen begeistert: «. . . in der
Hervorhebung der Paternität liegt die Losmachung des Geistes von
den Erscheinungen der Natur (= des Weibes – B. N.), in ihrer sieg-
reichen Durchführung eine Erhebung des menschlichen Daseins über
die Gesetze des stofflichen Lebens» (³1980, 48). Bachofen warnt denn
auch ausdrücklich vor einer «Rückkehr des Volksgeistes zu gynaiko-
kratischen (= matriarchalischen – B. N.) Anschauungen» (³1980, 57).
Fürwahr ein dialektisches Kunststück, diesen Autor als einen Kron-

zeugen für die Rückkehr zum Matriarchat anzuführen! Einen Autor, der das «höchste Ziel» der Menschheitsentwicklung in einer «Erhebung des irdischen Daseins zu der Reinheit des göttlichen Vaterprinzips» (³1980, 58) erkannte.

7

Wie gesagt, ein anderer, mindestens ebenso geängstigter Vertreter männlichen Nachdenkens über den Unterschied der Geschlechter, Otto Weininger nämlich, hat, ganz ähnlich wie Bachofen, den Sieg des Patriarchats, des Geistes über den Stoff, des Mannes über die Frau, der Reinheit über die Triebhaftigkeit gefeiert. Aber, wie er beteuerte, er wollte damit die Frauen nicht diskriminieren, nein, er wollte sie befreien, emanzipieren: Sie sollten werden *wie* die Männer – sein implizites Ziel war die Aufhebung der Differenz der Geschlechter. Die dem Körper verbundene, an die eigene Wollust und Geilheit gefesselte Frau sollte es den Männern gleichtun, die nach Emanzipation von fleischlicher Wollust streben (jedenfalls soweit sie nicht – unter dem verderblichen Einfluß der Frauen – selbst der Geilheit zum Opfer fallen). Weininger propagierte eine radikale Absage an die (Hetero-)Sexualität, eine Befreiung des Geistes vom Fleisch, und war überzeugt, daß auch den Frauen gelingen könnte, was Asketen und Militärs, Fabrikarbeiter und Internatszöglinge männlichen Charakters nolens volens vorexerziert hatten. Weininger hat in Alice Schwarzer sein weibliches Gegenstück gefunden. Beide kämpfen für Emanzipation der Frau, die Abschaffung der Heterosexualität; die «Beseitigung des Geschlechtsunterschiedes» (Schwarzer 1977, 209) ist ihnen dabei ein unverzichtbarer Zwischenschritt. Konsequent, wie er war, brachte sich Weininger nach Vollendung seines Werkes «Geschlecht und Charakter» (1903/1980) denn auch um, damit ein Zeichen setzend für die Befreiung des Geistes vom irdischen Fleisch. Verglichen mit Weininger sind, wie Stendhal in seinem Buch «Über die Liebe» schrieb, «die armen Menschen, die in den *Trappistenorden* eintreten... Unglückliche, denen der Mut zum Selbstmord fehlt».

Aber neben dem Nachweis, daß Unglückliche, die mit der Heterosexualität nichts anzufangen wissen, zu ganz ähnlichen Schlüssen gelangen, seien sie nun Mann oder Frau – selbstverständlich entspricht der von Schwarzer propagierten manifesten Homosexualität eine ausgeprägte latente Homosexualität bei Weininger –, hat Alice Schwarzer noch einen zweiten wichtigen Fingerzeig gegeben. Das Gegenstück zur Kastrationsangst des Mannes, die Freud analysierte, ist nicht der Penisneid der Frau, sonder deren *Penetrationsangst*. Wie der Mann in der vermeintlichen Angst vor dem Verlust seines Penis im Grunde den Verlust seiner Autonomie, seiner Körpergrenzen und damit die Bedrohung seiner psychischen Integrität fürchtet, so drücken sich analoge archaische Ängste in der Penetrationsangst der Frau, in deren Frigidität und narzißtischer Selbstbezogenheit, in deren infantilem Autoerotismus aus. Beide, Kastrationsangst wie Penetrationsangst, verdanken sich einer nicht aufgelösten Bindung an die präödipale Mutter, damit auch einer real möglichen regressiven, aus eigener Kraft nicht mehr rückgängig zu machenden Auflösung von Ichstrukturen. Unter solcher Voraussetzung ist das Liebesobjekt – ob Mann ob Frau – potentiell gefährlich, weil allmächtig. Die im Akt der Vereinigung drohende Abhängigkeit vom Objekt wird mit Hilfe pseudo-emanzipatorischer Ideologien geleugnet und abgewehrt. Es sind präpsychotische Ängste, die in den Fallgeschichten der Streitschrift vom «kleinen Unterschied», der die große Bedrohung symbolisiert, zum Ausdruck kommen. Es ist dies die Angst vor Ich-, Kontroll- und Realitätsverlust, die ein latent desintegriertes Ich zu Recht empfinden muß, wenn es die Distanz in der Nähe zum Anderen verliert. Während der «authentische Orgasmus» (Shainess 1976) beim Mann wie bei der Frau die regressive Wiederverschmelzung mit dem Liebesobjekt impliziert, sind Frigidität und Impotenz Ausdruck einer nur zu notwendigen Verweigerung solchen emotionalen Erlebens, setzt der «kleine Tod» doch die Gewißheit voraus, danach sich wiederzufinden als ganze, nicht als gespaltene Persönlichkeit. Eine der von Schwarzer zitierten Frauen, die um ihre (letztlich nicht vorhandene) Allmacht fürchten, sagt, worauf es mir hier ankommt: «Dagegen, daß er mich bis zum Orgasmus bringt, habe ich innerlich Widerstände. Ich bin da in einem *Zwiespalt* (Herv. – B. N.): Einerseits würde ich es ganz gern gegenseitig machen, wüßte ich gern, wie das ist; andererseits *finde ich gut, daß ich es selbst in der Hand behalte:* das ist in meinen Augen eine Stärke» (Schwarzer 1977, 172). Es ist dies die Stärke, die der Schwache braucht, um sich vorm Zerfall seines Selbst zu schützen, eines Selbst, das schon früh – in der Beziehung zur eigenen Mutter – in seinem Bestand bedroht worden ist und stets aufs neue die Wiederkehr der alten Gefahren fürchtet. Erika Schilling, Alice Schwarzers Mutter, sollte man denn auch Glauben schenken, wenn sie ein Buch unter dem bezeichnenden Titel «Manchmal hasse ich meine Mutter» (1981) publiziert.

8

Teiresias, der *blinde Seher* aus dem Mythos, der die Augen vor der äußeren Realität verschließt, um die innere Realität um so besser zu erkennen, weshalb es ihm auch gelingt, die Wahrheit des Ödipus zu entziffern, wurde von Hera, der Gattin des Zeus, geblendet. Und zwar deshalb, weil er die Göttin erzürnte, als er auf die Frage, wer – Mann oder Frau – beim Geschlechtsakt den größeren Genuß verspüre, antwortete, der Genuß der Frau sei ungleich größer als der des Mannes.

Hat Teiresias die Augen vor der Wahrheit verschlossen, die uns heute Alice Schwarzer verkündet? Nach ihren und ihrer Klientinnen Aussage ist der heterosexuelle Koitus eine erniedrigende, demütigende, schmerzhafte, unlustvolle, der Vergewaltung nahekommende Pflichtübung für jede Frau; vom Kür-Programm ist da nicht die Rede. Vor allem aber, so heißt es immer wieder, seien Männer unfähig, der weiblichen Anatomie gerecht zu werden. Es gebe nun einmal keinen Unterschied zwischen vaginalem und klitorialem Orgasmus, die Klitoris sei das einzig reizspendende Organ der Frau beim Koitus (Masters, Johnson 1967; Sherfey 1972), die egoistischen Männer mit ihrem Penetrationseifer nähmen darauf aber keine Rücksicht. Nun hat Devereux zu Recht darauf verwiesen, daß diese Klitorisfixierung der Neofeministinnen eine Bestätigung dessen ist, was sie abzuschaffen vorgeben: «Paradoxerweise ist die Verleugnung der Vagina und die Überschätzung des Penis nirgendwo so ausgeprägt wie in der Überzeugung vieler Feministinnen, daß es nur einen klitorialen Orgasmus gibt. Diese Lehrmeinung bedeutet letztlich, daß dem charakteristischsten Organ der Frau – ihrer Vagina – die Fähigkeit abgesprochen wird, ihr volle Befriedigung zu verschaffen. Einzig ihr ‹Mini-Penis›, die Klitoris, soll dazu in der Lage sein. Daraus folgt, daß die einzigen bedingungslosen Anhänger der Phallokratie ausgerechnet die Theoretikerinnen sind, welche die Ausschließlichkeit des klitorialen Orgasmus» (1981, 11) behaupten. Es kann hier keineswegs um eine physiologische, an der Anatomie der Geschlechtsorgane orientierte Klärung der zur Diskussion stehenden Fragen gehen, wie es für eine psychologische Fragestellung auch ganz unerheblich ist, wie das *physiologische* Reaktionsmuster bei der Tränensekretion ist. Für eine psychologische Erklärung des Weinens aber ist entscheidend, ob die Tränen fließen, weil ein Mensch Zwiebeln schneidet, weil er einen situationsgerechten theatralischen Auftritt inszeniert oder weil er tiefe Trauer empfindet. Ebenso ist für eine psychologische Erklärung orgastischen Erlebens bedeutsam, ob ein Orgasmus durch autoerotische Stimulation, durch Benutzung des Körperteils eines anderen Menschen zum Zwecke der Selbst-Befriedigung oder durch die Empfindung von Leidenschaft und Liebe zustande kommt. Letzteres allein ist die Vorbedingung eines «authentischen Orgasmus» im Sinne von Natalie Shainess, die im Grunde dasselbe meint wie Freud, wenn er – jetzt ausschließlich psychologisch, nicht physiologisch verstanden – von einem «vaginalen Orgasmus» sprach. Das ist dann doch etwas anderes als die Frage nach der richtigen Technik, mit der eine Maschine (oder ein Körper) an- und ausgeschaltet werden kann.

9

Es sind die patriarchalischen Helden, die die präödipalen Ungeheuer töten: so Herkules den Kerberos und die Hydra, so Belleophon die Chimaira, Ödipus die Sphinx und Perseus die Medusa. Damit bestätigen und festigen sie ihre Identität, erweisen sie ihre Männlichkeit, ihre Macht, zeigen sie an, daß sie den Verlockungen der präödipalen Zeit widerstehen können, und sei es nur dadurch, daß sie sich, wie Odysseus, fesseln lassen, um nicht dem Gesang der Sirenen zu verfallen, oder dem Rauschtrunk der Kirke entsagen, um nicht zum Schwein zu werden. Der Penis ist in dieser Hinsicht tatsächlich ein Symbol der Macht, weil er ein Symbol der Differenz ist. Der Penis zeigt dem Jungen: ich bin nicht die Mutter – ich bin nicht wie die Mutter – ich bin anders. Der Penis als Symbol erleichtert somit die Trennung von der Mutter und die Individuation, die schließlich gestärkt wird durch die Identifikation mit dem Vater, der sich seinerseits deutlich von der Mutter unterscheidet. Das Mädchen, das keinen Penis besitzt, dessen Körper sich nicht grundsätzlich von dem der Mutter unterscheidet, ja, das, per Identifikation mit der Mutter, werden soll wie diese, hat vielleicht wegen dieses Mangels eines *Symbols* des Unterschieds in psychischer Hinsicht größere Schwierigkeiten, sich von der Mutter zu lösen, eine eigene, getrennte Identität zu erwerben. Ist das ein verständlicherer Grund für den «Penisneid» als jener Grund, den Freud nannte?

Aber es gibt vielleicht auch noch eine zweite – psychologische – Erklärung für den «Penisneid». Der Penis erleichtert nicht nur die Unterscheidung und damit die Trennung, sein Besitz ist vielmehr gleichzeitig der Garant, in den Körper der Mutter (der Frau) wieder zurückkehren zu können. Die penislose Frau kann sich diesen regressiven Wunsch nach Wiederverschmelzung mit der Mutter (oder ihrer Stellvertreterin) in solcher körperhafter Form nicht erfüllen. Wenn jeder Koitus für den Mann immer auch – nicht nur – eine Wiedervereinigung mit dem Körper der Mutter bedeutet, wie Ferenczi (1924 / 1972) meinte, dann werden Frauen, die ihrerseits ganz besonders diesen Wunsch nach regressiver Wiedervereinigung mit dem mütterlichen / weiblichen Körper verspüren, dem Mann die Erfüllung dieses Wunsches mißgönnen, weil sie ihn um das beneiden, was ihnen selbst versagt bleibt. Wäre das eine andere psychologische Erklärung für «Penetrationsverweigerung»? Aber lassen wir diese Spekulationen, und verbleiben wir bei den Wünschen und Ängsten des Mannes.

Es ist ja nicht nur die potentielle Erfüllung eines archaischen Wunsches für den Mann beim Koitus zu erhoffen, es ist auch stets die Angst zu vermuten, bei Erfüllung dieses Wunsches von der übermächtigen Mutter / Frau wieder verschlungen, zum Kinde, ja zum Tier degradiert zu werden. Es sind nur die Helden, die sich diesen Wunsch erfüllen können, ohne Gefahr zu laufen, von ihrer Angst (beziehungsweise der Mutter / Frau) besiegt zu werden. Nach Socarides sind die Perversionen, insbesondere aber die männliche Homosexualität, nur zu verstehen, wenn man diese archaische Angst des Mannes vor der präödipalen Mutter voraussetzt. Für den in seiner männlichen Identität nicht gefestigen Mann wird der Koitus mit der Frau tatsächlich zu einem Kampf, und zwar zu einem Kampf um das «Überleben des Ichs» (Socarides 1976, 725). Die perversen Rituale haben den Sinn, die Frau auf Distanz zu halten, die bedrohliche Nähe zu vermeiden – in der Homosexualität geschieht dies im vollkommensten Sinn. Die perversen Aktionen schützen vor der «Angst vor dem Einswerden und Verschmelzen mit der Mutter», «vor dem Verlust des Ichs oder der Ich-Auflösung» (Socarides 1976, 733).

Erst gegen Ende seines Lebens begann Freud den «dark continent», den das Geschlechtsleben des Weibes für ihn darstellte, ein wenig genauer zu betrachten. Dabei fiel ihm auf, daß die präödipale Zeit, die Zeit der ausschließlichen oder doch weitgehenden Bindung der Tochter an die Mutter, für die Frau womöglich bedeutsamer sei, als er bis dahin geglaubt hatte. Er selbst vergleicht diese seine Entdeckung mit der Entdeckung matriarchalischer Strukturen der griechischen Kultur, die durch die patriarchalischen Überformungen zunächst nur schwer erkennbar waren: «Die Einsicht in die präödipale Vorzeit des Mädchens wirkt als Überraschung, ähnlich wie auf anderem Gebiet die Aufdeckung der minoisch-mykenischen Kultur hinter der griechischen» (Freud 1931, 519). Angesichts dieser Erkenntnis fragt Freud – etwas ratlos: «Wie, wann und warum macht... sich (das Mädchen) von der Mutter los?» (1931, 517). Wie kommt es zum «Umtausch des ursprünglichen Mutterobjekts gegen den Vater?» (1931, 517). Dies sei wohl ein schwierig zu erklärender Prozeß, meint Freud, der schließlich resignierend behauptet, «daß eine Anzahl von weiblichen Wesen in der ursprünglichen Mutterbindung stecken bleibt und es niemals zu einer richtigen Wendung zum Manne bringt» (1931, 518).

Solche muttergebundenen Frauen bilden keine vollgültige Heterosexualität aus. Sie werden zu den begehrten Sexualobjekten vor allem jener Männer, die ihrerseits latent an die eigene Mutter gebunden sind, sich also vor einer tatsächlich reifen, heterosexuell orientierten Frau fürchten. Es ist die latente Homosexualität des Mannes, die in der Kind-Frau ihr (auto-)erotisches Leitbild erblickt. Es ist diese im *emotionalen* Sinne unentwickelte Frau, die den unreifen Mann anzieht, weil sie ihn vor seiner eigenen «Symbioseangst» (Stoller 1973) schützt, indem sie sich ihm mehr oder weniger (psychisch, emotional) verweigert.

Freud wußte, wie ich meine, worüber er in diesem Falle schrieb: über sich und seine Frau Martha. In einem seiner Briefe an die Braut heißt es: «Das Gesindel lebt sich aus und wir entbehren. Wir entbehren, *um unsere Integrität zu erhalten...*» (Freud ²1968, 56 f. – Herv.: B. N.). Askese, Enthaltsamkeit, emotionale Distanz als Schutz der körperlich-emotionalen Integrität, als Schutz gegen die «Triebe», als Schutz natürlich vor dem Liebesobjekt und seiner potentiellen Macht. Das Niederringen der Leidenschaften – in diesem Punkt identifizierte sich

Freud bewußt mit dem Stifter der patriarchalisch-jüdischen Religion, mit dem Mann Moses – ist schließlich Programm von Freuds Therapiebemühungen wie auch Kennzeichen seines persönlichen Lebens.

Freud, bei seinen wöchentlichen Besuchen am Sonntagmorgen bei der Mutter regelmäßig an Magenverstimmungen leidend (vgl. Krüll 1979, 143), schreibt nach deren Tod – am Begräbnis weigert er sich teilzunehmen: «Kein Schmerz, keine Trauer..., dabei ein Gefühl der Befreiung, der Losgesprochenheit...» (zit. n. Grotjahn 1976, 94). Marianne Krüll, die Freuds Sehnsucht nach dem starken, aus der Symbiose mit der Mutter befreienden Vater eine ausführliche Studie widmete, bemerkt über seine Mutter: «Im Gegensatz zu den meisten Biographen Freuds meine ich..., daß Freuds Mutter keine gebende, mütterliche Gestalt war, sondern daß sie ihren Sohn in fordernder, egoistischer Weise liebte. Und so würde ich auch die vielzitierten Bemerkungen Freuds, mit denen man allgemein seine Mutterbeziehung zu belegen sucht, nicht als Hinweise auf eine tiefe, bedingungslose Liebe der Mutter zu ihrem Sohn, sondern als Ausdruck ihrer Ansprüche an ihn auffassen... Ob sich Freud überhaupt vorstellen konnte, daß man von seiner Mutter, auch ohne irgendwelchen Ansprüchen gerecht zu werden, also im eigentlichen Sinne ‹mütterlich› geliebt werden kann?» (1979, 143 f.).

Freuds Mutter wird von ihren Enkeln, Judith und Martin, wenig schmeichelhaft charakterisiert: Sie sei launisch, herrschsüchtig, selbstsüchtig und eitel gewesen. Kaltherzigkeit wird ihr nachgesagt. Ihre zeitlebens unverheiratet gebliebene Tochter Adolfine habe sie psychisch an sich gefesselt und ausgebeutet (vgl. Krüll 1979, 141 f.). So wie die Mutter, so war auch Freuds Frau von eher «männlicher» Natur; getreu seiner eigenen wissenschaftlichen Thesen heiratete er eine Frau nach dem Vorbild der Mutter. An die Verlobte schreibt er: «als hätte Dich die Natur vor der Gefahr bewahren wollen, bloß schön zu sein, hat sie Dir Nase u. Mund mehr charakteristisch als schön geformt, fast männlich ausdrucksvoll, so unmädchenhaft entschieden» (zit. n. Jones 1960, I, 129). Und auch in der Ehe behielt Martha die Zügel in der Hand. Sie erwies sich «in allen wichtigen persönlichen Dingen... als die Stärkere und bewahrte ihre Selbständigkeit» (Jones 1960, I, 171). Freud seinerseits hatte eine «ausgesprochen passive Seite» (Jones 1960, I, 76); ihm werden eher weiche, feminine Züge zugeschrieben, die sich hinter Bart, Zigarre und patriarchalischer Geste mehr schlecht als recht verbargen. Freuds Männerfreundschaften schließlich, etwa die zu Fließ und Jung, trugen offensichtlich homoerotischen Charakter, eine Tatsache, derer sich Freud bewußt war, wie aus verschiedentlichen Bemerkungen über seine zunächst «unbeherrschten» homosexuellen Regungen hervorgeht.

Freuds Frau Martha blieb zeitlebens an ihre Mutter gebunden. Freud beklagte dies in den «Brautbriefen», mußte sich aber doch wohl mit der Tatsache abfinden. «Marthas... Einstellung gegenüber ihrer Mutter war gekennzeichnet durch treue Ergebenheit und unbedingten Gehorsam; sie sah im autoritären Verhalten ihrer Mutter nicht Egoismus, sondern etwas, das man bewundern und unbesehen akzeptieren mußte» (Jones 1960, I, 145). Folgt man Freuds eigenen wissenschaftlichen Erkenntnissen, so läßt sich sagen: Eine solche Frau benutzt den Kampf mit dem Ehemann, um den nicht gewagten Kampf mit der Mutter um Autonomie und Selbständigkeit wenigstens nachträglich und ersatzweise zu führen – und vielleicht zu gewinnen.

Vor der Hochzeit schreibt Freud an die Braut, vermeintlich ironisierend: «... den einzigen Fehler, den Du begangen hast, mir Ja zu sagen, ohne mich zu lieben» (zit. n. Jones 1960, I, 137). Und aufgrund Freuds eigener Bemerkungen, etwa in Briefen und mündlichen Mitteilungen, kann man schließen, daß er etwa im Alter von 40 Jahren den heterosexuellen Koitus mit seiner Frau einstellte. Hinfort sublimierte er seine Triebbedürfnisse in der theoretischen Arbeit, ein Abwehrvorgang, dessen psychodynamische Begründung mit Freuds eigener Methode zu analysieren wäre.

II

Was hat uns Freud über die Frauen also zu sagen? Ich meine, er hat einiges über das Seelenleben der Frauen mitgeteilt, aber sehr viel mehr über das der Männer, deren Ängste und Wünsche, und sei es nur, indem er den Umweg einer Erklärung des vermeintlichen Seelenlebens des Weibes wählte. Seine Theorie des Penisneides könnte man daher nicht zuletzt auch interpretieren als einen Versuch, den Unterschied der Geschlechter zu verleugnen. Freud meinte, jede Frau *wünsche* sich einen Penis, und die Nichterfüllbarkeit dieses Wunsches führe zum Neid. Man kann in dieser Annahme aber auch eine Projektion der Wünsche des Mannes erkennen: Schön wäre es, wenn jede Frau einen

Penis besäße, dann gäbe es keinen Unterschied der Geschlechter mehr, das Andere wäre das Identische und eine homosexuelle Objektwahl könnte im Gewande der Heterosexualität erscheinen. Dieser Verleugnung der Realität der Geschlechter, die wir in anderer Form bei den Neofeministinnen wiederfinden können, drückt den regressiven Wunsch nach Rückkehr in das Stadium der Undifferenziertheit, der Selbst-Objekt-Einheit aus, in dem es im psychischen Erleben weder Ich noch Du gibt. Die Erfüllung dieses zentralen Wunsches nach Verschmelzen mit dem Liebesobjekt, nach Aufgabe der eigenen beschränkten Individualität, haben wir, erinnernd an Ferenczi, auch als ein wesentliches Motiv der reifen heterosexuellen Vereinigung bestimmt. Aber hierbei muß die Differenz nicht verleugnet, sondern vorausgesetzt werden, weil Regression nicht das drohende Scheitern der Identität, sondern deren immer wiederkehrende Bestätigung in der nachträglich akzeptierten Trennung bedeutet. In einem solchen Falle könnten wir von einer Regression im Dienste des Ichs sprechen, das sich seiner eigenen Existenz sicher genug ist, um sie vorübergehend in Frage stellen zu können.

12

Stendhal, enttäuscht von einer «großen» Liebe, setzte sich ans Pult und räsonierte über die Macht der Frauen: «Die Macht einer Frau wird an dem Maße des Unglücks gemessen, das sie über ihre Geliebten verhängen kann.» Es ist also verständlich, wenn sich die Opfer solcher Macht, die unglücklichen Männer, Waffen zu beschaffen suchen, die es ihnen gestatten, in diesem Kampf zu bestehen. Solange man nichts Besseres findet, sind auch die Waffen der Theorie nicht zu verachten. Wenn sie diese in der Philosophierstube schmieden, dann tun die Männer nichts anderes als die guten Deutschen seit jeher. Über die Deutschen nämlich bemerkt Stendhal: «Kaum haben sie die unvermeidlichen Lebensnotwendigkeiten erledigt, so sieht man mit Erstaunen, wie sie sich auf das werfen, was sie ihre Philosophie nennen; das ist eine sanfte, liebenswürdige und vor allem harmlose Narrheit.» Vielleicht hat der geneigte Leser vom Autor dieser Zeilen einen durchaus ähnlichen Eindruck gewonnen. Man denke nur daran, was alles während der Zeit hätte geschehen können, in der da einer über die Liebe *schrieb . . . und las!*

Literatur

Bachofen, J. J.: Das Mutterrecht. Eine Untersuchung über die Gynaikokratie der alten Welt nach ihrer religiösen und rechtlichen Natur (Auswahl). Frankfurt/M. (Suhrkamp) ³1980

Chasseguet-Smirgel, J.: Die weiblichen Schuldgefühle. In: Dies. (Ed.): Psychoanalyse der weiblichen Sexualität. Frankfurt/M. (Suhrkamp) ³1977, 134–191

Chesler, P.: Frauen – das verrückte Geschlecht? Reinbek (Rowohlt) 1977

Davis, E. G.: Am Anfang war die Frau. Die neue Zivilisationsgeschichte aus weiblicher Sicht. München (Frauenoffensive) ³1980

Deutsch, H.: Psychoanalytische Studie zum Mythos von Dionysos und Apollo. In: Die Sigmund Freud Vorlesungen. Frankfurt/M. (Fischer) 1973, 7–62

Devereux, G.: Baubo. Die mythische Vulva. Frankfurt/M. (Syndikat) 1981

Ferenczi, S.: Thalassa – Versuch einer Genitaltheorie (1924). In: Schriften zur Psychoanalyse, II. Frankfurt/M. (Fischer) 1972

Firestone, S.: Frauenbefreiung und sexuelle Revolution. Frankfurt/M. (Fischer) 1975

Freud, S.: Zur Einführung des Narzißmus (1914). G. W. X

Freud, S.: Das Tabu der Virginität (1918). G. W. XII

Freud, S.: Die Frage der Laienanalyse (1926). G. W. XIV

Freud, S.: Über die weibliche Sexualität (1931). G. W. XIV

Freud, S.: Neue Folge der Vorlesungen zur Einführung in die Psychoanalyse (1933). G. W. XV

Freud, S.: Das Medusenhaupt (1922). G. W. XVII

Freud, S.: Briefe 1873–1939. Frankfurt/M. (Fischer) ²1968

Fromm, E.: Die Bedeutung der Mutterrechtstheorie für die Gegenwart. In: Ders.: Analytische Sozialpsychologie und Gesellschaftstheorie. Frankfurt/M. (Suhrkamp) ⁴1976, 71–76

Grotjahn, M.: Freuds Briefwechsel. In: Psychologie des XX. Jahrhunderts, II. Zürich, (Kindler) 1976

Jones, E.: Das Leben und Werk von Sigmund Freud, I. Bern, Stuttgart (Huber) 1960

Krüll, M.: Freud und sein Vater. München (Beck) 1979

Mahler, M. S., Pine, F., Bergmann, A.: Die psychische Geburt des Menschen. Symbiose und Individuation. Frankfurt/M. (Fischer) 1980

Masters, W. H., Johnson, V. E.: Die sexuelle Reaktion. Frankfurt/M. (Akademische Verlagsanstalt) 1967

Nitzschke, B.: Männerängste, Männerwünsche. München (Matthes & Seitz) 1980

Ranke-Graves, R. v.: Griechische Mythologie, I–II. Reinbek (Rowohlt) 1960

Rotmann, M.: Über die Bedeutung des Vaters in der «Wiederannäherungsphase». Psyche 31, 1978, 1105–1147

Schilling, E.: Manchmal hasse ich meine Mutter. Münster (Tende) 1981

Schwarzer, A.: Der «kleine Unterschied» und seine großen Folgen. Frankfurt/
M. (Fischer) 1977

Shainess, N.: Die weibliche Sexualität und das erotische Erleben. In: Psychologie des XX. Jahrhunderts, II. München (Kindler) 1976

Sherfey, M. J.: The nature and evolution of female sexuality. New York (Ran-
dom House) 1972

Socarides, C. W.: Bedeutung und Inhalt von Abweichungen im Sexualverhalten – Der Beitrag der Psychoanalyse. In: Psychologie des XX. Jahrhunderts,
II. München (Kindler) 1976

Stendhal: Über die Liebe. Frankfurt/M. (Insel) ³1979

Stoller, R. J.: Male transsexualism: Uneasiness. Am. J. Psychiat. 130, 1973,
536–539

Theweleit, K.: Männerphantasien, I–II. Frankfurt/M. (Roter Stern) 1977,
1978

Weininger, O.: Geschlecht und Charakter (1903). München (Matthes & Seitz)
1980

Wesel, U.: Der Mythos vom Matriarchat. Frankfurt/M. (Suhrkamp) 1980

Wipf, K. A.: Mythos, Mythologie und Religion. In: Psychologie des XX.
Jahrhunderts, XV. München (Kindler) 1979

Wolff, C.: Die Psychologie der lesbischen Liebe. Reinbek (Rowohlt) 1973

Zinser, H.: Der Mythos des Mutterrechts. Frankfurt/M., Berlin, Wien (Ullstein) 1981

8

Verlieb dich nicht...

Das neueste Theater der Deutschen

Die Menschen sind sprach- und beziehungslos, sie können nicht voneinander lassen, aber auch nichts miteinander anfangen, also produzieren sie Geschwätz über nicht vorhandene Gefühle. Das ist die simple Botschaft eines unserer Modernsten, der sie vorträgt, als hätte es niemals einen Adorno gegeben, als habe das Feuilleton der 50er Jahre schon alles gesagt, als müsse eben das Geschwätz als neue Erkenntnis unters Volk in dieses unser Land gebracht werden: Botho Strauß mit seinem Bühnenstück «Der Park» steht zur Debatte. Holzfällen im Park, wieder eine überflüssige Erregung. Das Geschäft zerstört nicht etwa den Trieb, sondern hält den Betrieb am Laufen. Soweit – so dumm. Wen wundert es, daß in einer Zeit, in der ein drittklassiger Schauspieler zum zweitenmal Präsident des Coca-Cola-ITT-E.T.-Imperiums werden kann, im 52. Bundesstaat dieses Imperiums, in deutschen Landen also, dieser unser Botho Strauß olle Kamellen als chewing gum in die Hirnwindungen seiner begeisterten Zuschauer schmieren kann?

Die Philosophie von Coca-Cola und McDonald's vertritt im Stück vor allem Helen, die Deutsch-Amerikanerin und Zufallsehefrau des Advokaten Georg, die es immer dann auf Englisch sagt, wenn sie noch weniger als nichts zu sagen hat. So gesehen, hätte Botho Strauß sein ganzes Stück auf Englisch schreiben können. Was er uns nämlich sagen will, ist dies: Neue Männer braucht das Land. Und das haben andere schon weit besser gesungen.

Oberon und Titania, Elfenkönig und Mondfee aus Shakespeares Sommernachtstraum müssen dazu herhalten, als Oberlehrer der Gefühle moralinsauer in den Wunden einer nichtssagenden Gesellschaft herumzubohren, um messerscharf und knallhart zu verkünden, den Heutigen sei die Sinnlichkeit abhanden gekommen. Bleischwer hängen die Gewichte und Argumente eines unredlichen Intellektuellen an ihren zarten Füßen, mit denen sie durch die Welt von Flick & Kohl & Strauß stapfen. Hätten wir unsere modernen Stückwerker nicht, wir wüßten nicht einmal, wie schlecht wir uns zu fühlen haben.

Gegen Ende sucht Titania ihren Liebhaber. Sie trifft auf drei gleichgültige Männer, deren Individualität nur durch Zufallshandlungen zum Vorschein kommt. Es sind dies: der sichdielangenhosenausziehende, der schnürsenkelaufknüpfende und der pulliüberdenkopfstreifende Mann. Auch in ihren Ausreden, mit denen sie begründen, warum keiner von ihnen der gesuchte Liebhaber sein kann, unterscheiden sie sich ganz unwesentlich. Der eine gesteht, sich sein Lebtag noch nie verliebt zu haben; der nächste hat schon Frau und Kind, was braucht er da noch die Liebe; und der dritte bekennt, viel zu schüchtern zu sein, um einen Liebhaber abgeben zu können. Zu allem Überfluß fragt Titania die Männer, ob sie denn um sie kämpfen würden. Die Antwort: (1) *Das glaub ich eigentlich nicht, oder?* (2) *Das ist in diesem Ausmaß heute nicht mehr üblich.* (3) *Nicht unbedingt.* Als Paris einst unter den drei Göttinnen seine Wahl traf, provozierte er damit den trojanischen Krieg. Heute sieht jedermann eine Frau vorsichtshalber von vornherein als trojanisches Pferd an, mißtrauisch äugend, was sich wohl in deren Bauch versteckt halten könnte. Unheil allemal. Das also ist es, was Botho Strauß uns sagen will. Ist es das? Sind wir zu feige für die Liebe?

Die Liebe und der Tod, diese untrennbaren siamesischen Zwillinge, im Stück von Strauß werden sie der Lächerlichkeit preisgegeben, so als müßte die Verachtung die Angst beschwichtigen. Mit dem Tod spielt Helen Blinde Kuh. Und als solche gebärdet sie sich auch in der Liebe. Selbst die Paarung der Mondfee Titania mit einem Stier, wohl also mit

Zeus, dem Götterkönig persönlich, ist kein mythisches Ereignis, sondern nur noch ein Doktorspielchen. Die Frucht des Geplänkels ist kein Göttersohn, sondern ein blödsinniger Partyschwätzer, der am Ende des Stückes ein weiteres Thema der klassischen Tragödie, den Mutter-Sohn-Inzest, parlierend übersteht: *Das ist das Paradies, mein Sohn, sagt sie. Ja, sagte ich, das ist das Paradies, Mama!* Aha! Die Nachtigallen in diesem Stück werden zu Trompeten. Die Fanfaren der Belehrung erschallen überall dort, wo dem Moraltrompeter Botho Strauß jedes Gefühl dafür fehlt, das Drama, das sich hinter dem Geschwätz seiner Figuren verbirgt, noch zu entfalten. Wie diese, so bleibt auch der Autor lieber an der Oberfläche. Bei Shakespeare hieß es, Wahnwitzige, Poeten und Verliebte bestünden aus Einbildung.

Botho Strauß ist so eingebildet wie sein Personal, jedenfalls bildet er sich ein, etwas Wichtiges zu sagen. Die Trümmer von Troja, das sind heute die Trümmer unserer Gefühle. Botho Strauß als Kassandra verkündet kein Schicksal mehr, er bestätigt es nur noch. Die Sehnsucht nach dem Mythos, nach dem Vergangenen, nach Zauber, Rausch und Magie, verkommt appellativ zur Fiktion, im Vergangenen sei nicht mindestens zur Hälfte das Entsetzen, das Grauen, der Schrecken enthalten. Erst kürzlich hat Saul Friedländer den Widerschein des Nazismus in einer Studie über «Kitsch und Tod» (1984) auf elegante Weise an zeitgenössischem Personal (Syberberg, Fassbinder, Fesat, Speer u. a.) vorgeführt. Der Modernste von allen, Botho Strauß, der über den Faschismus schweigt, aber über die Vergangenheit redet, hat auf ganz ungewollte Weise mit seinem Stück einen Beitrag zum Thema «Kitsch und Tod» geliefert. Kitsch ist seine Kritik vor allem dort, wo sie wahr ist. Und tödlich wird die Belehrung, weil in der Leere der Gefühle vom Autor keineswegs die Fülle des Schreckens erkannt wird, die sich nur zu gerne entäußern würde, gäbe es denn über kurz oder lang wieder die Möglichkeit, die Sehnsucht nach dem Mythos zu stillen. Damit dies geschehen kann, muß erst einmal Platz geschaffen werden. Und als Trümmerfrau leistet der Autor dies ein wenig.

Georg im Stück behauptet, er rede immer «ausgewogen». Das geht ja noch. An anderen Stellen flechten die Sprecher Buchtitel in ihre Rede ein, die aus einem mittelständischen Literaturbewältigungsunternehmen stammen: Bis hierher und nicht weiter – Logik der Gefühle. So präzis, so knapp, so entlarvend und so plump kann moderne Kulturkritik sein. Bei anderen Kalauern weiß man nicht mehr genau, ob sie der Autor unversöhnlich seinem Personal wie Mühlsteine um den Hals hängt, oder ob er selbst schon wieder darüber lacht. So etwa, wenn sich Georg und Helma über Bindungen unterhalten, und Helen, hinzutretend, fragt, ob vom Skifahren gesprochen werde. Na ja. Wenn wir schon beim Kalauern sind: Da hat ein Autor den Käse auf die Bühne gerollt, um die Löcher mit gereimten Worten und Ungereimtem anzufüllen. Wer als Zuschauer solches Theater übersteht, hat weiter nichts mehr zu bestehen.

Das Personal hat weder Charakter noch Geschichte, weder Entwicklung noch Wesen. Das eigentliche Unwesen, das sie darstellen sollen, ist das Unwesentliche des modernen Theaters. Da fürchtet ein Autor mehr noch als seine Figuren, er müßte am Ende selbst erst ein bitteres Drama erleben, um es gestalten zu können. Daher gibt es nichts zu sehen – und wo es nichts zu sehen gibt, bleiben selbst offene Augen blind. Daher gibt es nichts zu hören – und wo es nichts zu hören gibt, bleiben selbst offene Ohren taub. Das Stück endet dort, wo es hätte beginnen können: beim Belanglosen.

Literatur

Friedländer, S.: Kitsch und Tod. München (Hansen) 1984

9 Frauenphantasien oder:

Lebe deinen Nächsten wie dich selbst

I

Ach ja, das Wichtigste, Mösenschleim: Eine Riesenbitte! Nimm Dein ältestes Höschen, Slip, Tanga, Schlüpfer, trag das Ding 2–3 Tage, paß aber bitte auf, daß keine «braunen» Flecken drin sind und auch kein Urin, aber: Wenn Du ins Bett gehst, zieh das Höschen runter, mach's Dir und wisch Deine Finger und Deine Votze mit einem Höschen ab. Und das mehrmals, so daß ein ziemlich dicker Klumpen von Deinem Votzenschlamm drin ist, roll's fest zusammen und schenk's mir. Bitte einer Lesbe an ihre Liebste, veröffentlicht im Sonderheft «Sexualität» der Frauenzeitschrift «Emma», Herbst '82. Stand der Emanzipationsdebatte sieben Jahre nach dem «kleinen Unterschied». Der ist aufgehoben, zwischen Schwarzers Hauspostille und einem beliebigen Pornomagazin. Dem Sadomasochismus in der Lesbenszene widmet das Sonderheft einen weiteren Artikel. Auch die Nähe zwischen zwei Frauen ist im Falle eines Falles offenbar nur noch durch Gewalt zu kontrollieren. Vorbei die Zeiten, in denen Pornographie Männersache war. Zum Thema, wie man einen millionenumsatzschweren Flensburger Elefanten zur Lücke macht, liest man im Sonderheft diesen Schmonzes einer Schreiberin: *Ich stöbere gern in Pornoshops und bedauere es sehr, daß es so wenig für Frauen gibt. Das ist eine Marktlücke!!!* Ein paar Seiten weiter wünscht sich eine Lesbe Kontaktanzeigen, mit denen sie Gespielinnen für eine Sauna-Sex-Orgie finden könnte. Frau liest außerdem eine zwischen Fiktion und Realität angesiedelte Geschichte einer Frau, in der per Kontaktanzeige ein Mann für eine anonyme Nacht gesucht wird. Antwortschreiben, denen ein Bild beiliegt, wandern gleich in den Papierkorb – sie sind zu «persönlich». Mit einem der traurigen Gesellen, der schließlich den Kontaktvermeidungsängsten der Autorin entspricht, trifft sich dieselbe in einer Hotelbar – die Rammelei kann beginnen, anderntags ist Schluß, auf Nimmerwiedersehen. Die Trostlosigkeit und Öde solcher Geschichten im «Emma»-Sonderheft werden nur noch vom sprachlichen Schrott übertroffen, der die Formulierungen charakterisiert. Das alles ist keine Ironie, sondern bitterer Ernst, mit dem frau auf den Geldbeutel frustrierter Studentinnen und Hausfrauen abzielt. Der einstmals verpönte Männer-Sex wird jetzt als Beziehungsmüll feministischer Provenienz dargeboten. Vermutlich geht es dabei um eine neue Form der Selbstbestrafung, Kasteiung und Geißelung oder doch einfacher: um eine Rückkehr des Verdrängten. Der feministische Puritanismus, der mit einem moralinsauren Tugendboldismus dargeboten worden ist, dessen bleierne Schwere, Gefühlsarmut und bittere Verfolgermentalität an die Adenauer-Ära und das Treiben eines Volkswartbundes erinnerten, zieht nicht mehr, vor allem läßt er sich nicht mehr gewinnbringend vermarkten. Jetzt wird von Schwarzer auch der Rubbel-und-Kuschel-Sex, der einstmals propagiert wurde, als zu «feminin» abgelehnt; dabei fehle die «Gewalt» der Leidenschaften (so die Chefemanze in einem Interview für die Frauenzeitschrift «Cosmopolitan», 3 / 83). Die «Gewalt» der Leidenschaften, sie verkommt zum Sadomasochismus. Oder jedenfalls zu einer neuen Form der Technokratie des Körpers. Wenn die Psychoanalytikerin Margarete Mitscherlich-Nielsen im Sonderheft von «Emma» *Über die Ursprünge weiblicher Lust* informiert, die frohe Botschaft in einer durchaus unfrohen Sprache verkündend, dann schreibt sie, als gelte es die Zechenstillegung im Ruhrkohlebergbau zu erörtern. Die Halden der verkommenen Argumente werden abgetragen: Die Klitoris ist, biologisch betrachtet, keineswegs ein Mini-Penis, wohl aber ist der Penis, biologisch betrachtet, eine Maxi-Klitoris. Na also! Und «Cosmopolitan» (1 / 83), deren Herausgeberin auch eine aufgelockerte Nancy R. sein könnte, eine Zeitschrift, die abwechselnd Alice Schwarzer und den Konsul Weyer portraitiert, schießt nach, diesen psychoanalytischen Aufkäricht in der Tradition der Körpertechnokraten Masters & Johnson & Sherfey aufgreifend: *So ist es denn ein fataler Irrtum (der Männer), in der Klitoris lediglich eine Art verkümmerten oder verkrüppelten Penis zu sehen. Wenn schon ein Vergleich, dann ist der Penis benachteiligt. Gemessen an seinen Fähigkeiten, Lust zu empfinden, verhält er sich zur Klitoris wie ein Rechenschieber zum Minicomputer.* Das Verhältnis der Geschlechter ist endlich als eins des technologischen Vergleichs erkannt, und die emanzipierte «Emma»-Leserin wandert mit einem Minicomputer, anstatt mit einem Rechenschieber in der Hose durch die Pornoläden, um dort allerdings wiederum nur ratlos vor «Lücken» zu stehen.

2

Welcher Mann ist bereit, sich zwei Nymphen (20 und 21) für geile Experimente zur Verfügung zu stellen? Bildzuschriften. Chiffre... Kontaktanzeige im «Überblick» (11/82), alternatives «Magazin am Rhein», das über die Rock- und Popszene, die Stadtteilarbeit, Terroristenprozesse, die Friedens- und auch schon mal Frauenbewegung, kurz über Themen informiert, die chic, «in» und bisweilen auch schnell «out» sind. Der alternative Kulturmoloch verdaut so gut wie alles, wenn auch die alternative Kulturkritik selten über das Niveau der Kritik am Papalagi hinauskommt. Bisweilen tarnt sie sich zynisch-kynisch als Philosophie und findet in dieser antiquierten Gestalt rasch eine «Neue Heimat» im Frankfurter Betriebsratsfeuilleton, das ansonsten ältliche Wilde à la Achternbusch betreut. Seit der Denunziation des «kleinen Unterschieds» im Jahre 1975 hat sich die Szene mehrmals gehäutet. Es ist nicht leicht, mit der Entwicklung Schritt zu halten. Mal ernährt sich die Mondin von Müsli, dann entdeckt der Grüne seine Vorliebe für die Zwergschule des Heinrich Lübke, während ein ehemaliger Stalinist (Bahro), der die alternative sozialistische Ökonomie entwarf, inzwischen beim Big-Wahn in U. S. Aah! die Weisheit des Ostens löffelt: rot, grün... braun? Der Friedensfreund hängt mit seiner ganzen politischen Existenz an der These vom Weltuntergang, die den Herrschenden so nützt wie die altertümliche Gefahr aus dem Osten: Das falsche apokalyptische Denken vernebelt die Erkenntnis für schlichtere Tatsachen – daß im Zeitalter der Massenarbeitslosigkeit die Herrschaft *nach innen* immer fester geschnürt werden muß; daß an der Rüstung so gut wie an keiner anderen sinnlosen Produktion zu verdienen ist; daß die Angst vor dem Weltuntergang eher frommen Sprüchen denn politischer Analyse auf die Sprünge hilft; daß eine Diskussion um Gewalt-«freiheit» im Kontext von Gewalt, Ausbeutung und Unterdrückung nun, weiß Gott und nicht nur dieser, tatsächlich «zynisch» ist. Und die Frauen*bewegung*? Auf weiten Strecken ist sie zu einer Frauen*rührung* verkommen, deren literarische Spasmen inzwischen der Marktstrategie der Groß- *und* Klein-Verlage unterworfen sind, wie sie sich auch bei der Produktion eines beliebigen Petratinastrickmodenheftes nachweisen ließe. Reaktionär-konservative und faschistoid-nationalistische Ideologien verbinden sich zwanglos mit alternativer Körnerfresserei, natürlicher Mütterlichkeit, Hausgeburt, Astrologie, Magie, Bewußtseinserweiterung, Handlesekunst und Naturheilverfahren. Ein Bogen spannt sich vom Hexengeschwafel bis zum psychophilen Sich-Berühren, Spüren, Besprühen, Hinsetzen-und-Wiederaufstehen. Die Wendehälse im alternativ-linken Milljöh waren schon längst damit beschäftigt, die Knoten, die all die Moden und die Wenden in ihre Hälse geknüpft hatten, fester zu schnüren, bevor noch die Wende, gegenschert und gekohlt, staatsstreichartig und wählerbetrügerisch, den Rest des Volkes im Taumel erstarren ließ. Und eine resignierte Intelligenz, die weder intelligent noch gar «links» zu nennen wäre, ist derweil dabei, von Saison zu Saison neue «Kult»bücher zu entdecken, die zwischen Harmoniegesäusel und Sadomasochismus hin- und herpendeln. Der Heiligen sind genug, allein, es fehlt der zweite Teil der «Deutschen Ideologie». *Das Thema ist was für Warenästheten, die müßten sich mal um den alternativen Geschmack kümmern. Da finden sie das größte Uniformlager der Welt* (Arne, *Der Märchenprinz*, von dem sofort die Rede sein wird).

3

Ein solches «Kult»buch, das schon auf dem Titelblatt zu Methoden greift, die einstmals die Nazis dazu benutzten, ihre projektiven Feindbilder auf Fensterscheiben zu malen, wäre wenigstens kurz zu erwähnen. «Kauft nicht bei Juden!», heißt heute: «Auch hier wohnt ein Frauenfeind.» In beiden Fällen wird denunziatorisch Öffentlichkeit hergestellt. Diskussion wird durch Parolen ersetzt. «Der Tod eines

Märchenprinzen», ein «Frauenroman», zeigt den Stand der Diskussion 1980 ff.: *gänseblümchen / in meiner weißen hand / sonnenstrahlen / in meinem güldenen haar / morgentau / in meinem jüngfräulichen antlitz / stehe ich auf grüner au.* Aua, aua!, ist man gemahnt, mit einem anderen Emanzipationsstrategen – Günter Grass, «Der Butt» – auszubrüllen. Und Svende Merian beglückt mit «Verschenktexten», mit lyrischem Gestammel, (*linke Frau, 24, Dichterin, Fachgebiet neueste deutsche Innerlichkeit, Abteilung Lore-Roman in modernen Versen ... Mit einem schönen Gruß von Hedwig Courths-Mahler* [Arne Piewitz – «Ich war der Märchenprinz», 1983]), das zwischen den Buchdeckeln über Seiten hinweg durch ein wechselseitig schonungsloses Gerammel ergänzt wird. Es handelt sich dabei um eine Art alternativer Pornos, der gleich auf der ersten Seite verkündet, worum es *nicht* gehen darf: um eine Zweierbeziehung. *'ne Zweierbeziehung brauch ich im Moment nicht. Vielleicht 'n paar Typen, mit denen ich mich ganz gut verstehe, und mit denen ich ab und zu mal schlafen kann.* Die Mehrzahl ist immer schön, wenn eine(r) es nicht schafft, mit sich und einem anderen eine Beziehung einzugehen, emotionale Konflikte zu ertragen, Wunsch nach Nähe und Schutz durch Distanz zu vermitteln. Vorangegeben ist dem Elaborat eine «Kontaktanzeige», die alles andere will – als emotionalen Kontakt herstellen. *linke frau möchte gerne unmännliche männer, gerne jünger, kennenlernen.* Es mag ja noch angehen, wenn sich hier modisches Gezänk als Ausfluß einer «linken» Frau mißversteht; wer sich dann allerdings wundert – *Der wollte mich ja gar nicht vergewaltigen!* –, hätte doch spätestens dieses Mißverständnis zum Nachdenken nutzen können. Aber nein! Es geht weiter so, die eigenen Ängste kehren immer nur wieder in der vermeintlichen Gestalt des Anderen. Und da die Freundin Sabine *'n netten Typen* aus der Kneipe mit nach Hause schleppte, der, kaum ist die Tür ins Schloß gefallen, *mit dem Küchenmesser auf sie los(geht) und vergewaltigt*, muß auch Svende damit rechnen – doch die Angst bleibt Wunsch. Konsalik, man hört dich schreiben! Wir haben es hier mit einem Sterntalermädchen zu tun, das auf der Suche nach der Emanzipation Gedanken gebiert: *Und dann habe ich geschnallt, daß ... Emanzipation wohl doch was anderes sein muß, als am selben Abend mit drei Typen nacheinander zu bumsen.* Wer sagt es denn! Wer sagt uns das denn? Eine «Radikal-Feministin», wie sie sich selbst betitelt, die über «die armen Schweine» – gemeint sind: Männer – nachdenkt. Man hört es förmlich schnalzen, wie da geschnallt wird – was Emanzipation *nicht* ist. Auf Chiffre 9003 hat sich offenbar ein Kastrat gemeldet – oder doch nur ein infames

Schwein? Jedenfalls rührt sich bei dem nichts, und das, obgleich die Dichterin bereits heißläuft: *Ich könnte jetzt schon ... könnte jetzt schon mit ihm schlafen ... obwohl ... ich ihn erst zwei Stunden kenne.* Nur keine Zeit lassen, nur niemanden kennenlernen, nur keine Spannung aufkommen lassen: Wie das Baby nach der Flasche, so schreit auch Svende nach einer solchen. Die Enttäuschung bleibt nicht aus, das Gerammel aber beginnt.

Aus zwei Stunden werden Tage, Wochen und dreihundertundfünfzig Seiten, auf denen zwei Chiffren sich hartnäckig, aber vergeblich, darum bemühen, einander zu entschlüsseln. Mit einer überwältigenden Sprachgewalt führt uns die Dichterin dabei vor, mit wem sie es zu tun hat: *Er ist so lieb und zärtlich, dieses Schwein* (Seite 39). Er Schwein, er, *er sollte doch einsehen, daß er 'n Schwein ist!* (Seite 150). Aber offenbar ist Arne, der Märchenprinz, ein wenig begriffsstutzig, wenn es darum geht, seine wahre Identität einzusehen. Und das ist doch das einzige, was von ihm oder ihr – *dieser dummen Sau* (Seite 180) – verlangt wird. Nebenbei erfährt man, daß es sich auch noch um eine sogenannte Randgruppenexistenz handelt, um einen Alkoholiker und Ex-Heimzögling nämlich; aber bevor man auf falsche Gedanken und besseres Verständnis kommen könnte, wird gleich wieder die wahre Identität dieses Menschen enthüllt: ein *frauenfeindliches Schwein* (Seite 250) ist und bleibt er (oder es). Und neben der Erkenntnis seiner selbst wird diesem exemplarischen Masochisten, der außerdem Humorist ist, nur noch eins zugemutet: Er soll sich den gesammelten Schwachsinn, Lyrismen nebst Prosa, der Autorin anhören – wahlweise darf er ihn auch nach Hause mitnehmen und lesen. Neben der Schreiberei und dem Selbstmitleid gibt sich Svende noch anderen politischen Betätigungen hin, mal pro-feminin, mal 1. Mai-Demo, *Musik von den «bots», gleich hinter dem Lautsprecherwagen geht der Frauenblock.* Der Frauenblock! Und die Blockwartin marschiert im «bots»-Schritt mit ... Mit festem Schritt und Tritt. Der Skandal liegt in diesem Text, von dem noch zehntausend Seiten in irgendwelchen alternativen Schubläden vergammeln dürften. Der Skandal liegt in der Verbreitung dieses Textes und in der Öffentlichkeit, die er herzustellen vermochte. Die Szene hat offenbar einen alternativen Spiegel gefunden. Irgendwann im Laufe der 70er Jahre muß in diesem unserem Lande eine geistige Verödung und Verblödung ausgebrochen sein, die solchen alternativen Kohl erst ermöglichten. Das Geschreibsel, Geheule und Geplärre gilt, da es «authentisch» erscheint, einigen alternativen Claqueuren als Ausdruck literarischen Schaffens. Nun gut, Berufsverbote haben zu Berufungs-erlebnissen geführt, und die Korruption herrscht nicht nur in den Chefetagen der Parteien und Konzerne, sondern eben auch in den Sou-terrains «linker» Verlage. Und eine hemmungslose, aber beherzte Po-postreichelmentalität führt dazu, daß Svende sich hinfort dazu berufen fühlen muß, einen Platz im Deutschen Schriftstellerverband für sich zu reklamieren. *Freiheit statt Chauvinismus!* – so brüllt sie fettgedruckt und mit bairischem Schmalz am Ende ihres Buches. Wenn die Kinder von Franz Josef Strauß und Mac-Donald-Duck zu zetern beginnen, dann kann eben nichts anderes dabei herauskommen – als «linker» *Spinnat*. Aber solche Elaborate als «feministisch» auszugeben, als «links», als «politisch», als «alternativ» oder als «aufklärerisch», das übersteigt denn doch die Grenzen des schlechten Geschmacks. Das Buch, seinem pseudo-politisch-emanzipatorischen *Jargon* entkleidet, ist, was es vor-geblich angreift: sexistisch, pornographisch, denunziatorisch, men-schenverachtend. Zu fragen bleibt, wie es kommen konnte, daß derar-tige Gegen-Aufklärung wie Unkraut in manchen «feministischen» Köpfen zu sprießen begann.

4

Gibt es also eine gemeinsame Wurzel für Männerphantasien *und* Frauenphantasien? – Geschlechtsangst? Sehnsucht nach one world, nach Beseitigung aller Unterschiede – nicht der anatomischen, wohl aber der emotionalen, nach Harmonie und Gleichklang, die gewalttä-tig zu erreichen wären, wenn es denn nicht anders geht: Ziel aller schlechten, terroristischen Varianten der Utopie. Motto: Wer ins Para-dies will, muß die Hölle passieren. Freiheit anstelle von Befreiung, Konfliktlosigkeit anstelle von Konfliktbearbeitung. Und der *Andere*, der per definitionem anders ist? Der Andere ist auszugrenzen und gleichzumachen (niederzumachen), das ist die schlechte Alternative. Freiheit als Flucht aus der Nähe zum Anderen. Die Welt der Vielfalt wird zur Welt der Einfalt, in der das Andere aufgeht, oder aus der der Andere ausgeschlossen wird. Die Große Schwester will dasselbe wie der Große Bruder. «Jungficker» (Söhne) sind von den Müttern an der Garderobe abzugeben bei einschlägigen, eindimensionalen Treffs. Auch das hat seine Entsprechung in der männlichen Welt: Auf dem Ritt nach Westen waren Frauen schon immer Ballast oder doch ein Hindernis, ein Keil zwischen Männerfreunden. Das Feminine duldete auch Humphrey Bogart nur in maskuliner Gestalt: Während seine Frauenliebe in den Himmel düst, verschwindet er – Arm um Schulter – mit einem neugewonnenen Männerfreund im Nebel von Casablanca.

Als das Gerede vom «kleinen Unterschied» mit dem großen Haß auf die Differenz begann, kündigte sich gleichzeitig und vermeintlich der «Beginn einer Befreiung» an (so der Untertitel des Buches von A. Schwarzer 1975). Eine homosexuelle Propagandaschrift wurde irrtümlich als eine feministische Kampfschrift aufgefaßt. Und der *Männerhaß* war immer mit dabei. Es sollten nicht nur die Geschlechterdifferenzen eingeebnet werden, es gab auch ein positiv formuliertes Ziel: Rückkehr zum polymorph-perversen Stadium geschlechtlicher Undifferenziertheit. Es ist dies allerdings eine Entwicklungsstufe, die jedes Kind durchläuft, eine Zeit, in der nur *ein* Geschlecht zu existieren scheint, das *eigene*. Das fremde wird als eine mißgestaltete Form des eigenen Geschlechts empfunden, die Frau erscheint (wie in den Phantasien Freuds) als kastrierter Mann; der Mann erscheint als eine merkwürdig verwachsene Frau. Kurz, das andere Geschlecht wird wie eine Fehlentwicklung des eigenen wahrgenommen, ein infantiles Weltbild, das implizit Schwarzes feministischer «Theorie» unterliegt.

Schwarzer portraitiert in verschiedenen Interviews verschiedene Frauengestalten, aber sie bietet nur die Variation *einer* Angst, der vor emotionaler Berührung der Geschlechter. Gleichsam erscheint hinter den «verschiedenen» Frauen eine idealtypische Frau; und diese «typische» Frau ist, wie es im Buch mehrfach heißt, «frigide» und «identitätslos». Sie befindet sich in einem «Zwiespalt», der einem «schizophrenen» Zustand ähnelt. Da sie die Welt ihrer eigenen Phantasien nicht kennt, begegnet sie den Horrorgestalten ihres Inneren stets nur im Äußeren: Der Mann trägt die Züge einer teuflischen Fratze. Und die geschlechtliche Vereinigung mit dem Mann wird als tierisch-ekelhaft und schmerzhafter Akt denunziert, der «Scham und Angst» erregt. Alles, was Schwarzer uns als die vermeintlich typischen Frauenängste schildert, ist altbekannt und wurde vormals als typische Angst des Mannes beschrieben, so etwa von Otto Weininger in seinem Buch «Geschlecht und Charakter» (1903 – vgl. B. Nitzschke, «Männerängste, Männerwünsche», 1980). Kein Argument ist neu, wohl aber kehrt es spiegelbildlich, seitenverkehrt (auf der Seite der Frau) wieder. Sind es bei Otto Weininger die Frauen, die immerfort geil hinter den Männern herlaufen, danach trachten, diese zu verführen und zu zerstören, so sind es bei Schwarzer die Männer, die den Frauen nachstellen, um sie zu unterwerfen und zu vergewaltigen. In beiden Fällen – bei Otto Weininger und bei Alice Schwarzer – kommt das eigene Begehren nur in der verzerrten Fratze des anderen Geschlechts zum Vorschein.

Bei Schwarzer wie bei Weininger begegnen sich die Geschlechter in einer Horrorwelt, die jeweils von den Ungeheuern des anderen Geschlechts bevölkert wird. Die Männer in Schwarzers Kopf benutzen Frauen *nur* als Onanierpuppen, sie sind dumm, brutal und gefühllos, über Jahre hinweg bemerken sie nicht, wie sie von ihren Frauen *betrogen* werden, die Lust und Liebe immer nur *vorspielen*. Die Welt der Phantome wird durch eine des Betrugs ergänzt.

Und hatte Weininger die Frauen auf eine Stufe mit den Tieren gestellt, so heißt es bei Schwarzer ganz unoriginell: Die Männer sind wie Tiere – *er war wie ein Tier; die meisten sind wie Tiere*. Dieses denunziatorische Muster der Agitation ist auch aus der politischen Propaganda bekannt: Die projektiv verzerrten Feindbilder des Anderen werden entmenschlicht und vertiert. Und während Schwarzers Interviewpartnerinnen sich über die entfremdete Sexualität der Männer entrüsten, sind sie im gleichen Augenblick damit beschäftigt, die mögliche Zuneigung des Mannes zu instrumentalisieren. Während sie behaupten, *im Namen der Liebe* ausgebeutet zu werden, beuten sie aus; während sie darüber klagen, benutzt zu werden, benutzen sie. In einer Welt von Ausbeutung, Verfolgung und Vernichtung gibt es für die Frauen nur ein Mittel: das Spiel umzukehren, das heißt, selbst pervers zu handeln. Eine der vorgestellten Frauen hat es endlich geschafft, sie ist «polygam» geworden. Sie sucht hinfort jüngere Männer, meist «Ausländer», wie es heißt, Gastarbeiter ihrer Lust, auf die sie sich «emotional» nicht einläßt. Diese Frau praktiziert, was so typisch männlich sein soll: Sie trennt zwischen ritueller Körpergymnastik und emotionalem Erleben.

Die «typische», von Schwarzer imaginierte Frau wächst unter der Bedingung sexistischer Indoktrination auf; von ihrer eigenen Mutter hört sie Sätze wie diesen: *Du wirst dich noch wundern, was Männer für Scheißkerle sind.* Männer werden mit Extremen und Exkrementen gleichgesetzt – Schweine, Säue sind sie allemal, da hat Svende Merian fünf Jahre später nichts Originelles entdeckt. Die Mutter der typischen Frau warnt ihre Tochter vor den Männern im allgemeinen und vor dem Vater insbesondere. Die Tochter wird – im emotionalen Sinn –

aktiv vom Vater ferngehalten. Sie wächst mit einer Mischung aus Verachtung und Angst dem Vater gegenüber auf. Dafür bindet die Mutter die Tochter um so enger an sich – und die Tochter bleibt gebunden. Ihre Hände und vor allem ihre Gefühle sind gefesselt, der Weg zum Anderen (zum anderen Geschlecht) bleibt verbaut, die heterosexuelle Entwicklung ist blockiert, und der Haß, der bei der Tochter durch solche zerstörerischen Formen der Bindung entfesselt wird, entlädt sich am Mann, anstatt gegen die Mutter. Er wird auf den Vater verschoben, dient zur weiteren Festigung des Feindbildes Vater / Mann. Die Mutter bleibt bestimmend: *Sie* bestimmt die Gefühle der Tochter, sie interpretiert und kontrolliert die emotionale Welt, die zunehmend zu einer paranoiden wird. Es kommt zu einer latenten homosexuellen Fixierung an die Mutter – der Männerhaß dieser um Entwicklung betrogenen Frau ist unerkannter, verschobener Mutterhaß. Daß sich an diesem Bild nichts ändert, dafür sorgt die Mutter, zunächst die reale, später die in der Seele der Tochter. Der Vater existiert bereits in der Kindheit für die Tochter nur als ein potentieller Wüstling und Sexualdelinquent. Er will die Tochter sexuell mißbrauchen. Unterläßt er dies, so ist zumindest ein Mann aus der Nachbarschaft bereit, diese für Schwarzers Ideologie unerläßliche Aufgabe zu übernehmen: *Wenn alle Frauen, die als kleine Mädchen von Männern sexuell mißbraucht wurden, gewerbsmäßige Prostituierte würden, dann hätten wir nur noch Bordelle...* Das heißt im Klartext: *Jedes* kleine Mädchen wird von einem erwachsenen Mann in der Kindheit sexuell mißbraucht, wenn es nicht der eigene Vater ist, findet sich ein anderer. Und das heißt psychologisch interpretiert: Die Prostitutionswünsche der Autorin, die auch als latent inzestuöse Wünsche zu würdigen wären, kehren nur wieder in einer Projektion, nach dem von Freud aufgezeigten Muster der Verfälschung der psychischen Realität: Ich liebe ihn – ich liebe ihn nicht – er liebt mich – er liebt mich nicht – er verfolgt mich.

In Schwarzers Sexualpanoptikum sind Vergewaltigungs- und Prostitutionswünsche ein und dasselbe; in der Welt als Sünde und Bordell übernehmen die Männer die Funktion der Teufel und Buhler.

Wenn unter «Prostitution» nicht nur eine gesellschaftliche Institutionalisierung entfremdeter Sexualität verstanden wird, sondern allgemeiner eine Instrumentalisierung von Sexualität und emotionalem Erleben, dann bezeichnet dieses Wort tatsächlich das Verhältnis, in dem die von Schwarzer vorgestellten Frauen zum Manne stehen. Denn: Die typische Frau beginnt bereits als junges Mädchen, ihre Beziehungen zu

Männern planvoll und zweckreich zu organisieren. Dabei sind Gefühle hinderlich und störend. Sexualität und Macht werden von Anfang an miteinander verknüpft. Das Spiel der vorgetäuschten Lust beginnt schon bei der Defloration. Der erste Koitus ist ein kalter, technischer Akt. Eine der interviewten Frauen drückt das so aus: *Ich hab mir dann einen Jungen ausgesucht, der im Schwimmbad immer der hübscheste war.* Was für ein Mensch das ist, interessiert nicht weiter. Genauso funktional wird die spätere Ehe eingegangen: Der zukünftige Ehemann ist ein «Sprungbrett», um der Frau die Ablösung vom Elternhaus oder das Entkommen aus dem Alleinsein zu ermöglichen. Was für ein Mensch er ist, wird nur interessant als Frage: Nutzt er einem bestimmten vorgegebenen Zweck? Solche Rücksichtslosigkeit gegenüber dem Mann erkennt die von Schwarzer imaginierte typische Frau allerdings wiederum nur als Egozentrizität und Ignoranz des Mannes: *Er* beutet aus, *er* benutzt, *er* instrumentalisiert die Sexualität. Der erste Koitus ist, wie gesagt, ein erschreckendes Erlebnis: *Ich lag da wie ein Brett... Es tat sehr weh, und ich hatte Angst... Der Penis war, glaube ich, viel zu groß für mich. Ich hab mich richtig davor gefürchtet.* Die hysterische Wahrnehmung des Phallus als «zu groß» ist ein Merkmal, das bei vielen der befragten Frauen wiederkehrt. Wie der hysterische Mann vor der klaffenden, verschlingenden, womöglich mit phantastischen Zähnen bewaffneten Vulva der Frau Angst hat, weil er die Wirklichkeit mit seinen eigenen Phantasien verwechselt, so erlebt die Frau den Penis als ein potentielles Marterinstrument, das ihren Leib zerteilen, womöglich zerreißen und durchstoßen könnte. Es handelt sich dabei um archaische, präpsychotische Ängste vor dem Verlust der Ich- und Körper-Grenzen, von dem Zerstückelt- oder Verschlungen-Werden, vor einer Auflösung, die bei jeder intensiveren körperlich-emotionalen Nähe (unter Umständen bedrohlich) erlebt werden kann. Abwehrrituale, zu denen vor allem auch die Abwertung und Verteufelung des jeweils anderen Geschlechts gehören, dienen dem Zweck, Distanz herzustellen.

Der Phallus als Symbol der Macht ist zunächst einmal das Symbol der empfundenen Ohnmacht und Minderwertigkeit der Frau. Diese fürchtet, ihre Integrität könne zwischen den Bettlaken «verdunsten», wenn sie mit einem Mann schläft, wie es eine der Schreiberinnen im «Emma»-Sonderheft ausdrückt. Ein Mittel, die Macht des Phallus zu depotenzieren, besteht darin, ihn lächerlich erscheinen zu lassen. Männer werden zu «Zipfelträgern», wie es die von Schwarzer interviewten Frauen ausdrücken. Männer werden einem *Teil* ihres Körpers gleichgesetzt. Der Körper des Mannes wird sprachlich zerstückelt, eine schützende Vorwegnahme der befürchteten Zerstückelung, die der einverleibte Penis des Mannes der Frau zufügen könnte. Das Eindringen wird zum Durchdringen, zur Penetration. Und als Inkarnation des Bösen erscheint der *erigierte* Penis; ganz ähnlich übrigens auch bei Otto Weininger, bei dem es jedoch der Mann ist, der sich seines erigierten Gliedes schämt, während – laut Weininger – die Frau es sein soll, die den Phallus in seiner prallen Fülle vergöttert und anbetet. Bei Schwarzer wird diese Phantasie nur umgekehrt: Jetzt ist der Mann narzißtisch auf seinen Penis fixiert, während sich die Frau davor fürchtet.

Ein *furchtbar dicker Penis, der gegen meinen Willen in mich eindrang*, heißt es etwa. Eine 18jährige reagiert beim ersten Anblick des zum Geschlechtsakt bereiten Penis erschrocken, *weil er so riesig ist*, während eine promovierte Akademikerin, die offen zugibt, daß sie Männer nur benutzt, um ihre Einsamkeitsgefühle zu betäuben, Schwarzer «kichernd» erklärt, *wie komisch sie das «Ding» im Grunde fände und wie grotesk für sie immer der Anblick «dieser lächerlichen Anhängsel» gewesen sei*. In einem Satz wird hier das eigene Erschrecken ins Lächerliche und Groteske des Fremden umgelogen, das zudem verdinglicht wird: Das *Ding, das sie da zwischen den Beinen haben*, zerstört im Kopf der kichernden Frauen jede Empfindung für die eigene Empfindlichkeit, die zur Empfindungslosigkeit und Gefühlskälte erstarrt. Hinter allem psychischen Infantilismus und hinter der emotionalen Unreife und Unfreiheit wird eine groteske Form der Fixierung auf den Phallus sichtbar. So wie der Mann mit seinem Penis identifiziert wird, so identifiziert sich die typische Frau mit ihrer Klitoris, die als «das einzig Wahre» bezeichnet wird. Die narzißtisch-masturbatorische Fixierung an einen Teil des Körpers ist die einzige Wahrheit der infantilen Frau, so wäre diese Aussage zu interpretieren. Die in einem emotionalen Gefängnis lebende Frau legt buchstäblich Hand an sich selbst. Wenn sie überhaupt noch einen Mann braucht, dann zu dem Zweck, daß er mit einem Teil ihres Körpers das veranstalten soll, was sie alleine auch kann: *Inzwischen mache ich es gern allein. Ich masturbiere meine Klitoris mit der Hand.* Und: *Ich schlafe gern mit mir.* Selbstbeglückung als Nothilfe gegen Trostlosigkeit. Die innere Vereinsamung wird umgelogen zu einem Stück Befreiung. Findet Schwarzer eine Frau, die dennoch ab und zu mit einem Mann schläft, so leistet sie mit suggestiven Fragen Entwicklungshilfe: Warum sie es mit dem Manne denn nicht so treibe, *wie sie es ja bei der Masturbation macht*? Die Gleichsetzung des Koitus mit der Masturbation ist Schwarzers Programm, und die Rede der Befreiung ist, ihrer ideologischen Verbrämung entkleidet, die Rede des gesellschaftlichen Fortschritts – zur Barbarei. Schwarzer war und ist – zeitgemäß.

5

Für Schwarzers Gewährsfrauen wird das Rubbeln und Reiben der Klitoris zum zentralen Bestandteil des heterosexuellen Liebesspiels. Manipulation und Technik ersetzen Gefühl und Leidenschaft. Der ideale männliche Partner wird als «feminin», «zärtlich», streckenweise impotent dargestellt. Mit einem solchen Bürschchen praktiziert die emanzipierte Frau den Rubbel-Reibe-Kuschel-Sex, eine Art wechselseitiger Masturbation, die sich in nichts von jenen Liebestechniken unterscheidet, die ein Flensburger Versandhaus seit Jahr und Tag an den Mann und an die Frau bringt. Die *Abschaffung des Schwanzfickens*, wie es im Schwarzerschen Jargon sexistisch heißt, reduziert die Beteiligten zu Sex-Maschinen, die Teile ihres Körpers hin und wieder kontrolliert in Erregung zu versetzen verstehen: *Also, wir haben uns gegenseitig gestreichelt und geküßt, aber dann hat jeder von uns bei sich selbst bis zum Orgasmus onaniert, während wir zusammen im Bett lagen. Dagegen, daß er mich bis zum Orgasmus bringt, habe ich innerliche Widerstände. Ich bin da in einem Zwiespalt: Einerseits würde ich es ganz gerne gegenseitig machen, wüßte ich gern, wie das ist; andererseits finde ich gut, daß ich es selbst in der Hand behalte...* Vor der Gegenseitigkeit, vor dem Verschwinden der Grenzen und der Vermischung der Körper und der Emotionen hat diese Frau – panische Angst: Einmal *wurde richtig gefickt. Da ist für mich eine Welt zusammengebrochen. Ich begriff, was ich verloren hatte. Vorher war's irgendwie gleichwertig gewesen, aber dieses «richtige» Ficken... das war für mich überhaupt nicht toll. Ich bin dabei so unterlegen, total unterlegen.* Die Kinder, die in Waisenhäusern zwangsonanierend in ihren Gitterbettchen liegen und allenfalls noch ein voyeuristisch-exhibitionistisches Vergnügen genießen, dieses Bild des Jammers und der Jämmerlichkeit entspricht dem der typischen Frau, wie es Schwarzer präsentiert.

Die «Streichelbeziehung» (Seite 162), die Schwarzers Buch propagiert, täuscht Zärtlichkeit nur vor, wo latenter Haß, wo Wut, Leere, Feindseligkeit und Aggressivität zwanghaft verleugnet werden müssen. Die Gewalt der Leidenschaften verkommt zu einem latenten Sadomasochismus, der dann später (im Sonderheft) voll aufblüht. Die

Schwarzersche Streichelbeziehung ist so steril und verlogen wie die Werbung für Kuschelwäsche im Fernsehen. Und das Fern-Sehen des Anderen, des Partners, ist der wahre Ausdruck der «emanzipierten» Angst vor Nähe. Der sexistische und gleichzeitig anti-sexuelle Affekt, der hinter diesem «feministisch» genannten Mief und Muff steckt, entblößt einen zum Instrument verkommenen Körper, in den die Frauen und Männer wie in ein Gefängnis gesperrt erscheinen. Alles, was den Körper überschreiten könnte, jede Transzendenz der Lust, wird zur Gefahr. Schwarzers anti-sexueller Affekt kämpft nur vordergründig für die Befreiung der Frau, ebenso verlogen wie der Volkswartbund der Adenauer-Ära die Würde der Frau verteidigte, während doch nur die krankhafte Würdelosigkeit der eigenen Psychoapathia sexualis als scheinbare Menschenfreundlichkeit und sittliche Reinheit auftrat.

Damit die «emanzipierte» Frau bei ihrem Verzicht auf geschlechtliche Vereinigung mit dem Mann nicht zu kurz kommt, muß alles geleugnet werden, was diesen Akt im Sinne einer Überschreitung der Grenzen auszeichnen könnte. Der «Mythos» vom vaginalen Orgasmus wird angegriffen. Schwarzer beruft sich dabei auf die einschlägigen Technokraten des Körpers und verwechselt hartnäckig rhythmische Gymnastik mit emotionalem Erleben. Erst unter dieser Voraussetzung gilt: *Es gibt keinen vaginalen Orgasmus, es gibt nur einen klitorialen, das heißt, einen körperlich durch die Klitoris ausgelösten Orgasmus . . . (einmal abgesehen von dem psychisch bewirkten Orgasmus . . .).* Was hier in Klammern steht, wovon abgesehen werden muß, was hier verleugnet wird, weil es um den Preis einer falsch verstandenen Autonomie nicht zu haben ist, das ist das Wesentliche. Und nur unter der Voraussetzung einer Zurückweisung des Wesentlichen kann als «Befreiung» erscheinen, was seinem Wesen nach Fortschritt zur Barbarei ist.

6

Nora S.* sagt von sich, sie sei unter der Bedingung des «Matriarchats» aufgewachsen. Sie meint damit folgendes: Die jeweils ältere Frau beherrschte die jeweils jüngere – benutzte diese wie ein «Medium», um

* Pseudonym einer Studentin (Mitte Zwanzig), die von mir im Rahmen einer klinischen Institution über zwei Jahre (mit Unterbrechungen) psychotherapeutisch betreut worden ist.

so im *fremden* Körper zu herrschen, dort die eigenen Gefühle, Affekte, Wünsche auszuleben, zu kontrollieren oder zu verurteilen. Die Grenzen zwischen den Frauen konnten jederzeit überschritten werden, wobei die jeweils ältere der jeweils jüngeren ihren Willen aufzuzwingen vermochte. Die Reihe verlief auf der Achse: Großmutter – Mutter – Tochter. Der Mann in dieser Familie, der Vater, war eine Randfigur. Als solche hatte er aber eine außerordentliche Bedeutung. Er war Außenseiter und zugleich eine wichtige Figur, auf die jederzeit Wut, Haß und Aggressionen gelenkt werden konnten, die zwischen den Frauen entstanden, in deren Beziehung offiziell aber nicht auftauchen durften. Dem Vater gegenüber schlossen sich die Frauen der Familie ab, zu einem klebrig-gefühlshaften Brei, in dem Nora S. zu ersticken drohte.

Der Vater als das «gefährliche Objekt» diente zur Stabilisierung der über die Generationen hinwegreichenden Mutter-Tochter-Symbiosen. Die (Groß-)Mutter warnte ihre Tochter (die Mutter von Nora S.) vor deren Mann, und die Tochter / Mutter gab diese Warnung an ihre Tochter weiter. Männer tauchten in den Phantasien dieser Frauen nur als Wüstlinge auf, als «Sexmonster», wie es im Jargon der Frauen hieß. Damit mußte die Tochter leben, darüber mußte nicht weiter gesprochen werden; die Verständigung zwischen den Frauen geschah vornehmlich auf nonverbalem, gefühlshaft-symbiotischem Wege. Jede versuchte emotionale Annäherung an den Vater / Mann wurde bestraft, wiederum in erster Linie mit nonverbalen, emotionalen Mitteln. Die Androhung von Liebesentzug, aber auch eine Erkrankung der Mutter, die schuldhaft der Tochter unterstellt werden konnte, waren Mittel, um eine Annäherung an den Vater / Mann rechtzeitig zu verhindern. Die Grenze zwischen der Tochter und dem Vater (oder dem Mann) mußte unüberwindbar erscheinen, damit die Grenzen zwischen den Frauen instabil und durchlässig bleiben konnten. Eine Annäherung an den Vater hätte eine zumindest teilweise Abwendung der Tochter von der Mutter bedeutet, aber auch Entwicklung, Individuation ermöglicht; dies mußte verhindert werden. Die Mutter benötigte die Tochter als Stellvertreterin, als Sklavin; was jene sich nicht erlauben konnte, durfte dieser nicht erlaubt werden. Im Vater haßte die Mutter die potentielle Autonomie der Tochter.

Nora S., die Tochter, zeigte auffällig früh Störungen ihrer Identität, die sich später und symptomatisch als Beziehungs- und Sexualstörungen manifestierten. Als Kind vermochte sie plötzlich nicht mehr richtig zu sprechen. Die Sprache als Mittel der Kommunikation geriet ins

Stocken; Nora S. begann zu stottern. Dies wiederum führte dazu, daß sie von ihren Mitschülerinnen gehänselt wurde, woraufhin sie sich noch mehr zurückzog, von allen sozialen, außerfamiliären Beziehungen isolierte. Das führte zu einer Verstärkung der Bindungen an die Frauen im Hause, vor allem an die Mutter. Zunehmende Vereinsamung, Rückzug in eine Phantasiewelt, die von Horrorgestalten und *gleichzeitig* von gänzlich unrealistisch wahrgenommenen, «nur» guten Idealgestalten belebt war, und Tagträumereien waren die Konsequenzen. Je älter Nora S. wurde, desto einsamer wurde sie. Der Wunsch nach dem Vater, nach einem Mann, der die symbiotischen Verstrickungen mit der Mutter (und deren Mutter) hätte auflösen können, verkehrte sich in Nora S.' Phantasie in Angst vor dem Vater: Der könne sie sexuell mißbrauchen, wenn sie sich ihm nähere. Sie vermied jeden Kontakt, jede Nähe zu ihm. Als er im Sterben lag, als er krank, alt und schwach im Bett lag, schien die Angst vor ihm weniger bedrohlich zu sein. Das Sterben des Vaters war für Nora S. die erste und einzige Gelegenheit, sich ihm zu *nähern*. Sie pflegte ihn aufopferungsvoll bis zu seinem Tode.

Nach dem Tode des Vaters, nach dem Auszug der Tochter aus dem Elternhaus, nach dem Beginn des Studiums verschärften sich die Probleme und Konflikte von Nora S. Sie schloß sich in ihr Zimmer ein, verbarrikadierte sich dort regelrecht, erlebte heftige Angstgefühle, wenn das Telefon oder ein Besucher an der Tür schellten. Sie verweigerte jede Kontaktaufnahme, blieb allein, hielt es schließlich nicht mehr mit sich selbst aus. Nur unter größten Mühen und mit heftigen Angstanfällen konnte sie auf die Straße gehen.

Als Nora S. zu mir kam, hatte sie bereits einen ersten – gescheiterten – psychotherapeutischen Versuch hinter sich. Ihre Unfähigkeit, Nähe und Distanz in ein für sie erträgliches Verhältnis zu bringen, war Ursache dafür, daß sie den Therapeuten entweder als zu kalt und distanziert oder als zu bedrängend und nah erleben mußte. Dieser Nähe-Distanz-Konflikt war für Nora S.' Verhalten auch mir gegenüber typisch: Bei zu großer Distanz «lockte» sie an, sexualisierte sie die Beziehung, um bei zu großer Nähe sich selbst oder mich zu entwerten oder Haßgefühle zu erleben, die sich auf sie oder auf mich bezogen. Der «Wechsel» der Gefühle, oft in rascher Folge, war charakteristisch. Abrupte Beziehungsabbrüche wechselten mit erhöhtem Bedürfnis nach Kontakt ab. Sich selbst und den anderen (mich) als stabile und konstante Personen zu erleben, war ihr unmöglich. Sie sei innerlich «zerrissen», meinte sie.

Über Jahre hinweg hatte sie mit Gedanken an Selbstmord gespielt. Sie erlebte sich abwechselnd als völlig aufgelöst oder als erstarrt und tot. In Zuständen der Auflösung oder Depersonalisation, die sowohl durch zu starke Nähe wie auch durch zu große Distanz ausgelöst werden konnten, erlebte sie sich als zerfallen in Bruchstücke, andere Menschen als Automaten und Maschinen, die äußere Welt erschien derealisiert zu sein. Andere Menschen wurden entweder als völlig unerreichbar oder aber als übermächtig, überwältigend, gleichsam vergewaltigend erlebt. Sie schienen eine «magische» Macht zu besitzen, Nora S. gänzlich «abhängig» machen zu können. Vor dieser Macht mußte sie fliehen, zurück in ihre Einsamkeit, um darin zu versinken. Starke Depressionen und Verzweiflung wechselten mit Haßgefühlen ab, die sich auf die anderen (Menschen) richteten, denen es «besser» ging. Der Anblick von Liebespaaren führte bei Nora S. zu einem gleichsam körperlich erlebten Schmerz.

Die problematische Bindung an die Mutter, die schließlich der einzige Mensch zu sein schien, zu dem Nora S. überhaupt noch eine Beziehung hatte, wurde dadurch noch verstärkt, daß die Mutter jedesmal «krank» wurde, wenn sie merkte, daß die Tochter einen Versuch unternahm, sich von ihr zu entfernen, zu lösen. Die Mutter machte der Tochter dann Vorwürfe, die Tochter erlebte Schuldgefühle und kehrte zur Mutter zurück. Angeblich kränkelte die Mutter seit der Geburt der Tochter. Die Tochter sei «schuld» am leidenden Zustand der Mutter, hatte Nora S. von der Mutter erfahren. Bereits die Geburt der Tochter und deren körperliche Trennung von der Mutter hatten diese krank gemacht. Nora S.' bloße physische Existenz war scheinbare Ursache des Leidens der Mutter, das sich immer dann verschärfte, wenn die Tochter sich auch im psychischen (emotionalen) Sinne zu lösen versuchte. Die Mutter hatte alles «Recht» auf ihrer Seite, die Tochter mußte sich mit dem «Unrecht» begnügen.

Auf bewußter Ebene erlebte Nora S. keinen Haß gegen ihre Mutter. Dafür erschrak sie um so mehr vor ihren eigenen Träumen, in denen die Mutter etwa als ein «Vampir» erschien. Nora S.' sexuelle Beziehungen zu Männern waren sporadisch, promisk und immer so angelegt, einen Partner zu finden, zu dem eine Beziehung unmöglich erschien: Bereits gebundene Männer oder solche, die an entfernten Orten wohnten, oder solche, die von sich aus eine Bindung ablehnten, waren die mit instinktiver Sicherheit ausgewählten Sexualpartner. Nach einem Koitus mit einem solchen Mann träumte Nora S., sie habe mit ihrem eigenen Vater geschlafen. Sie wacht auf, empfindet Angst, Scham und Schuld. Verläßt sofort den Studienort und flüchtet zur Mutter. Erst im Hause der Mutter kann sie sich beruhigen. Dieser Traum ist für sie so erschreckend, daß sie hinfort sich selbst verbietet, überhaupt noch zu träumen. Das gelingt ihr scheinbar; wenn sie aufwacht, kann sie sich an keinen Traum mehr erinnern. Diese Kontrolle über ihr Innenleben dehnt sich aus: Sie verbietet sich hinfort so gut wie alle Wünsche, Phantasien, Gefühle und Affekte. Damit hat sie Erfolg: Sie empfindet nichts mehr, erlebt sich leblos, tot. Sie verordnet sich selbst ein «asketisches» Leben, auch im Hinblick auf Kontakte zu Männern. Nach längeren Phasen solcher Abstinenz kommt es dann zu triebhaft-rauschhaften Durchbrüchen, zu wahl-losen sexuellen Kontakten, bei denen es vor allem darum geht, jede emotionale Nähe in Schach zu halten. Hierzu dienen perverse Rituale, vor allem sadomasochistische Praktiken. Die Perversion ist das Mittel, die Berührung des Körpers des anderen bei gleichzeitiger Vermeidung der emotionalen Nähe und Vermischung mit dem anderen zu ermöglichen. Die Perversion ist Ausdruck des Nähe-Distanz-Konflikts und Mittel, Nähe und Distanz zu steuern, zu regulieren und zu kontrollieren. Die sexuellen Beziehungen müssen kurz, vor allem anonym sein. Trifft Nora S. dennoch unerwartet auf einen Mann, der von sich aus eine längere Beziehung aufbauen will, bricht sie den Kontakt sofort ab. Dauern Beziehungen dennoch länger, so besteht das schützende Ritual in der Aufnahme einer weiteren oder mehrerer anderer Beziehungen. Es darf auf keinen Fall zu *einer* ausschließlichen, exklusiven Bindung kommen.

Nora S. streift von Zeit zu Zeit wie ein Raubtier auf der Suche nach «Nahrung» (Männern) durch die Großstadt. Nach derartigen rausch-haften Ausflügen gerät sie wieder in einen Zustand der Verzweiflung: Sie haßt sich selbst, empfindet Scham, Ekel, Schuld – und Einsamkeit. Bisweilen kommt es nach solchen Episoden anonymer Sexualität zu psychosomatischen Reaktionen, zur Flucht in die Krankheit, die erneut eine länger andauernde «asketische» Phase einleitet. Die Krankheit führt zurück zur Mutter, von der Nora S. dann gepflegt wird. In Gegenwart der Mutter wird sie wieder zum Kind. Sie befürchtet, «wahnsinnig» zu werden. In solchen Augenblicken wünscht sie sich mit vollem Bewußtsein den Tod der Mutter. Die emotionale Nähe der Mutter scheint die Tochter zu «verwandeln». Sie wird abhängig, passiv, ohnmächtig, hilflos und unfähig, noch irgendeine Entscheidung selbständig zu treffen. Ohne jede Kraft, ohne jede Gegenwehr sei sie in solchen Zuständen der Mutter ausgeliefert, sagt Nora S. Der Mutter gelinge es gleichsam, durch «Blicke», «wortlos», die Tochter zu beherrschen, zu lähmen, zu «bannen». Die magische Allmacht der Mutter führt bei der Tochter zu tranceartigem Erleben, als seien alle Grenzen zwischen Mutter und Tochter aufgehoben. Die einzige Möglichkeit, sich dieser ohnmächtigen Nähe zu entziehen, besteht darin, so sagt Nora S., «abzuschalten», gleichsam «wegzutreten», gefühl- und leblos zu werden. Nur der emotionale Tod schützt noch vor der endgültigen Rückkehr zur Mutter, vor der nicht mehr aufhebbaren Verschmelzung mit der Mutter – vor dem Wahnsinn. Der emotionale Totstell-Reflex ist die letzte Grenze der Identitätssicherung. Wovor sich Nora S. schützt, erscheint als Bild im Traum: Die Mutter als sexuelle Verführerin, die die Genitalien der Tochter berührt, in einem homosexuellen, inzestuösen, masturbatorischen Akt die Tochter gänzlich überwältigt. Nach diesem Traum schläft Nora S. nicht mehr, wie bisher, bei ihren Besuchen im Hause der Mutter im Ehebett, in der Hälfte des Bettes, die eigentlich dem (gestorbenen) Vater gehört.

Im Verlauf der Therapie sagt Nora S., sie wisse, daß sie ihre Mutter zerstören müsse, doch sie wisse auch, daß sie sich so selbst zerstöre. Einen Ausweg aus diesem scheinbar unlösbaren Konflikt, aus diesem emotionalen Dilemma zu finden, wird zur eigentlichen Aufgabe der Therapie.

7

Charlotte Wolff, die der lesbischen Liebe eine empirisch-theoretische Studie (1973) gewidmet hat, zeigt, daß der «emotionale Inzest» mit der Mutter den Kern der homosexuellen Wünsche der Frau ausmacht. Die Tochter will sich mit der «idealen» Mutter wieder vereinigen. Die böse, vampireske, ausbeuterische, kontrollierende und beherrschende Mutter wird auf bewußter Ebene nur undeutlich wahrgenommen. Dieses Schreckensbild kleidet sich in die Gestalt des überwältigenden, vergewaltigenden Mannes, dessen Penis nichtsdestoweniger das Symbol der Macht der Mutter ist, deren rücksichtsloses, grenzenloses Eindringen in die Gefühlswelt der Tochter in verwandelter Gestalt als Penetrationsangst Wirklichkeit wird. Die reale Mutter der später homosexuellen Frau ist allerdings, wie Charlotte Wolff zeigt, keineswegs ideal. Es handelt sich dabei gerade um keine mütterlichliebende Frau, sondern um eine, die ihre Tochter an sich bindet, ohne sie wirklich emotional anzunehmen. Bei dieser vereinnahmenden Form der «Liebe» bleibt das Kind innerlich einsam *und* gebunden. Die Mutter dominiert, der Vater ist bedeutungslos, fehlt oder erscheint als eine negative, böse Gestalt. Kurz, die empirischen Ergebnisse der Studie von Charlotte Wolff zeichnen das Bild einer Mutter-Tochter-Vater-Konstellation, wie es auch in den von Schwarzer inverviewten Frauenköpfen existiert. Schwarzer hat uns keineswegs die «typische» Frau vorgestellt, sondern eine typische, manifest oder latent *homosexuelle* Frau, die sich selbst verdoppelnde Frau, in der Mutter und Tochter zusammengeschweißt erscheinen und gespannt auf den Schrecken starren, den sie in ihrer von heftigen Ambivalenzkonflikten durchtobten Zwei-Einheit selbst produzieren, um ihn allerdings nur verschoben, auf den Mann projiziert, wahrzunehmen. Das unheilvolle Beziehungsarrangement zwischen Mutter und Tochter schließt den Vater / Mann als den «Dritten» aus; als vagabundierender sexueller Wüstling, als Monster und Ungeheuer, umschleicht er nachts die Wagenburg, in der sich Mutter und Tochter versteckt halten, um die Außenwelt nur als eine einzige Bedrohung (der Mutter-Tochter-Symbiose) wahrzunehmen. Eine Tochter, die, wie Nora S., aus dieser Fluchtburg entkommen will, stößt rasch auf unüberwindbare Hürden: Es ist die Mutter, die sie längst selbst als Kind unter dem Herzen trägt, der sie nicht zu entkommen weiß. Und jede Form der emotionalen Nähe beschwört eine Wiederkehr der alten Verstrickungen mit der eigenen Mutter, es sei denn, eine solche Tochter würde selbst zur Mutter, um dieses vernichtende Spiel nun von der anderen Seite aus zu beginnen – mit ihrem Kind.

8

Ohne die Frauen würde der Beginn unseres Lebens der Hilfe, die Mitte der Freuden und das Ende des Trostes entbehren. Diesen Ausspruch von Jouy zitiert Schopenhauer in seinem Traktat «Über die Weiber» zustimmend als das «wahre Lob» der Frauen. Gewiß, Schopenhauer war kein Weiberhasser – oder eben nur insofern, als er sich selbst haßte, den einen Teil seiner selbst. Denn schließlich war er es – lange vor Weininger –, der die Theorie der menschlichen Bisexualität entwarf. So sind denn Weiberoder Männerhaß immer auch zu verstehen als Ausdruck des Hasses auf die eine Hälfte der eigenen Person. Männerphantasien unterscheiden sich von Frauenphantasien in diesem Punkte – wie in vielen anderen – nicht. Und das gestörte Verhältnis zum anderen Geschlecht ist Ausdruck eines inneren Konflikts, einer nicht überwundenen Spaltung der eigenen Persönlichkeit. Liebessachen sind Herzenssachen. Und so erschoß sich Otto Weininger, der Frauenverächter und Selbsthasser, denn auch mit einer Kugel, die sein eigenes *Herz* durchbohrte, nachdem er sein fundamentales Werk vollendet hatte. *Weiningers Weiberhaß war im Grunde genommen eine logische Konsequenz: er haßte die Sinnlichkeit und darum das Weib als Gegenstand und Anreiz zur Sinnlichkeit, als Verkörperung der Sünde* (Swoboda, ein Freund Weiningers). Das Objekt der Liebe wird zum Objekt des Hasses, der Verachtung und Entwertung, weil es die Verkörperung des eigenen Begehrens ist, das zur Nähe zwingt – zu einer unter bestimmten Voraussetzungen und frühkindlichen Erfahrungen gefährlichen Nähe. Dies gilt für den Männerhaß pseudo-emanzipierter Frauen wie für den traditionellen, oft ideologisch gerechtfertigten Weiberhaß der Männer. Und der manifeste Sadomasochismus, der neuerdings – wenigstens in pseudo-literarischen und -essayistischen Publikationen – die Szene beherrscht, liegt konsequent in der Natur der Sache begründet. «Feminismus oder Tod»: Wer den «kleinen» Tod so sehr fürchten muß, zieht den «großen» bisweilen vor. Der Inquisitor, der die «Hexe» martert, erklärt zugleich die Jungfrau Maria zur unsterblichen Gottheit. In diesem verrückten Umgang mit dem Leben, dem eigenen und dem fremden, zeigt sich die Perversität als der wahre Ausdruck eines absonderlichen, dennoch typisch abendländischen Liebesspiels.

Im Sadomasochismus ist das reale Verhältnis der Geschlechter, wie es unter Voraussetzung abendländisch-monadischer Vereinzelung erscheinen *muß*, auf den Begriff gebracht. Auch davon berichtet schon Weininger, der meint, die Geschlechterfrage sei unauflösbar mit der Grausamkeit verbunden, und sich dabei auf Novalis beruft. In einer Fußnote erörtert Weininger die Sexualpathologie des «Genies», wobei er sich selbst für ein solches hielt. Dem, was er schreibt, ist nichts hinzuzufügen, daß nämlich *alle genialen Menschen ohne Ausnahme, soweit sie eine entwickelte Sexualität besitzen, an den stärksten geschlechtlichen Perversionen leiden (entweder am «Sadismus», oder, wie zweifelsohne die größeren, am «Masochismus»). Das allen jenen Neigungen Gemeinsame ist ein instinktives Ausweichen vor der völligen körperlichen Gemeinschaft, ein Vorbeiwollen am Koitus.* Wer hätte je besser die abendländische Genialität als Ausdruck einer Verkrüppelung der Genitalität begriffen?

Zum Schluß – am Ende seines Werkes frönt der Jude Weininger einem hemmungslosen Antisemitismus, der es später den Nazis erlaubte, dieses Werk eines jüdischen Schriftstellers durchaus zu goutieren. In Weiningers wie in Schwarzers Selbsthaß, in dessen Verkehrung ins Gegenteil, liegen die Wurzeln einer denunziatorischen Argumentation begründet, Muster der anti-aufklärerischen Propaganda, die immer wiederkehren, wenn es um die Kreation des «Feindes» geht. Wie ehrlich ist doch Weininger! Wie offenbart er sich, wenn er schreibt: *Der Haß ist ein Projektionsphänomen wie die Liebe: Der Mensch haßt nur, durch wen er sich unangenehm an sich selbst erinnert fühlt.* Noch einmal – eine Erklärung für Weiberhaß, für Männerhaß, für Judenhaß. Und Weininger gibt sich selbst recht und stellt sich zugleich bloß, wenn er schreibt: *Der Jude ist stets lüsterner, geiler . . . als der arische Mann.* Der Jude, also er selbst, so schreibt Weininger weiter, sei nie «einheitlich und ganz», stets zerrissen und zerspalten. Die Identitätsstörung, die Weininger unmittelbar an sich selbst entdeckt, ist die gleiche, die Schwarzer der «typischen» Frau unterstellt und die doch nur eine nach außen projiziert ist. *Jüdisch ist der Geist der Modernität,* fährt Weininger fort, «jüdisch» sei die rückhaltlose Bejahung alles Sexuellen. Auch hierbei frönt Weininger einem Stück Masochismus, seine Klagen sind Selbstanklagen.

Man wird die Schriften Weiningers, Schwarzers, aber auch die Elaborate aus einem maroden alternativen Milieu, die neuerdings die Menschenverachtung als ein Stück «feministischen» Befreiungskampfes ausgeben, als zur Gattung der Racheliteratur gehörig bezeichnen müssen. Solche Versuche, sich an einem oft sehr nahen, doch zugleich fernen Objekt zu rächen, nehmen zum Vorwand, zur Ent-Schuldigung für das eigene Versagen, das des anderen. Und je mehr die äußere Realität dem entgegenkommt, je mehr Recht sie gibt, je mehr von dem, was beschrieben wird, tatsächlich *auch* dort draußen existiert, desto unerkannter bleibt das Eigene. Dies gilt auch etwa für die neueste These von Margarete Mitscherlich-Nielsen: «Antisemitismus – eine Männerkrankheit?» (1983). Diese Schrift strotzt von Vorurteilen. Vergessen sind die Scherginnen von Majdanek, die schwangeren *Frauen* die Bäuche aufschlitzten. In ihren zivilen Berufen waren die KZ-Wächterinnen vornehmlich: Säuglingsschwestern, Krankenschwestern, Kindergärtnerinnen, Pflegerinnen. Vergessen wird also der geheime Zusammenhang von Mutterliebe und Mutterhaß. Und vergessen wird der Abwehrmechanismus der Projektion. Nein, Frauenphantasien, wie auch die zuletzt genannte, unterscheiden sich in nichts von denen der Männer. In beiden Fällen geht es um Angst (vor dem eigenen und fremden Geschlecht) und um Haß (auf das eigene und das fremde Geschlecht).

Literatur

Merian, S.: Der Tod eines Märchenprinzen. Hamburg (Buntbuch) 1980

Mitscherlich-Nielsen, M.: Antisemitismus – eine Männerkrankheit? Psyche 37, 1983

Nitzschke, B.: Männerängste, Männerwünsche. München (Matthes & Seitz) 1980

Piewitz, A. (= Pseudonym): Ich war der Märchenprinz. Hamburg (Buntbuch) 1983

Schwarzer, A.: Der «kleine Unterschied» und seine großen Folgen. Frankfurt/M. (Fischer) 1975

Weininger, O.: Geschlecht und Charakter (1903). Neuauflage: München (Matthes & Seitz) 1980

Wolff, C.: Psychologie der lesbischen Liebe. Reinbek (Rowohlt) 1973

Teil II
Skizzen zur
«Kultur»
der Gewalt

10

Vernunft und Sadismus: Die Frei-Sprüche des advocatus diaboli in Erwiderung auf die Anklagen des advocatus dei beim Prozeß gegen den Frei-Geist des Marquis de Sade.

Fünf Thesen

I

Als der 22jährige Marquis de Sade von Laure de Lauris, die er ebenso sinnlich wie wahnsinnig liebte, verlassen wurde, schrieb er ihr einen jener unsterblichen Liebesbriefe hinterher, wie sie nur ein maßlos enttäuschter Liebhaber verfassen kann: «Meine Liebe genügt Ihnen nicht... Ungeheuer, geboren, mich unglücklich zu machen. Möge die Untreue des Verräters, der meinen Platz in Ihrem Herzen einnimmt, Ihnen die Liebe eines Tages so verhaßt erscheinen lassen, wie Ihre Untreue sie in meinen Augen gemacht hat!... Aber was sage ich? Ach, liebe Freundin, göttliche Freundin! Einziger Inhalt meines Herzens, einzige Wonne meines Lebens, meine Geliebte, wohin führt mich meine Verzweiflung! Verzeihen Sie die Worte eines Unglücklichen, der außer sich ist, dem der Tod das letzte Ziel ist, nachdem er verloren hat, was er liebte... Wer kann mich ans Leben fesseln, dessen einzige Seligkeit Sie waren. Ich verliere Sie, ich verliere mein Leben, ich sterbe, ich sterbe den grausamsten Tod... ich verwirre mich, liebe Freundin, ich bin nicht mehr bei Sinnen, die Tränen fließen, ich sehe wie durch einen Nebel... ich begehre, denke, wünsche nur Sie!» Hinfort fesselte der Marquis sein Leben an den Tod – um zu überleben.

Im Disput mit dem Anwalt der Vernunft, Albert, berichtet der Anwalt der Leidenschaft, Werther (im gleichnamigen Roman Goethes), über «ein Mädchen, das man vor weniger Zeit im Wasser tot gefunden». Ihre «feurige Natur» wendete sie an einen Mann, «zu dem ein unbekanntes Gefühl sie unwiderstehlich hinreißt, auf den sie nun alle ihre Hoffnungen wirft, die Welt rings um sich vergißt, nichts hört, nichts sieht, nichts fühlt als ihn, den Einzigen, sich nur sehnt nach ihm, dem Einzigen. Durch die leeren Vergnügungen einer unbeständigen Eitelkeit nicht verdorben, zielt ihr Verlangen gerade nach dem Zweck, sie will die Seinige werden, sie will in ewiger Verbindung all das Glück antreffen, das ihr mangelt, die Vereinigung aller Freuden genießen, nach denen sie sich sehnte. Wiederholtes Versprechen, das ihr die Gewißheit aller Hoffnungen versiegelt, kühne Liebkosungen, die ihre Begierden vermehren, umfangen ganz ihre Seele; sie schwebt in einem dumpfen Bewußtsein, in einem Vorgefühl aller Freuden, sie ist bis auf den höchsten Grad gespannt, sie streckt endlich ihre Arme aus, all ihre Wünsche zu umfassen – und ihr Geliebter verläßt sie. – Erstarrt, ohne Sinne steht sie vor einem Abgrunde; alles ist Finsternis um sie her, keine Aussicht, kein Trost...! Denn *der* hat sie verlassen, in dem sie allein ihr Dasein fühlte. Sie sieht nicht die weite Welt, die vor ihr liegt, nicht die vielen, die ihr den Verlust ersetzen könnten, sie fühlt sich allein, verlassen von aller Welt, – und blind, in die Enge gepreßt von der entsetzlichen Not ihres Herzens, stürzt sie sich hinunter, um in einem rings umfangenden Tode alle ihre Qualen zu ersticken.» Die Leidenschaft macht blind, die Vernunft allein sehend. Es sind zwei verschiedene Wege zum selben Ziel, sich oder den anderen zu töten, um Freiheit von der Leidenschaft zu finden. Und es gehört Kalkül, Verstand dazu, dieses Ziel zu erreichen.

2

Der teuflische Marquis, in der Bastille seiner Imaginationen gefangen, von jeder realen Gefährdung durch eine leibhaftige Geliebte geschützt, entwirft die Folterkammer seiner – jeder? – Liebe, die hinfort seinen Namen tragen wird. Er denkt damit zu *Ende*, was ein anderer, ihm

135

ebenbürtiger Genius, Petrarca, begonnen hat: Dessen unsterbliche Sonette der Liebe waren der Laura de Novis geweiht, einer Vorfahrin des Marquis* aus dem 14. Jahrhundert, der Ehefrau des Grafen Hugues de Sade. In den Folterkammern des Marquis also erfüllt sich die un-erhörte, die aussichtslose Leidenschaft. Weil ihn die Realität belehrt hat, daß er *Nichts* ist, solange ihn seine Liebe zwingt, in der Geliebten *Alles* zu suchen, kehrt de Sade dieses sein Leben bedrohende Schauspiel, zu dem ihn die eigene Sinnlichkeit zwingt, einfach um. Hinfort ist *er* alles, das Liebesobjekt aber ist nichts oder wird bis zu jenem Punkt geführt, an dem angelangt es nichts mehr ist. Den Weg dorthin aber weist die Vernunft, die das Planspiel bis ins Detail konzipiert, in dessen Verlauf der Körper gemartert und gequält wird, so wie die Seele des Unglücklich-Liebenden *zuvor* gequält und gemartert worden ist. Das Kalkül des Sadismus ist eins des Verstandes, bedarf der scharfsinnigsten Berechnungen, Fallstricke und Winkelzüge, die zu erdenken nur einem Geist möglich ist, der die volle Schärfe der Sinne in seinen Dienst zu stellen weiß. De Sade also hat den Verwertungsprozeß der Sinne und der Leidenschaften zu Ende gedacht, ja, als erster überhaupt gedacht. *Er* ist der Architekt der vernünftig gewordenen Lust, die nicht mehr einfach nur blind nach einem unerfüllbaren Wunsch sich richtet, vielmehr den Wunsch als erfüllbar – hier und jetzt erfüllbar erscheinen läßt. Die Erfüllbarkeit der sadistischen Wünsche aber treibt zu einer endlosen Wiederholung und zeigt verdeckt in dieser Endlosigkeit und Ewigkeit noch ihre Abkunft vom unerfüllten Wunsch: nach Liebe.

Aber bevor der Marquis sich ins Gefängnis seiner Imaginationen begibt, bevor er den Häschern und Heuchlern des Ancien régime die Gelegenheit bietet, an ihm ein Exempel zu statuieren, das den Beweis erbringen soll, daß der allerchristlichste König das Foltern von Huren nicht gestattet, wenn es in aller Öffentlichkeit, un-heimlich und nicht heimlich, geschieht, setzt de Sade sich noch ein zweites Mal dem Wagnis einer un-sadistischen großen Liebe aus: Diesmal ist es eine 24jährige Kokotte, die Beauvoisin, die er wenig später «sein Gefängnis», eine «Sirene» nennen wird. Je näher er dieser Femme d'amour fou kommt, desto unerquicklicher dröhnt ihm das Grunzen seiner in Schweine ver-

---

* Diese Auffassung, Laura sei eine seiner Vorfahrinnen gewesen, wurde vom Marquis selbst kolportiert. Es bestehen allerdings erhebliche Zweifel an dieser These des Marquis. Wahrscheinlich wurzelt sie mehr in seiner Phantasiewelt als in der objektiver Wahrheiten.

wandelten Vorgänger bei dieser Kirke entgegen, ihm so sein eigenes Schicksal offenbarend. Und die Liebe des de Sade endet in Haß, weil die Kokotte nicht auf ewig finanzierbar ist, weil ihre Treue zum Gold nicht zu brechen ist. Der Treulos-Untreuen brüllt er nach: «Sie sind demaskiert, Sie Monstrum! Ihre Schlechtigkeit übersteigt alle Vorstellungen. Sie hätten nur zu sagen brauchen, daß sie mich verlassen wollen, ich hätte Sie bestimmt nicht gewaltsam zurückgehalten. Gehen Sie, ich werde Sie mein Leben lang verachten, Sie und alle, die Ihnen ähnlich sind. Tiefste Verachtung für Sie ist jetzt das einzige Gefühl, dessen mein Herz noch fähig ist. Widmen Sie sich nun Ihrer neuen Eroberung und zerstören Sie sie mit den gleichen Hexenkünsten, die Sie bei mir anwandten... Das ist es, was Sie wollten, nicht wahr, Sie Monstrum der Undankbarkeit und Falschheit. Seien Sie glücklich, trotz des unendlichen Elends, in das Sie mich gestürzt haben. Sie und Ihresgleichen können ja gar nicht anders, als die Gutgläubigkeit und das Vertrauen ehrlicher Männer ausnutzen.» Es folgen die Skandale, die sadistischen Amouren, die des Marquis unsterblichen Ruhm begründen: Rose Keller, eine Bettlerin und Gelegenheitsprostituierte, wird am Ostersonntag 1768 von de Sade in einer Absteige fast zu Tode gepeitscht. Sodann frönt er dem Inzest mit der Schwester seiner Frau, mit Anne-Prospère, was ihm zeitlebens den unversöhnlichen Haß seiner Schwiegermutter, der mächtigen Madame de Montreuil, ebenso einbringt wie die endgültige hündische Unterwerfung seiner Gattin Renée-Pélagie de Montreuil. Eine Szene mit fünf jungen Prostituierten, die de Sade in Begleitung seines Kammerdieners 1772 in Marseille aufführt, in deren Verlauf Liebesdragées eine verhängnisvolle Rolle spielen, weil es hinterher heißt, der Marquis habe die Frauen vergiften wollen, läßt ein (nicht vollstrecktes) Todesurteil folgen. De Sade entzieht sich der Vollstreckung zunächst durch Flucht, darauf vertrauend, daß ihn niemand ernsthaft verfolgen wird, weil er nur getan hat, was im Ancien régime in Adelskreisen alltäglich ist, wenngleich sich die anderen Lebe- und Adelsmänner – im Unterschied zu de Sade – an die Regeln der Heimlichkeit halten. Später wird er empört aus dem Gefängnis schreiben: «Jemanden vier oder fünf Jahre ins Gefängnis zu werfen wegen einer Mädchengeschichte, wie sie sich in Paris täglich hundertmal wiederholt!» Damit spielt er auf seinen letzten Coup, den «Skandal der kleinen Mädchen» an, der ihn endgültig hinter Schloß und Riegel bringt. Eingeladen hatte der Marquis auf seinen Herrensitz La Coste eine Handvoll 15jähriger Mädchen, für die er den

Kupplerinnen einen angemessenen Preis bezahlt hatte. Verführung, Notzucht! Der Marquis ist außer sich ob dieser Anklagen, weiß er doch zu beteuern, keins der Mädchen sei gegen ihren Willen irgendeiner Unschuld beraubt worden. De Sade aber hat hinfort Zeit, sich über Schuld und Unschuld der Liebe Gedanken zu machen. Und diese Gedanken, von denen nur ein Bruchteil erhalten bleibt – die meisten Papiere verbrennen im Sturm auf die Bastille, der zur bürgerlichen Revolution und endgültigen Inthronisation der bürgerlichen Vernunft führt –, kreisen um das Thema Vernunft und Liebe.

3

Es ist nur eine kleine Ironie der Geschichte – aber eben kein Zufall –, daß de Sade während der Jahre der Gefangenschaft seiner treuen Gattin, die ihn regelmäßig besucht, jedesmal eine häßliche Eifersuchtsszene macht. Was sollte er ihr mehr trauen als sich selbst? An sie schreibt er auch in aller Unschuld, daß «es eine kleine Schwäche von mir ist (ich muß es gestehen), daß ich die Frauen vielleicht etwas zu sehr liebe». Was wollte man dazu noch sagen? Der Marquis ist sich seiner und der Tatsache gewiß, daß ihn die *Liebe* ins Verlies brachte! Er, der versucht hatte, aus diesem Gefängnis der Liebe zu entkommen, dem hierzu jedes Mittel recht erschien, er muß nun gestehen, daß ihm dieser Versuch gründlich mißlungen ist. Vielleicht war es sein Fehler, bei diesem maßlosen Unternehmen einer versuchten Emanzipation der Vernunft von der Knechtschaft des Fleisches nicht *alles* getan zu haben, was irgend möglich gewesen wäre, denn, so gesteht er jetzt im Kerker, vordergründig sich vom Vorwurf entlastend, er habe seine abartigsten Phantasien in die Tat umgesetzt: «... ich habe durchaus nicht alles getan, was ich mir vorgestellt habe...» De Sade ein, beim Versuch, der Liebe zu entkommen, Gescheiterter? Das Verlies bietet de Sade die Gelegenheit, die Philosophie der Liebe durch eine Philosophie der Vernunft zu ersetzen. Der erste und oberste Grundsatz dieser Einführung der instrumentellen Vernunft in die Liebe lautet: Bekämpfe deine Leidenschaften, indem du anderen – nicht dir selbst – Leiden schaffst! Mache den anderen zum Instrument *deiner* Lust! Dies ist leicht gesagt und schwer getan. Zunächst muß sich einer, der diese Freiheit erreichen will, von aller *Blindheit* der Leidenschaften emanzipieren. Nur die Vernunft macht sehend, nicht das Gefühl! De Sade ist keineswegs der einzige, der diese tröstliche Erkenntnis bereithält. Der Chor der Vernunft und der vernünftigen Erkenntnis ist vielstimmig und reicht von Descartes über Kant bis zu Hegel (und weiter). De Sades Solo ist da nur ein Zwischenspiel, gewissermaßen ein Sonderfall. Das bürgerliche Subjekt, das sich per Vernunft zu emanzipieren sucht – von der eigenen Triebhaftigkeit und Leidenschaftlichkeit, von der inneren Natur also, von der Magie und Zauberei, die das Liebesobjekt wie die scheinbar allmächtige (äußere) Natur gleichermaßen ausüben –, muß *autonom* werden. Das aber heißt nichts anderes als: Das Subjekt muß sich vom Bedürfnis, vom Verlangen nach dem anderen befreien. Das Idealbild solcher Autonomie wäre das ganz und gar gegenstandslose, objektlose Individuum: Der einzige, der außer sich nichts mehr braucht, sein Eigentum an sich selbst findet. Dieser Weg in die Freiheit mündet allerdings – die folgenden Jahrhunderte dokumentieren das – in einer Sackgasse. Das solchermaßen befreite Individuum kommt auf diesem Wege nicht zu sich, sondern gerät außer sich, verliert sich im ganz und gar objekt-losen Wahnsinn. De Sade scheint diesen Irrtum der bürgerlichen Vernunft frühzeitig und als einer der ersten erkannt zu haben. Seine Maxime lautet daher: Vom Objekt kann sich nur befreien, wer dieses sich unterwirft! Die Grenzen der eigenen Natur sind nur zu sprengen, wenn man die bedürftige Natur im anderen entdeckt und manipuliert. Dies erfolgreich zu leisten, bedarf es der äußersten Anstrengung des Verstandes. Der macht sich erst einmal eine *Vorstellung* von der eigenen und fremden Sinnlichkeit und Emotionalität, schweißt Sinnlich-Fließendes in die feste Hülle des Begriffs. Wer solche Begriffe besitzt, der kann dann der begrifflosen und unbegriffenen Natur, ihrer Unschuld und Naivität, gebieten. Also machte sich de Sade daran, ein Psycholog zu werden. Was aber heißt dies anderes – Freud sei's gelobt! – als: erst einmal *sich* selbst zu beobachten! Alle leidenschaftlich-emotionalen und sinnlichen Regungen des eigenen Körpers sind bis ins Feinste und Genaueste hinein zu verfolgen, sind zu sezieren und zu analysieren. Will man wissen, wie man den Körper eines anderen zweckvoll ausbeuten kann, so muß man die Gesetze des Körpers *verstehen*. Und dies kann man noch am besten, indem man sich selbst erkennt. Das ist schon die Weisheit des Apoll, die keineswegs so dunkel klingt, wie das Orakel von Delphi glauben lassen möchte. «Erkenne dich selbst!» schleudert der Olympier, der Lichtgott, dem zwittrig-rauschhaften, dem gespaltenen und zweimal geborenen bocksgestaltigen Dionysos entgegen, dessen Macht des Rausches, der Ekstase und des Wahnsinns noch allemal von der kühlen Distanz apollinischen Maßes eingefangen wird. De Sades Vernunft dient also – und zwar sowohl bei den zunächst realiter praktizierten, später dann in der Phantasie durchgeführten Exzessen – in erster Linie der Selbst-Beobachtung. Keine Ausschweifung, deren Auswirkungen, deren Bedingungen und Folgen er nicht mit der genauesten psychologischen Analyse begleitet hätte. De Sade wird zum psychologischen Experimentator in natura auf dem Gebiet der Sexualforschung. Er läßt die sterilen Versuchsanordnungen der akademischen Psychologie des 19. Jahrhunderts gleich von Anfang an beiseite, er hält sich auch nicht bei der quasi-experimentellen Anordnung der späteren Freudschen Psychoanalyse auf – was interessieren ihn die erzählten, zurechtphantasierten Erlebnisse seiner Opfer? Nein, de Sade kommt zur Sache, experimentiert in medias res, ist gewissermaßen der Begründer der modernen Aktionsforschung. Was sind die jämmerlichen Sexuallaboratorien eines Masters, einer Johnson? Wie hätte de Sade über Selbstbefriedigungstrainings, Lustmaschinen und Surrogatpartner gelacht! Er, der *spätestens* durch die Beauvoisin erfahren hat, daß nichts anderes als die kälteste Distanz zur unmittelbaren Leidenschaft das Geheimnis des Sexus entschlüsseln läßt, gibt sich mit derlei Unsinn(lichkeit) gar nicht erst ab. Und indem er seine zuvor erlittene, erduldete *Passivität* jetzt in *Aktivität* umwandelt, erfüllt er ein weiteres Gebot der bürgerlichen Vernunft: Die *tätige* Naturbeherrschung wird gegen die bloße Anschauung der Natur gesetzt. In der *Tat* allein und einzig ist der Mensch wirklich, weil wirksam, wird Hegel etwa gleichzeitig mit de Sade verkünden. Und diesen Spruch aller bürgerlichen Weisheit wird später auch Marx aufgreifen, dessen *wissenschaftliche* Weltanschauung – besser: Welt-Theorie, denn von Anschauung ist da nichts mehr geblieben! – die beste Vollendung vernünftigen Erkenntnisstrebens ist, die man sich *vorstellen, denken* kann. «Im Anfang war die *Tat*!» dröhnt es im *Faust* dem neuen Zeitalter entgegen. Und damit ist tatsächlich eine neue Bibel-Übersetzung, das heißt: eine neue Interpretation *religiösen* Glaubens, geliefert. Man feiert die vernünftige Tat als Gottheit.

De Sade also war ein Monomane der Selbst-Erkenntnis, einer, der über die *Natur* der Liebe bis dahin Ungehörtes zu berichten weiß. Man hat ihm, bis heute, diesen Vorstoß ins Universum ungeheuerlicher Erkenntnisse schlecht gelohnt. Aber das sollte nicht überraschen, sind nach einem ungeschriebenen Gesetz die Erkenntnisse der Vernunft doch nur solange sanktioniert, solange solche Vernunft nicht die bar-

barischen Voraussetzungen ihrer selbst entschlüsselt. Das aber, nichts anderes, wollte de Sade – er wollte nicht erkennen, was die Welt im Innersten zusammenhält, viel mehr: Er wollte erkennen, was es heißt, *vernünftig* zu sein. Mit der Sentimentalität des Rousseau – «Zurück zur Natur!» – macht de Sade ernst: Kehrt zurück zur Natur, und ihr werdet sehen, soweit ihr Vernunft genug besitzt, um beim Anblick dieser Natur nicht von Sinnen zu geraten! De Sades wahre Erben sind denn auch Schopenhauer oder Nietzsche, die, mehr oder weniger ungewollt, den Schleier der Maya zerreißen, den alle religiös-heidnische Unvernunft so gnädig über die Natur gebreitet hat. Der höllische Marquis verkündet das Pathos der Liebe, die Botschaft der «gefährlichen Leidenschaften», die Dialektik der Wollust. In deren Brennpunkt aber findet er das Geheimnis der *Macht*. Es ist dieses unselige Geheimnis, das jeder Mann, das jede Frau kennt, und der Marquis plaudert es aus. Wie sehr hat man ihm das verübelt!

4

Vom de Sadeschen Geheimnis will das neue Zeitalter nichts wissen. Dieses Zeitalter, das nach und nach alle Geheimnisse zerstört, das den Sexus mehr und mehr dem nackten Licht der Scheinwerfer aussetzt, bedarf eines *letzten* Rätsels. Und so benimmt es sich, als habe es den Marquis niemals gegeben. Das Geheimnis der Folter, das er lüftet, *muß* gehütet werden, damit die Folter weiterhin rechtens bleiben kann. Wenn Dämonisierung und Idealisierung der Liebe bei de Sade im Feuer einer schrankenlosen Vernunft gleichermaßen verglühen, so bedarf das neue Zeitalter gerade dieser beiden Narkotika. Der Sexus muß weiter dämonisierbar (oder idealisierbar, was im Grunde dasselbe ist) bleiben, soweit seine Gestalten auf der gerade jeweils erreichten Stufe der Naturbeherrschung und der Produktion systemwidrig sind. Die beginnende Tiefenpsychologie, die ihren ersten Höhepunkt mit Freud erreicht, erfüllt *diese* Aufgabe. Welch Menschenfreund war – im Vergleich zu Freud – de Sade! Zwar quält der Marquis seine Opfer, doch er kommt ihnen damit auch entgegen, nahe: Er befreit durch die Tat, was diese in ihrer eigenen Hölle mit sich herumtragen, ja, viel mehr, er verbindet sich tätlich-tätig mit seinen Opfern, er wird ihr Leidensgenosse. Keiner kann hinterher sagen, in den Kellern des Marquis hätte sich eine Frau nicht «selbst kennenlernen können». Und keine kann dem

Marquis vorwerfen, der habe vornehm beiseite gestanden, als es darum ging, das Panoptikum der Imagination in Szene zu setzen. Nein, de Sade nimmt teil mit seinem eigen Fleisch und Blut, mit seiner *ganzen* Seele. De Sade hat keinerlei Rücksichtnahme für sich selbst verlangt, unter der Peitsche stöhnt er genauso wie seine Opfer. Er mutet sich selbst allerdings etwas mehr zu als seinen Opfern: Er will *gleichzeitig* mit der erfahrenen Lust distanziert beobachten, während die anderen im Unterschied zu ihm bewußt-los das Schauspiel der Lust über sich ergehen lassen. Und insofern ist er kein Sadist, wenn wir Sadismus gleichsetzen mit dem Privileg einer äußersten Distanz zum Opfer, mit einer *bevorzugten* Stellung im Täter-Opfer-Ritual. Alle Distanz, die de Sade schafft, dient nur immer dem Zweck, die gewonnene Erkenntnis erneut und mit Hilfe der Tat für das weitere Experimentieren mit dem eigenen und den fremden Körpern zur Verfügung zu stellen. Bei diesem Spiel gibt es keinen von vornherein feststehenden Sieger. De Sades Leben und Schicksal sind Beweis genug für den Opfermut, dem er sich unterworfen hat. Ganz anders das Ritual auf und hinter der psychoanalytischen Couch, das Freud entwirft. Hier steht der «Sieger» gewissermaßen von Anfang an fest. Es ist der Kühl-Distanzierte, der erkannt hat, daß die Niederringung der Leidenschaften für ihn selbst die Voraussetzung abgibt, die Zuckungen und Agonien der Leidenschaften beim *anderen*, beim Patienten, zu beobachten, zu analysieren. Und hier auf dem Streckbett der Vernunft, der analytischen Neutralität und Abstinenz, gibt es keinerlei Möglichkeit, die Leidenschaften, welcher Art sie auch seien, *auszuleben*. Sie sollen sich als Phantasmen darstellen, als Träume, als Symptome, als Fehlhandlungen, und, wenn alle Stricke (der Vernunft) reißen, können sie sich womöglich auch als psychotische Erlebnisse enthüllen, doch eine Befriedigung im Hier und Jetzt ist streng verpönt. Das ist eine *andere* Vernunft als die de Sades. Wo der Marquis die Vernunft letztlich doch nur als ein *Mittel* gebraucht, dessen Endzweck *immer* eine tätlich veranstaltete Leidenschaft ist, da wir für Freud die Vernunft selbst zum Zweck, zum *einzigen* Ziel. Dieses Ziel ist erreicht, wenn Es zum Ich, wenn Leidenschaft zur Vernunft geworden sind. Leidenschaften sind Phantasmen und *nur* Phantasmen, die zurückgewiesen werden müssen, soweit sie irgend widerständig gegen die Vernunft der bürgerlichen Gesellschaft sind, deren Ethos der Arbeit oder der Ehe, kurz der Pflichterfüllung, widerstehen.

Und insofern ist das psychoanalytische Ritual nicht eins, das sich dem des Marquis nähert, sondern eins, das seine Abstammung aus der Verfolgung der Ketzer, der Hexen und Zauberer herleiten müßte. Auch im Spiel der Franziskaner- und Dominikanermönche ist der «Sieger» von vornherein bestimmt. Das Geständnis der Hexe nützt dieser gar nichts, dem Inquisitor aber ist es Beweis für die Vernunft und Sittlichkeit seines Unternehmens. Der Spaltung des eigenen Ichs, die jeder Selbstbeobachtung vorausgeht, die im Freudschen Arrangement euphemistisch als eine «therapeutische Ichspaltung» umschrieben wird, geht – historisch gesehen – die vernünftige Spaltung der Welt voraus. Die theologisch-wissenschaftliche Vernunft der Hexenjäger, die sich in der beginnenden Neuzeit etabliert, ist eine Erfindung des beginnenden bürgerlichen Zeitalters. Diese Vernunft greift zwar Stücke des Volksaberglaubens aus dem Mittelalter auf, doch das intellektuelle System, wie es beispielsweise im «Hexenhammer» ausgearbeitet wird, hat mit dem Mittelalter insgesamt wenig gemein. Dieses System der Irrationalität ist eine intellektuelle Leistung, mit deren Hilfe sich die emanzipierende Vernunft von aller jetzt zu verdammenden heidnischen Irrationalität befreien möchte. Da aber entgegen aller bürgerlichen Vernunft sich die Irrationalität nicht einfach aus der Welt schaffen läßt, weil Sinnlichkeit und Emotionalität nun einmal nicht aus dem Jenseits stammen, findet diese Vernunft einen Ausweg: Als Machwerk des Teufels werden die Leidenschaften den Hexen angezaubert. Und dieser billige Vorwand gestattet es dann der theologisch-wissenschaftlichen Vernunft, mit ausgeklügelt sadistischen Ritualen der Hexe zu Leibe zu rücken. Nadelproben werden installiert, wobei der Körper des Opfers an allen Stellen nach Teufelsmalen abgesucht wird. Die sexuelle Abkunft dieser christlichen Rituale erweist der Brauch, wonach der Hexe die Schamhaare abzubrennen sind, bevor auch dieser Teil des Körpers zerstochen werden kann. In einem zeitgenössischen Dokument heißt es: «Ehe sie aber gefoltert wird, führet sie der Henker auf eine Seite und besiehet sie allenthalben an ihrem bloßen Leibe, ob sie sich etwa durch zauberische Kunst unempfindlich gemacht hätte. Damit ja nichts verborgen bleibe, schneiden und sengen sie ihr die Haare allenthalben, auch an dem Orte, den man vor züchtigen Ohren nicht nennen darf, ab und begucken alles aufs Genaueste...» De Sades Fehler war es, daß er diesen und andere Orte, solche und andere Rituale wieder der Öffentlichkeit zugänglich machte. Was ihn von den Hexenjägern unterscheidet, ist sein Mit-Leiden. Solches ist den Hexenjägern versagt, wissen sie sich doch in *Gottes* Hand, wenn sie des Teufels Spuren suchen. Es mag nur am Rande erwähnt werden, daß Himmler 1935 ein «Hexen-Sonderkommando» einrichten ließ, das 1939 dem Reichssicherheitshauptamt direkt unterstellt wurde. Himmlers und seiner Schergen Vorwand war es zu behaupten, man wolle die Hexen als Vertreterinnen altgermanischen Volksglaubens rehabilitieren; zu diesem Zwecke durchsuche man die alten Archive nach Material über die Hexenverfolgung.

Denkt man an die medizinischen Experimente in Auschwitz, an das Baden im eiskalten Wasser, an die erzwungenen Amputationen, an die künstlich herbeigeführten Infektionen, an die Hauttransplantationen, schließlich an die Präparierung der Schädel und Skelette der Opfer, dann weiß man, wessen Geistes die Wissenschaftler und Mediziner der SS waren, die sich zuvor in den alten Prozeßakten der Hexenjäger belesen hatten. Und es ist ja nicht zuletzt *Der Stürmer* (7/1929), der «die Jüdin (als) die verkörperte Sinnenlust» vorstellt: «Ihr Denken und Trachten, ihr ganzes Sichgeben ist auf die Erotik gerichtet. Scham geht ihr bis auf den letzten Funken ab», heißt es da weiter in perfid-schlechtem Deutsch. Auschwitz ist denn auch der späte Widerschein der Scheiterhaufen von einst.

5

Was immer die Hexenjäger jedweder Provenienz verzweifelt versuchen und suchen, wenn sie den Körper ihrer Opfer malträtieren, stechen, zerschneiden und zerstückeln, sie können es nicht finden: An keinem Ort des Körpers wird die *Seele* sichtbar. Je mehr der Körper zum *Gegenstand* wird, und unter der Tortur wird er zu einem solchen, desto mehr verschwindet die Seele, bis sie sich ins Nirgendwo, bis in den Nirgend-Ort, in die U-topie also, verflüchtigt. Es ist dies die leidvolle Erfahrung eines jeglichen Hexenjägers, den sadistisch zu nennen sich nicht geziemt. Denn der Marquis hatte eine Seele, eine im Feuer der eigenen Leidenschaften tief verwundete, verletzte und verbrannte Seele, und er kannte auch die Wege zur Seele seiner tödlich verehrten und wahnsinnig geliebten Opfer, die seine Stellvertreter blieben. Kaum ist er nach dem Sturm auf die Bastille aus dem Kerker des Ancien régime entlassen, setzt er sich für eine *Abschaffung* der Todesstrafe ein! Aber entgegen seinen revolutionären Plädoyers für eine Befreiung jedweder menschlichen Leidenschaft, für eine Abschaffung aller Ketten und Kerker, in die man die Leidenschaften gebannt hatte, mußte er feststellen, daß *dieses* Credo jetzt genausowenig wie zuvor ins Konzept der Herrschaft paßte. Er hat nur eine kurze Zeit in Freiheit zu leben, bevor er, zunächst noch unter der Herrschaft der Jakobiner, schließlich und endgültig unter der des Napoleon im Asyl verschwindet. Diese Zeit aber genügt, ihm das Wüten der Göttin Vernunft und der Guillotine vor Augen zu führen. Was er da sah an keifendem Volk vor der Richtstätte, auf die immer neue Opfer geführt wurden, das muß ihm die Sprache verschlagen haben. Die kühnsten Blutorgien, die er sich selbst ausgedacht hatte – und von denen er, weiß Gott, kaum einen Bruchteil selbst und in der Realität veranstaltet hatte –, wurden nun von dem übertroffen, was das «befreite» Volk auf jedem Marktplatz und in aller vernünftigen Banalität praktizierte. Schließlich war die Guillotine selbst das Werk eines vernünftigen Konstrukteurs und human denkenden Arztes. Dieser letzte Triumph der öffentlichen Moral und Tugend gegenüber den Imaginationen des leidenden und liebenden de Sade muß ihm endgültig das Herz gebrochen haben. So verendete er denn auch nicht als ein Krimineller in einem feudalen Gefängnis, sondern als ein Wahnsinniger in einem bürgerlichen Irrenhaus. Das heißt doch wohl, daß die Vernunft das wahre Abbild ihrer selbst allenfalls noch im Wahnsinn wiederfinden könnte.

11

Die nationalsozialistischen «medizinischen» Experimente oder Die Vernunft empört sich über ihr Spiegelbild, in dem sie nicht sich, sondern das Andere erblickt

> «Die Einheit von Sentimentalität und Renommage ist die Empörung. In ihrer Richtung nach Außen, gegen Andre, ist sie Renommage; in ihrer Richtung nach Innen, als Knurren-in-sich, ist sie Sentimentalität. Sie ist der spezifische Ausdruck des ohnmächtigen Widerwillens des Philisters.»
> Marx und Engels über Sankt Max («Deutsche Ideologie»)

I

Deutsche Ideologie heute, post festum '68, ist auf weiten Strecken – französische Ideologie. Die Entgrenzung, das Begehren, die Verschwendung, der Exzeß, das Opfer und das Heilige, der Tod, die Revolte als Kabinettstück, als Clownerie oder Selbstaufhebung, kurz, die Politik als Panoptikum im Kopfe des bürgerlichen Intellektuellen sind Gegenstand einer frankophil-epigonenhaften Debatte, die manche Auflockerung sterilen Theoretisierens gebracht hat, doch inzwischen als «Diskurs» das althochdeutsche Wort «Geschwätz» auf weiten Strecken überflüssig zu machen beginnt. Die Verschwendung der Leidenschaften wird propagiert, und doch kommt oft dabei nicht mehr heraus als eine Verschwendung von Worten und – Propaganda, Selbstpropaganda. Der Narzißmus des Intellektuellen, seine Subjektlosigkeit, Gegenstück der Beliebigkeit der Objekte der Reflexion, die austauschbar geworden sind wie die Waren auf dem Markt und die Worte im «Magazin der Moden», feiert Triumphe: Das Kunststück des Intellektuellen im Zeitalter seiner beliebigen Reproduzierbarkeit. Ein politischer Kopf, ein Schriftsteller, der heute noch von sich reden hören will, muß erst einmal Unterschrift-Steller werden: Der passende Protestaufruf, die nächstliegende Erklärung und Resolution werden sich schon einfinden. Die tragische Erkenntnis, überflüssig geworden zu sein, weil inflationärer Protest keiner ist und weil die an die Wand gesprühte Apokalypse als «progressiver» Schlagertext die Massen längst besser ergreift, um sich in Form eines Schleiers und als materielle Gewalt über die Gehirne zu senken, das alles führt zum Selbstmitleid, zur geschmäcklerischen Resignation. Und das führt dazu, die Dinge, wie sie sind, als Ausgeburten des Monströsen wahrzunehmen, anstatt sie politisch aufzufassen.

Jenseits des Lustprinzips, des ungezähmten Bedürfnisses also, wird endlich auch Freuds Todestrieb wieder entdeckt. Das sind die Dinge, die auf uns zukommen: «Das Anagramm oder der Gabentausch sind keine absonderlichen Episoden am Rande der linguistischen und anthropologischen Disziplinen, keine subalternen Angelegenheiten im Vergleich zu den großen Maschinen des Unbewußten und der Revolution. Es zeichnet sich hier die Bildung einer einzigen großen Form ab, von der sich Marxismus und Psychoanalyse vielleicht nur aus Mißverständnissen herleiten, eine Form, die die politische Ökonomie ebenso wie die Libidoökonomie zurückweist, indem sie schon jetzt ein Jenseits des Werts, ein Jenseits des Gesetzes, ein Jenseits der Verdrängung und ein Jenseits des Unbewußten erkennen läßt. Das sind die Dinge, die auf uns zukommen» (Baudrillard 1982, 7). Immerhin, noch in ihrer Abschaffung werden die beiden großen theoretischen Entwürfe, der Marxismus und die Psychoanalyse, als solche sichtbar. Hier will einer nicht einfach originell sein – das auch; hier will einer Herkules spielen, den theoretischen Stall ausmisten, um das unter dem Mist verborgene Gold zu finden – und dieses Gold ist «der Gedanke des Todestriebes bei Freud» (Baudrillard 1982, 8), den es, wie wäre es anders möglich, wenn einer auf der Schulter des Riesen steht, um auf ihn zu spucken, zu «radikalisieren» gilt; ein Gedanke, der gegen Freud – soll wohl heißen: gegen den von Freud ebenfalls glorifizierten Eros – zu «kehren» ist (Baudrillard 1982, 8). Dabei wäre der Gedanke, sich auf die Geschichte jener Lager zu besinnen, in denen der Tod konzentriert worden ist – die Irrenanstalten, die Gefängnisse, die Fabriken auf jeden Fall –, nicht schlecht. Der Tod in all seinen Gestalten – als Demütigung, Erniedrigung, Ausbeutung, Verletzung, Verstümmelung und schließlich Vernichtung des Menschen durch den Menschen (nicht durch irgendein Abstraktum, und sei es das «Kapital») – ist eine nicht wegzudenkende Determinante der Historie. Wenn heute die Mittel der Vernichtung angewachsen sind, so heißt dies keineswegs, daß irgendeine neue Qualität in der Geschichte des Todes auszumachen sei. Im Gegenteil: Das Monströse vernebelt das Denken, anstatt es zu befreien. Die Wiederentdeckung des «Todestriebes» bringt die versteinerten Verhältnisse nicht zum Tanzen – sie werden nur aufgebahrt im Leichenschauhaus der monströsen Gedanken, die von sich glauben, hinaus zu sein über die Entwürfe von einst. Sankt Max, der einzige: In der «Französischen Ideologie», die noch geschrieben werden müßte, taucht er wieder auf in einer Vielzahl von Maskeraden: als Soziologe, Politologe, Ethnograph und schließlich gar als Psychoanalytiker. Warum denn auf die Barrikaden steigen, wenn man sie längst hinter der eigenen Stirn aufgetürmt hat? Warum denn die Faust ballen, wenn man die Hand dem «Schicksal» reichen möchte? Was auf uns zukommen wird, wissen wir also. Wie es aber war, wird uns auch erläutert: der Mai '68 verdankt sich der tragischen Selbsterkenntnis des Intellektuellen, nichts mehr als sich selbst bewirken zu können. Die Revolte «hat zuerst die Universitäten erreicht, und zunächst die humanwissenschaftlichen Fakultäten, weil es immer deutlicher zutage trat (sogar ohne klares ‹politisches› Bewußtsein), daß man dort nichts mehr produzierte, sondern nur noch damit beschäftigt war, zu reproduzieren (nämlich Lehrer, Wissen, Kultur, die ihrerseits Faktoren der Reproduktion des allgemeinen Systems sind). Das wurde als totale Nutzlosigkeit... erlebt, und das war es, was die Studentenbewegung von 1968 ausgelöst hat...» (Baudrillard 1982, 52). Das also war es! Die alte Weisheit, daß das «System», solange es irgend an seine Selbsterhaltung und Reproduktion glaubt, sich also in Gestalt der einzig möglichen und einzig denkbaren Realität präsentiert, nicht nur auf Produktion – nach Maßgabe seiner Herrschaftsinteressen –, sondern auch auf Reproduktion – zur Absicherung seiner Herrschaftsinteressen – bedacht ist, die Banalität also hat den Mai '68 möglich gemacht. Von einer realen sozialen Deklassierung des Intellektuellen, des Akademikers, ist nicht die Rede. Seiner Proletarisierung kommt der Denker zuvor, indem er in seinem Kopf das Proletariat abschafft, damit zugleich die Herrschenden. Beides wird ersetzt durch Mystifikationen: Anagramm und Gabentausch, Apokalypse und Todestrieb. Und eine sinn-lose Produktion, die menschliche Bedürfnisse ihres Sinns beraubt, um sie nach dem Sinn von Herrschaft neu zu modellieren, wird nicht als solche hinterfragt, sondern mit den Gefühlen von Sinnlosigkeit und Ausweglosigkeit sentimental verkleidet. Die neuen Sinn-Produzenten produzieren Unsinn, der noch in seiner scheinbar negativen Geste die Sinnlosigkeit der Produktion reproduziert. Das ist, post festum '68, der Stand der Dinge.

2

Post mortem, vierzig Jahre nach Auschwitz, kommt die Phantasie endlich an die Macht. So wie die Realität von einst zur Phantasmagorie verkommt, so erleben Fantasy und Science-fiction Hochkonjunktur: Der Mythos des Alltags, der Mythos der Moderne oder Postmoderne, bald auch der des 20. Jahrhunderts, sind endlich unter Intellektuellen wieder gefragt. Zwischen «Hitlers Tagebüchern» und «Verständigungstexten», Erfahrungs- und Bekenntnisreden, besteht die Differenz in der Bedeutungslosigkeit: Das eine ist bedeutungslos, weil es gefälscht ist, das andere, weil es «authentisch» zu sein vorgibt. Einer der geistigen Schönredner hat neuerdings sogar ausgemacht, daß die Theorie der Literatur heute mehr Phantasie und Sprachgewalt entfalte als die Literatur selbst. Je «phantastischer» die Realität wird, desto mehr strengen sich die Geister an, sie nicht mehr zu erkennen. Nun denn, empören wir uns also! Was könnte ein deutscher Intellektueller, also ein Philister – denn wo gäbe es hierzulande im Augenblick Intellektuelle, die keine Philister wären? – auch anderes tun – als sich zu empören?

«Etwas» an der Vernunft des Kapitals scheint die Geste der Empörung zu erzwingen. Oder die der Sentimentalität und der Renommage, um mit Marx und Engels zu sprechen. Unter der Bedingung des deutschen Faschismus erscheint dieses «Etwas» am klarsten. Wie hat sich die Herrschaftsvernunft seinerzeit so sehr vergessen können, Einstein zu verjagen, anstatt ihn hierzulande die Atombombe konstruieren zu lassen? Hieße den Widersinn des Faschismus aufklären, die Vernunft des Kapitals selbst zu begreifen? Oder greift eine vernünftige Analyse des Faschismus nicht notwendig ins Leere, weil sie die Voraussetzungen der Vernunft noch allemal bejaht? Diese Voraussetzungen aber beruhen nicht zum geringen Teil in einer Abgrenzung der Vernunft gegenüber der Devianz. Je mehr sich die Vernunft von aller Devianz reinigt, desto mehr beschmutzt sie sich die Hände beim Versuch der Ausrottung allen Widerstands und aller Widerständigen.

Durch Hitlers Biographie gewinnt die Geschichte des Asyls einen bezeichnenden Akzent. Der spätere Führer der Massen war selbst einmal Obdachloser, Asylant. «Abend für Abend» stand er «vor dem Meidlinger Obdachlosen-Asyl». «Hier lernte er einen Landstreicher namens Reinhold Hanisch kennen, der in einem später verfaßten handschriftlichen Bericht dargestellt hat, wie ‹ich nach langer Irrfahrt auf den Landstraßen Deutschlands und Österreichs das Asyl für Obdachlose in Meidling aufsuchte. Zur linken auf der Drahtpritsche war ein magerer junger Mensch mit ganz wund gelaufenen Füßen. Da ich noch Brod von den Bauern hatte teilte ich mit ihm... Seine Heimath Braunau am Inn hatte ich durchwandert, so konnte ich leicht seinen Erzählungen folgen›» (Fest 1973, 70 f.). Hitler und Hanisch, Freunde in der Not. Als Hitler 1938 des Hanisch habhaft werden konnte, ließ er ihn umbringen.

Hitler, der Asylant, als Architekt der Asyle, der Konzentrationslager. In diesen Lagern wurde die Devianz – oder was man dazu erklärte – konzentriert: Juden, Zigeuner, Homosexuelle, Landstreicher, Anarchisten, Pazifisten, Prostituierte, Sozialdemokraten, Kommunisten, russische und polnische Untermenschen, Schwachsinnige, Krüppel und Verrückte wurden der Vernichtungsmaschinerie ebenso übergeben. Am Ende hat Hitler das Projekt der abendländischen Vernunft einfach nur mißverstanden, weil er es bis zur letzten Konsequenz ernst nahm: Die Ausrottung aller Devianz, die von solcher Vernunft um so mehr produziert wird, je mehr die Devianz vermieden werden soll, war von jeher Kalkül ein Vernunft, die sich von den Leidenschaften trennen mußte, um sich zu konstituieren. In dieser Trennung liegt aber auch der Rückzug der Kultur von den Leidenschaften begründet, die damit nicht einfach nur sich selbst überlassen werden, sondern sich weiterentwickeln, a-sozial geworden. Auch das ist Ergebnis von Kultur, keineswegs sind die Leidenschaften «so» von Natur aus. Von Natur aus sind sie vielmehr integrale Bestandteile menschlicher Kommunikation, und soweit Natur Kultur wird, sind sie zunächst auch in diese integriert. Wenn die bürgerliche Vernunft die Raserei der Leidenschaft im Getto beobachtet, so mag das noch angehen. Wenn sie sich aber als nicht beteiligt an diesem Zustand begreift, so betrügt sie sich um ihre eigene Wahrheit. Wenn Hitler inmitten Europas, inmitten des 20. Jahrhunderts, endlich seine «Kolonialvölker» entdeckt, so vollzieht er nur nach, was Jahrhunderte europäische Kultur überall in der Welt, jenseits der Ozeane, vorexerziert hatten: Barbarei, Versklavung und Ausrottung. Die Utopie einer «besseren» Welt, der Gedanke der Zivilisation und des Fortschritts, waren mit der Kolonisation und Ausrottung schon immer verbunden. Daß Hitler dies so ohne allen Rückgriff auf christlich-humane Ideologie betrieb, um die Vernichtung schließlich zum Selbstzweck zu erklären, mag ein «Fehler» gewesen sein, den ihm die Vernunft nicht vergeben kann, weil sie gerade in diesem «Fehler» ihr Konstruktionsprinzip erkennen müßte (vgl. Nitzschke 1981). Um nicht mißverstanden zu werden: Die Vernunft des Faschismus ist zum größeren Teil erklärbar durch eine Analyse der Klassenherrschaft. Es bleibt ein «Rest», der als scheinbar metaphysisch-mythisches Bedürfnis der Massen zu etikettieren wäre – und gerade die Organisation dieses «Rests» kennzeichnet die Massenpsychologie des Faschismus. Nichts daran aber ist metaphysisch oder mythisch, alles daran erklärt sich durch die Organisation der Sehnsüchte der Isolierten und Vereinzelten, die in den künstlichen Massen die kollektive Ritualisierung des Affekts erleben, gerade solche Affekte, die im Alltagskollektiv nicht mehr unterzubringen sind. Der Verführer instrumentalisiert die Sehnsüchte, die durch die Leerstellen des durchrationalisierten Arbeitsalltags erst in ihrer spezifischen Gestalt geschaffen werden. Entgrenzung und Begehren bekommen ihren pseudo-mythischen Platz, der Tod, den die Herrschaftsgesellschaft täglich von neuem in jedem einzelnen produziert, wird gefeiert – im Krieg und in der Vernichtung des Andersseins. Man darf anders sein und doch dazugehören, soweit man sich an diesen Ritualen der kollektiven Enthemmung beteiligt. Dabei aber kommt nicht eine archaische Triebnatur des Menschen wieder an die Oberfläche, die hinter der dünnen Haut der «Kultur» als Bestialität lauern würde, sondern es handelt sich um Derivate eben dieser Kultur. Die Leidenschaften, auch die des Todes, erscheinen nicht als befreite, sondern in der Gestalt ihrer Gefangenschaft, so wie die Imaginationen des de Sade nicht die der Natur, sondern die der Bastille sind.

3

«Es wird weiter davon gesprochen, daß den Leichen in einzelnen Fällen die Köpfe... abgeschnitten würden, um sie anatomisch untersuchen zu lassen.» (Aus einem Schreiben des Oberlandesgerichts Frankfurt – Dez. 1939 – an den Reichsminister für Justiz über «Gerüchte» in der

Bevölkerung, die Ermordung von Geisteskranken betreffend*) In den «medizinischen» Experimenten der Nationalsozialisten verbinden sich wissenschaftliches Kalkül und – moralisch gewertet – Inhumanität. Nicht moralisch gewertet, kommt darin ein Verhältnis des Menschen zum Menschen zum Ausdruck, das sich tiefer Verzweiflung an der Unerreichbarkeit des anderen verdankt. Die Menschen sind soweit auseinandergerückt, sind füreinander derart unerreichbar geworden, können sich emotional nicht mehr miteinander verbinden und vermischen, daß sie einander sezieren müssen, um vergeblich die «Seele» im anderen zu suchen (vgl. Nitzschke 1983). Als sich die Vernunft der Neuzeit konstituierte, als die Hexen und Zauberer, eigentlich: ein bestimmtes menschliches «Vermögen», ausgegrenzt und vernichtet wurden, begann ein Prozeß der Entfremdung, des Fremdwerdens, der in der Mitte des 20. Jahrhunderts seinen vorläufigen Höhepunkt erreichte. Unter dieser Perspektive gesehen kommt in der Ermordung der Geisteskranken ein Versuch zum Ausdruck, das Verrückte, das die «Zivilisation» tagtäglich produziert, in bestimmten Personen dingfest zu machen, um es mit diesen Menschen auszurotten.

Professor August Hirt von der «Reichsuniversität» Straßburg legt sich eine Schädelsammlung «von jüdisch-bolschewistischen Kommissaren zu wissenschaftlichen» Forschungszwecken an (174). In einem für Himmler bestimmten Bericht formuliert er Anweisungen an die Wehrmacht. Die gefangenen «jüdisch-bolschewistischen» Kommissare sind der Feldpolizei zu übergeben. Es sind biographische Anamnesen zu erheben, Fotografien anzufertigen, anthropologische Messungen vorzunehmen. Sodann sind die Gefangenen zu ermorden.

---

* Zit. n. Mitscherlich, Mielke (1978, 197); die Zitate im folgenden Text sind dieser Dokumentation des Nürnberger Ärzteprozesses entnommen und werden nur noch durch die Seitenangaben belegt, die der Neuauflage von 1978 entsprechen. «Tatsächlich wurden Köpfe ermordeter Psychiatrie-Patienten u. a. vom Heidelberger Psychiater Carl Schneider anatomisch präpariert. Der Psychiater Hans-Joachim Rauch war Assistent bei diesem Mordkomplizen und hat «dafür gesorgt, daß die Gehirne von Menschen, die in der Anstalt Eichberg als ‹Lebensunwerte› ermordet worden waren, vorseziert und sicher verpackt an Schneider in Heidelberg geschickt wurden» (DIE ZEIT, 30. 3. 1984). Vom Stammheim-Gericht wurde dieser Hans-Joachim Rauch zum Gutachter im Prozeß gegen den RAF-Angeklagten Peter-Jürgen Boock bestellt, an dem jüngst eine gnadenlose Justiz exekutierte, was sie unter Recht versteht.

«Der zur Sicherstellung des Materials Beauftragte» hat «nach dcm...
herbeigeführten Tode des Juden, dessen Kopf nicht verletzt werden
darf», «den Kopf vom Rumpf» zu trennen, und «sendet ihn in eine
Konservierungsflüssigkeit gebettet in eigens zu diesem Zweck geschaffenen und gut verschließbaren Blechbehältern zum Bestim-
mungsort» (174). Der deutsche Wissenschaftler rettet für das Museum,
wovon er die Menschheit befreien muß. Die Konservierung des Abar-
tigen als Symbol und Trophäensammlung des Fortschritts.

In Sachsenhausen und Natzweiler-Struthof werden Versuche mit
Lost- und Senfgas an Konzentrationslagergefangenen unternommen.
Die «Humanversuche» werden unter Berücksichtigung strengster
wissenschaftlicher Bedingungen veranstaltet. Es kommt zu Verbren-
nungen am ganzen Körper. Die Toten werden seziert. «Die Einge-
weide, Lunge usw. waren total zerfressen» (169). Ein Zeuge berichtet
über die Folgen von Phosgenversuchen: «Ich habe die Lungen gesehen
von Leuten, die wurden dann gleich seziert im Ahnenerbe, die waren
dann vielleicht so groß wie ein halber Apfel, zerfressen, voll Eiter»
(170). In Ravensbrück werden an Frauen Sulfonamidversuche unternommen. Drei Versuchsgruppen werden unterschiedlich infiziert. In
die künstlichen Wunden kommen «einmal nur Bakterien, dann Bakterien und winzige Holzteile, schließlich noch Bakterien, Holzteile und
Glas» (138). Über die Ergebnisse der artefiziellen Erregung von Gas-
brand wird auf einer Tagung vor 200 Ärzten der Wehrmacht berichtet.
«Die Versammlung bestand fast durchweg aus namhaften Vertretern
der Wissenschaft, insbesondere aus Universitätsprofessoren, wenigstens aber aus selbständigen Leitern von Abteilungen großer Kranken-
häuser, sowie aus aktiven Sanitätsoffizieren in leitenden höheren Stel-
lungen» (153).

In anderen Fällen kommt es zu Knochentransplantationsversuchen.
Einer Gefangenen wird das Schulterblatt entnommen, um es auf einen
Privatpatienten zu übertragen. Die Gefangene wird anschließend
getötet. In Buchenwald und Natzweiler wird mit Fleckfieber- und He-
patitisviren experimentiert. Meerwasser-Trinkversuche werden in
Dachau und in Auschwitz unternommen. Um die Wirkung von Blut-
stillmittel zu erproben, werden Gefangenen Schußwunden zugefügt:
«Dem Russen wurde durch einen auf einem Stuhl stehenden SS-Mann
von rechts oben in die rechte Schulter geschossen. Der Schuß kam in
der Nähe der Milz heraus. Es war beschrieben, daß der Russe zusam-
menzuckte und sich dann auf einen Stuhl setzte und nach 20 Minuten

starb» (71). Bei Unterdruckversuchen, um «die Lebensdauer des Menschen in sauerstoffarmer Luft und niedrigem Druck» (22) zu studieren, werden Gefangene in großen Höhen extremen Bedingungen ohne Sauerstoffmaske ausgesetzt. Die Gefangenen leben von Beginn des Versuchs an noch etwa 30 Minuten und werden anschließend seziert. Das Gehirn wird herausgenommen und als anatomisches Präparat konserviert.

Von besonderem Interesse sind die Unterkühlungsversuche, weil sich hierbei das Geheimnis der Perversion in der «Rettung» der Opfer enthüllt. Über eine Versuchsserie berichtet Professor Hippke, von 300 Gefangenen seien an den Unterkühlungs-Experimenten etwa 80–90 gestorben. In einem anderen Zusammenhang heißt es: «Die Frage der Rettung an der Luft Erfrorener ist inzwischen auch geklärt worden, da in Dachau Gott sei Dank auch noch mal starkes Frostwetter eintrat. Einzelne Leute waren 14 Stunden bei −6° im Freien...» (65). Die «Rettung» der Unterkühlten wurde teilweise mit Hilfe «animalischer Wärme» unternommen, d. h., der Gefangene und Gequälte sollte durch die Körpertemperatur anderer Menschen wieder aufgewärmt, zum Leben zurückgebracht werden. Symbolisch erfriert der Gefangene in der zwischenmenschlichen Kälte, um dann durch zwischenmenschliche Wärme wieder zum Leben erweckt zu werden. Die bereits bewußtlosen Versuchspersonen – Männer – «kamen... zwischen zwei nackte Frauen in ein breites Bett zu liegen» (64). «Der Körpertemperaturanstieg erfolgte dann ungefähr in derselben Geschwindigkeit wie bei Versuchspersonen, welche durch Einhüllung in Decken erwärmt wurden... Eine Ausnahme machten vier Versuchspersonen, welche zwischen 30 und 32 Grad den Beischlaf ausübten. Bei diesen Versuchspersonen trat nach dem Koitus ein sehr schneller Temperaturanstieg ein, welcher verglichen werden kann mit der Erwärmung in heißem Bad...» (64). «Ein weiterer Versuch betrifft die Erwärmung unterkühlter Menschen mit einer Frau. Hier zeigt sich in jedem Fall eine wesentlich schnellere Erwärmung, als diese durch zwei Frauen möglich war» (64). Die Frauen, die zu diesen Versuchen verwendet wurden, kamen aus dem Konzentrationslager Ravensbrück, wo sie als «KL-Dirnen» (62) arbeiten mußten.*

---

* Den Versuchsleiter, Dr. Rascher, befallen in diesem Zusammenhang Skrupel, die er in einem Bericht mitteilt: «Zu den vom Reichsführer SS mit animalischer Wärme befohlenen Aufwärmungsversuchen nach erfolgter Unterküh-

Was mich hier an den «medizinischen» Experimenten der National-sozialisten interessiert, ist weder das oberflächlich wissenschaftlich ausgewiesene Kalkül noch die moralische Qualität, mit der es zu verurteilen ist. Tieferliegend scheint mir in diesen Experimenten ein Bedürfnis des Menschen nach dem Menschen zum Ausdruck zu kommen, das sich – wie stets bei der Perversion – ins Gegenteil verkehrt: In der Enthumanisierung, Entmenschlichung und schließlich Zerstörung des anderen Menschen taucht die Frage des Experimentators nach sich selbst auf. Wenn alles am Menschen sezierbar, präparierbar ist, wo bleibt dann noch ein Platz für den «Mythos»? In der Nacktheit des Gefangenen tritt die instrumentelle Vernunft des Versuchsleiters nackt auf. Die Vernunft entblößt sich bis auf die Knochen, treibt alle Wärme aus den menschlichen Körpern, raubt die Luft zum Atmen, zerstört alle Lebensbedingungen, verletzt, infiziert, bricht und raubt Knochen und stellt die Präparate ihrer rastlosen Suche nach dem Menschen auf wissenschaftlichen Kongressen und in der Vitrine zur Schau. Sie findet nichts außer sich selbst – ein heißes Vollbad wärmt den Körper des Mannes ebenso gut wie die Wärme einer Frau. In den «medizinischen» Experimenten der Nationalsozialisten begegnet die «reine» Vernunft sich endlich einmal hüllenlos. Ein Versuch aber, diese Hüllenlosigkeit sofort wieder verschwinden zu lassen, sie nicht als Paradigma abendländischer Vernunft ernst zu nehmen, besteht darin, mit moralischer Empörung zu reagieren. Ich möchte die These wagen, daß die moralischen Gesten, mit denen die Verbrechen des Nationalsozialismus nach 1945 in Deutschland bedacht worden sind, ebenso viel zur Verhüllung der Wahrheit dieser Verbrechen beigetragen haben, wie die blanke Leugnung dieser Verbrechen oder deren Tabuierung. Die moralische Geste selbst errichtet ein neues Tabu – und dieses ist haltbarer, wir-

lung wurden mir aus dem Frauen-KL Ravensbrück 4 Frauen zugewiesen. Eine der zugewiesenen Frauen zeigte einwandfrei nordische Rassenmerkmale. Ich stellte an dieses Mädchen die Frage, wieso sie sich ins Bordell gemeldet habe... Auf meine Einwendung, daß es doch eine ungeheure Schmach sei, sich freiwillig als Bordellmädchen zu melden, wurde mir mitgeteilt: ‹Immer noch besser ein halbes Jahr Bordell, als ein halbes Jahr KL.› Es widerstrebt meinem rassischen Empfinden, ein Mädchen, das dem Äußeren nach rein nordisch ist, ... als Bordellmädchen rassisch minderwertigen KL-Elementen zu überlassen. Aus diesem Grund lehne ich die Verwendung dieses Mädchens für meine Versuchszwecke ab...» (63). Dr. Rascher hat moralische Bedenken, nicht was seine Versuche angeht, aber was die Auswahl der Versuchspersonen betrifft.

kungsvoller, eben weil von «Moral» ausgewiesen. Durch dieses moralische Verdikt werden die nationalsozialistischen Verbrecher nun selbst zu den Ganz-Anderen, zu Untermenschen. Damit verlieren sie ihren Beispielcharakter, ihre bürgerliche Normalität. Oder aber, man mystifiziert sie, indem man in ihnen die «Archaik der Triebe» lokalisiert, indem man warnend mit dem Finger auf sie zeigt, um vorzuführen, wohin der Mensch kommt, wenn er die «Kultur» verliert. Aber diese «Kultur» haben die Nationalsozialisten weder verloren noch pervertiert. Ein klassisches Konzert am Rande der Gaskammern von Auschwitz wußte der Kommandant Höß noch allemal zu genießen. Nein, die These vom Kulturverfall ist zu einfach.

4

Das von Mitscherlich 1960 verfaßte Vorwort (7 ff.) zu der von ihm zusammen mit Mielke herausgegebenen Dokumentation über den Nürnberger Ärzteprozeß ist seinerseits ein Dokument – der moralischen Empörung, der Hilflosigkeit und der Betroffenheit, aber auch eins der Verschleierung: Die Menschlichkeit (in einem wertneutralen Sinne verstanden) der Verbrecher verkommt zur Un-Menschlichkeit, deren Taten werden «Un-Taten» genannt. Man weiß, was gemeint ist; das Monströse der Taten und der Menschen soll durch Worte kenntlich werden, und doch verschleiern solche Worte. Alle Versuche, die Schergen des «Dritten Reiches» zu psychiatrisieren oder zu dämonisieren, haben stets auch eine – bewußt nicht gewollte – Kehrseite: Gerade die Normalität des Militär- und Verwaltungsapparates, der Justiz, der Wissenschaft, der Polizei, kurz die Normalität der Herrschaft wird sichtbar im «Ungeheuerlichen» (7), das sich, liest man etwa die Tagebücher der Henker, als Banalität zu erkennen gibt. Die «Orgien der Wut, des Erniedrigens, Zertretens von Mitmenschen» (7) – ja, waren das denn Orgien der Wut? Kann man einen solchen Affekt oder andere Leidenschaften voraussetzen, wenn strenges Kalkül, Planung und Verwaltung an der Tagesordnung sind? Sind «Lieblosigkeit, Bosheit und Mordgier» (7) tatsächlich die Beweggründe? Lassen sich so die «Untaten» erklären?

Mitscherlich spricht davon, die «Kultur» sei über «vulkanischem Boden» aufgebaut und lehre, daß es notwendig sei, «die rücksichtslose Asozialität unserer Triebanlagen zu zügeln» (7). Auschwitz also ist ein

Produkt unserer Triebanlagen, nicht das unserer abendländischen Kultur, die als eine Organisation von Herrschaft und Gewalt zu begreifen wäre. So erst wäre auch Auschwitz zu begreifen. Statt dessen wird wolkig von «weltzerstörerischer Trieblust» und von «Hohlräumen völliger Kulturentledigung» (7) gesprochen, wo doch jeder wissen kann, wie wenig tatsächliche «Trieb»befriedigung, wieviel Gehorsam und Angst das Getriebe am Laufen hielten. Nein, man wird Himmler glauben müssen, der in einer Rede vor SS-Männern erklärte, es sei schwer, angesichts eines Berges von Leichen, von Liquidierten, «anständig» und «sauber» zu bleiben, die Kultur also zu bejahen. Himmler meinte das nicht ironisch, er meinte es heroisch. Er wußte, was Kultur «verlangt». Mitscherlich hingegen erklärt die «Untaten» der Nationalsozialisten als bedingt durch eine «Verknüpfung von vernunftlähmenden und triebenthemmenden Umständen» und spricht von dem «unzweifelhaften Übergang in den Wahn» (8). Ich möchte die Gegenthese formulieren: Auschwitz ist der Ort, an dem die Lähmung der Vernunft völlig aufgehoben ist, an dem kein Affekt die Vernunft noch lähmt, keine Emotion ihr mehr in den Arm fällt. Auschwitz ist der Ort, an dem die «Triebe» einer völligen Hemmung unterworfen sind – keine Enthemmung, keine Willkür, alles ist Regel, Verordnung, Buchhaltermentalität und Bejahung der Hierarchie von Herrschaft. Diese selbst mag «wahnhaft» sein – wie alle Herrschaft. Wenn allerdings von Wahn zu sprechen ist, dann von dem der Vernunft. Die Moral des Systems hatte sich in die Formen gekleidet, die vorgegeben waren: in Gesetze, Verordnungen, Befehle. Und das Ritual der Tötung kann als die grandiose Karikatur des Rituals der Naturbeherrschung und -vernichtung begriffen werden, das seit geraumer Zeit vorher das Verhältnis des Menschen zum Menschen und zur Natur bestimmte. Wer den Faschismus ausgrenzt, indem er seine Immoralität denunziert und in ihm die Wiederkehr der ungebändigten Natur, der Triebnatur des Menschen erblickt, der vergreift sich ein zweites Mal am Menschen und an der Natur, der errichtet Grenzen der Erkenntnis – in Richtung auf die Wahrheit der bürgerlichen Ordnung. Der redet von «Verführbarkeit» (9), erklärt den Führer zum Verführer und weiß, «daß uns allen die Lust am Töten von der Kultur nicht ausgetrieben ist» (9). Der sollte wissen, daß diese Lust am Töten am stärksten dort ist, wo «Kultur» – sprich: Herrschaft – das Leben zu einem langen Tod verurteilt hat.

Wie sich der Faschismus über die «Natur», über die Devianz, über die Untermenschen empört, auch wenn der Empörung über die «Entartung» eine Pseudoidealisierung von «Natur» gegenübersteht, so empört sich Mitscherlich über die scheinbar im Faschismus aufbrechende Trieb«natur» des Menschen und über den faschistischen Un-Menschen. Untermensch und Unmensch, das sind nur zwei Varianten der bürgerlichen Kultur, die sich in ihrer wahren Gestalt nicht erkennen möchte. Mitscherlichs moralische Gestik entspricht der Restaurationsepoche des Kapitals in der Bundesrepublik. Selbst die Studentenbewegung von '68 begann als moralische Empörung und wurde zur politischen Kraft nur dort und nur insofern, als sie von der Moral zur Politik überwechselte. Daß sie diesen Wechsel niemals ganz vollzogen hat, zeigt noch ihr Ende, zeigen vor allem moralische Legitimationsversuche der RAF. Kurz bevor der SDS sich selbst auflöste, hatte er noch die «Auflösung» der Bundeswehr verkündet,* eine Vermessenheit, die zeigt, wie teilweise dilettantisch die politische Analyse bis zum Schluß blieb, wie vor allem die Gewalt und Macht des «Systems» von seinen aufgeklärtesten Kritikern unterschätzt worden sind. Und politisch ist die RAF nicht deshalb zu verurteilen, weil sie sich gegen Gesetz und Ordnung auflehnte (das haben alle revolutionären Bewegungen schon immer getan), nicht deshalb, weil sie erfolglos blieb, sondern einzig deshalb, weil ihr jede realistische Analyse der gesellschaftlichen Verhältnisse abhanden gekommen war.

Im einem jüngst erschienenen Buch über «Krieg und Frieden aus psychoanalytischer Sicht» (Passett, Modena 1983) kritisiert Pohlen (1983) – Psychoanalytiker wie Mitscherlich, und wie dieser dem Selbstverständnis nach ein aufgeklärter Kopf und Kritiker der bestehenden Verhältnisse – die heutige Friedensbewegung. Daß an dieser Bewegung die weitgehende Ersetzung von Politik durch Entrüstung und Sentimentalität zu kritisieren wäre, will ich nicht abstreiten.

---

* Wie weit wir hinter '68 zurückgefallen sind, zeigen nicht zuletzt Friedensappelle eines Grass, der zusammen mit anderen die Bundeswehr im Stile von «Wehrkraftzersetzung» infrage stellen möchte. Ganz abgesehen einmal vom faschistischen Vokabular, das ironisch klingen soll, so sei doch daran erinnert, daß die moralische Empörung des überflüssig gewordenen bürgerlichen Intellektuellen immer auch etwas Maßloses an sich hat. Als es darauf ankam, in Berlin '67, da forderte Grass am 3. 6. 67 – also einen Tag nach der Ermordung Ohnesorgs – die studentische Vollversammlung noch auf, das «tödlich» bedrohte Israel zu unterstützen, das gerade wieder einen seiner imperialistischen Kriege veranstaltete. Grass fand bei den Studenten damals kein Gehör, die Zeiten waren politischer als heute.

Daß auch das Menschenbild, das diese Bewegung propagiert – der friedliche, auf Harmonie bedachte Mensch, wenn man ihn nur läßt, wie er ist –, nichts mit dem von Marx und Engels, nichts mit dem von Freud zu tun hat, die allesamt den Konflikt als den Motor der historischen Entwicklung begreifen, sei auch zugestanden. Wenn Pohlen allerdings diesem Bild von Harmonie keine konkrete gesellschaftliche Analyse entgegensetzt, vielmehr von neuem die Archaik der Triebe beschwört, zu der nun einmal das Böse, das Grausame, die Destruktion gehörten, so ist dagegen Einspruch zu erheben. Die Ritualisierung des Bösen ist noch allemal gesellschaftliches Ereignis, das Böse hat seinen Ort in der Gesellschaft, nicht in der «Natur». Triebschicksal ist gesellschaftlich-historisches Schicksal und nur unter der Bedingung von Herrschaft und Ausbeutung zu thematisieren. Was die «Natur» jenseits solcher Bedingungen sein möge, darüber zu streiten ist müßig. Daß die Massen aber den herrschenden Apparat benutzten, um ihre verleugneten «Sehnsüchte» und Todeswünsche zu exekutieren, und daß der Führer ein heimlich Verführter gewesen sei, der nur den Massenauftrag erfüllte – über solche Thesen Pohlens muß gestritten werden.

Mit Pohlen kehren wir denn auch zu dem zurück, was ich eingangs die Neue Deutsche Ideologie, die «Französische Ideologie» (verstanden im Sinne eines Plagiats, bei teilweise verfälschender Rezeption verstanden) genannt habe. Für Pohlen liegt «das Wesen des Faschismus... im Zerbrechen von überlieferten Formen, in der Zerstörung des tradierten Diskurses der Ordnung, in der Macht der Unordnung über die Ordnung, in der Umkehr des Gewohnten, im Außer-sich-Sein des Menschen...» (1983, 140).

Von «Todesgetriebenheit» ist die Rede, vom «Ausbruch aus der unerbittlich herrschenden Rationalität» (1983, 141). Warum ist nicht gleich vom Reich der Finsternis die Rede? Ja, wäre dem so: Wäre der Faschismus nicht die höchste Steigerungsform von Ordnung, Zucht, Hierarchie, Gesetzestreue, Gehorsam, von Gewohntem also! Den Faschismus als den Bruch mit der tradierten Ordnung zu begreifen, daß heißt, ihn zu rehabilitieren als «das ‹religiöse Problem› der Deutschen» (1983, 181, Anm. 26), wobei Pohlen Bloch vorhalten zu müssen glaubt, der habe diese Religiosität der Deutschen nicht erkannt. Faschismus wird zur rückwärtsgerichteten Utopie. Aber das ist er nicht. Er ist nicht Utopie, das heißt «Nirgend-Ort», sondern er hat seinen Ort im Getriebe der Herrschaft; und er entwickelt auch keinerlei «mythische»

Vorstellungen, sondern rationalisiert und verplant die Affekte in Massenveranstaltungen – seien es Reichsparteitage, seien es Feldzüge –, die selbst eine mythologische Rechtfertigung und Ideologie benötigen, weil sie nichts mit dem befreiten Exzeß zu tun haben. Mythos und Ritus transzendieren die Realität in den archaischen Gesellschaften, die kollektiven Veranstaltungen der Faschisten erregen wohl die Affekte, doch transzendieren sie diese nicht, sondern sie nehmen die Affekte, so wie sie sind, so wie Herrschaft sie geformt hat und planvoll einzusetzen weiß. Der Mythos befreit; die Mythologie der Faschisten verfestigt die Herrschaft noch einmal. Was der Faschismus erklärtermaßen ausrotten will, das schreibt ihm Pohlen als seinen eigentlichen Charakter zu: Der Faschismus ist «die Welt des affektiven Lebens, die Welt des Heterogenen, der unproduktiven Verschwendung, des Übermaßes, der Gewalt, des Wahnsinns; mit einem Wort: die Welt des Unvernünftigen und Verrückten» (1983, 182 f.). Eben das alles ist Faschismus nicht, wenn er auch durch seine Niederlage so erscheinen mag. Sein Sieg hingegen hätte sein wahres Antlitz enthüllt: das Reich der Sitte, der Ordnung, der Zucht. Noch heute schwärmen die guten Deutschen davon, daß man zu Zeiten des Führers eine Frau nachts alleine durch die finstersten Gassen habe schicken können, weil alle «Trieb»verbrecher in den Konzentrationslagern saßen. Diese guten Deutschen haben den Faschismus weit besser begriffen als der Psychoanalytiker, der sich auf Nietzsche, auf de Sade, auf Bataille beruft, um den Faschismus zu erklären. Bataille, der de Sade zum «souveränen Menschen» schlechthin erhebt, hat nichts von der Knechtschaft begriffen, die de Sades Phantasien erst ermöglichte, nichts davon, daß der Marquis in seinem scheinbaren Reich der Perversionen und Exzesse das Bild der Vernunft, den Exzeß der Vernunft, zeichnete. Es gibt bei de Sade keine Orgie, die dem Zufall überlassen wäre. Wenn der Libertin bestraft werden muß, so deshalb, weil er gegen das Gesetz des vorbestimmten Rituals verstößt, weil er irgendwann einmal unkontrolliert einen Triebimpuls befriedigt. Das entspricht vollkommen der Bestrafung von KZ-Wächtern, denen individuelle, tatsächlich «trieb»befriedigende Quälereien nachgewiesen werden konnten. Eben der Exzeß jenseits der Vernunft wird im Reich de Sades bestraft wie in dem der Konzentrationslager. «Der Exzeß steht, seinem Begriff nach, außerhalb der Vernunft» (Bataille 1982, 165). Eben das tut er nicht, soweit es um de Sade geht. Das dionysische Rasen, das Nietzsche als Exzeß beschrieben hat, ist ohne die Klarheit des Apoll, die Reinheit des vernünftigen

Scheins, undenkbar. Dionysus fällt mit Apoll. Wenn Nietzsche überhaupt eine Wahrheit erkannt hat, dann eben diese: daß die Vernunft den Exzeß bedingt, der ohne sie undenkbar wäre. Wenn Nietzsche diese Erkenntnis auch nicht in eine Analyse realer gesellschaftlicher Herrschaftsverhältnisse einbettet, so weiß er doch, daß die «Sehnsucht» der Massen nach dem Exzeß der Fron entspringt, der sie sich im realen (Arbeits-)Leben beugen müssen. Der Exzeß hat seinen Ort innerhalb der Vernunft, es sei denn, er wäre kultisch und als ein auf Transzendenz angelegtes Ritual vermittelt – ein Ritual, das die Alltagsvernunft nicht bestätigt, sondern überwindet.

Wenn also die «Unvereinbarkeit» des Denkens de Sades «mit dem Denken eines auf Vernunft gegründeten Wesens» (Bataille 1982, 176) behauptet wird, dann ist solche französische Ideologie Ausdruck eines fundamentalen Mißverständnisses der Vernunft. Die Neue Deutsche Ideologie der «Heiligen im Geiste» von heute (und wahrscheinlich: von morgen) reproduziert dieses Mißverständis nur: «Der herrschende Diskurs der Vernunft leiht der Gewalttätigkeit als einer *Eigenschaft der ganzen Menschheit* grundsätzlich *keine* Stimme...» heißt es bei Pohlen (1983, 149, Hrv.: B.N.). Nun wüßte ich nicht, daß die herrschende Vernunft diese «Gewalttätigkeit» jemals geleugnet hätte, sie hat sie vielmehr postuliert, um sich als Rettungsmittel gegen solche Gewalttätigkeit aufzuspielen. Freud verkündet die «Diktatur der Vernunft» gegen die Leidenschaften, ein Beispiel unter vielen. Zumindest gibt es einen endlosen Diskurs der Vernunft über die Gewalttätigkeit der Leidenschaften, und de Sade ist eine Stimme in diesem Chor, wenngleich eine, die das Geheimnis der Vernunft aufdeckt. De Sade decouvriert die Vernunft als die Bedingung der Gewalttätigkeit – wie übrigens auch Goethe im Werther die herrschende bürgerliche Vernunft als die Voraussetzung der in Gewalttätigkeit (Mord, Selbstmord, Wahnsinn) umschlagenden Liebesbedürftigkeit entlarvt. Die Vernunft, die von den Neuen Ideologen als der Gegensatz der Leidenschaften angegriffen wird, ist selbst eine Leidenschaft: Die Massenvernichtungen – von den Hexenverbrennungen bis zu den Gaskammern von Auschwitz – wurden vernünftig organisiert und – auf dem jeweils erreichten Stand, bzw. vor dem Hintergrund gesellschaftlich sanktionierter Ideologien – vernünftig-wissenschaftlich legitimiert.

De Sade schreibt zu einer Zeit, zu der die letzten Hexen – kurz vor der Französischen Revolution, vor dem Sieg der Aufklärung – auf den Scheiterhaufen verbrennen. Die Jagd auf die Hexen und die Zauberer, die Abgrenzung der Vernunft von der «Magie», hatte in der Neuzeit begonnen, gleichzeitig mit der Konstituierung der «modernen» Vernunft. Zwischen dem 16. und dem 17. Jahrhundert entzündet die Vernunft ihre Feuer – Aufklärung ohne Hexenverbrennungen hätte es nicht gegeben. «Am Beispiel Frankreich zeigt Muchembled im Spätmittelalter und zu Beginn der Neuzeit eine ländliche und zum Teil städtische Bevölkerung, deren alltägliches Leben noch weitgehend von den gesellschaftlichen Untergruppierungen Familie, Kooperation, Gemeinde usw. bestimmt ist sowie von einer Kultur, die unter der christlichen Oberfläche in polytheistischer Weise die Welt mit allen möglichen Kräften bevölkert sieht. Etwa seit der Mitte des 16. Jahrhunderts ziehen die auf Zentralismus und Absolutismus drängende Staatsgewalt und die von der Glaubensspaltung bedrohte Kirche gegen diesen Zustand zu Felde… Die Hexenprozesse waren das Ergebnis der brutalsten Etappe dieses langen Kampfes, an dessen Ende die Menschen geformt sind im Sinne des modernen Staates: angepaßt, manipuliert und vereinnahmt…» (Schormann 1981, 109). Die Hexenjäger greifen zwar magische Vorstellungen aus früheren Epochen auf, doch die Denkgebäude und Rechtfertigungsideologien, die sie daraus konstruieren, sind absolut neu. Und vor allem: Die Verfolgung der Hexen knüpft unmitelbar an die Verfolgung der Häretiker, der Aufständischen, der Abweichenden an – die Hexen sind nur ein Beispiel, an ihnen wird ein Exempel statuiert: «Am stärksten war die Hexerei in Frankreich, den Niederlanden, im Rheinland, in Norditalien und in den Alpenregionen vertreten. Mit Ausnahme der Alpenregionen handelt es sich dabei um die reichsten, am dichtesten bevölkerten, am stärksten industrialisierten und intellektuell fortschrittlichsten Gebiete Europas. In den Alpen trat die Hexerei erst auf, als Hexen und Häretiker sich der Verfolgung durch die Flucht in die schützenden Berggebiete entzogen… Die Hexerei gedieh nicht in gebirgigen und bäuerlichen Gebieten am besten, sondern immer und überall dort, wo die Häresie blühte» (Russel 1978, 162). Und ein Blick in den «Hexenhammer» (1487) zeigt, daß es sich hierbei um ein erstes Lehrbuch der modernen Psychologie handelt. Die wissenschaftliche, zunächst theologisch-juristische, Vernunft ist dabei, das Vernünftige von der Unvernunft, das Erkennbare vom Eingebildeten, die klaren Vorstellungen von der Magie zu trennen. Die menschlichen Vermögen, von denen sich die Vernunft reinigen muß, um sich zu konstituieren, werden abgesondert, in bestimmten Gestalten lokalisiert und mit diesen verbrannt. Erst nach diesem Läuterungsprozeß kann die fortgeschrittene Vernunft den «Aberglauben» der Hexenjäger erkennen. Er kann jetzt denunziert werden, weil er seine historisch notwendige Funktion erfüllt hat. Doch mit der Abschaffung der Hexenverfolgung kehren die alten Vermögen nicht mehr zurück. Sie beginnen, etwa um die Zeit der Französischen Revolution – und de Sade ist ein Beispiel hierfür –, sich zu pervertieren, um in ihrer veränderten Gestalt die Brandmale der Vernunft vorzuweisen. Die unterirdische Geschichte (des Mesmerismus, des Spiritualismus, des Hypnotismus, kurz des «Unbewußten») begleitet von nun an die offizielle Rede der Vernunft. Im 20. Jahrhundert ist die Psychoanalyse ein Versuch, der unterdrückten Sprache wieder zur Äußerung zu verhelfen, nicht jedoch um die «Triebe» zu befreien, sondern um sie einer vernünftigen Kontrolle zu unterwerfen. Die Domestikation und Zähmung sind so weit vorangeschritten, daß nur noch als Krankheit erkennbar wird, was als Folge von Herrschaft besser verstanden werden könnte.

Mesmer, ein Arzt und «Psychotherapeut», Zeitgenosse de Sades, entdeckt geheimnisvolle Kräfte neu, spricht von der animalischen Wärme und vom tierischen Magnetismus, entwirft eine Kosmobiologie. Wie überhaupt der Mesmerismus wiederum nicht als blanker Gegensatz der Aufklärung verstanden werden darf, sondern als ein Stück der Dialektik der Aufklärung, die mit der Ratio zugleich die Irratio konstituiert: «Die Zusammenstellung eines zeitgenössischen Mesmeristen von Autoren, deren Werke ‹eine gewisse Ähnlichkeit mit dem Mesmerismus aufweisen›, liest sich wie folgt: ‹Locke, Bacon, Bayle, Leibniz, Hume, Newton, Descartes, La Mettrie, Bonnet, Diderot, Maupertius, Robinet, Helvetius, Condillac, J.-J. Rousseau, Buffon, Marat, Bertholon›. In seinen ersten Stadien drückte der Mesmerismus den Vernunftglauben der Aufklärung in extremer Weise aus; eine wildgewordene Aufklärung, die später eine Bewegung in genau entgegengesetzter Richtung in Gestalt der Romantik hervorrufen sollte» (Darnton 1983, 44). Daß der Mesmerismus im übrigen auch zu einer radikalen politischen Bewegung wurde, um in der Gestalt Marats Einfluß auf die Revolutionäre zu gewinnen, zeigt Darnton ebenfalls in überzeugender Weise.

Ich meine, es ist endlich an der Zeit, die These von der Barbarei als dem Gegensatz der Vernunft durch eine wahre Geschichte der Vernunft zu widerlegen. Es wäre eine Geschichte der verbrannten Leidenschaften zu schreiben, die nichts anderes sein kann als eine Geschichte der Vernunft – endlich eine Geschichte der Herrschaftsverhältnisse, die eben nicht nur bestimmt werden von der materiellen Ökonomie, sondern auch von der Ökonomie der Affekte und affektiven Beziehungen. Nur unter der Voraussetzung einer solchen Geschichte wären Ereignisse wie die Barbarei des Faschismus sinnvoll einzuordnen, und zwar auch in jenen Aspekten, die als Archaik, als Mythologie oder als unmenschliches Verbrechen dem Kalkül der Vernunft nicht anzugehören scheinen. Das durch die Herrschaftsvernunft ausgelöste Chaos der Zerstörung in der Mitte des 20. Jahrhunderts ist Höhepunkt einer geschichtlichen Kontinuität, aber auch Chance, damit Vernunft sich endlich selbst begreift, um tatsächlich zur Aufklärung zu werden. Nicht die Vernunftkritik eines de Sade oder eines Nietzsche haben dieses Chaos vorbereitet – diese Kritiker haben das Chaos vielmehr vorausgesagt.

Die Neuen Ideologen allerdings, die die Leidenschaften rehabilitieren wollen, das Begehren, die Entgrenzung propagieren, oder wie immer die Reizwörter sonst noch heißen mögen, zu denen auch die Verklärung des Todes hinzutritt, diese Ideologen sind dabei, jene Chance der Vernunft, sich in den «Leidenschaften» wiederzuerkennen, endgültig zu verspielen. Zu diesem Zwecke wird die von der Vernunft geschaffene Dichotomie – Vernunft / Affekt – verabsolutiert, nicht aber dialektisch-historisch aufgelöst. Gegen solche Neue Ideologie ist Widerspruch anzumelden – vernünftiger Widerspruch.

Literatur

Bataille, G.: Der heilige Eros. Frankfurt/M., Berlin, Wien (Ullstein) 1982

Baudrillard, J.: Der symbolische Tausch und der Tod. München (Matthes & Seitz) 1982

Darnton, R.: Der Mesmerismus und das Ende der Aufklärung in Frankreich. München (Hanser) 1983

Fest, J. C.: Hitler. Eine Biographie. Frankfurt/M., Berlin, Wien (Ullstein) 1973

Mitscherlich, A., Mielke, F. (Hg.): Medizin ohne Menschlichkeit. Dokumente des Nürnberger Ärzteprozesses (1960). Frankfurt/M. (Fischer) 1978

Nitzschke, B.: Die Zerstörung der Sinnlichkeit. München (Kindler) 1974. Neuauflage: München (Matthes & Seitz) 1981

Nitzschke, B.: Fünf Thesen zur Verteidigung der Vernunft des de Sade. Konkursbuch 10, 1983, 99–108

Pasett, P., Modena, E. (Hg.): Krieg und Frieden aus psychoanalytischer Sicht. Basel, Frankfurt/M. (Strömfeld/Roter Stern) 1983

Pohlen, M.: Zu den Wurzeln von Gewalt. In: Passet, P., Modene, E. 1983, 132–197

Russel, J. B.: Hexerei und Geist des Mittelalters. In: Honegger, C. (Hg.): Die Hexen der Neuzeit. Studien zur Sozialgeschichte eines kulturellen Deutungsmusters. Frankfurt/M. (Suhrkamp) 1978, 159–187

Schormann, G.: Hexenprozesse in Deutschland. Göttingen (Vandenhoeck & Ruprecht) 1981

Sprenger, J., Institoris, H.: Malleus maleficarum (1487). Der Hexenhammer München (dtv) 1982

12

Wo ist das Böse?
In uns

Die sprachlichen Floskeln, der Nationalsozialismus sei unmenschlich gewesen, obgleich er doch weder von der Vorsehung noch von Teufeln, sondern eben von *Menschen* veranstaltet worden ist, oder seine Verbrechen seien unvergleichlich, obgleich doch zu Beginn der Neuzeit christliche Horden binnen fünfzig Jahren nach der Entdeckung Amerikas etwa siebzig Millionen Menschen, ganze Völkerschaften, umgebracht hatten, dienen auf den ersten Blick der moralischen Verurteilung. Auf den zweiten Blick erweisen sie sich als Ausdruck einer Rechtfertigungs- und Dämonisierungsstrategie, die vor allem eins verhindern soll: die Aufklärung über geschichtliche Kontinuität, in welcher der Nationalsozialismus steht. Er gehört unverbrüchlich zur historischen Identität der Deutschen und zur Dialektik der Aufklärung, die weder von palavernden Vernunftkritikern noch von beschwörenden Gesten kritikloser Aufklärungs-Feuilletonisten hinreichend zu durchdringen ist.

Der Trick, die Nationalsozialisten im nachhinein zu geistesverwirrten Psychopathen zu erklären, verdeckt die Wahrheit des gesellschaftlichen Konsenses, ohne den er nicht möglich gewesen wäre. Außerdem greift er das faschistische Argument der Entartung auf, um es lediglich umzukehren, es jetzt gegen seine Erfinder zu wenden. Was dabei herauskommt, sind zynische Rechnungen, die vor allem der eigenen Entschuldigung dienen sollen: «Die Barbarei der Nationalsozialisten stellt zweifelsohne eine ‹aberratio mentis›, einen ungezügelten Ausbruch von Irrationalismus, Inhumanität und spießbürgerlich mißverstandener Romantik dar.» Und: «Aber wenngleich die Deutschen mit anscheinend unerschöpflicher Leidensfähigkeit und Geduld das Hitler-Regime ertrugen, so wurden sie doch in ihrer überwältigenden Mehrheit nicht zu Verbrechern...»

«Die moralische Substanz der Nation blieb erhalten. Man schätzt, daß rund 50000 Deutsche an den furchtbaren Gewalttaten mittelbar oder unmittelbar beteiligt waren. Selbstverständlich sind dies 50000 zuviel – aber bei einem 65-Millionen-Volk bilden sie doch eine sehr kleine Minderheit, die mit einer ungeheuren politkriminellen Energie unter Anwendung aller Methoden des Schreckens und der Propaganda das eigene Land eroberte und vergewaltigte.» Diese Geschichtsklitterung, ausgesprochen von Franz Josef Strauß 1984 bei den «Reden über das eigene Land» in den Münchner Kammerspielen, fordert geradezu auf, «Bruder Eichmann» gegenüber jenen in Schutz zu nehmen, die sich nachträglich auf seine Kosten «moralische Substanz» zu bescheinigen suchen. Eichmann war eben nicht das Monster, als das man ihn gerne – mitsamt dem Nationalsozialismus – aus der deutschen Geschichte ausgrenzen möchte. Allenfalls war er ein Monstrum an Normalität.

Auf der einen Seite 50000 psychopathische Verbrecher und auf der anderen die moralische Substanz der Nation, derartige Diskontinuitäten werden von den meisten jüngeren Autoren, die sich zum Beispiel mit der Wissenschaftsgeschichte während des «Dritten Reiches» beschäftigt haben, ins Reich der Fabeln, Legenden und selbstgerechten Ideologien verwiesen. Dies ist um so bedeutsamer, *weil* es um Studien zur Geschichte der *Wissenschaften* während des «Dritten Reiches» geht, also auch um deren Repräsentanten, die sich gemeinhin gern zum humanistischen Erbe der deutschen Kultur bekennen.

In dem von Peter Lundgreen (1985) herausgegebenen Band «Wissenschaft im Dritten Reich» beschreibt etwa Wilhelm Voßkamp am Beispiel der Literaturwissenschaft, daß man als Germanist, wie Gerhard Fricke einer war, durchaus Goethe verehren und dennoch 1933 vor der Göttinger Universität die «Bücherverbrennung» lobpreisen konnte. Nebenbei erfährt man, daß die Metapher der «Wende» (im wortwörtlichen Gebrauch) gerade zu diesem Anlaß erstmals politisch opportun war. So begrüßte August Korff, Verfasser eines Standardwerkes zum «Geist der Goethezeit» (7. Auflage, 1964), das bereits vor 1933 geschrieben worden ist, die damalige «Wende» als «Gnade». Bedenkt man die Worte des aus dem Exil heimgekehrten Richard Alewyn anläßlich des Goethe-Jahres 1949 und vergleicht man sie mit den Festreden zum letzten Goethe-Jahr 1982 (vgl. Nitzschke 1982), so erkennt man, wie weit wir inzwischen schon wieder gekommen sind – weggekommen von der Wahrheit historischer Kontinuitäten. Alewyn äußerte damals: «Zwischen uns und Weimar liegt Buchenwald... Was aber nicht geht, ist, sich Goethes zu rühmen und Hitler zu leugnen. Es gibt nur Goethe *und* Hitler... Es kann, zumindest für die heute lebenden Generationen, nicht zwei Deutschlands geben.» Dies gilt ohne Einschränkung auch heute noch. Man kann nicht Goethe und das deutsche Kulturerbe feiern und dabei Hitler vergessen, als sei dies «die natürlichste Sache von der Welt», wie Alewyn damals schrieb.

Die Legende der Zwei-Kulturen-Theorie oder eben die Behauptung von der Kultur da und der Unkultur dort wird von fast allen Autoren des von Lundgreen herausgegebenen Buches gründlich zerstört. Auch fachspezifische Ideologien, wonach etwa Soziologie oder Psychologie während des Dritten Reiches verfolgte oder gar verbotene Wissenschaften gewesen seien, entpuppen sich nach Aufdeckung der tatsächlichen Verhältnisse als plumpe Selbstrechtfertigungsversuche. Überhaupt stellen die Autoren übereinstimmend und zu ihrer eigenen Überraschung fest, in welchem Umfang die Geschichte ihrer jeweiligen Wissenschaft während der Zeit zwischen 1933 und 1945 bis heute noch *terra incognita* ist. Für den Bereich der Psychologie hat nur Ferdinand Merz zu Beginn der sechziger Jahre einmal den Versuch gewagt, die Nähe der nicht emigrierten Psychologie zum Nationalsozialismus kritisch zu beleuchten. Damals wurde ihm von Wolfgang Metzger, einem Vertreter der Gestaltpsychologie, heftig widersprochen. Wolfgang Prinz erbringt jetzt aber den Nachweis, daß gerade Metzger es war, der während des Dritten Reiches und nicht ganz zu Unrecht Affinitäten zwischen Gestaltpsychologie und nationalsozialistischer Ideologie aufzuzeigen versucht hatte. Nachträglich wollte er von solchen selbsterkannten Übereinkünften nichts mehr wissen.

Studiert man die Geschichte der Wissenschaften an Hand von Personen, so werden die Trennlinien – hier die weißen, dort die schwarzen Schafe – noch verschwommener als im Hinblick auf Ideen oder Paradigmen. Felix Krueger etwa, herausragender Vertreter der Leipziger Ganzheitspsychologie, begrüßte 1933 noch den «gemütstiefen Kanzler Adolf Hitler», und hielt dann doch 1935, als Rektor der Leipziger Universität, eine mutige Rede für jüdische Kollegen – woraufhin er sein Amt verlor. Oder C. G. Jung nutzte 1933 die Gunst der Stunde, um alte Rivalitäten mit Freud weiter auszufechten, indem er endlich eine «arische» von einer «jüdischen» Tiefenpsychologie unterschied; nach Ausbruch des Krieges sprach er dann vom Nationalsozialismus als von der «deutschen Psychose». Seine langjährige Mitarbeiterin Aniela Jaffé, selbst Jüdin, hat in der *Zeitschrift für Analytische Psychologie* 1/85 versucht, C. G. Jung gegenüber einer allzu schnellen Verurteilung wegen geistiger Kollaboration mit den Faschisten in Schutz zu nehmen.

Als Quintessenz aller in seinem Buch vorgelegten Studien formuliert Lundgreen die «bestürzende Erfahrung», wonach die bloße Tatsache, sich als Wissenschaftler zum Erbe der deutschen Kultur zu bekennen, nicht vor einer Partizipation an der (später verdammten) Macht, mitunter noch nicht einmal vor dem offenen Bekenntnis zum Nationalsozialismus schützte. War man bisher über die Verstrickungen der Vertreter der sogenannten «harten» Wissenschaften mit Kriegsforschung und Nationalsozialismus halbwegs informiert (etwa durch das Buch von H. Mehrtens und S. Richter: «Naturwissenschaft, Technik und NS-Ideologie », 1980), wurde in letzter Zeit viel über die Beteiligung von Ärzten, Psychiatern und Eugenikern an den Verbrechen geschrieben, so zeigt Lundgreens Buch jetzt, daß auch die «weichen» Wissenschaften – von der Kunstpädagogik bis zur Soziologie – in weiten Teilen dem NS-Regime zur Verfügung standen.

In einer ausgezeichneten, umfangreichen Studie von großer Sach- und Detailkenntnis über «Die Professionalisierung der deutschen Psychologie im Nationalsozialismus» weist Ulfried Geuter (1984) erstmals nach, daß sich die Legende, wonach die Psychologie als Wissenschaft von den Nationalsozialisten verfolgt worden sei, nicht halten läßt. Im Gegenteil: Die heute noch gültige Diplom-Prüfungsordnung verdankt ihre Wurzeln einer ersten Institutionalisierung des Faches während des Dritten Reiches; 1945 gab es mehr Lehrstühle für Psychologie als 1933; und während dieser Zeit wurden im Jahresdurchschnitt mehr Promotionen in diesem Fach abgelegt als vor 1933 oder in den ersten beiden Nachkriegsjahrzehnten. Im Dritten Reich avancierte die

Psychologie zu einer Wissenschaft professioneller Psycho-Technokraten (ähnlich die Soziologie), die «objektives» Wissen anhäuften und sich um dessen Anwendung im Bereich der Wehrmachts- und Arbeitspsychologie nur im instrumentellen Sinne kümmerten. Vertrieben wurden jüdische und politisch links stehende Psychologen, abgeschafft wurde der Gelehrte im traditionellen Sinne, der die Methoden und Ergebnisse einer Arbeit noch der philosophischen Reflexion unterwarf. Der methodisch versierte, empirisch forschende Psychologe vertrug sich hingegen mit den Zeitumständen. Als Fazit seiner Dokumentation erkennt Geuter die «erschreckende Normalität der Produktion und des Einsatzes von Wissenschaft unter totalitärer Herrschaft». Von den damals in Deutschland verbliebenen Psychologen leisteten nur einige wenige entschiedenen Widerstand: Heinrich Düker kam ins KZ, Kurt Huber wurde von Freisler zum Tode verurteilt. Viele andere – oft Ordinarien in der Nachkriegszeit – dienten dem Regime im Bereich der Wehrmachts- und Arbeitspsychologie.

Wie Regine Lockot in ihrem Buch «Erinnern und Durcharbeiten – Zur Geschichte der Psychoanalyse und Psychotherapie im Nationalsozialismus» (1985) aufweist, lagen auch in diesen Bereichen die Verhältnisse anders, als von der fachspezifischen Nachkriegsideologie bisher dargestellt. So verließ etwa Müller-Braunschweig nach dem Kriege und in Auseinandersetzung mit Schultz-Hencke, seinem alten Widersacher am «Deutschen Institut für psychologische Forschung und Psychotherapie», das unter der Leitung eines Vetters des Reichsmarschalls stand, zwar die «Deutsche Psychoanalytische Gesellschaft» mit dem Hinweis auf deren Belastung während der Nazi-Zeit, um die «Deutsche Psychoanalytische Vereinigung» ins Leben zu rufen, doch weiß man heute, daß eben Müller-Braunschweig 1933 noch versucht hatte, die Psychoanalyse den Nationalsozialisten als eine Wissenschaft anzudienern, der es gelingen sollte, «unfähige Weichlinge zu lebenstüchtigen Menschen» umzuwandeln. Heinrich Göring, der Vorsitzende des Reichsinstituts, war schließlich ausgebildeter Individualpsychologe, also ein Schüler des Juden Alfred Adler, und ließ es zu, daß sowohl einer seiner Söhne als auch seine Ehefrau während der Zeit des Faschismus Analysen bei noch praktizierenden Freudianern absolvierten. Und August Aichhorn, der als einer der wenigen Anhänger Freuds nach dessen Emigration in Wien verblieben war, wurde dort Mitglied der Dépendance des Reichsinstituts, während sein eigener Sohn im KZ Dachau saß ...

«Je mehr historische und biographische Details und Zusammen-hänge hinsichtlich der Geschichte der Psychoanalyse unterm Haken-kreuz bekannt werden; je klarer wird, daß die Geschichte und Vorge-schichte der beiden großen (heute bestehenden – B. N.) deutschen psychoanalytischen Fachverbände… institutionell und personell u. a. auf das von den Nationalsozialisten gegründete» Berliner Institut zu-rückgeht, schreibt Hans-Martin Lohmann in seinem Vorwort zu dem von ihm herausgegebenen Buch «Psychoanalyse und Nationalsozialis-mus» (1984), das viele wichtige und informative, historische, aber auch klinisch-analytische Arbeiten zum Problem des Nationalsozialis-mus enthält. Die Autoren des Bandes stimmen mit jenen der bereits genannten Bücher weitgehend überein, wonach es absolut unzulässig ist, den Nationalsozialismus als historisches Ereignis gleichsam aus der Geschichte auszugrenzen, um ihn dann in der bisher oft vertretenen Weise zu dämonisieren.

Solchem Argumentationsstil nach altem Muster folgt leider noch der Herausgeber eines im übrigen lesenswerten Dokumentenbandes zur braunen Pädagogik – «Der Nationalsozialismus als pädagogisches Problem» – Heinrich Kanz (1984) in seinem Vorwort. Immerhin kann er sich dabei auf Äußerungen ansonsten integrer Wissenschaftler wie Flechtheim berufen, für den der Nationalsozialismus «immer nur das Böse schlechthin» und den «Ausbruch aus der Geschichte der Humani-tät» bedeutet. Das mag – unter moralisierender Perspektive betrachtet – so sein, erlaubt aber keine vernünftig-analytische Aufklärung des «Bösen» als eines Bestandteils «der Geschichte der Humanität», zu der nun einmal die entsprechenden Verbrechen gehören.

Daß sie in dem bekannten Umfang möglich wurden, hat viel zu tun mit Traditionen, die bereitlagen und die von den Faschisten nur aufge-griffen und akzentuiert werden mußten. Hinzu kam eine fast vollstän-dige Pädagogisierung der Gesellschaft im Sinne des Nationalsozialis-mus. In einer Rede aus dem Jahre 1938 nennt Hitler das Jungvolk, die Hitlerjugend, die Partei, den Arbeitsdienst, die SS und die SA, schließ-lich die Wehrmacht ausdrücklich Erziehungseinrichtungen, deren Aufgabe es sei, alles auszumerzen, was beim einzelnen womöglich noch «an Klassenbewußtsein» vorhanden sein sollte. Die «Wende» von 1933 zielte auf das Große und Ganze, auf die (scheinbar) konfliktfreie Gesellschaft, auf das harmonisierte Kollektiv, auf Einheit, die dem Kulturverfall und der Zersplitterung, wie es hieß, entgegengesetzt werden sollten. Entsprechende Harmonisierungsmetaphern sind auch heute wieder im Schwange, gleichermaßen beliebt bei Konservativen wie Alternativen; man sollte sich aber zumindest bewußt sein, wie leicht solche Sehnsüchte manipulierbar und im Interesse von Herrschaft instrumentalisierbar sind.

In dem von Lohmann herausgegebenen Buch schreibt Margarete Mitscherlich-Nielsen, Erinnerungs- und Trauerarbeit im Hinblick auf die deutsche Vergangenheit seien bisher noch nicht geleistet worden. Wie «Mehltau» liege die Vergangenheit über dem Lande. Im analytischen Sinne bedeutet Trauerarbeit allerdings die vorübergehende Wiederbelebung von Affekten und Phantasien, die mit der Vergangenheit verbunden sind. Das ist gewiß ein gefährdendes Unternehmen, für den einzelnen wie für eine Gesellschaft, zumal dann, wenn solche Affekte nicht nur mit Scham und Schuld, sondern auch mit Größenphantasien und mit der Lust am «Bösen», die jedem Menschen vertraut sein dürfte, verbunden sind. Zu Ende gekommene Trauerarbeit erlaubt es nicht mehr, das «Böse» immer nur auf den anderen oder auf eine längst vergangene Zeit zu projizieren, es abzuspalten, oder es als die Schattengestalt des Fremden zu dämonisieren. Vielmehr ist es ein Zeichen echter Trauer, das «Böse» im eigenen Ich anzuerkennen – und nur das schützt vor Wiederholung, vor einer unerkannten Wiederkehr des Verdrängten in neuem Gewande.

Literatur

Geuter, U.: Die Professionalisierung der deutschen Psychologie im Nationalsozialismus. Frankfurt/M. (Suhrkamp) 1984

Kanz, H. (Hg.): Der Nationalsozialismus als pädagogisches Problem. Deutsche Erziehungsgeschichte 1933–1945. Frankfurt/M., Bern (Lang) 1984

Lockot, R.: Erinnern und Durcharbeiten. Zur Geschichte der Psychoanalyse und Psychotherapie im Nationalsozialismus. Frankfurt/M. (Fischer) 1985

Lohmann, H. -M. (Hg.) Psychoanalyse und Nationalsozialismus, Beiträge zur Bearbeitung eines unbewältigten Traumas. Frankfurt/M. (Fischer) 1984

Lundgreen, P. (Hg.): Wissenschaft im Dritten Reich. Frankfurt/M. (Suhrkamp) 1985

Nitzschke, B.: Goethe ist tot, es lebe die Kultur. Vorwort zu: Moebius, P. J.: Über das Pathologische bei Goethe. München (Matthes & Seitz) 1982, 9–75

13 In jedem Menschen steck ein Folterknecht. Der Autoritätsgehorsam im psychologischen Experiment

«Und als sie kamen an die Stätte, die ihm Gott gesagt hatte, baute Abraham daselbst einen Altar und legte das Holz darauf und band seinen Sohn Isaak, legte ihn auf den Altar oben auf das Holz und reckte seine Hand aus und faßte das Messer, daß er seinen Sohn schlachtete.» Nur Theologen oder vielleicht noch Philosophen, so sollte man glauben, könnten sich wissenschaftlich mit dem Thema dieser bekannten Geschichte aus dem 1. Buch Moses auseinandersetzen. Betrachtet man die psychologische Seite dieser extremen Situation, in der einem Mann von Gott befohlen wird, seinen eigenen und einzigen Sohn zu töten, so ist man geneigt, darin allenfalls ein Symbol zu sehen. *Stanley Milgram*, Professor für Experimentelle Sozialpsychologie an der Harvard-Universität, begann 1960 mit ausgedehnten Untersuchungen über das, was er «Abrahams Konflikt» nennt: eine Autoritätsperson befiehlt einem anderen, einen Dritten zu verletzen. Unter welchen Bedingungen werden unmenschliche Befehle noch am ehesten befolgt, beziehungsweise abgelehnt?

Es gelang Milgram mit exakten Messungen und planmäßigen Variationen verschiedener Bedingungen, wesentliche Strukturen des Autoritätsgehorsams aufzuhellen, ohne dabei Methoden einer spekulativen Psychologie zu bemühen. Die Ergebnisse, an fast tausend männlichen Versuchspersonen in den USA gewonnen, sind schockierend und aufklärend zugleich. Bei bestimmten Voraussetzungen ließ sich praktisch jeder von einer Autoritätsperson dazu verführen, Mitmenschen grausam zu mißhandeln. Milgrams Experimente eignen sich vortrefflich dazu, die Leistungsfähigkeit, aber auch das methodische Vorgehen der empirisch-experimentellen Psychologie darzustellen. «Abrahams Konflikt» erweist sich als eine Situation, in die jeder von uns kommen kann und in der wir offenbar kaum Möglichkeiten besitzen, nicht zum Folterknecht zu werden. Denn Milgram untersuchte nicht eine Gruppe von Sadisten, sondern, wie er selbst sagt, «Menschen, die im Alltagsleben verantwortungsbewußt und anständig sind». Er wählte seine Versuchspersonen repräsentativ aus, also Arbeiter, Angestellte, Selbständige und Akademiker genau in dem Verhältnis, wie es in der Gesellschaft gegeben ist. Diese Repräsentativität verhindert die Einseitigkeit der Auswahl und ermöglicht gleichzeitig, die Ergebnisse auf die gesamte Gesellschaft zu übertragen, sie also über das Experiment hinaus zu verallgemeinern.

Die Versuchspersonen wurden aufgefordert, sich an einem Lernexperiment zu beteiligen, in dem es, wie man ihnen sagte, darum ging zu untersuchen, wie sich die Bestrafung auf die Lernleistung auswirkte. Es handelt sich dabei um ein sogenanntes Dunkelexperiment, wie es in der psychologischen Forschung oft verwendet wird: Die Versuchspersonen werden über den eigentlichen Zweck nicht informiert. Jeweils paarweise betraten ein Helfer des Experimentators, der den Zweck kannte, und eine «naive» Versuchsperson den Raum. Zum Schein wurde eine Auslosung vorgenommen, bei der jeweils der Helfer zum Lernenden, der andere zum Lehrer wurde. Für jeden Fehler sollte der Lernende vom Lehrer mit einem Elektroschock bestraft werden. Der Helfer wurde auf einen elektrischen Stuhl geschnallt, die Versuchsperson saß an einer «Aggressionsmaschine», ein Apparat, der häufig bei ähnlichen Untersuchungen benutzt wird. So konnte der Lehrer dreißig Schalter bedienen, denen abgestufte Schockstärken von 15 bis 450 Volt entsprachen. Für jeden Fehler sollte die nächsthöhere Stufe als Strafe gelten.

Wann, so hieß die Frage, würde die Versuchsperson trotz nachdrücklicher Befehle des Experimentators sich weigern, weitere Schocks zu geben?

Bei jedem Zögern des Lehrers, den nächsthöheren Schock zu geben, befahl der Versuchsleiter: «Sie habe keine andere Wahl, Sie müssen weitermachen!» Der Versuch galt erst dann als beendet, wenn der Lehrer diesem Befehl offenen Widerstand entgegensetzte. Da jeder wußte, wie gefährlich die Spannung einer normalen Steckdose – die weit unter 450 Volt liegt – ist, mußte man annehmen, daß die Versuchspersonen bis auf wenige Ausnahmen relativ früh mit den Strafen aufhören würden. Zudem waren die einzelnen Voltstärken noch mit Bemerkungen versehen wie: «Geringer Schock» – «Schwerer Schock» – «Gefahr: Extremer Schock». Der Lehrer hatte sich vor Beginn des Versuchs überdies von der Schmerzhaftigkeit der Bestrafung überzeugen können; man hatte ihm probeweise einen Schock von 45 Volt beigebracht. Was der Lehrer allerdings nicht wissen konnte, war, daß seine vermeintlichen Schocks beim Lernenden nicht ankamen – die Verbindung wurde vorher unterbrochen – und daß der Lernende die Fehler absichtlich und nach Plan simulierte.

Schon mit den Vorversuchen machte Milgram eine unerwartete Entdeckung. Saß der Lernende in einem anderen Raum und erhielt die Versuchsperson keinerlei Rückmeldung über die Folgen der Bestrafung, so gingen praktisch alle Lehrer bis zur höchsten Stufe von 450 Volt, ohne sich um Bezeichnungen wie «Gefahr: Schwerer Schock» zu kümmern. Milgram selber vergleicht diese Situation mit der Aufgabe eines Bomberpiloten, der, einmal den Befehl erhalten, Tod und Verderben über Männer, Frauen und Kinder bringt und, da er die Auswirkung seiner Taten nicht zu Gesicht bekommt, ein ruhiges, gutes Gewissen behält.

Dieses Ergebnis beeinflußte die weitere Fragestellung. Wie würde sich das Verhalten der Lehrer ändern, wenn sie irgendeine Form von Rückmeldung darüber erhielten, wie die Bestrafung wirkt? So trommelte jetzt das Opfer bei 300 Volt verzweifelt gegen die Wand und gab danach überhaupt keine Lebenszeichen mehr. Jedoch: nur fünf von vierzig Versuchspersonen verweigerten daraufhin bei 300 Volt den Gehorsam, neun folgten bei einer höheren Stufe, und immerhin fast zwei Drittel setzten den Versuch bis zum Ende fort. Offensichtlich war der Protest der Opfer in diesem Fall für die Mehrheit noch zu schwach, um sie vor weiterer Befolgung der Befehle abzuhalten.

Dieses Ergebnis gab wiederum den Ausschlag für eine Neuordnung der Versuchsbedingungen. Jetzt wurden dem Lehrer sprachliche Reaktionen des Opfers durch ein Tonband übermittelt; durch Tonband deshalb, damit die Protestrufe der Opfer in jedem Fall gleich laut waren, die Lehrer also nicht von unterschiedlichen Bedingungen beeinflußt wurden. Bereits bei 150 Volt verlangt der Lernende, aus dem Versuch entlassen zu werden; bei 180 Volt schreit er, den Schmerz nicht länger ertragen zu können, und bei 300 Volt hört der Lehrer Verzweiflungsrufe; danach kommt keine Antwort mehr. Überraschend und deprimierend sind die Ergebnisse auch in diesem Fall: Trotz der Schmerzens- und Verzweiflungsrufe ändert sich die Zahl der Gehorsamsverweigerer nur sehr wenig. Immer noch gehen knapp zwei Drittel bis zur obersten Voltstufe. Daraufhin änderte Milgram die Versuchsbedingungen drastisch: Das Opfer sitzt jetzt im gleichen Raum wie der Lehrer.

Von anderen Vorversuchen wußte man, daß die Versuchspersonen, konnten sie das Opfer durch eine Glasscheibe sehen, im allgemeinen den Kopf so verdrehen, daß sie das Opfer nicht anzuschauen brauchten. Saß der Lernende im gleichen Raum, mußte der Lehrer die vermeintlichen Auswirkungen der Schocks direkt miterleben. In diesem Fall mußte man auf die standardisierten Schmerzensrufe durch Tonband verzichten, weil die Lehrer an der Echtheit gezweifelt hätten. Entsprechend der jeweils festgelegten Proteststärke reagierten die Opfer selbst. Tatsächlich steigt der Anteil der Gehorsamsverweigerer unter diesen Bedingungen sprunghaft: 60 Prozent der Versuchspersonen beendeten das Experiment vorzeitig. Milgram interessierten die verbliebenen 40 Prozent Gehorsamen. Wann würden sie mit der Quälerei aufhören?

In der letzten Versuchsanordnung erhält das Opfer den Schock nur, wenn es die Hand auf eine Platte legt. Bei 150 Volt weigert sich der Lernende, dies weiterhin zu tun. Der Experimentator befiehlt dem Lehrer, die Hand des Opfers gewaltsam auf die Platte zu drücken. Auch hier ist das Ergebnis erschütternd: Die Gehorsamsverweigerer nehmen nur um zehn Prozent zu; immer noch ein knappes Drittel aller Lehrer schockt auch bei diesen Bedingungen bis 450 Volt.

Die Bedeutung der Ergebnisse, die Milgram ermittelte, liegt auf der Hand. Der Experimentator konnte die Versuchspersonen zu ihren Handlungen allein dadurch veranlassen, daß er als wissenschaftliche Autorität auftrat. Er verfügte über keinerlei Mittel, die Lehrer wegen Gehorsamsverweigerung zu bestrafen. Weder versprach er bei Gehorsam irgendeine Art von Belohnung, noch wurden die Opfer verächtlich gemacht oder als Menschen zweiter Klasse hingestellt. Diese drei letzten, psychologisch äußerst wirksamen Faktoren spielen aber eine entscheidende zusätzliche Rolle in einer Situation, in der das Problem des Autoritätsgehorsams zur Frage über Leben und Tod wird: im Krieg. Degradierung, Gefängnis und Hinrichtung drohen den Gehorsamsverweigerern, mit Orden und Auszeichnungen werden die Gehorsamen belohnt, der Feind wird durch Propaganda zum niedrigen, bösartigen Widersacher abgestempelt.

So wurde beispielsweise kurz vor Ausbruch des Ersten Weltkrieges ein österreichischer Erzherzog ermordet. Wenige Tage später marschierten Soldaten von überallher aufeinander los, nicht weil ihnen das Unglück des Erzherzogs etwas bedeutet hätte, sondern weil sie gelernt hatten zu gehorchen. So allerdings kann sich das Problem des Krieges für einen Psychologen stellen (wobei selbstverständlich historische und wirtschaftliche Gesichtspunkte vernachlässigt sind).

Durch Stanley Milgrams Versuch wird zugleich die verheerende Wirkung technischer Vernichtungsmittel deutlich. Dem Aggressor fehlt bei der Bedienung solcher Apparaturen jede Rückmeldung über die Folgen seiner Tat. Nicht zu Unrecht spricht man vom bloßen Knopfdruck. Wie beschrieben, gehen alle Versuchspersonen bis zum Schock von 450 Volt, wenn sie vom Opfer nichts sehen und hören und bloß Knöpfe zu drücken brauchen. Der Gehorsam wird desto eher verweigert, je näher das Opfer dem Aggressor kommt. Bei größerer Nähe drängen sich die Leiden des Opfers dem Bewußtsein des Täters mehr und mehr auf. Scham- und Schuldgefühle können immer schlechter verleugnet werden. Unsere Alltagssprache kennzeichnet diesen psychologischen Tatbestand durch Formulierungen wie: «Ich kann ihm dabei nicht in die Augen sehen» – «Ich kann ihm nicht mehr ins Gesicht sehn» – «Er hat ihn hinter seinem Rücken (hinterrücks) betrogen».

Solange das Opfer in einem anderen Raum sitzt, ist es nicht nur der Wortbedeutung nach ausgeschlossen: Es *ist* Außenseiter. Kommt es erst einmal in den gleichen Raum, so sind nicht nur seine Leiden offensichtlich, es wird auch eine Gruppenbildung zwischen Täter und Opfer gegen die Autoritätsperson eher möglich.

Um die Beziehung zwischen den drei am Versuch beteiligten Akteuren näher zu untersuchen, schloß Milgram weitere Experimente an. Diesmal sollte geklärt werden, welche Bedingungen der Einfluß der Autoritätsperson unterliegt. Es zeigte sich, daß wesentlich mehr Versuchspersonen den Gehorsam verweigerten, wenn der Experimentator nicht im Raum saß, sondern seine Anweisungen durch das Telefon gab. Je näher also die Autorität dem Täter ist, desto eher werden die destruktiven Befehle befolgt. Ist der Experimentator nicht im Raum, so mogeln viele Lehrer lieber und geben niedrigere Schocks, anstatt den Versuch abzubrechen.

Es ist nun keineswegs so, daß die Versuchspersonen, die die Befehle ausführten, dies ohne innere Bewegung taten. Oft treten im Gegenteil alle Anzeichen emotionaler Belastung auf wie Schwitzen, Zittern, Stottern, Lippenbeißen und Stöhnen. Warum aber wird der Versuch trotzdem nicht abgebrochen? Milgram meint: «Viele Versuchspersonen waren unfähig, eine angemessene Formulierung zu finden, mit der sie die ihnen zugewiesene Rolle hätten zurückweisen können. Vielleicht liefert unsere Kultur keine geeigneten Modelle der Gehorsamsverweigerung.»

Die Formulierung «Abrahams Konflikt» ist zu Recht gewählt. Den Konflikt zu lösen und einfach den Gehorsam zu verweigern, das allerdings ist für viele unmöglich. Der Konflikt kann dann leichter gelöst werden, wenn sich die Versuchsperson am Verhalten anderer orientieren kann. Treten bei dem Experiment weitere Helfer des Versuchsleiters als Lehrer auf, die bei mittlerer Schockstärke den Gehorsam verweigern, so folgen 90 Prozent der Versuchspersonen diesem Verhalten. Sind die Helfer dagegen bis zum Ende gehorsam, schließen sich auch in jedem Fall 90 Prozent der Versuchspersonen an. Die Gesamtgruppe beeinflußt das Verhalten des einzelnen also entscheidend.

Sieht man einmal von manchen im psychopathologisch verstandenen Sinne sadistisch veranlagten KZ-Wächtern ab, so bietet Milgrams Experiment eine neue Sicht der Schreibtischmörder wie Eichmann. Aber auch der Kommandant von Auschwitz, Rudolf Höss, war ein freundlicher Familienvater, er war tierlieb und bestrafte sadistische Vergehen seiner Untergebenen streng.

Wie oft ist nicht von klugen Leuten die Frage gestellt worden: Wie war das alles möglich? Wie oft haben sich die Nachbarn gewundert, wenn gegen einen untergetauchten Schreibtischtäter plötzlich Anklage wegen tausendfachen Mordes erhoben wurde. War er nicht ein guter, anständiger Bürger wie wir alle? Wieso konnte er sich plötzlich wieder so gut in unsere Gesellschaft integrieren, ohne als grausamer Sadist aufzufallen? Vielleicht weil er uns näher und ähnlicher ist, als wir glauben? Ist es tatsächlich eine billige Ausrede, wenn so viele Täter aus dem «Dritten Reich» sich vor Gericht darauf beriefen, nur Befehle ausgeführt zu haben?

Milgrams Experiment scheint eine zumindest teilweise erklärende Antwort auf all diese Fragen zu geben. Entscheidend sei, so meint Milgram, der «Situationsdruck». Er sagt: «Unter gewissen Umständen bestimmt die Handlung eines Mannes nicht so sehr die Natur seiner Persönlichkeit, als vielmehr die Art der Situation, in die er gestellt ist.» Diese Erklärung rückt weit ab von den Auffassungen einer spekulativen Psychologie, wie sie nicht nur im Alltag betrieben wird, sondern lange Zeit auch in der Wissenschaft vorgeherrscht hat. Es werden nicht mehr so sehr feste, unveränderliche Charaktereigenschaften betont, die sich in allen Lebenslagen bewähren, sondern die Unterschiedlichkeit äußerer Situationen, die sich dann im Individuum in psychische Kräfte umsetzen.

Hat ein Mensch nicht gelernt, mit bestimmten Situationen fertig zu werden, so wird er zwangsläufig in Konflikt geraten. Für Milgrams Experiment heißt das: Es ist nicht genug, wenn jemand gelernt hat, freundlich und hilfsbereit zu sein, er muß auch gelernt haben, wie man den Gehorsam verweigern kann. Für eine demokratische Gesellschaft, die es bleiben will, bedeute das, sie muß ihre Bürger lehren, wie man den Gehorsam verweigern kann.

Wie sehr man sich über die tatsächliche psychologische Verfassung der Menschen unserer Gesellschaft täuschen kann, wenn man nur von seiner Erfahrung ausgeht und nicht, wie Milgram das getan hat, von einer wissenschaftlichen, exakten Untersuchung, zeigt zum Schluß ein letzter Versuch. Vierzig anerkannten Psychiatern einer medizinischen Akademie schilderte Milgram sein Experiment in allen Einzelheiten und bat sie, das Verhalten von hundert angenommenen Versuchspersonen zu prophezeien. Die Vorhersagen sollten sich auf die experimentelle Anordnung beziehen, in der das Opfer in einem anderen Raum sitzt und durch Rufe und Schreie protestiert. Die Psychiater meinten, daß die meisten Lehrer bei 150 Volt, wenn also das Opfer den Abbruch des Versuchs verlangt, den Gehorsam längst verweigert haben würden. Tatsächlich schocken bei dieser Stufe aber noch 80 Prozent. Für die Stufe von 300 Volt rechneten die Psychiater nur noch mit etwa vier Prozent Gehorsamen; tatsächlich jedoch gingen zwei Drittel bis zur höchsten Stufe von 450 Volt. Die Fachleute hatten sich gewaltig getäuscht.

Milgrams Experiment zeigt die Leistungsfähigkeit einer modernen, exakten Psychologie. Durch die Auffächerung der verschiedenen Bedingungen des Autoritätsgehorsams, die durch das Experiment jedoch längst nicht vollständig erschöpft worden sind, gelang es, einen wesentlichen und unerwarteten Einblick in die Struktur dieses so wichtigen Phänomens zu bekommen. Drei Viertel der Versuchspersonen waren bei der anschließenden Aufklärung über den Zweck des Versuchs über ihr eigenes Verhalten überrascht. Sie meinten, sie hätten Bedeutsames über sich selbst gelernt. Durch die Anwendung experimenteller Methoden gelangte man zu Erkenntnissen, die in dieser Bestimmtheit manchen philosophischen Überlegungen zur «Natur» des Menschen verschlossen bleiben müssen.

14 Der Mann als Frau. Über die Angst vor der Homosexualität

Kein General oder ein sonstiger «Würden»-Träger wäre erpreßbar, müßte er nicht fürchten, aus dem Amt entlassen zu werden, wenn sich tatsächlich seine Homosexualität erweisen sollte. Daß er dies fürchten muß, liegt nicht an ihm, sondern an den Vorurteilen, die über Homosexualität bestehen, und an der potentiellen Drohung, Amt und Würden zu verlieren, wenn dieser nicht strafbare Sachverhalt publik wird. Erpreßbarkeit wäre also aus der Welt zu schaffen, indem man die Homosexualität eines Militärs vom Odium der Verwerflichkeit befreien würde.

Von einer potentiellen Erpreßbarkeit wegen Homosexualität dürften zwischen 4 und 10 Prozent der Soldaten bedroht sein. Nach der Kinsey-Untersuchung, die zu einer Zeit stattfand, in der das offizielle Recht und die gesellschaftliche Moral Homosexualität noch weit stärker disqualifizierten, als dies heute der Fall ist, hatten 37 Prozent aller amerikanischen Männer nach der Pubertät mindestens eine homosexuelle Beziehung, die zum Orgasmus führte. Darin sind also Beziehungen oder Verhaltensweisen *nicht* enthalten, die etwa nur das Entblößen der oder das Spielen an den Genitalien betreffen, ein Vorwurf, den ein obskurer Bundeswehrarzt dem General Kießling gegenüber erhoben haben soll. Männer, die bis zum 35. Lebensjahr unverheiratet blieben, haben laut Angaben von Kinsey zu 50 Prozent mindestens eine homosexuelle Begegnung, die zum Orgasmus führte, erlebt.

Wie schon Freud, so war auch Kinsey der Auffassung, daß die Tatsache, ob sich ein Mensch explizit homosexuell betätigt oder nicht, wenig über seine psychisch-emotionale Homoerotik aussagt. Anders ausgedrückt: Auch scheinbar heterosexuelle Männer verfügen über homosexuelles Empfinden – und gerade für solche Männer kann Homosexualität zu einer ständigen Quelle der Beunruhigung führen, weil sie nicht an sich selber spüren wollen, was sie von sich zu weisen haben. Der Haß auf den Homosexuellen ist also auch ein Versuch der Abwehr eigener homosexueller Empfindungen und Wünsche.

Andererseits: In Gesellschaften, die der Homosexualität gegenüber tolerant eingestellt sind, tritt sie auch, wenigstens vorübergehend, auf, wie die Sexualforscher Clellan Ford und Frank Beach in einer ausgedehnten interkulturellen Studie nachgewiesen haben. Also, es gibt nicht *den* Homosexuellen auf der einen, *den* Heterosexuellen auf der anderen Seite, sondern ein breites Kontinuum beider Empfindungsmöglichkeiten, wobei der durchschnittlich normale Mann auf Grund seiner vermutlich angeborenen Bisexualität auch über beide Möglichkeiten verfügt.

Was den Fall Wörner / Kießling unter diesem Gesichtspunkt betrachtet so grotesk erscheinen läßt: Zwei Männer stehen sich gegenüber und versichern sich wechselseitig, nicht das zu sein, was sie aller Vermutung nach *auch* sind: «homosexuell» – wenigstens im latenten Sinne. Ob solches Empfinden nun zu einem «Sicherheitsrisiko» wird oder nicht, jetzt verstanden in einem emotionalen Sinne, das hängt nicht zuletzt davon ab, wie ein Mensch mit seinen homoerotischen Gefühlen umzugehen versteht. Kann er sie akzeptieren, in seine Persönlichkeit integrieren, womöglich sozial «wertvoll» oder doch akzeptierbar ausleben – oder nicht? Kann er dies nicht, so gibt es zwei Möglichkeiten: Er kann am anderen verfolgen und verurteilen, was er an sich nicht akzeptieren darf; oder er spaltet einen Teil seiner Persönlichkeit ab, lebt im geheimen und im dunklen aus, was er nicht zu seiner «Normal»-Persönlichkeit rechnen darf.

Im schlimmsten Falle ergibt sich dann das Bild von «Dr. Jekyll und Mr. Hyde», das nicht nur ein literarisches ist, sondern häufiger, als man glaubt, zur selbstquälerischen Realität wird. Der Sohn eines politischen Provinzfürsten, eines Vaters, der in der Öffentlichkeit schärfstens gegen die Verwilderung der Sitten, die Liberalität des Strafrechts, insbesondere gegen die Homosexualität, zu Felde zieht, während er nichts davon weiß, daß sein Sohn seit Jahren ein Doppelleben führt, um seine Homosexualität auszuleben, ein solcher Sohn ist mir aus meiner psychotherapeutischen Tätigkeit bekannt.

Auch dieses Beispiel zeigt das geheimnisvolle Zusammenspiel des Verworfenen mit dem Vorwurfsvollen, ein Spiel, das nur so lange betrieben werden kann, solange eine heuchlerische Moral die Tatsächlichkeiten tabuiert. Daß der Betroffene in solchen Konfliktsituationen unter schwersten Problemen leidet, zu denen Depressionen, Suizidgedanken und tiefgreifende Identitätsstörungen zählen, sei nur am Rande bemerkt. Wie sehr, trotz aller scheinbaren Liberalisierung, die Homosexualität nach wie vor mit Angst, Schuld und Scham besetzt ist, erkennt man wohl erst, wenn man sich auf intensivere Gespräche mit den Betroffenen einläßt.

Daß es überhaupt möglich ist, einen General durch den Vorwurf der Homosexualität so *oder* so zu ruinieren, das hat, neben aller gesellschaftlichen Verlogenheit, wohl auch noch tieferliegende Gründe. Wenn die These Freuds stimmt, daß bestimmte Massenorganisationen wie das Heer und die ohnehin zölibatär organisierte katholische Kirche als Männerbünde auf einer gezielten Verwertung homosexueller Impulse ruhen, dann ist die Brisanz des Themas erklärlich. Nach Auffassung Freuds kommt die für eine Hierarchie notwendige Disziplin wie im Falle des Heeres nur dann zustande, wenn homosexuelle Bindungen in sublimierter Form zum Aufbau eben dieser Organisation verwendet werden können. Befehl und Gehorsam, die sich im Stiefelwichsen und Strammstehen einer sanktionierten Ausdrucksweise erfreuen, die sich in offensichtlichen sadomasochistischen Quälereien weniger erfreulich in den Berichten des Wehrbeauftragten alljährlich dokumentieren, beruhen, wenigstens nach psychoanalytischer Auffassung, nicht zum geringsten Teil auf einer Verwertung oder regressiven Entsublimierung homosexueller Libido. Und neben aller gesellschaftlichen Disqualifizierung wäre auch unter diesem Gesichtspunkt das spezifisch militärische Tabu gegenüber der Homosexualität zu würdigen. Manifeste homosexuelle Beziehungen zwischen Soldaten, gleich welcher Rangstufe oder Rangstufenunterschiede, bedrohen eine sublimierte homosexuelle Hierarchie, weil sie durch manifestes und explizites Sexualverhalten, das ja auch, wie das heterosexuelle Liebesverhältnis, die heftigsten Affekte, Leidenschaften, Gefühle und Abhängigkeiten mobilisiert, den kunstvollen Bau bedrohen.

Im Amtsdeutsch des Vorsitzenden des Deutschen Bundeswehrverbandes, Heinz Volland, heißt dies militärisch knapp, aber doch unter den gegebenen Voraussetzungen zutreffend: «Eine Integration homosexuell veranlagter Soldaten müßte zu Unruhen in der Truppe führen, die die Gemeinsamkeit des Dienstes gefährden.» Es sind oder wären dies die altbekannten Unruhen der Leidenschaft, die seit Jahrtausenden, ob nun homo- oder heterosexuell, immer dann den Betrieb stören, wenn sie am falschen Platze und zur falschen Zeit die Gemüter bewegen. Bekanntlich leben nicht zuletzt die meisten literarischen Dramen von diesem zeitlosen Stoff: von der Leidenschaft, die sich über die Schranken der Vernunft, der Kaste, des sozialen Ranges, ja, sogar der nationalen Zugehörigkeit hinwegsetzt. Das Bundesverteidigungsministerium hat noch 1980 mit einem gewissen Recht darauf hingewiesen, daß eine Tolerierung der Homosexualität bei Offizieren zu «Schwierigkeiten bei der Durchsetzung von Befehlen» führen könnte. Warum denn nicht? Welcher abhängig Liebende kann schon seinem Geliebten befehlen? Nein, das Problem, um das es geht, greift tiefer, als man gemeinhin glaubt.

Und zu diesem Problem gehört eben auch, daß neben aller gesellschaftlichen Begründung des Zusammenspiels von Homosexualität und Erpreßbarkeit eine enge Verbindung zwischen Homosexualität und Paranoia anzunehmen ist. Seit Freud erstmals eine solche Verbindung am Falle des sächsischen Senatspräsidenten Daniel Paul Schreber, des wohl in der psychiatrischen Literatur meistdiskutierten Falles von Paranoia und latenter Homosexualität, aufgezeigt hat, darf man zu Recht annehmen, daß zwischen scheinbarer Normalität und offensichtlicher Verachtung des Andersartigen eine unsichtbare Brücke besteht.

Das Mißtrauen, das dem tatsächlichen oder dem vermeintlichen Homosexuellen entgegengebracht wird, ist immer auch eines gegen die eigene Person. Diese könnte womöglich auch zu einem «Sicherheitsrisiko» werden, wenn es nicht gelingt, die scheinbar so einfache Welt der Unterschiede wieder in das gängige, angenehme Licht zu rükken. Hier das Gute, Normale, Gerechte – dort das Böse, Unnormale, Schlechte, wobei die Frage ist, wo das Selbstgerechte bleibt. Schreber etwa fürchtete eine homosexuelle Verfolgung durch den ihn behandelnden Arzt – er unterstellte diesem, was er selbst wünschte *und* befürchtete, ohne an sich wahrzunehmen, was er nach außen projizierte. Sollte der General Kießling mit seinen Beteuerungen, er sei nicht (manifest) homosexuell, tatsächlich recht haben, so wäre zu fragen, welche Mischung aus Paranoia und Projektion das Treiben von Geheimdiensten und die politischen Entscheidungen bestimmt.

Der Fall Wörner / Kießling böte – und das wäre das einzig Positive an dieser Schlammschlacht oder Tragikomödie, ganz wie man will – zumindest die Möglichkeit, das prinzipielle Problem, nämlich die Erpreßbarkeit des Homosexuellen, zugleich mit deren *Ursachen* aus der Welt zu schaffen. Eine vorurteilslose Debatte, vor allem eine, die vor den Tatsachen die Augen nicht verschlösse, wäre hier nötig. Vielleicht ließe sich dabei auch einmal eine militärisch-zwischenmenschliche Organisationsform diskutieren, die sich seit der Zeit der ersten Handfeuerwaffen nicht grundsätzlich geändert hat. Während die Waffentechnik stets weiterentwickelt worden ist, haben sich die Strukturen zwischen den Menschen kaum geändert.

Zu befürchten steht allerdings, daß eine andere Möglichkeit sehr viel wahrscheinlicher ist: die Wende hin zum moralischen Muff der fünfziger Jahre und zu einer Verlogenheit, die weiterhin der Denunziation Tür und Tor öffnet. Wie immer der General Kießling am Ende dastehen wird, daß er sich nicht hinter dem Rücken der Öffentlichkeit von seinem Vorgesetzten zum Stillschweigen hat erpressen lassen, so daß alles, wie vorgesehen, stillschweigend über die Bühne hätte gehen können, das ist schon heute sein Verdienst.

Teil III
Psychoanalyse und Sexualität. Nachrichten aus verdunkelten Räumen

15

Nähe als Gewalt.

Das Leben und Werk des Morphinisten, Psychoanalytikers, Anarchisten und «Schizophrenen» Otto Gross (1877–1920)

«Die heutigen Sexualitätsformen sind von der Angst des Erfrierens beherrscht.»
Otto Gross (1913)

1 Vom Terror der Ideologie der «wahren» Liebe

So sehr die Nähe des anderen gewünscht wird, um die Einsamkeit (hier nicht im soziologischen, sondern im emotionalen Sinn verstanden) zu überwinden, so sehr prädestiniert Nähe zur Gewalt (hier wiederum nicht als sichtbare, handgreifliche Form der Gewalt, sondern als *emotionale* Vergewaltigung verstanden). Die Gefahr, zum Opfer der eigenen Abhängigkeitswünsche und damit womöglich auch der Herrschaftswünsche des anderen zu werden, besteht im Kontext *aller* engen emotionalen Beziehungen zwischen Menschen, also etwa im Hinblick auf Mutter (erweitert: Eltern) und Kind oder Mann und Frau. Das Geschlechterverhältnis bleibt der Prototyp eines «ewigen» Kampfes, weil es, unter Einschluß des sexuellen Begehrens, potentiell alle Facetten und Intensitäten der Leidenschaftlichkeit und des Körpers umfaßt, demnach einen prinzipiell «unerschöpflichen» Affektreichtum impliziert, der zwar oft erwünscht, aber noch öfter schlecht bewältigt wird.

Das unersättliche Verlangen nach dem falschen Bild der «wahren» Liebe – nach der «Kunst» der Liebe, also nach der *künstlichen* Liebe – bleibt Voraussetzung nicht nur des musikalischen Schlagermarktes, sondern auch der pseudoliterarischen Produktionen und der pseudo-emanzipatorischen Machwerke. Eine tiefverwurzelte Sehnsucht in den Herzen der unglücklich Liebenden speist die Hoffnung, am Ende müsse doch noch eine konflikt*freie* Nähe zum anderen erreichbar sein, lediglich die Wege dorthin seien noch zu finden. Dabei ist gerade das Versprechen, diese Sehnsucht sei zu erfüllen, der Anfang vom Ende. Gemessen an diesem Wunsch versagt jede wirkliche menschliche Beziehung: «Du sollst nicht merken», daß du dich selbst betrügst (und betrogen wirst). «Am Anfang war Erziehung»: Und diese suggerierte, der Mensch sei grundsätzlich in zwei Hälften zu spalten – in eine «gute» und in eine «böse». Hat der Erzogene erst einmal die eine Hälfte seiner selbst – das «Böse», die «bösen» Gefühle und Affekte – erfolgreich verleugnet (denn mehr ist nicht möglich, da die eine Hälfte des affektiven Lebens nicht wirklich beseitigt werden kann), so kann er sich auf die Suche nach einem ebenso «reifen» (sprich: «guten») Menschen machen – mit dem Ergebnis, zwangsläufig *enttäuscht* zu werden. Denn über kurz oder lang stellt sich die Gewißheit ein, daß mit der «Liebe» *alle* Affekte verbunden sind, also etwa auch Eifersucht, Haß, Wut und Gewalt. Die zerstörerische Phantasie von der Idealität der Liebe ermöglicht nun zwei prinzipielle Irrtümer: (1) Man hält sich selbst für zu «schlecht» und minderwertig und strebt nach einem Objekt der Liebe, das die eigene Unzulänglichkeit kompensieren könnte (der «ideale» Partner); dies ist die Wurzel aller Verklärungen des «fremden» Geschlechts. (2) Man hält sich selbst für ganz und gar in Ordnung, entdeckt aber, daß die andere Hälfte der Welt, das «Böse», im fremden Geschlecht den eigentlichen Ursprungsort hat; dies ist die Wurzel für die Verteufelung des «fremden» Geschlechts. Es ist hier nicht möglich, die Geschichte der wechselseitigen Projektionen – der «guten» und der «bösen» Gefühle – auf das jeweils andere Geschlecht nachzuzeichnen, sicher aber dürfte sein, daß das Verhältnis der Geschlechter über die Jahrhunderte hinweg wesentlich von solchen Projektionen mitbestimmt worden ist. Eine Zusammenfassung der entsprechenden Männerphantasien findet sich in reiner Form bei Weininger (1903; vgl. dazu: Nitzschke 1980); spiegelverkehrt tauchen die analogen Verzerrungen in manchen Schriften pseudofeministischer Provenienz wieder auf (vgl. Nitzschke 1984).

Die ver-rückte Vorstellung vom «Bösen», das entweder nur im eigenen oder nur im fremden Inneren vermutet wird, erzwingt wahlweise: masochistische Selbstkasteiung oder sadistische Formen der Annäherung an das fremde, «gefährliche» Geschlecht. Auch diese beiden Strategien sind hinlänglich bekannt und kulturell «gepflegt» worden, man denke nur an den Mönch, der in der Klosterzelle mit dem «Bösen» ringt, oder an den Inquisitor, der es in der «Hexe» vernichtet. Manche moderne Therapieform, die das «Böse» (das Kranke oder Abnorme) aus der Welt zu schaffen sucht – etwa auch im Kontext von Paar- und Familientherapie –, ist nicht weit entfernt vom Exorzismus: Anstatt das «Böse» zu *integrieren* – in die eigene, dem Erleben *zugängliche* Gefühlswelt *und* in die Beziehung zum anderen –, wird versucht, den Terror des Leidens durch einen Terror des Heilens zu kompensieren. Resultat ist auch in solchen Fällen nur eine Ideologisierung der wirklichen menschlichen Verhältnisse. Am Ende erzwingt die Suche nach dem «Ideal», nach der «Utopie», mehr Gewalt, Erbitterung und Enttäuschung als jede Form der Anerkennung der Realität. Diese Anerkennung aber ist, wie Freud meinte, nicht ohne weiteres zu erreichen: Das Lustprinzip und das Streben nach einem purifizierten Lust-Ich sind erkennbar der Nährboden des narzißtischen Strebens nach der eigenen Vollkommenheit und nach einer «vollkommenen» Beziehung, beides Wünsche oder Ziele, die der Realität widersprechen.

Sicher gehört die Idealisierung gerade der *Sexualität* und der sexuellen Beziehungen (ergänzt durch Entwertungen, also durch das Spiegelbild der Idealisierung) zum Bestandteil einer *jeden* Kultur, wenngleich verschieden ist, wer oder was wie und warum idealisiert oder abgewertet werden muß. Am Ende bestimmen die ökonomischen Herrschaftsinteressen und die daraus abgeleiteten Formen der sozialen Beziehungen zwischen den Menschen die notwendigen Idealisierungen und Entwertungen, die das Verhältnis der Geschlechter im historisch-gesellschaftlichen Kontext regulieren. In jeder Kultur gibt es Idealvorstellungen hinsichtlich eines «richtigen» Mannes oder einer «richtigen» Frau, hinsichtlich eines «glücklichen» Verhältnisses beider, während eine geglückte, das heißt, in der Realität tragfähige, Beziehung oft genug von solchen Idealvorstellungen abweichen *muß*, um überhaupt zustande zu kommen. Insofern enthält die reale – im Unterschied zur idealen – Beziehung der Geschlechter stets auch ein gerütteltes Maß an «entwerteten» Affekten, Gefühlsbeziehungen oder sexuellen Praktiken, die an sich nicht sein «sollten», aber sind. Nicht deren Verleugnung, sondern deren Integration in den freien Austausch der Gefühle zwischen den Geschlechtern wäre die Voraussetzung für eine *geglückte* Beziehung.

So paradox es klingen mag: Gerade das Streben nach Gewaltfreiheit, nach idealer Harmonie, bedingt einen Gutteil der Gewalt zwischen den Menschen (oder Geschlechtern), und zwar eine heimtückische Form der Gewalt, die in der Unterdrückung und in der verdeckt weiterwirkenden, wenn auch oft ideologisch geleugneten, Kraft der Affekte wurzelt. Neben der Spaltung der menschlichen Realität in «gute» und «böse» Affekte läßt sich eine zweite, ebenso folgenschwere Wurzel der Gewalt erkennen, die sich in der Beziehung zwischen den Geschlechtern entfaltet. Ich meine den fortgesetzten Kampf um Autonomie, der gerade auch durch angsteinflößende Regressionswünsche erzwungen wird. Dieser Kampf reflektiert die ungenügende Trennung vom Primärobjekt, das Schicksal des Nicht-zu-Ende-Geborenen (ob Mann oder Frau), das sich als Wiederholung erfüllt und als Konflikt zwischen Nähe und Distanz, zwischen Eigenem und Fremdem, darstellt. Der Regressionswunsch will Wiedergutmachung, *nachträgliche* Erfüllung des einstmals frustrierten Wunsches nach Nähe, und provoziert zugleich Regressionsangst – Angst vor der Abhängigkeit, der Verschmelzung, dem Verlust der Identität, die durch die emotionale Nähe zum anderen auf dem Spiel steht. *Stellvertretend* wird der Partner verantwortlich gemacht für das einst vermißte Glück und das einst erlittene Unglück, weil er nicht geben *kann*, was einer verlorenen Zeit angehört; oder weil er – bedingt durch Wiederholungszwang, unbewußte Partnerwahl und Kollusion – geradewegs die frustrierenden Eigenschaften besitzt oder zu haben scheint, die einst das unzulängliche Primärobjekt hatte. In der Regel treffen sich zwei Menschen, die wechselseitig voneinander das Glück fordern, das sie jeweils selbst nicht geben können, solange sie an die Chimären ihrer Kindheit gefesselt bleiben. Und je stärker die Gefahr der Regression, der Abhängigkeit ist, desto mehr muß das «Liebes»-Objekt kontrolliert und manipuliert werden, damit es nicht die Herrschaft über die Wünsche gewinnen kann: Die Wunschwelten öffnen noch immer am besten die Wege für Fremdherrschaft. Und Macht über den Partner ist oft nichts anderes als ein Versuch, der eigenen drohenden Ohnmacht zuvorzukommen. Da schließlich die Sexualität – aufgrund der von Freud postulierten konservativen Natur der «Triebe» – grundsätzlich die *Regression* – also auch die Auflösung des Ichs und seiner Grenzen – nahelegt, stellt sich im konkreten Fall einer je spezifischen Kultur die Frage, inwieweit diese ihren Mitgliedern überhaupt ein Wissen von der Regression und Gesten im Umgang mit ihr zur Verfügung stellt. Ich glaube, es läßt sich pauschal sagen, daß die abendländische Kultur seit Beginn der Neuzeit immer mehr affektives Wissen – nicht nur in bezug auf das Verhältnis der Geschlechter – verdrängt hat, womit auch intensivere emotionale Begegnungen des Menschen mit seinem eigenen Körper, seinem eigenen und dem fremden Geschlecht, unverständlicher, schwieriger und «gefährlicher» werden mußten, vor allem dann, wenn sie mit regressiven Erlebniszuständen verbunden sind. An die Stelle vertrauter kultureller Gesten traten ideologische Behauptungen und praktische Zwänge – praktisch im Sinne der Umbildung des Körpers zum Arbeitsinstrument, der Reduktion des Erlebens auf die Eindimensionalität vernünftig-instrumentellen Selbst- und Fremdbegreifens. Wollten sich zwei Menschen «frei» erfahren, wie es das ideologische Bild der Liebe vorgaukelt, sie müßten nicht mehr und nicht weniger vollbringen, als den Zivilisationsprozeß vorübergehend rückgängig zu machen. Ein Glück, das, selbst wenn es einlösbar wäre, unter Voraussetzung der bestehenden Realität ins Unglück führen müßte. Eben der damit verbundene Konflikt gibt den Stoff ab für die Dramen der bürgerlichen Literatur, als wäre, wie Freud schreibt, es im Kulturprogramm nicht vorgesehen, die Menschen glücklich zu machen.

2 Zum Beispiel: Otto Gross

Als einziger Sohn eines Staatsanwaltes – des späteren Kriminalistikprofessors an der Universität Graz, Hans Gross – geboren, wuchs Otto Gross als behütetes und zugleich seiner Einsamkeit preisgegebenes, verzärteltes und verwöhntes und doch vernachlässigtes, vom Umgang mit Altersgenossen und Spielkameraden abgeschirmtes Kind auf. Der Vater läßt später den erwachsenen Sohn wegen Wahnsinns entmündigen. Gegen die Ehefrau des Sohnes – Frieda Gross – führt der Vater dann auch einen Prozeß, um ihr das Sorgerecht für den Enkel Peter entziehen zu lassen, weil das Kind, wie Hans Gross glaubt, in weniger geordneten Verhältnissen aufwächst als seinerzeit der Sohn Otto. Friedas Rechtsanwalt gibt vor Gericht über den Sohn des Kriminalistikprofessors zu Protokoll, der sei «im gemeinsamen Schlafzimmer der

Eltern jahrelang gehalten» worden, «wo er, den Eltern unbewußt, jedoch infolge der fast unglaublichen Harmlosigkeit derselben, in deren schönsten Stunden, den Keim zu seiner nervösen Phantasie und Reizbarkeit empfangen habe» (Akten des Landesarchivs Graz – zit. n. Hurwitz 1979, 49). Das inzestuöse Klima der bürgerlichen Familie am Ende des 19. Jahrhunderts wird so gerichtsnotorisch – ein Klima, das heftige Affekte provoziert, um sie zugleich zu verbieten und unmöglich zu machen. Im «guten» Elternhaus herrscht die Atmosphäre der patriarchalisch strukturierten Familie: Bei äußerlich klarer Rollentrennung zwischen dem Mann und der Frau verwischen sich hinter der Fassade jedoch die emotionalen Grenzlinien, die die Geschlechter und Generationen ein Stück weit voreinander zu beschützen hätten. Ein späterer Freund von Otto Gross, der Schriftsteller Franz Jung, schildert das Elternhaus als steif und konventionell (vgl. Hurwitz 1979, 284). Otto Gross ist schon als Kind «Erwachsener», um als Erwachsener mehr und mehr zum «Kind» zu werden. Als «Mann» kämpft er zeitlebens für eine Befreiung des «Weiblichen», soweit es um die Gesellschaft und die Menschheit im allgemeinen geht. Real aber kämpft er gegen Frauen, sobald die Beziehung zu ihnen enger wird, um sich in deren Nähe nicht in der Regression zu verlieren. Bewußt will er die Befreiung des «Weiblichen» von patriarchalischer Vorherrschaft; verdeckt will er das Weibliche in sich selbst befreien.

Im tropisch anmutenden Inzestklima der Familie, in der Otto Gross aufwächst, entsteht eine doppelbödige Realität: Lüsternheit wird stimuliert und zugleich verpönt. Die Triebe wuchern, doch die Wahrnehmung entsprechender Affekte und Gefühlsbeziehungen bleibt verboten. Triebexzesse werden vom Vater, dem Kriminalisten, an den Devianten der Gesellschaft verfolgt; dem Kind gegenüber herrschen rigide Konventionen und Wahrnehmungslücken, die eine Sozialisation der Triebe unmöglich machen. «Wie ein Prinz», also im Getto, verwöhnt und doch versklavt, sei Otto Gross aufgewachsen, äußert eine seiner späteren Geliebten, Else Jaffé (zit. n. Hurwitz 1978, 110). Als Wunderkind wird er von Privatlehrern erzogen, das rauhe Klima öffentlicher Schulen verträgt er nicht. «Er war ein ungewöhnlich früh entwickeltes, sehr begabtes und selten kräftiges Kind, wie schon gesagt, unser einziges, und so wurde in der Tat alle Sorgfalt auf ihn verwendet. Er war nie in den Händen von Dienstboten, *sondern stets in denen seiner Mutter*» (Aussage des Vaters; Akten der Anstalt Burghölzli, zit. n. Hurwitz 1978, 110 – Herv.: B. N.). In einem gewissen Sinne blieb Otto Gross lebenslang in den Händen seiner Mutter. Vordergründig aber ist sein Leben geprägt vom Kampf mit dem Vater. Der bemerkt – wiederum festgehalten in den Krankenakten der Anstalt Burghölzli: «Ich weiß nicht, ob wir daran schuld sind, daß sich der Knabe sehr ungleichmäßig entwickelt hat» (zit. n. Hurwitz 1978, 110). Das Drama eines begabten Kindes zeichnet sich dadurch aus, daß die intellektuelle Entwicklung weit voraneilt, die emotionale aber stagniert. Bis zu einem gewissen Grade ist dies das Drama fast jedes «typischen» Intellektuellen, ein Sozialisationsschicksal, das berufsspezifische Vorlieben stimuliert, als habe die Gesellschaft ein Interesse daran, solche «Mutationen» zum Zwecke des sie auszeichnenden «geistigen» Fortschritts zu erzeugen.

Laut Aussage des Vaters bewegt sich Otto Gross, das frühbegabte Wunderkind, noch als 16jähriger auf der emotionalen Stufe eines 6jährigen. Aus dem Netz der familiären Bindungen und aus den emotionalen Verstrickungen der Kindheit kann sich Otto Gross nicht befreien. Was er in wissenschaftlicher, politischer und amouröser Hinsicht unternimmt, sind verzweifelte Versuche, Fesseln zu lösen, um endlich doch beim Versuch der Befreiung zu scheitern. Präödipale Bindungen an die Mutter und ödipal-inzestuöse Fixierungen konstituieren ein psychisches Gefängnis, aus dem es kein Entrinnen gibt, keine Befreiung im Sinne einer freien Beziehung möglich ist. Im Innersten bleibt Otto Gross einsam, gebunden an eine vergangene Zeit, so daß in der Gegenwart alle Bindungen unmöglich werden, weil sich in ihnen das frühe Schicksal nur wiederholt. So sehr er sich nach einer neuen Bindung sehnt, so zerstörerisch wird jede neue Beziehung für ihn, da sich die sadomasochistischen Verstrickungen mit dem Liebesobjekt nicht abstreifen lassen. Der Kampf um Identität, den Otto Gross führt, zwingt zur Gewalt, die der Bereitschaft zur Unterwerfung entgegenwirken soll; Kampf führt in das Chaos der Leidenschaften. Otto Gross bäumt sich gegen sein Schicksal auf, verkehrt gleichsam die «gute» Erziehung von einst zwanghaft ins Gegenteil und bestätigt doch unfreiwillig und ohne genügende Selbstreflexion in allem Protest und in aller Rebellion nur das geheime Kalkül einer die Triebe des Kindes pervertierenden Erziehungsmethode, die latente oder manifeste Perversion erzwingt.

Aus den Händen von Privatlehrern schließlich in eine Privatschule entlassen, glänzt Otto Gross dort stets mit «Note 1», ist er «alle Klassen hindurch Vorzugsschüler, sein Vater hätte sich sonst, wie er (Otto

Gross – B. N.) zu erzählen pflegte, das Leben genommen. Er studierte dann in Wien Medizin… Seine Studiengenossen schildern ihn als einen scheuen, zurückgezogen lebenden Menschen, ungesellig – der zweierlei besonders aus dem Wege ging: weiblichem Verkehr und Alkohol. Er galt daher als Duckmäuser» (Franz Jung 1980, 132). Der Duckmäuser wird später jedoch zum antiautoritären Rebellen, zum «Anarchisten», der an zweierlei zugrunde geht: an seinem Verlangen nach Frauen und an dem Wunsch nach Rausch. Der Exzeß soll ihn aus der Isolation befreien, das «Laster» soll die erzwungene Tugend der frühen Jahre rückgängig machen. Das Wunderkind wird zum Enfant terrible; am Ende aber holt der Schrecken der Vergangenheit den vermeintlichen Bürgerschreck doch noch ein.

Die Angaben bezüglich des Beginns seiner Drogensucht – die er zeitlebens, trotz wiederholter Entziehungskuren, nicht überwindet – sind widersprüchlich. In der Krankengeschichte der Anstalt Burghölzli, in der er 1902 erstmals zur Entziehung einsitzt, heißt es, Otto Gross habe zur Bekämpfung von Depressionen Opium und Morphium seit 1898 eingenommen: «Ursache zum Ausbruch des Morphinismus war unglückliche Liebe» (zit. n. Hurwitz 1979, 137). Die unglückliche Liebe zwingt zum Vergessen im Rausch – und der Rausch findet seine Fortsetzung im Exzeß der Liebe. Im Krankenbericht von 1902 heißt es weiter: «Daneben erzählt er, er habe vor dem Morphiumgebrauch sich mit Alkohol trösten wollen, habe damals einen pathologischen Rausch gehabt, in welchem er alles kurz und klein schlug… Pat. erzählt in plausibler Weise, er habe gar kein Pflichtgefühl, könne sich nirgends unterordnen, müsse absolut seinen eigenen Weg haben: er habe keinen Sinn für gemeinsame Ziele, z. B. in einem Verein, kein Vaterlandsgefühl. Heute behauptet er ganz sicher, sobald es ihm schlecht gehe, werde er wieder Morphium nehmen, das stimme mit seiner Ethik, er wisse schon, daß er als Morphinist enden werde» (zit. n. Hurwitz 1979, 137f). Gross stellt früh und hellsichtig die richtige Prognose; sein Lebensende wird sie bestätigen.

Aus der Anstalt Burghölzli holt die Mutter den Sohn ab. Kurze Zeit später heiratet Otto Gross seine Verlobte Frieda Schloffer. Es ist dies der Beginn einer tragischen Ehe, in der Otto Gross weder Halt noch Bindung findet, wohl aber eine sadomasochistisch anmutende Verstrickung, in der ein Kinderschicksal wiederkehren mag. Die Mittel, die Ehe und das Leben zu bewältigen, sind Morphium, Opium und Kokain, das Gross erstmals auf einer Schiffsreise als Arzt kennengelernt hatte, als er nach Südamerika unterwegs war. Rausch-Mittel werden zu Lebens-Mitteln. In einem späteren Krankenbericht, den C. G. Jung anläßlich eines zweiten Aufenthaltes von Otto Gross in Burghölzli verfaßte, heißt es (in der Fremdanamnese der Ehefrau), die Gatten hätten bereits kurz nach der Hochzeit «Chambre séparée» machen müssen, «da Pat. unausstehliche Gewohnheiten hatte... Z. B. mußte nachts immer das Licht brennen. Meistens lag er mit Kleidern aufs Bett und schlief so, so daß er oft tagelang nicht aus den Kleidern kam... Das Schlimmste war das unaufhörliche Theoretisieren und ein ewiges Fragen nach dem Warum und Wieso. Jede Kleinigkeit wurde so ausspintisiert und intellektualisiert, so daß die Frau schließlich gegen alle derartigen Versuche opponierte und mit einer gewissen Absichtlichkeit sehr oft entgegengesetzte Hypothesen proponierte. Sehr oft drang Pat. mit derartiger Hartnäckigkeit psychologisch auf seine Frau ein, daß sie sich erbrechen mußte, was oft vorkam. Aus diesen Gründen verließ die Frau ihn gelegentlich auf mehrere Wochen, um sich die nötige Ruhe zu gönnen. Allmählich wurde sie begreiflicherweise nervös, und es kam öfters zu heftigen Szenen, worin er mit Selbstmord drohte. Er hatte nie die geringste Einsicht dafür, daß er die Ursache aller Mißhelligkeiten war. Er wollte immer die Frau analysieren, was diese als unnötig und überaus lästig empfand. Eben gerade darum drückte er darauf, denn er hielt ihre Abwehr, ihr Erbrechen etc. für ein Symptom ihres Komplexwiderstandes. Dadurch quälte er seine Frau in der unsinnigsten Weise... In allerletzter Zeit fing er an zu behaupten, seine Frau sei schuld, daß er nicht mehr produzieren könne, denn seine Lust und sein Interesse an wissenschaftlicher Arbeit hatte weitgehend nachgelassen, so daß er eigentlich nichts mehr arbeitete und nichts mehr las. Alles ging auf in nächtlichen Caféhaussitzungen, wo er mit Déclassés aller Art analysierte und spintisierte» (zit. n. Hurwitz 1979, 139f).

Es muß kurz nach der Eheschließung gewesen sein, als Otto Gross zum «Psychoanalytiker» wurde, wie man damals alle nannte, die sich zu Freud bekannten und dies in Wort und Tat bezeugten. Ernest Jones – Freuds späterer Biograph – bezeichnet Otto Gross als einen «genialen Kopf». Jones schreibt, er habe Gross 1904 kennengelernt; später sei der geniale Kopf «leider schizophren» geworden (Jones 1962, II, 46). Doch bevor diese Diagnose feststand, galt Gross als eines der erfolgversprechenden Talente unter den Psychoanalytikern seiner Zeit. Die Behauptung von Hurwitz (1979, 85), Freud habe später alle Hinweise auf den einstmals geschätzten Anhänger aus seinem Werk gestrichen, ist falsch. Zumindest in Freuds Arbeit über den «Witz» (1905, 199, Anm. 3) findet sich noch ein Verweis auf eine Arbeit von Otto Gross. Und auch Jones bekennt freimütig, durch Gross in die Praxis der Psychoanalyse eingeführt worden zu sein. Jones durfte als Beobachter an einigen Behandlungen, die Gross durchführte, teilnehmen. Gross trat aber nicht nur als praktizierender Psychoanalytiker, sondern auch als theoretisch brillanter Kopf auf. Seine Arbeiten beschäftigen sich mit den Problemen des Denkzerfalls, der Bewußtseinsspaltung, des Konflikts und des Affektgeschehens. Noch 1908 schreibt Freud an C. G. Jung (der Gross gerade in stationärer Therapie behandelt), Jung und Gross seien seine (Freuds) beiden einzig originellen Schüler (vgl. Jones 1962, II, 50). Im selben Jahr nimmt Otto Gross, zusammen mit seiner Ehefrau, auch am ersten psychoanalytischen Kongreß in Salzburg teil (vgl. die Teilnehmerliste: Jones 1962, II, 58 ff).

Die Psychoanalyse ist um diese Zeit das *eine* bestimmende intellektuelle Moment im Leben des Otto Gross. Das *andere* ist seine sozialistisch-anarchistische Überzeugung. Otto Gross wird zur bekannten Figur der Schwabinger und der Asconeser Bohème. Vor allem in Ascona trifft sich kurz vor Ausbruch des Ersten Weltkrieges alles, was in der «Szene» Rang und Namen hat. In der Zeit, die vom Fin de Siècle bis zum Beginn des Endes der politischen Monarchien in Europa reicht, herrscht allgemein ein Gefühl des Umbruchs. Endzeit- und Untergangsvisionen vereinbaren sich in ein und denselben Köpfen zwanglos mit Aufbruchsideen und utopischen Entwürfen. Man konnte damals (wie offenbar auch heute) auf die neueste Stimmung im Westen entweder «progressiv, reaktionär oder rein parasitär reagieren» (Hermand 1972 – zit. n. Kneubühler 1978, 140). Schopenhauer, Nietzsche, Kropotkin, Marx, Engels und zunehmend auch Freud bestimmten die intellektuellen Debatten, teilweise, indem ihre Lehren heftig gegeneinander ausgespielt wurden, teilweise, indem das Unvereinbare in einem jeweils neuen Theoriekonglomerat vereinigt werden sollte. Zerfallsepochen zeichnen sich u. a. dadurch aus, daß auf dem Markt der Ideen Eitelkeit und Beliebigkeit vorherrschen. Und Ascona war ein Ort, der in der geistigen Landschaft einen einzigartigen Platz einnahm: *anything goes* war das Motto im idyllischen Dorf zwischen Bergen und Seen. Hier trafen sich Naturisten und politische Fanatiker, Vegetarier und Sexualimmoralisten, Künstler, Schriftsteller, Lebensreformer, Sozialisten und Anarchisten, politische und gewöhnliche Kriminelle, Anhänger eines neuen Frauen- und Mütterkultes – stark beeinflußt durch die Schriften Bachofens –, Naturapostel und Verkünder der «freien» Ehe, Nietzscheaner, Theosophen, Kommunarden, Okkultisten und Wagnerianer. Im Rückblick auf die Zeit und auf den Ort schreibt Richard Seewald, es hätten sich dort «Theosophen und Anthroposophen, weiße und schwarze Magier, Buddhisten, Yogis, Astrologen, Traumdeuter, Psychoanalytiker, Pendelschwinger, Wahrsager, Geisterbeschwörer, Rohköstler, Sonnenanbeter, Handschriftendeuter, Kartenleger und der genügsame Nudist» (zit. n. Kneubühler 1978, 143) ein Stelldichein gegeben. Kurz, man probte unter freiem, blauem Himmel den Aufstand gegen die bürgerliche Kultur, den Ausstieg aus dem gewöhnlichen Leben, und teils auch den Einstieg ins Labyrinth des eigenen Innern. Otto Gross war hier am richtigen Platz, denn hier war Platz genug für *jede* neue Idee, für jeden neuen «Entwurf», wenn er nur mit dem Odium der Rebellion behaftet war. Franziska Gräfin zu Reventlow, Schriftstellerin und selbst Bohemienne, sieht die Dinge und Verhältnisse, vor allem aber die Menschen, etwas nüchtern, wenn sie 1910 in einem Brief aus Ascona schreibt: «... möchte wieder Menschen sehen. Hier gibt's keine, nur Narren und Propheten» (zit. n. Kneubühler 1978, 143). Und nur wenige Jahre später berichtet Hugo Ball aus Ascona: «Das ist ein Ort ohne jeden Komfort, wo man momentan kaum ein Zimmer mieten kann. Es gibt eine Menge schafblöder Naturmenschen, die in Sandalen und römischer Tunica wandeln» (zit. n. Kneubühler 1978, 143).

Otto Gross, seit 1906 Privatdozent für Psychopathologie an der Universität Graz, konnte in Ascona seinen theoretisch-wissenschaftlichen Eros in die Tat umsetzen, ohne eigentlich das Fach wechseln zu müssen: «Psychopathen» gab es hier genug. «Ascona war damals noch kein vornehmer Vorort von Berlin, sondern die Hauptstadt der *psychopathischen Internationale*» – schrieb der teilnehmende Beobachter, der Arbeiterarzt und Anarchist Fritz Brupbacher (1874–1945) (zit. n. Linse 1978, 36). Der Dekadente – wörtlich: der Entartete – galt in Ascona per definition als geadelter Außenseiter. Seine ehrenvollen Charaktereigenschaften bestanden im anti-bürgerlichen Affekt, in undiszipliniertem und maßlosem Verhalten, in ultrasozialistischen und ultrademokratischen Überzeugungen, in der konsequenten Ablehnung jeder Form der Subordination, Diplomatie und des Reformismus, in einer grundsätzlichen Verweigerungshaltung und in andauernder Rebellion. In diesem Sinne war auch Otto Gross ein «Dekadenter», das genaue

Gegenteil seines Vaters, des Kriminalistikprofessors, der all diese Eigenschaften zeitlebens akribisch studierte, um sie an den Degenerierten, die er im Sinne seiner Wissenschaft beschrieb, zu verfolgen. Der Sohn blieb ein getreues Abbild seines Vaters – nur mit umgekehrtem Vorzeichen versehen.

Des Vaters Lebensaufgabe hatte darin bestanden, auf dem gesamten Gebiete der Kriminalistik zu vollenden, was Krafft-Ebing (1886) auf dem eingeschränkten Gebiete der sexuellen Perversionen vorexerziert hatte: Es ging in beiden Fällen um die Katalogisierung des Devianten, um die Ausgrenzung des Abnormen, um die Verurteilung und Verfolgung des Schadhaft-Kranken, dessen Genese in keinem Falle in Verbindung mit den Bedingungen der herrschenden Kultur gesehen werden durfte. In einem gewissen Sinne gibt Hans Gross – der Vater – die Fahndungskataloge der späteren SS-Greifkommandos vor, wobei er zugleich die Figuren jener Kreise benennt, in denen sich Otto Gross – der Sohn – am wohlsten fühlt. Auf der Liste der Auszuschließenden und Einzukerkernden stehen: «Bettler, Landfahrer, Spieler, Hochstapler, Zigeuner, Prostituierte, Zuhälter, Revolverjournalisten, Wucherer und Börsenjobber» (H. Gross – zit. n. Hurwitz 1979, 39). Übersetzt man «Revolverjournalisten» mit jüdischen und sozialistisch-kommunistischen Intellektuellen und «Wucherer / Börsenjobber» mit Juden im allgemeinen, so werden die Insassen der späteren Konzentrationslager bereits nahezu komplett genannt. Die zwölf Jahre des tausendjährigen Reiches haben, wenn vielleicht auch keine tausendjährige, so doch einige Hundert Jahre Vorgeschichte. Mit den Problemen von Prostitution, Pornographie, Homosexualität und Geisteskrankheit beschäftigt sich der Vater fast zwanghaft – der Sohn dann auch, wenngleich mit anderer Intention. Was der Vater verdammt, das *wird* der Sohn: Libertin, Sexualimmoralist, politischer Aufrührer, Rauschgiftsüchtiger, Bettler, Landstreicher, Geisteskranker. Der Vater setzt sich auch für die «Verschickungsfrage» (zit. n. Hurwitz 1979, 45), für die Deportation, ein. Den Sohn allerdings kann er nicht deportieren, allenfalls kann er ihn zwangsinternieren und entmündigen lassen. Vor allem aber kann er ihn zu seinem *Delegierten* machen, indem er das bei sich selbst Abgewehrte auf den Sohn überträgt, bei dem das Unbewußt-Verdrängte des Vaters aus der Verdrängung wieder auftaucht, öffentlich Gestalt gewinnt und zum Lebensschicksal wird.

1906 kommt es in Ascona zum Skandal – ein erster öffentlicher Skandal, dem viele weitere im Leben des Otto Gross folgen sollten.

Eine seiner Geliebten, die Anarchistin Lotte Chattemer, begeht Selbstmord. Man spricht davon, sie habe das Gift von Otto Gross erhalten. Die Schriftstellerin Regina Ullmann, zunächst eine Patientin von Otto Gross, dann seine Geliebte und von ihm geschwängert, berichtet, kurze Zeit nach dem Selbstmord von Lotte Chattemer habe Otto Gross auch ihr Gift überlassen, um sie zum Selbstmord zu ermutigen (vgl. Hurwitz 1979, 153). Sie widersteht der Verführung oder dem suggestiven Zwang, anders als Sophie Benz – Anarchistin, Malerin, Professorentochter, Patientin und dann Geliebte von Otto Gross –, die sich 1911 in Ascona umbringt. An einer Psychose leidend, nimmt sie eine Überdosis Kokain. Die Tessiner Polizei erinnert sich an den mysteriösen Selbstmord von 1906, erkennt Parallelen und sucht jetzt nach dem «offenbar gemeingefährlichen, geisteskranken Dr. Gross» (Archiv der Schweizerischen Bundesanwaltschaft Bern – zit. n. Hurwitz 1978, 107). Allerdings hat sich der Gesuchte rechtzeitig abgesetzt. Seine Beteiligung an den «Selbst»-Morden bleibt somit im Dunkeln. Otto Gross, der in seinen politischen Schriften öffentlich für die Befreiung der Frauen eintritt, scheint in seinem Privatleben nicht unbedingt ein makelloser Freund der Frauen gewesen zu sein. Trennt er sich auf brachiale Art und Weise von den Frauen, um dem Trennungsschmerz zuvorzukommen, der entstehen könnte, wenn die Frauen sich von ihm (anders als durch Tod) trennen könnten?

In der *Tessiner Zeitung* vom 4. 3. 1911 ist zu lesen: «*Mysteriöser Selbstmord.* In Ascona erkrankte vor zwei Tagen eine deutsche Dame unter den Anzeichen schwerer Kokainvergiftung. In hoffnungslosem Zustand wurde sie ins Spital von Locarno überführt und starb gestern Freitag... Der Fall selbst ist sensationell und höchst interessant. Die Verstorbene, Tochter eines angesehenen Professors aus München, lebte hier in Begleitung eines mysteriösen Dr. Gross... Auch damals, als sich Lotte Hattemer vergiftete, wohnte er hier. Seines Berufes Mediziner, steht ihm natürlich das Recht zu, Rezepte zu verschreiben, und in diesem Fall rezeptierte er einige Gramm des besagten Giftes... Nach Aussage des Gross sollte das Medikament dazu dienen, um die Zahnschmerzen seiner Begleiterin zu lindern... So lautete die Darstellung dieses Dr. Gross, der übrigens bereits Locarno verlassen hat und heute an der Beerdigung fehlte. Gross lebte mit seiner Begleiterin nicht durchweg in bestem Einvernehmen. Die beiden wurden sogar in öffentlichen Restaurationslokalen bei heftigem Wortwechsel getroffen. Ein Zeuge deponiert bei uns, die Dame hätte Gross einmal unter erregten Worten gedroht, ihn nunmehr definitiv zu verlassen… Das Paar wurde aus verschiedenen Restaurants in Locarno verwiesen… Wir sind keine Juristen, aber für uns liegt es sonnenklar, daß dieser Dr. Gross in der Affäre eine wichtige Rolle spielte. Er hatte das Rezept ausgefertigt, er war dabei, als die Verstorbene das Gift nahm…» (zit. n. Hurwitz 1979, 214).

Es sind dies ruhelose Zeiten im Leben des Otto Gross, Jahre der Turbulenzen. Der «Duckmäuser» von einst zieht praktisch und theoretisch gegen die Monogamie zu Felde. Er propagiert Freiheit und erlebt doch nur Einsamkeit. Er wettert gegen die Sklavenmoral des Bürgertums und verhält sich doch wie ein Pascha gegenüber Frauen. In ein und demselben Jahr schwängert er seine Frau Frieda und seine Geliebte Else Jaffé, die ältere der beiden Richthofen-Schwestern. Beide bringen einen Sohn zur Welt, beide nennen ihr Kind Peter, so als müßte sich alles im Leben des Otto Gross verdoppeln. Beide Frauen sind miteinander befreundet. Auch Frieda von Richthofen – die jüngere Schwester von Else und spätere Frau des Dichters D. H. Lawrence, dessen Werk von der Sexualphilosophie des Otto Gross stark beeinflußt ist – war zeitweise die Geliebte des Psychoanalytikers. Schließlich geht Frieda, die Frau von Otto Gross, ihre eigenen Wege: Sie lebt mit dessen Freund, dem Maler und Anarchisten Ernst Frick, zusammen und bekommt mehrere Kinder von Frick. Zeitweise leben alle drei – Frieda, Otto und Ernst – mehr oder weniger friedlich zusammen. Anything goes – nur keine Zweier-Beziehung.

Otto Gross' Kampf gegen die «Monogamie» ist ein Kampf gegen ausschließliche Bindung, die Abhängigkeit für ihn bedeuten würde. Es ist ein Kampf um Autonomie, gegen drohende Regression, die durch Nähe provoziert werden könnte; ein Kampf gegen den Verlust der Ich-Grenzen, den eine *zu* intensive emotionale Bindung an *einen* Menschen womöglich bedeuten könnte. Otto Gross flieht vor dem, was er sich am meisten wünscht: vor der Beziehung zu einer Frau, die er lieben könnte. Nach dem Bruch jeder Beziehung bleibt er ein Stück einsamer zurück – ein Stück mehr gebrochen. Aber er analysiert sein Schicksal gerade in diesem Punkt *nicht*. Er wird zum Opfer des Wiederholungszwangs und greift, je stärker die Verzweiflung wird, um so mehr zu ideologischen Rechtfertigungen und Phantastereien, die ihm sein alltägliches Elend vergessen lassen sollen.

1908 kommt es zu jener denkwürdigen Begegnung, die ich schon angesprochen habe: Freud überweist seinen Schüler Otto Gross an sei-

nen Schüler C. G. Jung zur Behandlung nach Burghölzli. Vordergründig geht es um eine Entziehungskur; tatsächlich aber kommt es zu einer
«psychoanalytischen» Behandlung (nach den damals üblichen Stan-
dards, also vor allem ohne Berücksichtigung der diffizilen Übertra-
gungs-Gegenübertragungs-Problematik). Der Vater, Hans Gross,
hätte den Sohn lieber im Sanatorium von Kreuzlingen bei Ludwig
Binswanger gesehen. Dort, im Sanatorium Bellevue, war schon einmal eine berühmte Patientin der Psychoanalyse – Anna O. (Berta von
Pappenheim, eine später bekannte jüdische Frauenrechtlerin) – behandelt worden, nachdem die kathartische Kur, anders als von Breuer in
den «Studien über Hysterie» (1895) berichtet, nicht zum Erfolg geführt
hatte. Anna O. litt weiter an psychosenahen Zuständen, weshalb sie
erneut stationär behandelt werden mußte (vgl. Hirschmüller 1978).

  Die Behandlung von Otto Gross durch C. G. Jung ist anhand von
Krankenakten ausführlich dokumentiert; Hurwitz (1979) hat diese Akten vor kurzem wieder aufgefunden. Unter den Dokumenten findet
sich auch eine Fremdanamnese (Aussagen der Ehefrau Frieda). Darin
heißt es, «von Zeit zu Zeit hielt es die Frau nicht mehr bei ihm aus,
sondern reiste oft wochenlang weg. Unterdessen wusch er sich nicht,
bedeckte seine Kleider mit Schmutz, das Zimmer sah aus wie ein Stall.
Alles war bedeckt mit weggeworfenen Zigarettenstümpfen, Asche,
Tabak, ausgeschüttetem Essen. Er selbst war in Schmutz getaucht von
Kopf bis Fuß» (zit. n. Hurwitz 1979, 142 f). Otto Gross reagierte auf
Trennungen von seiner Frau mit Hilflosigkeit, Verzweiflung und Ver-
wahrlosung. Er regredierte auf die Stufe eines Kindes, das nicht mehr
für sich selbst sorgen kann, wenn die «Mutter» weg ist. Sobald die
«Mutter» – oder eben deren Stellvertreterin: die Ehefrau – wieder da
war, kam es zum Streit, zu aggressiven Auseinandersetzungen, deren
psychologischer Sinn es war, die nötige Distanz herzustellen, durch
machtvolle Attitüden die eigene Ohnmacht zu kaschieren. Streit und
Kampf sind immer auch Versuche der Abgrenzung. Otto Gross war
weder zur Bindung noch eigentlich zur Trennung fähig. Er befand sich
zeitlebens in einem ungelösten Bindungs-Trennungs-Konflikt, den
man vielleicht auch als einen Regressions-Progressions- oder Nähe-
Distanz-Konflikt begreifen könnte.

  Die symptomatischen Äußerungsformen dieses Grundkonflikts zeigen sich in der Anstalt Burghölzli während der Behandlung durch
C. G. Jung. Im Nachtrag zur Fremdanamnese heißt es: «Einmal besuchte er mit seiner Frau einen Ort, den er in früher Kindheit bewohnt

hatte. Fast alle Tage, die er dort zubrachte, weinte er. Den einen Tag, weil es ihm vorkam, es sei wieder wie früher, den andern Tag, weil es ihm schien, es sei nicht mehr wie früher. Seine Kritiklosigkeit war außerordentlich. Er überschätzte seine Freunde und Freundinnen und fand überall unterdrückte oder sonst verkannte Talente, die er zu ‹befreien› sich anschickte. Er wurde schamlos ausgebeutet» (zit. n. Hurwitz 1979, 144). Diese Bemerkung zeigt zweierlei: Otto Gross konnte Vergangenheit und Gegenwart schlecht auseinanderhalten, er konnte sich weder eigentlich erinnern noch vergessen. Und: Otto Gross war mindestens so sehr «Opfer» wie «Täter». Er wurde ausgebeutet; und er beutete aus. Er wurde beherrscht; und er beherrschte (oder versuchte dies doch zumindest). Anderen Menschen gegenüber schwankte er zwischen naiver Gutgläubigkeit und starkem Mißtrauen, das sich bis zum Gefühl des Verfolgt-Werdens steigern konnte. Was die Ehefrau berichtet, zeigt sich unmittelbar auch in der Anstalt Burghölzli: Auch hier kann Gross ohne Licht nicht schlafen. Auch hier liegt er mit Kleidern nachts im Bett. «In seinem Zimmer herrscht immer die größte Unordnung. Schmeißt alle Zündhölzer, Zigaretten etc. auf den Boden. Läßt seine intimen Privatbriefe zur öffentlichen Bedienung herumliegen» (Krankenbericht – zit. n. Hurwitz 1979, 144 f). Der Bindungs-Trennungs-Konflikt wird auch in der Anstalt deutlich: Am 15. Juni notiert C. G. Jung: «Heute beim Besuch der Frau große Szene, da die Frau sich weigert, ihn sofort herauszunehmen... Benimmt sich zwängend wie ein kleines Kind. Sagt schließlich der Frau: Er *hasse* sie, von jetzt an seien sie *getrennt*...» Am 16. Juni sieht alles schon wieder ganz anders aus: «Heute wieder ein Herz und eine Seele mit seiner Frau» (zit. n. Hurwitz 1979, 146). Die Szenen wechseln unvermittelt und bringen die ganze Ambivalenz der Gefühle zutage. Entweder *ein* Herz und *eine* Seele; oder vollständige und endgültige Trennung. Alles *oder* nichts – Liebe *oder* Haß. Auch die Stimmungen schwanken stark – zwischen Euphorie und Depression. Otto Gross wird von unvereinbaren Wünschen innerlich zerrissen.

Die Beziehung zu C. G. Jung nimmt exzessive Züge an: «Täglich viele Stunden Analyse», notiert der Therapeut am 18. Mai (zit. n. Hurwitz 1979, 144). Offenbar gelingt es Jung nicht, die Beziehung in Grenzen zu halten, dem Patienten Grenzen zu setzen. Offenbar unterliegt auch Jung zeitweise der Faszination, die von Gross ausgeht. Schließlich scheitert die Behandlung. Gross verschwindet über die Mauern der Anstalt mit unbekanntem Ziel. In einem Brief an Freud berichtet Jung resigniert: «Für mich ist dieses Erlebnis eines der schwersten meines Lebens, denn in Gross erlebte ich nur allzu viele Seiten meines eigenen Wesens, so daß er mir oft vorkam wie mein Zwillingsbruder minus Dementia praecox. Das ist tragisch» (zit. n. Hurwitz 1979, 160).

Gross ein Zwillingsbruder von Jung – «minus Dementia praecox» (= Schizophrenie)? Das hieße: Die «Schizophrenie» ließe sich vom Rest der Person abspalten wie ein unerwünschter Auswuchs. Die Krankheit wird verdinglicht begriffen, das «schizophrene» Erleben wird vom «gesunden» Erleben getrennt – eine sehr fragwürdige, wenn auch verständliche Strategie der Distanzierung (des Therapeuten vom Patienten). Für Jung steht die Diagnose fest: «Schizophrenie». Freud ist da vorsichtiger. Morphinismus liegt vor; soweit gibt es keine Meinungsverschiedenheiten zwischen Jung und Freud. Vielleicht, so meint Freud, müsse auch an eine Paranoia gedacht werden (eine Sonderform der Schizophrenie, die Freud [1911] anhand der Aufzeichnungen des wahnkranken Senatspräsidenten Daniel Paul Schreber [1903] ausführlich erörtert). Hurwitz meint, die Behandlung von Gross habe scheitern müssen, weil eine verständnislose Psychiatrie auf einen sensiblen Patienten falsch reagiert habe; weil Gross zudem in die Rivalitätsauseinandersetzungen zwischen Freud und Jung einbezogen worden sei. Ich glaube dies nicht; wenigstens nicht im Sinne der allein ausschlaggebenden Gründe für das Scheitern der Behandlung. Vielmehr waren Theorie und Praxis der Psychoanalyse um jene Zeit noch weit hinter den theoretischen Erkenntnissen zurück, die heute – unter Rückgriff auf die Ichpsychologie, die Objektbeziehungstheorien und die Übertragungs-Gegenübertragungskonstellation – verfügbar sind, so daß dies m. E. als wesentlicher Grund für das Scheitern der Behandlung anzusehen wäre.

Gross ist um jene Zeit nicht nur als «Patient», sondern auch als «Analytiker» bekannt; ganz zu schweigen von seiner Rolle als politisch-literarischer Kopf. In Otto Gross findet die interessierte Öffentlichkeit einen prominenten Vertreter «der» Psychoanalyse, an dem sich alle möglichen Ressentiments und Vorurteile festmachen lassen. Die neue Lehre ist ohnehin suspekt – nicht nur bei biederen Bürgern, sondern auch bei gestandenen Sozialisten. So publiziert etwa Ludwig Brendl (1911) «Einige Bemerkungen über die Psycho-Analyse» in der Zeitschrift «Der Sozialist». Darin heißt es u. a.: «Gimpelfänger, Hypnotiseure, Metaphysiker, Windbeutel, Graphologen, Theologen, Messerschlucker, Kartenschläger, Gesundbeter, nicht Ärzte sind die eifrigsten Anhänger des Freudianismus» (zit. n. Hurwitz 1979, 86). Und Otto Gross, obzwar Arzt, trägt das Seine dazu bei, die Vorurteile gegenüber der Psychoanalyse am Leben zu erhalten. Im Hinblick auf Gross schreibt Gustav Landauer, der sei «einer der schlimmsten Freudianer, ein Nervenarzt, der es verstanden hat, sich so bekannt zu machen, daß es ihm sogar möglich war, in einer angesehenen Zeitschrift auf ein junges Mädchen Jagd zu machen, das die Angehörigen seinem ruinierenden Einfluß entzogen hatten ... Es ist nicht zu entscheiden, ob er aus Wahnsinn zur Psychoanalyse oder aus Psychoanalyse zum Wahnsinn kam» (zit. n. Hurwitz 1979, 88).

Landauer spielt mit dieser Bemerkung auf den Fall einer Patientin von Otto Gross an, über den Gross in der von Maximilian Harden herausgegebenen Zeitschrift «Zukunft» berichtet hatte. Die Eltern des Mädchens hatten ihre Tochter lieber in eine Anstalt geschickt, als sie weiterhin Gross zu überlassen. Dieser nimmt den Vorfall zum Anlaß, gegen Machtmißbrauch und «Elterngewalt» zu Felde zu ziehen, noch nicht ahnend, daß er selbst bald Opfer solcher Gewalt werden sollte. Der Vater wird ihn entmündigen lassen. Bevor es soweit ist, meldet sich Gross zunächst noch mehrmals freiwillig zur Entziehungskur. So ist er 1911 in der Anstalt Mendrisio, später im Wiener Steinhof. Im Herbst desselben Jahres begibt er sich auf Reisen. 1912 erhält Brupbacher einen Brief von Gross aus Florenz. Um diese Zeit sitzt der Lebensgefährte seiner Frau Frieda – Ernst Frick – wegen politischer Vergehen eine zwölfmonatige Gefängnisstrafe in Zürich ab. 1913 taucht Gross in Berlin auf. Er schließt sich der Gruppe um die Zeitschrift «Aktion» an, die von Franz Pfemfert herausgegeben wird. Im November schlägt die Berliner Polizei zu und nimmt den gefährlichen Anarchisten Gross auf Veranlassung des Vaters fest. Der Sohn wird in die Irrenanstalt Tulln bei Wien verbracht. Seine Freunde – darunter Franz Jung, Erich Mühsam und Franz Pfemfert – starten eine Pressekampagne, um die Zwangsinternierung anzuprangern und die drohende Entmündigung abzuwenden. Gross kommt dennoch nicht frei; er wird in die Landesirrenanstalt Troppau nach Schlesien verlegt. Mit Beginn des Krieges wird er (1914) entlassen. Wegen Wahnsinns steht er unter Kuratel; der Vater wird zum Vormund bestimmt.

Die ambulante Behandlung des Otto Gross übernimmt nach der Entlassung aus der Anstalt Wilhelm Stekel (ein Abtrünniger der Freudschen Schule, dessen «aktive» Psychoanalyse Gross' Charakter, vor allem aber dessen Hang zum «Agieren», entsprochen haben mag).

Eine «Heilung» ist dennoch nicht in Sicht. Um diese Zeit strengt der Vater den bereits erwähnten Prozeß gegen die Schwiegertochter Frieda an, um ihr das Sorgerecht für den Enkel Peter entziehen zu lassen. Frieda Gross findet prominente Fürsprecher (darunter Max Weber, mit dem sie über die Richthofen-Schwestern bekannt ist). Da stirbt der Vater 1915. Der Sohn verliert endgültig den Halt, den ihm der Kampf mit dem Vater geboten hatte. Immer wieder interniert, wird Otto Gross 1917 zum letztenmal freigelassen. Er gilt jetzt – es sind Kriegszeiten – als bürgerlich erwerbsfähig und diensttauglich.

Franz Jung, der Freund von Otto Gross, der selbst öffentlich gegen den Vater aufgetreten war, erkennt die psychologische Bedeutung des Verlustes des Vaters für den Sohn: «Da stirbt der Vater... Jetzt ist niemand mehr, der ihn einsperrt, mit Gewalt droht. Er merkt, das war ihm Halt – er läßt alle Arbeiten fallen, verliert jeden materiellen Rückhalt, vermag sich von der Zeit an auch äußerlich kaum noch selbständig zu bewegen. Alle Hemmungen der Konventionen scheinen geschwunden, sein äußeres Verhalten erhält stark infantilen Charakter. Er scheint dem Untergang geweiht. Wochen- und monatelang irrt er in Wien herum, ohne Geld, ohne Nachtquartier, dem Zufall eines Pumps bei Caféhausbekannten preisgegeben» (1980, 135). Der Sohn ist endgültig zum Landstreicher geworden: eine Existenz am Rande der Gesellschaft, ein Beispiel jener Außenseiter, die der Vater eigentlich in die Kolonien hatte deportieren wollen.

Gross wechselt nach dem Tode des Vaters die Orte noch rascher als früher: Heute ist er in Wien, morgen in München (wo jetzt die Mutter wohnt). Dann ist er in Berlin, in Budapest oder in Prag. Dort lernt er Franz Werfel kennen, der ihn später in seinen Schriften portraitiert, wie auch andere Schriftsteller dies tun, die Gross kannten (u. a. Leonhard Frank, Franz Jung, Erich Mühsam, Johannes R. Becher, Karl Otten und Emil Szittya). In Prag trifft Gross mit Franz Kafka zusammen, «den er für einen gemeinsamen Zeitschriftenplan *Blätter zur Bekämpfung des Machtwillens*» (Hurwitz 1978, 112) gewinnen will. Warum der Plan sich nicht realisieren läßt, ist nicht bekannt. Aber Otto Gross ist ohnehin am Ende. Franz Jung schildert das Ende des Freundes so: «Nach außen war er Kind geworden, in der Hoffnung, in die Konventionen eingeführt zu werden, die er... aufgegeben hatte...» Was Gross in der Gestalt des Vaters bekämpft hatte, suchte er nun vergebens wiederzugewinnen. «Er fror und hungerte. Materiellen Rückhalt besaß er nicht, noch weniger Maß. Nächtelang blieb er auf der Straße ohne Wohnung, ohne Narkotika, nach denen er von Apotheke zu Apotheke hetzte. Alle, die ihm helfen wollten ... fühlten die Unmöglichkeit. So durfte man ihm nicht helfen, und Gross hatte das auch abgelehnt. Er weinte zwar nach einem warmen Platz, nach dem oder jenem, aber er kümmerte sich dann nicht darum. Er verlor das Geld, das die Leute ihm gaben. Fand die Apotheke nicht mehr, die ihm noch Narkotika gab. Vergaß die Adresse der Wohnung, in der er erwartet wurde. So konnte man im Dezember (1920 – B. N.) auf den Straßen Berlins einen verhungerten und zerlumpten Menschen im Schneegestöber laufen sehen, der laut vor sich hin heulte und dann ganz in sich zusammenkroch, um Brust und Finger warm zu halten. Die Leute blieben stehen und lachten hinter ihm her. Ein Irrsinniger, dachten die meisten. Der stolperte weiter» (1980, 148). Bis er fiel und endgültig liebenblieb. Kurz vor Weihnachten aufgegriffen, wurde er in ein Pankower Sanatorium eingeliefert, in dem er starb – so wie er das während seines ersten Anstaltsaufenthalts 1902 in Burghölzli prophezeit hatte: als Rauschgiftsüchtiger. In den Krankenblättern hatte es damals geheißen: «... das stimme mit seiner Ethik, er wisse schon, daß er als Morphinist enden werde» (zit. n. Hurwitz 1979, 138).

3 «Elterngewalt» und sadomasochistische Kollusion

So widersprüchlich Gross' Charakter und seine Beziehungen zu Frauen waren, so klar erscheinen viele seiner theoretischen Arbeiten, seien sie aus dem Vor- und Umfeld der Psychoanalyse, seien es politische Schriften. In der Arbeit über «Die kommunistische Grundidee in der Paradiessymbolik» (1919) heißt es: «Die Frau wird demselben bösen Prinzip den Kopf zertreten, durch welches einst die ungeheure Verirrung in die Welt gekommen ist: Dem Machtprinzip, in allen menschlichen Beziehungen zum Gleichgewicht des ewigen Ringens um Macht, zu kalter Ruhe von Recht und Pflicht erstarrt, dem unfruchtbaren Prinzip der Autorität» (zit. n. Neudruck: 1980, 51 f). Gross glaubte offenbar an einen paradiesischen Urzustand – projektiv an eine utopische Befreiung und Erlösung der Menschheit –, in dem es keine Machtfrage (auch nicht zwischen den Geschlechtern) gegeben habe. Daher suchte er immer wieder – politisch und individualpsychologisch – nach den *Gründen* für das Machtprinzip, um dieses Prinzip aus der

Welt zu schaffen. Er will es abgeschafft wissen; er sucht nicht nach Mitteln und Wegen, das Prinzip der Macht zu pazifizieren, zu integrieren, zu «sozialisieren». Gross will radikale Lösungen, keinen Reformismus. Er will: Alles *oder* nichts. Tatsächlich aber wird er zum Opfer von Macht und auch zum machtvollen Täter. Seine ideologischen Hoffnungen schützen ihn nicht, selbst zu tun und zu erleiden, was er abgeschafft wissen will. Darin liegt seine Tragik: Er will «die» Frauen befreien; aber in der je konkreten Beziehung zu einer leibhaftigen Frau verstrickt er sich heillos in Unfreiheit, legt er sich und den Frauen Fesseln an. Wenigstens in einem äußerlichen Sinne hatte der Vater recht, als er meinte, den Sohn hätten «die unseligen ‹Brautgeschichten›», die «ganz unsinnigen Weibergeschichten» (zit. n. Hurwitz 1979, 53), ruiniert. Bis zu einem gewissen Grade muß denn auch der Kampf, den Otto Gross gegen den Vater führte, verstanden werden als ein *verschobener* Kampf, hinter dem noch der Kampf gegen die präödipale, verschlingende, identitätsbedrohende Mutter verborgen liegt. Der «patriarchalische» Vater der Jahrhundertwende eignet sich vorzüglich für den Kampf um Autonomie. In dieser Hinsicht macht Gross keine Ausnahme. Ähnliches ließe sich über Kafka, Schreber, Freud oder Jung sagen. Die Figur des Vaters ist so mächtig, daß die Gestalt der «schwachen» Mutter, die im Schatten des Vaters und hinter dem häuslichen Herd verschwindet, kaum wahrnehmbar ist. Aber gerade der «starke», ängstigende Vater treibt den Sohn (oder die Tochter) zurück in die Arme der Mutter, hilft nicht bei der Lösung aus der symbiotischen Verschmelzung mit der präödipalen Mutter, bietet sich nicht als zureichendes Identifikationsobjekt an (es sei denn zum Aufbau einer männlichen *Fassade*, die brüchig bleibt, und hinter der die infantilen Regressionswünsche weiterwuchern, während sie angstvoll im Kampf mit der Stellvertreterin der Mutter abgewehrt werden müssen).

Im Todesjahr von Otto Gross (1920) erscheint dessen wichtigste Schrift: «Drei Aufsätze über den inneren Konflikt», die jeweils programmatische Titel tragen, von denen jeder das Motto für das Leben des Otto Gross hätte abgeben können: (1) «Über Konflikt und Beziehung»; (2) «Über Einsamkeit»; (3) «Beitrag zum Problem des Wahnes». Grundsätzlich geht es, laut Gross, beim Konflikt zwischen dem Eigenen (Wollen) und dem Fremden (Wollen) um einen Machtkonflikt, der beginnt, sobald das Kind mit seinem Begehren nach Liebe auf den Willen der Eltern trifft, die das kindliche Liebesverlangen *benutzen*, um den Willen des Kindes zu brechen, um das Kind zu «erziehen», anzupassen an das fremde Wollen. Dabei beschreibt Gross die Eltern als Agenten der herrschenden Realität oder auch der gesellschaftlichen Machtverhältnisse, die gleichsam am Kind nur exekutieren, was die Gesellschaft ihnen aufgezwungen hat.

Wie aber gelangt der «fremde» Wille der Eltern in das Kind, um sich dort als Gegenwille zu etablieren, der dann die Psyche des späteren Erwachsenen terrorisiert, zum lebenslangen – inneren (und später auch wieder veräußerlichten) – Konflikt zwischen eigenem und fremdem Willen prädestiniert? Gross meint, das Fremde bestehe aus «Suggestionen», denen das hilflos-ohnmächtige, von den Eltern abhängige Kind ausgeliefert sei (1920, 3). Das Kind besitzt – anders als von Freud angenommen – bei Gross eine von Anfang an integrierte Sexualität, die – verbunden mit dem Machtstreben und der Leibfeindlichkeit der Eltern – erst pervers *wird*: durch die «naturwidrige Familien- und Milieusuggestion» (1920, 4). Durch den Akt einer *emotionalen* Vergewaltigung des Kindes seitens der Eltern wird das Liebesverlangen des Kindes (oder dessen Sexualität) ebenso pervers wie dessen Selbsterhaltungsstreben, das anfangs *nicht* auf Macht über andere Menschen gerichtet sei, nur dem eigenen Schutz diene, aber in Reaktion auf die von den Eltern ausgeübte Macht zum Streben nach Herrschaft über andere Menschen verkomme.

Für das Kind bedeutet Sexualität ursprünglich nur «*Trieb nach Kontakt*» (1920, 6); aber gerade dieser Kontaktwunsch werde von den Eltern ausgebeutet, ausgenutzt und manipuliert. So stehe das Kind vor einer unseligen Alternative: Es könne entweder den Kontaktwunsch aufgeben und sich in die innere Einsamkeit zurückziehen; oder es müsse in die «*Unterwerfung zwecks Vermeidung der Vereinsamung*» (1920, 7) einwilligen. Im ersten Falle käme es zum autistisch-narzißtischen Rückzug; im zweiten Falle wäre sadomasochistische Unterwerfung unter den Willen der Eltern die Folge, wobei dann alle zukünftigen Beziehungen zu Liebesobjekten in Analogie zu dieser ursprünglichen Beziehung aufgebaut werden müssen.

Es ist wichtig zu wissen, daß Gross, wenn er vom Masochismus und vom Sadismus spricht, zunächst *nicht* manifeste sexuelle Perversionen meint (diese wären nur der klarste Ausdruck der entsprechenden Gefühlskonflikte), vielmehr meint er emotionale Einstellungen und Strategien im Umgang mit dem eigenen Selbst und dem fremden Objekt. Masochismus bedeutet demnach für Gross die Bereitschaft, psychisch zu leiden, um wenigstens auf diese Weise noch Kontakt zum anderen aufrechterhalten zu können; und Sadismus bedeutet, den anderen leiden zu lassen, ihn zu beherrschen, zu kontrollieren und zu manipulieren, um der eigenen Unterwerfung zuvorzukommen. Unter Einbeziehung der Sexualität und im Kontext heterosexueller Beziehungen kommt es dann zu einer Verquickung von Macht- und Ohnmachtgefühlen mit den anderen – im expliziten Sinne sexuellen – Leidenschaften. Die späteren sadomasochistischen Kollusionen müßten also verstanden werden als Wiederholungen frühkindlicher Bindungs- und Trennungsschicksale, als stets neue Auflagen eines alten Kampfes um (versagte) Autonomie. «*Das treibende Motiv im Masochismus ist die Angst vor der Einsamkeit, Angst* vor der Einsamkeit ist aber ein Motiv, das durch das ganze Leben hindurch zur Geltung kommen muß. In den bestehenden Verhältnissen ist die Art der gegenseitigen Beziehungen der Menschen zueinander ... in so hohem Maße korrumpiert, daß die *Alternative zwischen Einsambleiben und sich vergewaltigen lassen* wohl jedem und immer in seinem ganzen Leben entgegensteht» (1920, 7). Das sadistisch-kontrollierende Verhältnis zum Objekt der Liebe und des Begehrens bedeutet somit *keine* Aufhebung der inneren Einsamkeit, vielmehr ständige Wachsamkeit. Der aktiv gewendete Masochismus darf nicht wieder zu einem passiven werden; das Objekt muß kontrolliert werden, damit es nicht als Ausbeuter auftreten kann. Die Versklavung und Unterdrückung des anderen wird zu einem Akt der Notwehr.

Gross entwirft mit dieser Theorie das allgemeine Paradigma der Beziehungen zwischen den Menschen unter gegebenen gesellschaftlichen Verhältnissen. Und er verfolgt die Genese dieses Verhältnisses in die Kindheit und die Eltern-Kind-Beziehung zurück. *Jeder* Mensch sei davon betroffen, egal ob Mann oder Frau, meint Gross. Im Sonderfall der (hetero- oder homo-)sexuellen Beziehungen wird die zunächst allgemein konzipierte sadomasochistische Kollusion nur noch um eine sexuelle Dimension erweitert. Der Machtkampf schließt so auch das sexuelle Begehren ein, wobei die Sexualität – weitgehend abgeschnitten vom emotionalen Erleben, besonders aber getrennt vom Wunsch nach «Hingabe», der ja zur masochistischen Unterwerfung führen müßte – die entfremdeten Beziehungsverhältnisse nicht aufsprengt, sondern nur noch einmal bestätigt. Das Ausleben der Sexualität in «grobphysischer Form» und in «surrogativer Art» (1920, 8) bestätigt das allgemeine Elend nur. Hinter dem sexuellen Begehren lauern «*Haß und Rache*» (1920, 8), die das Kind früh, wegen der emotionalen Vergewaltigung durch die Eltern, erlebte, aber seinerzeit den mächtigen Eltern gegenüber nicht *äußern* konnte. Das destruktive Potential dieser früh provozierten Affekte des Hasses *und* der Liebe aber ist allgegenwärtig. Das «Böse» – also die «bösen» Affekte (z. B. der Haß, das Verlangen nach Rache) – mußte seinerzeit abgespalten werden. Das Kind wurde so «gut». Aber hinter der Fassade aus Anpassungs- und Abwehrmechanismen wuchert das «Böse» weiter und entfaltet nach innen oder – sobald die Gelegenheit da ist – auch nach außen destruktive Gewalt.

Wir haben damit zwei der eingangs dieser Untersuchung genannten Wurzeln der Gewalt zwischen den Geschlechtern (und nicht nur zwischen ihnen) in der Theorie von Gross wiedererkannt: (1) den fortgesetzten Kampf um Autonomie in den späteren Beziehungen des Erwachsenen, der als Wiederholung eines frühen Schicksals zu verstehen wäre; (2) die durch Erziehung erzwungene Spaltung der Affekte in «gute» und «böse» (anstelle einer Integration), wobei sich destruktive Gewalt in vielfältig verdeckter Form im inneren und äußeren Konflikt darstellen kann. Die dritte Wurzel der Gewalt, die unrealistische Idealisierung der eigenen und der fremden Person, die zwangsläufig über kurz oder lang zur Enttäuschung (Entwertung) und zur Entladung von Wut und Aggression führen muß, taucht in der psychoanalytischen Theorie von Gross nicht auf, wohl aber in dessen gesellschafts-politischen Schriften. In diesen Schriften wird dem schlechthin «Bösen» der bestehenden Gesellschaft (oder eben der Realität) eine utopisch-gute Welt als Illusion entgegengehalten, die zur Realität werden könnte, ließe sich das «Böse» ausrotten. Der «Machtwille» wird von Gross nicht als eine Konstante der menschlich-affektiven Realität angesehen, vielmehr nur als eine Form von Entartung begriffen. Diese für Gross typische Haltung, die sich wesentlich von der Freuds unterscheidet, der bekanntlich die Aggression als einen unaufhebbaren Bestandteil des Menschen auffaßte, führt, wie ich meine, in der Konsequenz dazu, (1) bestimmte Formen der «gerechten» Machtausübung ideologisch zu rechtfertigen; und (2) verführt so dazu, die Sozialisation des Machtstrebens als eines zu verurteilenden illegitimen Verlangens zu unterbinden. Auf diese Weise entsteht ein Bild der menschlichen Affektivität, das hinsichtlich des Umgangs mit den «bösen», aggressiven «Trieben» im Endeffekt wiederum zur Abspaltung und Verselbständigung des «Bösen» beiträgt, weil die unerwünschten Begierden der zwischenmenschlichen Realität entzogen werden.

«Wir fassen das Gesagte *(aus der Sicht von Otto Gross – B. N.)* zusammen. Aus den großen ursprünglichen Trieben, dem Kontaktbedürfnis – der primären Sexualität – und dem Trieb zur Erhaltung der eigenen Persönlichkeit, werden unter dem Druck der Umgebung, dem Zwang zur Anpassung als Kontaktbedingung und der Angst vor der Einsamkeit die antagonistischen Triebtendenzen zum Durchbrechen der Einsamkeit um den Preis der Unterwerfung – der Masochismus – und zum Durchsetzen der eigenen Persönlichkeit um den Preis des aktiven Erhaltens der eigenen Einsamkeit, auch in der Sexualität durch Vergewaltigung des Sexualobjektes – der Sadismus. So bildet sich also der masochistisch-sadistische Antagonistenkomplex als dominierender Ausdruck des inneren Konfliktes» *(1920, 15)*. «Auf den Konflikt in dieser letzten Form geht weiterhin alle innere Zerrissenheit des Individuums zurück und alles ewige Mißlingen in den Beziehungen der Individuen zueinander. In der sadistisch-masochistischen Verbildung der großen Triebe beruht die Pathologie der Beziehungen» *(1920, 9)*.

Es ist wichtig am Ende festzuhalten, daß Gross eine allgemeine Theorie der Beziehungspathologie entwirft, die sich im inneren wie im äußeren Konflikt widerspiegelt, wobei der innere Konflikt ein ver-innerlichter Konflikt ist, der von einem ursprünglich äußeren Konflikt (zwischen dem Kind und den Eltern) abstammt und später in den Beziehungen zwischen Erwachsenen wieder entäußert werden kann (und zwar jeweils von zwei Seiten, also von beiden Partnern, ausgehend). Der «ewige» Kampf der Geschlechter, also der spezifische Konflikt zwischen Mann und Frau, ist nur ein *Sonderfall* der allgemeinen, nach Auffassung von Gross gesellschaftlich bedingten Beziehungspathologie. Die Lösung dieses Konfliktes läge – im Sinne von Gross – nicht in einer sekundären Bearbeitung (also einer äußerlichen Umwandlung des Verhältnisses der Geschlechter zueinander), sondern in einer primären Bearbeitung der Ursachen: Die Gesellschaft wäre zu ändern, die gesellschaftlichen Herrschaftsverhältnisse wären zu beseitigen (Gross' politisches Programm); und die frühen Bindungs- und Erziehungstechniken wären umzugestalten, wobei allerdings deren wesentliches Moment *nicht* auf bewußten, sondern auf *unbewußt-suggestiven* Strategien beruht (Gross' psychoanalytisches Programm). Auf diesen letzten Punkt, der die Affekt- und Beziehungslehre von Otto Gross zentral berührt, kann ich an dieser Stelle nicht weiter eingehen. Der Leser sei auf die Fortführung dieser Gedanken an anderer Stelle verwiesen (Nitzschke 1985).

Literatur

Breuer, J., Freud, S.: Studien über Hysterie (1895). Neudruck (unter Veränderung der Autorenreihenfolge): Frankfurt / M. (Fischer) 1970

Brupbacher, F.: 60 Jahre Ketzer. Zürich 1935

Freud, S.: Der Witz und seine Beziehung zum Unbewußten (1905). G. W. VI

Freud, S.: Psychoanalytische Bemerkungen über einen autobiographisch beschriebenen Fall von Paranoia (Dementia paranoides) (1911). G. W. VIII, 239–316

Gross, O.: Anmerkungen zu einer neuen Ethik (1913). In: Gross, O. 1980, 22–24

Gross, O.: Die kommunistische Grundidee in der Paradiessymbolik (1919). In: Gross, O. 1980, 41–54

Gross, O.: Drei Aufsätze über den inneren Konflikt. Bonn (Marcus & Webers) 1920

Gross, O.: Von geschlechtlicher Not zur sozialen Katastrophe (hg. von K. Kreiler). Frankfurt / M. (Robinson) 1980

Hermand, J.: Der Schein des schönen Lebens – Studien zur Jahrhundertwende. Frankfurt / M. (Athenäum) 1972

Hirschmüller, A.: Physiologie und Psychoanalyse im Leben und Werk Josef Breuers. Bern (Huber) 1978

Hurwitz, E.: Otto Gross – Von der Psychoanalyse zum Paradies. In: Szeemann, H. 1978, 107–116

Hurwitz, E.: Otto Gross. Paradies-Sucher zwischen Freud und Jung. Frankfurt / M. (Suhrkamp) 1979

Jones, E.: Leben und Werk von Sigmund Freud, Bd. 2. Bern (Huber) 1962

Jung, F.: Von geschlechtlicher Not zur sozialen Katastrophe. In: Gross, O. 1980, 125–148

Kneubühler, T.: Die Künstler und Schriftsteller und das Tessin (von 1900 bis zur Gegenwart). In: Szeemann, H. 1978, 136–178

Krafft-Ebing, R. von: Psychopathia sexualis (1886). Nachdruck der 14. Aufl.: München (Matthes & Seitz) 1984

Linse, U.: Der Rebell und die «Mutter Erde»: Asconas «Heiliger Berg» in der Deutung des anarchistischen Bohemien Erich Mühsam. In: Szeemann, H. 1978, 26–37

Nitzschke, B.: Männerängste, Männerwünsche. München (Matthes & Seitz) 1980

Nitzschke, B.: Frauenphantasien oder Liebe Deinen Nächsten wie Dich selbst. Konkursbuch 13, 1984, 157–176

Nitzschke, B.: Der eigene und der fremde Körper. Bruchstücke einer psychoanalytischen Gefühls- und Beziehungstheorie. Tübingen (Konkursbuchverlag) 1985

Schreber, D. P.: Denkwürdigkeiten eines Nervenkranken (1903). Neudruck: Frankfurt / M., Berlin, Wien (Ullstein) 1973

Szeemann, H. (Hg.): Monte Verità – Berg der Wahrheit. Lokale Anthropologie als Beitrag zur Wiederentdeckung einer neuzeitlich sakralen Topographie. Milano (Electa Editrice) 1978

Weininger, O.: Geschlecht und Charakter. Eine prinzipielle Untersuchung (1903). Neudruck: München (Matthes & Seitz) 1980

16

Einsamkeit macht krank

Dauerhafte soziale Isolierung kann in letzter Konsequenz zum Tod führen – und: Der Mensch ist ohne den Menschen nicht lebensfähig. Das ist die Quintessenz eines der erregendsten Gebiete der experimental-psychologischen Forschung. Als zu Beginn der fünfziger Jahre an der kanadischen Universität in Montreal erstmals mit der systematischen Erforschung experimentellen Reizentzugs und sozialer Isolierung begonnen wurde, war die Bedeutung dieser Untersuchung noch nicht abzusehen. Zunächst ging es um praktische Fragen, z. B. im Zusammenhang mit Weltraumflügen und der damit verbundenen isolierten Situation der Astronauten. Wie verhält sich ein Mensch, der, allein auf sich gestellt, nur auf bestimmte Signale mit vorausbestimmten Reaktionen zu antworten hat? Um die hier entscheidenden Bedingungen noch systematischer zu erfassen, begann man die Fragestellung zu radikalisieren: Wie verhält sich ein Mensch, wenn er überhaupt keine Signale erhält und keine Reaktionen von ihm verlangt werden?

Im Unterschied zur experimentellen Neurose, bei der es zur Verwirrung des Zentralnervensystems durch widersprüchliche Reizaufgaben

kommt, wird der Mensch im Deprivationsexperiment in der Isola-
tionskammer mit dem totalen Verlust von Aufgaben konfrontiert. Es
kommt zur «Modellpsychose», ein Begriff, der eher beschreibend als
erklärend zu verstehen ist, da Ähnlichkeiten mit einer tatsächlichen
Psychose wissenschaftlich umstritten sind. Der slowakische Psychiater
Jan Gross, der zusammen mit seinem Kollegen Ludvik Sváb in Prag die
erste Kammer in Mitteleuropa installierte und als Nachfolger von Bür-
ger-Prinz an der Hamburger Psychiatrischen Klinik die Kammerexpe-
rimente in der Bundesrepublik fortsetzte, erklärt den Unterschied zwischen experimenteller Neurose und «Modellpsychose» durch ein einfa-
ches Beispiel:

«Im einen Fall handelt es sich um einen Autofahrer, der seine Fahrt
zwar fortsetzt, jedoch wegen ständig wechselnder Verkehrsschilder zu
falschen Reaktionen kommt. Im anderen Fall stellt der Fahrer seine
Tätigkeit nach einer gewissen Zeit vollkommen ein, da Verkehrszei-
chen und Richtungsschilder völlig fehlen.» Die typische Kammersituation führt über Halluzinationen, Denkstörungen und Wahrnehmungs-
veränderungen schließlich zu Wahnvorstellungen schwerster Form.
Zwar weiß man seit Freud über die fundamentale Bedeutung einer
engen Mutter-Kind-Beziehung Bescheid, deren Fehlen zu schweren
Verhaltensstörungen führen kann, jedoch haben erst die Deprivations-
experimente erkennen lassen, daß das die Mutter-Kind-Beziehung aus-
zeichnende Kontaktbedürfnis für Menschen aller Altersstufen anzunehmen ist. Die Mutter-Kind-Beziehung ist nur der spezifische Ausdruck
eines generellen Bedürfnisses für eine bestimmte Altersstufe. Die für die
westliche Kultur bezeichnende Überschätzung dieser frühen Beziehungsform läßt sich nur dadurch erklären, daß in unserer Gesellschaft
für den Erwachsenen später kaum noch analoge Sozialbeziehungen
möglich sind. Und noch ein Unterschied zwischen dem Kind und dem
Erwachsenen ist bemerkenswert. Für das Kind stellt die Mutter eine
unerschöpfliche Reizquelle dar. Für den Erwachsenen ist eine einzige
Bezugsperson als Reizquelle dagegen erschöpflich. Wo dies dennoch –
als Gebot und Verbot institutionalisiert – gefordert wird, wie etwa in der
monogamen Ehe, kommt es fast zwangsläufig zu einer Verkümmerung
menschlicher Fähigkeiten und Unterdrückung von Bedürfnissen.

René Spitz konnte an Waisenhauskindern nachweisen, daß die Bedeutung der Mutter für das Kind nicht auf die Fürsorge in physischer
Hinsicht beschränkt ist. Auch umsorgte Waisenhauskinder sterben in
den ersten Lebensjahren wesentlich häufiger als Kinder, die in einer

Familie aufwachsen. Der Mangel an psychischer Stimulation führt bei den Waisenhauskindern zum Tod. Überleben sie dennoch, verursacht eben dieser Mangel unter Umständen niedrigere Intelligenz, Passivität und Abhängigkeit. Die Entwicklung zum autonomen, seine Fähigkeiten voll entfaltenden Menschen setzt vom ersten Lebenstag an eine ständige psychische Stimulierung voraus, die nur durch ständigen sozialen Kontakt gewonnen werden kann. Wird dieser Kontakt auf irgendeiner Altersstufe prinzipiell unterbrochen, ist mit Störungen zu rechnen. Der Tod des Selbstmörders ist nicht unbedingt verschieden vom Tod des Kindes im Waisenhaus, falls er auf soziale Isolation zurückzuführen ist. Das gleiche gilt für die hohe Sterblichkeitsquote während der ersten Aufenthaltsmonate im Altersheim.

Da man beim Menschen aus humanitären Gründen nicht experimentell in die Entwicklungsverläufe eingreifen kann, ist man hier auf Zufallsbeobachtungen angewiesen. So fand Anna Freud an einer Gruppe von sechs Kindern, die bereits in einem Alter unter drei Jahren ins Konzentrationslager gekommen waren und das Inferno überlebten, eine erstaunlich hohe Gruppenidentifikation und Solidarität, die trotz der unmenschlichen Lebensumstände die Kinder vor den schlimmsten psychopathogenen Einflüssen bewahrten. Man kann daraus folgern, daß die Mutter-Kind-Beziehung nur solange von einmaliger Bedeutung ist, solange das Kind von sich aus noch keine weiteren Sozialkontakte – vor allem zu Altersgenossen – eingehen kann. Ist diese Fähigkeit erst einmal vorhanden, verliert die Mutter an Bedeutung. Dies zeigen die Sozialisationspraktiken vieler Naturvölker, bei denen die Kinder nach den ersten Lebensjahren kaum noch Kontakt zu den Eltern, dafür aber um so mehr Kontakt zu der Kindergruppe haben. Gleichzeitig werden auf diese Weise die Autorität der Erwachsenen und deren Verinnerlichung eingeschränkt. Das Kind kann sich autonomer und selbständiger entwickeln, es wird realitätsgerecht durch die der jeweiligen Altersstufe spezifischen Bedürfnisse sozialisiert. Bezeichnenderweise tritt unter diesen Umständen offenbar keine sexuelle Latenzperiode auf. Die Eltern nehmen lediglich die Rolle des Ratgebers mit Schutzfunktion ein.

Die berühmten Versuche des Forscherehepaares Harlow an Affen weisen die biologische Berechtigung dieser bei Naturvölkern geübten Erziehung nach. Während isoliert aufwachsende Affen später vollkommen unfähig für sozialen Kontakt und vor allem für artgerechtes Sexualverhalten sind, konnten diese Schäden bei Affen, die zwar ohne

Mutter, dagegen in der Gruppe der Gleichaltrigen aufwuchsen, vermieden werden. Man darf als gesichert annehmen, daß die Spielgruppe auch für den Menschen bereits recht früh wichtige Funktionen übernimmt, die zunächst die Beziehung zur Mutter bereitstellte. Die Mutter erfüllt ihre Funktion, wenn sie das Kind auf diesen Kontakt zur Spielgruppe vorbereitet.

Totale Isolierung, sowohl von der Mutter wie von den Altersgenossen, führt bei Affen, wie Harlows zeigen konnten, zu verheerenden Wirkungen. Die Tiere verstecken den Kopf in den Armen, zeigen ruhelose, ziellose Bewegungen, die mit starrer, verkrampfter Körperhaltung abwechseln. Die Selbstaggression steigt schließlich so sehr an, daß die Tiere sich bis auf die Knochen selbst zerfleischen können. Das Symptombild gleicht bestürzend dem bei der menschlichen Schizophrenie.

Verbindet man diese Beobachtungen mit den Ergebnissen der Modellpsychose, deutet sich ein neues Verständnis der Schizophrenie an, von der man bisher annahm, sie sei erblich bedingt. Es ist vielmehr wahrscheinlich, daß die Kranken in ihrem ersten Lebensjahr in der Beziehung zur Mutter schwer gestört wurden. Dem entspricht die Beobachtung, daß Schizophrenie häufiger in Familien auftritt, in denen auf Grund extremer wirtschaftlicher Not eine adäquate Mutter-Kind-Beziehung kaum hergestellt werden kann. Der Schizophrene zieht sich später von allen Kontakten zurück und lebt in einer autistischen, selbstbezogenen Welt. Auf Annäherung reagiert er mit Angst. Es ist nicht erstaunlich, daß diese Kranken die Situation in der Kammer tolerieren, ja, alle Anzeichen deuten darauf hin, daß sie die Kammersituation über Stunden hinweg regelrecht als wohltuend empfinden. Die Kammer entspricht der Fehlanpassung des Schizophrenen und bietet ihm Schutz vor einer als feindlich erlebten Umwelt.

Für die gesunde Versuchsperson ist der Aufenthalt in der Kammer belastend. Der Raum ist vollkommen schalldicht und verdunkelt. Keinerlei Reize werden geboten, keine Reaktionen verlangt. Bereits nach kurzem Aufenthalt kommt es zu Zeitverschätzungen. Beine und Arme können als meterlang vergrößert oder überhaupt nicht mehr vorhanden empfunden werden. Durch das Fehlen der Außenreize konzentriert sich die Wahrnehmung auf den eigenen Körper und das eigene Denken. Die auf die alltägliche Umwelt des Menschen bezogenen rationalen Steuerungsmechanismen werden stark vermindert oder fallen gänzlich aus.

Man hat sich bemüht, die Versuchspersonen danach zu unterscheiden, ob sie die Deprivationsbedingungen gut oder schlecht ertragen. Die Lösung dieser Frage spielt eine wichtige Rolle bei der Auswahl zukünftiger Astronauten oder des Militärpersonals für einsame Stationen in der Arktis. Menschen, die vollständig auf die Stufe der Primärprozesse zurückweichen, denen es unmöglich ist, gewisse rationale Kontrollen unter diesen extremen Isolationsbedingungen aufrechtzuerhalten, versuchen oft, das Experiment abzubrechen. Versuchspersonen dagegen, die tagelang dem Experiment standhalten, zeichnen sich durch hohe Werte auf Skalen aus, die Ich-Stärke messen.

Das isolierte Individuum verliert in der Kammer in jedem Falle an Selbstbestimmung. Es wird manipulierbar. Da es prinzipiell auf Reize angewiesen ist, greift es alles auf, was ihm geboten wird, und seien dies manipulierende Reize, die vom Versuchsleiter in bestimmter Absicht ausgewählt werden. Der Isolierte ist lenkbar. Dieses Mechanismus haben sich die terroristischen Verhörmethoden, bekannt als «Gehirnwäsche», stets bedient. Es kommt zu unverständlichen Reaktionen: Etwa unterschreibt ein der Sache ergebener Revolutionär plötzlich ein Geständnis, demzufolge er für ausländische Spionagedienste gearbeitet habe. Die Folgen der Isolierung halten genügend lange an, um dieses Geständnis auch in einem späteren, öffentlichen Prozeß vom Angeklagten zu erhalten.

Andererseits ergeben sich aus dieser verstärkten Lenkbarkeit des Isolierten neue Ansätze einer experimentellen Psychotherapie. Hat man den Patienten in die bestimmbare Abhängigkeit gebracht, so kann der Therapeut die krankhafte Persönlichkeit mit Hilfe entsprechender Techniken beeinflussen. So kann man vor allem Kommunikationsneurosen behandeln – den meisten psychischen Krankheiten liegen Kommunikationsprobleme zugrunde. In der isolierten Situation kann der Kranke erst einmal bestimmte Symptome abbauen und dadurch Selbstvertrauen gewinnen, das die soziale Angst vermindert. Diese Therapie wurde bei Stotterern in der Hamburger Psychiatrischen Universitätsklinik bereits versucht, wenngleich sie noch nicht über das experimentelle Stadium hinausging. Der Kranke liest in der Kammer Texte und stellt fest, daß er ohne Stottern lesen kann. Sein Symptom – das Stottern – ist ja Ergebnis sozialer Angst. Als nächstes liest der Kranke, während ein Tonband läuft. Hat er auch unter diesen Umständen fehlerfreies Lesen gelernt, nimmt die Kontrolle nochmals zu, etwa durch das Wissen des Patienten, daß der Therapeut über Mikrofon zuhört. Mit dem zunehmenden Selbstbewußtsein des Patienten und steigender Kontrolle der Außenwelt, deren Fehlen das bisherige Leiden verursachte, kann eine einwandfreie Aussprache wiederhergestellt werden.

Wenn die direkte Therapie auch zur Zeit noch kaum entwickelt ist, so hat die Forschung doch bereits für eine ganze Reihe von Fragen indirekte Lösungsmöglichkeiten oder zumindest den Schlüssel zum Verständnis mancher Fragen geliefert. So weiß man, daß der Blinde, Taube, Amputierte usw. nicht nur an seinem jeweils spezifischen Gebrechen leidet, sondern oft auch schwere psychische Persönlichkeitsveränderungen zeigt. Das organische Leiden zieht nämlich oft eine stark herabgesetzte Reizzufuhr und soziale Isolation nach sich, was wiederum zu sekundär bedingten psychischen Störungen führen muß. Den Kranken kann am besten geholfen werden, wenn man die verminderte Reizzufuhr soweit wie möglich ausgleicht.

Schließlich wurden durch die Deprivationsuntersuchungen bis dahin unerklärliche Flugzeugunfälle verständlich. Wie in der Kammer, so treten beim Blindflug durch die Reizarmut beim Piloten Realitätsstörungen auf, deren Gefährlichkeit sich aus «falschen» Körperwahrnehmungen ergibt. Obwohl das Flugzeug korrekt fliegt, meint der Pilot dann etwa, er fliege senkrecht zur Erde. Als man die Reizarmut als Ursache dieser Unglücksfälle erkannt hatte, konnte man etwa durch intensiven Funkkontakt oder durch einen Ko-Piloten den gefährlichen Reizmangel ausgleichen.

Ähnlich ergeht es Autofahrern, die lange Strecken in der Nacht oder bei Nebel fahren. Auch sie können Opfer der Reizarmut werden, wenn sie plötzlich nicht vorhandene Hindernisse oder Straßenabzweigungen halluzinieren und entsprechend falsch bremsen oder steuern.

Alle diese Beispiele zeigen die unbedingte Abhängigkeit des Menschen von der Reizzufuhr. Der menschliche Organismus ist notwendig auf die Interaktion mit der Umwelt angelegt. Bereits der Ausfall einfacher optischer Signale führt zu schwerwiegenden Störungen. Komplexere Signale, die zusammengenommen den sozialen Kontakt ausmachen, sind für den Menschen noch wichtiger und können den Ausfall einfacher Signale weitgehend ersetzen. Sie selbst jedoch sind kaum ersetzbar. Ihr dauerhafter Mangel führt in allen Altersstufen zu schwerwiegenden Störungen. Ihre weitgehende Einschränkung – etwa durch die Begrenzung des sozialen Kontakts auf eine Kleinstgruppe – führt, wenngleich nicht zur totalen, so doch zur partiellen Einschränkung menschlicher Möglichkeiten. Dieser letzte Aspekt der Deprivationsforschung, der die wichtigsten gesellschaftspolitischen Konsequenzen hat, ergibt sich aus der experimentellen Untersuchung isolierter Gruppen. Da bei ihnen der Außenkontakt blockiert ist, führt der Binnenkontakt nach einer gewissen Zeit auf Grund der Gleichförmigkeit der Reize zur Monotonie. Gereiztheit, Feindseligkeit und Konflikte aller Art sind an der Tagesordnung. Die gegenseitige Abhängigkeit der Mitglieder in der Gruppe verhindert ein offenes Ausleben der Konflikte. An der University of California studierte man ein solchermaßen gestaltetes Gruppenleben bezeichnenderweise in einem modernen Penthouse-Appartement. Es zeigte sich, daß in der isolierten Gruppe aktive Tätigkeiten wie Kartenspiel und Gespräche rasch abnehmen.

Obwohl es sich auf Grund vorher erhobener Testergebnisse um eine «verträgliche» Gruppe handelte, war bereits in der sechsten Woche kaum noch Gruppentätigkeit zu beobachten. Passives Musikhören und Fernsehen ersetzten die aktiven Beschäftigungen. Besonders stark nahm das Besitzstreben zu. Die Gruppenmitglieder grenzten plötzlich einen Teil des Zimmers ab, dessen Betreten sie den anderen verboten, und beanspruchten belanglose Gegenstände, die sie auch bei Bedarf an andere nicht abgaben. Die Aggressivität gegen die Außenwelt steigerte sich immer mehr, aller Ärger wurde endlich nach außen projiziert. Hier ergeben sich frappierende Ähnlichkeiten mit der Situation der Kleinstfamilie, die mehr oder weniger sozial isoliert in einer abgeschlossenen Wohnung lebt. Die Familienmitglieder gehen passiven Beschäftigungen nach, sitzen stur Abend für Abend vor dem Fernsehapparat. Die häufig gemachte Beobachtung, daß Ehestreitigkeiten vor allem an Wochenenden rapide ansteigen, wird verständlich. Dann nämlich ist der Außenkontakt noch mehr als sonst unterbrochen, die Kommunikation, die der Arbeitsplatz noch bietet, fehlt. Am Wochenende konkretisiert sich die Reizarmut der isolierten Gruppe. Dem drohenden Familienkrach kann durch ungezielte Familienausflüge – Ausbrüche aus der Situation – entgangen werden. Jedoch bleibt die grundsätzliche Situation unangetastet, solange nicht wirklich ein zwischenmenschlicher Außenkontakt hergestellt wird. Die Ideologie ungeschulter Eheberater führt dazu, der isolierten Familie mehr «Innerlichkeit» anzuraten. Diese Art der Kompensation kann aber bestenfalls verschleiern helfen.

Vielleicht wird so verständlich, warum viele Jugendliche sich scheuen, sich diesem traditionell vorgezeichneten Schicksal auszuliefern. Die Diskussion über Kommune und Großfamilie gewinnt auf Grund der genannten Ergebnisse einen empirisch begründeten, sinnvollen Ansatz. Die traditionelle Einsamkeit zu zweit oder auch mit Einschluß der Kinder ist fast ebenso zerstörerisch wie die Einsamkeit allein. Die Entfremdung des Jugendlichen von der Familie, die Flucht des Jugendlichen aus der Familie können als Zeichen einer gesunden Suche nach Alternativen interpretiert werden. Der Jugendliche hat noch nicht resigniert, er ist noch lebendig genug, das menschliche Bedürfnis nach variierendem sozialem Kontakt zu spüren.

Die vieldiskutierte Krise der Ehe ist selbst nur Symptom einer in die Krise geratenen Gesellschaft, die nach Auflösung der Großfamilie und der dörflichen wie kleinstädtischen Gemeinschaft kaum mehr in die Lage versetzt, die Isolation des einzelnen zu verhindern. Krise der Ehe, Probleme des Alters oder des Selbstmords können nicht sinnvoll aus diesem gesellschaftlichen Bedingungszusammenhang isoliert werden. Der weite Umfang psychologischer Isolationsversuche läßt erkennen, daß derzeitige Lebensbedingungen den menschlichen Bedürfnissen nicht adäquat sind.

17 Kafka der Psychoanalyse. Über Viktor Tausk (1879–1919)

Als der amerikanische Soziologe und Harvard-Professor Paul Roazen, selbst kein Psychoanalytiker, sein denkwürdiges Buch «Brother Animal. The Story of Freud and Tausk» (1969) veröffentlichte, begann eine Kontroverse um einen der genialsten, aber auch problematischsten Schüler Freuds, um Viktor Tausk, der 1908 zum Kreis um Freud gestoßen war. Roazen hatte die These aufgestellt, Tausk habe Freud so nahe gestanden, daß er bisweilen Gedanken «erraten» konnte, die Freud selbst bewegten, ohne daß dieser sie schon ausgesprochen hätte. «Weiß er schon alles?», stand auf einem Zettel, den Freud Lou Andreas-Salomé anläßlich einer Diskussion in der «Mittwochsgesellschaft» zuschob, beim wöchentlichen Treffen der Schüler und des Meisters, als Tausk Thesen formulierte, die Freud als die seinen wiederzuerkennen glaubte. Lou, die mit Tausk eng befreundet war – Roazen unterstellt eine sexuelle Beziehung, die von anderen bestritten wird –, notierte in ihrem Tagebuch über Tausk, er besitze eine «leidende Gefühlshaftigkeit bis zur Selbstauflösung». Damit ist gemeint, was psychoanalytisch als ein partieller Verlust der Ich-Grenzen umschrieben wird, eine Fähigkeit, die kreativen Künstlern, Kindern, aber auch hochgradig gestörten Menschen, vor allem Schizophrenen, unterstellt wird.

Tausk gegenüber jedenfalls empfand Freud zunehmend ein erhöhtes Abgrenzungsbedürfnis. Er wollte nicht, daß Tausk ihm zu nahe kam, weshalb er schließlich auch die Bitte Tausks, Freud möge ihn in Analyse nehmen, abschlug. Statt dessen ging Tausk zu Helene Deutsch in die Analyse (die ihrerseits bei Freud in Analyse war), ein Arrangement, das Tausk akzeptierte und Freud gestattete, auf dem Umweg über Helene Deutsch Einblick in Tausks Persönlichkeit zu erlangen. Nach wenigen Monaten untersagte Freud die Fortsetzung dieser *folie à trois*. Er stellte Helene Deutsch vor die Alternative, entweder ihre Analyse bei ihm oder aber die Tausks zu beenden, mit der Begründung, Tausk habe in das Arrangement nur eingewilligt, um mit ihm, Freud, indirekt kommunizieren zu können. Ein Vorwurf, der stimmen mag, aber auch umgekehrt zutrifft, also auch Freuds indirektes Interesse an Tausk charakterisiert. Drei Monate nach der erzwungenen Beendigung seiner Analyse bei Helene Deutsch brachte sich Tausk um: Er erschoß *und* erhängte sich in einer Nacht vom Mittwoch auf Donnerstag, also zu einer Zeit, zu der seine Kollegen im Kreise bei Freud über psychische Probleme diskutierten. Eine symbolische Zeit.

Roazen meint, Freud trage einen Teil der Schuld für Tausks Selbstmord und stützt sich dabei auf Aussagen anderer Analytiker, etwa Paul Federns, der den Anlaß auch in der gespürten Ablehnung Freuds gegenüber Tausk erblickt. In einem 1919 veröffentlichten Nachruf rühmt Freud den Selbstmörder zwar als einen «ungewöhnlich begabten Wiener Nervenarzt», dessen «lauteren Charakter, seine Ehrlichkeit gegen sich und andere und seine vornehme Natur» man geschätzt habe und der sich durch «ein Bestreben nach dem Vollendeten und Edlen auszeichnete». Ein «ehrenvolles Andenken» in der Geschichte der Psychoanalyse sei Tausk «sicher», heißt es weiter.

Doch das sind nur die offiziellen Verlautbarungen. In einem vertraulichen Brief an Lou schreibt Freud einen Monat nach dem Tode Tausks: «Ich gestehe, daß er mir nicht eigentlich fehlt»; «ich hielt ihn seit langem für unbrauchbar, ja, für eine Zukunftsbedrohung. Ich hatte Gelegenheit, einige Blicke in den Unterbau zu tun, auf dem seine stolzen Sublimierungen ruhten, und ich hätte ihn längst fallen lassen, wenn *Sie* ihn nicht in meinem Urteil gehoben hätten.» Lou antwortet Freud lapidar: «Ich hatte ihn lieb!» Aber mit dem ehrenvollen Andenken Tausks unter Analytikern ist es nicht weit her. Schon Ernest Jones, Freuds offizieller Biograph – oder besser: Hagiograph –, bezeichnete Tausk umstandslos als einen Schizophrenen, ein Vorwurf, den später Eissler (1971), der Generalsekretär des New Yorker Sigmund Freud-Archivs, zu untermauern suchte, als er Roazens Thesen zurückwies. Die Kontroverse, die inzwischen durch eine Anzahl weiterer Bücher und Artikel in Fachzeitschriften an Umfang zugenommen hat, kann jetzt dank einer beachtenswerten Leistung eines kleineren Verlages anhand des Schrifttums von Tausk (1983), das bisher in größten Teilen nur schwer zugänglich oder überhaupt nicht veröffentlicht war, sachlicher geführt werden. Zumal der im Anhang beigegebene biographische Bericht des Sohnes von Tausk, Marius, der heute in Holland lebt, bemüht sich um Objektivität.

Die «Schuld» Freuds am Tode Tausks relativiert sich erheblich, wenn man die *Genese* von Tausks Erkrankung betrachtet, nicht, wenn man den *Anlaß* betont.

Viktor, als erstes von zehn Kindern eines jüdischen Ehepaares in Slowenien 1879 geboren, wurde zunächst Jurist, später Journalist wie der Vater. In der vom Vater herausgegebenen *Südslavischen Revue* beispielsweise veröffentlicht der Sohn eine «Bosnische Zigeunergroteske», in der am Ende der Vater den Sohn köpft. Überhaupt sind es die literarischen Arbeiten Tausks, die Einblicke in seine Depressionen, Zerrissenheiten und seine Todessehnsucht geben. Auch Tausks Lyrik, in der immer wieder vom Tod und vom Sterben die Rede ist, offenbart, wie sehr sich Tausk zeitlebens gegen den Zwang, sich umzubringen, wehren mußte. 1905 schreibt er an seine bereits von ihm geschiedene Frau Martha, an die er noch immer die schönsten und wehmütigsten Liebesbriefe schickt, er suche «einen plausiblen Selbstmordgrund zu bekommen».

Das bis zur Herausgabe der gesammelten Schriften Tausks unveröffentlichte, in vier Akten abgefaßte Drama seiner Ehe schreibt Tausk unter dem Titel «Halbdunkel» 1905 nieder. Zur gleichen Zeit erhält Martha einen Brief, mit der Anrede «Geliebte Frau!», in dem es heißt: «Wie ein Sturm von Wehmut, Angst, Pein, Schuld ist es über mich gekommen. Ich habe den dritten Act beendet und bin zerfleischt. Und jetzt, da ich Dich neugeschaffen habe in meinem Werk, jetzt packt mich die Sehnsucht nach Dir...»

Das nun war tatsächlich Tausks Drama: daß er eine Frau nur lieben konnte, wenn sie für ihn nicht mehr erreichbar war, daß er sich zerstören mußte, wenn er in zu enge Nähe zu einer geliebten Frau geriet. Als er sich 1919 umbrachte, stand er kurz vor einer neuen Eheschließung mit der Konzertpianistin Hilde Loewi, die als Patientin zu ihm gekommen war und die er laut Aussage einer Freundin während der ersten Analysestunden verführt und defloriert haben soll.

Nun gut, Tausk war gewiß nicht das Ideal eines Analytikers, der sich neutral und abstinent verhielt, wenn es um weibliche Patienten ging. Er war kein Aushängeschild zu einer Zeit, als sich die Gerüchte über die sexuelle Freizügigkeit der Analytiker – oder wenigstens ihrer Theorie – in Wien jagten. Vielleicht war es das, was Freud, der Puritaner, meinte, als er schrieb, Tausk sei eine «Zukunftsbedrohung» (für die Analyse). Daß Tausk aber ein vorzüglicher Theoretiker war, einer, der sich in der Literatur, in der Philosophie und in der psychoanalytischen und psychiatrischen Fachliteratur gleichermaßen gut auskannte, darüber legen seine wissenschaftlichen Schriften, die den größten Teil des Buches ausmachen, beredt Zeugnis ab.

Herausragend ist nach wie vor die wichtigste Schrift von Tausk «Über die Entstehung des ‹Beeinflussungsapparates› in der Schizophrenie», die in seinem Todesjahr erstmals in einer psychoanalytischen Fachzeitschrift veröffentlicht wurde und, im Gegensatz zu den meisten anderen kleineren Arbeiten, in der psychoanalytischen Diskussion stets eine Rolle spielte. Tausk erweist sich hier – zusammen mit Paul Federn, der später selbst auch durch Suizid sein Leben beendete (er war zu diesem Zeitpunkt sehr alt und krebskrank) – als einer der beiden Pioniere der psychoanalytischen Schizophrenieforschung. Er arbeitete auf diesem Gebiet, als die meisten Analytiker, allen voran Freud selbst, noch meinten, die Psychoanalyse sei für die Behandlung von Schizophrenen ungeeignet. Der «Beeinflussungsapparat», den der Schizophrene halluziniert, um sich seine Veränderungsgefühle zu erklären, um die Beeinflussung durch Strahlen, Magnetismen, Elektrizität und andere geheimnisvolle Ströme zu rechtfertigen, wird von Tausk als die Konkretion eines seelischen Zerfallsprozesses ausgewiesen, als die Vergegenständlichung eines seelischen Dramas.

Wie Tausk diesen «Apparat», dieses quälende Instrument der Verfolgung, analysiert, wie er anhand dieses Beispiels alle Facetten der Angst, der Hilflosigkeit und der Verzweiflung des Schizophrenen beschreibt, das macht ihn zu einem Kafka der Psychoanalyse.

Kein Wunder, daß ein Mensch, der über eine derart sensible Empathie im Hinblick auf die «unheimlichste» aller psychischen Störungen verfügte, anderen als eine Bedrohung erscheinen mußte, zumal, wenn man unterstellen darf, daß diese anderen, wie etwa Freud, selbst keineswegs so fern von dem waren, was Tausk in gleichsam selbstzerstörerischer Weise der Nacht, dem Schweigen entriß, um es an den Tag zu bringen. Hätte Tausk nur diese eine Arbeit veröffentlicht, er hätte sich allein damit bleibendes Verdienst erworben.

Wie diese Arbeit aber mit Tausks persönlichem Schicksal verwoben ist, wie sehr die Motive, die er analysiert, auch in den literarischen Arbeiten wiederzuerkennen sind, das erstmals nachvollziehen zu können, ist das Verdienst eines kleinen, «alternativen» Verlages, der durch die Herausgabe der gesammelten Schriften Tausks einer Dokumentationspflicht nachgekommen ist, die finanzkräftigere Unternehmen bisher gescheut haben. Wie Hans-Joachim Metzger, der Herausgeber, in seiner Vorbemerkung schreibt, verfügen wir bis heute nicht über eine vollständige Ausgabe der Werke Freuds, geschweige denn über eine historisch-kritische Gesamtausgabe. Umfangreiches Material, vor allem Briefe, liegen noch unter Verschluß. So ist es einstweilen notwendig, die Geschichte der Psychoanalyse anhand anderer Quellen bruchstückhaft zu rekonstruieren. Und auch hierfür sind Tausks erstmals vollständig publizierte Schriften ein wichtiger Baustein.

Literatur

Eissler, K. R.: Talent and genius. The fictious case of Tausk contra Freud. New York (Quadrangle) 1971
Roazen, P.: Brother animal. The story of Freud and Tausk. New York (Knopf) 1969
Tausk, V.: Gesammelte psychoanalytische und literarische Schriften. Berlin, Wien (Medusa) 1983

18

«Die Magie als experimentelle Naturwissenschaft» oder Die Einsamkeit als Mißgeschick einer «künstlichen Schizophrenie»

Über Ludwig Staudenmaier (1865–1933)

Kurze Zeit nach der Jahrhundertwende veröffentlichte Dr. Ludwig Staudenmaier (kgl. ord. Gymnasialprofessor für Experimentalchemie am Lyzeum in Freising bei München) ein Buch mit dem etwas merkwürdigen Titel: «Die Magie als Experimentelle Naturwissenschaft» (1912; – zit. n. Neuausgabe: 1968).

Staudenmaier beschreibt hier als «Naturwissenschaftler» seine eigenen Erlebnisse, die er als «magische» auffaßt, und die infolge einer (wie er selbst meint) *freiwilligen* Isolation von anderen Menschen aufgetreten waren. Was er als «magisch» begreift, sind aber doch nur sinnlich-emotionale Prozesse, die erlebt werden können, wenn – infolge von Reizentzug, Isolierung und Selbstbeobachtung – ein regressiver Zerfall der Persönlichkeit eingetreten ist. Staudenmaier beschreibt die Magie des Körpers unter der Bedingung einer psychischen Desintegration. Dabei ist er sich selbst nicht ganz klar, welche Erlebnisse er dem (bis dahin) Unbewußten, welche er der «Magie» im engeren Sinne zuordnen soll. Jedenfalls beruft er sich auf eine Reihe älterer Lehren, die ähnliche Beobachtungen gemacht und Aussagen getroffen hätten: Hexerei, Zauberei, Medizin der Primitiven, Schamanismus, Hypnotismus, animalischer Magnetismus, Mesmerismus, Mystizismus, Spiritismus und Okkultismus. Mit anderen Worten: Staudenmaier entdeckt im Zuge einer individuellen Regression Bereiche, die im Verlauf der offiziellen Vernunftgeschichte zunehmend ausgeschlossen worden sind. Und er redet über Dinge, die der Vernunft (der «naturwissenschaftlichen» zumal) höchst verdächtig erscheinen, eigentlich gar nicht sein (oder wahrnehmbar sein) dürften.

Staudenmaier meint, es müsse ein spezielles Wahrnehmungsorgan geben, das die innerseelische Welt zu Gesicht bekomme. Als Zeugen für diese Auffassung nennt er die Mystiker, die Theosophen und Anthroposophen (Rudolf Steiner vor allem), dann aber auch Goethe (vgl. 1968,14). Er wägt die Argumente kritisch ab, glaubt aber, seine These rechtfertigen zu können. Auch die Schriften von Psychoanalytikern (Freud, Silberer, Jung) zitiert er. Immerhin hatte Jung mit einer Arbeit «Zur Psychologie und Pathologie sogenannter occulter Phänomene» (1902) promoviert. Staudenmaier war nur einer von vielen, die sich – um die Jahrhundertwende – wieder mit dem Ausgeschlossenen der Vernunft – mit den unter- und hintergründigen Welten – beschäftigten. Seine Aufzeichnungen erinnern denn auch beispielsweise an Schrebers «Denkwürdigkeiten eines Nervenkranken» (1903). Wie bei Schreber, so kreuzen auch im Werke Staudenmaiers wissenschaftliches und wahnhaftes Denken wiederholt die Klingen. Zurück bleibt ein Autor, der meint, die «Magie» experimentell betrieben zu haben, wobei er, wie er anfügt, eine «künstliche Schizophrenie» bei sich selbst erzeugt habe.

Staudenmaier beginnt mit Versuchen zum «automatischen Schreiben» (was später surrealistische Literaten und Künstler wiederholen sollten). Zunehmend gleitet Staudenmaier in eine «andere» Welt ab: Er hört Stimmen – «auch gegen meinen Willen»; und «sie wurden vielfach böswillig, raffiniert, spöttisch, zänkisch, ärgerlich usw.» (1968,24). Was dem vernünftigen und organisierten Wachdenken bislang verborgen war, kehrt nun in Form von Geistererscheinungen zurück. Mitunter glaubt Staudenmaier, die «Geister» könnten sich auch materialisieren. Früher als erwünscht befindet sich Staudenmaier in einem Kampf mit diesen Wesen. Wenn es dabei zunächst auch nicht um Leben oder Tod geht (Jahrzehnte später hungert sich Staudenmaier dem Tode entgegen, nachdem er mehrfach wegen einer tatsächlichen Psychose in psychiatrischen Kliniken behandelt worden war), so geht es doch bei dem im Buch beschriebenen Kampf um den Erhalt oder Untergang des Ich (und des an das Ich gebundenen vernünftigen Wachdenkens).

Ein «Gegenwille» macht sich bemerkbar – und es sei daran erinnert: auch die erste in Freuds Gesammelten Werken aufgenommene Arbeit setzt sich mit dem Phänomen des «Gegenwillens» auseinander (Freud 1892/93). «Es ging dann tagelang *ganz gegen meinen Willen* ein unerträgliches und widerliches Streiten fort», schreibt Staudenmaier (1968,25), ein Streit, der zwischen den verselbständigten inneren Wesen und dem erhaltenen Ich-Bewußtseins des Verfassers ausbricht. Die Spaltung in einen als fremd erlebten «Gegenwillen» und in einen eigenen Willen (mit dem sich Staudenmaier identifiziert) zeigt an, daß Persönlichkeitsanteile nicht mehr integriert werden können. «Gegenwille» und eigener Wille konstituieren einen *inneren Konflikt*, der auch als ein Konflikt zwischen unterschiedlichen Identifikationssystemen aufzufassen wäre.

Staudenmaier stellt fest, daß sich seine vormals als einheitlich erlebte Persönlichkeit in eine Reihe von Subpersönlichkeiten aufteilt. Diese Subpersönlichkeiten grenzen sich wiederum wechselseitig voneinander ab, nachdem sie sich verselbständigt haben, und versuchen, die Herrschaft an sich zu reißen. Mit zunehmendem Entsetzen registriert Staudenmaier, daß er die Geister, die er rief, immer weniger durch die Zentralgewalt seines Ichs steuern kann; daß nicht mehr er sie, sondern sie ihn beherrschen.

Da Staudenmaier seine Selbstversuche mit äußerster Rücksichtslosigkeit betreibt, wird auch seine körperliche Gesundheit «auf das schwerste angegriffen» (1968,28). Der depersonalisierten Innenwelt entspricht eine derealisierte Außenwelt. Die Außenwelt erscheint als verzerrt, als «magisch», bevölkert von bedrohlichen und faszinierenden phantastischen Gestalten. So glaubt er etwa bei der Jagd in den Isarauen anstelle von Elstern Spottgestalten auf den Bäumen sitzen zu sehen; oder er erkennt in einem Strauch ein weibliches Wesen, ein schönes Mädchen. Immer schwerer fällt die Realitätsprüfung: Was ist innen, was ist außen? Was ist Phantasma, was ist objektiv-materiell vorhandener Gegenstand? Dabei erkennt Staudenmaier durchaus zutreffend die Bedingungen, unter denen sich solche Erlebnisse einstellen: «Jedenfalls lag ein Hauptgrund dieser inneren Quälereien darin, daß ich vereinsamt lebte, zuviel nachdachte und mich selbst beobachtete» (1968,31). Unter dieser Bedingung eines Rückzugs aus emotionalen Bindungen verändert sich die Wahrnehmung, eröffnet sich das

Labyrinth der eigenen Seele, wird eben das erlebbar, was normalerweise «unbewußt» bleibt, allenfalls in nächtlichen Träumen auftaucht. Der Faden der Ariadne – also die Bindung an eine Frau –, den Theseus in der Hand behielt, als er ins Labyrinth eintrat, um das dort verborgene Ungeheuer (das Trauma) zu finden und zu töten, fehlt Staudenmaier. Der Faden, den er – anstelle der Bindung an einen anderen Menschen – besitzt, besteht allenfalls noch aus der Erinnerung an ein kritisch-vernünftiges Wissen, demzufolge die Dinge nicht immer so waren, wie sie ihm jetzt erscheinen. Dieses Wissen beschwört er, wenn die «Geister» ihn nötigen, an deren reale Existenz zu glauben.

Seinen inneren Wesen, die sich äußerlich zu materialisieren scheinen, verleiht Staudenmaier einen trefflichen Namen. Er nennt sie «Personifikationen» (1968,33). Tatsächlich dürfte es sich dabei um Teilstücke früh verinnerlichter Personen handeln, also um Bruchstücke von Objekt- (und auch Selbst-)Repräsentanzen, die ihre ursprüngliche Lebhaftigkeit zurückgewinnen. Was einmal außen war, dann verinnerlicht und in die psychische Struktur eingeschmolzen wurde, gewinnt neue Selbständigkeit und kehrt (scheinbar) in der Außenwelt zurück. Die Verwechslung von innen und außen liegt nahe. Ein oder zwei Schritte weiter – und der Schizophrene unterhält sich mit den halluzinierten Geistern, als seien sie wirkliche Wesen.

Staudenmaier ist kein mythischer Sänger. Aber gewiß begegnet er den archaisch-infantilen Wahrnehmungs-Traum-Bildern, die einstmals auch die Mythenschöpfer zum Anlaß nahmen, ihre poetischen Traumwelten zu gestalten. Was «normalerweise» in die Realitätswahrnehmungen unentdeckt eingeht, gewissermaßen mit dem Außenweltobjekt verschmilzt, wird nun im Selbstexperiment wieder freigesetzt. Und eben in dieser Form beschreibt Staudenmaier sein inneres Erleben.

Wir dürfen annehmen, daß Staudenmaier Freuds «Traumdeutung» (1900) kannte. Freud hatte festgestellt, daß es im Traum zu einer Wahrnehmungsregression kommt, in deren Verlauf ein ursprüngliches Bilderdenken wieder einsetzt (das beim Wachbewußtsein unterdrückt bleibt). Es kommt also gleichsam zu einer Umkehrung des Wahrnehmungsvorgangs, in deren Verlauf das äußere durch ein inneres Bild ersetzt wird. Staudenmaier spricht analog von einem «*Gesetz der Umkehrbarkeit (Reversibilität) des Verlaufs der Nervenerregungen*» (1968,43). Und er stellt fest:

«Menschen, die viel sich selber überlassen bleiben, Sonderlinge, welche die Einsamkeit zu sehr aufsuchen, erzielen häufig solche rückläufigen Verstärkungen der aus verschiedenen Körpergebieten kommenden Erregungen unbewußt und unfreiwillig. Sie neigen daher zu Halluzinationen, Gesprächen ‹mit sich selbst›, zu Einbildungskrankheiten, Hysterie usw.» (1968,45).

Entsprechende Erlebnisse berichten Schizophrene häufig. Und sie versuchen, sich das zu versinnbildlichen und zu erklären, was sie erleben, indem sie – beispielsweise – konstruieren, was Tausk (1919) den «Beeinflussungsapparat» genannt hat. Dieser Apparat wird als die Quelle von Strahlen und Magnetismen imaginiert, wobei ein anderer die Macht haben soll, diesen Apparat – meist zum Schaden des Kranken – zu bedienen. Zwar glaubt Staudenmaier nicht an einen solchen Apparat, denn noch ist er in der Lage, seine Trugwahrnehmungen kritisch zu relativieren; aber die Erlebnisse, die in letzter Konkretisierung zur gedanklichen Konstruktion eines solchen Apparates führen, werden eindringlich beschrieben. Es fehlt allerdings der Schritt zur Verdichtung des «Bösen» in einem Verfolger, der in der Paranoia regelmäßig zu beobachten ist.

Immerhin schwankt Staudenmaier zwischen der Annahme, die Personifikationen (z. B. «Hoheit, Kind, Teufel» – 1968,68) seien tatsächlich materialisiert vorhanden, und der Annahme, sie seien nur Ausdruck des eigenen Innern. Sich selbst bescheinigt er, in der Lage zu sein, Innen und Außen zu unterscheiden. Diese Fähigkeit zur Realitätsprüfung spricht er hingegen den Personifikationen ab; sie könnten «Wirklichkeit und Vorstellung» nicht mehr unterscheiden, seien vielmehr in «einer gewissen Suggestion befangen» (1968,75).

Die Suggestibilität ist eine regelmäßige Begleiterscheinung der regressiven Entgrenzung (und ein großer Teil der Abwehr gegen eine mögliche und gefürchtete Beeinflussung von außen, die sich bei entsprechenden Patienten beobachten läßt, dürfte dem Versuch zuzuschreiben sein, sich gegen solche Beeinflussung zur Wehr zu setzen). Solche Suggestibilität tritt auch auf im Zuge von normalseelischem Erleben – etwa bei der Verliebtheit. Und – «von der Verliebtheit ist offenbar kein weiter Schritt zur Hypnose. Die Übereinstimmungen beider sind augenfällig. Dieselbe demütige Unterwerfung, Gefügigkeit, Kritiklosigkeit gegen den Hypnotiseur wie gegen das geliebte Objekt» (Freud 1921,126). Dürfen wir interpretieren? Der Isolierte, der Kranke, der alle emotionalen Bindungen zu anderen Menschen verloren hat, befindet sich – gleichsam unfreiwillig – in einem Zustand der *Verliebtheit ohne Objekt*, in einem Zustand der Bindungsbereitschaft, die ihn in hohem Grade suggestibel und beeinflußbar macht, da er offenbar im bindungslosen Zustand nur schlecht überleben kann. Wenn die Krankheit – infolge einer *Kränkung* – mit dem Rückzug von Menschen begann, als Schutzreaktion verstanden werden könnte, so führt sie am Ende zu einem Zustand, der alles andere als Schutz gewährt: zu einem hochgradig *bedürftigen* Zustand des Wunsches (nach Bindung und Kontakt). Folgeerscheinung eines solchen Zustandes ist das Empfinden der eigenen Schwäche (oft kompensiert durch unrealistische Größenphantasien), wodurch wiederum die anderen mächtiger erlebt werden, als sie tatsächlich sind. Auf der einen Seite der Zustand eines hilflos-ohnmächtigen, bedürftigen «Kindes» – und auf der anderen Seite Menschen, die so mächtig erscheinen, wie die Eltern in grauer Vorzeit vom Kind einmal wahrgenommen worden sind. Sobald eine solche Relation im Erleben hergestellt ist, scheinen «magische» Gesetzmäßigkeiten zu gelten. Dann erhält das ersehnte, geliebte, verehrte, bewunderte, von der Kritik des vernünftigen Wachdenkens nicht mehr relativierte Objekt (der andere Mensch) Eigenschaften, die im primitiven Denken den Göttern und Häuptlingen zugeschrieben worden sind. Wie Freud schreibt, erscheinen dem primitiven Denken die Häuptlinge (die oft zugleich Götter oder Priester sind) «im Besitz einer geheimnisvollen Macht zu sein, die dem Subjekt (dem Abhängigen – B. N.) den eigenen Willen raubt, oder, was dasselbe ist, das Subjekt glaubt es von ihm. Diese geheimnisvolle Macht – populär noch oft als tierischer Magnetismus bezeichnet – muß dieselbe sein, welche dem Primitiven als die Quelle des Tabu gilt, dieselbe, die von Königen und von Häuptlingen ausgeht und die es gefährlich macht, sich ihnen zu nähern» (1921,140). Am Ende ist es immer dieselbe Macht oder Kraft, die – bedingt durch einen spezifischen emotionalen Zustand des Abhängigen – der Verliebte dem geliebten Objekt, der Primitive dem Götterhäuptling und der Schizophrene dem «Beeinflussungsapparat» zuschreibt.

Aber kehren wir zu Staudenmaier zurück – und zu dem von ihm beschriebenen Zustand des (partiellen) Zerfalls der Persönlichkeit.

> «Aus dem Vorstehenden ergibt sich somit, daß selbst bei anscheinend ganz normalen Menschen und in völlig wachem Zustande, namentlich aber im Traume und bei Geisteskrankheiten, sich für kürzere oder längere Zeit einzelne Zentren des Unterbe-

wußtseins mehr oder weniger weit emanzipieren können, wobei dann natürlich oft schwer zu unterscheiden ist, ob und inwieweit das bewußte Ich noch beteiligt ist. Es gibt eben die *verschiedenen Zwischenstufen* von der völligen autokratischen psychischen Einheit des normalen Menschen bis zur förmlichen pathologischen Zersplitterung und weitestgehenden Emanzipation einzelner Gehirnpartien» (1968,78).

Wenn das Netz der emotionalen Bindungen im Innern und im Äußern Lücken aufweist, aufreißt, wenn also das festgeknüpfte Netz der Assoziationen, das die klaren und abgegrenzten Vorstellungsinhalte erst ermöglicht, zerreißt, dann liegen die Fäden wieder einzeln auf der Hand, die zusammengebunden, unter normalen Umständen, eine klare Trennung zwischen innen und außen und eine abgegrenzte Selbst- und Objektwahrnehmung erst ermöglichen. Was Staudenmaier bei seinen Selbstversuchen tatsächlich unternahm, ist dies: Er entflocht das Netz der Assoziationen und konnte so die Rohbausteine einzeln beobachten, die zusammengesetzt das Gebäude unserer «normalen» Wahrnehmung der Welt und der eigenen Person ergeben, ein Gebäude, in dem wir uns *sicher* fühlen – und dessen Verlassen uns *ängstigt*. Tatsächlich aber zeigen Staudenmaiers Versuche, daß dieses Gebäude der Wachvernunft keineswegs so stabil ist, wie wir das im allgemeinen gerne behaupten. Und es dürfte auch richtig sein, daß – wie Staudenmaier schreibt – eine latente «weitgehende Spaltung» (1968,80) im Innern jedes Menschen besteht, wobei wir uns in der Regel instinktiv, «unbewußt» davor hüten, jene Stelle berühren zu lassen, die – emotional entfaltet – das Gebäude zum Einsturz bringen könnten. Zumindest aber der Verliebte ist bereit, dieses Gebäude der Individuation zu verlassen, wünscht er sich doch nichts sehnlicher als eine Berührung mit dem anderen – als ein neues «Haus».

Im Hinblick auf die von Prince (1905) beschriebene «multiple Persönlichkeit» bietet Staudenmaiers Buch weiteres Material zur Erklärung des entsprechenden Phänomens an. Denn immerhin enthüllen sich dem Blick Staudenmaiers Partialwesen, die – weitergehend verselbständigt – das Bild einer solchen multiplen Persönlichkeit konstituieren könnten. Ganz besonders beunruhigt ist Staudenmaier angesichts der Tatsache, daß ein guter Teil der Partialwesen durchaus «böse» ist. Er bemerkt im Zuge der Desintegration seiner Normalpersönlichkeit äußerst «unmoralische oder gemeingefährliche... Tendenzen» (1968,81). Und er folgert: «So manche nervöse Störung ist zweifellos auf Rechnung solcher entarteter Partialwesen zu setzen, und es ist oft schwer, ihnen beizukommen, da sie sehr raffiniert sein können» (1968,82). Was Staudenmaier hier beschreibt – und was viele Psychologen und Psychiater seiner Zeit gleichfalls studieren –, rüttelt an den Grundüberzeugungen der abendländischen Bewußtseinsphilosophie – am *einheitlich* konzipierten Subjekt als dem Träger eines einheitlichen Bewußtseins und einer einheitlich operierenden Vernunft.

Nachdem Staudenmaier zunächst freiwillig, dann immer erschreckter und zögernder ins Reich der vielfältigen Persönlichkeit vorgedrungen ist, bemüht er sich endlich, die verlorene Einheit wiederzugewinnen. Zu diesem Zweck sei es, wie er schreibt, notwendig, auf die Personifikationen gut einzureden. In einer anschaulich-konkretistischen Sprache schildert er sein Vorhaben, die Personifikationen wieder davon zu überzeugen, daß es besser sei, sich erneut einer Zentralinstanz zu beugen:

> «*Die weitere Entwicklung der psychischen Zentren denke ich mir so*, daß ich sie vor allem immer wieder über ihren prinzipiellen Irrtum der Verwechslung von realer Außenwelt und innerer Vorstellung aufkläre, daß ich ihnen immer wieder, so unangenehm es ihnen oft ist, sage: ‹Du bist kein Kind, du bist keine Hoheit, du bist kein Teufel›, und daß ich ihnen ihre Zugehörigkeit zu einem großen Organismus begreiflich zu machen suche. Die meisten nehmen ja ihre Personifikation so ernst, daß sie, bei unrichtiger Führung oder Vernachlässigung, der Einheit des Ganzen gefährlich zu werden drohen. Diese Gefahr ist namentlich auch deshalb immer wieder vorhanden, weil mit dem Auftreten der verschiedenen Halluzinationen und Personifikationen... spezifische Lustgefühle verbunden sind. Im Zusammenhang mit der vorher erwähnten aufklärenden Belehrung wird es sich bei mir weiter darum handeln, die psychischen Zentren des Unterbewußtseins wieder inniger dem bewußten Ich anzugliedern und sie zu lehren, mehr gemeinsam mit demselben und übereinstimmend mit den großen Zielen des gesamten Organismus zu denken und zu fühlen. Die Personifikationen im eigentlichen Sinne, im Sinne von Teilwesen, die sich ohne Rücksicht auf den Gesamtorganismus und das Gemeinwohl weiter zu entwickeln streben, die das im *Ernste* werden und sein wollen, was sie nur als eine Art *Künstler oder Schauspieler* darstellen können, müssen wieder verschwinden» (1968,151).

Die Teilwesen als «Künstler», als «Schauspieler» – hat Staudenmaier auch eine Bedingung des kreativen Schaffens entdeckt (die Fähigkeit nämlich, eigene Personifikationen so darzustellen, als seien sie Ausdruck realer – anderer – Menschen)? Jedenfalls hat er vermutlich einen Aspekt der Als-ob-Persönlichkeit verdeutlicht, die Teilidentifikationszustände (Personifikationen) *darstellt* (um sich gleichzeitig innerlich von den damit verbundenen Gefühlen wieder zu distanzieren), ein Drama, das jüngst öffentlich, vor laufenden Fernsehkameras, mit einem «Ehrenwort» versehen, aufgeführt worden ist, um schließlich selbstmörderisch in einem Hotelzimmer zu enden. Jede einzelne Personifikation handelt auch im Erleben Staudenmaiers so, *als ob* sie das «Ganze» wäre, *als ob* sie sich an die Stelle des «Ganzen» setzen könnte. Der Einspruch der jeweils anderen Personifikationen oder der des zentralen Ichs relativiert dann wiederum die (Als-ob-)Personifikation, wodurch es zu einer Distanzierung und zum Gefühl der Pseudo-Emotionalität im eigenen, aber auch im Erleben eines fremden Beobachters kommen kann.

Silberer hat 1913 Staudenmaiers Buch für die psychoanalytische Zeitschrift «Imago» besprochen. Dabei stellte er fest, zwischen Staudenmaiers Beobachtungen und den durch die psychoanalytische Methode provozierten Erlebnisinhalten gebe es Übereinstimmungen. Staudenmaier sei «durch harte Erfahrungen zur Erkenntnis» gelangt – die ja auch Freud behauptet –, daß nämlich «die ‹Seele› keine so absolute Einheit darstellt, als man gewöhnlich annimmt» (1913, 450). Mit Silberer wäre Staudenmaier gegenüber ein gewisser Respekt auszusprechen – für seine experimental-«magischen» Studien, die ihm beinahe den Verstand gekostet hätten. Jedenfalls hat der «ernste Mann» einiges erlebt und überlebt, «der unter steter Beobachtung seiner selbst mit großer Mühe und Kunst systematisch eine Besessenheit sich angezüchtet hat» (1913, 447).

Literatur

Breuer, J., Freud, S.: Studien über Hysterie. 1895. Neuausgabe (unter Veränderung der Autorenfolge): Frankfurt/M. (Fischer) 1970
Freud, S.: Ein Fall von hypnotischer Heilung nebst Bemerkungen über die Entstehung hysterischer Symptome durch den «Gegenwillen». 1892/93. G. W. I
Freud, S.: Die Traumdeutung. 1900. G. W. II/III

Freud, S.: Massenpsychologie und Ich-Analyse. 1921. G. W. XIII

Jung, C. G.: Zur Psychologie und Pathologie sogenannter okkulter Phänomene. 1902. G. W. I, Olten-Freiburg/Br. (Walter) 1971,1–98

Prince, M.: The dissociation of personality. The hunt of the real Miss Beau-
champ. 1905. Neuausgabe: Oxford (Oxford Univ. Press) 1978

Schreber, D. P.: Denkwürdigkeiten eines Nervenkranken. 1903. Neuausgabe:
Frankfurt/M., Berlin, Wien (Ullstein) 1973

Silberer, H.: Buchbesprechung. Imago 2, 1913,447–451

Staudenmaier, L.: Die Magie als experimentelle Naturwissenschaft. 1905.
Neuausgabe: Darmstadt (Wiss. Buchges.) 1968

Tausk, V.: Über die Entstehung des «Beeinflussungsapparates» in der Schizophrenie. 1919. Neudruck: Tausk, V.: Gesammelte psychoanalytische und
literarische Schriften (hg. H.-J. Metzger). Wien, Berlin (Medusa)
1983,245–286

19

Messer im Herz, Dreieck im Kopf: Vignetten zu einer Pornographie der Gefühle.

Über Lou Andreas-Salomé, Nietzsche, Freud, Tausk – und einige andere

1 Die junge Russin

1 Sie heißt – als Romanfigur – Fenitschka und trägt ein «nonnenhaftes Kleidchen». Als Autorin, im Leben dort draußen also, trägt sie ein ebensolches, wenngleich als Leibchen um die Seele gewickelt. Dennoch, nein besser, *viel* besser: *deshalb* wird sie, die junge Russin, im Leben wie im Roman zur Femme fatale. Sie ist immer ihre eigene Doppelgängerin. Und gleichzeitig steht sie bloß als die Hälfte ihrer selbst vor dem Spiegel. Aber noch hartnäckiger als die Suche nach ihrer verlorenen Hälfte ist die nach einem Dritten. Soweit die Requisiten des innerseelischen Dramas, das dann auf der Bühne des Lebens, im Roman, der ihr Leben ist, inszeniert wird: Die projektiven Gestalten der Hälfte, der Doppelgängerin und des Dritten tauchen im Außenraum wieder auf, während sie auf der Seele nur als Schatten liegen, dort tief unten, eben im Schattenreich, ihre blutsaugerische, vampireske Existenz fristen. Bring den Toten-Seelen Blut der Lebenden, denn danach dürsten sie, Odysseus! Nietzsche, noch ehe er diese junge Russin je zu

Gesicht bekommen hatte, schrieb: «Grüßen Sie diese Russin von mir, wenn dies irgend einen Sinn hat: Ich bin nach dieser Gattung Seelen lüstern. Ich gehe nächtens auf Raub darnach aus.»

Das steht in einem Brief an Paul Rée, Freund Nietzsches, Philosoph wie dieser, später Armenarzt in Westpreußen und im Oberengadin, Jude, der erbitterten Selbsthaß pflegt, Pessimist aus Passion, der am Ende bei einer Bergwanderung in den Alpen zu Tode stürzt. Paul Rée also hatte Nietzsche von einer jungen Russin berichtet, die er soeben in Rom im Salon der Malwida von Meysenbug kennenlernt. Und Nietzsche antwortet prophetisch: Lüsternheit nach kranken Seelen ist im Spiel.

Zwei Freunde tauschen sich über eine Frau aus, artig, subtil und sehr sublim wird der homosexuelle Verkehr gepflegt, wie auch sonst im Leben, wenn zwei Männer über eine gemeinsam begehrte Frau, über oder in deren Körper sich begegnen. Zunächst einmal also ist die junge Russin die Dritte im Bunde. Doch das Dreieck ist gleichseitig: Von jedem Punkt, in dem sich zwei der Linien treffen, bis zu jedem der beiden noch verbleibenden Punkte ist eine gleichlange Strecke, gedreht wie gewendet, verändert sich das Dreieck in dieser seiner grundsätzlichen Eigenschaft nicht. Der Dritte im Bunde ist austauschbar oder kann ganz einfach seine Position im Dreieck selbst wechseln: Die Szene als solche bleibt stabil. Das Arrangement dient dem Schutz, den der Dritte gegen den Zweiten bietet, gegen die schreckliche Nähe des Einen, des Anderen.

Zurück zur Romanfigur. Es ist Herbst in Paris. Nacht im Quartier latin. Streit in einem Café an der Ecke. Die junge Russin bemerkt eine Grisette am Nachbartisch, die von ihrem Begleiter gedemütigt und beschimpft wird. Die junge Russin durchläuft eine spontane, impulsive Bewegung, sie streckt die Hand nach der Grisette aus. Dann, plötzlich, hält sie mitten in der Bewegung inne, sie «errötet stark». Denn neben ihr sitzt der Romanheld: Max Werner. Und dem entblößt die unbeherrschte Bewegung der nonnenhaft gekleideten Dame aus feinerer Gesellschaft das verdeckte Bild der Grisette. Fenitschka hat, ohne dies zu wissen, die andere Hälfte ihrer selbst am Nachbartisch entdeckt. Nun schämt sie sich, weil sie sich verraten weiß. Max Werner also gerät ob dieses Schauspiels in «verliebte Neugier», wird gar «zu nervöser Erregung aufgereizt». Derweil tauschen die beiden Frauen Blicke, also Gefühle. Die Grisette erhält auf diesem Wege «Hilfe», «Liebkosung». Als sie das Lokal verläßt, bedankt sich die

«Hure» bei der «Nonne», ebenfalls wortlos, aber blickreich. Die Sprache der Gesten, die Sprache des Körpers, ersetzt facettenreich, durch keine noch so differenzierte Wortsprache einholbar, das laute, das gedruckte Wort. Die Körper selbst drücken sich ineinander aus, benutzen sich wechselseitig als hochempfindlichen Film, der, erst einmal belichtet, das Negativ des jeweils anderen in sich birgt, um, falls die Gelegenheit kommt oder die Notwendigkeit dies erzwingt, es als Positiv wieder von sich zu geben. Dies ist der gewöhnliche Weg der psychischen Imprägnierung, die – bei entgleisenden Dialogen der Körper – bisweilen auch zur psychischen Infektion führt.

Beim Hinausgehen also bleibt die Hure einen kurzen Augenblick vor der nonnenhaften Geschlechtsgenossin stehen, bieten beide Damen sich wechselseitig Gelegenheit, einander zu gefallen. Die *Lippen* der Grisette *öffnen* sich, heißt es in der Erzählung. Unschuldig die Worte, die zu solch üppigen Spaziergängen im Reiche der Phantasien einladen. Aber dann heißt es schon wieder keusch: Sie «lächeln einander an wie Schwestern». Und das sind sie ja auch, die Hure und das feine Mädchen, die Hysterikerin: Schwestern, Zwillinge, Identitäten. Es sind die beiden verschiedenen Gestalten *einer* Person, die sich in Spiegeln verschiedener Brennweite bricht, dort im Glas ihr bizarres Abbild hinterläßt. Wenn sie aus der Welt der Spiegel tritt, dann sind beide verschwunden, Hure wie Nonne.

Das Spiel der beiden Damen also gefällt unserem jungen König. Doch er begreift nichts, nämlich nur sich selber. Anstatt nämlich zu verstehen, daß mit der Grisette auch die andere Hälfte der Fenitschka im Pariser Morgengrau verschwindet, anstatt, wenn überhaupt, dann dieser mit dem Nebel verschmelzenden Gestalt nachzueilen, leitet Max Werner seine Niederlage ein. Honett bittet er Fenitschka zu einem Täßchen Kaffee in sein Hotel. Wie übel, mit dieser brünstigen Geilheit im Leibe ein Täßchen Kaffee trinken zu wollen, noch dazu mit einer dummen Göre, die alles so wörtlich zu verstehen scheint, wie es auch gesagt wird. Max Werner und Fenitschka also finden sich in einer ansonsten menschenleeren Pariser Hotelbar wieder, morgens, nachdem der Bauch der Stadt die ersten Blähungen hinter sich hat. Ganz allein sind sie nun auch wieder nicht, denn dann wären sie ja zu zweien: Die Fläche, die das Dreieck ermöglicht, wäre zusammengefallen, es gäbe nur noch eine Linie zwischen zwei Punkten, und bewegte sich nun der eine Punkt auf den anderen zu, dann drohten die Gefahren der Vernichtung. Am Ende wäre alles nur *ein* Punkt. Und der könnte geradewegs auch

Nichts sein. Das Dreieck, die Fläche, die zwischen den Punkten liegt, ist dagegen *Etwas*. Zum Beispiel: Raum. Platz. Freiheit. Sicherheit. Abstand. Distanz.

In der Erzählung «Fenitschka» muß ein «kleiner weißer Spitz» herhalten, den Dritten abzugeben. Der darf Fenitschka freudig bespringen, sie empfängt ihn ebenso freundlich. Doch Max Werner, der daneben steht, darf nicht, was der Köter darf. Als Max Werner Anstalten trifft, es dem Hunde gleichzutun, verwandelt sich Fenitschka in eine «Salzsäule». Sie erstarrt, fühlt sich alleingelassen wie ein «verirrtes Kind» im Walde. Schließlich wird sie überwältigt von «Ekel» und «Verachtung».

Die Erzählung also wird symbolisch. «Ihr Blick lief an ihm hinab, und ihre Lippen wölbten sich...» Wieder der Blick. Wieder die Lippen. Diesmal allerdings öffnen sie sich nicht, vielmehr scheinen sie etwas auszuspucken – Verachtung, Ekel. Die Hysterikerin erbricht sich, wenn sich ihr der Mann, den sie zuvor gereizt hat (ohne dies zu *wissen*), in eindeutiger Absicht nähert. Ihr *Ge-Wissen* reagiert, das noch von einem anderen Zusammenhang weiß als ihr Kopf.

Max Werner hatte zuvor die Tür der Hotelbar verriegelt, den Schlüssel trägt er jetzt in seiner Hosentasche. Dorthin, auf diese Stelle, fällt also der Blick der nonnenhaft gekleideten jungen Russin, ein Blick der Verachtung und des Ekels, ein Blick der Empörung. Fenitschka, die Gefangene ihrer eigenen Konflikte, hat geholfen, ein Arrangement mitherbeizuführen, das es ihr jetzt gestattet, sich als die Gefangene eines zudringlichen, gewalttätigen Mannes zu empfinden. Der Blick jetzt, das ist ihre letzte Waffe. Und unter diesem Blick Fenitschkas befällt Max Werner ein «Zwang». Automatisch und mechanisch muß er reagieren, als sei er eine Marionette, gebunden an geheimnisvolle Fäden, ausgeliefert einem Spiel der Kräfte, dessen Regeln er nicht kennt: «Seine Hand fuhr, ohne daß er es ihr im geringsten anbefohlen hätte, in seine Tasche und zog, ohne sich um den Lümmel zu kümmern, der dumm, rot und wie ein Schulknabe dastand, den Schlüssel heraus...» Der Lümmel, von dem hier die Rede ist, das ist Max Werner, der im Verlaufe der Handlung Fenitschkas Freund und Vertrauter werden wird, der zum Neutrum degeneriert, mit dem sie es dann aushält, das sie braucht, um sich wieder an das mühselige Geschäft der Liebe und der Gefühle zu wagen. Der Lümmel, der da *dumm* und *rot steht*, das ist also der, vor dem das nonnenhafte Geschöpf Angst hat. Und diese Angst sieht so aus: «Ihr Gesicht trug noch immer denselben Ausdruck, der es fast verzerrte – als säße ihr eine Raupe am Halse und kröche langsam weiter.»

Gewiß, keine meisterhafte Sprache, die Lou Andreas-Salomé uns hier vorführt. Ein drittklassiger Kolportageroman, billige Handelsware in geschraubter Ausdrucksweise und mit viel Seelenschmalz eingefettet. Doch Fenitschka *ist* Lou; und deshalb sind die hier geschilderten Ängste, ist diese Geschlechtsphobie einer Hysterikerin, die «ahnungslos» die Männer reizt, um sie dann entrüstet von sich zu weisen, mehr als nur exemplarisch. Es handelt sich tatsächlich um einen Schlüssel-Roman. Den nämlich, der uns die erstaunliche Metamorphose einer von Geschlechtsangst geschüttelten und erstarrten (abwechselnd sich auflösenden und versteinernden) Tugendboldin zur hurenhaft emanzipierten Frau vorführt (am Ende des Romans), der allerdings die ekelhafte Raupe der Geschlechtsangst noch immer den Hals hinaufkriecht, wenn auch jetzt bei anderer Gelegenheit und unter anderem Vorwand.

Am Ende des Romans sind wir in Rußland. Max Werner ist ein Neutrum (jedenfalls in Beziehung auf Fenitschka). Und das nonnenhafte Wesen von einst frönt jetzt einer heimlichen, verbotenen und «freien» Liebe. Am Ende dann hat sich ein neues Dreieck konstelliert: Max Werner, ein russischer Geliebter und Fenitschka. Das lasterhafte Mädchen erhält einen Brief vom Geliebten, den sie in Anwesenheit Max Werners öffnet. Das Lesen dieses Briefes löst bei Fenitschka eine ähnliche Reaktion aus wie seinerzeit die Maxsche Attacke in der Pariser Hotelbar: «Der Ausdruck ihres Gesichtes hatte sich ganz verwandelt – zum Erschrecken verwandelt hatte er sich.» Was ist geschehen? Max Werner denkt an Untreue, Betrug, gar an den Tod. Fenitschka klärt auf, daß es um Schlimmeres geht; das Dreieck droht wieder einmal in eine Linie zu kippen, auf der die Punkte aufeinanderzurollen könnten: «Er will, daß wir uns heiraten sollen.»

Der russische Softie, um den es hier geht – «jung und lieb ist er» –, bringt wieder einmal das Arrangement durcheinander, die Inszenierung droht zu scheitern. Ein Mann achtet nicht auf die Voraussetzungen und Bedingungen, die einzig es der Hysterikerin gestatten, sich ihm zuzuwenden. Ein Mann provoziert Nähe, ohne auf die notwendige Distanz zu achten, will die Bühne verlassen, hinter die Kulissen blicken. Fenitschka ist zu Tode erschrocken: «Mir ist so furchtbar zu Mut, sagte sie hilflos...» Eine «flammende Röte» zeigt sich, wie damals in Paris, auf ihrem Gesicht. Sie erkennt, daß Sinnlichkeit allein sie an den Jungen gebunden hat, nicht Liebe. Jetzt droht Bindung, jetzt ist Flucht notwendig. Wo sie idealisieren (lieben), dort können sie nicht begehren; und wo sie sinnlich begehren, dort sind sie unfähig zur Liebe und Bindung. Dieser so richtige Satz Freuds ist doch so falsch: Hatte Freud nicht geglaubt, dieser Satz treffe auf die Männer, ausschließlich auf die Männer zu? Er hat sich geirrt. Dieser richtige Satz gilt auch für Frauen, für die Hysterikerin insbesondere. Letzte Nacht, sagt Fenitschka dem Max Werner, habe sie von Paris geträumt, befand sie sich «irgendwo unter den Grisetten». Im Traum funktioniert die Verdrängung nicht mehr, kommt die andere Hälfte ihrer selbst zum Vorschein, die sie im Leben nur realisieren kann, wenn sie sorgfältig auf das Arrangement achtet, wenn sie spalten kann: heimlich Hure, offiziell Dame der Gesellschaft. Das sei ihr aufgezwungen, argumentiert sie, das sei die Doppelmoral des Patriarchats, meint sie. Wie sehr hat sie sich bei den Agenten der offiziellen Moral zu bedanken, die ihr eine Rechtfertigung für ihr eigenes gespaltenes und geteiltes Selbst liefern. Wie bedrohlich wäre es für sie, sich als *ganze* Frau, mit all ihren Impulsen, Gefühlen und Schwächen *Einem* gegenüberzustellen. Die Moral, unter der sie leidet, bietet ihr Sicherheit, Schutz vor Hingabe und Abhängigkeit, vor dem Schrecken in sich, den die Nähe zum Anderen provoziert.

Aber wieder einmal findet Fenitschka einen Ausweg. Hatte seinerzeit Max Werner sie in der Hotelbar eingeschlossen, war sie seine Gefangene, so kehrt sie nun das Spiel um. Sie schließt ihn als den notwendigen Zeugen, als den Dritten, der die Schlußszene begleiten soll, in ihrem Schlafzimmer ein. Von dort aus soll er das Gespräch belauschen, das sie mit dem eben jetzt zu erwartenden Geliebten führen wird. Der russische Softie erhält zum Abschied eine kalte Dusche, nicht ohne die deutliche Versicherung seiner Geliebten, er sei der einzige, den sie so ganz und gar liebe, gerade deshalb müsse sie sich von ihm trennen. Wie recht sie hat! Derweil hockt Max Werner im Schlafzimmer und spielt den Lauscher an der Wand, umgeben von Reizwäsche und vom Geruch des Parfüms der nonnenhaften Kokotte, die sich seit jenen Tagen in Paris kein bißchen geändert hat, die nur ein wenig geschickter mit den «Verhältnissen» umzugehen weiß. Ihre Tränen fließen, endlich hat sie Mitleid – mit sich selber.

2 Paul Rée stellen wir uns am besten so vor, wie er sich vorgestellt hat (nach den Worten Paul Deußens, des Schopenhauer-Fans, die sich in dessen Autobiographie «Mein Leben» wiederfinden), als Rée nämlich am Vierwaldstätter See im Schlafraum einer Herberge einem Fremden begegnet. Paul Deußen also macht die Tür auf und:

«Richtig! Dort hinten in der anderen Ecke lag schon einer im Bett. ‹Guten Abend!›, sagte ich. ‹Guten Abend›, tönte mir eine sanfte, wohlklingende Stimme entgegen. ‹Erlaube mich vorzustellen: Dr. Deußen aus Marburg.› ‹Sehr angenehm! Ich bin Paul Rée, Doktor der Philosophie.› Ich überlegte, was alles für Fächer... sich unter dem Namen eines Doktors der Philosophie verbergen konnten und fragte daher... vorsichtig weiter: ‹Philosophie im weiteren oder im engeren Sinne?› ‹Philosophie im engsten Sinne›, erwiderte der Unbekannte. Wieder eine kleine Pause, darauf ich: ‹Haben Sie sich schon an irgendeinen Philosophen näher angeschlossen?› Auf diese Frage erwiderte der Unbekannte nur ein Wort, und dieses einzige Wort bewirkte, daß ich mit einem Satze an seinem Bette war, seine Hand in der meinigen hielt und er aus einem gänzlich Fremden zu einem Freunde, einem Bruder geworden war. Dieses eine Wort war der Name: ‹Schopenhauer›.»

Erinnern wir uns: Zwei Frauen werden (in Paris) Schwestern, weil jede von ihnen in der anderen die eigene verdrängte Hälfte ihres Selbst erkennt. Es handelt sich um einen Austausch von Blicken und Gefühlen, wortlos. – Zwei Doktoren der Philosophie im engeren und engsten Sinne aber tauschen erst einmal Worte aus, entdecken das Identische im jeweils anderen. Danach macht der eine einen Satz zum Bette des anderen; und sie werden Brüder. Hier versöhnt die Gleichheit, das Bekenntnis zum selben Philosophen, der noch dazu nicht die allerbeste Meinung von den Frauen hatte. Wie gesagt, Paul Rée war Pessimist von Beruf und Schicksal, er war Schopenhauerianer (wie der junge Nietzsche, wie vor allem Richard Wagner). Er war der Freund Nietzsches, er wurde zum Geliebten Lous. Ein kurzes Glück, danach war sein Pessimismus um so stärker. Aber gehen wir chronologisch vor.

Lou Andreas-Salomé – den so ungemein schmückenden Beinamen «Andreas» führte sie damals noch nicht im Schilde, ihr zukünftiger Gatte, der Iranist Andreas, war ihr nämlich noch nicht begegnet – reist, gerade 21 Jahre alt, in Begleitung der Frau Mama durch Italien. Man schreibt das Jahr 1882, ein «Festjahr» sollte es werden, hatte Nietzsche gehofft. Lou kreuzt bei Malwida auf und lernt dort Paul Rée kennen, der gerade abgebrannt ist, weil er alles Geld beim Spiel verloren hat.

Auch er ein Süchtiger, ein Spiel-Süchtiger; der «lüsterne» Nietzsche, der noch in der Ferne weilt, paßt dazu ganz ungemein. Lou und Paul phantasieren sofort einen Bund fürs Leben, die ewige Zweisamkeit, eine Freundes- und Arbeitsgemeinschaft. Da erscheint, aus Sizilien angereist, der Philosoph Nr. 2 und wird zum Dritten im Bunde. Lou spricht fortan von unserer «Dreieinigkeit, d. h. Nietzsches, Rées und meiner». Interessant diese spätere Formulierung: Nietzsche ist an die erste Stelle gerückt, Rée steht jetzt zwischen ihm und Lou (anfangs war es umgekehrt, Nietzsche war der Dritte Mann, der den Frieden zu stören schien). Rée ist dadurch allerdings auch Lou nähergerückt, die *über ihn* hinweg zu Nietzsche blickt, rückwärts, weil der nicht mitkommt. Lou schreitet voran.

Nietzsche («Gott ist tot») begegnet Lou (in ihren Worten ausgedrückt) erstmals «an einem Frühlingstag in der Peterskirche zu Rom». Dortselbst sitzt – und das ist *kein* Roman! das ist eine Inszenierung, wie sie das Leben besser als jeder Dramatiker entwirft – Paul Rée in einem *Beichtstuhl*, observierend, wie sich seine Geliebte mit seinem Freunde unterhält. Nietzsche, Ende Dreißig, scheu, schüchtern, mit feinen Manieren und kurzsichtigem Blick, gerät in eine Art Taumel, Wahn: Er muß, er will, er wünscht, dieses Mädchen zu heiraten. Ihm erscheint die Idee, Paul Rée bei der Angebeteten als Heiratsvermittler auftreten zu lassen, ausgezeichnet. Also begibt sich Freund Rée zur Geliebten Lou und bittet sie um die Hand für Freund Nietzsche. Lou handelt überraschend: Ehe: nein – Zweisamkeit mit Rée: auch nein – Bund zu dritt: ja. Man beschwört die Phantasie und erblickt sich bereits zu dritt in Wien oder Paris als Künstler-Lebens-Liebesbund.

«Progressus moralis nullus est in rebus humanis.» So lautete einer der philosophischen, selbst erdachten Aphorismen des Paul Rée. Nietzsche, der Moralphilosoph, wußte solche Einsichten ins menschlich-allzumenschliche Getriebe zu schätzen. Er revanchierte sich: «Es lebe der Réealismus!»

Die Folie à trois, die in Rom beginnt, in der Schweiz fortgesetzt wird, zerbricht phasenweise in Folies à deux, wobei Lou aber Wert darauf legt, dem jeweils Abwesenden auch die intimsten Einzelheiten der Unternehmungen mit dem jeweils Anwesenden zukommen zu lassen. Wenigstens per Post muß die heilige Dreieinigkeit wiederhergestellt werden. In einem Schweizer Fotoatelier allerdings übernimmt, für den Bruchteil einer Sekunde, Nietzsche das Amt des Regisseurs. Er denkt sich die Kulissen und Staffagen aus, die dazu herhalten sollen, den Dreierbund optisch darzustellen, ihn ins rechte Licht zu rücken, auf Film zu bannen.

Als Hintergrund des geplanten Fotos wählt er eine Landschaft, die das Bergmassiv der *Jungfrau* zeigt. Sodann stellen sich die Philosophen gemeinsam vor einen Karren, Lou, peitscheschwingend in demselben hinter sich, An der Peitsche befindet sich ein Fliederstrauch. Lou lächelt versonnen, glücklich vielleicht, gewiß aber zufrieden. Mürrisch dagegen Paul Rée an der Deichsel, neben sich Nietzsche wissend, der mit mystischem Blick irgendwo in die nicht vorhandenen Sterne guckt. Männergruppe mit Herzdame.

Lou hat einige Zeit mit Paul in Westpreußen auf einem Rittergut verbracht. Jetzt erscheint sie, von Bayreuth kommend, das Nietzsche zu dieser Zeit bereits meidet, in Thüringen, um mit dem Dritten im Bunde der Zweisamkeit zu frönen. Also mit Nietzsche trifft sie sich in Tautenburg, «mit möglichster Ausschaltung störender Dritter», wie sie schreiben wird. Dem fernen Paul teilt sie das Nötige schriftlich mit. Zum Beispiel dies: «Seltsam, daß wir unwillkürlich mit unsern Gesprächen in die Abgründe geraten... und wenn uns jemand zugehört hätte, er würde geglaubt haben, zwei Teufel unterhielten sich.» Lou und Nietzsche zwei Teufel, die sich an den Abgründen ihrer Seelen entlanghangeln, während sie glauben, auf den Gipfeln des Glücks und der idealen Liebe hinzuwandeln. Nietzsche spricht in Lou die «allerkindischsten Gefühle und Erinnerungen» an, weckt damit ihre Angst vor Nähe, Abhängigkeit, Unselbständigkeit, vor Hingabe, vor Versinken und Verschlungenwerden, vor Regression. Sie ist fasziniert und schokkiert zugleich. *Diese* Nähe kann sie nicht aushalten ohne den Lauscher an der fernen Wand, ohne Paul Rée. Er wird zum Zeugen, zum Mitwisser. Über sich und Nietzsche schreibt sie an ihn: «... sind wir uns *ganz nah*? Nein, bei alledem nicht.» Ein «Schatten» – heißt es weiter – schiebt sich «zwischen uns», der «uns trennt». Der Schatten, der Dämon, der Störenfried und Fremde, eben der Dritte Mann, diese unendlich variationsmächtige projektive Gestalt: hatte nicht schon E. T. A. Hoffmann alle möglichen und unmöglichen Schattierungen dieses Phantoms, dieser Phantasie-Figur, die so real wie sonst kaum etwas ist, gezeichnet? Die unheimliche Dialektik der Nähe! Liebe und Sinnlichkeit oder: Liebe oder Sinnlichkeit oder: nur noch Haß...

«So wie die christliche Mystik (wie jede) gerade in ihrer höchsten Ekstase bei grobreligiöser Sinnlichkeit anlangt, so kann die idealste Liebe – gerade vermöge der großen Empfindungsaufschraubung in ihrer Idealität – wieder sinnlich werden. Ein unsympathischer Punkt, diese Rache des Menschlichen... Ist es dies, was mich von N. (ietzsche) entfremdet?» Das Menschliche, das Banale, das Einfache, das Grobe, das Unsublimierbare, das allenfalls im Wahnsinn kontradiktorisch Aufgeblähte und Aufgeschraubte, also DAS entfremdet Lou und Nietzsche oder Lou von Nietzsche. DAMIT weiß sie nun einmal nichts anzufangen, DAS ist für sie zu kompliziert, zu gefährlich. «In der Nähe Nietzsches einige Zeit gelebt zu haben und, anstatt entflammt worden zu sein, nur eine Beobachterin und kalte Registriermaschine zu sein – das ist auch etwas» (Peter Gast). Aber ganz so einfach war es *nicht*! Lou war zu sehr von ihrem eigenen Gefühl bedroht, von sich selbst, davon mußte sie sich trennen, erst dies machte ihre Kälte, ihr Fähigkeit zur Registratur und ihre Unfähigkeit, den anderen durch die eigenen Gefühle zu verstehen, aus. Da sie sich von sich getrennt hatte, war sie auch vom Anderen getrennt. Da sie vor sich Angst hatte, hatte sie auch vor dem Anderen Angst. Da sie sich nicht verstand, konnte sie ihn nicht verstehen. Wohl aber beobachten, analysieren. Später wird sie Psychoanalytikerin.

Nietzsche hatte viel gewagt, nicht nur die Gefahr, auf einen überstürzten Heiratsantrag hin einen Korb zu bekommen. Er hatte vor allem gewagt, sich zu trennen, um sich zu binden. Binden wollte er sich an Lou – die Mutter und die Schwester, die zusammen mit dem Sohn-Bruder wiederum ein Dreieck konfigurierten, dessen Bestand durch den Auftritt Lous gefährdet war, reagierten heftig. Vorwürfe gegen den Sohn-Bruder Friedrich, Verleumdungen gegen Lou, die – soweit es um Nietzsches Schwester geht – zeitlebens anhielten. Es war Nietzsches letzte Chance, den Hyänen zu entkommen. Er zerwarf sich mit Mutter und Schwester, doch er kehrte schließlich reumütig und schwach zurück. Es war nicht nur die Einsamkeit, die ihn in Gestalt der Fessel an die Frauen «zu Hause» erwartete; es war auch der Wahnsinn, dieses pittoreske Bild der *Einsamkeit*, dem er jetzt endgültig entgegenging. Mutter und Schwester werden den wahnsinnigen Philosophen bis zum Tode pflegen. Eine Rache des Menschlichen, Allzu-Unmenschlichen.

3 Als Lou den Iranisten Andreas zu heiraten beschließt, ist Nietzsche längst aus dem Spiel. Aber Paul Rée, der Spiel-Süchtige, ist noch mit von der Partie. Andreas hatte zwei Bedingungen zu akzeptieren, wollte er Lou zum Standesamt führen: Erstens durfte die Ehe niemals körperlich vollzogen werden; und zweitens hatte er Paul Rée als den unerläßlichen Dritten hinzunehmen. Andreas willigte ein. Nicht so Rée, als der sein zukünftiges Schicksal vor Augen geführt bekommt. Er nimmt den Hut. Hinfort wird er sich, nach einem Medizinstudium, als Arzt den Armen und Ärmsten widmen, vielfach ohne Geld zu nehmen, ja seine Patienten noch finanziell unterstützen...

Lou aber hat wieder einmal Mitleid, mit sich selbst, weil Rée sie verlassen hat. Mit ihren Worten ausgedrückt: «... noch erfüllte mich ja die Trauer um den entschwundenen Gefährten, den mithineinzunehmen meinem Mann zur Bedingung gemacht worden war, vor der er schließlich, zu allem entschlossen, ebenfalls nicht zurückschreckte.» Daß ihm, dem Gatten, der dann doch erfolgte Abgang des Paul Rée nichts nutzte, das sollte er wenig später feststellen: Rainer Rilke, ein zartes, verhätscheltes Bürschchen, ein Jüngelchen mit treuem Blick, löste in Lou die heftigsten – und diesmal auch mütterlichen – Gefühle aus. Das Leben und Glück zu dritt war wieder gesichert. Andreas, Lou und Rainer begaben sich auf die Reise – nach Rußland.

Am Vorabend der Verlobung mit Lou scheint Andreas aber doch einmal so etwas wie verquerer Männerstolz überfallen zu haben, auch wenn er nicht so recht wußte, was er damit anfangen sollte. Immerhin brachte er mit seiner Aktion Lou in einige Verlegenheit. Diese mußte nämlich fürchten, wegen der Impulshandlung des Verlobten in Verdacht zu geraten, *sie* habe *ihn* umbringen wollen! Welche innere Konsequenz doch manchmal die paranoiden Befürchtungen der Menschen haben...

Am Vorabend der Verlobung also spielte sich (wieder einmal) eine Szene in Lous Leben ab, die ein durchschnittlich begabter Dramaturg wohl deshalb aus jedem Drehbuch gestrichen hätte, weil sie gar zu unrealistisch klingt. In Lous Leben, das noch jede Slapstick-Komödie und fast noch jede klassische Tragödie übertrifft, aber *spielte* sie sich ab. Und zwar so:

«Mein Mann trug, für abendliche Heimgänge in seine damals sehr entlegene Wohnung, ein kurzes, schweres Taschenmesser bei sich. Es hatte auf dem Tisch gelegen, an dem wir uns gegenüber saßen.» Ein Mann, eine Frau, ein Messer – und was geschieht jetzt? «Mit einer ruhigen Bewegung hatte er danach gegriffen und es sich in die Brust gestoßen.» Soweit Lou über die Tat ihres zukünftig Verlobten. Ausführlicher wendet sie sich nun wieder sich selbst zu: «Als ich, halb von Sinnen auf die Straße stürzend, von Haus zu Haus nach dem nächsten Wundarzt auf der Suche, von eilig mit mir Gehenden nach dem Unfall befragt wurde, hatte ich geantwortet, jemand sei in ein Messer gefallen. Während der Arzt den auf den Boden gesunkenen Bewußtlosen untersuchte, machten ein paar Silben und seine Miene mir seinen Verdacht deutlich, wer hier das Messer gehandhabt haben mochte...» Auf Lou also fällt ein mörderischer Verdacht. Unschuldig wie sie aber ist – und sie hat sich diese unnachahmliche, weil instinktiver Abwehr zuzuschreibende Naivität zeitlebens bewahrt – stellt sie richtig: Die Phantasien des Arztes entsprechen nicht der faktischen Realität. Inwieweit sie allerdings die psychische Realität zwischen Lou und Andreas widerspiegeln, inwieweit der Arzt erfaßt, was hier tatsächlich gespielt worden ist, das interessiert Lou nicht (und dies, obgleich sie den Text 1933 als «Lebensrückblick» verfaßt, zu einem Zeitpunkt also, der sie längst als praktizierende Psychoanalytikerin ausweist). Sancta Simplicitas! Ma sœur mal aimée!

Andreas aber trägt nach dieser seiner mörderisch-selbstmörderischen Tat ein Wundmal: «Der Umstand, daß das der Hand entgleitende Messer die Klinge einklappte, hatte das Herz geschützt, doch gleichzeitig ein Dreieck verursacht, das die Wunde schwer heilbar machte.» Andreas, Lou und die symbolische Wunde des Dreiecks über dem Herzen...

II Wenn zwei Menschen miteinander reden, muß immer ein dritter sterben

(Abänderung eines Fragments Nietzsches
aus dem Sommer 1882)

1 Als sich in Rom die Bande zwischen Lou, Rée und Nietzsche verschlingen, bringt der Frühling 1882 auch in Wien Verwicklungen: An einem Abend im April erscheint ein junges Mädchen aus Hamburg, Martha Bernays, zu Besuch bei der Familie Freud. Schon im Mai sieht man Sigmund und Martha Hand in Hand den Kahlenberg herabsteigen. Flieder überall. Der junge Mann ist verliebt, die junge Frau entzieht sich, angeblich – wie Freuds Biograph Jones uns mitteilt – weil sie sich der Gefühle ihres Verehrers nicht sicher ist. Sie reist wieder ab nach Hamburg. Der erste Brief, den sie erhält, beginnt mit der Schlager-Melodie «My sweet little darling» und endet mit der Zeile «Ihr Dr. Sigm. Freud».

Freuds Brautbriefe, die bis heute nur zensiert und ausschnittweise veröffentlicht sind, enthalten merkwürdige Phantastereien. Sigmund und Martha haben sich am 17. Juni des Jahres «heimlich verlobt». Wenig später preist der Bräutigam seiner Geliebten einen seiner Freunde, Ernst von Fleischl, mit Worten an, die nahelegen, er träte als Heiratsvermittler für eben diesen seinen Freund auf. Über Fleischl heißt es da: «Er ist ein ganz ausgezeichneter Mensch» – «reich in allen Leibesübungen ausgebildet» – «mit dem Stempel des Genies» – «schön, feinsinnig, mit allen Talenten begabt»... Dann folgt ein phantastisches Szenarium, in dessen Verlauf Freud sich ausmalt, wie glücklich Martha sein würde, wenn *dieser* Mann sie zur Frau nähme. Aber, so fährt er dann, sich beruhigend, fort: «Es war mir klar, daß ich die Geliebte nicht abtreten kann... Martha bleibt mein Eigen.»

Freud führt also, ohne allen äußeren Zwang, einen Rivalen in den Briefverkehr mit seiner Braut ein, nur, um sich dann selbst zu bestätigen, daß dieser andere Mann die Braut nicht bekommen werde. Von Fleischl ist nämlich zu diesem Zeitpunkt bereits bekannt, daß er an einer unheilbaren Krankheit leidet, daß er demnächst sterben wird. Fleischl, der junge, schöne Mann, den Freud, wie er sich ausdrückt, «mit der Leidenschaft des Verstandes» liebt, ist ein Dritter, der vorgestellt wird, um alsbald zu verschwinden.

Solch merkwürdige Beschwörungen einer projektiven Gestalt beim Entdecker des «Ödipus-Komplexes» mutet nicht weiter überraschend an. Oder doch? Freud stand, wie Jones meint, zeitweise in der Gefahr, seiner Frau «hörig» zu werden. Der Dritte ist nur vordergründig der gefährliche Rivale. Dahinterliegend wird sein Schutz beschworen: Er soll die drohende Verschlingung, die Rückkehr in die symbiotische Einheit mit der Muttergestalt, aufhalten. Das ist, neben aller Rivalität, seine wesentliche Funktion. Also: Der Ödipus-Komplex als theoretischer Entwurf – eine Abwehrleistung, hinter der die konfliktreiche Beziehung zu *einer* Frau verborgen liegt? Wie bekannt, reagiert Freud auf den Tod des Vaters mit einer schweren psychischen Krise. Angeblich, so hat er es selbst analysiert, sind es die ödipalen Todeswünsche gegen den Vater, die den Sohn, wegen des tatsächlichen Todes des Rivalen, in tiefe Selbstvorwürfe und Schuldgefühle verstricken. Im Lichte einer anderen Deutung der Freudschen Phantasien jedoch erscheint der Verlust des Vaters vielmehr als ein Verlust an Sicherheit, an Schutz gegenüber der jetzt wieder möglichen halt-losen Verstrickung in die symbiotische Zweierbeziehung: mit der Mutter oder ihrer Stellvertreterin.

Freuds Suche nach einem Dritten während der Zeit der Verlobung findet reichlich Stoff. Da gibt es noch einen Max Mayer in Hamburg, der als Verehrer Marthas bekannt ist. Auf ihn werfen sich die projektiven Ängste (und Wünsche) des in Wien verbliebenen Sigmund. Max hat eine künstlerische Natur, er singt und komponiert, er verkörpert eben das, was Sigmund zeitlebens für sich als unerreichbar betrachtet. Eifersucht und Idealisierung kommen ins Spiel. Dann aber schreibt der zukünftige Analytiker: «... was Max Mayer betrifft, so glaube ich, das Gefühl glücklich bis zur letzten Spur ausgetilgt, stammt aus dem Mißtrauen gegen mich, nicht gegen Dich.» Wie sehr sich Freud in diesem Punkte selbst überschätzte, wird die Zukunft zeigen. Die projektive Gestalt, die hier Max Mayer heißt, wird ihn lebenslang begleiten, unaufgelöst, hartnäckig. Die Spur ist *nicht* ausgetilgt.

Kaum ist Max Mayer bewältigt, da taucht ein weiterer, diesmal tatsächlich gefährlicher Dritter auf: Fritz Wahle. Auch er ein «Künstler»; als Intimus Marthas besitzt er das Privileg, sie zu begleiten. Er ist der Begleiter als klassische Figur, also jener Mann, der stets um die schöne Frau ist, die sich seiner bedient, mit ihm gesehen wird, im Theater, im Café, von dem niemand genau weiß, welche Rolle er wirklich spielt, der Zugang hat zu den intimsten Gedanken, vor allem zu jenen, die um Liebeshändel kreisen, der zuhören und beruhigen kann, der stets zur Stelle ist, wenn man ihn braucht, der der schönen Frau nahesteht, ihr als Schutzschild dient, wenn sie versucht, sich dem Geliebten zu nähern. Diese Gestalt ist vielseitig verwendbar, ist einsetzbar im Planspiel der Liebe.

Daß es sich bei Fritz Wahle auch noch um einen «Künstler» handelt, macht die Sache für Freud nur komplizierter: «Ich glaube, es besteht eine generelle Feindschaft zwischen den Künstlern und uns Arbeitern im Detail der Wissenschaft. Wir wissen, daß jene in ihrer Kunst einen Dietrich besitzen, der alle Frauenherzen mühelos aufschließt, während wir gewöhnlich vor den seltsamen Zeichen des Schlosses ratlos dastehen u. uns quälen müssen, auch erst für eins den passenden Schlüssel zu finden» (aus einem Brief Freuds an Martha). Der symbolische Schlüssel, das symbolische Schloß. Ist es jener Schlüssel, den Fenitschka dem Max Werner aus der Hand nimmt, weil der damit die Tür verschloß, anstatt sie zu öffnen? Ist es jener Schlüssel, den Faust, um ins «Reich der Mütter» zu gelangen, von Mephisto, also vom Teufel selbst, erhielt, und den er mit den Worten beschreibt: «Er wächst in meiner Hand! er leuchtet, blitzt!»? Ist es also der Schlüssel, mit dem richtig umzugehen, sich Freud «im Detail der Wissenschaft» zeitlebens «quält»?

Just an jenem Tag, an dem Martha mit Sigmund Hand in Hand durch den Wiener Frühling spazierte, an dem sie sich ihm dann aber entzog, küßte sie den Fritz Wahle! Das wäre nicht weiter bemerkenswert, wenn die Geschichte nicht so angelegt worden wäre, daß sie herauskommen mußte. Daraus entwickelt sich nun wieder eine Szene, die so grotesk (und zugleich erfunden) erscheint, daß sie kaum einem Boulevard-Theater zuzumuten wäre. Als Fritz Wahle von der heimlichen Verlobung Marthas erfährt, bricht er vorsorglich in Tränen aus. Es scheint, als habe er seine Rolle als Begleiter doch anders gesehen. Im Beisein Schönbergs kommt es zu einer Aussprache zwischen Fritz und Sigmund.

Fritz droht erst einmal, sich und Sigmund zu erschießen. Sodann gibt er sich mit weniger zufrieden und zu erkennen, Martha werde die Verlobung sofort lösen, wenn *er* das wünsche. Sigmund steht daneben und versteht die Welt nicht mehr. Daraufhin fordert Fritz Schreibgerät und Papier an und verfaßt im Beisein der beiden anderen Männer einen Brief an Martha («geliebtes Marthchen» – «unendliche Liebe»). Sigmund wird der Brief präsentiert. Er liest und zerreißt das Papier. Daraufhin ist Fritz gekränkt. Er eilt vom Ort des Geschehens. Schönberg und Sigmund hinterher. Sie holen Fritz ein. Der weint hemmungslos. Sigmund ergreift seinen Arm, die Tränen ebenfalls in den Augen, und geleitet ihn nach Hause. Anderntags schreibt Sigmund einen Brief an sein «geliebtes Prinzesschen» in Hamburg, um den Vorfall mitzuteilen: «... Am nächsten Morgen faßte u. schämte ich mich. Der Mann, der mich weinen gemacht, muß viel tun, bis ich ihm verzeihe. Er ist nicht mehr mein Freund, wehe ihm, wenn er mir Feind wird...»

Freund und Feind, Beschützer und Rivale – der Dritte ist unentbehrlich. Später wird Freud schreiben, «einen intimen Freund und einen gehaßten Feind» benötige er, um sich in der Welt zurechtzufinden. Freud also spaltet die emotionale Realität nach Maßgabe dieser beiden projektiven Figuren. Das geht auch so, daß er zunächst liebt (Fließ, Jung), dann, nach einem abrupten Abbruch der Beziehung, haßt. Wieder äußert sich der spätere Analytiker in einem Brief an Martha: «Die Lösung liegt, glaube ich, darin, daß nur in der Logik Widersprüche existenzunfähig sind, in den Gefühlen bestehen sie aufs Beste nebeneinander.» Nach dem Vorfall mit Fritz irrt Sigmund noch stundenlang ziellos durch die nächtlichen Straßen Wiens. Dann pumpt er sich Geld und fährt nach Hamburg zu Martha. Dennoch: Der Vorfall mit Fritz Wahle bleibe für ihn «unvergeßlich», bemerkt er noch Jahre später.

Wie richtig das ist, wie sehr das unvergeßliche Trauma, der ungelöste Konflikt, eine Tendenz zur Wiederholung besitzt, werden wir noch sehen.

Zunächst einmal aber können wir vermuten, daß die Szene, die sich hier abspielte, auf dem Höhepunkt der Verliebtheit des jungen Freud, selbst ihre infantilen Wurzeln hatte. Denn: war es nicht Freud, der Theoretiker, selbst, der erklärte, die Verliebtheit bringe die unvergessenen infantilen Szenen, Erinnerungen, Konflikte, Traumata, Wünsche und Ängste erneut ans Tageslicht?

Vater, Mutter, Sohn, das ödipale Dreieck – in Freuds Kindheit hat es eine charakteristische Abwandlung (oder Ergänzung) erfahren. Freuds Vater Jakob heiratete in zweiter Ehe eine junge Frau, Amalie, die mit Jakobs Sohn Philipp aus erster Ehe fast gleichaltrig war. Es handelte sich dabei also um Freuds Halbbruder. Diesen nun verdächtigt Sigmund (wie auch Jakob), mit der Mutter ein Verhältnis zu haben. Sind also Ernst von Fleischl, Max Mayer und Fritz Wahle Reinkarnationen Philipps? Halbbrüder, nicht «Väter»? Wenn dem so sein sollte, was wäre dann von Freuds Theorie der Kastrationsangst zu halten? Bekanntlich meinte Freud, der Sohn gebe aufgrund der Angst, vom Vater kastriert zu werden, den Wunsch, die Mutter geschlechtlich zu besitzen, auf. Ist aber nicht vielleicht die Kastrationsangst die projektive Umkehr eines eigentlichen Kastrationswunsches, der sich auf den Rivalen und Halbbruder Philipp richtete: Ihn müßte man kastrieren, damit er nicht mit der Mutter verkehren kann. Und andererseits: Was heißt Penisneid? Ist der kleine Sigmund nicht *neidisch* auf die Kunst des großen Bruders, auf den Künstler, der den richtigen, den passenden Schlüssel besitzt? Penisneid also bei Sohn... und die Zuschreibung dieses Neides auf die Tochter – wieder eine projektive Abwehr? Ich meine, es wäre an der Zeit, Freuds «Kernkomplex» der Neurose, also Ödipus-Theorie, Kastrationsangst und Penisneid, einmal anders und im Kontext der Biographie Freuds selbst zu hinterfragen.

2 Wenn zwei Menschen wie Lou Andreas-Salomé und Sigmund Freud aufeinandertreffen, die beide in charakteristischer Weise den Dritten in ihrem Leben und Lieben benötigten, dann, so steht zu erwarten, kommt es zur Explosion. Wie könnten diese beiden sich einander nähern, *ohne* eines Dritten zu bedürfen? Erinnern wir uns: Der Dritte ist Rivale *und* Schutz, ist vor allem Spiel-Ball, ist aber auch die projektive Gestalt des Doppelgängers, der jenen verdrängten, abgespaltenen Teil des Selbst repräsentiert, das aus dem Spiel von zweien herausgehalten werden muß, um in Gestalt des Dritten ins Spiel gebracht zu werden. Handelt es sich um eine Frau und zwei Männer, dann repräsentieren die beiden Männer wechselseitig zwei Hälften, die zusammen nur den *ganzen* Mann ergeben würden. Vom Standpunkt der Frau aus betrachtet, wäre der *ganze* Mann zu gefährlich, zu überwältigend; sie teilt, um zu herrschen. Sie hält sich damit den «ganzen» Mann vom Leibe, indem sie jeweils nur die eine Hälfte zu Wort kommen läßt. Das aber provoziert notwendig Haß, bei beiden Männern, der sich auf den jeweils anderen richtet, der scheinbar das realisieren kann, was dem ersten versagt bleibt. Nietzsche notiert daher im Sommer 1882 (auf seine Erfahrungen, die er eben jetzt macht, zurückgreifend): «Das Eisen haßt den Magneten, wenn der Magnet das Eisen nicht ganz an sich ziehen kann – und doch *zieht.*» Und: «... was uns hindert ganz zu lieben, hassen wir am meisten.» Da der Haß sich aber nicht am gleichen Objekt realisieren darf, weil Angst besteht, dieses Objekt zu zerstören, wird er sich auf einen Dritten richten – auf den Rivalen. Dieser scheint aus dem Wege geschafft, zerstört werden zu müssen. Auch wenn das eine Illusion ist. Eine Illusion deshalb, weil mit der Beseitigung des Dritten die Ambivalenz der Nähe zwischen den beiden nur wieder verschärft werden würde. Eben weil mit dem Dritten auch der Schutz entfällt, den dieser (unfreiwillig) gewährt.

Der Dritte, um den es in der Beziehung zwischen Lou und Freud ging, heißt Viktor Tausk. Er ist Psychoanalytiker und gilt bis heute als einer der Pioniere der psychoanalytischen Schizophrenielehre. Er beschäftigte sich mit einer Krankheit, die den äußersten Extremfall einer Teilung des Selbst und einer Ambivalenz der Gefühle darstellt, einer Krankheit zum Tode (der Seele). Schizo-Phrenie, geteiltes Herz: Messer im Herz, Dreieck im Kopf. Vielleicht ist es auch das Zerreißen eines Dritten im Kampf, den zwei andere miteinander führen: das Kind, in dessen Innerem Vater und Mutter einander mörderisch bekriegen.

In der Nacht vom 2. zum 3. Juli 1919 erschießt sich der Psychoanalytiker Viktor Tausk in Wien. Man erinnere sich: Am 11. Juli 1882 schrieb Freud seinerzeit den Brief an Martha, in dem er von der «generellen Feindschaft zwischen den Künstlern und uns Arbeitern im Detail der Wissenschaft» berichtete, in dem der «Schlüssel» genannt worden war, den die Künstler besitzen, um das Herz der Frauen (oder ihr Schloß) zu öffnen. Aber es handelt sich auch um eine Nacht vom Mittwoch auf Donnerstag; eben um diese Zeit tagt traditionsgemäß die

«Mittwochsgesellschaft», der Kreis der um Freud gescharten Anhänger der Psychoanalyse, zu denen Tausk gehörte. Tausk erschießt sich, während seine Kollegen und Freud sich um die Analyse des Seelenlebens bemühen. Symbolische Wunden. Symbolische Handlungen...

In einem «Nachruf» rühmt Freud später den Selbstmörder Tausk als einen «ungewöhnlich begabten Wiener Nervenarzt», den eine «scharfe Beobachtung, treffendes Urteil und eine besondere Klarheit des Ausdrucks» ausgezeichnet hätten. Er sei durch «philosophische Begabung» wie auch durch «ganz hervorragende medizinisch-psychologische Fähigkeiten» aufgefallen. Wer ihn gekannt habe, habe seinen «lauteren Charakter, seine Ehrlichkeit gegen sich und andere und seine vornehme Natur» geschätzt, die «ein Bestreben nach dem Vollendeten und Edlen auszeichnete». Man habe gespürt, daß man «einen bedeutenden Menschen vor sich habe», wenn man ihm gegenüberstand. Der Nachruf schließt mit der Bemerkung, Tausk sei «ein ehrenvolles Andenken» in der Geschichte der Psychoanalyse «sicher». – Es sind dies Worte, die den Verstorbenen preisen; es sind diese Worte, die nicht zuletzt an jene erinnern, die Freud dem sterbenden Ernst von Fleischl in einem Brief an die Braut widmete...

Mit dem «ehrenvollen Andenken» in der Geschichte der Psychoanalyse hat es, was Tausk betrifft, seine eigene Bewandtnis. Jones beispielsweise diagnostiziert in seiner Freud-Biographie Tausk umstandslos als einen Schizophrenen. Und der Psychoanalytiker Eissler bescheinigt Tausk «perverse Impulse», stellt ihn als Mann dar, der besonders Frauen gegenüber «sadistisch» gehandelt habe, der versucht habe, Frauen an sich zu binden, um sie dann zu «zerstören». Und was Freud betrifft, so sind seine offiziellen Worte im «Nachruf» alles andere als ehrlich. Lou gegenüber äußert er sich einen Monat nach dem Tode Tausks in einem Brief ganz anders (aber wir wissen ja von Freud selbst, daß Gegensätzlichkeiten nur für den Verstand, keineswegs für das Gefühl unvereinbar sein müssen): «Ich gestehe, daß er mir nicht eigentlich fehlt: ich hielt ihn seit langem für unbrauchbar, ja für eine Zukunftsbedrohung. Ich hatte Gelegenheit, einige Blicke in den Unterbau zu tun, auf dem seine stolzen Sublimierungen ruhten, und ich hätte ihn längst fallengelassen, wenn Sie ihn nicht in meinem Urteil gehoben hätten.»

Nun muß man wissen, daß Tausk Lous Geliebter war (wenngleich nicht mehr zum Zeitpunkt, als er sich erschoß, und vermutlich auch niemals im explizit sexuellen Sinne). Tausk, Lou, Freud – ein Dreieck. In ihrem Antwortschreiben an Freud entgegnet Lou (bezogen auf

Tausk), Eisslers «sadistische» und «zerstörerische» Tendenzen ignorierend, «ich hatte ihn lieb». Und ein anderer Analytiker, Paul Federn, der Grund gehabt hätte, Tausk zu verunglimpfen, war er doch von ihm zeitweise nicht gerade gentlemanlike behandelt worden, bemerkt bezüglich des Selbstmordes, das Motiv hierfür sei wohl gewesen, daß Tausk «die Abwendung Freuds» gespürt habe (wenn es sich hierbei auch nur um *ein* Motiv handelte; ein Selbstmord hat viele Motive). Federn hält die Waage, vergleicht Tausk und Freud und bemerkt hinsichtlich Tausk: «. . . *er* war *nicht* gut – so wenig Freud gut ist.» Was die erwähnte «Ablehnung» Tausks durch Freud betrifft, so hatte sie auch einen konkreten Inhalt. Tausk, der Freud bewunderte, hatte versucht, von diesem analysiert zu werden. Freud hatte dies verweigert. Ein ähnlicher Vorfall ereignete sich später in der Beziehung zu Wilhelm Reich, den Freud ebenfalls nicht analysieren wollte. Reich verfiel daraufhin in eine schwere Depression, erkrankte an Lungentuberkulose und mußte sich mehrere Monate zur Kur in ein Sanatorium begeben. Um solche Reaktionen zu verstehen, muß man wissen, wie stark die Abhängigkeiten und Idealisierungen, die Rivalitäten und Hoffnungen im Kreise der ersten Analytiker waren. An solchen hoch pathologischen und komplexen Verstrickungen hat sich bis heute an den sektenhaft organisierten Ausbildungsinstituten der Psychoanalytiker wenig geändert, wenn es auch die Über-Vater-Gestalt Freuds real nicht mehr gibt. Ihre Züge allerdings leben in den Phantasien der Analytiker fort; und bisweilen versucht sie einer, dann allerdings eher im Sinne einer Karikatur, wiederzubeleben (wer, zum Beispiel, Herrn Ammon in Berlin kennt, weiß, was ich meine).

Tausk war zunächst promovierter Jurist. In Berlin arbeitete er als Journalist und Schriftsteller – er war «Künstler». Um Psychoanalytiker zu werden, absolvierte er noch ein Medizinstudium. Seine erste Ehe scheiterte, danach verlobte er sich wiederholt. Kurz vor dem Eingehen einer neuen Ehe erschoß er sich. Seine Beziehung zu Frauen war problematisch, konfliktgeladen, selbstzerstörerisch. Auf einem Bild, das seine Mutter als junge Frau darstellte, durchbohrte er einmal mit einer Nadel jene Stelle, an der das Herz der Mutter lag. Auch Wilhelm Reich hatte als 14jähriger Knabe einen symbolischen Muttermord begangen. Er berichtete dem Vater (scheinbar versehentlich) von einer außerehelichen Affäre der Mutter, woraufhin sich die Mutter, entdeckt, das Leben nahm. Tausk also war gewiß ein höchst problematischer Mensch. In einem Brief an seine erste Frau bescheinigte er sich selbst «Depressionen» und «Zwangsvorstellungen». Doch er besaß auch eine seltene Gabe: Empathie, die bis zur höchsten Stufe der Sensitivität für die Gefühle und Gedanken anderer Menschen reichte. Das war eine «unheimliche» Begabung. Tausk konnte in anderen Menschen paranoide Ängste auslösen, man konnte sich von ihm «durchschaut», «erkannt» und «ertappt» fühlen.

Und tatsächlich: Bezogen auf Tausk hegte Freud paranoide Ängste, jener könnte seine (Freuds) «Gedanken lesen». Freuds Abgrenzungsbedürfnis gegenüber Tausk war stark. Zeitweise fühlte er sich von Tausks Kongenialität bedroht, unterstellte er ihm Gedankendiebstahl, meinte er, Tausk könne Einsichten noch vor Freud zu Papier bringen, weil sich Tausk empathisch in ihn (Freud) einzufühlen verstand. Für Freud also war Tausk der «unheimliche» Doppelgänger, der immer einen Schritt voraus ist, der immer im unpassenden Moment die Dinge ausspricht, die der andere nur denkt. Lou berichtet, Freud habe ihr einmal während einer Diskussion einen Zettel zugeschoben, auf dem stand: «Weiß er schon alles?» Manifest bezog sich die Frage Freuds an Lou darauf, Lou könnte Tausk etwas aus einem Gespräch, das sie mit Freud geführt hatte, mitgeteilt haben. Gemeint war aber auch Tausk, der eben einen Vortrag hielt, von dessen Inhalt Freud annahm, es seien *seine* Gedanken, die er allerdings noch nicht ver-öffentlicht hatte. Lou notiert in ihrem Tagebuch, Tausk besitze eine «leidende Gefühlshaftigkeit bis zur Selbstauflösung». Gemeint ist damit jener Verlust der Ichgrenzen, der den Betreffenden befähigt, über das normale Maß hinaus in die Gefühlswelt eines anderen Menschen einzutauchen. Das ist eine für den anderen äußerst bedrohliche Form der Nähe, vor allem, wenn dieser andere nur unter der Voraussetzung einer starken emotionalen Sicherung (Distanz) leben kann. Dieser notwendigen Distanz bedurfte Freud; er fürchtete nichts mehr als das emotionale Verschmelzen mit dem anderen oder – was dasselbe ist – mit den eigenen Leidenschaften. Das Couch-Ritual ist das Ergebnis dieser aus inneren Gründen erforderlichen Distanz-Nähe-Regulation, die für Freud so notwendig war. Er stand zeitlebens in der Gefahr, «hörig» zu werden; und was das für ihn bedeutete, das hatte er während der Zeit der Verlobung mit Martha ansatzweise erfahren. Tausk also war für Freud eine Bedrohung, eine «Zukunftsbedrohung», wie Freud sich in dem bereits zitierten Brief an Lou geäußert hatte. Tausk in Lehranalyse zu nehmen, das wäre für Freud zuviel gewesen.

Soweit sich Freud durch Tausk bedroht fühlte, mußte er sich distanzieren. Aber der Mann faszinierte ihn auch. Gab es nicht einen Weg, doch noch an ihn heranzukommen, einen Blick in seinen «Unterbau» zu werfen, ohne sich ihm in gefährlicher Nähe ausliefern zu müssen? Freud lehnte Tausk 1918 als Lehranalysand ab. Aber er machte ihm gleichzeitig mit dieser Ablehnung auch ein Angebot, er konstruierte eine Beziehungsfalle, entwarf eine Doppelbindungsstrategie aus Ablehnung *und* Annahme. Freud also schlug Tausk vor, zu Helene Deutsch in die Analyse zu gehen, die ihrerseits bei Freud in der Analyse war. Und da man nun einmal in der Analyse aufgefordert ist, alles zu sagen, was einem einfällt, würde Helene Deutsch wohl bisweilen in ihrer Analyse bei Freud über Tausk reden (müssen / wollen), der bei ihr in Analyse war. Ein perfektes Dreieck!

Auch Helene Deutsch gegenüber soll sich Freud verschiedentlich geäußert haben, Tausk erscheine ihm «unheimlich». Der lag nun seit Januar 1919 bei Helene Deutsch auf der Couch. Ende März gebietet Freud dem Arrangement Einhalt – es ist Frühling in Wien. Freud wendet sich an Helene Deutsch und stellt sie vor die Wahl: Er (Tausk) oder Ich (Freud). Er eröffnet Helene Deutsch eine unerwartete Einsicht: Tausk habe die Lehranalyse bei ihr nur aus dem Grunde akzeptiert, durch sie (als Mittel zum Zweck) mit ihm indirekt kommunizieren zu können. Kurz, Freud unterstellt projektiv seine eigenen Interessen Tausk (was nicht heißen muß, daß sie nicht auch auf Tausk zutreffen, denn in aller Projektion steckt immer ein Stück echter Wahrheit). Freud also verlangt von Helene Deutsch, entweder beende sie ihre Analyse bei ihm, oder sie mache Schluß mit der Analyse Tausks. Helene Deutsch entschied sich für die zweite «Möglichkeit». Tausk wird fallengelassen. Drei Monate später ist er tot.

3 In Freuds gesammelten Werken finden sich «*Drei* Abhandlungen zur Sexualtheorie». Es finden sich aber auch, weniger bekannt, *drei* «Beiträge zur Psychologie des Liebeslebens». Diese tragen die Titel: «Über einen besonderen Typus der Objektwahl beim Manne» (I); «Über die allgemeinste Erniedrigung des Liebeslebens» (II); «Das Tabu der Virginität» (III). Erwähnen wir also, dieses Kapitel abschließend, einige Freudsche Gedanken zum «Liebesleben».

(I) Freud behauptet, es gebe eine typische Objektwahl bei manchen Männern, bei der es darauf ankomme, daß ein «Geschädigter Dritter» mit im Spiel sei. Dabei werde stets eine Frau gewählt, die nicht mehr «frei» sei. Es ist dies einmal eine ödipal-inzestuöse Wahl, bei der der «Vater» als Rivale gleich einbezogen wird; es ist dies aber auch, ich sagte das bereits, der subtile homosexuelle Verkehr zweier Männer, die sich im Leib einer Frau begegnen wollen. Eine Ergänzung dieser Objektwahl ist die der «Dirnenliebe», wie Freud sich ausdrückt, bei der eine Frau gewählt wird, die es zu «retten» gilt, deren Sexualität wahllos ist, die den anderen Männern erst einmal entrissen werden muß. Der erste Typus der Objektwahl bietet, laut Freud, ein hervorragendes Betätigungsfeld für die «feindseligen» Regungen, die sich auf den Rivalen richten; der zweite Typus gibt dagegen Grund zur Eifersucht, oder wenigstens genügend Anlaß, eifersüchtige Regungen an Gestalten in der Außenwelt zu befestigen. Freud charakterisiert solche Männer wie folgt: «Erst wenn sie eifersüchtig sein können, erreicht die Leidenschaft ihre Höhe, gewinnt das Weib seinen vollen Wert, und sie versäumen nie, sich eines Anlasses zu bemächtigen, der ihnen das Erleben dieser stärksten Empfindungen gestattet... In grellen Fällen zeigt der Liebende keinen Wunsch, das Weib für sich allein zu besitzen, und scheint sich in dem dreieckigen Verhältnis durchaus wohl zu fühlen.» Feindseligkeit und Eifersucht – bei verdeckter Homosexualität, die Freud charakteristischerweise *nicht* erwähnt – konstituieren also, nebst der Liebe zur Frau, das Feld. Wenn ein zweiter Mann im Spiel ist, dann wird die Frau nicht so gefährlich, wie sie vielleicht sein *könnte*; dann wird die Gefährlichkeit am Gegner bewältigt, als der der andere erscheint. Er übernimmt sowohl das Böse der Geliebten, wie auch das Böse des Liebhabers. In ihm werden die Affekte lokalisiert, die im Spiel der reinen Liebe nicht vorkommen dürfen.

(II) Zärtlichkeit und Sinnlichkeit fallen bei bestimmten Formen der neurotischen Partnerwahl auseinander. Grobe Sexualität und himmlische Liebe scheinen nicht vereinbar zu sein. Wenn das eine vorhanden ist, darf das andere nicht sein. Im Grunde geht es wieder um dasselbe Problem: Wohin mit den «bösen» Affekten, wenn sie für eine «reine» Liebe unstatthaft sind? Wohin mit der Ambivalenz der Gefühle; wie umgehen mit der Tatsache, daß Liebe *und* Haß meist gleichzeitig vorhanden sind, einander wechselseitig konstituieren, weil nun einmal Nähe, wenn sie wahrhaftig ist, Konflikte nicht ausschließt, vielmehr provoziert? Wird das Problem einmal gelöst, indem ein zweiter Mann als Dritter ausgewählt wird, so gibt es auch noch die Möglichkeit, die Frau zu spalten, das Dreieck also im Sinne Mann–Frau–Frau zu konstituieren. Die eine Frau ist die Nonne, die andere die Grisette. In diesem Falle trifft sich das männliche Arrangement mit der geteilten Seele der Frau, die ihrerseits nicht in der Lage ist, die beiden Hälften ihrer selbst zu integrieren. Wir sehen also, daß das, was Freud in seinem «zweiten» Beitrag zum Liebesleben beschreibt, im Grunde dasselbe ist, wovon er bereits im «ersten» gesprochen hat. Idealisierung und Verehrung sind möglich, wenn es sich um eine «reine» Frau handelt, während «Verachtung» das potenzstärkende Mittel ist, wenn es um eine «sündige» Frau geht. Psychische Impotenz schließlich ist der Schutz vor einer *ganzen* Frau.

(III) Wenn Freud über das «Tabu der Virginität» spricht, kommt er zum Kern der Sache. Hier konfrontiert er sich mit den «Männerängsten», also mit seiner Angst, unmittelbarer. «Der Mann fürchtet, vom Weibe geschwächt, mit dessen Weiblichkeit angesteckt zu werden...» heißt es da. Und das heißt nichts anderes als: Er fürchtet, ohne den Schutz des Dritten, wieder in der emotionalen Symbiose mit der Mutter oder dem Muttersurrogat unterzugehen. *Deshalb* errichtet der «Primitive», wie Freud sagt, wenn er den «Zivilisierten» meint, ein Tabu. Die Entjungferung überläßt er einem Priester, einem Stammesältesten, einem erfahrenen Schamanen, kurz, es wird ein Dritter eingeführt, der erledigen soll, wovor sich der Mann fürchtet. Ansteckung, psychische Infektion, Gefahren bei Durchlässigkeit und Zusammenbruch der Ichgrenzen müssen gehandhabt werden. Und Verliebtheit, auch das hat Freud ja theoretisch festgestellt, ist der Zustand par excellence der Aufhebung von Ichgrenzen, der Verwechslung von Du und Ich, des Einswerdens und Verschmelzens. *Dagegen* richtet sich der Schutz, den der Primitive in Gestalt der projektiven und zugleich realen Figur des «erfahrenen Mannes», der weiß, wie mit solchen Ängsten umzugehen ist, benötigt. Die ödipale Konstellation, wie sie Freud beschrieben hat, ist als solche das gelungene Abwehrarrangement gegen die verschlingende mütterliche Symbiose, gegen den Verlust des Ichs und der Individuation, gegen die Auflösung des Selbst und der Objektwelt, gegen den Wahnsinn. Was jenseits der ödipalen Entwicklungsstufe liegt, das «Reich der Mütter» nämlich, in das der Teufel den Faust schickt – *das* wäre der eigentliche Schlüssel zum Verständnis der von Freud entworfenen psychoanalytischen Theorie. Und nur mit Hilfe dieses Schlüssels wäre auch das Couch-Arrangement, dieses kunstvolle Gebilde gleichzeitig vorhandener Nähe und Distanz, Trennung und Einheit, sinnvoll zu erklären.

III Das un-heimliche Auge

1 Von E. T. A. Hoffmann gibt es ein Selbstbildnis (undatiert), dessen Ausdruck an die späten Selbst-Studien van Goghs erinnert. Zwei Geistes-Verwandte, zwei Schicksals-Genossen, die einander nie begegnen konnten, blicken den Betrachter mit dem gleichen *Bedürfnis* an: Ihre Augen, aufgerissen *und* versunken, hilfesuchend *und* stechend, tief *und* starr, leer *und* abgründig, verzweifelt *und* forschend, einsam *und* die Fülle des menschlichen Blickes in sich vereinigend; Augen, hinter denen *ein* drittes späht, das un-heimliche Auge. Erinnern wir uns: Das Freudsche Arrangement ist vor allem auch eins des *Blickes*. Nicht gesehen zu werden, um selbst zu sehen. Freud hat wiederholt bekundet, er könne es nicht vertragen, den ganzen Tag von Patienten *angestarrt* zu werden, deshalb – auch deshalb – hat er dieses Arrangement erfunden, das ihm einen Blick in den «Unterbau» erlaubte, ohne selbst gesehen zu werden. Und Freud litt an einer «Eisenbahnphobie», wenn er sich diese auch anders erklärte, als wir es hier versuchen. Aber was heißt das denn, in einem Abteil zu sitzen, nicht bestimmen zu können, wer gegenüber Platz nimmt, wer uns anstarren, ausspähen, beobachten kann? Da gibt es kein Entrinnen. «Eisenbahnphobie» – das ist die Angst vor dem Auge des Gegenüber. An Franz Alexander schreibt Freud im Jahre 1928: «... denn die Beschäftigung mit der Analyse wirkt ähnlich schädlich auf die eigene Psyche wie die der Röntgenstrahlen auf die eigenen Gewebe. Es bedarf beständiger Gegenarbeit, um sich davor zu schützen.» Wie schützt man sich aber vor dem «bösen» Blick?

Denken wir an Kohut; es ist «der Glanz im Auge der Mutter», der das Kind, dessen Seele, zum Leben erweckt. Das Auge der Mutter – der *erste* und wichtigste Spiegel. Wer sich in diesem Spiegel wiederfindet, wer hier ein unverzerrtes Bild seiner selbst entdeckt, der ist erlöst. Wem dieser Spiegel fehlt, der sucht ihn zeitlebens, vergeblich: Narziß, der sich überall reflektieren möchte, um endlich in sich selbst zu ertrinken. Was aber, wenn das Auge der Mutter den «bösen», den bannenden, den verzerrenden Blick enthält? Dann bleibt das Kind in seiner eigenen Seele eingeschlossen, Einsamkeit, inmitten der Fülle der Menschen. Es wird die Welt sehen, als sei sie getrennt, wie hinter einer Glaswand. Die gläserne Welt. Nur noch die Blicke begegnen einander, ohne sich zu berühren, dazwischen steht der Bann. Es ist der Augen-Blick, der so oder so künftiges Schicksal entscheiden wird.

Sartre schreibt («Das Sein und das Nichts»): «Der Blick, den die

Augen offenbaren, von welcher Art sie auch sein mögen, ist reine Verweisung auf mich selbst... So ist der Blick zunächst ein Vermittler.» Angeblickt zu werden und zu blicken, dadurch konstituieren sich Subjekt und Objekt, es ist der Blick, der die Entfernung bestimmt, der darüber entscheidet, ob Macht im Spiele ist. Der Blick versteinert, macht willenlos, wird als Zwang empfunden: Mit einem Blick bannt Fenitschka den Max Werner. Mit einem Blick vermittelt sie «Hilfe», ja, «Liebkosung» der Grisette am Nebentisch.

E. T. A. Hoffmann, Sohn eines Alkoholikers und einer hysterischen Mutter, die von Weinkrämpfen geschüttelt wird, fanatisch auf Ordnung im Haushalt bedacht ist, Ordnung im Außen schafft, um so wenigstens einen sichtbaren Halt im Chaos zu gewinnen, das ihr Inneres durchtobt. Der Sohn wächst in einer leeren Wüste auf, kein freundlicher Blick trifft ihn; er bleibt zeitlebens einsam. Vom Vater und von der Mutter erhält er eine doppelte Natur: Das Motiv des Doppelgängers durchzieht die «Elixiere des Teufels». Der gegensätzliche Charakter der Eltern reproduziert sich im Inneren des Sohnes, der zeitlebens nach Einheit ringt, ohne sie je erreichen zu können. Doppelt ist alles in seinem Leben, das physiologisch determinierte Doppelbild, das die Augen liefern, bei ihm kommt es nie zur Deckung. Er sieht alles zweifach, weil er ein-sam bleibt. Immer liebt er zwei Frauen gleich-zeitig. Nie kann er sich wirklich für *Eine* entscheiden. Seine Persönlichkeit bleibt gespalten. Zerrissen. Er säuft bis zur Halluzination. In seinem Tagebuch notiert er am 6. 1. 1804: «Anwandlung von Todes-Ahnung-Doppel-Gänger.» Bevor er sich an die «Elixiere des Teufels» macht, studiert er die Lehrbücher der Psychiatrie, Philippe Pinel und Christian Reil sind verbürgte Autoren, deren Werke er für seine Novellen mitbenutzt. Schizophrenie ist für ihn kein abstrakter Terminus, ist für ihn Erfahrung, Lebens-Erfahrung, Todes-Erfahrung. Dieser Erfahrung verdankt er Kreativität, Imagination und Transzendenz der alltäglichen Wirklichkeit. Seine Phantasmagorien *sind* Wahnsinn: «Man sagt, daß der Hysterismus der Mütter sich zwar nicht auf die Söhne vererbe, in ihnen aber eine vorzüglich lebendige, ja ganz exzentrische Phantasie erzeuge... Ich meine nicht jenen kindischen albernen Wahnsinn der Weiber, der bisweilen als Folge des gänzlich geschwächten Nervensystems eintritt, ich habe vielmehr jenen abnormen Seelenzustand im Sinn, in dem das psychische Prinzip, durch das Glühfeuer überreizter Phantasie zum Sublimat verflüchtigt, ein Gift worden, das die Lebensgeister angreift, so daß sie zum Tode erkranken und der Mensch in dem

Delirium dieser Krankheit den Traum eines anderen Seins für das wache Leben selbst nimmt» (E. T. A. Hoffmann).

Wählen wir exemplarisch nur eine der Erzählungen Hoffmanns aus, den «Sandmann», also jene Gestalt, die dem Kinde Sand in die Augen streut, so daß es die Wirklichkeit nicht mehr sehen kann, müde wird, hypnotisiert die eigenen, inneren, phantastischen Gestalten als die wahre Wirklichkeit erlebt, gebannt ins Innere, in die Traumwelt starrt, in der sich dann die realen Gestalten der Außenwelt verwandeln, zu Monstern, Geistern, Ungeheuern, Gespenstern werden.

Die Erzählung beginnt – und schon im dritten Satz ist von den *Augen* der Geliebten, Klara, die Rede. Sie lächelt den Nathanael «mit ihren hellen Augen so anmutig» an. Später schreibt Nathanael ein «Gedicht», überläßt sich also seinen inneren Phantasien, und da verwandeln sich die Augen der Klara. Im Gedicht ruft ihm Klara zu: «... ich habe ja meine Augen, sieh mich doch nur an!» Doch Nathanael «blickt in Klaras Augen; aber es ist der Tod, der mit Klaras Augen ihn freundlich anschaut». Er sieht nicht *ihre* Augen, er sieht in ihren Augen nur immer die Blicke aus grauer Vorzeit, die ihn tödlich anstarrten – die Augen der wahnsinnigen Mutter.

Der Brillenverkäufer Coppola, der in das Leben des Studenten Nathanael tritt, um ihm ein Perspektiv zu verkaufen, ein Fern-Glas also, durch das Nathanael die Welt verändert sehen wird, dieser Coppola verändert alle bisherigen Perspektiven des glücklich liebenden Nathanael. Plötzlich wird die Vergangenheit wieder zur Gegenwart; Coppola wird zum Advokaten Coppelius, zu einer Gestalt aus den frühen Kindertagen, die an geheimnisvollen alchimistischen Experimenten, zusammen mit dem Vater Nathanaels, teilnahm. Bei diesen Experimenten verunglückte der Vater tödlich. Auch damals schon ging es um die Augen: Coppelius und der Sandmann, das waren für das Kind ein und dieselbe Gestalt, ein drohendes Monster, das die Augen des Kindes zu stehlen versuchte. ««Augen her, Augen her», rief Coppelius mit dumpfer dröhnender Stimme.» Die Erinnerung an jene Kindheitserlebnisse und -phantasien versetzt den Studenten Nathanael, jetzt, da er dem Brillenverkäufer begegnet, in eine «zerrissene Stimmung des Geistes». Er schreibt einen Brief, in dem er über sein Unglück berichtet. Klara erhält diesen Brief.

Sie antwortet, beschwörend. Nämlich die Realität, hier und heute, beschwörend, versucht sie den Geliebten von den inneren Traumgebilden zu befreien, den Unterschied zwischen Innen und Außen, Damals und Jetzt zu betonen. Er möge doch mit *seinen* Augen die Welt sehen, anstatt mit jenen, die an die Gestalten der grauen Kindheit gebannt sind: «Geradeheraus will ich es Dir nur gestehen, daß, wie ich meine, alles in Deinem Innern vorging, die wahre wirkliche Außenwelt aber daran wohl wenig teilhatte.» Und da sie mit ihrem Bruder Lothar über Nathanael gesprochen hat, fügt sie auch dessen Ansichten in dem Brief an Nathanael hinzu. Es sei gewiß, meine Lothar, «daß die dunkle physische Macht, haben wir uns durch uns selbst ihr hingegeben, oft fremde Gestalten, die die Außenwelt uns in den Weg wirft, in unser Inneres hineinzieht, so, daß wir selbst nur den Geist entzünden, der, wie wir in wunderlicher Täuschung glauben, aus jener Gestalt spricht. Es ist das Phantom unseres eigenen Ichs...»

So wie sich die Reihe des Brillenhändlers, des Advokaten und des Sandmanns für Nathanael zu einer unaufgelösten, drohenden Gestalt verdichtet, so ist auch die Reihe Tausk, Fritz Wahle, Max Mayer, Ernst von Fleischl, Philipp für Freud eine, die, unaufgelöst, zur Aktion zwingt, zum Handeln in der Gegenwart. Die Angst vor Tausk, dem Doppelgänger, ist eine, die sich an die infantile Angst anlehnt, von dieser recht eigentlich gespeist wird. Es ist eine tödliche Angst, eine unheimliche Angst. Und auch Nathanael wird versuchen, sich, in der Gegenwart handelnd, mit seiner Angst vor dem Sandmann auseinanderzusetzen. Und auch dieser Versuch wird tödlich enden.

E. T. A. Hoffmann schildert meisterhaft, authentisch, den Kampf zwischen Damals und Jetzt, der in der Seele des Nathanael tobt. Es gibt immer wieder Einbrüche der Vergangenheit, immer wieder Befreiungsversuche, die sich an die Gegenwart, an die Gegenwart der Geliebten knüpfen. Sieht Nathanael bisweilen den Tod im Auge der Klara, so sehen andere, die der Gegenwart näher stehen, in ihren Augen einen «See..., in dem sich des wolkenlosen Himmels reines Azur, Wald- und Blumenflur, der reichen Landschaft ganzes buntes, heitres Leben spiegelt», kurz das Leben, nicht den Tod. Dann wieder packt Nathanael das «Entsetzliche», und er «zürnt» Klara, die «die Existenz des Dämons nur in seinem eigenen Innern statuiere». In solch einem Augen-Blick stößt er Klara von sich, brüllt er sie an: «Du lebloser, verdammter Automat!»

Die lebendige Frau und die automatische, mechanische, seelenlose Puppe – das ist das zweite Motiv, das sich durch die Erzählung vom «Sandmann» zieht. Der Brillenverkäufer Coppola verkauft also dem Nathanael ein Perspektiv. Dieses vor Augen, erblickt Nathanael in der

Gliederpuppe Olimpia die wunderschönste, liebevollste, lebendigste Frau der Welt. Er tanzt mit ihr, er spricht mit ihr, er verliebt sich in die seelenlose Puppe. In ihr, die leblose, glanzlose Augen hat, muß er ein Bild wiedergefunden haben, das tief in seiner Seele nistet: das Bild der leblosen, durch keinen Blick die Seele des Sohnes spiegelnden Mutter. Zwanghaft, *automatisch* verliebt sich Nathanael in dieses Bild: «Eiskalt war Olimpias Hand, er fühlte sich durchbebt von grausigem Todesfrost, er starrte Olimpia ins Auge, das strahlte ihm voll Liebe und Sehnsucht entgegen...» Es ist *seine* Liebe, *seine* Sehnsucht, die er in den toten, leeren Augen wiederfindet. «...die Legende von der toten Braut ging ihm plötzlich durch den Sinn...»

Die mechanische Puppe Olimpia wird schließlich in einem Streit ihrer beiden Konstrukteure – des Physikers Spalanzani und des Optikers Coppola – *zerrissen*. Zwei Männer streiten sich um eine leblose Frau, um eine Puppe. In diesem Moment packt Nathanael «der Wahnsinn mit glühenden Krallen». Zur Heilung – zur vorläufigen Rettung – kommt er zurück zu Klara. An dieser Stelle schaltet sich E. T. A. Hoffmann als Erzähler in den Fortgang der Handlung ein. Der Vorfall, so berichtet er, habe in den Teezirkeln der Stadt tiefes Mißtrauen hinterlassen. Hinfort schlich sich bei den Zeugen der Geschichte «abscheuliches Mißtrauen gegen menschliche Figuren ein. Um nur ganz überzeugt zu werden, daß man keine Holzpuppe liebe», verlangen hinfort manche Männer von ihren Frauen Proben, etwa Konversationen, die erweisen sollen, «daß dies Sprechen wirklich ein Denken und Empfinden voraussetze». Niemand kann sich mehr sicher sein, wen er denn vor sich habe: einen Automaten oder einen Menschen. Infolge solcher Proben werden manche «Liebesbündnisse... fester und... anmutiger, andere dagegen gingen leise auseinander».

Als Nathanael geheilt scheint, besteigen er und Klara einen Aussichtsturm. Nathanael nimmt Coppolas Fernglas mit. Sowie Klara vor diesem Perspektiv erscheint, sowie er sie unter dieser Perspektive betrachtet, «brüllte er auf wie ein gehetztes Tier»: «Holzpüppchen dreh dich – Holzpüppchen dreh dich», schreit Nathanael die Geliebte an. Es ist Coppolas Blick-Winkel, der ihm die Geliebte als Holzpuppe erweist. Er versucht, Klara vom Turm zu stoßen; der Bruder Lothar rettet die Schwester. In der Menge unten aber vermeint Nathanael den Advokaten Coppelius, also den Brillenhändler Coppola, also den Sandmann wiederzuerkennen. Nathanael stürzt sich nun, vom Wahnsinn gepackt, selbst zu Tode.

2 Im Jahre 1919, also im Todesjahr Tausks, erscheint Freuds Schrift «Das Unheimliche», die sich wesentlich auch mit der Erzählung vom «Sandmann» beschäftigt. Ich meine, man sollte diese Schrift auch als eine Art zweiten Nachrufs auf Tausk, auf die konfliktreiche Beziehung Freud–Tausk, lesen. Freud schreibt: «Warum tritt der Sandmann jedesmal als Störer der Liebe auf? Er entzweit den unglücklichen Studenten mit seiner Braut und ihrem Bruder, der sein bester Freund ist, er vernichtet sein zweites Liebesobjekt, die schöne Puppe Olimpia, und zwingt ihn selbst zum Selbstmord, wie er unmittelbar vor der beglückenden Vereinigung mit seiner wiedergewonnenen Clara steht.» Tausk also begeht Selbstmord, wie er unmittelbar vor der zweiten Eheschließung steht.

Das Unheimliche, das ist der Schreck vor der Nähe; oder wie Freud schreibt, es «sei jene Art des Schreckhaften, welche auf das Altbekannte, Längstvertraute zurückgeht». Unter welchen Bedingungen, so fragt Freud weiter, wird «das Vertraute unheimlich»? Es ist das Heimliche, das bekannt wird, das Geheimnis, das entdeckt wird, das Verdrängte und Abgespaltene, das plötzlich und unerwartet in der Gegenwart Wirklichkeit gewinnt, und sei es in der Gestalt des Doppelgängers, der sich als Projektionsfläche für Teile des eigenen innerseelischen Dramas anbietet.

Es sind jene Gefühle, die als Schatten existieren. Wenn die Schatten allerdings Blut trinken, werden sie wieder lebendig. Die Toten-Seelen, das sind die Vampire. Im elften Gesang der Odyssee steigt der Held ins Totenreich hinab (also in seine eigene Seele), um dort die längst vergessenen Schatten wiederzubeleben, indem er ihnen Blut reicht – zunächst dem blinden Seher Teiresias, dann der eigenen Mutter, die ihm daraufhin die Zukunft weisen. Diese entschlüsselt sich noch allemal durch einen Abstieg in die Vergangenheit. Es ist diese Szene, die Pate gestanden hat für jene, die Goethe im zweiten Teil des Faust beschwört, wenn es um den Abstieg ins Totenreich, also um den Eintritt ins «Reich der Mütter» geht. Den anderen Seelen der Toten, die ebenfalls erscheinen, verwehrt Odysseus mit dem Schwert, vom Blute zu trinken. Er erweckt zum Leben nur, was er auch bewältigen kann. Doch schon das Bild der Mutter, das, vom Blute genährt, lebendig wird, übersteigt fast seine Kraft; erweckt – Todessehnsucht.

«...da schwoll mein Herz vor inniger Sehnsucht, / Sie zu umarmen, die Seele meiner gestorbenen Mutter. / Dreimal sprang ich hinzu, an mein Herz die Geliebte zu drücken; / Dreimal entschwebte sie leicht, wie ein Schatten oder ein Traumbild, / Meinen umschlingenden Armen; und stärker ergriff mich die Wehmut. / Und ich redete sie an und sprach die geflügelten Worte: / Meine Mutter, warum entfliehst du meiner Umarmung?»

Dreimal versucht Odysseus die Mutter zu fassen, *dreimal* entzieht sie sich ihm. Die heilige Zahl. Die dreigestaltige Große Göttin der Vorzeit, wie sie sich etwa in den Gorgonen-Schwestern, den Töchtern des Meeres, des Nichts, des Wahnsinns also, zeigt: Stheno, Euryale und – Medusa. Die heilige Dreieinigkeit, wie sie das patriarchalisch-christliche Denken in Vater, Sohn und Geist erneut beschwören wird. Die Zahl symbolisiert hier keine Summe aus drei *verschiedenen* Gestalten, vielmehr *wiederholt* sich Ein-und-dasselbe *dreimal*. Der Wiederholungszwang ist das Charakteristische des Unheimlichen, schreibt Freud in der zitierten Arbeit. Die Unerklärlichkeit, ja die Dämonie des Zwanges verbinden sich mit der heiligen Zahl. *Drei* Wünsche hat jeder Mensch im Märchen frei. Das *Dritte* Reich wird konzipiert als ideologische Metapher einer Auflösung antagnostischer (Klassen-)Gegensätze.

Erinnern wir uns etwa der Titel der Märchen: «Die drei Männlein im Walde»; «Die drei Spinnerinnen»; «Die drei Schlangenblätter»; «Der Teufel mit den drei goldenen Haaren»; «Die drei Sprachen»; «Die drei Glückskinder»; «Die drei Feldscherer»; «Die drei Handwerksburschen»; «Die drei Brüder»; «Einäuglein, Zweiäuglein, Dreiäuglein»; «Die drei schwarzen Prinzessinnen»; «Die drei Faulen» (Kinder- und Hausmärchen der Brüder Grimm). Vom Märchen bis zur Dialektik: These – Antithese – Synthese. Die «Zwei» bleibt dabei der Gegensatz, die Teilung und Spaltung, die Schizo-Phrenie, die ihre Einheit in der Synthese nicht mehr gewinnt, die Verdoppelung, die aller Analyse, die nicht voranschreitet zur Synthese, immanent ist. Freud nannte dies eine Ich-Spaltung, und er war sich gewiß, daß die Ich-Spaltung *das* Instrument war, mit dem *er* arbeitete.

Ist es profan, darauf hinzuweisen, wie sehr Freud die «Drei», neben aller Ödipus-Konzeption, zeitlebens beschäftigte? Ist es Zufall, wenn er in der Schrift über «Das Unheimliche» *seinen* Abstieg ins Reich der Mütter folgendermaßen, scheinbar nur als Rand-Bemerkung notiert: «Als ich einst an einem heißen Sommernachmittag die mir unbekannten, menschenleeren Straßen einer italienischen Kleinstadt durchstreifte, geriet ich in eine Gegend, über deren Charakter ich nicht lange in Zweifel bleiben konnte. Es waren nur geschminkte Frauen an den

Fenstern der kleinen Häuser zu sehen, und ich beeilte mich, die enge Straße durch die nächste Einbiegung zu verlassen. Aber nachdem ich eine Weile führerlos herumgewandert war, fand ich mich plötzlich in derselben Straße wieder, in der ich nun Aufsehen zu erregen begann, und meine eilige Entfernung hatte nur die Folge, daß ich auf einem neuen Umwege zum drittenmal dahingeriet. Dann aber erfaßte mich ein Gefühl, das ich nur als unheimlich bezeichnen kann, und ich war froh, als ich unter Verzicht auf weitere Entdeckungsreisen auf die kürzlich von mir verlassene Piazza zurückfand. »

Freud spricht in diesem Zusammenhang von einer «unbeabsichtigten Wiederkehr». *Dreimal* gerät er, wie durch Zufall, wie durch Zwang, in die Gasse der Huren, ins Reich der Mütter also, die – bei Goethe – auf einem «Dreifuß» sitzen. Freud selbst hatte ja bei anderen Gelegenheiten geschrieben, «daß der Unterschied zwischen der Mutter und der Hure doch nicht so groß sei, daß sie im Grunde das nämliche tun». Freud also flieht, verzichtet auf «Entdeckungsreisen». Das Reich der Mütter blieb ihm zeitlebens «unheimlich», das Weib demzufolge ein «Rätsel», ein «dark continent», wie er sich ausdrückt, also: terra incognita – unbekanntes Land, imaginäre Landschaft. Der Körper des Weibes lud ihn zur Spekulation ein, etwa zu der vom Penisneid. In seiner Schrift über «Das Unheimliche» hingegen war er einer möglichen Lösung des Rätsels näher als er glaubte. Dort heißt es nämlich, gänzlich *ohne* Bedacht, was damit von ihm womöglich gemeint sein könnte: «Wer etwas Kostbares und doch Hinfälliges besitzt, fürchtet sich vor dem Neid der anderen, indem er jenen Neid auf sie projiziert, den er im umgekehrten Falle empfunden hätte. Solche Regungen *verrät man durch den Blick...*» (Herv. – B. N.). *Dieser* Satz steht nur wenig später, nachdem Freud vom Vorfall in der Hurengasse berichtet hat. Aber Freud findet die Verbindung nicht: Kastrationsangst und Penisneid als Ausgeburten der *eigenen* Phantasien, als Konsequenzen der Angst, die sich im einen Falle als die projektive Umkehr des Kastrationswunsches gegen den beneideten Rivalen erweisen würde, im anderen Falle als der auf das Weib projizierte Neid entschlüsseln ließe, der Neid, den der empfindet, der den Rivalen bei einer Sache weiß, für die ihm selbst Mut und Geschicklichkeit (im Umgang mit dem Schlüssel) fehlen. – Anders übrigens Goethe: Ihm sind die italienischen Huren nach zehn Jahren Weimarer Zeit, nach zehn Jahren Schmachten in Diensten der frigiden Frau von Stein, eine Erlösung. In den Armen einer römischen Schankwirtin erlebt er, anläßlich seiner italienischen Reise, erstmals leibhaftiges Liebesglück.

«Unheimlich ist irgendwie eine Art von heimlich» (Freud). Nun wissen wir mehr. Unheimlich ist es, wenn man zwanghaft, schicksalhaft immer wieder von neuem mit den eigenen – heimlichen, verheimlichten – Wünschen konfrontiert wird, wenn der Körper sich immer wieder in die Gasse der Huren verirrt, ohne daß der Kopf dies verstehen kann. Unheimlich ist es aber auch, wenn das Auge, durch eine veränderte Perspektive, im lebendigen oder scheinbar lebendigen Menschen nur mehr einen Automaten erkennen kann. Unheimlich ist es schließlich, wenn ein Doppelgänger auftritt, der scheinbar mühelos die innersten Erregungen und Gedanken «lesen», aussprechen kann, die den bewegen, der sie in sich trägt, ohne dies zu wissen. Die Doppelgängerangst ist Angst vor den abgespaltenen Teilen der eigenen Seele, die der Doppelgänger entweder ent-blößt oder aber stellvertretend in seiner Person dar-stellt.

3 E. T. A. Hoffmann verwendet nach Ansicht Freuds vor allem Erfahrungen, die sich einer «Ich-Störung» verdanken, um seine Erzählungen mit dem Charakter des «Unheimlichen» auszustatten. Dabei wird auf einen seelischen Zustand zurückgegriffen, bei dem das Ich noch nicht fest von der Außenwelt und vom Anderen abgegrenzt ist. Es kommt also zu einer Ich-Regression, die sich durch die emotionale Verschmelzung zweier oder mehrerer Menschen auszeichnet. Die Emotionen des einen, sind sie die des anderen? Werden meine Gedanken durch die des anderen beeinflußt, verändert, gesteuert? «Doppelgängertum», so Freud, knüpft sich an «das Auftreten von Personen, die wegen ihrer gleichen Erscheinung für identisch gehalten werden müssen»; eine «Steigerung» erfährt «dieses Verhältnis durch Überspringen seelischer Vorgänge von einer dieser Personen auf die andere – was wir Telepathie heißen würden –, so daß der eine das Wissen, Fühlen und Erleben des anderen mitbesitzt, die Identifizierung mit einer anderen Person, so daß man an seinem Ich irre wird oder das fremde Ich an die Stelle des eigenen versetzt, also Ich-Verdoppelung, Ich-Teilung, Ich-Vertauschung...» Es ist dies eine Regression auf einen primitiven seelischen Zustand, den Freud beim Kind wie beim «Primitiven» gleichermaßen annimmt, eine Phase, in der die «Allmacht der Gedanken» – wohl besser: die der *Gefühle* – vorherrschend ist, in der die narzißtische Verschmelzung des Ichs mit dem Objekt die Regel, nicht die Ausnahme ist. Das Objekt hat hier nur einen Sinn, solange es Teil des Ichs ist, während umgekehrt das Ich zu sterben

droht, wenn sich das Objekt löst und als eigenständiges Subjekt konstituiert. Geschieht dies, so ist die narzißtische Allmacht bedroht, kippt sie in die Ohn-Macht um. Jetzt besitzt das Objekt alle Macht, jetzt ist das Ich – auf Gedeih oder Verderb – vom Objekt, nicht zuletzt von dessen Blick, abhängig.

Die «hierauf aufgebaute Technik der Magie» (Freud) ist es, die der Primitive fürchtet. Es geht dabei um «Geheimkräfte» – sagen wir besser: um Emotionen –, und diese bedeuten: das Unheimliche. Die magischen Kräfte des menschlichen Körpers, also dessen Gefühle und Affekte, entfalten ihr eigenes Spiel. Magier ist, wer dieses Spiel beherrscht. Opfer der Magie wird, wer die Regeln dieses Spiels nicht kennt oder sie passiv erdulden muß. Es ist dies immer ein Wechsel-Spiel zwischen dem emotionalen Vermögen des einen und dem des anderen; der eine erweckt im anderen, was der in *sich* nicht kennt, doch besitzt. Freud bemerkt: «Das Unheimliche der Fallsucht, des Wahnsinns, hat denselben Ursprung. Der Laie sieht hier die Äußerung von Kräften vor sich, die er im Nebenmenschen nicht vermutet hat, deren Regungen er aber in entlegenen Winkeln der eigenen Persönlichkeit dunkel zu spüren vermag. Das Mittelalter hatte konsequenterweise und psychologisch beinahe korrekt alle diese Krankheitsäußerungen der Wirkung von Dämonen zugeschrieben. Ja, ich würde mich nicht verwundern zu hören, daß die Psychoanalyse, die sich mit der Aufdeckung dieser geheimen Kräfte beschäftigt, vielen Menschen darum selbst unheimlich geworden ist.» Unheimlich ist es, wenn die innersten Phantasien, die Schatten der Vorzeit, plötzlich im realen Leben wieder auf-tauchen, Gestalt gewinnen, greifbar, aber deshalb noch nicht beherrschbar werden. Zur Verwirrung kommt es, wenn die inneren Bilder nicht mehr von den äußeren Gestalten abgetrennt werden können, wenn sich Phantasie und Wirklichkeit hoffnungslos vermischen. Wenn es also dem Magier, dem Zauberer, der Hexe gelingt, Zugang zum Inneren des Opfers zu erlangen, um die dort lebenden Seelen zu beschwören, sie wieder zum Leben zu erwecken.

Der «Hexenhammer» ist denn auch eines der ersten Lehrbücher abendländischer Psychologie, neuzeitlicher Psychologie, die sich daranmacht, die Dämonen zu bannen. Bei den Dämonen handelt es sich um nichts anderes als um *Emotionen,* beim Hexenspiel um nicht mehr als um das Wechsel-Spiel der Emotionen zwischen den Menschen. Der «böse» Blick spielt hierbei wiederum eine ausgezeichnete Rolle. Über den Blick der alten Weiber, deren Seele von Schlechtigkeit erfüllt sei, heißt es im «Hexenhammer»: «Ihr Blick ist giftig und schädlich, und zwar am meisten für Kinder, die einen zarten Leib haben und leicht empfänglich sind für Eindrücke.» Und weiter: «Es kann nämlich geschehen, daß ein Mann oder eine Frau, wenn sie den Leib eines Knaben ansehen, ihn durch Vermittlung des bloßen Anblickes und der Einbildung oder irgendeiner sinnlichen Leidenschaft erregen; und weil eine solche mit körperlicher Veränderung verknüpft ist, und die Augen sehr zart sind, weshalb sie Eindrücke sehr leicht aufnehmen...», deshalb infiziert der Blick die Augen des Kindes, und durch die Augen hindurch die «inneren Teile des Knaben selbst». Von psychischer Infektion also ist hier die Rede, von emotionaler Ansteckung, die zur Erregung der Einbildungskraft, der Phantasien und Imaginationen, aber auch zur Erhitzung oder Erkältung des Körpers selbst führt. Der Blick verwandelt – «Große Kraft liegt in den Augen», zitiert der «Hexenhammer» den Psalmisten. Durch den Anblick werden Vorstellungen im Kopfe des Angeblickten erregt, die dann ihrerseits «in seinem Körper Giftstoffe» erregen, Giftstoff, der verändert, aufweicht oder erstarren läßt, der psychisch oder körperlich – eigentlich immer: psycho-somatisch – stört und schließlich zerstört. Die Furcht vor den Dämonen, deren sich die Zauberer und Hexen bedienen, ist so gesehen eine berechtigte psychologische Furcht, die Angst nämlich, es könnten die eigenen Teufel im Inneren in Bewegung geraten, den Leib zerfressen, die Seele zerstören.

War also Tausk – und das ist unsere letzte Frage – für Freud ein solches «Angstobjekt», ein Doppelgänger, der in ihm auszulösen verstand, was Freud nicht wollte, was er gebändigt zu haben glaubte? Freud der Asket, der unerbittliche Beherrscher der Leidenschaften, der Mann, der sich selbst mit dem Gesetzesbegründer Moses verglich, der die Vernunft zur «Diktatur» erheben wollte, der Mann, der die Dämonen im eigenen Inneren fürchtete wie den Leibhaftigen, vor allem, wenn sich – Frauen näherten. Und Tausk, den eben diese Dämonen durchs Leben jagten, dem sie überall begegneten, immer wieder in Gestalt von Frauen, der Lou geliebt hatte, viele andere, der «perverse» Züge besaß, wie Eissler meint, der Herzen brach und dabei vergaß, wie er sein eigenes Herz in Stücke riß, der «Künstler», eine «Zukunftsbedrohung», wie Freud sagte, als er Lou nach dem Tode Tausks mitteilte, Tausk *vermisse* er nicht.

Tausk war bei all seiner Sensibilität und Imagination «Künstler», dann aber auch «Arbeiter im Detail der Wissenschaft». Hier galt sein

Interesse – wen würde das bei dieser Veranlagung verwundern? – dem Krankheitsbild – Schizophrenie. Im Jahre 1919, in dem Freuds Arbeit über «Das Unheimliche» erschien, veröffentlichte auch Tausk seine berühmte Abhandlung «Über die Entstehung des ‹Beeinflussungsapparates› in der Schizophrenie». SCHRIFT I (Freud) und SCHRIFT II (Tausk) müssen, wie ich meine, gelesen werden wie die Vor- und Rückseite *einer* SCHRIFT III. Und wer Sinn für Zahlenmystik besitzt, der sei darauf hingewiesen, daß sich Tausk in der Nacht zwischen dem Zweiten und dem Dritten (Juli 1919) erschoß.

Der Schizophrene, so Tausk, fühle sich durch die dämonische Macht eines «Beeinflussungsapparates» beeinträchtigt. Dieser Apparat kann Gedanken und Gefühle beeinflussen oder auch entziehen, er kann Körperreaktionen hervorrufen oder auch hemmen. Der Apparat also übernimmt die «Steuerung», die der Kranke verloren hat. («Führerlos» sei er «herumgewandert», schreibt Freud, als er immer wieder – scheinbar automatisch, mechanisch, wie eine Puppe an unsichtbaren Fäden geführt – in die Gasse der Huren zurückkehren mußte.) Es ist sicherlich nicht zufällig, wenn Tausk auch für die Fähigkeit des «Beeinflussungsapparates» den Körper zu manipulieren, das Beispiel der «Erektion» nennt. Gerade diese Körperreaktion scheint geheimnisvollen «Mächten» und «dämonischen» Gewalten unterworfen zu sein. Ist nicht gerade hierbei das eigene «Unbewußte» besonders stark gebunden an das eines anderen Menschen? Verschlingen sich hierbei nicht wechselseitig die Emotionen des Einen und die des Anderen?

Der Verlust der Kontrolle, den der Kranke erlebt, geht einher mit einem Verlust der Abgrenzung gegenüber der Außenwelt: «Der Kranke hat das Bewußtsein verloren, ein psychisches Sonderwesen, ein Ich mit eigenen Grenzen zu sein» (Tausk). Wenn dies eintritt, so bemüht sich der Kranke, die Grenze zwischen sich und dem Anderen wiederzufinden, denn erst unter der Voraussetzung dieser Grenze sind Realität und autonome Kontrolle wieder möglich. Spätestens an dieser Stelle also entsteht das Bedürfnis, den Anderen auszugrenzen – oder aber: ihn zum willenlosen Objekt der eigenen Bedürfnisse zu machen.

Dieser zuletzt genannte Wunsch (das Objekt zu kontrollieren, um nicht selbst kontrolliert zu werden) wäre als ein Selbstschutzbedürfnis zu verstehen, das jetzt reaktiviert wird. Diesem Selbstschutzbedürfnis kommt der «Dritte» gerade recht. Der Dritte kann womöglich die Rückkehr aus der symbiotischen Verschmelzung mit dem Zweiten erlauben; oder aber, vorsichtiger, voraus-sehender: der Dritte wird von vorn-herein in die Zweierbeziehung eingeführt, damit es erst gar nicht zur unlösbaren Verschmelzung kommen kann. Wird der Dritte in diesem Sinne vor-sichtig miteinbezogen, so ist er sicherlich der Stören-Fried des möglichen symbiotischen Friedens zwischen den Zweien. Doch er ist immer auch Schutzschild, Retter, der durch seine Person und Anwesenheit die Distanz-Nähe-Regulation erst möglich macht, die ohne ihn entgleisen könnte. Das ist die Doppelfunktion des Dritten, die in der Sozialisation vorgezeichnet ist als die Position des «Vaters», der dem Kind die Möglichkeit bieten soll, sich aus der Symbiose zur Mutter zu befreien. Dies kommt dem Individuationswunsch des Kindes entgegen. Insofern allerdings immer auch ein regressiver Symbiosewunsch des Kindes der Mutter gegenüber bestehen bleibt, ist der «Vater» als der Dritte stets auch Stören-Fried, eine äußerst ambivalente Figur also (wie übrigens auch die «Mutter», deren Symbioseangebot ja nicht nur Frieden, sondern immer auch Vernichtung, Zerstörung der Individualität bedeutet). Was also den Schrecken der Nähe betrifft, so ist der Dritte die rettende Gestalt. Er ist unentbehrlich, wenn zwei einander über das erträgliche Maß hinaus *zu* nahe kommen.

Ist der Dritte in einem solchen Fall nicht verfügbar, dann wird einer von beiden daran *glauben* müssen. Das heißt für ihn: Er wird sich spalten müssen, aus sich heraus den schützenden Dritten für den Anderen herstellen müssen. Darüber kann der dann verfügen, als sei's ein Teil von ihm. Wendet sich der Andere nun aber ab, so bleibt nur noch eine Hälfte zurück, weil die andere Hälfte mit jenem verschwunden ist. Die Einheit des Ichs ist verloren. Sie ist mit dem Anderen *verschwunden*. Das, so meine ich, ist der wichtigste Verlust, den die Trennung für den unglücklich Liebenden bereithält. Es nützt in diesem Fall wenig, den Unglücklichen auf die Fülle der Welt, der Menschen hinzuweisen. Eine neue Liebe? Aber wie geht das, wenn einer nicht nur den verschwundenen Anderen, sondern auch sich SELBST vermißt?

20 Verstreute Gedanken über Freud, Psychotherapie und Männer

I

Einer landläufigen Sprache gilt «Hysterie» als Schimpfwort; zu Recht kritisiert Rohde-Dachser (1985, 58) solchen bedenkenlosen Sprachgebrauch. In den «Studien über Hysterie» (1895; Neuausgabe: 1970) beschreiben Breuer und Freud die Hysterie als eine sehr schwerwiegende psychische Störung:

«Wir haben Neuralgien wie Anästhesien der verschiedensten Art und von oft jahrelanger Dauer, Kontrakturen und Lähmungen, hysterische Anfälle und epileptoide Konvulsionen..., *petit mal* und ticartige Affektionen, dauerndes Erbrechen und Anorexie bis zur Nahrungsverweigerung, die verschiedensten Sehstörungen, immer wiederkehrende Gesichtshalluzinationen u. dgl. m.» (1970, 7) beobachtet. Gewiß sind solche Störungen nicht geeignet, den Vorwand für ein Schimpfwort zu liefern.

Und noch ein zweites Vorurteil im Zusammenhang mit der Hysterie wäre zurückzuweisen. Breuer und Freud sind ausdrücklich *nicht* der

Auffassung, das entsprechende Leiden beschränke sich nur auf Frauen. Gleich zu Beginn ihrer «Studien» referieren sie den Fall eines an hysterischen Symptomen leidenden *Mannes:* «Ein hochintelligenter Mann assistiert, während seinem Bruder das ankylosierte Hüftgelenk in der Narkose gestreckt wird. Im Augenblicke, wo das Gelenk krachend nachgibt, empfindet er heftigen Schmerz im eigenen Hüftgelenke, der fast ein Jahr andauert» (1970, 8). Die Rede ist in diesem Fall also von einer hysterischen Indentifizierung bei einem Mann. Hysterie – ein typisches *Frauen*-Leiden? Wohl kaum.

2

Am 15. Oktober 1886 hält Freud vor der Wiener Gesellschaft der Ärzte einen Vortrag mit dem Titel: «Über männliche Hysterie». Er referiert im wesentlichen Ansichten Charcots – zu seiner Zeit *die* Autorität auf dem Gebiet der Hysterieforschung und -behandlung. Charcot war von der Hysterie als einer auch bei Männern auftretenden psychischen Störung überzeugt. Die Wiener Ärzte, die Freuds Ansichten zur männlichen Hysterie vernahmen, reagierten gelassen (soweit es um die These ging, Hysterie trete auch bei Männern auf), aber mit Kritik, soweit Freud behauptete, das sei eine *neue* These. Die Kritik seiner Kollegen hat Freud im Gedächtnis behalten, ihre Ursache nicht. Jahrzehnte später behauptet er, man habe seine These einer auch bei Männern auftretenden Hysterie ungläubig – und deshalb kritisch – aufgenommen (vgl. Freud 1925, 39). Nein! – Die Kollegen hatten nur die vorgebliche Neuheit der These bezweifelt. Immerhin führte – zum Beispiel – der Index Catalogue der Surgeon General's Library (Washington / USA) 1885 unter dem Stichwort «Hysterie beim Manne» etwa einhundert einschlägige wissenschaftliche Arbeiten an (vgl. Sulloway 1982, 73). Selbst einige der Ärzte, vor denen Freud seine angeblich neue Information verlas, hatten zu diesem Zeitpunkt bereits über Hysterie beim Manne wissenschaftlich publiziert. Die Ablehnung, die Freud erfuhr, hatte wenig mit seiner These, dafür um so mehr mit seinem Anspruch, eine neue Wahrheit zu verkünden, zu tun. Dennoch: Bis heute hält sich hartnäckig die Meinung, Hysterie sei ein spezifisches Frauen-Leiden.

3

Soweit Freud im Zuge seiner «Selbstanalyse» (vgl. Schott 1985) Symptome an sich analysierte, begriff er sich offenbar selbst als Hysteriker. Im Briefwechsel Freuds mit Fließ finden sich entsprechende Hinweise. So schreibt etwa Freud am 12. Juni 1897 an Fließ: «Ich habe übrigens irgend etwas Neurotisches durchgemacht, komische Zustände, die dem Bewußtsein nicht faßbar sind. Dämmergedanken, Schleierzweifel, kaum hie und da ein Lichtstrahl...» Bewußtseinsveränderungen, möglicherweise Absencen, jedenfalls Erlebnisse, die dem *Bewußtsein* (in seiner herkömmlichen Form) nicht faßbar sind, werden hiermit angesprochen. Am 7. Juli 1897 heißt es in einem Brief Freuds, er habe die «tiefsten Tiefen meiner eigenen Neurose» durchschritten. Eine «Schreiblähmung» wird erwähnt. In einem kurze Zeit zuvor geschriebenen Brief ist von einer «Periode intellektueller Lähmung» die Rede. Und am 14. August 1897 heißt es: «Der Hauptpatient, der mich beschäftigt, bin ich selbst. Meine kleine, aber durch die Arbeit sehr gehobene Hysterie hat sich ein Stück weiter gelöst.»

4

Als Freuds Vater im Sterben liegt, meidet Freud für zwei Monate Wien. Als seine Mutter stirbt, geht Freud nicht zu deren Beerdigung. Zu ihren Lebzeiten hatte er sie regelmäßig am Sonntag besucht. Solchen Besuchen gingen Magenverstimmungen, Kopfschmerzen, Migräneanfälle voraus. Als die Mutter nicht mehr lebt, schreibt Freud: «Kein Schmerz, keine Trauer..., dabei ein Gefühl der Befreiung, der Losgesprochenheit...»

5

In einem Brief an seine Verlobte beschreibt Freud einmal eine merkwürdige Phantasie, die er im Stile eines Märchenerzählers vorträgt. Er phantasierte (und beschreibt dies), mit Martha an einem «unheimlichen Haus» vorbeigelaufen zu sein. In diesem Haus habe vielleicht einmal ein Zauberer oder ein Musiker gewohnt. Komme diesem Hause einer *zu nahe,* so könne er *alle Schranken verlieren.* Leidenschaften könnten erwachen, von denen Unschuldig-Liebende nichts ahnten. Käme er dem Haus, dem Unheimlichen, zu nahe (womöglich im Beisein Marthas), könnte sich seine Braut womöglich erschreckt von ihm zurückziehen – in einen «fremden Weltteil», nach «Inner-Afrika» entfliehen. Also, der Verlust der geliebten Frau wird als die Folge einer Annäherung an die Musik, an den Zauber, an die Leidenschaften, an das unheimliche, grenzen- und schrankenlose Begehren phantasiert. Besser, man wahrt Distanz zu diesem «Haus». So entflieht die geliebte Frau nicht nach «Inner-Afrika» (wohl aber bleibt, wie Freud später in seinen Schriften bezeugt, das Geschlechtsleben des «Weibes» ein *dark continent*). Und – in einem Brief an die Braut steht zu lesen: «Das Gesindel lebt sich aus und wir entbehren (d. h. wir leben enthaltsam – B. N.). Wir entbehren, um unsere Ingegrität zu erhalten» (um unsere Schranken nicht zu verlieren). Später wird Freud behaupten, die *Musik* sei ihm fremd, er könne musikalisch nicht genießen; und vom «ozeanischen Gefühl» habe er zwar einiges gehört, an seiner eigenen Person aber kenne er es nicht. Es gibt offenbar Bezirke des Erlebens, die verschlossen bleiben *müssen,* wenn die Angst zu groß ist, im «Haus», das der Musiker-Zauberer bewohnt, als Gefangener festzusitzen, hat man es erst einmal betreten.

6

Die Initiationsriten vieler «primitiver» Völker zeigen, daß eine vorübergehende Abgrenzung von den Frauen (Müttern) offenbar notwendig ist, soll sich eine gefestigte männliche Identität ausbilden, die dann eine spätere Wiederannäherung an die Frauen (Mütter) erlaubt – *ohne* Angst, bei einer solchen Wiederannäherung von den Frauen verschlungen oder zerstückelt – um die eigene Identität gebracht – zu werden. Häufig sind die Phasen der vorübergehenden Trennung von den Frauen auch Phasen eines *homosexuellen* Verkehrs des Initianten mit den älteren Männern. Das ist zum Teil Akt einer Unterwerfung; zum Teil muß dieser Ritus aber wohl auch verstanden werden als die durch Identifikation mit den Älteren mögliche Befestigung der Geschlechtsidentität des pubertierenden Knaben, der nach der Initiation «Mann» geworden ist. Vielleicht steckt in der manifesten männlichen Homosexualität etwas von jenem Bedürfnis, das die «Primitiven» kultisch gestalteten. Während aber der Initiant danach wieder frei für die Frauen wird, findet der homosexuelle Mann den Ausweg nicht mehr: Seine Identität bleibt zu brüchig – und damit bleibt die latente Angst vor den Frauen (Müttern) zu stark. Denn immerhin: Sollte Ferenczi recht haben, dann bedeutet der Koitus für den Mann immer auch Regression – Rückkehr in den Leib der «Mutter», also vorübergehenden Verlust der Identität (und der damit verbundenen «Vernunft»). Bewußtseinstrübung, «Schleierzweifel», «kaum hie und da ein Lichtstrahl» – Vergessen der Realität; die Schrecken und Glücksmöglichkeiten der sexuellen Vereinigung mit der «Mutter»-Frau mögen bisweilen *nicht* mehr tolerierbar sein. Die Angst vor zu heftiger, vor unbewältigbarer Erregung verhindert die intensive emotionale Nähe (und das gilt natürlich auch für Frauen).

7

Merkwürdigerweise erörtert Freud das Problem der *Trennung* von der Mutter – am Beispiel der Tochter (die in der ödipalen Zeit den Vater begehrt und die Mutter als Rivalin – neben aller verbliebenen Liebe – haßt). Und der Sohn? Nach Freuds Theorie würde sich der Sohn niemals von der Mutter trennen, er würde sie immer begehren (vor allem auch sexuell), gäbe es nicht den *Vater,* der den Verzicht auf die Mutter beim Sohn durch ein Verbot erzwingt. Die Theorie der ödipalen Entwicklungs- und Konfliktsituation bedeutet also mit Klarheit ausgesprochen: Der Sohn trennt sich von der Mutter, *weil* der Vater ihn dazu zwingt; die Tochter trennt sich hingegen aus freien Stücken von der Mutter, *weil* sie den Vater begehrt. Hinsichtlich der Tochter ist sich Freud sicher: «Die Abwendung von der Mutter geschieht im Zeichen der Feindseligkeit, die Mutterbindung geht in Haß aus» (1933, 129).

Beim Sohn hingegen soll sich der Haß vor allem auf den Vater richten, weil der als Vertreter des Verbots erlebt wird. Der Mutterhaß des Sohnes taucht in dieser Theorie nicht auf (sieht man von späteren Ergänzungen der Theorie – dem «vollständigen» Ödipuskomplex – ab). Es stellt sich die Frage: Durfte sich Freud seinen *eigenen* Haß nur als einen Haß auf den Vater, nicht aber als einen Haß auf die Mutter eingestehen? Allenfalls was die *ungenügende* Bemutterung in der vorödipalen Zeit betrifft, finden sich Formulierungen, die erkennen lassen, daß auch die Mutter für den Sohn (erweitert: für beide Geschlechter) Anlaß zum Haß gibt, denn – so schreibt Freud – eine mangelhafte Versorgung

mit emotionaler Nahrung (symbolisch: «Milch») sei ihr wohl vorzuwerfen: «Der Vorwurf gegen die Mutter, der am weitesten zurück-
greift, lautet, daß sie dem Kind zuwenig Milch gespendet hat, was ihr
als Mangel an Liebe ausgelegt wird» (1933, 130).

8

Gibt es eine Motivation, den Therapeuten-Beruf zu wählen (speziell:
den des Psychoanalytikers), die etwas zu tun haben könnte mit unzureichender Bemutterung in der Kindheit des künftigen Therapeuten –
mit einem Wunsch nach Wiedergutmachung, nach einem Besser-Ma-
chen? Wenn wir Greenson glauben wollen, dann gibt es solche unbewußten Motive, denn: «Der Wunsch, einen anderen Menschen (den
Patienten – B. N.) auf so intime Weise zu verstehen, der Wunsch, Einsicht zu gewinnen, weist auf eine Neigung hin, in andere Menschen
einzudringen... Sie geht zurück auf libidinöse und aggressive Impulse. Man kann sie auf das Streben nach symbiotischer Verschmelzung mit der Mutter oder auf feindselige, destruktive Impulse gegen
das Innere der Mutter zurückführen» ([3] 1981, 405). Wiederholung alter
Beziehungskonstellationen – und Korrektur zum Besseren hin: Sind
das unbewußte Wünsche, die die Berufswahl des künftigen Therapeuten beeinflussen?

Andererseits: *Zu* große Defizite in der Mutter-Kind-Beziehung
schaden wohl der späteren therapeutischen Berufsausübung, denn der
Therapeut muß ja in mancher Hinsicht zum stellvertretenden, mütterlichen Hilfs-Ich des Patienten werden können. Und die Voraussetzung
hierfür wären entsprechend «gute» Erfahrungen mit der eigenen Mutter. Um noch einmal Greenson zu zitieren: «Der Erwerb von Einsicht
mit Hilfe der Empathie hängt ab von der Fähigkeit, sich mit dem Patienten zu identifizieren, ihn zu introjizieren, mit ihm in intimem,
‹hautnahem›, präverbalem Kontakt zu sein, was alles sich aus der frühen liebevollen und versorgenden Bemutterung entwickelt» ([3] 1981,
406).

Greenson unterstreicht die Bereitschaft und Fähigkeit des Psychoanalytikers, vor allem auch die präverbalen Verständigungs- und Be-
ziehungsformen zu akzeptieren und zu pflegen. Und er folgert: «Die
besondere Sensibilität, die den Psychoanalytiker befähigt, in den Veränderungen von Sprechklang und -rhythmus beim Patienten die sub-

tile Kombination von Affekten zu unterscheiden, hängt mit seiner (des Analytikers – B. N.) Wertschätzung der Musik zusammen. Menschen ohne musikalisches Gehör sind nach meiner Meinung nicht die besten Therapeuten» ([3]1981, 390). Wußte Greenson, als er dies schrieb, daß Freud sich selbst wiederholt musikalische Genußunfähigkeit bescheinigt hatte? Die Wurzel der *Abwehr* gegen das musikalische Erleben bei Freud (vgl. ausführlich: Nitzschke 1984) liegen in dessen Abwehr gegen die rauschhafte Liebe. War Freud ein «schlechter» Therapeut?

Die Alternative kann wohl nicht lauten: Dionysos *oder* Apoll. Sie wäre zu überwinden: Dionysos *und* Apoll. Cremerius hat in einer neueren Arbeit gegen den «als Mutter verkleideten Psychotherapeuten» (1980) kritisch Stellung bezogen. Er meint, es sei gefährlich (weil verführerisch), wenn sich der Therapeut unreflektiert einer archaisch-urlautlichen Sprache bediene, den Patienten gleichsam zur Regression verführe. Das mag sein. Aber soweit der Patient in Teilen seiner Persönlichkeit bereits regrediert erlebt, muß wohl vom Therapeuten verlangt werden, daß er mit diesen Erlebnisweisen und Persönlichkeitsanteilen emotional Kontakt aufnehmen kann (und will). Der Analytiker als «mütterliche Vaterfigur» und als «väterliche Mutter» (Greenson, [3]1981, 414), als ein Mensch, der die Funktionen der Mutter und die des Vaters stellvertretend und zum jeweiligen Zeitpunkt passend ausüben kann, damit der Patient die Desintegration von «Weiblichem» und «Männlichem» – die Desintegration der von beiden Eltern abstammenden Identifikationssysteme – in sich überwinden kann: das wäre wohl das Ideal. Also müßte vom *Mann* als Therapeut zu verlangen sein, daß er nicht aus Angst vor der Weiblichkeit in sich selbst (und vor der «Mutter») sein Vermögen, als «Frau» zu *verstehen,* vernichtet.

9

Im Frühling, als Freud seine spätere Frau Martha kennengelernt hatte, ging er mit ihr außerhalb Wiens spazieren. In dem Brief an die Braut, von dem ich eingangs gesprochen habe, wird der Ausflugsort noch einmal erwähnt: der Kahlenberg. Lesen wir jetzt die Freudsche Phantasie in seinen eigenen Worten: «In einem armseligen Dorfe am Fuß des Kahlenberges, das nach seinem Wein den Namen Grinzing führt, steht ein einfältiges, niedriges Haus, ein Haus wie alle anderen, mitten unter denen es steht. Aber sei es, daß einst ein hoher Meister darin gewohnt,

der es verstanden, den Menschenherzen seine Geheimnisse zu entrei-
ßen u. das vermeintlich Unsagbare in Wort- *oder Tongefüge* auszudrük-
ken, etwa Beethoven oder Lenau, oder daß einmal in diesem kleinen
Zimmerchen ein Ereignis vor sich gegangen, geeignet alle Schranken
verachten zu lassen u. alle Leidenschaften freizugeben, es haftet ein
Zauber an dem armseligen Häuschen u. ich wollte nicht unter allen
Umständen ganz nahe daran vorbeigehen. Ich sagte schon, ich weiß
den Grund nicht, aber ich habe es erlebt; wenn zwei Menschen, die
einander zurückhaltend thun im gleichgültigen Gespräch bis unter die
Fenster des unheimlichen Hauses gekommen sind, dann schwellen ihnen unmerklich die Gedanken, sie brechen sich Bahn durch alle vorgelegten Hemmnisse u. eines der Menschenkinder spricht ein Wort,
einen Satz aus, über den es die Gewalt verloren hat, und das andere
wundert sich und sinnt und sinnt und plötzlich sind beide verstummt,
und wer weiß immer, was sie dann nach solchen Pausen voneinander
meinen» (zit. n. Jones 1960, 155 f. – Herv.: B. N.).

Literatur

Breuer, J., Freud, S.: Studien über Hysterie (1895). Neuausgabe (unter Verän-
derung der Autorenreihenfolge): Frankfurt / Main (Fischer) 1970
Cremerius, J.: Archaische Urlaute oder Der als Mutter verkleidete Psychothe-
rapeut. Prax. Psychother. Psychosom. 25, 1980, 223–236
Freud, S.: «Selbstdarstellung» (1925). G. W. XIV, 33–96
Freud, S.: Über weibliche Sexualität (1931). G. W. XIV, 517–537
Freud, S.: Neue Folge der Vorlesungen zur Einführung in die Psychoanalyse
(1933). G. W. XV
Greenson, R. R.: Technik und Praxis der Psychoanalyse, Bd. I. Stuttgart
(Klett-Cotta) [3] 1981
Jones, E.: Das Leben und Werk von Sigmund Freud, Bd. I. Bern (Huber) 1960
Nitzschke, B.: Frühe Formen des Dialogs. Musikalisches Erleben – psychoana-
lytische Reflexion. Musikther. Umsch. 5, 1984, 167–187
Schott, H.: Zauberspiegel der Seele. Sigmund Freud und die Geschichte der
Selbstanalyse. Göttingen (Vandenhoeck & Ruprecht) 1985
Sulloway, F. J.: Freud – Biologie der Seele. Jenseits der psychoanalytischen Le-
gende. Köln (Hohenheim) 1979

21 Die Bedeutung der Sexualität im Werk Sigmund Freuds

1 Einleitende Bemerkungen

Die Bedeutung der Sexualität im Werk Sigmund Freuds zu bestimmen trifft auf eine Reihe von Schwierigkeiten, die nur aufzuzeigen, nicht aber zu lösen sind. Diese Schwierigkeiten sind zunächst einmal unabhängig vom Werk Sigmund Freuds selbst zu sehen.

Der Begriff «Sexualität» wird im vorwissenschaftlichen wie auch im wissenschaftlichen Sprachgebrauch in derart vielschichtigem Sinne verwendet, daß es unmöglich erscheint, ihn exakt einzugrenzen und inhaltlich zu bestimmen. Stoller (1968) meint sogar, dieser Begriff beziehe sich auf derart viele und unterschiedliche Erscheinungen, daß er – losgelöst von einer exakt bestimmten Fragestellung – eigentlich überhaupt keinen Inhalt mehr kommuniziere. Schließlich ist es schwer, die Frage zu beantworten, was unter Sexualität zu verstehen sei, weil bis heute keine übergreifende wissenschaftliche Theorie vorliegt, innerhalb derer das Problem der Sexualität verbindlich darzustellen wäre (vgl. z. B. Schmidt 1975).

Nun kann man zwar die von Freud entwickelte psychoanalytische Theorie u. a. auch als einen – wenngleich nicht abgeschlossenen – Versuch begreifen, das Problem der Sexualität innerhalb eines relativ abgegrenzten theoretischen Rahmens darzustellen. Es zeigt sich aber bei einer genaueren Analyse dieser Theorie, daß gerade Freuds Versuch, das Problem der menschlichen Sexualität näher zu beschreiben, dazu führte, den Begriff der Sexualität immer mehr auszudehnen, bis er sich schließlich deutlich philosophischen Vorstellungen vom «Eros» annäherte. Damit wird aber eine streng wissenschaftliche Definition des Begriffs «Sexualität» wieder in Frage gestellt.

Freuds Auffassung der Sexualität zeichnet sich durch eine Widersprüchlichkeit aus, die zwei unterschiedlichen, einander entgegengesetzten Ausgangspositionen zuzuschreiben ist. Zum einen versuchte Freud das Problem unter streng naturwissenschaftlichen Fragestellungen anzugehen. Er sah in der Biologie und Physiologie eine Grundlage seiner theoretischen Bemühungen hinsichtlich des Problems der Sexualität gegeben. Da er aber zum anderen im wesentlichen an den *psychischen* Faktoren der Sexualität interessiert war, versuchte er, eben mit Hilfe der psychoanalytischen Methode, die Transformationen somatischer in psychische Faktoren darzustellen. Dies führte ihn in letzter Konsequenz zu einer Art Triebmythologie, die zwar einen der Grundbausteine der von Freud entwickelten psychoanalytischen Theorie abgibt, die es aber gleichzeitig sehr erschwert, abgegrenzt zu beschreiben, was nach Ansicht Freuds unter den Begriff der Sexualität fällt. Insbesondere die im Zusammenhang mit der Libidotheorie, die ihrerseits das Problem der menschlichen Sexualität zum Ausgangspunkt hat, entwickelten Konzepte zeigen, in welch weitverzweigtem Sinne Freud die menschliche Sexualität mit der Entwicklung der Persönlichkeit verbindet.

Die erwähnte Widersprüchlichkeit in Freuds Auffassung der Sexualität findet eine Art Auflösung im Postulat des Unbewußten. Freud grenzt, nicht nur hinsichtlich des Problems der Sexualität, eine eigenständige «psychische Realität» von einer «materiellen Realität» ab. Er steht damit in einer Tradition, die für die abendländische Philosophie charakteristisch ist. In dem von Freud angenommenen Unbewußten überschneiden sich nun beide Arten der Realität. Das Unbewußte erscheint als eine Form von Grenzbereich zwischen Somatischem und Psychischem. Das Unbewußte ist nach Auffassung Freuds das eigentlich reale Psychische, es enthält aber seinerseits Triebrepräsentanzen, deren Ursprung somatischer Natur ist (Freud 1915 d). In diesem Zusammenhang weist Erikson (1957) darauf hin, daß Freuds Vorstellungen vom eigentlich realen Psychischen, vom Unbewußten also, in enger Beziehung zu der von Schopenhauer angenommenen Kraft des «Willens» stehen. Da aber die Sexualtriebe in enger Beziehung zum unbewußten System zu sehen sind, deren «Kraft», die Libido, eine spezifische Form psychischer Energie, dort eine Reihe charakteristischer Umsetzungen erfährt und vom unbewußten System aus auch das scheinbar asexuelle Verhalten des Menschen weitgehend determiniert, muß der *psychische* Faktor, den Freud der Sexualität des Menschen zuerkennt, ganz unter dem Blickwinkel des von Freud angenommenen Unbewußten interpretiert werden. Von der Annahme der psychischen Realität des Unbewußten zu den bereits erwähnten triebmythologischen Vorstellungen Freuds im Zusammenhang mit dem Problem der Sexualität führt somit eine Art zwangsläufiger Verbindung. Zwischen der anzunehmenden somatischen Grundlage der menschlichen Sexualität und den von Freud aufgestellten triebmythologischen Hypothesen besteht, berücksichtigt man das Postulat des Unbewußten, nicht mehr die direkte Widersprüchlichkeit, die man zunächst zwischen naturwissenschaftlichen und eher philosophischen Ausgangsfragestellungen annehmen sollte. Für eine spezifische Abgrenzung des Problems der Sexualität im Werk Freuds ergeben sich damit aber kaum überwindbare Schwierigkeiten, weil schwer zu bestimmen ist, wo die Sexualität im engeren Sinne aufhört, eine für das übrige psychische Geschehen entscheidende Rolle zu spielen.

Unter der Voraussetzung der beiden genannten Aspekte – des naturwissenschaftlichen wie des triebmythologisch-philosophischen –, die Freuds Auffassung der Sexualität charakterisieren, läßt sich vorweg sagen, daß für Freud Sexualität *nicht* gleichzusetzen ist mit explizitem sexuellen Verhalten. Freuds Begriff der Sexualität reicht damit also weit über jenen hinaus, der in den neueren Standardwerken zur Sexualforschung (etwa Ford und Beach 1951; Kinsey u. a. 1948, 1953; Masters und Johnson 1966) oder in einigen neueren motivationspsychologischen Theorien über sexuelles Verhalten (Whalen 1966, Hardy 1964) verwendet wird.

Das menschliche Sexualverhalten, das mit der Reizung und Erregung der Sexualorgane und schließlich mit irgendeiner Form expliziter sexueller Aktivität, im «Normalfall» mit heterosexuellem Koitus, verbunden ist, steht nicht im Mittelpunkt des von Freud verwendeten

Begriffs der Sexualität. Dies läßt sich in dieser Ausschließlichkeit vielleicht nicht für manche vor 1900 erschienenen Arbeiten Freuds behaupten, trifft aber auf das Werk Freuds spätestens seit Erscheinen der «Traumdeutung» (1900) zu, in der Freud das Problem der menschlichen Sexualität bereits vollständig in seine Auffassungen über den Aufbau und die Funktionsweise des psychischen Apparates integriert. Hier beschreibt Freud auch die Ödipuskonstellation bereits als ein im Kern «sexuelles» Problem. Diese Situation ist wohl ausgezeichnet durch libidinöses – «sexuelles» – Begehren des Kindes, nicht aber notwendig verbunden mit tatsächlichen sexuellen Aktivitäten (im expliziten Sinne) zwischen dem Kind und dem von ihm begehrten Elternteil (Sexualobjekt). Der psychische Faktor ist im Zusammenhang mit der Ödipuskonstellation der entscheidende.

Freud schlägt später selbst vor, den Begriff der Sexualität, soweit er innerhalb der psychoanalytischen Theorie verwendet wird, durch den Begriff «Psychosexualität» zu ersetzen (1910 d). Dadurch solle vermieden werden, einseitig den somatischen Aspekt der Sexualität in den Vordergrund zu stellen, da – insbesondere auch im Zusammenhang mit der Behandlung psychisch Kranker – der psychische Aspekt der Sexualität von besonderer Bedeutung sei. Es könne, so führt Freud aus, z. B. durchaus normaler Sexualverkehr vorliegen und dabei dennoch seelische Unbefriedigung vorhanden sein. Im psychoanalytischen Sinne ist daher der psychische Aspekt der Sexualität, der von Freud bis in die Kindheit, aber auch bis in die Vorgeschichte des Menschen zurückverfolgt wird, wichtiger, als der im engsten Sinne zu verstehende somatische Aspekt der Sexualität. «Wer diese Auffassung der Psychosexualität nicht teilt, hat kein Recht, sich auf die Lehrsätze der Psychoanalyse zu berufen, in denen von der ätiologischen Bedeutung der Sexualität gehandelt wird. Er hat sich durch die ausschließliche Betonung des somatischen Faktors am Sexuellen das Problem gewiß sehr vereinfacht, aber er mag für sein Vorgehen allein die Verantwortung tragen», wie Freud im Hinblick auf eine ausschließlich somatische Behandlung psychosexueller Störungen bemerkt (1910 d, 121). Die der Neurose zugrunde liegende Unterdrückung und Hemmung von Triebimpulsen sind also nicht dann schon aus der Welt geschafft, wenn beispielsweise die Erektions- oder Orgasmusfähigkeit vorhanden, bzw. wiederhergestellt sind. Vielmehr sollen die ursprüngliche Intensität des emotionalen und affektiven Erlebens und damit verbunden die Liebesfähigkeit des Patienten wiederhergestellt werden. Dieses therapeutische Ziel mag erkennen lassen, in welchem Sinne der von Freud verwendete Begriff der Psychosexualität zu verstehen ist. Darüber hinaus enthält diese Zielsetzung einen für jede Diskussion des Problems «sexueller Befreiung» wichtigen Gesichtspunkt. Auf den mit dieser Auffassung der Psychosexualität verbundenen Problemkreis, der besonders mit der Umgestaltung der infantilen Sexualität zur reifen Psychosexualität des Erwachsenen verbunden ist, wird im Verlauf anschließender Abschnitte noch wiederholt zurückzukommen sein.

Insofern also Freud das Problem der Sexualität im umfassenden Sinne unter einer psychologischen Fragestellung begreift, die auch dort bereits angesprochen wird, wo Freud – wie vor 1900 – mit Hilfe zum Teil relativ einfacher mechanistischer Denkvorstellungen etwa frustrane Erregung bzw. sexuelle Erregungsstauung und psychische Krankheit miteinander zu verbinden sucht, ist es kaum möglich, Freuds Auffassung der Sexualität ohne Berücksichtigung fast sämtlicher wichtiger psychoanalytischer Grundkonzepte darzustellen. Freud hat keine abgeschlossene Sexualtheorie aufgestellt, die neben oder außerhalb der psychoanalytischen Theorie Gültigkeit besäße und abzuhandeln wäre. So schreibt Freud im Vorwort zur dritten Auflage (1914) seiner «Drei Abhandlungen zur Sexualtheorie» (1905a), die dortigen Ausführungen könnten nicht den Anspruch einer «Sexualtheorie» erfüllen und ließen sich auch nicht zu einer solchen erweitern. Ellenberger (1970, dt. Ausg., 691) stellt fest, die «Abhandlungen» machten den Eindruck, als seien «sie ein Auszug aus einem ausführlichen Buch und nicht selbst ein Originalwerk». Das «Originalwerk», zu dem sich die «Abhandlungen» wie ein Auszug verhalten, ist aber die von Freud entwickelte und im Laufe der Zeit mehrfach modifizierte psychoanalytische Theorie, wie sie sich im Gesamtwerk Freuds darstellt und wie sie sich in grundsätzlicher – wenngleich noch nicht voll ausgeführter – Form bereits im «Entwurf einer Psychologie» (1895 – veröffentlicht: 1962) oder in der «Traumdeutung» (1900) erkennen läßt. Diese Behauptung, daß die «Abhandlungen» nur ein besonderes Stück der übergreifenden psychoanalytischen Theorie darstellen, läßt sich auch insofern rechtfertigen, als Freud bei jeder neuen Auflage der «Abhandlungen» darum bemüht war, den jeweils erreichten Stand der psychoanalytischen Forschung, soweit er für das Problem der Sexualität relevant war, einzuarbeiten. Einen systematischen historischen Überblick der von Freud in den «Abhandlungen» vorgenommenen Ergänzungen gibt Nagera (1974).

Wollte man also die Bedeutung der Sexualität im Werk Freuds tatsächlich im ganzen Umfange darstellen, so ließe sich eine Diskussion der wichtigsten psychoanalytischen Konzepte und Begriffe nicht vermeiden. Dies kann aber hier nicht geschehen; im vorliegenden Beitrag soll dagegen vor allem eine interpretative Verknüpfung der in Frage kommenden psychoanalytischen Konzepte versucht werden, woraus dann die Bedeutung der Sexualität im Werk Freuds extrapoliert werden kann.

Was allerdings für das Problem der Sexualität gilt, daß es nämlich ohne Berücksichtigung der psychoanalytischen Theorie nicht sinnvoll zu begreifen ist, gilt auch umgekehrt: Die wichtigsten psychoanalytischen Konzepte und Begriffe sind von Freud in Auseinandersetzung mit dem Problem der Sexualität entwickelt worden. Die psychoanalytische Theorie ist also in historisch-genetischer wie in inhaltlicher Hinsicht aufs engste mit Freuds Auffassungen der Sexualität des Menschen verbunden. Dies gilt vor allem für die von Freud vertretene Neurosenlehre, für den von Freud angenommenen Gegensatz zwischen Lustprinzip und Realitätsprinzip, der für die Neurosentheorie wie für die Entwicklung des Ich eine entscheidende Rolle spielt, weiterhin für die von Freud angenommene Entwicklung des Charakters und die Zerlegung der psychischen Persönlichkeit in die drei Instanzen des Es, Ich und Über-Ich. Schließlich besitzen Freuds Auffassungen über die Sexualität des Menschen grundlegende Bedeutung für seine kulturkritischen Arbeiten.

2 Freuds Konzept der Sexualität

Freud entwickelte sein Konzept der Sexualität zunächst in enger Auseinandersetzung mit der Analyse neurotischer Erkrankungen und erweiterte und differenzierte es dann im Kontext seiner Untersuchungen über die Entwicklung der infantilen Sexualität, die Funktionsweise des psychischen Apparates und den Aufbau der Persönlichkeit. In einer Darstellung des menschlichen Sexuallebens, der Freud in den «Vorlesungen zur Einführung in die Psychoanalyse» (1916–17) ein eigenes Kapitel einräumt, vertritt Freud die Ansicht, man könne die «normale» Sexualität nicht verstehen, wenn man die krankhaften Gestaltungen des Sexuallebens nicht begreife. Wie psychische Gesundheit und Krankheit im allgemeinen, so sind nach Ansicht Freuds auch «normale» und «abnorme» Manifestationen sexueller Triebregungen nicht prinzipiell voneinander zu trennen. Lediglich quantitative, nicht aber originär qualitative Faktoren sind für psychische Gesundheit und Krankheit – auch auf dem Gebiet der Sexualität – ausschlaggebend. Mit dieser Auffassung trat Freud den Entartungs- und Degenerationstheoretikern des 19. Jahrhunderts entgegen, die beispielsweise zwischen sexuellen Perversionen und normal genannten Manifestationen der Sexualität des Menschen eine strikte Trennung vornahmen.

Wenn Freud dem Problem der Sexualität zunächst bei der Analyse neurotischer Erkrankungen begegnete, so folgte er damit einer Vorgehensweise, die die wissenschaftliche Auseinandersetzung mit der Sexualität im 19. Jahrhundert insgesamt charakterisiert. Die Sexualität des Menschen rückte im 19. Jahrhundert unter dem Zeichen ihrer Pathologie in den Blickpunkt des wissenschaftlichen Interesses. Das epochemachende Werk Krafft-Ebings «Psychopathia sexualis» (1886) drückt diesen theoretischen Ausgangspunkt bereits im Titel aus.

Dieser Ausgangspunkt ist auch für das von Freud vertretene Konzept der Sexualität von nicht zu unterschätzender Bedeutung. Zwar sind Freuds Arbeiten zum Problem der Sexualität weniger durch die «Krankheits-Stilistik», die Wettley und Leibbrand (1959) für die wissenschaftliche Betrachtungsweise der Sexualität im 19. Jahrhundert insgesamt für typisch ansehen, gekennzeichnet, doch Freuds Auffassungen über das Sexualleben des «Kulturmenschen» lassen durchaus ihre Verwurzelung in der Analyse neurotischer Erkrankungen erkennen. Freud charakterisiert wiederholt die Sexualität des «Kulturmenschen» als eingeschränkte und unterdrückte Ausdrucksform eines ursprünglich vitaleren und direkteren Trieblebens, das er dem fiktiv angenommenen «Primitiven» oder «Urmenschen» unterstellt. Die kulturelle Umformung einer nach Freud anzunehmenden ursprünglichen Triebkonstitution des Menschen trägt also – interpretiert man Freud extensiv – Zeichen der Einschränkung, des Verfalls, vielleicht sogar der Krankheit an sich. Der Neurotiker und der Perverse sind diesbezüglich nur als die Extreme einer kulturell bedingten Triebunterdrückung oder deren partieller Negation anzusehen, die in abgeschwächter Form auch für den psychisch Gesunden anzunehmen ist (vgl. z. B. Freud 1910b; 1912a).

Neben dem genannten Sachverhalt, wonach die Sexualität als Erkenntnisgegenstand der Wissenschaft – zunächst der Psychiatrie – im 19. Jahrhundert im Zeichen ihrer Pathologie auftritt, ist darüber hinaus von Bedeutung, daß die Sexualität des Menschen im 19. Jahrhundert überhaupt Gegenstand wissenschaftlicher Betrachtungsweise werden konnte. Offenbar hatte sich in den Industriegesellschaften aufgrund des vorausgegangenen, die Etablierung der bürgerlichen Gesellschaften begleitenden Umgestaltungsprozesses der sozialen Beziehungen zwischen den Menschen das Problem der Sexualität in dem uns vertrauten Sinne überhaupt erst entwickelt (van Ussel 1970). Wenn das Triebleben des Menschen zu einem Problem hatte werden können, dem nur noch durch wissenschaftliche Analyse Abhilfe zu schaffen war, so setzt dies voraus, daß eine völlig neue Sichtweise der «Sexualität» entstanden sein mußte, die der vorbürgerlichen Gesellschaft noch nicht vertraut war.

Wird Sexualität unter einer wissenschaftlichen Perspektive wahrgenommen, so liegt darin ein zunächst kaum auflösbarer Widerspruch. In der vorwissenschaftlichen Perspektive repräsentiert die Sexualität des Menschen einen Bereich, der gerade mit der Vernunft, bzw. der rationalen Durchdringung wenig, mit den Leidenschaften, dem religiösen Kult und schließlich sogar mit dem «Dämonischen» der menschlichen Natur sehr viel zu tun hat. Das Triebleben des Menschen zu «analysieren» und wissenschaftlich zu erklären setzt aber voraus, daß man darauf vertraut, dieser Bereich sei der wissenschaftlichen Vernunft tatsächlich zugänglich. Dies setzt Freud voraus, wenngleich er bei einer näheren Analyse des Problems der Triebe dann doch wieder auf ältere, vorwissenschaftliche, der analytischen Vernunft an sich nicht entsprechende Konzepte zurückgreifen muß, wie etwa, wenn er im Spätwerk die Sexualtriebe mit den platonischen Vorstellungen vom Eros in Verbindung bringt (z. B. Freud 1920).

Unter der Voraussetzung eines historisch-materialistischen Ansatzes meint Dörner (1970, 129) sogar, «daß ‹Sexualwissenschaft› ein Widerspruch in sich ist; denn schärfer als sonstwo wird an ihr deutlich, daß der Gegenstand (die Sexualität), will man ihm gerecht werden, das methodische Bemühen um ihn, also ‹Wissenschaft› im konventionellen Sinne, notwendig sprengt». Es liegt vielleicht im Gegenstand «Sexualität» selbst begründet, daß Freud, je mehr er sich damit auseinandersetzte, zunehmend mechanische und energetische Denkmodelle seiner Zeit, die er im naturwissenschaftlichen Sinne auf das Problem der Sexualität zu übertragen suchte, aufgeben oder doch erheblich modifizieren und ergänzen mußte. Seine Erweiterung des Begriffs Sexualität zum Begriff der Psychosexualität und schließlich der Übergang zum Begriff des Eros sind womöglich notwendiges Resultat einer tiefergreifenden Interpretation der Sexualität, als sie der herkömmlichen Sexualforschung zugrunde liegt. Freuds triebmythologische Vorstellungen könnten so als geradezu notwendiger Ausdruck der mit dem Problem der Sexualität verbundenen und in den vorbürgerlichen und «primitiven» Gesellschaften seit jeher angenommenen Transzendenz des Triebes verstanden werden.

Nicht nur die Sexualforschung, sondern auch der Begriff «Sexualität» entstand – vermutlich – erst «im Laufe des 19. Jahrhunderts in den Industriegesellschaften» (van Ussel 1970, 8). Bereits im 18. Jahrhundert taucht dagegen das Adjektiv «sexuell» auf und bezeichnet im damaligen Sprachgebrauch im wesentlichen Phänomene, die mit dem Unterschied der Geschlechter verbunden sind. Der Begriff der Sexualität, wie er sich im 19. Jahrhundert herausbildete und bis heute gültig ist, faßt jene «rein» sexuellen Komponenten zahlreicher Verhaltensweisen und Erscheinungen zusammen, die in dieser – gleichzeitig isolierenden und komprimierenden – Form zuvor nicht zu abstrahieren waren. Ein dem Begriff Sexualität entsprechendes Wort, das in reiner Form alles abstrahiert und zusammenfaßt, was mit der Geschlechtlichkeit des Menschen verbunden ist, findet sich weder bei Homer noch bei Shakespeare, noch etwa in der Bibel. Das Fehlen eines entsprechenden Wortes in den vorbürgerlichen Gesellschaften kann jedoch nicht einem Mangel im Wortschatz zugeschrieben werden (van Ussel 1970). Wo zuvor zwischen explizit sexuellem Verhalten einerseits, der Erotik, der Liebe, der Zärtlichkeit, der Körperlichkeit, der Sensualität, der Lust, der Affektivität und den Leidenschaften keine klaren Grenzen zu ziehen waren, konnte im 19. Jahrhundert *die* Sexualität sozusagen dingfest gemacht werden. Das kann aber als Resultat eines vorausgegangenen Entsinnlichungsprozesses der Realität verstanden werden. Sowohl die Bildung des Begriffs Sexualität als auch dessen umfassende Verwendungsmöglichkeit deuten eher auf eine Verdrängung der sexuellen Komponenten scheinbar asexueller Verhaltensweisen und Erscheinungen hin denn auf eine deutlichere und exaktere Bestimmung des menschlichen Trieblebens.

Die Entsinnlichung der Realität, die eine klare Trennung zwischen scheinbar sexuellen und asexuellen Verhaltensweisen ermöglichte, kann nach van Ussel (1970) mit der Industrialisierung in Verbindung gebracht werden. Die Arbeitswelt stand jetzt in schroffem Gegensatz zur «Lustwelt», das Ausleben der Affekte war den gesitteten Manieren gewichen, zu starke Leidenschaften gerieten in die Nähe der Unvernunft (vgl. Foucault 1961). Die Familie hatte sich von der Großfamilie zur Kernfamilie entwickelt, Ausdruck eines umfassenderen sozialen Dissoziationsprozesses, der gleichzeitig zu einer bis dahin unbekannten, extremen Form der Individualisierung geführt hatte. Damit war eine Intimisierung der Körperlichkeit und Geschlechtlichkeit verbunden, gewissermaßen eine Privatisierung und Verinnerlichung des Triebes. Diese und andere Faktoren ermöglichten es, *die* Sexualität des Menschen als einen isolierbaren Erlebnis- und Verhaltensbereich erkennen zu lassen.

Es gehört zu einer der wichtigsten Leistungen Freuds, den engen Sexualitätsbegriff, den er in der wissenschaftlichen Literatur seiner Zeit vorfand, zunehmend wieder ausgedehnt zu haben. Damit konnte aber auch die Trennung zwischen sexuellen und asexuellen Verhaltensweisen und Erscheinungen wieder in Frage gestellt werden. So bemühte sich Freud mit Hilfe psychoanalytischer Konzepte, den sexuellen Aspekt scheinbar asexueller Phänomene wieder erkennen zu lassen und in systematischer Form darzustellen. Das brachte ihm allerdings vielfach den Vorwurf des «Pansexualismus» ein. Der im 19. Jahrhundert übliche Begriff der Sexualität verdankt sich vor allem einer Isolierung der mit dem Unterschied der Geschlechter, dem Sexualakt und der Fortpflanzung verbundenen Verhaltensweisen aus einem umfassenderen Kontext, in dem das affektive und soziale Verhalten des Menschen insgesamt zu sehen wäre. Es stellt sich somit zwangsläufig die Frage, ob dieser Begriff nicht eine bloße Schein-Realität repräsentiert. «Es ist demnach sehr wohl möglich, daß der Begriff ‹Sexualität› eine hypothetische Konstruktion ist, die zwar semantisch besteht, jedoch keine Hinweise auf entsprechende Gegebenheiten in der ontischen Ordnung enthält. Wenn wir dies nicht klar erkennen, so besteht die Gefahr, daß wir uns unbewußt einer Metasprache bedienen» (van Ussel 1970, 9). Ein ganz analoger Gedanke findet sich auch bei Freud: «Wir können ahnen, daß in der Entwicklung des Begriffes ‹sexuell› etwas vor sich gegangen ist, was nach einem guten Ausdruck von H. Silberer einen ‹Überdeckungsfehler› zur Folge hatte» (1916–17, 314). Mit dem hier angesprochenen Überdeckungsfehler ist wohl gemeint, daß die Konzentration auf explizite und eindeutig erkennbare Sexualität die tiefere Verankerung entsprechender Verhaltensweisen nicht mehr erkennen läßt, während umgekehrt das sexuelle Moment an scheinbar asexuellen Verhaltensweisen der bewußten Wahrnehmung entgeht.

Die von Freud vorgenommene Erweiterung des im 19. Jahrhundert üblichen Sexualitätsbegriffs kann nicht so sehr als eine Neuentdeckung, muß vielmehr als eine Wiederentdeckung bezeichnet werden, da, wie erwähnt, in der vorbürgerlichen Gesellschaft eine entsprechende Einengung der «Sexualität» des Menschen unbekannt war. Dabei führt Freuds erweiterte Sicht der Sexualität des Menschen in seinem Werk zu zwei Grundlinien der Argumentation: Zum einen wird das scheinbar eindeutig faßbare und abgrenzbare Phänomen «Sexualität» aufgegliedert und in zahlreiche Komponenten zerlegt; zum anderen werden scheinbar asexuelle Erscheinungen «resexualisiert», d. h. zum Teil oder ganz auf sexuelle Triebkräfte zurückgeführt. Beide Argumentationen sind durch die Voraussetzung eines entsprechend erweiterten Sexualitätsbegriffes wiederum miteinander verbunden.

Damit verliert aber das Konzept «Sexualität» bei Freud seine herkömmliche Bestimmung. Weder der Gegensatz der Geschlechter noch der Sexualakt, noch das biologische Ziel dieses Aktes – die Fortpflanzung – genügen nach Ansicht Freuds, den Begriff der Sexualität inhaltlich zu bestimmen. Auch eine Gleichsetzung von «sexuell» und «genital» lehnt Freud ausdrücklich ab. Wie das Psychische weit über das Bewußte hinausreicht und beide Begriffe nicht gleichgesetzt werden dürfen, so kann man auch nicht umhin, «ein ‹sexuell› gelten zu lassen, das nicht ‹genital› ist, nichts mit der Fortpflanzung zu tun hat» (Freud, 1916–17, 332).

Die Sexualität des Menschen ist also nicht an die Funktionsfähigkeit der Keimdrüsen nach der Reife – nach der Pubertät – gebunden. Vielmehr ist sie nach Freud beim Kind von Anfang an anzunehmen. In Form einer spezifischen psychischen Energie – der Libido – ist sie bestimmend für das Triebleben des Kindes, aber auch Ausgangspunkt des Aufbaus des Ichs und der sich entwickelnden Objektbeziehungen. Diese Annahme führte nicht nur zu einer besonderen Betonung der infantilen Sexualität, sondern auch zu einer Beachtung und genaueren Analyse der Schicksale und Umsetzungen der libidinösen Energie im Individuum. Die Eltern-Kind-Beziehung, die Charakterbildung und die Ausgestaltung der Intellektualität, schließlich die Affektivität und deren Manifestationen in Form von Träumen, Phantasien oder neurotischen Symptomen wurden von Freud unter dem Gesichtspunkt der Entwicklung der Libido – und damit unter einem sexuellen Aspekt betrachtet.

In der Annahme dieser spezifischen psychischen Energie verknüpfen sich nun wieder der naturwissenschaftliche und der triebmythologische Aspekt, die Freuds Auffassungen des Problems der Sexualität kennzeichnen. Soweit die Libido – wie etwa ab 1920 – als die dem Eros zukommende Energie begriffen wird, handelt es sich dabei um eine Kraft, die das Leben und die lebende Substanz zum Eingehen übergreifender Bindungen erhält. Hier ergibt sich der ganze für die Psychoanalyse so wichtige Problemkreis der Objektbeziehungen. Außerdem bindet die Libido als Energie des Eros die destruktiv aggressiven Triebe, die von Freud unter dem Begriff Todestrieb zusammengefaßt werden. Der naturwissenschaftliche Aspekt, den die Libidotheorie enthält, verbindet sich mit evolutionistischen und energetischen Denkmodellen, die Freud zum großen Teil aus zeitgenössischen Vorstellungen über den psychischen Organismus, insbesondere von Herbart und Fechner übernahm (vgl. Ellenberger 1970). In der Libidotheorie hatte Freud ein Konzept gefunden, mit dessen Hilfe er seinen Anspruch, eine Psychologie auf naturwissenschaftlicher Grundlage zu erstellen, einzulösen vermeinte. Bis zuletzt hielt Freud an diesem Anspruch fest. Noch im «Abriß der Psychoanalyse» wiederholt Freud sein Anliegen, «die Psychologie zu einer Naturwissenschaft wie jede andere auszugestalten» (1940, 80). Die Annahme der Libido als einer verschieb- und transformierbaren Kraft schien sich aber entsprechenden naturwissenschaftlichen Modellvorstellungen einzupassen.

Man wird jedoch Freuds Konzept der Sexualität keinesfalls gerecht, wenn man einseitig den im engeren Sinne naturwissenschaftlichen Aspekt betont. So ist es fraglich, ob man Freuds Konzept der Sexualität tatsächlich als «psychohydraulische(s) Modell» (Schmidt 1975, 31) beschreiben kann. Zwar spricht Freud tatsächlich von Triebreizen, die im Inneren des Organismus entstehen und nach Abfuhr verlangen. Doch entsprechend einfache Vorstellungen, die allenfalls für frühe Arbeiten typisch sind, werden durch die Annahme des unbewußten Systems, das die Triebrepräsentanzen enthält, erheblich kompliziert, wenn nicht aufgehoben. So ist es beispielsweise gerade ein Kennzeichen des entwickelten psychischen Apparates, daß die Triebenergien nicht unmittelbar abgeführt, sondern zum Teil für immer, zum Teil vorübergehend gebunden bleiben. Weiterhin bezieht sich Freuds Begriff der Abfuhr von Triebreizen keineswegs direkt auf den Trieb selbst; dieser erfährt vielmehr komplexe Umformungen, bevor die ihm zukommenden Erregungen tatsächlich abgeführt werden. Im Falle der Neurose werden die Erregungen nicht abgeführt, sondern im Symptom inadäquat – und für den psychischen Organismus belastend – gebunden. Die gesamten Vorstellungen Freuds zum Problem der Verdrängung widersprechen der Annahme eines einfachen psychohydraulischen Modells der Sexualität.

Abschließend bleibt über Freuds Konzept der Sexualität festzustellen, daß Freud im strengen Sinne *alle* psychischen Erscheinungen unter einem sexuellen Aspekt (wenngleich nicht *nur* unter einem solchen) begreift, «denn wir können kein menschliches Seelenleben glauben, an dessen Aufbau nicht das sexuelle Begehren im weitesten Sinne, die Libido, ihren Anteil hätte, mag dasselbe sich auch weit vom ursprünglichen Ziel entfernt oder von der Ausführung zurückgehalten haben» (1910 c, 172). Hinsichtlich dieser umfassenden Bedeutung der Sexualität für das psychische Leben stützt sich Freud auf Vorstellungen, die bereits in der Philosophie Schopenhauers und Nietzsches vorweggenommen worden sind (vgl. Ellenberger 1970). Freud selbst weist auf die Identität vieler seiner Konzepte mit den Vorstellungen der genannten Philosophen hin (Freud 1914 a). Hinsichtlich der Realität des Triebes heißt es bei Nietzsche etwa: «Gesetzt, daß nichts anderes als real ‹gegeben› ist als unsre Welt der Begierden und Leidenschaften, daß wir zu keiner andern ‹Realität› hinab oder hinauf können als gerade zur Realität unserer Triebe – denn Denken ist nur ein Verhalten dieser Triebe zueinander –: ist es nicht erlaubt, den Versuch zu machen und die Frage zu fragen, ob dies Gegebene nicht *ausreicht,* um aus seinesgleichen auch die sogenannte mechanistische (oder ‹materielle›) Welt zu verstehen?» (Nietzsche 1886 – zit. n. GW 1967, 38). Freud erklärt zwar nicht die «materielle Welt» aus der Realität des Triebes, doch, wie im einzelnen noch zu zeigen ist, einen ganz entscheidenden Teil der «psychischen Welt».

3 Sexualität und Eros

Etwa in der Zeit zwischen 1912 und 1915 steht im Mittelpunkt der Neurosenlehre Freuds der Gegensatz zwischen Sexualtrieben und Ichtrieben (bzw. Selbsterhaltungstrieben). Die Auffassung der Sexualität, die man aus diesem Triebmodell extrahieren kann, ist durch ein zunächst befremdlich erscheinendes Merkmal gekennzeichnet: Sexualität kann u. U. zur *Gefahr,* genauer: zu einer die Organisation des *Ichs* bedrohenden Gefahr werden.

Freud hatte zwar zu dieser Zeit das «Ich» als eine der drei psychischen Instanzen noch nicht systematisch dargestellt, dies geschah erst einige Zeit später (Freud 1923 b), doch in seiner Schrift «Zur Einführung des Narzißmus» (1914 b) nimmt er spätere Gedanken, etwa die libidinöse Fundierung des Ichs, vorweg bzw. deutet er später differenziert ausgearbeitete Konzepte bereits an. Das Ich entwickelt sich nach Auffassung Freuds einmal durch Hemmung, Bindung und Neutralisation (vgl. Hartmann 1964) der ursprünglich nach dem Primärvorgang ablaufenden Erregungen. Zum anderen entwickelt es sich auch auf Kosten libidinöser, ursprünglich den Objekten zugewandter Besetzungen, wie Freud nach Einführung des endgültigen Strukturmodells der psychischen Persönlichkeit schreibt: «Zu Uranfang ist alle Libido im Es angehäuft, während das Ich noch in der Bildung begriffen oder schwächlich ist. Das Es sendet einen Teil dieser Libido auf erotische Objektbesetzungen aus, worauf das erstarkte Ich sich dieser Objektlibido zu bemächtigen und sich dem Es als Liebesobjekt aufzudrängen sucht. Der Narzißmus des Ichs ist so ein sekundärer, den Objekten entzogener» (1923 b, 275).

Das Ich, das insbesondere die Aufgaben der Triebsteuerung und der Realitätsbeachtung zu erfüllen hat, kommt also in gewisser Weise auf Kosten ursprünglich im Es ablaufender Erregungsprozesse und zum Teil auch auf Kosten libidinöser, aufgelassener Objektbeziehungen zustande. Darüber hinaus ist seine Differenzierung aus dem Es im wesentlichen Ausdruck der Not des Lebens, «vor allem ein Schritt zur Selbsterhaltung» (Freud 1926, 229). Entfiele der Kampf um die Selbstbehauptung, der von der herrschenden Realität erzwungen wird, so käme, folgt man Freuds Argumentation, höchstens ansatzweise ein Ich zustande. Die Ich-Triebe beachten die Realität, sie haben frühzeitig gelernt, «sich der Not zu fügen und ihre Entwicklungen nach den Weisungen der Realität einzurichten» (Freud 1916–17, 368). Die Sexualtriebe aber widersetzen sich – im Falle der Neurose sogar zeitlebens bzw. solange die Neurose besteht – «der Unterordnung unter die Realität der Welt» (1916–17, 445). Dieses «lockere Verhältnis zur äußeren Realität» (1916–17, 370), mit dem sich die Sexualität des Menschen begnügt, stellt aber ihrerseits die Integrität des Ichs in Frage. Man kann die von der Sexualität ausgehende Gefahr *vorerst* dahingehend interpretieren, daß die ungenügende Beachtung der Realität durch die Sexualtriebe und die ungenügende Bändigung dieser Triebe u. U. die Herrschaft des Ichs beeinträchtigen können.

Nachdem Freud die Instanz des Es (1923 b) näher beschrieben hatte, wurde deutlich, daß er eine vollständige und *endgültige* Bändigung des Trieblebens bei keinem Menschen für gegeben annahm. Im Es existieren – auch bei funktionsfähigem Ich – die archaischen Triebimpulse weiter, die sich mit der herrschenden Realität nach Auffassung Freuds nicht vereinbaren lassen. «Das Es gehorcht dem unerbittlichen Lustprinzip» (1940, 128), es beachtet die Realität nicht, hat überhaupt keine Beziehung zur Realität, und es enthält die ungebändigten, von Freud durchaus im anthropologischen Sinne verstandenen «ungezähmten Leidenschaften» (1933, 83) des Menschen. Würde der psychische Organismus sich ausschließlich nach den im Es geltenden Regeln richten, kämen weder der Aufbau des Ichs noch die Fähigkeit zur Selbsterhaltung, noch eine adäquate Beziehung zur Realität zustande.

Eine der frühesten und wichtigsten Aufgaben des seelischen Apparates besteht daher darin, die im Es nach den Regeln des Primärvorgangs ablaufenden Erregungen zu binden, den Primärvorgang durch den Sekundärvorgang zu ersetzen. *Damit* gehen aber nach beiden Richtungen – Lust wie Unlust – primäre und intensive Erlebnisweisen verloren. Es «erscheint… denn ganz unzweifelhaft, daß die ungebundenen, die Primärvorgänge, weit intensivere Empfindungen nach beiden Richtungen ergeben als die gebundenen, die des Sekundärvorganges» (1920, 68). Die Leidenschaftlichkeit des Menschen steht nach Freud in enger Beziehung zu den Primärvorgängen, während sich die vernünftige Beachtung der Realität, des Realitätsprinzips, den Sekundärvorgängen verdankt. Der Verlust an affektiver und emotionaler Intensität, den Freud insbesondere im Zusammenhang mit dem Sexualleben des «Kulturmenschen» annimmt, ist aber in gewisser Weise dem «Vernünftigwerden» und dem Aufbau des Ichs parallel zu setzen. Dieser Verlust ist es auch, der erst ganz das von Freud postulierte «Unbehagen in der Kultur» (1930) verstehen läßt. Dieses Unbehagen kommt weniger durch den einen oder anderen Verzicht auf diese oder jene explizit sexuelle Aktivität zustande, vielmehr durch den geforderten Verzicht auf unmittelbare, d. h. nach dem Primärvorgang ablaufende Erregungsabfuhr, womit gleichzeitig der Verlust primärer Erlebnisqualitäten verbunden ist.

Die Sexualtriebe aber widersetzen sich, wie erwähnt, solange wie möglich ihrer Bändigung – d. h. der Bindung der primären Erregungsabläufe: «Das Lustprinzip bleibt… noch lange Zeit die Arbeitsweise der schwer… ‹erziehbaren› Sexualtriebe, und es kommt immer wieder vor, daß es, sei es von diesen letzteren aus, sei es im Ich selbst, das Realitätsprinzip zum Schaden des ganzen Organismus überwältigt» (1920, 6). Damit besteht aber eine von den Sexualtrieben ausgehende Gefahr der Überwältigung des Ichs, womöglich sogar einer Rücknahme des bereits vollzogenen Aufbaus des Ichs.

Ein zweiter Aspekt, warum nach Auffassung Freuds die Sexualität als eine Gefahr interpretiert werden kann, der eng mit dem bereits genannten verbunden ist, liegt darin, daß die Sexualtriebe – wie die Triebe überhaupt – konservativer Natur sind: Sie beinhalten eine Tendenz zur Regression und damit zur Wiederherstellung eines ursprünglichen Zustandes. Die reife Psychosexualität des Erwachsenen ist somit der latenten Gefährdung der Rückbildung zur infantilen Sexualität ausgesetzt, wenngleich eine Reihe von Faktoren, die in einem späteren Abschnitt noch zu nennen sein werden, zu dieser Rückbildung in besonders hohem Maße beitragen kann. Wichtig bleibt, daß die Sexualität des Menschen nach Freuds Ansicht zutiefst mit der Vergangenheit verbunden ist, mit der infantilen, prähistorischen, ja, sogar animalischen Vorgeschichte des Menschen und mit dem Unbewußten, das keine Zeitvorstellungen kennt, für das vergangenes wie gegenwärtiges Erleben erscheint.

Freud (1920) selbst vergleicht seinen zum Eros erweiterten Begriff der Sexualität einmal mit dem Platonischen Mythos, der von einem ursprünglich mann-weiblichen Geschlecht berichtet. Danach wurde dieses Geschlecht von Zeus in der Vergangenheit getrennt und dessen nunmehr bestehende Hälften streben jetzt nach Wiedervereinigung, nach Wiederherstellung des ursprünglichen Zustandes. In diesem Zwang zur Wiederholung, zur Regression, kann aber eine latente Gefährdung des Ichs bzw. der psychischen Integrität gesehen werden. Soweit das Individuum an die Vergangenheit, im spezifischen Falle an die inzestuösen Liebesobjekte fixiert bleibt, kann es sich nur unzureichend an die gegenwärtige Realität anpassen, scheitert es im spezifischen Falle bei der nach der Reife zu treffenden Objektwahl. Freud selbst charakterisiert den Koitus einmal als einen Versuch der Wiedervereinigung mit der Mutter (1933, 94), wobei er sich an Vorstellungen von Rank (1924) anlehnt. Der Koitus als Ersatz der Wiedervereinigung mit der Mutter, die Fixierung an die inzestuösen Liebesobjekte, die Tendenz zur Wiederherstellung eines ursprünglichen Zustandes, all diese Vorstellungen zeichnen die Sexualität des Menschen als einen Bereich aus, der nur schlecht in die gegenwärtige, «vernünftige» Realität zu integrieren ist.

Zu jener Zeit, als Freud vom Gegensatz zwischen Sexualtrieben und Selbsterhaltungstrieben ausging, schreibt er an einer Stelle: «Der Urkonflikt, aus welchem die Neurosen hervorgehen, ist der zwischen den das Ich erhaltenden und den sexuellen Trieben» (1909, 410). Die Sexualtriebe zeichnen sich nun nicht nur durch die genannten Momente aus, die zu einer Gefahr für das Ich werden können, sondern sie zielen per se über das Individuum hinaus. Ihr Ziel ist in letzter Konsequenz nicht die Erhaltung des Individuums, geschweige denn die des Ichs, sie dienen vielmehr der Arterhaltung. In diesem Sinne wird das Individuum von Freud nur als ein Mittel zum Zweck – zum Zweck der Arterhaltung – begriffen. Die von Freud getroffene «Unterscheidung von Ichtrieb und Sexualtrieb..., die uns mit der biologischen Doppelstellung des Einzelwesens, welche seine eigene Erhaltung wie die der Gattung anstrebt, übereinzustimmen scheint» (1911, 311), legt also nahe, die Sexualität des Menschen als ein im Grunde die Erhaltung der Gattung intendierendes Phänomen zu begreifen, wobei die «Lust» nur als eine Art Prämie und die Erhaltung des Individuums nur als eine Art notwendigen Zwischenschrittes aufzufassen wären.

Im Triebmodell, das vom Gegensatz zwischen Sexualtrieben und Selbsterhaltungstrieben ausgeht, erscheint die Sexualität vor allem noch als eine archaische, sprengende und – unter ungünstigen Umständen – zur Neurose disponierende Kraft. Das Streben nach Lust unter Mißachtung der Realität ist dabei typisch für die Sexualtriebe. Insofern als sie aber auch bereits in diesem Triebmodell mit der Funktion der Arterhaltung verbunden werden, werden sie bereits durch Momente gekennzeichnet, die später besonders den Eros auszeichnen. Der Eros ist die lebenserhaltende, auf Vereinigung der lebenden Substanz abzielende Kraft. In Freuds Begriff vom Eros wird also die Erhaltung der Art noch weiter generalisiert zur Erhaltung des Lebens überhaupt. Darüber hinaus erhält der Eros im Triebmodell, das von einem Gegensatz zwischen Eros und Thanatos ausgeht und von Freud etwa ab 1920 vertreten wird, eine sehr viel freundlichere Charakterisierung, als ihm in den frühen Annahmen Freuds über die Sexualität des Menschen zukam. Der Eros erscheint jetzt gewissermaßen als die «pazifizierte» Form der ursprünglichen, archaischen Sexualität. Er dient sogar dazu, die Aggressions- und Destruktionsneigungen des Menschen in Schach zu halten, die jetzt vor allem mit der Gefährdung der psychischen Integrität in Verbindung gebracht werden.

Über die zwischen dem Eros und den Destruktionsneigungen des

Menschen bestehenden Beziehungen schreibt Freud: «Einen Anfangs-
zustand stellen wir uns in der Art vor, daß die gesamte verfügbare
Energie des Eros, die wir von nun ab Libido heißen werden, im noch
undifferenzierten Ich-Es vorhanden ist und dazu dient, die gleichzeitig
vorhandenen Destruktionsneigungen zu neutralisieren» (1940, 72).
Freud verbindet hier außerdem sein naturwissenschaftlichen Vorstellungen verpflichtetes Konzept der Libido mit dem eher philosophischen und triebmythologischen Auffassungen entstammenden
Konzept des Eros. Der Eros aber ist im weitesten Sinne identisch mit
der Liebe: «Den Kern des von uns Liebe Geheißenen bildet natürlich,
was man gemeinhin Liebe nennt... die Geschlechtsliebe mit dem Ziel
der geschlechtlichen Vereinigung. Aber wir trennen davon nicht ab,
was auch sonst an dem Namen Liebe Anteil hat, einerseits die Selbst-
liebe, andererseits die Eltern- und Kindesliebe, die Freundschaft und
die allgemeine Menschenliebe, auch nicht die Hingebung an konkrete
Gegenstände und an abstrakte Ideen» (1921, 98).

Die ungebändigte – archaisch-infantile – Sexualität ist bei Freud dem
Lustprinzip unterworfen, an die Vergangenheit des Menschen in
mehrfachem Sinne geknüpft, schwer «erziehbar», im Widerspruch zur
Realität behaftet, folgt den Gesetzen des Primärvorgangs und bedroht
«unaufhörlich von innen das Gleichgewicht des psychischen Apparates» (Laplanche und Pontalis 1967, dt. Ausg., 472).

Der Eros kann demgegenüber auch als eine Form der gebändigten
oder befriedigten Sexualität aufgefaßt werden. Insofern als er das Leben erhält und gegen die Todestriebe schützt, insofern als er auf Vereinigung der lebenden Substanz und auf eine Fortsetzung des Lebens
abzielt, ist er auch als auf die Zukunft gerichtet zu verstehen. Im Eros
sind die archaischen Triebimpulse weitgehend zielgehemmt und umgeformt. Gerade aber diese Zielhemmung befähigt nach Ansicht
Freuds zu überdauernden Bindungen an Menschen, Ideen oder konkrete Gegenstände – befähigt zur Liebe.

Probleme der Objektwahl

Man kann Freuds späte Auffassungen vom Eros auch als den Ausdruck
einer Verschiebung des Interesses weg von der infantilen Sexualität
und hin zur reifen Psychosexualität des Erwachsenen interpretieren.
Diese zeichnet sich durch eine weitgehende Überwindung der infanti-

len Sexualität aus, als deren wichtigstes Ergebnis die Fähigkeit zur überdauernden Bindung an ein nach der Pubertät zu wählendes Sexualobjekt angesehen werden kann. Damit ist aber die Überwindung der infantilen Sexualität nach Freuds Ansicht aufs engste mit der Ablösung von den inzestuösen Liebesobjekten verbunden. Erst die Zielhemmung der auf die primären Liebesobjekte gerichteten libidinösen Strebungen ermöglicht das Eingehen einer erfolgreichen postpubertären Objektbeziehung. Die Ablösung von den inzestuösen Liebesobjekten stellt aber das Kernproblem des von Freud angenommenen Ödipuskomplexes dar. Ob diese Ablösung gelingt – oder wie im Falle der Neurose mißlingt –, erweist sich allerdings noch nicht in der ödipalen Situation selbst, sondern erst in der Pubertät.

Betrachtet man die Entwicklung von der infantilen Sexualität bis zur psychosexuellen Reife unter dem Gesichtspunkt der Objektwahl, so läßt sich die von Freud angenommene Zweizeitigkeit der sexuellen Entwicklung wie folgt darstellen:

– erste Objektwahl (= inzestuöse Liebesobjekte);

– «Objektverlust» (= Aufgeben der inzestuösen Liebesobjekte, Transformation der damit verbundenen libidinösen Objektbesetzungen, d. h. Bewältigung des Ödipuskomplexes);

– zweite Objektwahl (= postpubertäre Objektwahl, die zum Teil als «Wiederfindung» bzw. als Reproduktion der infantilen Objektwahl aufgefaßt werden kann).

Dieses Schema wird zwar durch eine Reihe von Faktoren kompliziert, wie im folgenden noch zu diskutieren sein wird, läßt aber den Grundgedanken Freuds hinsichtlich des Problems der Objektwahl erkennen.

Am Ausgangspunkt jeder späteren Objektwahl steht nach Ansicht Freuds für *beide* Geschlechter die Beziehung zwischen Mutter und Kind. Hierbei ist unter der Bezeichnung «Mutter» nicht notwendig die biologische Mutter zu verstehen, sondern diejenige Person, die die primitiven animalischen Bedürfnisse des Kindes hinsichtlich Nahrungsversorgung, Körperpflege und affektiver Zuwendung befriedigt. Besonderes Gewicht liegt hinsichtlich dieser frühen «Objektbeziehung» – die insofern nach Freud noch keiner tatsächlichen Objektbeziehung entspricht, als hier Subjekt und Objekt noch nicht als im psychischen Sinne getrennt angenommen werden – auf der Objektkonstanz. Darunter ist zu verstehen, daß nach Möglichkeit während der ersten Lebensjahre eine dauerhafte und ungestörte Beziehung des Kindes zu ein und demselben Liebesobjekt, der «Mutter» also, besteht. Während dieser Phase übernimmt das Kind das mütterliche «Basis-Introjekt» (Lincke 1971), das gleichzeitig die innerste Grundlage seiner späteren Ich-Identität darstellt. Wird die Beziehung zur Mutter allerdings nicht zunehmend und altersadäquat umgestaltet, wird sie in symbiotischer Form aufrechterhalten, so können die spätere Selbständigkeit und Autonomie des Betreffenden gestört oder verhindert werden.

Behauptet Freud (1905a), der Autoerotismus bilde den Ausgangspunkt der psychosexuellen Entwicklung, so zeichnet er zum anderen von der Beziehung zwischen Mutter und Säugling, die durchaus sexuell gefärbt ist, ein Bild, das der Annahme eines ursprünglichen Autoerotismus direkt zu widersprechen scheint (Spitz 1965). «Die Liebe der Mutter zum Säugling, den sie nährt und pflegt, ist etwas weit Tiefgreifenderes als ihre spätere Affektion für das heranwachsende Kind. Sie ist von der Natur eines voll befriedigenden Liebesverhältnisses, das nicht nur alle seelischen Wünsche, sondern auch alle körperlichen Bedürfnisse erfüllt, und wenn sie eine der Formen des dem Menschen erreichbaren Glückes darstellt, so rührt dies nicht zum mindesten von der Möglichkeit her, auch längst verdrängte und pervers zu nennende Wunschregungen ohne Vorwurf zu befriedigen. In der glücklichsten jungen Ehe verspürt es der Vater, daß das Kind, besonders der kleine Sohn, sein Nebenbuhler geworden ist, und eine tief im Unbewußten wurzelnde Gegnerschaft gegen den Bevorzugten nimmt von daher ihren Ausgangspunkt» (1910c, 187f.). Freud spricht an dieser Stelle also den Ursprung des Ödipuskomplexes aus der Sicht des Vaters an. Er verlegt ihn gleichzeitig in eine Zeit, die noch weit vor der eigentlichen Ödipusphase liegt. Diese zeitliche Anordnung entspricht auch dem Verlauf des antiken Ödipus-Mythos. Die von Freud angenommene Feindschaft und Eifersucht des Vaters dem Kind (Sohn) gegenüber provoziert demnach dessen spätere feindselige Impulse dem Vater gegenüber.

Hinsichtlich des Problems der Objektwahl bleibt, wie Freud noch im «Abriß der Psychoanalyse» (1940) betont, «die einzigartige, unvergleichliche, fürs ganze Leben unabänderlich festgelegte Bedeutung der Mutter als erstes und stärkstes Liebesobjekt, als Vorbild aller späteren Liebesbeziehungen – bei beiden Geschlechtern» (1940, 115) erhalten. Das Bild der Mutter, als verinnerlichtes, unbewußt erhaltenes «Klischee» steuert und beeinflußt also die spätere Objektwahl. Die nach der Pubertät eintretende «Objektfindung ist eigentlich eine Wiederfindung» (1905a, 123). Freud geht an manchen Stellen sogar so weit, die postpubertäre Objektwahl im Sinne der Wahl eines «Surrogat(s)» (1912 a, 90) zu interpretieren.

Aufgrund der Bedeutung, die Freud der Beziehung zwischen Mutter und Kind bei beiden Geschlechtern für die spätere Objektwahl zuschreibt, nimmt er gleichzeitig an, die Entwicklung zur späteren Objektwahl falle dem Knaben leichter als dem Mädchen. Der Knabe / Mann bleibt im «Normalfall» an der Mutter / Frau orientiert, während das Mädchen / die Frau das Geschlecht des Sexualobjektes wechseln muß, wenn sie eine heterosexuelle Partnerwahl treffen will.

Neuere Untersuchungen haben aber gezeigt, daß die im Zusammenhang mit der Objektwahl zu sehende Ausbildung und Entwicklung der psychosexuellen Geschlechtsidentität, die ja die Richtung der Objektwahl festlegt, beim Knaben / Mann schwieriger verläuft als beim Mädchen / bei der Frau. So nimmt beispielsweise Stoller (1968) an, die Herausbildung einer männlichen Geschlechtsidentität sei schwierigeren Bedingungen unterworfen als die einer weiblichen. Im Zusammenhang mit der Entwicklung der Geschlechtsidentität sprechen Money und Ehrhardt von einer erhöhten «psychosexuellen Verletzbarkeit des Mannes»: «Die meisten Paraphilien findet man bei Männern, nicht aber oder nur selten bei Frauen. Dies spricht... dafür, daß die Natur größere Schwierigkeiten hat, eine männliche Geschlechtsidentität zu differenzieren, als eine weibliche» (Money, Ehrhardt 1975, 149). Es steht zu vermuten, daß die geringere Schwierigkeit der Herausbildung einer weiblichen Geschlechtsidentität im Zusammenhang damit zu sehen ist, daß das Mädchen nicht – wie der Knabe – seine in der frühen Beziehung zur Mutter erworbene «Weiblichkeit» verdrängen muß, diese vielmehr fortsetzen und entwickeln kann. Der Übergang zur Männlichkeit beim Knaben setzt dagegen einen Distanzierungsprozeß von der in der frühen Beziehung zur Mutter erworbenen Basis-Identifikation voraus. Greenson (1967 – zit. n. Stoller 1968) bezeichnet diesen beim Knaben notwendigen Vorgang als «dis-identification» (= De-Identifikation).

Zu einem der wichtigsten, die spätere Objektwahl beeinflussenden Faktoren gehört nach Freud die bei jedem Menschen anzunehmende ursprüngliche Bisexualität. Es gibt also nach Auffassung Freuds ohnehin keine «reine» Männlichkeit oder Weiblichkeit (1905a). Was als solche erscheint, dürfte weitgehend das Produkt der primären Sozialisation sein, die ihrerseits durch die Institutionalisierung der Geschlechterrollen gestützt und geschützt wird (vgl. Schelsky 1955).

Ursprünglich kann jeder Mensch Objektwahlen nach beiden Richtungen treffen, und er tut dies in der Regel – unter der Voraussetzung des Vorhandenseins beider Elternteile – auch. Dabei sind die Beziehungen zu beiden Elternteilen als libidinöse, d. h. sexuelle zu verstehen. Insbesondere die gleichgeschlechtliche Objektbeziehung verfällt dann aber im Regelfall der Verdrängung, soweit dies die explizit sinnliche Strömung anbelangt.

Die reine Homosexualität wie die reine Heterosexualität des späteren Erwachsenen sind nach Ansicht Freuds Ausdruck einer erst erworbenen und sozial entwickelten «Monosexualität» (1905a, 40). Im Falle der Homosexualität liegt nach Ansicht Freuds u. a. eine Fixierung an eine spezifische Phase der normalen Entwicklung zur reifen Psychosexualität vor bzw. eine Rückkehr zu dieser Stufe der Entwicklung. Eine entsprechende Regression kann etwa in Folge einer enttäuschenden heterosexuellen Objektbeziehung eintreten. Darüber hinaus ist Freuds Begriff der Homosexualität weniger orientiert am expliziten sexuellen Verhalten, entscheidend ist vielmehr die emotionale Orientierung des Betreffenden: «Nicht die reale Betätigung, sondern die Einstellung des Gefühls entscheidet für uns darüber, ob wir irgend jemand die Eigentümlichkeit der Inversion (Freuds Bezeichnung für Homosexualität – B. N.) zuerkennen sollen» (156).

Die spätere Heterosexualität des Erwachsenen ist also das Produkt einer normgerecht durchlaufenen psychosexuellen Entwicklung, in deren Verlauf die bei jedem Menschen anzunehmenden homosexuellen Strebungen einer anderen Verwendung zugeführt werden. «Sie treten nun mit Anteilen der Ichtriebe zusammen, um mit ihnen als ‹angelehnte› Komponenten die sozialen Triebe zu konstituieren, und stellen so den Beitrag der Erotik zur Freundschaft, Kameradschaft, zum Gemeinsinn und zur allgemeinen Menschenliebe dar» (1911, 297). Diesen Gedanken führt Freud in seiner Schrift «Massenpsychologie und Ich-Analyse» (1921) weiter aus. Die Herausbildung von Massen, d. h. von größeren, durchaus strukturell organisierten Gruppen, wie sie beispielsweise die Kirche oder das Heer darstellen, beruht zum Teil auf der Verwertung ursprünglich homosexueller Strebungen. Dieser Gedanke ist auch grundlegend für Annahmen Freuds über die Entstehung der menschlichen Gemeinschaft (Gesellschaft), wie Freud in seiner Arbeit «Totem und Tabu» (1913b) darstellt.

«Im allgemeinen schwankt der Mensch sein Leben lang zwischen heterosexuellem und homosexuellem Fühlen, und Versagung oder

Enttäuschung von der einen Seite pflegt ihn zur andern hinüberzudrängen» (1911, 281). Also auch bei explizit heterosexueller Objektwahl besteht eine homosexuelle Tendenz *latent*. Sie kann im Falle von realen Enttäuschungen manifest werden. Die latente Homosexualität – der im Falle der Neurose besonders symptombildende Kraft zukommt – ist aber nicht nur das Erbe der ursprünglich anzunehmenden menschlichen Bisexualität. Sie ist auch als Abkömmling der infantilen gleichgeschlechtlichen Objektwahlen zu begreifen bzw. erfährt durch diese eine entsprechende Verstärkung. Da im Normalfall jeder Mensch durch Objektbeziehungen zu beiden Geschlechtern / Elternteilen sozialisiert wird, bleiben Niederschläge und damit verbundene Triebwünsche aus beiden Arten von Beziehungen erhalten. Freud spricht daher vom «vollständigen Ödipuskomplex» (1923 b, 262) nur unter Einbeziehung der Bisexualität, d. h. also unter Berücksichtigung beider sexueller Objektwahlen zum Zeitpunkt der infantilen Frühblüte der Sexualität. Der Vater tritt beispielsweise dem Knaben gegenüber nicht nur als Rivale, sondern auch als Liebesobjekt, das sexuell begehrt wird, auf. Entsprechende Verhältnisse sind beim Mädchen hinsichtlich der Mutter zu erwarten. Beim späteren Neurotiker besteht nach Auffassung Freuds eine konstitutionell besonders stark ausgeprägte Bisexualität, die dann die für jeden Menschen anzunehmende Ödipusproblematik noch verschärft.

Der Gedanke einer Zielhemmung homosexueller Triebimpulse entspricht analogen Überlegungen, die Freud etwa hinsichtlich der auf die inzestuösen Liebesobjekte gerichteten sinnlichen Strömung ganz allgemein anstellt. Auch diese sinnliche Strömung wird zielgehemmt und damit im Normalfall an ihrem direkten Ausdruck gehindert: «Die dem Ödipuskomplex zugehörigen libidinösen Strebungen werden zum Teil desexualisiert und sublimiert, ... zum Teil zielgehemmt und in zärtliche Regungen verwandelt» (1924, 399). Die Zielhemmung der auf die inzestuösen Liebesobjekte gerichteten sexuellen Strebungen stellt dann nach Ansicht Freuds die Grundlage der späteren Liebe dar. «Die Vergeistigung der Sinnlichkeit heißt *Liebe* ...» (Nietzsche 1889 – zit. n. G. W. 1967, 343).

Der Gedanke einer Zielhemmung nicht realisierbarer Triebwünsche ist schließlich grundlegend für Freuds Sublimationstheorie, wonach die dem ursprünglichen Triebziel zugewandte libidinöse Energie auf andere, kulturell akzeptierte Ziele übertragen werden kann. Freud nimmt an, daß gerade die Zielhemmung eines Triebes oder Triebanteils zur dauerhaften Bindung führt, während der Trieb, der sich unmittelbar befriedigen kann, über kurz oder lang das Interesse am Objekt verliere.

Aus den bisherigen Erörterungen der die Objektwahl beeinflussenden Faktoren geht bereits hervor, daß die frühe Beziehung zwischen Mutter und Kind zwar von entscheidender Bedeutung ist, nicht aber die einzig ausschlaggebende Bedingung darstellen kann. Alle wichtigeren Objektbeziehungen der frühen Kindheit determinieren bis zu einem gewissen Grade die späteren Objektbeziehungen des Erwachsenen. «Schon in den ersten sechs Jahren der Kindheit hat der kleine Mensch die Art und den Affektton seiner Beziehungen zu Personen des nämlichen und des anderen Geschlechts festgelegt, er kann sie von da an entwickeln und nach bestimmten Richtungen umwandeln, aber nicht mehr aufheben. Die Personen, an welche er sich in solcher Weise fixiert, sind seine Eltern und Geschwister. Alle Menschen, die er später kennenlernt, werden ihm zu *Ersatzpersonen* dieser ersten Gefühlsobjekte» (1915a, 206 – Herv.: B. N.). Damit ist aber gleichzeitig gesagt, daß ein gewisses Maß an unbewußter «Fixierung» der Libido an die ursprünglichen Liebesobjekte bei allen Menschen, nicht nur beim späteren Neurotiker, anzunehmen ist. Außerdem belegt diese Auffassung die große Bedeutung, die Freud der frühen Kindheit für das spätere Schicksal des Erwachsenen beimißt.

Von der frühen Beziehung zur Mutter bis zur Ödipussituation werden also die späteren Objektbeziehungen weitgehend vorbereitet und auch festgelegt. Im Ödipuskomplex «gipfelt die infantile Sexualität, welche durch ihre Nachwirkungen die Sexualität des Erwachsenen entscheidend beeinflußt. Jedem menschlichen Neuankömmling ist die Aufgabe gestellt, den Ödipuskomplex zu bewältigen; wer es nicht zustande bringt, ist der Neurose verfallen» (1905a, 127, Anm. 2). Das will heißen, daß Freud die Neurose als eine unvollkommene oder überhaupt nicht zustande kommende Lösung von den inzestuösen Liebesobjekten begreift. Der Ödipuskomplex wurzelt aber seinerseits in der Beziehung zur Mutter, denn an die «Wahl der Mutter zum Liebesobjekt knüpft... alles an, was unter dem Namen des ‹Ödipuskomplexes› zu so großer Bedeutung gekommen ist...» (1916–17, 341).

Freuds Bild der Beziehung zwischen Mutter und Kind enthält gewiß eine sehr «romantische» Färbung. Auch seine Theorie einer «glücklichen Liebe», deren Vorbild die Beziehung zur Mutter abgibt, erinnert an romantische Vorstellungen der Wiederherstellung eines glücklichen, aber verlorenen Urzustandes. Insbesondere der Mangel an adäquaten affektiven, emotionalen und sozialen Beziehungen während der Kindheit, wobei nicht nur die Beziehung zur Mutter diesbezüglich eine Rolle spielt, kann das spätere sexuelle Verhalten des Erwachsenen, das aus dem affektiv-emotionalen Kontext ja nicht zu lösen ist, beeinflussen und stören (Spitz 1965; Bowlby 1951). Es ist anzunehmen, «daß jede Störung dieser Kindheitsbeziehungen die schwersten Folgen für das Sexualleben nach der Reife zeitigt...» (Freud 1905a, 130).

Nun muß sich der angesprochene Mangel nicht notwendig im tatsächlichen Fehlen eines oder beider Elternteile ausdrücken. Er kann auch dann bestehen, wenn beide Eltern vorhanden sind, die notwendige affektive Zufuhr aber unterbleibt. Deren Fehlen kann sich auch in kaschierter Form ausdrücken. Während das Kind auf einer tieferen emotionalen Ebene abgelehnt wird, wird es gleichzeitig auf einer zweiten, mehr äußerlichen Ebene mit übertriebener Zuwendung bedacht. Diese Überzärtlichkeit kann dann Ausdruck einer latenten Feindseligkeit gegen das Kind sein. Prugh und Harlow (1962) sprechen in diesem Zusammenhang von maskierter emotionaler Deprivation, die auch bei äußerlich intakter Eltern-Kind-Beziehung bestehen kann.

Nachdem Freud das Konzept des Narzißmus eingeführt hatte (Freud 1914b), gibt er zu erkennen, daß eine spätere Objektwahl nicht *nur* nach dem Leitbild der Mutter, d. h. nach dem «Anlehnungstyp» erfolgen kann. Diesem Typus der Objektwahl stellt Freud die «narzißtische Objektwahl» gegenüber. Im Falle einer narzißtischen Objektwahl liebt man «streng genommen nur sich selbst» (1914b, 155). Man liebt dabei das Liebesobjekt gerade um der Züge willen, die man an sich selbst oder an seinem Ideal schätzt. Wesentlich am Anlehnungstyp der Objektwahl ist, daß man vor allem selbst liebt, während man sich beim Typus der narzißtischen Objektwahl vor allem lieben läßt. Die Frage soll hier offenbleiben, ob die von Freud beschriebene Objektwahl nach dem narzißtischen Typus nicht bereits als Ergebnis emotionaler Deprivation – in offener oder versteckter Form – während der Kindheit aufzufassen sei.

Wenn insbesondere die Mutter, aber auch die übrigen Objektbeziehungen während der Kindheit vorbildhaften Charakter für die Objektwahlen des späteren Erwachsenen besitzen, so zeigt sich in dieser Annahme Freuds wiederum der bereits angesprochene «regressive» Zug, den die Sexualität des Menschen besitzt. Diese regressive Komponente hat neben Freud vor allem Ferenczi (1922) betont. Nach Ferenczi ist der

Geschlechtsakt als ein Ersatz, in den Mutterleib zurückzukehren, aufzufassen. Dieser Gedanke findet sich, wie bereits erwähnt, auch bei Freud. Wenn Freud allerdings davon spricht, die Vagina trete «das Erbe des Mutterleibes an» (XIII, 298), so ist diese Annahme weitgehend einer Sicht des Koitus durch den Mann verpflichtet. Es wird bei Freud nicht weiter ausgeführt, inwieweit entsprechende Annahmen auch in umgekehrter Richtung, für die Frau also, zutreffen.

Nun geht Freud nicht davon aus, daß jede spätere heterosexuelle Objektbeziehung tatsächlich das ursprüngliche Vorbild wieder erreicht, also einen vollgültigen Ersatz der einst zwischen Mutter und Kind bestehenden Beziehung, eine «glückliche Liebe», darstellt. Er schildert – beispielsweise in seiner Arbeit «Zur Einführung des Narzißmus» (1914b) – den späteren Erwachsenen vielmehr im Sinne eines relativ abgeschlossenen psychischen Systems. Die im Verlauf der Reife etablierten Ich-Grenzen stehen einer Transzendierung des Ichs, die Voraussetzung einer «glücklichen Liebe» wäre, entgegen. Das psychische System, das den Erwachsenen charakterisiert, beschreibt Freud mit Hilfe seines bekannten Bildes vom «Protoplasmatierchen», das sich dem Objekt mit Hilfe der «von ihm ausgeschickten Pseudopodien» (1914b, 141) nähert. Freud verwendet dieses Bild auch noch in späteren Schriften (1917; 1940). Er will damit zum Ausdruck bringen, daß die Libido sich nur sehr begrenzt und unter der Bedingung, ins Subjekt/Ich wieder zurückgenommen werden zu können, auf das Objekt richtet. Nur im Falle der Verliebtheit werde, so meint Freud, vorübergehend die Grenze zwischen Subjekt und Objekt wieder aufgelöst. Dies entspricht aber dem frühinfantilen Vorbild der Beziehung zwischen Mutter und Kind. Die Auflösung der Ich-Grenzen ist denn auch nach Freud Kennzeichen sowohl der Verliebtheit als auch tiefer, psychotischer Störungen, die einer Regression auf frühinfantile Stadien der Entwicklung entsprechen. Der Verliebte verhalte sich wie der Psychotiker, meint Freud, wenn er leugne, daß zwischen Ich und Du eine Grenze bestehe, und sich benehme, als seien Ich und Du eins (Freud 1930). Hier nähert er sich, ohne dies zu erkennen, der Ich-Theorie von Federn.

Das Ausmaß, in welchem sich der Erwachsene dem Liebesobjekt öffnet, in welchem er seine Libido dem postpubertären Objekt zuwenden kann, hängt nun nach Freud davon ab, wieweit er seine unbewußten Fixierungen an die infantilen Objekte gelöst hat, wieweit also seine Libido überhaupt «frei beweglich» ist, d. h. für neue Objektbesetzungen zur Verfügung steht. Beim Neurotiker ist diese freie Beweglichkeit der Libido weitgehend eingeschränkt. Neurotische Objektwahlen zeichnen sich deshalb auch dadurch aus, daß das gewählte Liebesobjekt im schlechten Sinne «Ersatz» der ursprünglichen Liebesobjekte ist, also lediglich eine Ersatzfunktion erfüllt, während im tieferen Sinne nach wie vor die infantilen Objekte intendiert werden (vgl. Freud 1910b; 1912a).

Eine erfolgreiche Objektwahl nach der Pubertät setzt also eine weitgehende Ablösung von den Eltern voraus. Dabei steht der Pubertierende «vor der Aufgabe, seine Libido von den Eltern abzuziehen und neue Objekte außerhalb der Familie zu besetzen. Dabei ist ein gewisses Maß von Trauer um den Verlust der alten Objekte unvermeidlich» (Freud, A. 1964, 81).

Die Ablösung der Libido von den infantilen Objekten kann nun aus verschiedenen Gründen erschwert werden oder mißlingen. Einer dieser Gründe kann in einer inadäquaten «Sexualisierung» des Kindes gesehen werden. Dabei wird das Kind von einem Elternteil als Partnerersatz verwendet. Freud geht wiederholt auf das Problem der Wahl des Sohnes als Partnerersatz für die Mutter ein. Eine entsprechend frühzeitige und inadäquate Sexualisierung des Kindes, die durchaus unbewußt erfolgen kann, ist nach Auffassung Freuds typisch für Fälle einer unbefriedigenden Ehe: «Die von ihrem Manne unbefriedigte neurotische Frau ist als Mutter überzärtlich und überängstlich gegen das Kind, auf das sie ihr Liebesbedürfnis überträgt, und weckt in demselben die sexuelle Frühreife. Das schlechte Einverständnis zwischen den Eltern reizt dann das Gefühlsleben des Kindes auf, läßt es im zartesten Alter Liebe, Haß und Eifersucht intensiv empfinden» (1908a, 165). Mit dieser inadäquaten Emotionalisierung und Sexualisierung werden dann die im Zusammenhang mit dem Ödipuskomplex relevanten Probleme erheblich verschärft. Die Gefahr einer zu weitgehenden Fixierung der Libido ist unter dieser Bedingung besonders groß.

Aber auch eine repressive Sexualmoral, die dem Pubertierenden die jetzt notwendigen neuen Objektbeziehungen erschwert oder unmöglich macht, behindert die Ablösung von den Eltern und verstärkt eine nachträgliche inzestuöse Bindung. Können nach der Pubertät keine befriedigenden Objektbeziehungen eingegangen werden, so besteht die Gefahr, daß die inzestuösen Liebesobjekte auf regressivem Wege neu besetzt werden. Diesen Gedanken führt Freud bereits in seiner 1908 erschienenen Arbeit «Die ‹kulturelle› Sexualmoral und die moderne

Nervosität» aus. Zwar greift Freud die sexuelle Unterdrückung und Zwangsabstinenz auch als solche an, er erkennt aber als deren wesentliches Moment die zwangsweise Fixierung an die inzestuösen Objekte. Ohnehin ist nach Auffassung Freuds der «Kultur» ganz allgemein vorzuwerfen, daß sie die Entwicklung zur reifen Psychosexualität erheblich erschwert. Entwicklungshemmung und psychischer Infantilismus – gerade auch auf sexuellem Gebiet – sind nach Ansicht Freuds für alle «Kulturmenschen» bis zu einem gewissen Grade typisch.

Freud lehnt in diesem Zusammenhang auch eine zu lange fortgesetzte Masturbation nach der Pubertät ab. Dabei wendet er sich nicht gegen die Selbstbefriedigung an sich oder gegen eine zeitweise notwendige und zu tolerierende «Not-Onanie». Kommt es nach der Pubertät über lange Zeit hinweg zur Masturbation, so können die inzestuösen Liebesobjekte nicht verlassen werden. Sie werden vielmehr erneut besetzt. Dabei wendet sich der Trieb gleichzeitig von der Realität ab und der Phantasie zu. «Es ändert nichts an dem Sachverhalt, wenn der Fortschritt (zur Objektwahl – B. N.) nun in der Phantasie vollzogen wird, der in der Realität mißglückt ist, wenn in den zur onanistischen Befriedigung führenden Phantasiesituationen die ursprünglichen Sexualobjekte durch fremde ersetzt werden. Die Phantasien werden durch diesen Ersatz bewußtseinsfähig, an der realen Unterbringung der Libido wird ein Fortschritt nicht vollzogen. Es kann auf diese Weise geschehen, daß die ganze Sinnlichkeit eines jungen Menschen im Unbewußten an inzestuöse Objekte gebunden, oder, wie wir auch sagen können, an unbewußte inzestuöse Phantasien fixiert wird» (1912a, 81f).

Freud begreift die Masturbation nach der Pubertät als ein Stück der «infantilen Sexualbetätigung» (1912c, 341). Ihre Gefahr besteht in der «Fixierung infantiler Sexualziele» und in der «psychischen Vorbildlichkeit» (1912c, 342). Unter psychischer Vorbildlichkeit ist zu verstehen, daß in den die Masturbation begleitenden Phantasien Wünsche aktiviert und Idealisierungen vorgenommen werden, die im realen Kontakt zum Liebesobjekt nicht einzulösen sind oder aber einem späteren realen Liebesobjekt einen Platz zuweisen, der in der Phantasie bereits abgesteckt worden ist. Das reale Liebesobjekt wird dann zum Ersatzobjekt, und in der Beziehung zu ihm werden nur mehr die infantilen Klischees wiederholt, während ein tatsächlich neuer Kontakt weitgehend ausgeschlossen bleibt. Psychosexuelle Reife drückt sich dagegen darin aus, daß die Phantasien durch vollgültige, reale Beziehungen abgelöst werden bzw. in ihnen aufgehen.

Nun haben die sexuellen Phantasien in der Pubertät allerdings nicht nur den von Freud angesprochenen negativen Aspekt. Sie sind vielmehr auch Ausdruck der Geschlechtsidentität des Betreffenden und können – je nach ihrem Inhalt – auch als Zeichen einer erfolgreich durchlaufenen sexuellen Sozialisation verstanden werden. «Die erotischen Phantasien in der Pubertät sind sozusagen ein Kernstück der Geschlechtsidentität. Sie machen klar, was sich vorher nur andeutete: Sie bestätigen die Geschlechtsidentität eines Jugendlichen als männlich, weiblich oder uneindeutig und widersprüchlich und lassen erkennen, ob und inwieweit paraphile Tendenzen bestehen oder nicht. Die Inhalte dieser Phantasien sind weder bei Jungen noch bei Mädchen durch die Pubertätshormone bedingt; sie werden aber durch diese Hormone aktiviert. Die Phantasien werden unter dem Einfluß der Hormone häufiger, länger, lebendiger und führen nun regelmäßiger zu sexueller Erregung und Orgasmus. Diese Phantasien, die sich in der Pubertät als sexuell stimulierend erweisen, haben ihren Ursprung sehr früh in der Lebensgeschichte, lange vor der Pubertät» (Money, Ehrhardt 1975, 150). Nicht also das Vorhandensein sexueller Phantasien, die zu sexueller Erregung und Orgasmus führen können, ist Ausdruck einer psychosexuellen Entwicklungshemmung, sondern der psychische Stellenwert, den diese Phantasien einnehmen, und das Maß, in dem sie sich von der Realität abkehren, kann als Ausdruck entsprechender Infantilität begriffen werden.

Ein letztes Moment, das für die Objektwahl und die Entwicklung zur reifen Psychosexualität von Bedeutung ist, kann hier nur kurz angesprochen werden. In Freuds später Triebtheorie, die von einem Gegensatz zwischen den auf Bindung abzielenden Sexualtrieben (Eros) und den auf Zerstörung abzielenden Destruktionstrieben (Thanatos) ausgeht, wird von einer Triebmischung gesprochen. Psychosexuelle Reife würde sich danach darin ausdrücken, daß die libidinösen Triebe die destruktiven binden und neutralisieren können. Kommt es zu einer Triebentmischung, verselbständigen sich also die aggressiv-destruktiven Triebe, dann wäre ein hoher Grad von Ambivalenz in den Objektbeziehungen zu erwarten. Es werden dann auf das Sexualobjekt, weitgehend unverbunden und nebeneinander bestehend, sowohl libidinöse als auch aggressiv-destruktive Impulse gerichtet. Reife Psychosexualität zeichnet sich aber gerade durch eine entsprechend geringe Ambivalenz aus. Das heißt, es fehlen stärkere Ausprägungen von Konkurrenz und Dominanzstreben und die bei Vorliegen von zu hoher Ambivalenz reaktiv notwendige *Abwehr,* die sich sowohl auf libidinöse als auch auf destruktive Impulse beziehen kann. Eine entsprechende Auffassung der reifen Psychosexualität, die gleichzeitig als das Fundament einer integrierten Gesamtpersönlichkeit verstanden werden kann, vertritt Hettlinger (1970). Von anderen Autoren, wie beispielsweise Winnicott, werden allerdings ganz divergierende Vorstellungen vertreten.

Zusammenfassend läßt sich sagen, daß der von Freud angenommene Prozeß der Entwicklung zur reifen Psychosexualität einer Vielzahl möglicher Störungen ausgesetzt ist und nach Freuds Auffassung in der Regel auch nie in idealer Weise durchlaufen wird. Dabei wird die psychosexuelle Reife von Freud nicht begriffen als ein jemals endgültig zu erreichendes Resultat, sie bleibt vielmehr auch dann, wenn sie genug etabliert ist, der Gefahr einer Rückbildung ausgesetzt.

4 Die infantile Sexualität

Die infantile Sexualität, wie sie Freud in den «Drei Abhandlungen zur Sexualtheorie» (1905 a) darstellt, zeichnet sich durch eine extrem «analytische» Interpretation aus. Nach Freud ist die infantile Sexualität kein in sich abgeschlossenes und einheitliches Phänomen, sie zerfällt vielmehr in zahlreiche Komponenten, «Partialtriebe», ist an unterschiedliche «erogene Zonen» gebunden und durchläuft verschiedene, bei jedem Menschen anzunehmende «Phasen».

Die «Drei Abhandlungen zur Sexualtheorie» zerfallen in die Abschnitte über «sexuelle Abweichungen» (Perversionen), über die «infantile Sexualität» und über die «Umgestaltungen der Pubertät», die die Sexualität zur Zeit der Reife erfährt. Es wird aber durch Freuds Argumentation klar, daß das in den «Abhandlungen» erörterte Kernproblem die infantile Sexualität darstellt. In den sexuellen Abweichungen drückt sich nach Auffassung Freuds weitgehend psychischer Infantilismus aus, während die Umgestaltungen in der Pubertät im wesentlichen durch die Schicksale der infantilen Sexualität vorbereitet und determiniert werden.

Die sexuellen Deviationen unterteilt Freud nach Objekt und Ziel, eine Unterscheidung, die er von Krafft-Ebing (1886) übernimmt. Überschreitungen hinsichtlich des Objektes sieht Freud in der Homosexualität und in der Wahl von Kindern und Tieren als Sexualobjekte gegeben. Abweichungen in bezug auf das Sexualziel – z. B. Cunnilingus, Fellatio oder Fetischismus –, die Freud als sexuelle Abirrungen begreift, lassen erkennen, wie stark Freud an zeitbedingte Moralvorstellungen trotz aller aufklärerischen Intentionen gebunden war.

Dennoch sieht Freud keine scharfe Grenze zwischen den Deviationen und der normalen Sexualität gegeben. Beide sind zur Zeit der infantilen Sexualität noch gar nicht voneinander zu trennen. Das Kind ist «polymorph pervers» veranlagt, seine Sexualität steht nicht im Zeichen der Fortpflanzungsfunktion. Der Verzicht auf die Fortpflanzung als eigentlichem Ziel der menschlichen Sexualbetätigung, wie er im Falle der Perversionen vorliegt, ist denn auch das inhaltlich übereinstimmende Merkmal zwischen infantiler Sexualität einerseits und devianten sexuellen Verhaltensweisen andererseits. Aber, so bemerkt Freud, die Perversion zeichne sich normalerweise durch die Tyrannis eines Partialtriebes aus, der das gesamte sexuelle Verhalten des Betreffenden beherrscht und zentriert. Eine entsprechende Organisation liege aber beim Kind nicht vor, weshalb der Vergleich zwischen Perversion und infantiler Sexualität auch nur eingeschränkte Gültigkeit besitze.

Erst durch die Erziehung werden beim Kind «seelische Dämme» errichtet – Freud nennt hier die Moral, die Scham und den Ekel –, die ihrerseits allerdings nicht nur restriktive Bedeutung haben. Sie tragen vielmehr dazu bei, die reife, heterosexuell orientierte und auf Fortpflanzung ausgerichtete Psychosexualität des Erwachsenen vorzubereiten. Auch der Erwachsene besitzt in der Regel eine organisierte und zentrierte Form der Sexualität, die sich durch den Primat der Genitalität auszeichnet. Diese Organisation wird erworben durch den Verzicht auf eine Reihe von ursprünglichen Triebzielen und durch Moral, Scham und Ekel in ihrem Bestand gesichert. Im Zustand der Verliebtheit werden diese kulturell bedingten Hemmungen allerdings wieder überwunden, Moral, Scham und Ekel werden durch die «libidinöse Überschätzung des Sexualobjektes» wieder eingeschränkt. Offenbar haben diese seelischen Barrieren im wesentlichen die Funktion, die sozialen Beziehungen der Menschen zu entsexualisieren, während sie beim Eingehen einer Objektbeziehung teilweise wieder suspendiert werden können.

Die Sexualität des Neurotikers kennzeichnet Freud vor allem durch drei Merkmale: Weiterbestehen einer noch dezentrierten, infantilen Sexualität; damit verbunden: Vorherrschen perverser, wenngleich unbewußter oder nur in der Phantasie ausgelebter Triebimpulse; und schließlich: Bestehen einer starken Verdrängung von Triebimpulsen, die vor allem eine Realisierung entsprechender Wünsche unmöglich macht und zur neurotischen Abwehr, zum neurotischen Konflikt und damit verbunden schließlich zur psychischen Abspaltung führen kann. Triebe und Triebanteile, die in dieser Weise abgespalten werden, können nicht in den vom Ich gesteuerten psychischen Integrationszusammenhang aufgenommen werden und unterliegen somit gleichzeitig einer Entwicklungshemmung. Je umfassender also die Verdrängung ausfällt, desto größer muß der Bereich sein, der infantil bleibt.

Der Verdrängungsprozeß setzt an den verschiedenen psychosexuellen Phasen an, die jeder Mensch zu durchlaufen hat und deren Bewältigung von jedem Menschen ein Stück Triebverzicht erfordert, soll die durch die Erziehung angestrebte «Kulturfähigkeit» erreicht werden. Allerdings ist eine zu weitgehende Verdrängung kein adäquater psychischer Mechanismus, der zur Reife führt, vielmehr wird durch diesen Mechanismus die notwendige Triebsteuerung ausgeklammert. Die der Verdrängung unterliegenden Triebe und Triebanteile bleiben unsozialisiert, archaisch und im unbewußten System in ursprünglicher Form erhalten.

In den verschiedenen psychosexuellen Phasen steht jeweils eine erogene Zone im Vordergrund des sexuellen Interesses des Kindes, und damit verbunden gewinnt auch ein jeweiliger Partialtrieb vorübergehend die Dominanz. Außerdem werden in den einzelnen Phasen grundlegende Polaritäten herausgebildet, die für das spätere sexuelle Leben des Erwachsenen kennzeichnend sind. Während der oralen Phase, die noch ganz von der Beziehung zwischen Mutter und Kind bestimmt wird, bilden sich die grundlegenden Fundamente der späteren Ich-Organisation. Diese Phase steht damit im Zeichen der Polarität von Subjekt und Objekt bzw. ermöglicht eine erste Differenzierung hinsichtlich dieser Polarität. In der sadistisch-analen Phase steht die Polarität «aktiv–passiv» im Vordergrund, in der phallischen Phase steht nach Auffassung Freuds der Gegensatz «männlich–kastriert» im Vordergrund. Erst mit Erreichen der Pubertät bildet sich die Polarität «männlich–weiblich» endgültig heraus, heute würde man sagen: findet die psychosexuelle Geschlechtsidentität ihren endgültigen Ausdruck (vgl. zu diesem Abschnitt Freud 1923 c).

Der Sexualtrieb ist zunächst autoerotisch und findet seine erste Betätigung in Anlehnung an die lebenswichtige körperliche Funktion des Saugens an der Mutterbrust. Damit tritt der Mund als erogene Zone während der oralen Phase in den Vordergrund. In der analen Phase kommt dem Stuhlgang besondere Bedeutung zu, womit der Anus zur dominierenden erogenen Zone wird.

Ein Höhepunkt der infantilen Sexualität wird schließlich während der prägenitalen Phase erreicht. Freud spricht deshalb von *prä*genitaler Phase, weil hier das Primat der Genitalität noch nicht umfassend verankert ist. Er kennzeichnet diese Phase auch als die phallische, weil hier der Phallus bzw. die Klitoris als korrespondierendes Organ – und damit die «männliche» Sexualität bei beiden Geschlechtern – im Mittelpunkt des sexuellen Interesses stehe. Diese infantile Sexualität nähert sich schon weitgehend der Sexualität des Erwachsenen an, vor allem deshalb, weil das Kind in der jetzt eintretenden Ödipussituation bereits eine – sexuell zu interpretierende – Objektwahl trifft: «Die Annäherung des kindlichen Sexuallebens an das der Erwachsenen geht viel weiter und bezieht sich nicht nur auf das Zustandekommen einer Objektwahl. Wenn es auch nicht zu einer richtigen Zusammenfassung der Partialtriebe unter das Primat der Genitalien kommt, so gewinnt doch auf der Höhe des Entwicklungsganges der infantilen Sexualität das Interesse an den Genitalien und die Genitalbetätigung eine dominierende Bedeutung, die hinter der in der Reifezeit wenig zurücksteht. Der Hauptcharakter dieser *‹infantilen Genitalorganisation›* ist zugleich ihr Unterschied von der endgültigen Genitalorganisation der Erwachsenen. Er liegt darin, daß für beide Geschlechter nur *ein Genitale,* das männliche, eine Rolle spiele. Es besteht also nicht ein Genitalprimat, sondern ein Primat des *Phallus*» (1923 c, 294 f). An diese Annahme knüpft Freuds Behauptung des «Penisneides» an, den er dem Mädchen unterstellt, eine Behauptung, die vielfach kritisiert und als Ausdruck männlichen Chauvinismus interpretiert worden ist (vgl. z. B. Millett 1970). Auch Freuds Annahme, die Dominanz der Klitoris bei der erwachsenen Frau sei Ausdruck eines Festhaltens an der infantilen Sexualität und mit dem Wunsch nach «Männlichkeit» verbunden, ist in Verbindung mit Freuds Theorie der phallischen Phase zu interpretieren und ebenfalls wiederholt als Ausdruck einer zu einseitigen oder falschen Interpretation der weiblichen Sexualität kritisiert worden (vgl. z. B. Sherfey 1972).

Auf dem Höhepunkt der infantilen Sexualität muß das Kind dann einsehen, daß es das gewünschte Sexualobjekt – im Regelfall den gegengeschlechtlichen Elternteil – nicht gewinnen kann. Damit kommt aber die infantile Sexualentwicklung zu einem Stillstand, «der in den kulturell günstigsten Fällen den Namen einer Latenzzeit verdient. Die Latenzzeit kann auch entfallen, sie braucht keine Unterbrechung der Sexualbetätigung und der Sexualinteressen auf der ganzen Linie mit sich bringen» (1916–17, 337f).

Die Bedeutung der von Freud angenommenen Latenzzeit liegt also darin, daß während dieser Periode und damit während einer Zeit der Beruhigung der sexuellen Interessen des Kindes die Libido von den Eltern allmählich abgelöst wird. Ob dies, die Bewältigung des Ödipuskomplexes, gelingt, zeigt sich dann aber erst beim Erreichen der Pubertät.

Die nach der Pubertät zu treffende Objektwahl erweist dann auch, ob die psychosexuellen Phasen erfolgreich durchlaufen worden sind. Ist dies der Fall, so ist der Autoerotismus weitgehend überwunden und die Partialtriebe – Schau- und Zeigelust, sadistische und masochistische Komponenten – sind unter dem Primat der Genitalität zusammengefaßt worden. Auch die Vorherrschaft einzelner erogener Zonen wird damit endgültig gebrochen. Allerdings bleibt fraglich, ob beim Kind tatsächlich eine derart eindeutige Konzentration auf einzelne erogene Zonen anzunehmen ist, wie Freud dies behauptet. Im «Abriß der Psychoanalyse» bemerkt Freud, eigentlich sei «der ganze Körper eine solche erogene Zone» (1940, 73). Dies dürfte bei dem auf sinnlichen Kontakt zur Umwelt noch besonders stark angewiesenen Kind sicherlich zutreffen.

Die Lehre der psychosexuellen Phasen hat in der psychoanalytischen Forschung eine noch weit differenziertere Ausgestaltung erfahren, als hier referiert worden ist (z. B. Abraham 1949). Es ist auch versucht worden, spezifische neurotische Störungen mit Traumen und Konflikten in einer jeweils spezifischen psychosexuellen Phase in Verbindung zu bringen. Entsprechend einfache Reduktionsmodelle werden jedoch heute nur noch als Teilhypothesen zur Erklärung psychischer Krankheit herangezogen. Weiterhin hat die Annahme der psychosexuellen Phasen zu ausgedehnten Hypothesen hinsichtlich der Charakterentwicklung geführt. Je nachdem, in welcher psychosexuellen Phase der Betreffende aufgrund konstitutioneller oder akzidenteller Momente mit überdurchschnittlichen Schwierigkeiten konfrontiert werde, entwickle sich reaktiv hierzu seine Charakterstruktur. Bei Freud heißt es über den «Charakter» in allgemeiner Form: «Was wir den ‹Charakter› eines Menschen heißen, ist zum guten Teil mit dem Material sexueller Erregungen aufgebaut und setzt sich aus seit der Kindheit fixierten

Trieben, aus durch Sublimierung gewonnenen und aus solchen Konstruktionen zusammen, die zur wirksamen Niederhaltung perverser, als unverwendbar erkannter Regungen bestimmt sind» (1905 a, 140 f). Wilhelm Reich (1933) hat sich mit den Beziehungen zwischen Sexualität, Abwehr und Charakterbildung ausgiebig auseinandergesetzt.

Die in den «Drei Abhandlungen zur Sexualtheorie» (1905 a) dargestellte Sicht der infantilen Sexualität ist, so kann man abschließend feststellen, weitgehend zergliedernd und analysierend. Durch dieses Vorgehen konnte Freud andererseits Verbindungen zwischen Erscheinungen aufzeigen, die zuvor weitgehend als schroffe, unverbundene Gegensätze angesehen worden waren. So erklärte Freud:

– die Sexualität des Erwachsenen aus der infantilen Sexualität, die im 19. Jahrhundert noch weitgehend geleugnet oder als Degenerationserscheinung interpretiert worden war;

– die Homosexualität und Heterosexualität als Ausdrucksformen einer ursprünglich anzunehmenden Bisexualität;

– Perversionen und Neurosen als miteinander verbunden durch Entwicklungshemmung der infantilen Sexualität;

– «abnormes» und «normales» Sexualverhalten als nicht grundsätzlich voneinander getrennt.

Freud war keineswegs der erste, der sich eingehender mit Problemen der Sexualität beschäftigt hatte. Seine Arbeit zur Sexualtheorie erschien vielmehr inmitten einer Vielzahl von Werken, die etwa seit 1880 immer häufiger publiziert wurden. Das wissenschaftliche Interesse am Thema Sexualität gehörte zum Zeitgeist. Offenbar waren die einschlägigen Arbeiten zum Thema derart bekannt, daß Freud in den «Abhandlungen» nur schlagwortartig die entsprechenden Autoren – Krafft-Ebing, Moll, Moebius, Ellis, Schrenck-Notzing, Löwenfeld, Eulenburg, Bloch und Hirschfeld – nennt und hinzufügt, «da an diesen Stellen auch die übrige Literatur des Themas aufgeführt ist, habe ich mir detaillierte Nachweise ersparen können» (1905 a, 33, Anm. 1). Freud kann also keineswegs als erster oder gar als einziger Autor aufgefaßt werden, der sich wissenschaftlich mit dem Problem der Sexualität beschäftigt und engagiert für sexuelle Aufklärung eingesetzt hätte (vgl. Ellenberger 1970). Beispielsweise erschien im gleichen Jahr wie seine «Abhandlungen» ein anderes vielbeachtetes Werk: «Die sexuelle Frage» von Auguste Forel (1905), Direktor am Zürcher «Burghölzli» und Vorgänger in dieser Position von Eugen Bleuler.

Im 18. Jahrhundert hatte vor allem die Frage der Masturbation in der wissenschaftlichen Literatur zum Problem der Sexualität eine Rolle gespielt. Man war darum bemüht, alle möglichen körperlichen und geistigen Leiden auf die Masturbation zurückzuführen (Bekker 1710; Tissot 1764). Im 19. Jahrhundert stand vor allem das Problem der Perversionen im Mittelpunkt des wissenschaftlichen Interesses (z. B. Kaan 1844; Moreau 1880), und man argumentierte vielfach, Perversionen seien als Degenerationserscheinungen aufzufassen. Gegen Ende des 19. Jahrhunderts und mit Beginn des 20. Jahrhunderts bemühte man sich dann zunehmend, das Problem der Sexualität unter weniger ideologischen Voraussetzungen abzuhandeln. Dabei wurde – wie auch bei Freud – die bürgerliche Moral zunehmend selbst zum Gegenstand der Kritik, nachdem sie zuvor oft als impliziter Bestandteil der «wissenschaftlichen» Theorien erschienen war. 1889 gründete Magnus Hirschfeld die erste Fachzeitschrift für Sexualforschung, das «Jahrbuch für sexuelle Zwischenstufen», und 1906 prägte Iwan Bloch im deutschen Sprachraum den Begriff «Sexualwissenschaft» (nach Wettley und Leibbrand 1959). Moll (1898) hatte «Untersuchungen über die Libido sexualis» veröffentlicht, ein Werk, aus dem Freud nach eigenen Angaben den Terminus Libido übernahm. Die Theorie der Bisexualität des Menschen war schließlich bereits von Weininger (1903) vor Erscheinen der «Abhandlungen» populär gemacht worden. Freud konnte sich also bei seinen «Drei Abhandlungen zur Sexualtheorie» auf eine Fülle von Material beziehen, das unabhängig von der psychoanalytischen Forschung erarbeitet worden war.

Als wichtigsten Beitrag Freuds zur zeitgenössischen Sexualforschung muß man wohl seine Auffassung der *infantilen* Sexualität und der ihr zugeschriebenen determinierenden Kraft für die reife Psychosexualität des Erwachsenen anerkennen. Freud verknüpfte die Bedeutung der infantilen Sexualität im Rahmen der sich mehr und mehr entfaltenden psychoanalytischen Theorie mit Annahmen über die Kindheit, die weit über den engeren Problembereich der Sexualität hinausreichen. Als besonderes Merkmal der «Kindheit» erscheinen die große Prägbarkeit und Beeinflußbarkeit, denen das Kind unterliegt. So können infantile Erlebnisse und Eindrücke, die im Unbewußten verankert sind, über Jahrzehnte hinweg das Verhalten determinieren, ohne daß der Betreffende diese Basis-Motivation zu kennen braucht. Entsprechende Erlebnisse müssen nach Freud nicht notwendig eine unmittelbare Wirkung zeigen, diese kann vielmehr erst nach einer Periode der Latenz auftreten.

Die Annahme einer Latenzphase, die Freuds Auffassung der menschlichen Sexualentwicklung auszeichnet, kehrt auch in Freuds allgemeiner Neurosenlehre wieder. In seiner Arbeit «Der Mann Moses und die monotheistische Religion» (1937–39), in der letzten großen Schrift, die noch zu Freuds Lebzeiten erschienen ist, faßt Freud noch einmal zusammen, «daß die Genese der Neurose *überall und jedesmal* auf sehr frühe Kindheitseindrücke zurückgeht» (1937–39, 177 – Herv.: B. N.). Und er bietet für den Verlauf der Neurose folgendes allgemeines Schema an: «Frühes Trauma – Abwehr – Latenz – Ausbruch der neurotischen Erkrankung – teilweise Wiederkehr des Verdrängten» (1937–39, 185). Das ist aber im Grunde genau das Schema, das Freud auch für die menschliche Sexualentwicklung annimmt: Infantile Sexualität – Abwehr archaischer und primitiver Triebimpulse – Latenz – Pubertät (= erneuter «Ausbruch» der Sexualität) – teilweise Wiederkehr der infantilen Sexualität (etwa im Zusammenhang mit der Objektwahl).

Wie eng Freud die Verbindung zwischen seinen Annahmen über die Sexualentwicklung des Menschen einerseits, seinen Annahmen zur Entstehung der Neurosen andererseits selbst sieht, geht etwa auch aus dem Aufbau der «Vorlesungen zur Einführung in die Psychoanalyse» (1916–17) hervor. Hier widmet er dem Problem der Sexualität – im Unterschied zu den «Fehlleistungen» und zum «Traum» – keinen eigenständigen Abschnitt, er gliedert seine Ausführungen zur Sexualität vielmehr in den dritten Teil der «Vorlesungen» ein, der von der allgemeinen Neurosenlehre handelt.

In den nachfolgenden Abschnitten werden Gesichtspunkte der «Kindheit», der «Animalität» des Menschen und der «Kultur» erörtert, die dann auch erkennen lassen sollen, warum Freud zwischen Sexualität und Neurose solch enge Beziehungen annahm.

5 Das Problem der «Kindheit»

Freud schrieb 1920, im Vorwort zur vierten Auflage der «Abhandlungen», diese hätten überhaupt nicht geschrieben werden müssen, «verstünden es die Menschen, aus der direkten Beobachtung der Kinder zu lernen» (1905 a, 32). In dieser vielleicht etwas überpointierten Formulierung kommt die Bedeutung zum Ausdruck, die Freud der Kindheit beimißt. Man könnte die gesamte psychoanalytische Theorie, soweit sie von Freud selbst stammt, interpretieren als einen groß angelegten Versuch, zu rekonstruieren, was unter Kindheit zu verstehen sei und wie deren Folgen sich im psychischen Leben des Erwachsenen manifestieren. Dabei wäre «Kindheit» allerdings sowohl im ontogenetischen wie auch im phylogenetischen Sinne zu begreifen; auf die von Freud angenommenen Wechselbeziehungen zwischen beiden Formen der Kindheit wird im Abschnitt über die «Animalität» des Menschen noch zurückzukommen sein.

Die Gegensätze von Primärvorgang und Sekundärvorgang, Affekt und Vernunft, Unbewußtem und Bewußtem, Es und Ich, Traum und Wachleben, schließlich von infantiler Sexualität und reifer Psychosexualität des Erwachsenen reflektieren die angenommene Ausgangsfragestellung. Die Kindheit des Menschen im anthropologischen Sinne wird bei Freud durch die Annahme einer archaischen Triebkonstitution repräsentiert, der dann die später zu erreichende «Kulturfähigkeit» des Erwachsenen gegenübersteht. Auch hier sind Parallelen zur Philosophie Nietzsches unverkennbar. Wittels (1931) hat darauf hingewiesen, daß die für die psychoanalytische Theorie grundlegende Einteilung in primäre und sekundäre Funktion fast vollständig mit Nietzsches Einteilung in Dionysisches und Apollinisches Prinzip (Nietzsche 1872) übereinstimmt. Das Dionysische Prinzip repräsentiert bei Nietzsche aber den Rausch, die Archaik der Triebe, denen eine eigene Form der Vernunft zukommt, die Transzendenz des Ichs und weitere Merkmale, die von Freud dem unbewußten System, bzw. dem Es zugeschrieben werden.

Im «Traum» wird der Mensch nach Auffassung Freuds wieder zum Kind, arbeitet der psychische Apparat im wesentlichen nach der primären Funktion. Das «Spiel» benutzt das Kind dazu, sich dem Druck der vernünftigen Realität zu entziehen. Andererseits ist es das Ziel der Erziehung, beim Kind einen zweckgerichteten, identischen Charakter zu erreichen, die Fähigkeit aufzubauen, Wunsch und Wirklichkeit, Phantasie und Realität zu unterscheiden, kurz, die Realität zu beachten. Dabei wird das Kind großen «Einschränkungen» (Freud 1905 b, 141) unterworfen, «und darum ist die Auflehnung gegen den Denk- und Realitätszwang eine tiefgreifende und lang anhaltende» (1905 b, 141). Nicht nur die Sexualität im engeren Sinne widersetzt sich also lange Zeit ihrer realitätsgerechten Umformung, bleibt schwer erziehbar, sondern überhaupt das Vernünftig- und Erwachsenwerden und die damit verbundenen Umgestaltungsprozesse fordern nach Freud Widerstand heraus. Der Traum und die Phantasie bleiben dann als Reste der einstigen «Freiheit» erhalten; sie entziehen sich dem Realitätszwang.

Also auch bei einem erfolgreichen Durchlaufen des Erziehungsprozesses bleibt das Ursprüngliche, das Infantile, bis zu einem gewissen Grade erhalten. Es bleibt in den tiefsten Schichten der Persönlichkeit verankert. Von hier aus sind Freuds Hypothesen über das Unbewußte zu verstehen: «Das Infantile ist nämlich die Quelle des Unbewußten, die unbewußten Denkvorgänge sind keine anderen, als welche im frühen Kindesalter einzig und allein hergestellt werden» (1905 b, 194).

Beim «normalen» Erwachsenen sind diese infantilen psychischen Phänomene vielfach überlagert und umgeformt worden und daher kaum noch direkt beobachtbar. Erst unter der Voraussetzung einer spezifischen Methode – eben der psychoanalytischen – können diese Vorgänge wieder erkannt und auch zu neuer Aktivität angeregt werden. «Leichter zu fassen sind die Charaktere dieser unbewußten Denkvorgänge in den Äußerungen der Kranken bei manchen psychischen Störungen. Es ist sehr wahrscheinlich, daß wir nach des alten Griesinger Vermutung imstande wären, die Delirien der Geisteskranken zu verstehen und als Mitteilungen zu verwerten, wenn wir nicht die Anforderungen des bewußten Denkens an sie stellen, sondern sie mit unserer Deutungskunst behandeln würden wie etwa die Träume. Auch für den Traum haben wir ja seinerzeit die ‹Rückkehr des Seelenlebens auf den embryonalen Standpunkt› zur Geltung gebracht» (1905 b, 194 f).

Wichtig für die von Freud aufgestellten Hypothesen hinsichtlich des Überganges von der infantilen Sexualität zur Psychosexualität des Erwachsenen sind nun einige Auffassungen über die Qualität des Unbewußten, das das infantile Erleben enthält – und zwar sowohl tatsächlich vorgefallene Ereignisse als auch die Art und Weise, in der das Kind sie erlebt hat. Hier wären vor allem die von Freud behauptete Unzerstörbarkeit und Unvergänglichkeit der im unbewußten System festgehaltenen Eindrücke und Erlebnisse – seien sie ontogenetischer oder phylogenetischer Abkunft – zu nennen. «Es ist sogar eine hervorragende Besonderheit unbewußter Vorgänge, daß sie unzerstörbar bleiben. Im Unbewußten ist nichts zu Ende zu bringen, ist nichts vergangen oder vergessen» (1900, 583). Da aber die infantile Sexualität zunächst noch ganz mit dem unbewußten System und den Primärvorgängen verbunden ist, wird von hier aus erklärbar, wieso Freud gerade den infantilen sexuellen Erlebnissen und den in ihnen enthaltenen Objekten einen derart starken, die Sexualität des Erwachsenen determinierenden Einfluß zuschreibt.

Die infantilen Triebwünsche «stellen für alle späteren seelischen Bestrebungen einen Zwang dar» (1900, 609). Und weiterhin können «die primitiven Zustände immer wieder hergestellt werden; das primitive Seelische ist im vollsten Sinne unvergänglich» (1915 f, 337). Wiederholungszwang und Regression sind aber ihrerseits, wie bereits gezeigt, eng mit Freuds Auffassungen der Sexualität verbunden. Hinsichtlich der Gefahr der Regression in Verbindung mit der Sexualität heißt es bei Freud: «Aus der infantilen Sexualität geht die normale des Erwachsenen hervor durch eine Reihe von Entwicklungsvorgängen, Zusammensetzungen, Abspaltungen und Unterdrückungen, welche fast niemals in idealer Vollkommenheit erfolgen und darum die Disposition zur Rückbildung der Funktion in Krankheitszuständen hinterlassen» (1913 a, 409).

Aber nicht nur im Krankheitsfalle, sondern auch im Normalfalle kommt es zu einer Wiederbelebung infantiler Momente beim «Liebesleben» des Erwachsenen. Wiederbelebt werden nach Freud vor allem die Gefühlsrelationen, die im Zusammenhang mit der Ödipussituation eine Rolle spielten. Zu dieser Zeit war das Kind bereits «ein bis auf die Fortpflanzungsfähigkeit fertiges Liebeswesen» (1907 a, 22). Es zeigte die für seine Entwicklungsgeschichte typischen psychischen Leistungen der Zärtlichkeit, der Hingabe, der Eifersucht und des Hasses, eben jene psychischen Phänomene, die nach Freud beim Erwachsenen nicht neu auftreten, sondern nur als Wiederholungen zu interpretieren sind. Entsprechende Wiederholungen wurzeln zum Teil in der ontogenetischen Entwicklungsgeschichte des Individuums, zum Teil aber auch in der prähistorischen Vorzeit der Art und reichen letztlich bis in die animalische Vergangenheit des Menschen zurück.

Freud sieht das Kind also weder asexuell noch leidenschaftslos, sondern nimmt im Gegenteil an, daß das Kind zu den stärksten Affekten fähig ist. Damit steht er in deutlichem Widerspruch zu jener Ideologie, die vom reinen, liebenswürdigen und unschuldigen Kind ausging. Auch hinsichtlich des «gutartigen» Charakters des Kindes, der erst durch schädliche Umwelteinflüsse und Erfahrungen verdorben werde, vertritt Freud eine entgegengesetzte Auffassung. Wenn es überhaupt sinnvoll ist, an das kindliche Verhalten Wertmaßstäbe heranzutragen, so kann – nach Meinung Freuds – das Kind eher als egoistisch und rücksichtslos hinsichtlich der Durchsetzung seiner Triebwünsche aufgefaßt werden. Freud spricht in diesem Sinne von einer «morallosen Kindheitsperiode» (1900, 256), eine Auffassung, die mit der «polymorph perversen» Veranlagung des Kindes in Beziehung zu setzen sei. Allgemein stellt Freud über das «primäre Ich», den Charakter des Kindes, fest: «Das Kind ist absolut egoistisch, es empfindet seine Bedürfnisse intensiv und strebt rücksichtslos nach ihrer Befriedigung, insbesondere gegen seine Mitbewerber, andere Kinder, und in erster Linie gegen seine Geschwister» (1900, 256).

In dieser Sicht des Kindes sind deutlich Freuds Ansichten über den noch nicht gebändigten Trieb wiederzuerkennen, der impulsiv, gewalttätig, auf direkte Abfuhr und unmittelbaren Lustgewinn abzielend gedacht wird. Auch Freuds Annahmen über den fiktiven «Urmenschen» (Freud 1913 b) zeigen eine deutliche Parallele zum genannten Bild des Kindes. Dennoch betont Freud, es gebe an sich weder einen «guten» noch einen «bösen» Trieb, entsprechend wertende Klassifikationen seien kulturell bedingt: «Die psychologische – im strengen Sinne die psychoanalytische – Untersuchung zeigt..., daß das tiefste Wesen des Menschen in Triebregungen besteht, die elementarer Natur, bei allen Menschen gleichartig sind und auf *Befriedigung gewisser ursprünglicher Bedürfnisse zielen*. Diese Triebregungen sind an sich weder gut noch böse. Wir klassifizieren sie und ihre Äußerungen in solcher Weise, je nach ihrer Beziehung zu den Bedürfnissen und Anforderungen der menschlichen Gemeinschaft. Zuzugeben ist, daß alle Regungen, welche von der Gesellschaft als böse verpönt werden..., sich unter diesen primitiven befinden» (1915 f, 331 - Herv.: B. N.).

Das Bild vom unschuldigen, leidenschaftslosen und asexuellen Kind, das man vor den «Gefahren» der Welt der Erwachsenen behüten und abschirmen müsse, entstand etwa zwischen dem 16. und 18. Jahrhundert. Van Ussel (1970, 95) spricht in diesem Zusammenhang von einer «Infantilisierung des Kindes». Das Kind wurde in einer eigenen, «künstlichen», infantilen Welt, losgelöst von der Realität, insbesondere von der Realität der Arbeitswelt, erzogen, soweit es in der bürgerlichen Schicht aufwuchs und für einen länger andauernden Schulbesuch vorgesehen war. «Der Schüler an einer höheren Schule war historisch gesehen das erste ‹große› Kind in der Geschichte» (van Ussel 1970, 97). Das Kind wurde zunehmend verniedlicht, verzärtelt, seine Leidenschaften wurden nicht ernst genommen. Dieser Infantilisierungsprozeß, der natürlich weittragende Auswirkungen auf den emotionalen und besonders auf den sexuellen Sozialisierungsprozeß haben mußte – Auswirkungen, wie sie in der Neurosenlehre Freuds unter den Stichworten «Entwicklungshemmung» und «psychischer Infantilismus» angesprochen werden –, griff dann auch über auf den Jugendlichen. Die lange Ausbildungszeit prolongierte den Status des «Jungseins». Die Schulen, die sich nach dem Vorbild der Klosterschulen organisierten, hatten wenig Verbindung zur übrigen gesellschaftlichen Realität. Die Jugendlichen pflegten eigene Ideale und Vorstellungen, die zum Teil erheblich an der Wirklichkeit vorbeizielten. «Sturm und Drang» aber auch die «Romantik» können unter der Voraussetzung des angesprochenen gesellschaftlichen Umstrukturierungsprozesses, der die bürgerliche Gesellschaft vorbereitete, verstanden werden. «Auch das sexuelle Verhalten des Schülers und des Studenten wurde infantilisiert. Man widersetzte sich in dieser Hinsicht allem, was man beim jungen Arbeiter geflissentlich übersah» (van Ussel 1970, 97).

In der vorbürgerlichen Gesellschaft war die Kluft zwischen dem Kind und dem Erwachsenen, vor allem auch was den psychischen Habitus anging, bei weitem nicht so groß, wie zur Zeit Freuds oder auch heute noch. Nach van Ussel ist gerade diese Kluft, die erst durch den Infantilisierungsprozeß, dem Kinder und Jugendliche unterworfen wurden, entstand, Voraussetzung der psychischen Organisation des «modernen» Menschen. In der vorbürgerlichen Gesellschaft wurden die Kinder dagegen als «kleine Erwachsene» angesehen, denen man vor allem auch in sexueller Hinsicht dieselben Gefühlsregungen und Begierden wie den Erwachsenen zuerkannte. Die Kinder hatten in der häuslichen Gemeinschaft einen Platz inne, der sich nur bedingt vom Status der Erwachsenen unterschied, und wurden in einer Umgebung sozialisiert, für die die Trennung zwischen «Heim» und Arbeit nicht typisch war.

Folgt man van Ussel, so zeichnete sich die vorbürgerliche Gesellschaft vor allem auch durch eine prosexuelle Einstellung und Lebensweise aus. Die Sexualität des Kindes war nicht tabuiert. «Die Körperlichkeit wurde in einer Weise praktiziert, die wir heute verlernt haben. Man berührt sich, streichelt und umarmt sich, küßt sich; Ammen und Eltern masturbieren kleine Kinder, um sie ruhig zu halten. Ältere Menschen haben Kontakte zu Jugendlichen, die wir heute als sexuell bezeichnen würden. Die Selbstbefriedigung wird erst zu Beginn des 18. Jahrhunderts von Medizinern und viel später von Geistlichen bekämpft. Die vorehelichen geschlechtlichen Beziehungen sind institutionalisiert, desgleichen in einigen Schichten auch der außereheliche

Geschlechtsverkehr... Daheim schläft man nackt, die ganze Familie und die Bediensteten gemeinsam in einem Raum... Die jungen Menschen brauchen keine sexuelle Aufklärung, da sie aus der Welt der Erwachsenen sehen, fühlen und lernen können, was sie wissen müssen» (van Ussel 1970, 25).

Das Problem der Kindheit – nicht nur die Problematik der infantilen Sexualität –, wie es im Werk Freuds erscheint, als einer «prähistorischen» Epoche, die verdrängt, vergessen und verloren ist und die mühsam zu rekonstruieren bleibt, dürfte *zum Teil* Ausdruck der zwischen dem 16. und 18. Jahrhundert erfolgten Umstrukturierungsprozesse sein. Die strikte Trennung zwischen der Kindheit einerseits und dem Status des Erwachsenseins andererseits dürfte dem zukünftigen Erwachsenen auf lange Sicht keine Konflikte ersparen, sondern diese erst im vollen Umfang entstehen lassen. Damit verbunden wäre dann aber auch die von Freud betonte Ablösungsproblematik, die ja dann verschärft auftreten muß, wenn zwischen der Kindheit und dem späteren Leben des Erwachsenen ein kaum zu überbrückender Gegensatz besteht. Wenn das Kind die Freiheiten der «Unvernunft» genießen kann, der Erwachsene aber vernünftig, diszipliniert, beherrscht zu sein hat und seine Leidenschaften und Affekte kontrollieren muß, so wird einerseits der «Widerstand» erklärbar, den nach Freud jeder Mensch gegen diesen Umstrukturierungsprozeß zeigt, zum anderen aber auch verständlich, warum die Kindheit als Vorbild eines «Glückes» aufgefaßt werden kann, das später kaum noch zu erreichen ist.

6 «Das Unbehagen in der Kultur»

Das von Freud angenommene Unbehagen in der Kultur enthält, wie im vorausgegangenen Kapitel angedeutet worden ist, durchaus eine historisch-gesellschaftliche Dimension. Der «Verlust der Kindheit» kann bis zu einem gewissen Grade historisch interpretiert werden. Allerdings erscheint im Werk Freuds die anthropologische Dimension als wichtiger. *Jede* Kultur impliziert nach Auffassung Freuds Triebverzicht – eine Überwindung der Kindheit und der «Animalität» des Menschen. Diese notwendigen Verzichtsleistungen kennzeichnen aber wiederum das Schicksal der Sexualität des Kulturmenschen und tragen nach Auffassung Freuds einen wesentlichen Teil zur Neurosenbildung bei. Die Neurose ist nach Freud ohnehin als Preis der Kulturentwicklung aufzufassen. Nachfolgend sollen einige Thesen Freuds zum Problemkreis von Kultur, Neurose und Sexualität dargestellt werden, wobei es unumgänglich sein wird, Freuds Ansichten über die «animalische» Natur des Menschen mit zu berücksichtigen.

In einer allgemeinen Umschreibung kennzeichnet Freud die Kultur durch «all das, worin sich das menschliche Leben über seine animalischen Bedingungen erhoben hat und worin es sich vom Leben der Tiere unterscheidet» (1927, 326). An anderer Stelle läßt Freud erkennen, man könne die Kulturentwicklung mit der Domestikation gewisser Tierarten vergleichen. Vier wesentliche Folgen ergeben sich aus dieser womöglich anzunehmenden «Selbst-Domestikation» des Menschen:

– eine fortschreitende Einschränkung ursprünglicher Triebregungen;

– eine fortschreitende Verschiebung der Triebziele;

– ein «Erstarken des Intellekts, der das Triebleben zu beherrschen beginnt» (1933 b, 26);

– eine «Verinnerlichung der Aggressionsneigung mit all ihren vorteilhaften und gefährlichen Folgen» (1933 b, 26).

Wenn Freud das Problem des Triebverzichts anspricht, betont er meist, daß unter den kulturell erzwungenen Triebverzicht sowohl sexuelle als auch aggressive Triebwünsche fallen. Die Einschränkung der Aggression stellt dabei «das erste, vielleicht das schwerste Opfer, das die Gesellschaft vom Einzelnen zu fordern hat» (1933 a, 118), dar.

Weiterhin sind vom Triebverzicht ganz allgemein Triebimpulse betroffen, die für den «animalischen Urzustand» (1927, 331) charakteristisch sind. Dabei handelt es sich u. a. um die Triebimpulse «des Inzests, des Kannibalismus und der Mordlust» (1927, 331). Da jeder Mensch gegen die Unterdrückung entsprechender Triebwünsche – zumindest unbewußt – rebelliert, bleibt jeder «virtuell ein Feind der Kultur» (1927, 327).

Freud nimmt nun einen sehr engen Zusammenhang zwischen der Sexualität des Menschen und dessen Animalität ein, die erst im Verlauf der Sozialisation zur «Kulturfähigkeit» umgeformt wird. Sexualität und Animalität sind beispielsweise durch das «Exkrementelle» miteinander verbunden. Die Körperausscheidungen und die Sexualität sind weiterhin durch die «Riechlust» miteinander verbunden, die beim Kulturmenschen einer besonders starken Verdrängung unterliegt

325

(Freud 1912 a). Bei Freud heißt es zu diesem Problemzusammenhang: «Ganz allgemein möchte ich die Frage aufwerfen, ob nicht die mit der Abkehr des Menschen vom Erdboden unvermeidlich gewordene Verkümmerung der Riechlust einen guten Anteil an seiner Befähigung zu neurotischen Erkrankungen haben kann. Es ergäbe sich ein Verständnis dafür, daß bei steigender Kultur gerade das Sexualleben die Opfer der Verdrängung bringen muß. Wir wissen ja längst, welch inniger Zusammenhang in der tierischen Organisation zwischen dem Sexualtrieb und der Funktion des Riechorgans hergestellt ist» (1909, 462). Aus diesem Zitat geht zweierlei hervor: Einmal sieht Freud in der Kulturentwicklung eine Abkehr von der ursprünglichen tierischen Vergangenheit des Menschen – die allerdings, wie noch zu zeigen sein wird, zum Teil im unbewußten System erhalten bleibt –, zum anderen führt er aus, daß womöglich diese Abkehr zutiefst mit der Befähigung zur Neurose verbunden ist. Dieser Gedanke, daß sich psychische Krankheit auf die Verdrängung der Animalität zurückführen lasse, findet sich in der Psychiatrie im 17. und 18. Jahrhundert häufig (vgl. Foucault 1961). Danach ist der Wahnsinn als allgemeine Ausdrucksform psychischer Krankheit möglich geworden durch das «Milieu», die «Zivilisation», die zu einer Entfremdung von der animalischen Natur, die dem Menschen ursprünglich zukomme, geführt haben. Für Freuds Kulturtheorie wie auch für seine Neurosenlehre ist also ein prinzipiell angenommener Widerspruch zwischen «Natur» und «Kultur» konstitutiv.

Bei aller kultureller Umgestaltung, die die Triebkonstitution des Menschen erfahren hat, erinnern doch die Genitalien weiterhin an die animalische Abkunft des Menschen. «Sie haben die Entwicklung der menschlichen Körperformen zur Schönheit nicht mitgemacht, sie sind tierisch geblieben, und so ist auch die Liebe im Grunde heute ebenso animalisch, wie sie es von jeher war» (Freud 1912 a, 90).

Es ist sicher kein Zufall, daß Freud in diesem Zusammenhang von «Liebe» spricht, nicht also nur die Sexualität im engeren Sinne auf die Animalität des Menschen zurückführt. Die Liebe und die mit ihr verbundenen Leidenschaften, Affekte und Gefühle wurzeln nach Auffassung Freuds in der Animalität des Menschen. Diese Annahme vorausgesetzt, muß dann aber eine zu weit gehende Unterdrückung der animalischen Natur, eine zu umfangreiche Verdrängung des «Triebes», auch zur Liebesunfähigkeit führen. Eine Einschränkung der Liebesfähigkeit ist aber nach Freud beim Neurotiker, der besonders stark verdrängt, vor allem beim Kulturmenschen, der ebenfalls bis zu einem gewissen Grade verdrängen muß, um geistig «normal» zu bleiben, in weniger umfassender Form anzunehmen. Darauf wird noch zurückzukommen sein.

Der primitive Mensch steht, wie das Kind, der Natur und damit seiner eigenen Animalität noch näher als der Kulturmensch. Daher muß er, wie Freud in «Totem und Tabu» (1913 b) ausführt, andererseits auch zu weit rigideren Formen der Abwehr greifen, als der Kulturmensch, der viele Triebwünsche gar nicht mehr wahrnimmt, die der Primitive noch unmittelbar empfindet und daher mit einem Tabu belegen muß, will er seine soziale Organisation erhalten (vgl. zu diesem Problem auch: Freud 1918 b). Andererseits hat der Primitive, wie Freud meint, noch ein ursprünglicheres und positiveres Verhältnis zur Geschlechtlichkeit. Der Primitive erwies den Genitalien noch göttliche Verehrung (Freud 1910 c), wobei etwa an Fruchtbarkeitsriten oder an den Phalluskult zu denken ist, während sie für den Kulturmenschen weitgehend zum Objekt der Geringschätzung und u. U. auch des Ekels geworden seien. Ohnehin besteht nach Ansicht Freuds ursprünglich ein sehr enger Zusammenhang zwischen Religion und Geschlechtlichkeit (vgl. zu diesem Thema auch Pfürtner 1972). Göttliches und Heiliges seien ursprünglich aus der Geschlechtlichkeit des Menschen extrahiert worden, meint Freud, dann aber habe sich im Verlaufe der Kulturentwicklung dieser Zusammenhang immer mehr gelöst, bis schließlich der «erschöpfte Rest (der Geschlechtlichkeit – B. N.) der Verachtung verfiel» (1910 c, 167). Schließlich, so schreibt Freud in den «Drei Abhandlungen zur Sexualtheorie» (1905 a), sei der Trieb ursprünglich verehrt und geheiligt worden, während das *Objekt* des Triebes weniger gegolten habe und erst durch den Trieb aufgewertet worden sei. Unter der Bedingung der Kulturentwicklung habe sich dieses Verhältnis umgekehrt. Jetzt gelte der Trieb an sich wenig und werde nur durch das Objekt erhöht und gewürdigt. Die durch die Kulturentwicklung eingetretene Abwertung des Triebes kann also als ein Bestandteil einer umfassenderen Abwertung der Animalität des Menschen verstanden werden.

Wie Freud in seiner Arbeit «Über die allgemeinste Erniedrigung des Liebeslebens» (1912 a) ausführt, hängt die weitverbreitete Liebesunfähigkeit, die bis zu einem gewissen Grade bei jedem Kulturmenschen anzunehmen sei, mit den durch die Kulturentwicklung geschaffenen Bedingungen zusammen. Zu diesen Bedingungen gehört aber, wie ausgeführt, die Verdrängung der animalischen Natur des Menschen. «Psychische Impotenz» gehört u. a. zu den Folgen des mit der Kulturentwicklung verbundenen Verdrängungsprozesses. Dabei meint Freud mit psychischer Impotenz zwar auch die Beeinträchtigung der Potenz und der Fähigkeit zum Orgasmus, vor allem aber – im weiterfassenden Sinne – eine Abspaltung der Emotionalität und eine Unterdrückung der Affekte. Sexuelle Aktivitäten laufen also nach Ansicht Freuds beim Kulturmenschen unter eingeschränkter emotionaler Beteiligung ab. Freud geht in der zitierten Arbeit sogar so weit zu behaupten, «daß das Liebesverhalten des Mannes in unserer heutigen Kulturwelt überhaupt den Typus der psychischen Impotenz an sich trägt» (1912 a, 85). Von dieser psychischen Impotenz des Mannes ist dann auch reaktiv das Liebesleben der Frau betroffen, die darüber hinaus in besonders hohem Maße ungünstigen Einflüssen der Kultur und Erziehung unterworfen sei (Freud 1912 a).

Die besonders beim Neurotiker anzunehmende Liebesunfähigkeit – der allerdings letztlich ein *erhöhtes* Bedürfnis nach Liebe, Zuwendung und Abhängigkeit entspricht – verdankt sich den ausgedehnten Verdrängungen, denen die Emotionalität des Kranken, wiederum insbesondere die mit der Sexualität verbundenen Affekte, unterliegt (Freud 1914 b). In seiner frühen Arbeit «Der Wahn und die Träume in W. Jensens ‹Gradiva›» (1907 b) schildert Freud anhand der Interpretation eines zeitgenössischen Romans ausführlich den Zusammenhang zwischen Verdrängung, «Flucht vor der Liebe» (1907 b, 96) und der damit verbundenen Flucht in die Krankheit. Dabei zeigt Freud vor allem auch die große Bedeutung der Kindheit für den eingetretenen Verdrängungsprozeß; andererseits stellt die affektive Erinnerung an die Kindheit, deren Wiedergewinnung also, den Ausgangspunkt der Heilung dar. Der von Jensen (1903) geschilderte Romanheld, mit dem sich Freud offenbar – so wird hier unterstellt – identifiziert, wird durch eine Liebesbeziehung von seinen Wahnvorstellungen geheilt, wobei die Heilung sich in einer Wiedererweckung verdrängter Gefühle ausdrückt. Dies aber sei, so meint Freud, auch das Endziel einer psychoanalytischen Behandlung. «Jede psychoanalytische Behandlung ist ein Versuch, verdrängte Liebe zu befreien» (1907 b, 118).

Das Instrument, mit dessen Hilfe die Liebesfähigkeit des Kranken wieder hergestellt werden soll, ist die Übertragung, wie Freud in späteren Schriften systematisch ausführt (Freud 1912 b; 1915 e). Die Übertragung stellt eine Art künstlicher Liebesbeziehung dar, «künstlich» deshalb, weil die provozierten und auf den Therapeuten übertragenen Gefühle eigentlich den inzestuösen Liebesobjekten gelten, nicht aber dem Therapeuten; dieser stellt nur den «Ersatz», das «Surrogat» der inzestuösen Liebesobjekte bzw. eines bestimmten infantilen Liebesobjektes dar. Mit Hilfe der Übertragung sollen – jedenfalls soweit man sich auf Freud beruft – die inzestuös gebundenen Gefühle reaktiviert, aber auch von den mit ihnen verbundenen Objekten abgelöst werden. Sie sollen dann – nach gelungener Therapie – für eine neue Objektwahl zur Verfügung stehen. In anderen Termini ausgedrückt hieße dies, die Fixierungen der Libido werden aufgehoben, nachdem die Verdrängungen rückgängig gemacht worden sind und der Patient wieder Zugang zu seiner Kindheit und zu den mit ihr verbundenen Erlebnis- und Erfahrungs*qualitäten* gefunden hat.

Bestehende Verdrängungen führen nach Freud also einerseits zu einer weitgehenden Einschränkung der Emotionalität. Weiterhin führen sie zu einer Wahl von «Ersatzobjekte(n) und Ersatzhandlungen» (1913 b, 40). Schließlich können sie auch eine «täuschende Triebstärke» (1915 c, 251) zur Folge haben. Hypersexualität, das Ausleben sexueller Triebbedürfnisse im *expansiven* Sinne, ist nach Ansicht Freuds weit eher das Zeichen des unterdrückten, denn des befreiten Triebes. Es ist also «nicht die Rede davon, daß der Rat, sich sexuell auszuleben, in der analytischen Therapie eine Rolle spielen könnte» (1916–17, 449). Wie für den Neurotiker reale Liebesunfähigkeit und womöglich – zumindest hinsichtlich des Phantasielebens – täuschende Triebstärke charakteristisch sind, so zeichnet sich das Sexualleben der meisten Kulturmenschen durch eine «Vereinigung von Prüderie und Lüsternheit» (1910 a, 42) aus. Dabei bezieht sich die Prüderie, folgt man der allgemeinen Argumentation Freuds, im wesentlichen auf die tieferen Emotionen und Leidenschaften, die der Verdrängung unterliegen, weshalb sie gleichzeitig Angst erregen, die Lüsternheit auf die verselbständigte sinnliche, d. h. explizit sexuelle Komponente der menschlichen Sexualität (vgl. Freud 1912 a). Triebunterdrückung und Sexualisierung sind also nach Auffassung Freuds ursprünglich miteinander verbunden.

Viele Mißverständnisse hinsichtlich des von Freud angenommenen Gegensatzes zwischen Trieb und Kultur ergeben sich gerade dann, wenn man diesen letzten Punkt nicht berücksichtigt. Das Wesentliche an dem von Freud angenommenen kulturell notwendigen Triebverzicht ist nicht die Unterdrückung der Sexualität im expansiven, sondern im intensiven Sinne. Wird der Trieb also gebändigt, so müssen nicht nur ursprüngliche Ziele aufgegeben werden, die sich im Falle der Perversionen verselbständigen und im Falle der Neurosen zur Phantasiebildung beitragen, es gehen vor allem auch primäre, intensive Glücksmöglichkeiten verloren.

Durch den Fortschritt der Kultur tauscht der Mensch zunehmend ursprüngliche Glücksmöglichkeiten gegen Sicherheit und abgedämpfte Leidenschaftlichkeit ein. Freud stellt unter diesem Gesichtspunkt den fiktiven «Urmenschen» dem – an sich ebenfalls nur prototypisch zu verstehenden – «Kulturmenschen» gegenüber: «Wenn die Kultur nicht allein der Sexualität, sondern auch der Aggressionsneigung des Menschen so große Opfer auferlegt, so verstehen wir es besser, daß es dem Menschen schwer wird, sich in ihr beglückt zu finden. Der Urmensch hatte es in der Tat darin besser, da er keine Triebeinschränkungen kannte. Zum Ausgleich war seine Sicherheit, solches Glück lange zu genießen, eine sehr geringe. Der Kulturmensch hat für ein Stück Glücksmöglichkeit ein Stück Sicherheit eingetauscht» (1930, 474).

Die hier von Freud erwähnten Triebeinschränkungen beziehen sich – denkt man beispielsweise an den beim Übergang vom Lustprinzip zum Realitätsprinzip zu leistenden Verzicht auf unmittelbare und direkte Triebbefriedigung, der andererseits eine gesicherte Form der Triebbefriedigung erst ermöglicht – nicht *allein* auf bestimmte Triebäußerungen. Die Beachtung der Realität, der Übergang zum Realitätsprinzip, der Aufbau des Ichs also, sind verbunden mit einer weitgehenden Abkehr vom primärprozeßhaften Erleben, von der psychischen «Primitivität» also und damit auch mit einem Verlust an Unmittelbarkeit, die Freud dem angenommenen fiktiven Urmenschen zuschreibt. Man kann also in Freuds Auffassungen über den Fortschritt der Kultur und über den Aufbau des psychischen Apparates deutlich denselben Grundannahmen verpflichtete Denkmodelle erkennen.

Wenn Freud einerseits ausführt, eine bestimmte Art «täuschender Triebstärke» sei auf zugrundeliegende Verdrängungsleistungen zurückzuführen, so betont er andererseits, daß «die späteren Neurotiker sehr häufig einen besonders starken Geschlechtstrieb und eine Neigung zur Frühreife… in ihrer Konstitution» (1908 b, 173) mitbrächten. Die Gültigkeit dieser Annahme vorausgesetzt, hieße das, daß der spätere Neurotiker ebenso wie der Primitive der «animalischen» Natur noch nähersteht und daher in besonders hohem Maße abwehren, d. h.

verdrängen muß, um sich in der gesellschaftlichen Realität zu behaupten, d. h. eine Art «mißglückter» Kulturfähigkeit zu erreichen. Daß Freud tatsächlich zwischen dem Primitiven und dem Neurotiker weitgehende Ähnlichkeiten annimmt, geht aus seiner Arbeit «Totem und Tabu» (1913 b) hervor.

Man könnte aber diesen von Freud beim Neurotiker angenommenen «besonders starken Geschlechtstrieb» auch begreifen als ein Ergebnis einer ungenügenden sexuellen Sozialisation und damit als Ausdruck einer nichtintegrierten, archaischen Triebströmung. Soweit die Erziehung im 19. Jahrhundert von der Asexualität des Kindes ausging und Äußerungen der infantilen Sexualität unterdrückte und denunzierte, mußte der Trieb zwangsläufig unsozialisiert bleiben. Mangelnde sexuelle Sozialisation, insbesondere eine mangelnde Eingliederung des Triebes in das übrige affektive und emotionale Geschehen, könnte so irrtümlich zur Annahme eines besonders stark ausgeprägten Triebes führen.

Jedenfalls nimmt Freud eine ungenügende Sozialisation – über die Sexualität hinaus – beim Neurotiker an. Der Neurotiker bleibt gewissermaßen der ungezähmten «Natur», der «Animalität», verfallen. In seiner Isolierung versucht er dann «mit privaten Mitteln zu leisten, was in der Gesellschaft durch kollektive Arbeit entstand» (1913 b, 91). Seine Symptome gleichen «Zerrbildern» der religiösen und künstlerischen Werke, die die Menschheit insgesamt hervorgebracht hat, indem sie – durch die Entwicklung der Kultur – einen wesentlichen Teil der archaischen Triebkonstitution umgeformt, d. h. Triebe und Triebanteile sublimiert hat. Die von Freud beim Neurotiker angenommene Asozialität legt, bezogen auf die Sexualität, eine mehr oder weniger starke narzißtische Orientierung nahe. Autoerotismus und Selbstbezogenheit sind aber nach Freud wesentliche Kennzeichen der infantilen, der perversen und der neurotischen Sexualität.

Die Neurose kommt aber nun nicht allein durch eine – entweder konstitutionell oder durch ungenügende Sozialisation bedingte – besonders starke Triebkonstitution zustande. Ein weiterer Faktor, die Zurückweisung der Triebwünsche, die Ablehnung der sexuellen Bedürftigkeit, der «gemeine(n) animalische(n) Not» (1910 a, 171), bedingt erst den neurotischen Konflikt. Ohne Ablehnung der Triebwünsche, die sich auf archaische und daher ungenügend sozialisierte Triebimpulse zurückführen lassen, käme keine Neurose, vielmehr eine Perversion zustande.

Die während der Therapie intendierte «Bändigung» des Triebes kann daher auch als eine nachträgliche Anerkennung dieser Triebwünsche aufgefaßt werden. Indem sie anerkannt werden, können sie gleichzeitig in das übrige psychische Geschehen eingegliedert werden. Freuds Konzept der Therapie wäre demnach zu begreifen als eine Reintegration des verselbständigten Triebes, als eine Form der Nacherziehung, der kulturell notwendigen Umgestaltung des archaischen Trieblebens, womit gleichzeitig die Liebesfähigkeit hergestellt wird, die sich ja nach Freuds Argumentation einer Zielhemmung der sinnlichen Strömung verdankt. Das soll heißen, «daß der Trieb ganz in die Harmonie des Ichs aufgenommen, allen Beeinflussungen durch die anderen Strebungen im Ich zugänglich ist, nicht mehr seine eigenen Wege zur Befriedigung geht» (1937, 69). Der Anspruch der Therapie also ist es, die «Neurosen durch die Sicherung der Triebbeherrschung» (1937, 74) zu heilen. Dies gelingt aber nicht immer, so fährt Freud an gleicher Stelle fort, dann nämlich nicht, wenn «bei übergroßer Triebstärke... dem gereiften und von der Analyse unterstützten Ich die Aufgabe... (mißlingt – B. N.); die Triebbeherrschung wird besser, aber sie bleibt unvollkommen» (1937, 74).

Freuds Kritik der Kultur und des mit ihr verbundenen Triebverzichts läßt eine Reihe von Fragen offen. Warum können die Sexualität und die mit ihr verbundenen Triebwünsche so schlecht integriert werden? Warum muß sich der Trieb bis zu einem gewissen Grade verselbständigen, und warum muß ein erheblicher Anteil des mit dem Triebleben verbundenen emotionalen Erlebens verdrängt, abgespalten, dissoziiert werden? Freuds Sicht der archaischen, animalischen Triebkonstitution des Menschen liefert natürlich eine Antwort auf diese Fragen. Wenn der Mensch tatsächlich über eine entsprechende Triebkonstitution verfügt, dann ist Triebverzicht unter *allen* gesellschaftlichen Bedingungen eine conditio sine qua non. Freud gibt jedoch selbst Hinweise, die er jedoch nicht systematisch verfolgt, wonach der notwendige Triebverzicht – wenigstens zum Teil – auch noch unter anderen als anthropologischen Gesichtspunkten zu sehen ist.

Kultur, das ist, wie bereits erwähnt, nach Ansicht Freuds all das, worin sich das menschliche Leben von seinen animalischen Ausgangsbedingungen unterscheidet. Die Voraussetzungen der Kultur sind aber – nach Freud – «Arbeitszwang und Triebverzicht» (1927, 331). Weiterhin sind die Kultur wie der Aufbau des Ichs Ausdruck der

Selbsterhaltung. Die Selbsterhaltung ist aber nichts anderes als Ausdruck des ökonomischen Prinzips, der Notwendigkeit, durch *Arbeit* zu überleben. So muß zwangsläufig auch das Problem des Triebverzichts unter ökonomischen Gesichtspunkten gesehen werden, «weil die gegenseitigen Beziehungen der Menschen durch das Maß der Triebbefriedigung, das die vorhandenen Güter ermöglichen, tiefgreifend beeinflußt werden» (1927, 326).

Die Überwindung der Animalität, die Menschwerdung des Menschen, sieht Marx in der Notwendigkeit zur materiellen Reproduktion, in der Arbeit also, begründet, wobei die gesellschaftliche Organisation der Arbeit Ausdruck und Mittel dieses Prozesses der Entwicklung des Menschen zu sich selbst darstellt. Die Herstellung der zur Triebbefriedigung notwendigen Güter setzt aber zunächst Triebaufschub voraus und die Fähigkeit, Ziele über längere Zeit hinweg zweckvoll zu verfolgen. Der von Freud angesprochene Arbeitszwang kann also nicht nur im äußerlichen Sinne verstanden werden, als Zwang zur Reproduktion, sondern muß auch im psychischen Sinne interpretiert werden. Die Fähigkeit zur Arbeitsleistung setzt eine Umstrukturierung ursprünglicher Reaktions- und Erlebnisweisen voraus, die wohl den materiellen Kern des von Freud wiederholt angesprochenen «Realitätszwangs» darstellen dürfte. Freud ist – und dies wäre wohl auch im Zusammenhang mit den Bedingungen zu sehen, unter denen gearbeitet wird – hinsichtlich der freiwilligen Bereitschaft des Menschen zur Arbeit skeptisch. Würde der Zwang zur Arbeit wegfallen, so sei wohl die Mehrzahl der Menschen nicht mehr bereit, die notwendige Arbeit zu leisten (Freud 1927). Allerdings sieht Freud die Arbeit auch unter positiven Aspekten. Sie sei ein Mittel, den einzelnen in die Gesellschaft zu integrieren und ihn an die «Realität» zu binden. Außerdem könnten mit Hilfe der Arbeit u. U. Triebwünsche, «ein starkes Ausmaß libidinöser Komponenten, narzißtische, aggressive und selbst erotische» (1930, 438 Anm.), befriedigt werden.

Der nach Freud kulturell notwendige Triebverzicht wäre also in systematischer Form mit dem gesellschaftlich notwendigen Arbeitszwang in Verbindung zu setzen (vgl. Marcuse 1957). Marcuse (1957; 1968) weist darauf hin, daß die Abrichtung zur Arbeit unter der Bedingung der herrschenden gesellschaftlichen Realität den von Freud postulierten Triebverzicht erst vollständig begreifbar mache. Marcuse interpretiert in diesem Zusammenhang psychische «Normalität» in Abhängigkeit von der Bereitschaft zur Arbeit und meint, diese Form der Normalität laufe auf «eine Verzerrung und Verstümmelung des menschlichen Wesens» (Marcuse 1968, 135) hinaus.

Obgleich also Freud im Arbeitszwang und damit in der Arbeit *ein* konstitutives Moment der «Kultur» sieht, ist er dennoch nicht bereit, in diesem Moment eine letzte Grundlage seiner Theorie vom Triebverzicht anzuerkennen. Auch wenn man den Arbeitszwang berücksichtige, werde dennoch bei einer genaueren Analyse der Kultur wiederum «das Schwergewicht vom Materiellen weg aufs Seelische verlegt» (1930, 328). Am Beginn der menschlichen Gesellschaft, in der Urhorde, sei die Unterdrückung vor allem noch unter psychischen Gesichtspunkten, unter Aspekten sexueller und aggressiver Triebwünsche im Zusammenhang mit dem angestrebten *Besitz* des Sexualobjektes, zu sehen (Freud 1913 b). Das Streben nach materiellen Gütern – sieht man einmal von ganz elementaren Mitteln zur Reproduktion ab – erscheint bei Freud, wie auch das Streben nach Macht, Einfluß oder Ruhm, häufig nur als eine Art Zwischenschritt, hinter dem sich das Streben nach dem Sexualobjekt verbirgt.

Der Verzicht auf die animalische Organisation, auf die unmittelbare Realisierung von Triebwünschen, steht am Ausgangspunkt der Kulturentwicklung, der Arbeitszwang ist ein nur abgeleitetes Moment. «Wir sind unversehens aus dem Ökonomischen ins Psychologische hinübergeglitten. Anfangs waren wir versucht, den Kulturbesitz in den vorhandenen Gütern und den Einrichtungen zu ihrer Verteilung zu suchen. Mit der Erkenntnis, daß jede Kultur auf Arbeitszwang und Triebverzicht beruht und damit unvermeidlich eine Opposition bei den von diesen Anforderungen Betroffenen hervorruft, wurde es klar, daß die Güter selbst, die Mittel zu ihrer Gewinnung und Anordnungen zu ihrer Verteilung nicht das Wesentliche oder Alleinige der Kultur sein können» (1926, 330f).

Die durch die Kulturentwicklung bei den Betroffenen hervorgerufene Opposition erscheint also, folgt man Freuds Argumentation, verständlich und geradezu unumgänglich. Die Neurotiker stellen eine Klasse von Menschen dar, die aufgrund ihrer Opposition gegen den notwendigen Triebverzicht asozial reagieren und schließlich der Krankheit verfallen (Freud 1927). So sehr Freud den kulturell notwendigen Triebverzicht kritisiert und auch für eine möglichst weitgehende Verringerung dieses Verzichts plädiert, so ist er dennoch von einer vollständigen Aufhebung des Verzichts nicht überzeugt. Freud plädiert im Gegenteil für eine Anerkennung der Realität und damit des notwendigen Verzichts. Diese Anerkennung soll mit Hilfe der «Vernunft» erfolgen.

In der letzten Vorlesung seiner «Neuen Folge der Vorlesungen zur Einführung in die Psychoanalyse» (1933) plädiert Freud für eine «Diktatur der Vernunft». Die Vernunft solle das menschliche Seelenleben beherrschen und dann den Leidenschaften, Gefühlen und Triebwünschen den ihnen zuzubilligenden Platz sichern. Diese Diktatur der Vernunft sei zwar eine Illusion, wie Freud in seiner Arbeit «Die Zukunft einer Illusion» (1927) bereits ausgeführt hatte, sie sei aber dennoch anzustreben.

Der Gedanke einer Diktatur der Vernunft und damit auch die Gedanken einer vernünftigen Anerkennung der Realität und einer vernünftigen Form der Triebsteuerung finden ihren Niederschlag letztlich auch in Freuds Therapiekonzeption. Beim Kranken sind – wie auch beim Gesunden – längst nicht alle Verdrängungen aufzuheben bzw. können nicht alle der Verdrängung unterliegenden Triebwünsche realisiert werden. Die therapeutische Vernunft kann zwar einen Teil der der Verdrängung unterliegenden Triebwünsche befreien und sie damit auch in die Realität integrieren, sie muß aber einen anderen Teil, der in zu enger Beziehung zum «animalischen Urzustand» steht, weiterhin zurückweisen, da er kulturfeindlich wäre. Dabei ist der Mechanismus der Verdrängung durch die Verurteilung zu ersetzen, die auf vernünftiger Einsicht in die Notwendigkeiten des Lebens beruht.

Freuds Plädoyer für eine Herrschaft der Vernunft, das ganz offensichtlich an der Philosophie der klassischen Aufklärung orientiert ist, bezieht sich also einmal auf die Gesellschaft als Ganzes, die sich vernünftig organisieren soll. Dieses Plädoyer bezieht sich zum anderen auf das Individuum und ganz besonders auf den psychisch Kranken, der seinen Widerstand gegen die Realität aufgeben soll, um zu einer vernünftigen Anerkennung der Realität zu gelangen. Freud übersieht dabei jedoch, daß das Konzept der Vernunft selbst nicht losgelöst vom realen gesellschaftlichen Kontext und damit von der realen Organisation der Arbeit zu interpretieren ist (Horkheimer, Adorno 1947).

Wenn Freud für eine Diktatur der Vernunft plädiert, so plädiert er letztlich für eine Diktatur jener Vernunft, die für die bürgerliche Gesellschaft typisch ist und die vieles von dem, was Freud in anderen Zusammenhängen angreift, erst ermöglicht hat. Bevor es überhaupt im Verlauf eines historischen Prozesses zur Herausbildung dieser Art der Vernunft hatte kommen können, mußten die Leidenschaften, die

Affekte, die Sinne, die Körperlichkeit und damit verbunden die «Triebe», die Sexualität, als weitgehend «vernunftlos-unvernünftig» denunziert werden (vgl. Foucault 1961).

Der Trieb und dessen Verankerung im Unbewußten repräsentieren somit gerade jenen Bereich, der von der aufklärerischen Vernunft weitgehend zurückgewiesen und damit auch zur Verselbständigung gezwungen worden ist. Nietzsches Kritik am «Sokratismus», an der «falschen» Form der Vernunft, die sich dem Trieb gegenüberstellt, um diesen zu beherrschen, weil sie in ihm eine «Gefahr» sieht, liest sich denn auch wie eine vorweggenommene Kritik an Freuds Plädoyer für eine Diktatur der Vernunft: «Wenn man nötig hat, aus der *Vernunft* einen Tyrannen zu machen, wie Sokrates es tat, so muß die Gefahr nicht klein sein, daß etwas anderes den Tyrannen macht. Die Vernünftigkeit wurde damals erraten als *Retterin*... Der Fanatismus, mit dem sich das ganze griechische Nachdenken auf die Vernünftigkeit wirft, verrät eine Notlage: man war in Gefahr, man hatte nur *eine* Wahl: entweder zugrunde zu gehn oder – *absurd-vernünftig* zu sein...Vernunft = Tugend = Glück heißt bloß: man muß es dem Sokrates nachmachen und gegen die dunklen Begehrungen ein *Tageslicht* in Permanenz herstellen – das Tageslicht der Vernunft. Man muß klug, klar, hell um jeden Preis sein: jedes Nachgeben an die Instinkte, ans Unbewußte führt *hinab*» (Nietzsche 1889 – zit. n. G. W. 1967, 335).

Das Unbewußte, das – insbesondere verbunden mit den sexuellen Trieben – eine regressive Anziehung ausübt und die Vernunft und die Ich-Organisation des Menschen in Gefahr zu bringen droht, das sind Gedanken, die sich bei Nietzsche wie bei Freud wiederfinden, wenngleich beide unterschiedliche Schlußfolgerungen daraus ziehen.

Auch Freud setzt das Unbewußte mit den Instinkten des Menschen in Verbindung, mit dessen ursprünglicher animalischer Natur. «Wenn es beim Menschen ererbte psychische Bildungen, etwas dem Instinkt der Tiere Analoges gibt, so macht das den Kern des Unbewußten aus» (1915 d, 294). Im Unbewußten erhält sich also die «Natur», die im Verlauf der Kulturentwicklung scheinbar überwunden worden ist. Das Infantile stellt somit nur die Nahtstelle zu einer noch tieferliegenden Vergangenheit des Menschen dar; das Infantile wurzelt im Animalischen der menschlichen Natur. In einer sehr prägnanten Zusammenfassung beschreibt Freud diese Problematik in einer Darstellung einer infantilen Neurose wie folgt: «Gäbe es... einen instinktiven Besitz auch beim Menschen, so wäre es nicht zu verwundern, wenn er die

Vorgänge des Sexuallebens ganz besonders beträfe, wenngleich er auf sie keineswegs beschränkt sein kann. Dieses Instinktive wäre der Kern des Unbewußten, eine primitive Geistestätigkeit, die später durch die zu erwerbende Menschheitsvernunft entthront und überlagert wird, aber so oft, vielleicht bei allen, die Kraft behält, höhere seelische Vorgänge *zu sich herabzuziehen*. Die Verdrängung wäre die Rückkehr zu dieser instinktiven Stufe, und der Mensch würde so mit seiner Fähigkeit zur Neurose seine große Neuerwerbung bezahlen und durch die Möglichkeit der Neurose die Existenz der frühen instinktartigen Vorstufe bezeugen» (1918 a, 156 – Herv.: B. N.).

Die hier von Freud angenommene primitive Geistestätigkeit ist aber gerade das Wesentliche an der Traumbildung. Der Traum kommt zustande durch eine Rückkehr auf primitive Stufen der menschlichen Geistestätigkeit. Analoge Überlegungen stellt Freud hinsichtlich der Symptombildung an.

Drückt sich Freud in den oben angeführten Zitaten hinsichtlich eines womöglich anzunehmenden «Instinkts» beim Menschen noch relativ vorsichtig aus, so äußert er sich in manchen Schriften seines Spätwerkes weniger zurückhaltend. In seiner Arbeit «Der Mann Moses und die monotheistische Religion» (1937–39) betont Freud wiederholt, wie eng die Beziehung zwischen Mensch und Tier sei. Sie sei jedenfalls weit enger, als aufgrund kultureller Überzeugung und Überheblichkeit gemeinhin angenommen werde. Die archaische Erbschaft des Menschen, seine ursprüngliche Triebkonstitution, gehört in ihrer untersten Schicht dem Tierreich an und läßt die Distanz, die der Mensch zwischen sich und das Tier gelegt hat, künstlich erscheinen. «Wir erfahren, daß unsere Kinder in einer Anzahl von bedeutsamen Relationen nicht so reagieren, wie es ihrem eigenen Erleben entspricht, sondern instinktmäßig, den Tieren vergleichbar, wie es nur durch phylogenetischen Erwerb erklärlich ist» (1937–39, 241).

Und über die Beziehungen zwischen Mensch und Tier schreibt Freud in derselben Arbeit: «Wir verringern die Kluft, die frühere Zeiten menschlicher Überhebung allzuweit zwischen Mensch und Tier aufgerissen haben. Wenn die sogenannten Instinkte der Tiere, die ihnen gestatten, sich von Anfang an in der neuen Lebenssituation so zu benehmen, als wäre sie eine alte, längst vertraute, wenn dies Instinktleben der Tiere überhaupt eine Erklärung zuläßt, so kann es nur die sein, daß sie die Erfahrung ihrer Art in die neue eigene Existenz mitbringen, also Erinnerungen an das von ihren Voreltern Erlebte in sich bewahrt haben. Beim Menschentier wäre es im Grunde auch nicht anders. Den Instinkten der Tiere entspricht seine eigene archaische Erbschaft, sei sie auch von anderem Umfang und Inhalt» (1937–39, 207f).

Die Entwicklungslinie in umgekehrter Richtung: reife Psychosexualität des Erwachsenen – infantile Sexualität findet also, da die Sexualität des Menschen nach Freud zutiefst mit dem Unbewußten und damit womöglich mit den «Instinkten» verbunden ist, ihren Abschluß nicht in der je individuellen Kindheit, auch nicht in der endlichen Historie des Menschen, sondern reicht bis in die Tierheit des Menschen zurück. Die «Liebe» bleibt damit im tiefsten Sinne «animalisch».

Auch wenn der Trieb in vielfacher Weise kulturell umgeformt und überlagert, unterdrückt und auf neue Ziele abgelenkt werden kann, besitzt er nach Auffassung Freuds doch stets eine biologische Verankerung, als deren Ausgangspunkt die archaische Triebstruktur des Menschen anzunehmen ist. Trotz der großen Plastizität des Triebes und trotz der Schicksale, denen er ausgesetzt sein mag, bleibt doch dessen biologische Verankerung – zumindest mit Hilfe der analytischen Methode – erkennbar. Am Ausgangspunkt der Kulturkritik Freuds wie der psychoanalytischen Neurosenlehre und der Beiträge Freuds zur Sexualtheorie steht ein angenommener Gegensatz zwischen «Natur» und «Kultur», der wohl überbrückbar, nicht aber aufhebbar erscheint.

Zuletzt bleibt noch ein Problem zu erwähnen, das mit dem von Freud angenommenen Gegensatz zwischen Natur und Kultur eng verbunden ist. Die Überwindung der infantilen Sexualität, deren Umgestaltung zur reifen Psychosexualität des Erwachsenen, kommt durch eine Bändigung des archaischen Triebes zustande. Verliert jedoch andererseits die Sexualität des Menschen ihren Rückhalt in der «Animalität», wird sie von ihrer Wurzel zu stark abgeschnitten, zu weitgehend «domestiziert», so sind, wie Freud hinsichtlich des «Liebeslebens» des Kulturmenschen ganz allgemein annimmt, psychische Impotenz und Liebesunfähigkeit bzw. Einschränkung der Fähigkeit zur Liebe die Folgen. Die kulturell notwendige Bändigung des Triebes kann also u. U. zu einer zu weitreichenden Einschränkung der Emotionalität führen.

7 Schlußbemerkungen

Freuds Konzept der Sexualität ist in negativer Hinsicht relativ leicht einzugrenzen: Es stützt sich nicht ausschließlich auf jene Faktoren, die mit dem Unterschied der Geschlechter, der Genitalität und der Fortpflanzung verbunden sind. Eine positive Bestimmung fällt dagegen schwerer.

Freuds Konzept der Sexualität ist verbunden mit der Annahme einer spezifischen psychischen Energie, der Libido, und steht in enger Beziehung zum «Unbewußten». In das Postulat des Unbewußten gehen infantile, archaische, prähistorische und animalische Bestimmungen ein. Das Es, das die Leidenschaften und Affekte des Menschen repräsentiert, stellt jenen Bereich der psychischen Persönlichkeit dar, der die Sexualität des Menschen grundlegend determiniert.

Die Sexualität ist nach Freud an allen seelischen Regungen beteiligt. Sie trägt zum Aufbau der Persönlichkeit und zur Entwicklung des Charakters bei. Sie ist in allen sozialen Beziehungen involviert, auch wenn diese Beziehungen nicht explizit sexueller Natur sind.

Freuds Auffassungen über das menschliche Sexualleben sind also für die psychoanalytische Theorie von kaum zu überschätzender Bedeutung. Die wichtigeren psychoanalytischen Konzepte sind ohne Freuds Bestimmung der Sexualität nicht zu verstehen.

Dabei erscheint die Sexualität im Werk Freuds relativ wenig durch explizit sexuelles Verhalten definiert zu werden. Man wird Freuds Sexualitätsbegriff wohl am ehesten gerecht, wenn man ihn mit den Auffassungen über die Geschlechtlichkeit vergleicht, die für die vorbürgerlichen Gesellschaften typisch sind. Danach zeichnet sich die Geschlechtlichkeit des Menschen vor allem durch eine Beziehung zur Transzendenz aus; sie wurzelt in einem Bereich, der der Ratio weniger zugänglich, aber vom religiösen Kult weitgehend abzudecken ist.

Die der Sexualität von Freud zugeschriebene Bedeutung verliert sich in der Tiefenpsychologie nach Freud zusehends. Freud erklärte sich beispielsweise den Abfall Jungs damit, daß dieser nicht bereit gewesen sei, die sexuelle Basis des Ödipuskomplexes und damit die Bedeutung der inzestuösen Objektwahl anzuerkennen. Jung habe die sexuelle Bedeutung des Familienkomplexes vielmehr nur in übertragener, symbolischer Form anerkannt (Freud 1914a). Damit habe Jung die ethischen und religiösen Leistungen der Menschen vor dem schnöden Vorwurf bewahrt, sie verdankten sich den «gemeinsten» Trieben des

Menschen. Hierzu bemerkt Freud: «In Wirklichkeit hatte man aus der Symphonie des Weltgeschehens ein paar kulturelle Obertöne herausgehört und die urgewaltige Triebmelodie wieder einmal überhört» (1914a, 108).

Gemeinsam ist den neoanalytischen Schulen eine Einschränkung der Bedeutung der Sexualität – vor allem auch hinsichtlich der Ätiologie der Neurosen – und damit auch eine weitgehende Zurückweisung der Hypothesen Freuds über das Unbewußte, sieht man hinsichtlich dieses letzten Punktes einmal von Jung ab. Aber auch in der Entwicklung der Psychoanalyse selbst vollzog sich eine zunehmende Abwendung von der Psychologie des Unbewußten hin zur Psychologie des Ichs. Wenn man das Unbewußte und die Sexualität aber vom Ich aus betrachtet, so gerät man hinsichtlich der dann aufgestellten Theorien leicht in die Gefahr, einer – bei der Traumbildung analog vorhandenen – «sekundären Bearbeitung» zu unterliegen, wie Freud bereits bezüglich der Lehrsätze Adlers kritisierte (Freud 1914a).

Den wichtigsten Beitrag zur psychoanalytischen Sexualforschung lieferte neben Freud dessen Schüler W. Reich. Reich versuchte, eine eigene Theorie des Orgasmus aufzustellen, zeigte die Bedeutung der Sexualität für die Charakterentwicklung im einzelnen auf und verband seine sexualpolitischen Vorstellungen eng mit der Theorie des historischen Materialismus. Bevor er schließlich in seiner Orgon-Theorie die Sexualität in nahezu mystischer Weise mit der den Kosmos durchdringenden Lebensenergie verband, dachte Reich vor allem sehr praxisbezogen. Er erörterte das Problem der Sexualität nicht nur unter psychologischen Gesichtspunkten – wie größtenteils Freud –, sondern verwies darauf, daß Faktoren wie Wohnungsnot, Abtreibung, ungenügende soziale Versorgung, mangelnde Empfängnisverhütung, Prostitution usw. ganz entscheidend für das «sexuelle Elend» seien. Reich gehörte damit zeitweise einer sexualreformerischen Bewegung an, die sich in den zwanziger Jahren dieses Jahrhunderts endgültig durchgesetzt hatte. Die von Magnus Hirschfeld initiierte «Weltliga für Sexualreform», die zwischen 1920 und 1930 Kongresse in Berlin, Kopenhagen, London und Wien abhielt, kann als bedeutendster Ausdruck dieser Reformbestrebungen angesehen werden.

Freud hielt sich dagegen von einer entsprechend praxisbezogenen Diskussion des Problems der Sexualität weitgehend fern, vernachlässigt man einmal seine Forderung nach Aufklärung der Kinder oder seine eher allgemeine Kritik der bürgerlichen Sexualmoral, an der er vor allem die Zwangsabstinenz bei Jugendlichen und Unverheirateten angriff. Auch die bereits seit dem 19. Jahrhundert bestehende Frauenrechtsbewegung (vgl. Merfeld 1972), die für die Gleichberechtigung der Frau insbesondere auch auf sexuellem Gebiet stritt und – in ihrem sozialistisch orientierten Flügel – diese Themen mit der ökonomischen Unterdrückung der Frau in Verbindung brachte, wurde von Freud ignoriert. Freuds Auseinandersetzung mit dem Problem der Sexualität muß also im wesentlichen als eine rein psychologische verstanden werden.

Hatte Freud die Trennung von sinnlicher und zärtlicher Strömung, die Unterscheidung von expliziter Sexualität und «Liebe» als einen charakteristischen Ausdruck der Kulturentwicklung angeprangert, so ist diese Trennung beispielsweise bei Reik (1950) geradezu eine anthropologische Tatsache: «Die Unterschiede zwischen Liebe und Sexualität sind so entscheidender Art, daß die Behauptung der Psychoanalytiker, beide hätten denselben Ursprung und denselben Charakter, sehr unwahrscheinlich ist. Diese Unterschiede sind am reinsten zu erkennen, wenn beide Phänomene in ihrer reinsten Form einander gegenübergestellt werden. Ein paar Beispiele: Liebe ist ein emotionaler, starker Wunsch, eine Schöpfung der persönlichen Phantasie. In der Sexualität besteht der Trieb, sich einer organischen Spannung zu entledigen; in der Liebe besteht das Bedürfnis, sich von seiner eigenen Unzulänglichkeit zu befreien. Beim ersten sucht der Mensch nach körperlicher Befriedigung, beim zweiten strebt er nach Glück. Beim ersten handelt es sich um die Wahl eines Körpers, beim zweiten um die Wahl einer Persönlichkeit» (Reik 1950, 24).

Freud hatte sich in seinem Werk nun gerade zunehmend darum bemüht, diese scheinbare Nichtidentität von Sexualität und Liebe mit Hilfe komplexer theoretischer Modelle zu erklären und sie – interpretiert man Freud extensiv – als Ausdruck einer repressiven Sexualmoral und der ihr zugrundeliegenden kulturellen Realität zu denunzieren. Im erwähnten Zitat Reiks erscheint dagegen Sexualität unter einem extrem somatischen Gesichtspunkt, während gleichzeitig – und wahrscheinlich notwendig, legt man eine entsprechend einseitige somatische Orientierung zugrunde – die Liebe vergeistigt und romantisiert wird.

Für Reiks Auffassung der Sexualität trifft in etwa ein «psychohydraulisches Modell» zu, nach dem Triebreize abzuführen sind, andernfalls sie zu Spannungen führen. Dieses Modell war für Freuds frühe

Theorien und in der Anfangsphase seiner Entwicklung psychoanalytischer Konzepte ebenfalls charakteristisch. Es kann aber als eine der großen Leistungen Freuds aufgefaßt werden, daß er versuchte, dieses Modell durch komplexere Denkvorstellungen zu ersetzen und die explizite Sexualität wieder mit dem übrigen affektiv-emotionalen Geschehen zu verbinden. Im Begriff der Psychosexualität versuchte Freud, die Trennung von Sexualität und Liebe aufzuheben.

Man kann nun nicht behaupten, daß sich diese Auffassung der Sexualität in der sexualwissenschaftlichen Literatur durchgesetzt hätte. Einerseits sind die Auffassungen Freuds – und das mag mit dem Gegenstand selbst verbunden sein – zu wenig «wissenschaftlich», d. h., sie entziehen sich zum Teil einer streng methodischen Überprüfung. Andererseits spricht die «Realität», die gesellschaftliche Entwicklung, selbst gegen eine Reihe der von Freud vertretenen Auffassungen. Im Zuge der sexuellen «Befreiung», die etwa Ende des 19. Jahrhunderts begann, in Deutschland allerdings durch den Faschismus und dessen Auswirkungen vorübergehend unterbrochen worden ist, trat eine weitgehende Verselbständigung der Sexualität ein, die dem Sexualitätskonzept Reiks weit mehr entspricht als dem Freuds.

Nach Marcuse (1957) zeichnen sich danach in den westlichen Industriegesellschaften folgende allgemeine Tendenzen ab (vgl. auch Schelsky 1955):

– Die Sexualität wurde weitgehend synchronisiert mit dem Leistungszwang, erinnert sei hier beispielsweise an die «Pflicht» zum Orgasmus;

– Sexualität wurde zum Konsumgut, zu einem allseits verfügbaren Mittel;

– die Sublimierung nicht «kulturfähiger» Triebe und Triebanteile wurde zurückgenommen, wodurch entsprechende Triebregungen jedoch nicht in ihre ursprünglichen Rechte wieder eingesetzt, sondern nur funktionalisiert wurden;

– die Sexualität bleibt weiterhin abgeschnitten von ihrer archaischen Basis, die ihr zukommende Transzendenz bleibt unterdrückt;

– schließlich begreift ein zweifelhaftes Hygiene- und Gesundheitsideal Sexualität als eine Form müheloser Entspannungsübung.

Wenn aber die Sexualität in dieser Weise gleichzeitig isoliert und aus dem übrigen emotionalen Kontext ausgegliedert werden kann, dann müssen jene Merkmale verlorengehen, die Freud veranlaßten, in ihr weitgehend einen Gegensatz zur Kultur, d. h. zur gesellschaftlichen

Realität zu sehen, sie als eine gefahrdrohende, die Grenzen des Individuums sprengende Macht zu begreifen. Die solchermaßen «befreite» Sexualität verliert damit die wesentlichsten Bestimmungen, die der Sexualität nach Freud ursprünglich zukommen. Sie gewinnt damit aber auch nicht jene Merkmale, die Freud in seinem Begriff des Eros zusammenfaßt. Eine bisher noch kaum wieder erreichte Radikalität der Kritik an dieser Art des «Fortschritts» zeichnet sich aber im Werk Freuds durchgängig ab.

Literatur

Abraham, K.: Selected Papers on Psychoanalysis, London 1949

Bekker: Onania, London 1710

Bowlby, J.: Maternal Care and Mental Health. Genf: WHO 1951. Deutsch: Mütterliche Zuwendung und geistige Gesundheit. München (Kindler) 1973

Dörner, K.: Wilhelm Reich – oder Sexualität zwischen Wissenschaft und Politik. In: G. Schmidt, V. Sigusch, E. Schorsch (Hg.): Tendenzen der Sexualforschung. Stuttgart (Enke) 1970, 128–139

Eidelberg, L. (Ed.): Encyclopedia of Psychoanalysis. New York: (The Free Press) 1968

Ellenberger, H. F.: The Discovery of the Unconscious. Deutsch: Die Entdeckung des Unbewußten (I u. II). Bern, Stuttgart, Wien (Huber) 1973

Erikson, E. H.: Trieb und Umwelt in der Kindheit. In: Freud in der Gegenwart. Fkft. Beitr. z. Soziologie, Bd. VI. Frankfurt/M. (Europäische Verlagsanstalt) 1957, 43–64

Ferenczi, S.: «Thalassa» – Versuch einer Genitaltheorie. Wien (Internationaler Psychoanalytischer Verlag) 1924

Ford, C. S., Beach, F. A.: Patterns of Sexual Behavior (1951). Deutsch: Formen der Sexualität. Das Sexualverhalten bei Mensch und Tier. Reinbek (Rowohlt) 1968

Foucault, M.: Histoire de la folie (1961). Deutsch: Wahnsinn und Gesellschaft. Eine Geschichte des Wahns im Zeitalter der Vernunft. Frankfurt/M. (Suhrkamp) 1969

Freud, A.: Probleme der Pubertät. In: P. Federn, H. Meng (Hg.): Psychoanalyse und Alltag. Bern, Stuttgart (Huber) 1964, 74–96

Freud, S.: Entwurf einer Psychologie (1895). In: Aus den Anfängen der Psychoanalyse – Briefe an Wilhelm Fließ. Abhandlungen und Notizen aus den Jahren 1887–1902. Frankfurt/M. (Fischer) 1962

Freud, S.: Die Traumdeutung (1900). G. W. II/III

Freud, S.: Drei Abhandlungen zur Sexualtheorie (1905 a) G. W. V

Freud, S.: Der Witz und seine Beziehung zum Unbewußten (1905 b) G. W. VI

Freud, S.: Zur sexuellen Aufklärung der Kinder (1907 a). G. W. VII

Freud, S.: Der Wahn und die Träume in W. Jensens «Gradiva» (1907 b). G. W. VII

Freud, S.: Die «kulturelle» Sexualmoral und die moderne Nervosität (1908 a). G. W. VII

Freud, S.: Über infantile Sexualtheorien (1908 b). G. W. VII

Freud, S.: Bemerkungen über einen Fall von Zwangsneurose (1909). G. W. VII

Freud, S.: Über Psychoanalyse (1910 a). G. W. VIII

Freud, S.: Über einen besonderen Typus der Objektwahl beim Manne (1910 b). G. W. VIII

Freud, S.: Eine Kindheitserinnerung des Leonardo da Vinci (1910 c). G. W. VIII

Freud, S.: Über «wilde» Psychoanalyse (1910 d). G. W. VIII

Freud, S.: Psychoanalytische Bemerkungen über einen autobiographisch beschriebenen Fall von Paranoia (Dementia paranoides) (1911). G. W. VIII

Freud, S.: Über die allgemeinste Erniedrigung des Liebeslebens (1912 a). G. W. VIII

Freud, S.: Zur Dynamik der Übertragung (1912 b). G. W. VIII

Freud, S.: Zur Einleitung der «Onanie-Diskussion» (1912 c). G. W. VIII

Freud, S.: Das Interesse an der Psychoanalyse (1913 a). G. W. VIII

Freud, S.: Totem und Tabu (1913 b). G. W. IX

Freud, S.: Zur Geschichte der psychoanalytischen Bewegung (1914 a). G. W. X

Freud, S.: Zur Einführung des Narzißmus (1914 b). G. W. X

Freud, S.: Zur Psychologie des Gymnasiasten (1914 c). G. W. X

Freud, S.: Triebe und Triebschicksale (1915 a). G. W. X

Freud, S.: Mitteilung eines der psychoanalytischen Theorie widersprechenden Falles von Paranoia (1915 b). G. W. X

Freud, S.: Die Verdrängung (1915 c). G. W. X

Freud, S.: Das Unbewußte (1915 d). G. W. X

Freud, S.: Bemerkungen über die Übertragungsliebe (1915 e). G. W. X

Freud, S.: Zeitgemäßes über Krieg und Tod (1915 f). G. W. X

Freud, S.: Vorlesungen zur Einführung in die Psychoanalyse (1916–17). G. W. XI

Freud, S.: Eine Schwierigkeit der Psychoanalyse (1917). G. W. XII

Freud, S.: Aus der Geschichte einer infantilen Neurose (1918 a). G. W. XII

Freud, S.: Das Tabu der Virginität (1918 b). G. W. XII

Freud, S.: Jenseits des Lustprinzips (1920). G. W. XIII

Freud, S.: Massenpsychologie und Ich-Analyse (1921). G. W. XIII

Freud, S.: «Psychoanalyse» und «Libidotheorie» (1923 a). G. W. XIII

Freud, S.: Das Ich und das Es (1923 b). G. W. XIII

Freud, S.: Die infantile Genitalorganisation (1923 c). G. W. XIII

Freud, S.: Der Untergang des Ödipuskomplexes (1924). G. W. XIII

Freud, S.: Die Frage der Laienanalyse. Unterredung mit einem Unparteiischen (1926). G. W. XIV

Freud, S.: Die Zukunft einer Illusion (1927). G. W. XIV

Freud, S.: Das Unbehagen in der Kultur (1930). G. W. XIV

Freud, S.: Zur Gewinnung des Feuers (1932). G. W. XIV

Freud, S.: Neue Folge der Vorlesungen zur Einführung in die Psychoanalyse (1933). G. W. XV

Freud, S.: Warum Krieg? (1933 b). G. W. XVI

Freud, S.: Die endliche und die unendliche Analyse (1937). G. W. XVI

Freud, S.: Der Mann Moses und die monotheistische Religion (1937–39). G. W. XVI

Freud, S.: Abriß der Psychoanalyse (1940). G. W. XVII

Greenson, R. R.: Dis-identifying from Mother: Its special Importance for the Boy. Vortrag – 25. Intern. Psycho-Analytical Congress, Kopenhagen 1967

Hardy, K. R.: An Appetitional Theory of Sexual Motivation. Psychol. Rev., 71, 1964, 1–18

Hartmann, H.: Essays on Ego Psychology (1964). Deutsch: Ich-Psychologie. Stuttgart (Klett) 1972

Hettlinger, R. F.: Sexual Maturity. Belmont/Calif. (Wadsworth) 1970

Horkheimer, M., Adorno, T. W.: Dialektik der Aufklärung. Amsterdam (1947). Frankfurt/M. (Suhrkamp) 1969

Jensen, W.: Gradiva. Ein pompejanisches Phantasiestück. Dresden, Leipzig (Carl Reissner) 1903

Kaan, H.: Psychopathia sexualis. Lipsiae (Voss) 1844

Kinsey, A. C., Pomeroy, W. B., Martin, C. E.: Sexual Behavior in the Human Male (1948). Deutsch: Das sexuelle Verhalten des Mannes. Berlin, Frankfurt/M. (G. B. Fischer) 1953

Kinsey, A. C., Pomeroy, W. B., Martin, C. E.: Gerhard, P. H.: Sexual Behavior in the Human Female. (1955). Deutsch: Das sexuelle Verhalten der Frau. Berlin, Frankfurt/M. (G. B. Fischer) 1954

Krafft-Ebing, R. v.: Psychopathia sexualis. Wien 1886

Laplanche, J., Pontalis, J.-B.: Vocabulaire de la Psychoanalyse. (1967). Deutsch: Das Vokabular der Psychoanalyse. Frankfurt/M. (Suhrkamp) 1972

Lincke, H.: Der Ursprung des Ichs. Psyche, 25, 1971, 1–30

Marcuse, H.: Eros and Civilization (1955). Deutsch: Eros und Kultur – Ein philosophischer Beitrag zu Sigmund Freud. Stuttgart (Klett) 1957

Marcuse, H.: Aggressivität in der gegenwärtigen Industriegesellschaft. In: E. Krippendorf (Hg.): Friedensforschung. Köln, Berlin (Kiepenheuer & Witsch), 1968, 133–146

Masters, W. H., Johnson, V. E.: Human sexual Response (1966). Deutsch: Die sexuelle Reaktion. Reinbek (Rowohlt) 1970

Merfeld, M.: Die Emanzipation der Frau in der sozialistischen Theorie und Praxis. Reinbek (Rowohlt) 1972

Millett, K.: Sexual Politics (1970). Deutsch: Sexus und Herrschaft. Die Tyrannei des Mannes in unserer Gesellschaft. München, Wien, Basel (Desch) 1971

Moll, A.: Untersuchung über die Libido sexualis. Berlin (Kornfeld) 1898

Money, J., Ehrhardt, A.: «Männlich-Weiblich». Die Entstehung der Geschlechtsunterschiede. Reinbek (Rowohlt) 1975

Moreau, P.: Les aberrations du sens génésique. Paris (Asselin) 1880

Nagera, H. (Hg.): Basic psychoanalytic concepts on the libidotheory (1969). Basic psychoanalytic concepts on the theory of dreams (1969). Basic psychoanalytic concepts on the theory of instincts (1970). Basic psychoanalytic concepts on metapsychology, conflicts, anxiety and other subjects (1970). Deutsch: Psychoanalytische Grundbegriffe. Eine Einführung in Sigmund Freuds Terminologie und Theoriebildung. Frankfurt/M. (Fischer) 1974)

Nietzsche, F.: Die Geburt der Tragödie (1872). In: Gesammelte Werke I. München (Hanser) 1967

Nietzsche, F.: Jenseits von Gut und Böse (1886). In: Gesammelte Werke II. München (Hanser) 1967

Nietzsche, F.: Götzen-Dämmerung, oder: Wie man mit dem Hammer philosophiert (1889). In: Gesammelte Werke II. München (Hanser) 1967

Pfürtner, S. H.: Kirche und Sexualität. Reinbek (Rowohlt) 1972

Prugh, D. G., Harlow, R. G.: «Masked Deprivation» in Infants and young Children. Bull. WHO 1962, 9–29. In: Bowlby: Maternal Care and Mental Health and Deprivation of Maternal Care. New York (Schocken Books) 1966, 201–221

Rank, O.: Das Trauma der Geburt. Wien (Internationaler Psychoanalytischer Verlag) 1924

Reich, W.: Charakteranalyse. Wien (Selbstverlag) 1933

Reik, Th.: Pschology of Sexrelations (1945). Geschlecht und Liebe. Stuttgart (Klett) 1950

Schelsky, H.: Soziologie der Sexualität. Hamburg (Rowohlt) 1955

Schmidt, G.: Sexuelle Motivation und Kontrolle. In: E. Schorsch, G. Schmidt (Hg.): Ergebnisse zur Sexualforschung. Arbeiten aus dem Hamburger Institut für Sexualforschung. Köln (Kiepenheuer & Witsch) 1975, 30–47

Sherfey, M. J.: The Nature and Evolution of Female Sexuality (1972). Deutsch: Die Potenz der Frau. Wesen und Evolution der weiblichen Sexualität. Köln (Kiepenheuer & Witsch) 1974

Spitz, R. A.: The First Year of Life. (1965). Deutsch: Vom Säugling zum Kleinkind – Naturgeschichte der Mutter-Kind-Beziehungen im ersten Lebensjahr. Stuttgart (Klett) 1967

Stoller, R. J.: Sex and Gender. On the Development of Masculinity and Femininity. New York (Science House) 1968

Tissot: L'Onanisme ou dissertation physique sur les maladies produites par la masturbation. Paris 1764

Van Ussel, J.: Sexualunterdrückung. Geschichte der Sexualfeindschaft. Reinbek (Rowohlt) 1970

Weininger, O.: Geschlecht und Charakter. Wien (Braunmüller) 1903

Wettley, A., Leibbrand, W.: Von der «Psychopathia sexualis» zur Sexualwissenschaft. Beitr. z. Sexualforschung, 17, 1959

Whaler, R. E.: Sexual motivation. Psychol. Rev., 73, 1966, 151–163

Wittels, F.: Freud and his Time. New York (H. Liveright) 1931

22

«...denn die Wilde Sehnsucht macht mich fiebernd»

Sabina Spielrein als
leidenschaftlich liebende Frau
zwischen zwei Männern:
C. G. Jung und Sigmund Freud

«Was wir lieben ist ein
Schatten nur...» *Hölderlin*

I

Wenn es um die Liebe geht, ist das Märchen realistischer als es unsere
Hoffnungen sind: Im Märchen geht der erfüllten Liebe in der Regel –
ohne Ausnahme – langes Leiden voraus. So muß der Geliebte etwa von
einem Zauber, von einem Bann, von einem Fluch freigesprochen werden. Oder die Geliebte muß den Klauen eines Ungeheuers entrissen
werden. Der Wunsch der Liebenden, ein Paar zu bilden, geht erst in
Erfüllung, wenn die – vor langer Zeit ausgesprochene – Ver-Wün-
schung aufgehoben worden ist. Als hätte sich die Kraft der Liebenden,
der Wünschenden, zu messen mit der Kraft eines in der Verwünschung
steckenden Hasses; als sei ein Kampf zu führen zwischen dem Einst-
Dort-und-Damals (dem Fluch) und dem Heute-Hier-und-Jetzt (der
Lösung des Rätsels; der Erlösung vom Fluch). Es ist dies ein Kampf
zwischen der (bannenden) Täuschung, die in der Vergangenheit liegt,
und der (befreienden) Ent-Täuschung, die in der Gegenwart erreicht
werden soll. Im Grunde geht es um einen Kampf zwischen Vergangen-

heit und Gegenwart; denn die Zukunft der Liebenden setzt den Sieg über die Vergangenheit voraus. Es geht also um einen Kampf, der in der Brust des Liebenden wie in der des Geliebten stattfindet.

Ein Teil der Liebenden ist besessen – und er wird besessen, durchaus in dem Sinne verstanden, er sei Besitz eines Anderen, eines Ungeheuers, einer Hexe, eines Zauberers. Bei dem Kampf, der geführt werden muß, geht es also auch um *Besitz,* wie es ja bei der Frage nach der Besessenheit immer um die Frage nach dem Besitz geht. Solange die fremde Herrschaft andauert, kann der Geliebte nicht «Ja!» sagen. – Der Liebende muß sich immer auf die Probe stellen lassen. Er muß Rätsel lösen und Prüfungen bestehen: unter Einsatz seines Lebens.

Bleiben die Rätsel ungelöst, bleibt der Geliebte im Bann der fremden Macht. Er ist deren Teil, solange der Zauber nicht gebrochen werden kann. Solange das Rätsel nicht gelöst ist, kann sich der Geliebte nicht vom Ungeheuer lösen. Solange tritt er selbst als Teil jener Macht auf, die vernichtet; er selbst fordert dann den Tod desjenigen, der sich um die Befreiung bemüht hat, dessen Liebe aber nicht stark genug war, die Ketten zu sprengen, das Rätsel zu lösen.

Noch eine andere Wahrheit spricht das Märchen bildhaft aus: Der Teil der Liebenden, der erst noch zu befreien und zu erlösen wäre, hat infolge des Fluches, der auf ihm liegt, eine fremde, entfremdete, *häßliche* Gestalt angenommen. Er steckt beispielsweise im Fell einer Bestie – er verbirgt sein schönes Antlitz hinter der Maske eines ängstigenden Tieres. Infolge des Fluches hatte eine Verwandlung des Schönen ins Häßliche stattgefunden, die jetzt, durch die Tat des Erlösers, durch den Akt der Befreiung, wieder zurückgenommen werden könnte. Der Fluch hat die menschlichen Gefühle in die Affekte einer wilden Bestie verwandelt. Oder: Das Leben hinter Mauern, Dornen, in einem gläsernen Sarg symbolisiert die bereits im Leben abgestorbenen Gefühle. Oder: Der Verwunschene ist zu Stein, zu einer Pflanze geworden – seine Gefühle sind versteinert, auf ein vegetatives Funktionsniveau herabgedrückt worden. Oder: Das Märchen spricht von Zerstückelung (von der Zersplitterung des Gefühlslebens), es erwähnt die Verstümmelung (häufig fehlt gerade das Glied, das aus den Liebenden ein Paar entstehen lassen könnte). Auch das Motiv ist häufig, wonach ein einstmals stolzer Prinz, eine früher herrliche Königstochter zu Gefangenen, zu Bettlern werden. Erniedrigt und gedemütigt führen die Verwunschenen ein nur von einer schwachen Hoffnung gespeistes Leben in der Fremde, in der Knechtschaft.

Die hier genannten Märchenmotive finden sich verborgen auch in der Rede schizophrener Patienten, wenn sie versuchen, sich – das heißt: ihren emotionalen Zustand – auszudrücken. Individuell abgewandelt, verdunkelt durch die auf den ersten Blick verrückt erscheinende Rede, spricht der Schizophrene über das Schicksal seiner *Gefühle:* Sie sind ihm fremd geworden. Sie sind verzaubert, versteinert, abhanden gekommen. Oder sie wurden entfesselt, sie wurden zu den Affekten eines wilden Tieres. Der Vernünftige, der dies hört, ohne den Sinn der Sprache zu *verstehen,* wird sich die Äußerungen des Kranken als Unsinn *erklären.* Da er sich selbst nicht versteht, kann er sich auch nicht erklären, warum er den anderen nicht versteht.

Andererseits: Die Erlösung des Verwunschenen im Märchen gleicht einer Therapie. Das Märchen kennt jedoch *nur* Heilung durch Liebe. Die geduldige Liebe, die Gegenliebe, die neues Leben erweckt, durchbricht den Bann, der auf den Gefühlen des Verwunschenen liegt. Das Märchen kennt keine Selbstheilung. Erstorbene Liebe blüht nur dann auf, wenn sie von *außen,* wenn sie von einem anderen Menschen geweckt werden kann, wobei Prüfungen zu bestehen sind (die eigentlich der zu Erlösende stellt, weil er wissen will, ob die Liebe des anderen wahr, echt, rein ist). Sind die Rätsel, aus denen der Verwunschene in seiner Selbstwahrnehmung besteht, gelöst, so erwacht das eingemauerte, das verschlossene Gefühlsleben. Dann enthüllt das häßliche Tier seine glänzende Gestalt; und das Verlies ist aufgebrochen, das heißt: Die unterbundenen, die abgebrochenen Beziehungen zu Menschen können wieder aufgenommen werden.

In unseren alltäglichen Phantastereien sieht allerdings manches anders aus: Da erscheint der Märchenprinz als strahlender Held sofort auf der Bühne der Tagträume. Wir müssen nichts tun, damit er diese Gestalt annimmt; und er muß nichts tun, um uns zu erlösen. Der Unterschied zwischen diesen Phantastereien und dem Märchen ist: Im Märchen wird der Zuhörer aufgefordert, sich in der Liebe *nicht* passiv zu verhalten. Jedenfalls ist das die Botschaft an denjenigen, der sich auf die Suche nach einem liebenswerten Menschen begibt. Wer hingegen in seinen Tagträumen passiv auf Erlösung wartet, befindet sich in der Position, die im Märchen dem Verwunschenen, dem Gebannten zugeschrieben wird.

Und noch einen wichtigen Unterschied zwischen dem Märchen und dem Alltag gibt es: Während im Märchen das Schöne fast regelmäßig eine abschreckende Maske trägt – wodurch sich das Schöne schützt, indem es nach außen als Häßliches erscheint –, offenbaren im Alltag der vermeintliche Märchenprinz oder die scheinbare Königstochter im Laufe der Zeit, wenn nicht ihre wahre Gestalt, so doch deren häßliche Seiten. Im Märchen täuscht das Häßliche; und die Enttäuschung enthüllt das Schöne. Im Alltag ist es nicht selten gerade umgekehrt.

Im Märchen wie im Leben allerdings enthüllt der Blick hinter die Maske die wahre Gestalt – den Charakter. Die Botschaft des Märchens ist deutlich: Die Erscheinung, die Oberfläche dürfen nicht mit dem Wesen verwechselt werden. Der Blick der Liebe, der das innere Wesen erreicht, verwandelt noch jeden Frosch in einen Märchenprinzen, wenn die Kraft dieser Liebe ausreicht, eine frühere Verwandlung umzukehren. Plakativ ist auch die ergänzende Wahrheit des Märchens: Hinter der vermeintlichen, von den alltäglichen Blicken gesehenen Königin verbirgt sich, bei näherem Hinsehen, tieferreichenden Blicken erkenntlich, das Giftige, das Verfaulte, das Böse. Das Märchen kennt keine Zwischentöne: Schwarz *oder* Weiß. Gut *oder* Böse. Alles *oder* Nichts. Leben *oder* Tod. Im Märchen ist alles einfach und klar – wäre da nicht noch das Verwirrspiel der Verwandlungen, das immer wieder täuschende und narrende Verhältnis von Wesen und Erscheinung, ein Thema der meisten Märchen, das jede scheinbare Klarheit wieder in Frage stellt.

Das Märchen bringt *kindliches* Erleben zum Ausdruck, also jenes Erleben, das in den Mittelpunkt rückt, sobald wir zu lieben beginnen. Dennoch ist die Wahrheit der erwachsenen Liebe weder schön noch häßlich; sie ist immer beides zugleich. Vor allem aber unterscheidet sie sich von den Klischees, die wir uns von der Liebe gemacht haben. Die reine Liebe – die treue Liebe – die erfüllte Liebe – die verlorene Liebe – die verratene Liebe: Hat nicht jede *wirkliche* Liebe von all dem etwas?

Wie nahe liegen, neben den schönen, den sehnsüchtigen Gefühlen in der Liebe, die häßlichen, die süchtigen, die eifersüchtigen, die rachsüchtigen Gefühle…? Die «nur»-gute, die alles mit allem versöhnende Liebe: Sie täuscht über die Abgründe der Leidenschaften und der Liebe hinweg. Und in eben jenen Abgründen lauern die Ungeheuer und Gefahren der Liebe, von denen die Märchen erzählen. Leidenschaft kennt weder Schuld noch Unschuld, weder Täter noch Opfer, weder Gut noch Böse – sie *ist* das so oft beschworene «Jenseits» von Gut und Böse. Vor allem aber gilt für die leidenschaftliche Liebe nicht, was für die Bürokraten der Liebe seit jeher gilt: die imaginäre Trennlinie zwischen den Geschlechtern. Jenseits und diesseits der imaginären Grenzen des

Geschlechts lassen sich Gut und Böse, mal die bessere, mal die schlechtere Hälfte, mal auf dieses, mal auf jenes Geschlecht verteilen. Diese Bürokratie der Liebe, bei der es stets eine doppelte Buchhaltung – eine für Männer, eine für Frauen – gibt, erweist sich als Trugschluß, sobald sich die Geschlechter *tatsächlich* begegnen; sobald Leidenschaft jede vernünftige Grenze oder Trennlinie niederreißt.

Die Weltsicht, der zufolge sich Gut und Böse eindeutig auf dieses oder jenes Geschlecht verteilen, folgt einem primitiven Reaktionsmuster: Das Böse ist immer das Fremde. Und im Falle der Geschlechter-Ideologie wird daraus: Das Böse ist das Fremde – und das Fremde ist das (jeweils) andere Geschlecht. Das Märchen allerdings überschreitet auch diese primitive Wahrheit des kindlichen Erlebens, indem es die andere Wahrheit enthüllt: Das eigene Geschlecht ist nur die verwandelte Gestalt des fremden Geschlechts. Im Anderen wird stets das Eigene gehaßt – oder erlöst.

Kann diese Sicht des Märchens *heute,* in einer Zeit, in der sich manch inquisitorischer Blick als emanzipatorischer tarnt, noch weiterhelfen? In einer Zeit, in der Biedermänner und Biederfrauen nicht nur schwarze, sondern eben auch buntgestrickte, alternative Gewänder tragen, wäre da noch nach einem «Jenseits» von Gut und Böse, also nach einer Wahrheit jenseits der Halb-Wahrheiten von Täter und Opfer zu fragen? Versuchen wir es! – Wenden wir also den Blick zurück: Richten wir ihn auf den Beginn unseres Jahrhunderts, auf eine Zeit, in der sich einige Menschen anschickten, den Phantasien von der Liebe und den Phantasien in der Liebe auf eine neue, ungewohnte Weise nachzuspüren, den Abgründen der Liebe – soweit sie überhaupt einen Grund haben sollte – nachzuforschen. Sprechen wir also über Psychoanalytiker, über Sabina Spielrein, C. G. Jung und Sigmund Freud – und ein wenig auch über Psychoanalyse.

2

Sabina Spielrein kam 1904 als *Patientin* nach Zürich, in die psychiatrische Anstalt Burghölzli. Eugen Bleuler, auf den der Terminus «Schizophrenie» zurückgeht (anstelle des älteren Terminus «Dementia praecox»), war damals Direktor dieser Anstalt. Sabina stammte aus einer wohlhabenden, russisch-jüdischen Familie. Der Vater war Kaufmann; ein Großvater und ein Urgroßvater waren Rabbiner.

Als Assistenzarzt arbeitete in Burghölzli ein junger, ehrgeiziger Mann: C. G. Jung. Er hatte gerade über «okkulte Phänomene» promoviert. Mit einer Cousine, Helene Preiswerk, hatte der Pastorensohn Carl Gustav Jung spiritistische Sitzungen abgehalten und darüber eine medizinische Dissertation verfaßt. Jung war etwa zehn Jahre älter als die Patientin Sabina Spielrein, deren Behandlung er übernahm. In Burghölzli galt Jung als besonders befähigt, das Gefühlsleben verstörter, gestörter Patienten hinter Barrieren, Mauern, Abwehrstrategien zu erspüren, Kontakt zu solchen Menschen aufzunehmen, die sonst von kaum jemandem mehr erreichbar waren.

Von «Psychoanalyse» wußte Jung zum damaligen Zeitpunkt das, was man wissen konnte, wenn man Freuds bis dahin erschienene Schriften gelesen hatte. Die «psychoanalytische» Behandlung, die Jung mit Sabina Spielrein 1904 begann, stützte sich also auf Lektüre. Ansonsten mußte Jung seiner eigenen Erfahrung vertrauen, die er im Umgang mit Patienten und vielleicht auch bei den mediumistisch-spiritistischen Sitzungen mit der Cousine Helene gesammelt hatte. Man muß dies wissen, wenn man aus *heutiger* Sicht über Jung und die «Psychoanalyse» (dargestellt am «Fall» Sabina Spielrein) gerecht urteilen will.

Jung und Bleuler waren Freuds erste bedeutende Anhänger außerhalb Wiens. Für Freud war die Tatsache besonders wichtig, in dem *Arier* Jung einen Kronprinzen gefunden zu haben, der vielleicht helfen konnte, die Psychoanalyse vor paranoiden Verdächtigungen zu schützen, sie sei eine «jüdische» Wissenschaft, womöglich gar eine Art Geheimlehre. Daß Jung Jahrzehnte später, während der Zeit des Nationalsozialismus und nachdem er sich längst wieder von Freud getrennt hatte, der Psychoanalyse gerade ihre «jüdische» Herkunft vorwerfen sollte, ahnte zunächst keiner – am allerwenigsten Freud, der in Jung große Hoffnungen gesetzt hatte.

Kurze Zeit vor Beginn der Behandlung Sabina Spielreins hatte Jung geheiratet: Emma Rauschenbach, Tochter eines begüterten Schweizer Industriellen. Möglicherweise war die Ehe überwiegend aus Standes- und weniger aus Neigungsgründen geschlossen worden. In einem Brief an Freud schrieb Jung sehr viel später einmal: «Die Bedingung einer guten Ehe scheint die Zusicherung der Untreue zu sein.» Ob das auch für Emma galt, scheint zweifelhaft zu sein. Sicher ist hingegen, daß Jungs spätere Geliebte Toni Wolff gemeinsam mit der Ehefrau und mit den Kindern am Mittagstisch der Familie Jung speiste. Schweizer

Verhältnisse? Für Schweizer Verhältnisse wohl etwas ungewöhnlich. Andererseits: Was könnte konventioneller sein als das Arrangement, die Geliebte den Kindern als «Tante Toni» zu präsentieren?

Vor diesem Hintergrund familiärer Verhältnisse erscheinen manche Vorwürfe, die Jung Freud machte, als sich der Schüler vom Lehrer wieder trennte, doch etwas paradox. Jung warf Freud nämlich vor, Freud habe alles auf Sexualität zurückgeführt. Freud der, soweit wir wissen, zeitlebens monogam lebte, mußte sich von Jung die Überbetonung der Sexualität in der psychoanalytischen Theorie vorwerfen lassen. Jung dachte anders als Freud. Und vor allem lebte Jung auch anders als Freud. Schließlich dachte Jung anders, als er selbst lebte.

Manch radikalere Auffassungen Freuds verwarf Jung später wieder. Oder er entschärfte einfach die Terminologie. Meinte Freud mit dem Begriff der «Libido» die Energie der *Sexualtriebe,* so benutzte Jung den Begriff nach der Trennung von Freud und nach der Etablierung einer eigenen «Schule» weiter, doch er verstand darunter jetzt eine allgemeine «Lebensenergie». So war durch Jung die Libido vom Odium der Sexualität, von der Anrüchigkeit des Triebes, befreit worden. Wie Jung überhaupt Wert darauf legte, sich vom vermeintlichen Pansexualismus der Freudschen Theorie zu distanzieren. Fünfzehn Jahre nach Beginn der Behandlung Sabina Spielreins und lange nach dem Ende dieser Behandlung, das auch das Ende einer leidenschaftlichen Liebe vorbereitete, schreibt Jung an seine ehemalige Patientin: «Die Liebe von S. zu J. hat in letzterem etwas bewusst gemacht, das er vorher nur undeutlich ahnte, nämlich eine schicksalbestimmende Macht des Ubw. (des Unbewußten – B. N.), die ihn später zu den allerwichtigsten Dingen führte. Die Beziehung mußte ‹sublimiert› sein, weil sie sonst in die Verblendung und in die Verrücktheit geführt hätte (Concretmachen des Ubw.).»

Jung hatte vor *seiner* Liebe zu Sabina – bezeichnenderweise spricht er im angeführten Brief statt dessen von der Liebe Sabinas zu ihm – Angst; und möglicherweise hatte er auch Angst vor einer Theorie, die zuviel von Liebe, also von Sexualität, sprach. Der Verrat an der Liebe ist oft motiviert durch die Angst vor der Liebe. Jungs Angst vor Sabina und auch vor deren Liebe erklärt sich nicht nur durch Rücksichten auf Ehe und Familie. Denn Schweizer Verhältnisse – wie später im Falle Toni Wolff – wären gewiß schon früher möglich gewesen. Jungs Angst vor Sabina, das war eine Angst vor *zuviel* Seelenverwandtschaft. Angst vor alldem, was das «Concretmachen des Ubw.», was das in spiritistisch-okkulten Gefühlen Versteckte und zugleich Verleugnete auslösen könnte, wenn es denn, vom Geisterhaften befreit, zum freien Verkehr der *Gefühle* zwischen den Geschlechtern zugelassen worden wäre. Diese Angst hat etwas zu tun mit der Angst vor *Verwandlung*, mit der Angst vor dem Verlust der eigenen Persönlichkeit. Sie berührt also Schichten des Erlebens, die etwa im Märchen aufgehoben sind. Und bisweilen bleiben solche Gefühle besser Märchen, als, in die Wirklichkeit zurückgeholt, zum wirklichen Erleben eines Mannes, einer Frau zu werden.

Sabina Spielrein und C. G. Jung: die Patientin und ihr Therapeut; die Krankheit und die Gesundheit; die Schwäche und die Stärke; der Wahnsinn und der Sinn; die Verrücktheit und die Vernunft; das Fremde und das Vertraute. Wie? Wenn das alles Gegensätze wären, die nur gelten, solange die konventionellen Vorstellungen gültig sind, denen sich diese scheinbaren Gegensätze verdanken? Solange es eine Rollenaufteilung gibt, ein therapeutisches Ritual, das schützende Distanz gewährleistet, solange erscheinen der Therapeut und sein Patient als einander unähnlich. Wird dieses Ritual durchbrochen, brechen mit den Dämmen auch die Illusionen. Gerade der «Fall» Spielrein hat, wie wir sehen werden, Freud, als er von diesem «Fall» erfuhr, dazu veranlaßt, die Schutzrituale des psychoanalytischen Settings, also die Rituale der Begegnung, noch stärker zu *befestigen*. Der «Fall» Spielrein entblößte eine bis dahin übersehene «Lücke» im psychoanalytischen Bollwerk, die bei der Gelegenheit, bei der Freud davon erfuhr, als die sogenannte «Gegenübertragung» bezeichnet wurde.

Jungs Leidenschaft galt dem Bemühen, im Wahnsinn den Sinn zu verstehen. Als ihn seine Leidenschaft *zu* nahe an Sabina Spielrein, an die «Krankheit» herangeführt hat, an die Krankheit, die stets ein Spiegel der Gesundheit ist, also ein Spiegelbild der (therapeutischen) Vernunft bleibt, verstand Jung, was für *ihn* das «Concretmachen» des Unbewußten bedeutet hätte: Was wäre geschehen, hätte er sein Verlangen tatsächlich entfesselt, anstatt sich als Philister eine Geliebte zuzulegen?

Jung verriet seine Liebe zu Sabina Spielrein: So, wie er in einem gewissen Sinn auch Freuds Libidotheorie, den Primat der Sexualtriebe in der psychoanalytischen Theorie und in der von ihr beschriebenen (psychischen) Wirklichkeit, verriet. Ein Blick auf die *heutige,* auf die zeitgenössische Psychoanalyse zeigt allerdings, daß Jung weniger ein Abtrünniger, eher ein Vorläufer war; einer, dem spätere Psychoanalytiker-Generationen, «Freudianer», scharenweise folgten und folgen. In *heute* verfaßten psychoanalytischen Schriften ist die Sexualität fast so verborgen, wie sie es war, *bevor* Freud sie ent-deckte.

Der Verrat an der Liebe ist also nicht notwendig ein moralisches Problem. Als solches mag er den Augen erscheinen, die die Liebe von der Oberfläche aus, von «Gut» und «Böse» her, betrachten. Der Verrat an der Liebe ist zunächst ein Problem des «Verräters» selbst; und zwar genau *das* Problem, das er sich selbst ist. Vielleicht verbirgt sich im Verrat der Fluch, von dem im Märchen soviel die Rede ist: Der Fluch, der dazu zwingt, ein Gefangener zu sein und zu bleiben; Angst gerade vor dem zu bekommen, was erlösen und befreien *könnte*. Klingt das nicht paradox? Ich antwortete darauf: Hat schon je ein Mensch eine Liebe erlebt, die *nicht* paradox gewesen wäre?

Mitleid also für den Verräter, der in *diesem* Falle, von dem ich rede, ein Mann gewesen ist, was keineswegs heißt, die Fähigkeit zum Verrat an der Liebe sei den Frauen fremd. Mitleid mit Jung also, der, nachdem alles vorüber ist, an Sabina schreibt: «Bisweilen muß man unwürdig sein, um überhaupt leben zu können.» Jung entschuldigt sich damit für einen Verrat, der für ihn die Bedingung war, unter gegebenen Verhältnissen überhaupt leben, weiterleben und überleben zu können...

3

In Genf fand man 1977, eher zufällig, in einem Kellergeschoß des Palais Wilson, in dem früher das Psychologische Institut der Universität untergebracht war, Dokumente: verstaubte Briefe und Tagebücher einer – wie sich herausstellen sollte – leidenschaftlichen, verratenen, endlich versöhnten Liebe. Das Drama einer Liebe wurde zur Sensation, weil zwei der Protagonisten, C. G. Jung und Freud, auch außerhalb des Dramas eine (öffentliche) Rolle spielen; und weil sich diese bisher bekannte Rolle keineswegs umstandslos mit der im Drama eingenommenen vereinbaren läßt: Die beiden Herren hatten sich nicht so benommen, wie man dies (als Anhänger, als Gläubiger) von ihnen erwartet hatte, *bevor* die Dokumente gesichtet worden waren. Und Sabina Spielrein, eine nahezu vergessene russische Psychoanalytikerin, die ein außerordentlich interessantes Werk hinterlassen hat, wurde bei Gelegenheit des Dokumentenfundes wieder entdeckt. Sie steht zwischen den beiden Männern, zwischen C. G. Jung und Sigmund Freud: als ein Vorbild für Liebende, die ihre Liebe *nicht* verraten. Weniger strahlend erscheint das Bild der beiden Helden; Jung und Freud waren keine Helden – und auch das ist eine tröstliche Wahrheit.

Als Sabina Spielrein aus dem vorrevolutionären Rußland in die Schweiz kam und Jung begegnete, sah sie in ihm ihren Retter, ihren Befreier, ihren Erlöser. Er mag ihr als Märchenprinz erschienen sein. Als eine göttergleiche Gestalt, als ein Held wird er von Sabina im Tagebuch geschildert. Und sie mußte wohl an dieses Bild glauben, denn wie sonst hätte es Jung gelingen sollen, dem «Ungeheuer» der Krankheit seiner Patientin zu begegnen? Der Stoff, aus dem die Helden sind, das waren stets die Wünsche, die Bedürfnisse jener, die Helden *nötig* hatten. Während bestimmter Phasen einer psychoanalytischen Therapie mag es da keine Ausnahme geben. Nur muß nicht jeder Held, nicht jeder Therapeut notwendigerweise so abrupt stürzen, wie dies mit Jung geschah.

Sabina Spielreins Tagebücher und Briefe enthüllen einen verzweifelten Kampf. In dessen Verlauf wird aus dem göttergleichen Helden ein ganz und gar gewöhnlicher Mensch. Am Ende entgeht dieser Mensch, also Jung, dem naheliegenden Schicksal, vollständig entwertet und verteufelt zu werden. Dieses Schicksal einer bloßen Umkehrung der vorausgegangenen Idealisierung bleibt nicht jedem Therapeuten, nicht jeder Geliebten, nicht jedem Ideal erspart. Daß es Sabina Spielrein, *trotz* Jungs Verrat an der gemeinsamen Liebe, gelang, Jung vor dem Sturz aus dem Himmel in die Hölle zu bewahren, ihn auf *Erden* leben und überleben zu lassen: *Darin* liegt in erster Linie die Größe dieser Frau.

Die verwunschene Königstochter im Märchen, um deren Befreiung sich der Held bemüht, verzeiht es keinem Helden, der versagt, der aufgibt, der – nachdem er einige Hürden genommen hat – den Rückzug antritt. Da das Märchen Erlösung nur durch Liebe kennt, kennt es kein Erbarmen mit demjenigen, der Liebe nur vortäuscht, nicht nach dem Herzen, sondern nach anderen Schätzen sucht. Ein enttäuschender «Held» hat im Märchen sein Leben verwirkt, sobald seine «Schwäche» offenbar wird.

Nun kann man die durch Therapie ermöglichte Heilung mit der Erlösung im Märchen *nicht* gleichsetzen. Zum einen sind schon die Paare nicht gleich: Im Märchen handelt es sich *immer* um ein gegengeschlechtliches Paar. Zum anderen «heiratet» der Held im Märchen nur einmal (es sei denn, er stirbt, weil er versagt hat), während der Therapeut viele – begrenzte – Verbindungen eingeht, an deren Ende stets die

Trennung zu erwarten ist. Der Weg der Therapie unterscheidet sich also von dem des Märchens, auch wenn sich sonst Analogien finden lassen. Das aber heißt, daß auch die Wegweiser in der Therapie – die ausgesprochenen und die unausgesprochenen Signale, die vom Therapeuten kommen – *eindeutig* sein müssen. Sind sie dies nicht, zeigen sie im grundsätzlichen Sinne wechselnde Richtungen an, so verliert der therapeutische Dialog seine potentiell heilende Kraft. Er schlägt ins Gegenteil um; er entgleist. Er befestigt dann den alten Bann, bestätigt die frühen Verwünschungen, wiederholt den Fluch und zieht die Ketten der Verwirrung und der Verzauberung nur noch fester.

Während verschiedener Phasen der Beziehung zwischen Sabina Spielrein und Jung zeigte Jungs Verhalten einen außerordentlich *widersprüchlichen* Charakter – eben den Charakter *Jungs*. Wenn Jung überhaupt ein Vorwurf gemacht werden kann, dann müßte man ihm seinen Charakter zum Vorwurf machen. Um so erstaunlicher ist die Kraft der Frau, die sich aus diesen verwirrenden Banden zu *lösen* versteht, um am Ende Jung gleichberechtigt gegenüberzustehen. *Brauchte* sie einen solchen Charakter wie Jung ihn hatte? *Verführte* sie Jung zur Entblößung seines Charakters, um sich *so* befreien zu können? Vergleicht man die Verarbeitung der Enttäuschung an Jung durch Sabina Spielrein mit jener Freuds (nach der Trennung von Jung), so erweist sich die Frau stärker als der Mann. Wenn es um die *Beherrschung* der Leidenschaft geht, mag Freud stark gewesen sein; wenn es um Versöhnung angesichts starker Leidenschaften und heftiger Enttäuschungen geht, erweist er sich – verglichen mit Sabina Spielrein – als schwach.

Wie an einem roten Faden lassen sich Männerfreundschaften aufreihen, die sich durch Freuds Leben ziehen, wobei ein relativ einheitliches, allerdings von Konflikten durchsetztes Muster erkennbar wird. Zunächst besteht bei Freud jeweils ein starkes Bedürfnis, den anderen Mann zu idealisieren. Solange die Idealisierung aufrechterhalten werden kann, ist die Beziehung «gut». Treten Kränkungen und Enttäuschungen ein, so gelingt eine Klärung nur vorübergehend. Am Ende stürzt das Ideal. Es kommt zum Bruch der Beziehung. Der Schmerz der Trennung und die Wunden der Enttäuschung gestatten selten eine Versöhnung. Der nicht revidierbare Bruch der Beziehung mündet in eine Phase des Schweigens. Dieses idealtypisch gezeichnete Muster paßt (mehr oder weniger) auf Freuds Beziehungen zu Breuer, Fließ, Jung, Adler oder Stekel. Selbst Rank und Ferenczi, die langjährig Getreuen, werden schließlich zu Abfälligen. Den dramatischen Höhepunkt erreicht dieses Männer-«Schicksal» endlich in der Beziehung Freud–Tausk.

Nachdem die Dokumente zum «Fall» Spielrein entdeckt worden waren, fanden sich zahlreiche *Männer* (Kommentatoren, Rezensenten), die meinten, nachträglich Sabina Spielrein Jung gegenüber in Schutz nehmen zu müssen. Als wäre diese Frau ein schwaches Opfer; als hätte sich diese Frau nicht *selbst* verteidigen können! Noch in der Männerphantasie von der verführten und mißbrauchten Patientin Sabina Spielrein steckt mehr Verachtung den Frauen gegenüber, als jene selbsternannten Helden ahnen, die zur Verteidigung dieser Frau angetreten sind.

Sabina Spielrein beginnt kurz nach ihrer stationären Behandlung in Burghölzli Tagebuch zu führen (zunächst in russischer Sprache; später schreibt sie Deutsch mit manchmal etwas unbeholfener Ausdrucksweise und eigenwilliger Interpunktion). Früh heißt es im russischen Tagebuch: «Das Herz tut weh, ich möchte Liebe, Zärtlichkeit, aber das ist doch nur trügerischer, zeitlicher, äußerer Glanz, der die erbärmliche Prosa verdeckt. Das kostet bereits eine Unterjochung der Persönlichkeit. Und Leere, Langeweile, sobald der erste Augenblick vorüber ist. Nein! So eine Liebe will ich nicht: Ich möchte einen guten Freund, dem ich jeden Zug meiner Seele darlegen kann; ich will die Liebe eines älteren Menschen, damit er mich liebe wie die Eltern das Kind lieben und verstehen (geistige Verwandtschaft). Aber mit meinen Eltern – gerade sie nicht – – – Aber das ist für mich eine zu bekannte Geschichte, als daß ich sie ausführlich beschreiben will – – – Wenn ich doch so ein kluger Mensch wäre wie mein Jung(e)!»

Dank eines Wortspiels (ursprünglich in russischer Sprache) wird der behandelnde Therapeut, der «ältere Mensch», dessen Liebe die Patientin ersehnt, zu einem «Jung(en)» – also zum Sohn der Tagebuchschreiberin. Zwei Wünsche begleiten die Therapie und die daraus resultierende Liebesbeziehung: Jung soll Sabinas Mann werden; aber er soll auch ihr Sohn sein. Die Verwandlung des Mannes in den Sohn wäre aber auch möglich, wenn Sabina dem Dr. Jung einen Sohn schenken könnte. Wir reden über die Logik des Herzens, nicht über die des Kopfes.

Im Phantasieleben der Patientin gerät der Therapeut frühzeitig auf eine abschüssige Bahn – auf die Bahn vielfältiger Verwandlungsmöglichkeiten. Aus Jung wird ein Junge; aus dem Mann kann ein Sohn, aus dem Überlegenen kann ein Unterlegener werden. Das therapeutische

Ritual, an dem eisern festzuhalten Freud seinen Schülern empfahl, bietet den *Rahmen,* in dem ein Vexierbild oder auch ein allmählich entstehendes Mosaik erscheinen können, Bilder, die beide am therapeutischen Prozeß beteiligten Partner, Analysand und Analytiker, *gemeinsam* produzieren. Die Bilder müssen sich deutlich vom Rahmen *unterscheiden* lassen, wenn sie denn überhaupt gedeutet werden sollen; wenn aus ihnen das Bild werden soll, dessen stückweise Inkorporation dem Analysanden dazu verhilft, als Mensch vom Therapeuten Abschied zu nehmen, der sich selbst im Spiegel des Anderen *gesehen* hat. Eine Verwirrung, eine fortgesetzte Verwechslung von Bild und Rahmen, nützt weder dem Analysanden noch dem Analytiker, mag es auch bisweilen erscheinen, als nütze es dem Analytiker, eigene unbewußte Wünsche und Bedürfnisse mit Hilfe des Patienten verdeckt auszuleben. Der «Fall» Jung – Jungs Fall während der Behandlung Sabina Spielreins – offenbart jedenfalls erstmals, daß das analytische Verfahren im Dienste der unbewußten Wünsche des Therapeuten und zu dessen (vermeintlichen) Vorteilen mißbraucht werden kann.

Der analytische Rahmen, das offizielle therapeutische Arrangement, ermöglicht einen begrenzten Frei-Raum, in dem heimliche, verborgene Beziehungsarrangements entfaltet werden können. Sie sind dem Analysanden bisher nicht als seine eigenen Beziehungsangebote bewußt, obgleich er sie entwirft; obgleich er sich in ihren Schlingen im Laufe seines Lebens immer wieder verfangen hat. Das Bewußtwerden und Durcharbeiten, schließlich das Umgestalten solcher Beziehungsarrangements, die eine Vielzahl verdeckter Wünsche und verborgener Ängste enthalten, wären mit Hilfe der eher abstinenten Haltung des Analytikers zu erreichen. Fällt jedoch der Analytiker aus dem Rahmen, so sind seine Möglichkeiten, bei der Entwirrung des Beziehungsarrangements zu helfen, gering.

Daß der Analysand verdeckte, verheimlichte Arrangements entwirft, ist selbstverständlich. *Deshalb* ist er ja in Therapie, weil er – anders als im Märchen – kennenlernen will, was ihn gefangen hält. Dem Freudschen Ideal von der beherrschten Gegenübertragung folgend, sollte jedoch der Analytiker von unbewußten, infantilen, verdrängten Wünschen und Ängsten soweit frei sein, daß er sie nicht in gegenwärtigen, therapeutischen Beziehungsmustern zu reinszenieren versucht, schon gar nicht, ohne solche Reinszenierungen zu bemerken und zu verstehen. Ein *Teil* der Beziehungsfallen, die der Analysand aufstellt sind übrigens den *Prüfungen* ähnlich, die im Märchen auftreten und die erweisen sollen, ob der Held (der Therapeut) der «Richtige» ist. Gelingt es diesem Therapeuten, den Weg zum «verwunschenen Prinzen», zur «eingeschlossenen Königstochter» zu finden? Die entsprechenden «Prüfungen» des Patienten bestehen in Verlockungen, in Verführungsangeboten, in falsch gelegten Spuren und in allem, was an Möglichkeiten des Spiels zwischen Menschen denkbar ist. Der Analytiker analysiert nicht nur; er *wird* auch analysiert, geprüft und auf die Probe gestellt, nur dringt vom Ergebnis solcher Prüfungen selten etwas an die Öffentlichkeit.

Ich spreche mit Bildern, die dem Märchen entnommen sind, wenn ich über die komplizierte Struktur von Übertragung und Gegenübertragung rede, über heimliche Arrangements, die im Zuge einer geglückten Analyse aufgedeckt werden können. Der Analysand wäre von Wiederholungszwängen zu befreien, die ihn bisher so beherrschten, wie die Macht eines fremden Zauberers die Verwunschenen im Märchen beherrscht. Die Arbeit an der Entfaltung, dem Durcharbeitung und der endlichen Auflösung eines Beziehungsmusters, das gefangen hält, gelingt nur dann, wenn ein relativ fester Rahmen die therapeutische Beziehung sichert, was wiederum den Analysanden wie den Analytiker davor schützt, die «Realität» hier und jetzt mit dem «Märchen» dort und damals zu verwechseln.

Kennzeichen der konventionell-ritualisierten Beziehungsform des psychoanalytischen Arrangements ist dessen asymmetrische Gestalt. Der Analytiker gibt wenig von sich preis (obgleich er sehr viel von sich mitteilt, wenn er deutet oder in einer anderen Weise dem Analysanden antwortet). Der Patient ist aufgefordert, in seine Vergangenheit erinnernd, teilweise auch agierend (denn die Übertragung ist eine Form des Agierens) zurückzukehren. Die Position desjenigen, der sich in der Hand behält, und die Position desjenigen, der sich aus der Hand geben soll, sind also relativ deutlich bezeichnet. Gerade gegen dieses – aus therapeutischen Gründen notwendige, aber auch dem Mißbrauch offene – Arrangement rebelliert *jeder* Analysand; und jeder Analysand rebelliert auf *seine* Weise.

Die Umkehrung des Verhältnisses, der Austausch der Position, bleibt *ein* geheimer Wunsch des Analysanden. Frauen mögen als Erfüllung dieses Wunsches die Phantasie beschwören, in der der Analytiker vom «Vater-Mann» zum «Sohn-Kind» wird, wie ich dies für Sabina Spielreins Tagebuchnotiz unterstellt habe. *Welche* Mittel zur Verführung immer eingesetzt werden: Entscheidend für den möglichen Erfolg der Therapie ist, daß am Ende beide Beteiligten wissen, was sich zwischen ihnen abgespielt hat, und warum es sich notwendigerweise so und nicht anders abspielen mußte. Solches *Wissen* sollte, wie Freud meinte, den blinden, oftmals selbst- oder fremdschädigenden Wiederholungszwang, der die Krankheit beherrscht, aufheben. Daß am Ende solches *Wissen* allein, selbst wenn es affektiv nacherlebt worden ist, nicht ausreichen kann, um die Befreiung zu ermöglichen, die als Heilung imaginiert wird, verweist auf ein Problem, das über den therapeutischen Entwurf Freuds hinausreicht.

Aldo Carotenuto, der Herausgeber der im Genfer Palais Wilson wiederaufgefundenen Tagebücher und Briefe, hat dem Buch, das die Beziehung zwischen Sabina Spielrein und C. G. Jung dokumentiert, den gewiß gut gewählten Titel «Tagebuch einer heimlichen Symmetrie» (1986) gegeben. Das heißt: Im Falle Spielrein–Jung verbarg sich (mehr als sonst) hinter dem asymmetrischen therapeutischen Bündnis ein zweites, eben verheimlichtes Arangement. Im Lichte dieses zweiten Arrangements wären Jung und Sabina Spielrein symmetrisch, ohne Differenz zu sehen. Im Verlaufe der Therapie wurden auch die Rollen getauscht: Der Therapeut wurde zum Kranken; und die Patientin wurde zur Therapeutin. Wahrscheinlich erst nach dem offiziellen Ende der Therapie, gewiß, aber verheimlicht, wurden Jung und Spielrein außerdem zum Liebespaar. *Zuviel* Nähe verbanden den Sohn eines christlichen Pastors mit der Enkelin eines jüdischen Rabbiners. «Wahlverwandtschaften», chemische Affinitäten, um an Goethe zu erinnern, sprengten das therapeutische Bündnis.

Die therapeutische Asymmetrie ist nicht nur ein Schutz; sie ist, bis zu einem gewissen Grade, auch eine Schutzbehauptung. Denn die Welt ist nun einmal nicht so zweigeteilt, wie sie aufgrund – möglicherweise nützlicher – Fiktionen erscheint: in Gesundheit hier, in Krankheit dort. Allenfalls befindet sich der Patient überwiegend (aber nicht ausschließlich) jenseits des «Zaunes», der die Kultur von der Wildnis trennt. Und bestenfalls befindet sich der Therapeut überwiegend (keinesfalls ausschließlich) diesseits des «Zaunes», der den Sinn vom Wahnsinn unterscheiden läßt. Diesseits des «Zaunes» finden die Füße Halt, hier ist ein Stand-Punkt möglich. Jenseits des «Zaunes» geht der Halt verloren, weil der Boden abschüssig wird: erst Treibsand, dann Sumpf, schließlich Meer...

Eine asymmetrische Beziehung ist schon deshalb notwendig und sinnvoll, weil nur auf diese Weise der Eine Halt findet, den der Andere benötigt. Weil nur auf diese Weise ein Standpunkt möglich ist, der es erlaubt, den Hilfesuchenden vorsichtig zurückzuholen, ihn über den «Zaun», vom Jenseits ins Diesseits, vom Fremden ins Vertraute, zu ziehen. Allerdings darf sich die Asymmetrie im Bewußtsein des Analytikers nicht zur Gewißheit einer unumkehrbaren Tatsache verfestigen; denn sonst wäre die *andere* Seite der Vernunft nicht mehr zu erleben und nicht mehr nachzuerleben. Denn sonst würde der Analytiker blind die Hände ins «Jenseits» der Vernunft reichen, ohne zu wissen, wie jemand zu fassen und zu erreichen ist, der sich überwiegend dort aufhält.

Sabina Spielrein war der *erste* «Fall», den C. G. Jung «psychoanalytisch» behandelte. Der Begriff der «Übertragung» war zu jener Zeit in Umrissen bekannt. Der Begriff der «Gegenübertragung» entstand, *weil* Jung «Fehler» bei der Behandlung beging. Über das Arrangement der *Gefühls*beziehungen zwischen dem Patienten und dem Therapeuten wußte man noch sehr wenig. Man betrachtete den Patienten und den Therapeuten eher als starr abgegrenzte Personen; zwei Monaden standen einander gegenüber. Am Patienten wurden «Komplexe» analysiert. Die Bedeutung der vielschichtigen Beziehungen zwischen dem Analysanden und dem Analytiker war in wenigen Facetten wirklich erkannt (was nicht heißt, daß man *heute* darüber restlos Bescheid wüßte). Verloren die scheinbaren Monaden im Zuge der therapeutischen Arbeit ihre Grenzen, so fehlte das theoretische Rüstzeug, das Fiasko zu verstehen, das aus solchem Grenzverlust resultieren kann. Solche Entgleisungen waren im Behandlungsplan nicht vorgesehen. Freud behalf sich mit Appellen, die «Gegenübertragung» sei zu *beherrschen*. Die Leidenschaften und die Grenzen des Analytikers *mußten* beherrschbar bleiben, weil sonst, wie es schien, die gesamte Behandlungsmethode als unbrauchbar gelten mußte. Versagte die Methode trotz aller Vorsichtsmaßnahmen, so machte Freud etwa eine übergroße «Triebhaftigkeit» des Analysanden (in der Regel: eine Patientin) verantwortlich für das Scheitern. Damit waren die Grenzen des Verfahrens benannt, und der Analytiker war entschuldigt. *Heute* lautet die Ausschlußbegründung für eine psychoanalytische Behandlung nach dem klassischen Verfahren nicht mehr «überstarke Triebhaftigkeit», sondern «Ich-störung». Wie sich die Zeiten – oder auch nur die Worte – geändert haben...

Was im einzelnen zwischen Jung und seiner Patientin vorgefallen sein mag; wie immer sich diese therapeutische Beziehung entwickelt haben mag: Vier Jahre nach Beginn der Behandlung (wobei nicht ganz klar ist, ob die Behandlung jetzt noch andauerte oder bereits – ohne deutliche Markierungen – in eine alltägliche Beziehung übergegangen war) hatte sich Jung in seiner *eigenen* Liebesbedürftigkeit verfangen. An Sabina Spielrein schrieb er einen verzweifelten Brief: «Meine Liebe! Ich bereue Vieles und bereue meine Schwäche und verdamme das Schicksal, das mir droht. Ich fürchte für meine Arbeit, für mein Lebensziel, für all die hohen Bestimmungen, die eine werdende Weltanschauung mir zeigt. Wie werde ich mich mit meiner empfindsamen Seele aus all diesen Fragen befreien? Sie werden lachen, wenn ich Ihnen sage, dass in letzter Zeit mir immer frühe Kindheitserinnerungen auftauchen, aus einer Zeit…, wo ich mich öfters schwer verletzt habe… (Aus Jung ist endlich der *Junge* geworden, von dem Sabina frühzeitigspielerisch im Tagebuch geschrieben hatte – B. N.). Meine Stimmung ist zerrissen bis auf den Grund. Ich, der ich die Stärke vieler Schwachen sein sollte, bin der Schwächste. Werden Sie mir verzeihen, dass ich bin, wie ich bin? Dass ich Sie dadurch beleidige und der Pflichten des Arztes Ihnen gegenüber vergesse? Werden Sie verstehen und begreifen, dass ich einer der schwächsten und unbeständigsten Menschen bin? … Ich suche den Menschen, der zu lieben versteht, ohne damit den Andern zu strafen, einzusperren und auszusagen… Mein Unglück ist, dass ich des Glückes der Liebe, der stürmischen, ewig wechselnden Liebe, für mein Leben nicht entrathen kann. Dieser Daemon steht in einem unheilvollen Widerspruch zu meinem Mitleid und meiner Empfindsamkeit… Ich möchte bestimmte Abmachungen, dass ich ruhig sein kann über Ihre Absichten. Sonst leidet darunter meine Arbeit, und die erscheint mir wichtiger, als die momentanen Probleme und Leiden der Gegenwart. Geben Sie mir in diesem Augenblick etwas zurück von der Liebe und Geduld und Uneigennützigkeit, die ich Ihnen zur Zeit Ihrer Krankheit geben konnte.»

Die letzte Äußerung Jungs in dem 1908 geschriebenen Brief deutet darauf hin, daß offiziell *keine* Arzt-Patient-Beziehung mehr bestand, denn Jung spricht gegenüber Sabina Spielrein von der «Zeit Ihrer Krankheit», und zwar so, als läge diese Zeit weiter zurück. Im selben Brief schreibt Jung: «*Jetzt* bin ich krank» (Herv. – B. N.). Die Rollen haben also gewechselt; die Positionen sind vertauscht worden. Der Therapeut ist zum Patienten geworden. Möglicherweise ist dies ein Stück «Transformation», das in der psychoanalytischen Kur regelmäßig vorkommt, eine «Verwandlung» wie im Märchen. Sie sollte aber nicht agiert, nicht in der wirklichen Beziehung zum Patienten ausgelebt werden, vielmehr dem Verständnis der Erlebenswelt des Patienten zugute kommen, damit *deren* allmähliche «Transformation» möglich wird. Durch die Beziehung zur Patientin hat Jung etwas in sich selbst entdeckt, was er *ohne* diese Beziehung an sich nicht hätte wahrnehmen können: ein ungestilltes Liebesverlangen. Mag sein, daß dies auch der «Fluch» war, der auf Jung lastete; ein Fluch, der zur ewigen Wiederholung, zum Glück oder Unglück einer «ewig wechselnden Liebe», einer andauernden *Flucht* zwang.

Die Heilung der Patientin ließ die Krankheit des Therapeuten zum Ausbruch kommen. Eine «Verwandlung» – von diesem *Thema* bin ich ausgegangen, als ich eingangs von der Liebe im Märchen sprach – hat in beiden Personen des Dramas stattgefunden, das Therapie genannt wird. In einer Jahrzehnte später publizierten Arbeit Jungs heißt es über die Beziehung des Analysanden zum Analytiker (aber das kann man natürlich auch in umgekehrter Reihenfolge lesen): «Diese Bindung ist nun des öfteren von solcher Intensität, daß man von einer Verbindung sprechen könnte. Wenn zwei chemische Körper sich verbinden, so werden beide alterniert. Das ist auch bei der Übertragung der Fall.»

Auch bei dieser Wortwahl klingt das Thema der (chemischen) Wahlverwandtschaften an. Die mystisch erlebte Einheit zweier Menschen, zweier emotional, wohl gar leidenschaftlich aufeinander reagierenden Körper: Wäre dabei nicht auch zu denken an die verlorene und wiedergefundene Zeit der ursprünglichen Mutter-Kind-Symbiose? Oder an die Suche der Alchimisten, die meinten, eine «Formel» gefunden zu haben für die *Verschmelzung* der Körper zur makellosen Reinheit: *Gold*. Das Thema der Verschmelzung findet sich wieder im mystischen, im religiösen, schließlich auch im schizophrenen Denken. Und es begegnet uns in manchen Bemerkungen Jungs, in denen offenbar eine *Erfahrung* wiederkehrt, die Jung mit Sabina Spielrein verbunden hate.

Das symbiotische Erleben ist kein notwendiger, aber ein möglicher Bestandteil der geschlechtlichen Vereinigung. Ein großer Teil der Abwehrkämpfe gegen das sexuelle Erleben erklärt sich aus der Angst vor der symbiotischen Erfahrung. Denn das symbiotische Erleben enthält nicht nur das *Glück,* sondern auch den *Schrecken,* der den vorübergehenden Verlust der Persönlichkeit begleitet. Die Nähe zum Anderen bedeutet auch die Nähe zur infantilen Vergangenheit und die Nähe zum animalischen Begehren. Damit bedeutet Nähe auch Angst vor dem Zerfall, vor Zerstückelung, vor Auflösung der Identität. Bedrohung verbindet sich mit solchen Erfahrungen, wenn die Steuerung und die Kontrolle entgleiten und die Angst entsteht, die Regression sei nicht mehr umkehrbar. Liebe und Wahnsinn liegen so nah beieinander wie Liebe und Ekstase. Daher bedroht jede *leidenschaftliche* Liebe die Identität, es sei denn, sie stiftete eine neue Identität. Der Wunsch nach Nähe, nach Verschwendung und Grenzüberschreitung, schließt die Angst vor Nähe nicht aus. Flucht und Gewalt, kunstvoll vereint im perversen Ritual, sind Mittel, der Angst vor der Nähe zu begegnen und ihr zu entkommen. In der Diffamierung der Geschlechtlichkeit, aber auch in manchen Formen der Idealisierung des Geschlechts – sei es des eigenen, sei es des fremden – verbirgt sich die Angst vor der Nähe *zum Tier*. Im Tier steckt, wenn wir dem Märchen glauben wollen, zwar das Schöne; aber das Schöne ist nicht zu begreifen, ohne die Umarmung des Häßlichen (Tieres)...

Ich spreche weiter in Bildern. Vielleicht muß der Analytiker die Krankheit «umarmen», wenn er den Analysanden befreien will? Und vielleicht fesselt er den Analysanden, wenn er ihn *anstelle* der Krankheit umarmen will? – Jung schreibt über die Beziehung zwischen dem Therapeuten und dem Patienten: «Eine gewisse Beeinflussung des Arztes ist unvermeidlich und ebenso eine gewisse Störung bzw. Schädigung seiner nervösen Gesundheit. Das ist insofern nicht erstaunlich, als gewisse psychische Störungen im höchsten Maße infektiös sein können.» Die Ansteckung durch die nervöse Krankheit des Patienten wird um so wahrscheinlicher, je ausgeprägter «der Arzt selbst eine latente Disposition» zu eben jener Störung besitzt, die er behandeln will.

Jung ist tief gefallen – verstanden im übertragenen, im regressiven Sinne. Daher schreibt er an Sabina Spielrein den Brief, in dem er sich selbst als krank bezeichnet und die Adressatin um Hilfe bittet. In den Augen seiner Patientin war er ein «Held»; jetzt ist er ein Bettler oder doch wenigstens ein Bittsteller. Ein Jahr, bevor sie diesen Brief Jungs erhält, notiert Sabina Spielrein in ihrem Tagebuch (im «Schwarzen Heft»): «Der Tod des Individuums bildet das Wesen... – des Sexualkomplexes. Jedes Individuum als solches muß schwinden... Der Instinkt ist immer der Tod, Vernichtung der Persönlichkeit, in dem zwei Individuen zu einem verschmelzen... So erklärt sich auch der Widerstand, den jede Persönlichkeit dem Sexualtrieb entgegenbringt.»

Diese Sätze werden zum *Kern* der Argumentation einer später veröffentlichten Schrift Sabina Spielreins: «Die Destruktion als Ursache des

Werdens» (1912). In dieser Schrift wird die Angst vor der Destruktion der eigenen Persönlichkeit als die tiefste Quelle des Widerstandes gegen die Sexualität, gegen das eigene Verlangen, gegen die Verschmelzung mit dem Anderen, angesprochen. Diese Angst zwingt zu distanzierenden Ritualen, durch die Nähe *auf Kosten des Anderen* ermöglicht werden soll. Läßt sich auf diese Weise Nähe manipulieren, so muß die eigene Persönlichkeit nicht aufs Spiel gesetzt werden. In anderen Fällen motiviert die Angst vor der Destruktion zum Rückzug, der bis zur vollständigen Isolation führen kann. Für diese Isolation entwirft das Märchen die Bilder der Versteinerung, des gläsernen Sarges, der dornenumgebenen Mauer.

Nicht die überschäumende Triebstärke verbirgt sich also im Auge des Taifuns einer scheinbar entfesselten perversen Sexualität. Dort lauert vielmehr die Angst vor Nähe. Und keineswegs zwingt ein *Mangel* an Begehren zum Rückzug vom Objekt, der bis zur Isolation führen kann. Oft lauert gerade hinter den Wällen der Isolation das überstarke Begehren, das grenzenlose, zügellose Verlangen. Die *versöhnenden* Rituale, die notwendige Nähe *und* schützende Distanz vermitteln könnten, müssen die je *konkret* Liebenden stets *selbst* finden. *Dafür* gibt es keine Anweisungen und keine brauchbaren Rezepte. Vielleicht gab es in den frühen, in den «primitiven» Gesellschaften kulturelle Hilfestellungen, die für das Paar den Rahmen boten (wie das analytische Setting den Rahmen für das therapeutische Paar bildet). Doch was innerhalb des Rahmens möglich wird oder unmöglich bleibt, war zuletzt immer eine Frage, deren Antwort nur *dieses* Paar finden konnte oder schuldig bleiben mußte.

Die Angst vor Nähe hat Gründe, wenn auch oft für diese Angst falsche Begründungen angegeben werden. Und sie hat viele Masken: den Ekel zum Beispiel. Auch die Scham oder die Moral sind solche Masken. Beherrschte Leidenschaften, starre Gesichtszüge und kontrollierte Ausdrucksbewegungen signalisieren das Bedürfnis nach *Macht,* die der Angst vor Nähe entgegengesetzt werden soll. Das Verschmelzen zu «einem» Fleisch scheint gefährlicher zu sein als die Kasteiung, die Abtötung des eigenen, oftmals auch des fremden Fleisches.

Sabina Spielrein war nach Burghölzli gekommen, weil sie an der Krankheit der Einsamkeit litt, an einer Versteinerung der Gefühle. Unter dem Boden der erloschenen Leidenschaften bleiben aber heiße Quellen erhalten, und oft drohen plötzliche Erschütterungen, Beben, erneute Ausbrüche ungezähmter Affekte, glühender Lava, die sich in bizarren, erstarrten Figuren des Körpers erschöpft, wenn die Kälte erneut die Gefühle erfrieren läßt. Es geht bei dieser Krankheit nicht um soziale Einsamkeit; es geht um *emotionale* Isolation, die auch inmitten von «Geselligkeit» erlebt und erlitten werden kann. Diese Krankheit verlangt nach den Gefühlen des Anderen – und schreckt doch gerade *davor* zurück. Daraus resultiert jenes charakteristische Muster widersprüchlicher Beziehungen, bei denen die gewünschte Nähe, die Annäherung, stets begleitet wird von einer Habacht-Stellung, von einer leichtfüßigen Bereitschaft zur Flucht und zum Rückzug. Die Gefühle des Anderen, die ersehnt werden, müssen «passen». Das soll heißen: Es müssen genau die Gefühle sein, die zum jeweiligen Zeitpunkt nicht erschrecken, sondern beruhigen oder beleben. Wer innerlich friert – und auch dies ist ein *Bild* für einen Gefühlszustand –, der sehnt sich nach der Wärme, vielleicht gar nach der Glut der Gefühle des Anderen. Sabina schreibt in ihr Tagebuch: «Ich muß Menschen mit heißen Strebungen um mich haben.»

Wer *viel* vom Anderen *braucht,* steht in der Gefahr, vom Anderen abhängig zu werden. Dagegen richten sich Strategien, die auf die Abhängigkeit des *Anderen,* der gebraucht (und zugleich gefürchtet) wird, zielen. Ist man sich des Anderen sicher, so beruhigt sich die eigene Unsicherheit, die entsteht, wenn der Andere, der gebraucht wird, *frei* ist. Die *Einschränkung des Bewegungsspielraums* desjenigen, dessen *Gefühle,* dessen Affektzufuhr benötigt wird, ist stets das Ziel manipulativer Strategien. Der Abhängige will zumindest im Anderen ein *Echo* hervor-*rufen:* Gefühle, die antworten sollen. Im Zweifelsfalle, wenn die Zweifel zu groß werden, ob denn der Andere überhaupt gefühlsmäßig reagiert, im Falle der Verzweiflung also, wird man sich auch mit aggressiven, feindseligen oder anderweitig negativen Gefühlen zufriedengeben, die der Andere zeigt: Wichtig ist, daß er *überhaupt* eine Gefühlsreaktion zeigt, die bestätigt, daß man von ihm noch gesehen, gehört, gespürt, erlebt wird. Denn dies ist ein Beweis, daß man selbst noch «da» ist. Viele scheinbar unverständliche Taten und Verhaltensweisen von Menschen erklären sich durch dieses *eine* Motiv: Durch den Wunsch, *einen Beweis dafür zu erhalten, daß man noch «da» ist; und sei dieser Beweis, in Gestalt der Reaktionen des Anderen, auch noch so schrecklich.*

Wie das Tagebuch Sabina Spielreins zeigt, ist ihr das Echo des Anderen, sind ihr Jungs Reaktionen auf ihre Liebe zu ihm außerordentlich wichtig. Noch 1910 heißt es, Jung solle «spüren», wie sehr *sie und er* einander «gefährlich» werden könnten. Gefährliche Nähe ist am Ende noch erstrebenswerter als echolose Ferne. In ihrem Spiegelbild erkennt Sabina «ein in der Tiefe kalt harrendes mächtiges finsteres Wollen, das vor keinen Schranken halt machen würde». Konventionelle Schranken – auch die des therapeutischen Bündnisses – sind für solches «Wollen» im Zweifelsfalle kein Hindernis. Sabina wünscht sich von ihrem Phantasie-Helden, von Jung also, einen Sohn; den Sohn, den eine Jüdin von einem Arier empfangen würde. Das Bild der jüdisch-christlichen Versöhnung wird im Bild des gemeinsamen Sohnes beschworen, der «Siegfried» heißen soll.

1910 ist Sabina schon lange nicht mehr Jungs Patientin. Sie ist seine Freundin, seine Vertraute, seine Gesprächspartnerin, seine Mitarbeiterin. Das Tagebuch enthüllt aber, daß die Leidenschaften auch jetzt noch nicht beruhigt sind. Sabina muß sich, alleine in ihrem Zimmer, kalte Umschläge auf die Stirn legen: «...denn die Wilde Sehnsucht macht mich fiebernd.» Dann wieder versucht sie, sich von ihrem Verlangen auf eine andere, auf selbstzerstörerische Weise zu befreien: Sie phantasiert in ihrem Tagebuch, sich in Jungs Gegenwart mit Zyankali zu vergiften. Das Tagebuch enthüllt alle Facetten eines Trennungsprozesses; so wie es zuvor die Facetten einer Liebe, einer Sehnsucht nach Bindung und Berührung, offenbart hat. Jetzt, 1910, lesen wir über Jung: «Ich will, daß er mich wahnsinnig liebt und daß ich ihm trotze.»

In ihrer Verzweiflung hatte sich Sabine Spielrein auch an Freud gewandt. Er war doch der Schöpfer jener Therapie, die für sie und Jung das Drama einer Liebe bedeutete. Diese Therapie hatte beide in die Abgründe der menschlichen Seele geführt. An Freud also schreibt Sabina Spielrein, sie habe Dr. Jung, wohl «tausende von Malen» gewarnt, zu «genaue Analysen» ihres Unterbewußten, ihres Begehrens vorzunehmen, denn «das Ungeheuer», das Ungeheuerliche ihres Wünschens und Begehrens, sollte besser *nicht* zum Bewußtsein zugelassen werden. Sabina begründet das auch; «weil meine bewußten Wünsche viel zu dämonisch sind und durchgeführt werden müssen».

Der Volksmund drückt es einfacher aus: Schlafende Hunde soll man nicht wecken; zumindest dann nicht, wenn man nicht weiß, wie im wachen Zustand mit ihnen umzugehen wäre.

In Genf wurde 1922 ein Theaterstück Lenormands aufgeführt; es hieß: «Le mangeur des rêves». Zu jener Zeit arbeitete Sabina Spielrein als Psychoanalytikerin in Genf; einer ihrer Analysanden hieß: Jean Piaget. Sabina Spielrein schrieb eine Rezension zu diesem Theaterstück unter der Überschrift: «Wer ist der Urheber des Verbrechens?» Es geht in dem Stück um eine leidenschaftliche Geschichte: Ein Psychologe treibt eine Frau in die Abgründe ihres Unbewußten. Die Frau begeht Selbstmord. Wer ist der Urheber des Verbrechens?

Die Rezensentin meint, die Frau, die sich umbrachte, sei schon *vor* der Begegnung mit dem Psychologen krank gewesen. Vielleicht war sie eine lebende Tote? Die Gründe für den Selbstmord liegen tiefer, weiter entfernt – in der Vergangenheit der Frau, in ihrem Elternhaus, in ihrer Kindheit, in der psychischen Isolation, in die sie geraten und für die ihre Krankheit nur ein *Ausdruck* war.

In dem Theaterstück muß die Rezensentin Teile ihres eigenen Dramas wiedererkannt haben. Dieses Drama hatte Jung (selbstverständlich ohne den Namen der Patientin zu nennen) 1908 in einer Fachzeitschrift mit dürren, wissenschaftlichen Worten beschrieben. Da war die Rede von einer jungen Frau, der die Diagnose «psychotische Hysterie» gestellt worden war (heute würde man vielleicht von psychosenahem Erleben oder von einer Borderline-Störung sprechen). Die junge Frau habe seit der Pubertät an extremen Kontakt- und Beziehungsstörungen gelitten, heißt es in der Krankengeschichte weiter. Betroffen waren besonders die Beziehungen zu Männern. Gestört waren die Beziehungen zum anderen Geschlecht, worin sich die Störung der Beziehung zum *eigenen* Geschlecht, zur eigenen Geschlechtlichkeit, ausdrückt und wiederholt. «Krankhafte Phantasien» hätten sich bei der Patientin feststellen lassen, heißt es in Jungs Bericht. Diese Phantasien reichten bis in die Kindheit der Patientin zurück.

Lücken, die der fehlende emotionale Kontakt zu anderen Menschen hinterläßt, werden oft durch Phantasien gefüllt. Solche Phantasien ersetzen allmählich den realen Kontakt, bis sie schließlich den Zugang zur Außenwelt gänzlich versperren. Dafür wuchern sie im Inneren um so mehr. Wie ein Dornengestrüpp, hinter dem der Wunsch nach Kontakt zu anderen Menschen immer mehr verschwindet, versperren sie schließlich den Zugang nach draußen, aber auch den Weg für andere Menschen nach innen. Die von Jung geschilderte Patientin (also

Sabina Spielrein) hatte auf die Isolation mit «tiefen Depressionen» reagiert. Die Annäherung anderer Menschen löste bei ihr Ekel-Reaktionen aus. Sobald ihr jemand nahe kam, reagierte sie mit «Lach-, Wein- und Schreikrämpfen». Das sind Mittel der Abschreckung, die auch ein Stück des inneren Schreckens enthüllen. «Sie konnte niemanden mehr ansehen, hielt den Kopf verborgen, streckte bei jeder Berührung unter dem Zeichen größten Abscheus die Zunge heraus usw.»

Jungs Therapie hatte bei dieser Patientin überraschend Erfolg. Bereits nach einem Jahr stationärer Behandlung war die Patientin in der Lage, das Medizinstudium an der Universität Zürich aufzunehmen. Sie wurde ambulant weiterbetreut. Irgendwann muß diese therapeutische Beziehung die vorgesehenen Bahnen verlassen haben. Jung entglitten die Fäden, die er zu verbinden suchte, um das desorganisierte Seelenleben seiner Patientin wieder zu einem Ganzen zusammenzusetzen. Oder, anders ausgedrückt: Er hatte plötzlich die Fäden seines eigenen Unbewußten in der Hand, die ihn in die Abgründe seines eigenen Begehrens hinabführten. Oder, noch einmal anders ausgedrückt: Er zappelte unversehens wie eine Marionette an den Fäden, die seine Patientin in der Hand hielt. Ein Verwirrspiel – ein Spiel der wechselseitigen Verwandlungen – begann: Wer war gesund – wer war krank? Wer liebte – wer wurde geliebt? Das in der psychoanalytischen Therapie zu entwirrende Drama wurde in der Wirklichkeit, im realen Leben außerhalb der dafür vorgesehenen Bühne, außerhalb des Behandlungszimmers, weitergeführt.

Über die Behandlung Sabina Spielreins schreibt Jung 1909 an Freud: «Es war mein psychoanalytischer Schulfall sozusagen...» Sabina Spielrein war weit mehr als dies. Der «Schulfall» scheiterte zwar im Sinne der Theorie; im Sinne einer Befreiung, einer Lebensbewältigung, war Sabina Spielrein aber erfolgreich. Und: Der «Fall» Spielrein war der Anlaß für Jung, den Briefkontakt zu Freud aufzunehmen. Der Briefverkehr zwischen beiden Männern beginnt mit der indirekten Hilfe einer Frau: Sabina Spielrein. Denn, lesen wir die Briefe Freud–Jung aufmerksam, so zeigt sich, daß das Problem sofort nach einem rituellen Austausch von Geschenken erwähnt wird – Jung meldet sich mit einem ersten Brief 1906 bei Freud und legt eines seiner Werke bei, worauf er eine Antwort Freuds erhält, der ebenfalls ein Buch beiliegt. Zwei Jahre zuvor hatte Sabina Spielreins Behandlung bei Jung begonnen.

Dem «hochverehrten Herrn Professor» in Wien wird von seinem

Zürcher Anhänger dann in einem nächsten Brief ziemlich unvermittelt (die beiden kennen sich noch kaum) «ein Erlebnis aus jüngster Zeit» berichtet, das er, Jung, bei Freud «abreagieren» müsse. Freud erfährt keinen Namen und keine Einzelheiten. Nur soviel: «Ich behandle gegenwärtig eine Hysterie nach Ihrer Methode. Schwerer Fall, 20jährige russische Studentin, krank seit sechs Jahren.» Danach werden einige symptomatische und genetische Angaben gemacht. Im nachhinein weiß man, daß Jung an diesem «Fall» weniger die Symptome, dafür um so mehr die Gefühle der Patientin interessiert hatten. Bezeichnenderweise finden sich bereits im selben Brief, mit dem Jung Freud die «russische Studentin» vorstellt, relativierende Einwände gegen die von Freud behauptete Priorität der Sexualität für das Seelenleben (und insbesondere für neurotische Konflikte). Jung ist gerade dabei, sich in den Fallstricken der Beziehung zu einer Patientin zu verwirren, sich im eigenen und fremden Verlangen und Begehren, in den Leidenschaften zu verstricken; das hindert ihn aber nicht daran, die von Freud behauptete Allmacht des Verlangens (theoretisch dargestellt als Priorität der Sexualität für das seelische Erleben) zu leugnen.

5

Drei Jahre nach Beginn des Briefwechsels – Jung und Freud kennen einander inzwischen gut – erhält Freud zum zweitenmal einen Hinweis auf die Patientin, die 1906 als «russische Studentin» bezeichnet worden war. Jung deckt allerdings die Verbindung zwischen heute und damals nicht auf; er erinnert Freud also nicht daran, daß es sich erneut um die bereits früher erwähnte «russische Studentin» handelt, geschweige denn Freud den Namen (Sabina Spielrein) mitzuteilen. Der Anlaß für den neuerlichen Bericht ist ein drohender Skandal: «Zu guter Letzt oder vielmehr zu schlimmer Letzt nimmt mich gegenwärtig ein Komplex furchtbar bei den Ohren; nämlich eine Patientin, die ich vor Jahren mit größter Hingabe aus schwerster Neurose herausgerissen habe, hat mein Vertrauen und meine Freundschaft in denkbarst verletzender Weise enttäuscht. Sie machte mir einen wüsten Skandal ausschließlich deshalb, weil ich auf das Vergnügen verzichtete, ihr ein Kind zu zeugen. Ich bin immer in den Grenzen des Gentleman ihr gegenüber geblieben, aber vor meinem etwas zu empfindsamen Gewissen fühle ich mich doch nicht sauber... Ich habe dabei unsäglich viel gelernt in der

Weisheit der Eheführung, denn bislang hatte ich von meinen polyga-
men Komponenten trotz aller Selbstanalyse eine ganz unzulängliche
Vorstellung. Jetzt weiß ich, wo und wie der Teufel zu fassen ist.»

Wenn der Teufel im Leib eines Mannes – gar noch in dem eines «Gent-
lemans» – erwacht, ist in der Regel eine Hexe nicht weit, die den Teufel
hervorgelockt hat. So jedenfalls will es die männliche Logik. Dieser
Logik gemäß erlebt sich Jung als Opfer weiblicher Verführungskünste.
So wird es dem «Lieben Herrn Professor» in Wien suggeriert. Ohne die
Zusammenhänge wirklich zu kennen, antwortet Freud – das Allgemeine betonend, Jung und die Psychoanalyse als Behandlungsmethode
in Schutz nehmend: «Verleumdet und von der Liebe, mit der wir operie-
ren, versengt zu werden, das sind unsere Berufsgefahren, derentwegen
wir den Beruf wirklich nicht aufgeben werden.»

Der vorläufige Trost, den der Zürcher Schüler vom Wiener Lehrer
erhält, beruhigt erst einmal. Allerdings weiß der Meister in Wien zu
diesem Zeitpunkt noch nicht, daß der Lehrling in Zürich die Geister, die
ihm über den Kopf wachsen, die ihn bedrängen und ängstigen, sehr
aktiv herbeigerufen hatte. Zudem ist Freuds Wortwahl im Antwortschreiben hintergründig: Der Psychoanalytiker «operiere» mit der
«Liebe», heißt es da. Soll das heißen, das Skalpell des Psychoanalytikers
sei die Liebe?

Dieses Instrument, richtig eingesetzt, kann heilen; in den falschen
Händen ist dasselbe Instrument ein zerstörerisches, möglicherweise gar
mörderisches Instrument. Erinnern wir uns daran, daß Freud wiederholt den Chirurgen als Vorbild für den Psychoanalytiker empfahl. Wie
der Chirurg, so habe der Psychoanalytiker bei der «Operation» seine
persönlichen Leidenschaften aus dem Spiel zu lassen. Der Psychoanalytiker habe nur die Reaktionen zu zeigen, die der «Operation» beziehungsweise dem Patienten und dem Heilungserfolg nützlich sind. Das
bedeutet: Alle anderen Regungen sind zu beherrschen, zu kontrollieren,
damit die ruhige Hand das Skalpell der Liebe zum Nutzen des Patienten
und nicht zu dessen Schaden führen kann.

Jung wußte zum Zeitpunkt, als er Freuds Brief erhielt, längst, daß *er*
sich nicht als beherrschter Therapeut Sabina Spielrein gegenüber verhalten hatte. Vielmehr hatte Jung mehr und mehr im Laufe der Beziehung die Kontrolle über seine Gefühle eingebüßt. Schließlich war er,
wie er wähnte, ein Verführter, der jetzt, als er die Antwort seiner Patientin erhielt, Angst vor der Liebe, vor sich selbst und vor den Konsequenzen seines Handelns bekam.

Freud hätte keinen Anlaß für weitere Bemerkungen zum Fall der erwähnten Patientin gehabt, hätten sich die Ereignisse nicht plötzlich dramatisch zugespitzt: Kurze Zeit nach Jungs Mitteilung, eine Patientin habe einen «wüsten Skandal» gemacht, bekam Freud den Brief einer Frau. Sie hieß Sabina Spielrein. Freud hatte diesen Namen bis dahin noch nie gehört. Die Dame bat um eine «kleine Audienz» bei Freud in Wien; wegen einer «für mich aeussert wichtigen Angelegenheit». Da der Brief aus der Schweiz kam, ahnte Freud offenbar Zusammenhänge. Eilig benachrichtigte er Jung, um rasche und vollständige Aufklärung von ihm zu bekommen.

Jung hatte Freud bis zu diesem Zeitpunkt nur recht lückenhaft unterrichtet. Jetzt kommt er Freuds Forderungen nach: «Ihrem Wunsche entsprechend sandte ich Ihnen heute ein Telegramm, das ich so aufklärend wie möglich gestaltete. Mehr wußte ich im Moment nicht zu sagen. Die Spielrein ist dieselbe Person, von der ich Ihnen geschrieben.» Was ein ehrliches Geständnis hätte werden können, offenbart sich als ein weiterer Versuch Jungs, alle Schuld von sich zu weisen. Über Sabina Spielrein heißt es in dem Brief an Freud weiter: «Da ich aus Erfahrung wußte, daß sie sofort rückfällig würde, wenn ich ihr meinen Beistand versagte, zog ich die Beziehung über Jahre hin und hielt mich schließlich quasi für moralisch verpflichtet, ihr meine Freundschaft weitgehend zu vertrauen, solange bis ich sah, daß dadurch ein unbeabsichtigtes Rad ins Rollen geriet, weshalb ich schließlich abbrach. Sie hatte es planmäßig auf meine Verführung abgesehen... Nun sorgt sie für Rache.» Und Dr. Jung sorgt sich um seinen guten Ruf...

Ein Verführter, ein Opfer, dessen Gutmütigkeit schamlos von einer am Ende gar noch rachsüchtigen Patientin ausgenutzt worden ist, meldet sich in Wien zu Wort. An dieser Situation sollte die Freundschaft der beiden Männer nicht scheitern. Vielmehr galt es, Schaden zu begrenzen; Schaden, der womöglich für die Psychoanalyse entstehen konnte, sollte der «Skandal» öffentlich werden. *Darum* sorgt sich Freud. Das Schicksal der Patientin, der Frau, ist zu diesem Zeitpunkt beiden Männern eher gleichgültig. Sabina Spielrein als Opfer – und C. G. Jung als berechnender Täter? So einfach waren die Rollen in diesem Drama auch wieder nicht verteilt. Jung litt ja nicht nur unter der Angst um den guten Ruf, um die Ehe, die Karriere. Und gewiß waren auch nicht *alle* Vorwürfe, er sei verführt *worden*, unberechtigt. Das psychoanalytische Arrangement lädt den Analysanden dazu ein, geheime Wünsche und verborgene Beziehungsstrategien dem Analytiker gegenüber zu entfalten. Die Wünsche, den anderen zu verführen, und dies auf eine Art und Weise, die das Motiv des Wunsches nicht offen zum Ausdruck bringt, sind in einem der Tagebücher Sabinas verzeichnet. Sie richten sich in diesem Falle nicht auf Jung, sondern ganz allgemein auf einen Mann, auf das anonyme andere Geschlecht. Sabina notiert (1909): «... als ich heute morgen zum Waschen ging habe ich den Vorhang heruntergelassen, aber, auf die Art, dass er noch einen Raum für den Einblick ins Zimmer gestattete. Das habe ich nicht absichtlich gemacht, als ich aber den Defekt (Fehler) beim Waschen entdeckte, so wollte ich ihn nicht weiter corrigieren. Wenn ich mich jetzt daran erinnere fühle ich mich erröten; ich glaube – ich würde nie so was denken können und doch war es vor einer halben bis vor einer Stunde ich stand am Waschtisch und dachte; es ist ganz schön, wenn mich Jemand so bewundert... Das Bewusste muss (will) auf eine vorsichtige Art umgangen werden und dann... lässt man sich eine kleine Freiheit gerne gefallen. Als ich bis auf den Gürtel fertig angekleidet war sah ich, dass ein netter junger Mann in mein Zimmer blickte; ich fühlte mich tief erröten und dieses leichte Spiel des Unbewussten dass ich objektiv betrachtete war mir sehr angenehm. Ein Moment zögerte ich. Die Bescheidenheit ueberwog, ich versteckte mich hinter dem Vorhang. Etwas später guckte ein älterer Herr vom oberen Fenster heraus, und... wie sonderbar: Ein tiefer Ekel bemächtigte –» Abrupt bricht der Satz ab. Danach ist von «schauderhafter Einsamkeit» die Rede.

Sabina weiß, was sie will; aber sie will nicht wissen, was sie weiß. Sie spricht im Tagebuch von einem «Spiel», das sich hinter dem «Fehler», hinter dem nicht ganz zugezogenen Vorhang, verbirgt. Dieses «Spiel» der Verführung und Selbstverführung ist der Selbstbeobachtung zugänglich; oder es wäre der Selbsterkenntnis zugänglich, gäbe es nicht Einsprüche gegen die Wahrnehmung, gegen die Anerkennung der Wahrheit des Wunsches. Der Exhibitionswunsch, beispielsweise, widerspricht der Konvention. Ein Arrangement, eine Fehlhandlung, enthüllt den Wunsch dennoch – und damit auch den Körper der Frau, auf den die Blicke des Mannes fallen. Zufällig, scheinbar unbeabsichtigt, geschieht dies alles. «Trieb» und «Objekt» verschränken sich in eigenartiger Weise miteinander, ohne daß bewußte Entscheidungen nötig wären. Die Beziehungen zwischen dem Wunsch und dem Erwünschten gleichen Arrangements, geheimen Verabredungen.

Die Augen der Fremden, deren Blicke auf den eigenen Körper fallen

sollen, werden als Spiegel erwünscht, in dem das entstehende Bild des
Selbst erscheinen kann. Das ist ein urtümlicher Vorgang. Er stammt
aus grauer Vorzeit, aus früher Kindheit – und er wird sich endlos wiederholen, solange das Selbst nicht geboren worden ist; solange das
Selbst-Bild Sprünge hat oder wieder in tausend Stücke zerbrochen ist.
«Psychische Krankheit»: Das ist ein Synonym für das «Spiel», das gespielt werden *muß*, wenn es dabei auch bisweilen um ein lebensgefähr-
liches Spiel geht. Zweck solchen «Spielens» ist es, den anderen *so* zu
erreichen, wie es notwendig ist, um den Wunsch zu befriedigen. Für
das Spiel zwischen den Geschlechtern gilt all dies in einem erweiterten
Sinne: Das fremde Geschlecht ist immer der Spiegel des eigenen Geschlechts. Wenn dem Kind der Blick in diesen Spiegel verboten worden ist (beispielsweise, um abermals an das Märchen zu erinnern, von
einer «bösen Hexe»), so wird es wohl auch sein eigenes Geschlecht
nicht wahr-haben wollen, nicht wahr-nehmen können.

6

In das Arrangement der Beziehung, die zwischen Jung und Sabina
Spielrein besteht, erhält Freud nach und nach Einblick. Er wird von
zwei Seiten informiert: durch Briefe, die er von Jung erhält; und durch
Briefe, die Sabina Spielrein schreibt. Den Briefen Sabinas an Freud
liegen zudem Briefe bei, die Jung an die Mutter Sabina Spielreins geschrieben hatte und die nun auf einem Umweg über Rußland endlich
auf Freuds Schreibtisch in Wien landen.

Lange Zeit sei ihr Jung wie ein «Götterabkömmling» erschienen,
schreibt Sabina an Freud. Dann jedoch kommt er jähe Sturz, das Erwachen, die Götterdämmerung. Der Sohn der Götter, der Held, der Erlöser – beging eine «Schufterei». Mit diesem Ausdruck charakterisierte
Jung, in einem Brief an Freud, reuig sein eigenes Verhalten Sabina gegenüber. Jung gesteht die Wahrheit, die sich nicht länger verbergen
läßt. Die Wahrheit kommt in Bruchstücken zutage, wobei sich Lügen
und Verstellungen, Täuschungen und Halbwahrheiten zur Wahrheit
zusammensetzen.

Im «Fall» Spielrein hat allerdings nicht nur Jung zeitweise gelogen.
Im «Fall» Spielrein sprach auch Freud nicht immer die Wahrheit. Um
es klarer und deutlicher auszudrücken: Freud lügt, täuscht und verstellt
sich, soweit er glaubt, die Sache, die Psychoanalyse, gegen die Wahr-

heit des Skandals verteidigen zu müssen. Dies geschieht bereits mit dem Brief, den Sabina Spielrein von Freud als Reaktion auf ihren ersten Brief erhält.

Freud antwortet, als wisse er nicht Bescheid. Warum sie von ihm eine Audienz erbete, fragt er. Anschließend meldet er nach Zürich, an Jung: «Ich schrieb der Spielrein also... einen Brief, in dem ich mich so dumm stellte, als ob ich ein Anerbieten einer übereifrigen Enthusiastin zu beurteilen hätte.» Diese Dummheit hatte Methode: Sabina Spielrein soll nicht erfahren, daß Freud – von Jung inzwischen ausführlich informiert – weiß, wer sie ist und worum es geht. Sie wird nicht nur belogen; sie wird auch aufgefordert, sich weiter zu entblößen, nämlich, Freud zu schreiben, «welcher Art die Sache sei», wegen der sie um eine Audienz nachsuche.

Die Dummheit, derer sich Freud gegenüber Jung rühmt, ist nicht einfach nur Ausdruck einer Männerkumpanei. Immerhin erfährt Jung von Freud, daß Sabina Spielrein aufgefordert worden ist, die Angelegenheit aus *ihrer* Sicht darzustellen. Der Zürcher Schüler des Wiener Meisters wird unter Druck gesetzt, endlich mit der ganzen Wahrheit herauszurücken, bevor sie von anderen erzählt werden kann. Jung sitzt in der Falle. Und Freud hat sich eine Position verschafft, die es ihm gestattet, Informationen von allen Seiten zu bekommen. Jung kann schlecht weiterlügen, denn er weiß jetzt, daß Freud Informationen vergleichen kann: die Jungs mit jenen Sabina Spielreins. Wie immer man Freuds Verhalten in diesem «Fall», der gewiß auch sein eigener ist, beurteilen mag: es gelingt ihm zeitweise, Sabina Spielrein wie C. G. Jung von sich abhängig zu machen. Der spätere Abfall Jungs von Freud wird auch vor diesem Hintergrund zu würdigen sein. Jungs Abfall war eben nicht nur das Ergebnis theoretischer Differenzen; er wäre auch als Versuch einer Ablösung, einer Befreiung von Abhängigkeit, zu verstehen.

1909 nimmt Freud eindeutig Partei für Jung. Er rät ihm, sich hinfort besser gegen die Verführungskünste seiner Patientinnen zu wappnen. Zu diesem Zwecke müsse Jung seine Gefühle besser beherrschen. «Es wächst einem so die nötige harte Haut, man wird der ‹Gegenübertragung› Herr... und lernt seine eigenen Affekte verschieben und zweckmäßig plazieren», heißt es in einem Brief Freuds an Jung.

In diesem Brief taucht, anläßlich des «Falles» Spielrein, der Begriff der *Gegenübertragung* erstmals auf. Dieser Terminus, der für die Weiterentwicklung der psychoanalytischen Behandlungstechnik außerordentlich wichtig werden sollte, meint nichts anderes als der Begriff der «Übertragung». Es geht in beiden Fällen um die Tendenz, unbewußte, aus der Kindheit stammende Wünsche, Ängste, Beziehungskonstellationen zu reaktivieren, die blind (d. h. unbewußt) hier und jetzt dem neuen Beziehungspartner gegenüber wiederholt werden. Gegenübertragung meint dieses gefühlshafte Reagieren des Analytikers, während der Begriff der Übertragung das analoge Geschehen beim Analysanden bezeichnet. Fragen, inwieweit Übertragung und Gegenübertragung einander wechselseitig beeinflussen und durchdringen, wurden von Analytikern erst sehr viel später gestellt. Die ersten Psychoanalytiker, so auch Freud, waren zunächst damit beschäftigt, die Übertragung zu verstehen, die darin enthaltenen Erinnerungen zu analysieren und die Gegenübertragung so gut wie irgend möglich aus dem «Spiel» zu lassen. Freud sah in der Gegenübertragung des Analytikers eher einen Makel, etwas, das besser nicht wäre, Affekte, die zu beherrschen waren. Als man später erkannte, daß bloße Beherrschung solcher Reaktionsmuster dem therapeutischen Bemühen nicht förderlich ist, versuchte man, mit Hilfe der «Lehranalyse» den unbewußten Motivierungen des künftigen Analytikers rechtzeitig auf die Spur zu kommen. Anstatt das Nicht-Integrierte zu beherrschen, wollte man es vorübergehend zur Sprache bringen, es so dem Bewußtsein einverleiben, bis auf einen fiktiven Rest, der weiterhin auch vom Analytiker zu «beherrschen» war. So sollten Wiederholungszwänge, Zwänge, in gegenwärtigen Beziehungen frühere Bindungsmodi blind zu reproduzieren, eingeschränkt und vermieden werden.

Der Zwang zur Wiederholung zeigte sich in Freuds Beziehung zu Jung besonders deutlich. Solange Freud in Jung den loyalen Freund, das *Ideal* sehen konnte, war Freud bereit, Jung (das heißt: dessen ideales Bild) gegen alle Zweifel und alle Einsprüche der Realität in Schutz zu nehmen. Etwas Ähnliches war Freud früher schon einmal passiert: Damals hieß der Freund (das Ideal) Wilhelm Fließ. Diesem Briefpartner, der zeitweise der einzige Mensch zu sein schien, dem Freud neue, die spätere Psychoanalyse begründende Ideen anvertrauen konnte, war von Freud eine ganz ähnliche Rolle zugedacht worden wie später Jung. Ein Stück drohender Wiederholung hatten Freud wie Jung wohl erkannt, denn in einem Brief (1909) Jungs an Freud findet sich die ausdrückliche Versicherung, Freud solle «beruhigt sein», es werde sich «nichts Fließ-Ähnliches» wiederholen. Und es hatte sich doch schon zum Teil wiederholt: Wie Jung gegenüber Sabina Spielrein, so hatte auch Fließ gegenüber eine Patientin (Emma Eckstein) einen eklatanten Kunstfehler begangen. Fließ hatte an dieser ihm von Freud zugeschickten Patientin eine Nasenoperation vorgenommen. Die Notwendigkeit zu dieser Operation war wesentlich durch abenteuerliche Theorien Fließ' hinsichtlich des Zusammenhangs zwischen weiblichem Geschlecht, Geruchsorgan und Hysterie motiviert gewesen. Nach der Operation kam es bei der Patientin zu lebensbedrohlichen Blutungen. Freud hatte Sinn für Symbolik, als es darum ging, diese Blutungen zu deuten. Er sah darin symbolische Wunden, den Ausdruck verborgener Wünsche, die sich nach Freuds Ansicht auf den Arzt richteten. War das Leiden Emma Ecksteins nicht ein Mittel der Verführung? Ein Mittel, den Arzt (Fließ) herbeizulocken; ihn zu zwingen, der liebeskranken Frau zu helfen? –

Angesichts der faktischen Realität entpuppten sich solche Überlegungen Freuds, bei denen einmal mehr die Frau als die Verführerin des Mannes imaginiert wurde, als eher abwegige Phantastereien. Dennoch hatten sie einen vortrefflichen Sinn: Sie nahmen den Freund, das Ideal, also Fließ, in Schutz. Denn an der «symbolischen Wunde», die durch die Kurpfuscherei von Fließ verursacht worden war (er hatte nach der Nasenoperation ein Stück Gaze in der offenen Wunde der Frau «vergessen»...), wäre Emma Eckstein fast verblutet. Im «Fall» Fließ wie im «Fall» Jung hielt Freud, trotz offensichtlicher Tatsachen, lange am Mann, am Ideal fest. Dies geschah beide Male auf Kosten einer Frau.

Ein Anlaß für den Bruch der Beziehung zwischen Freud und Fließ war ein Streit um Priorität: Freud hatte «vergessen», die Theorie der *Bisexualität* erstmals von Fließ gehört zu haben. Er vertrat sie öffentlich, ohne den Namen von Fließ zu erwähnen. Fließ beschwerte sich bei Freud, weil dieser ihn überging. Die Rivalitäten zerstörten schließlich die einst harmonische, ideal erscheinende Männerfreundschaft.

Ein Anlaß für den Bruch der Beziehung zwischen Freud und Jung waren ebenfalls Prioritätsstreitigkeiten. Diesmal waren die Rollen allerdings vertauscht: Freud war in der Position des Anklägers (eine Rolle, die früher Fließ innehatte); Jung war in der Position des Beklagten (seinerzeit eine Rolle, die Freud gespielt hatte). Die Klage Freuds, vorgebracht in einem Münchener Hotel 1912 anläßlich eines Treffens mit Schweizer Psychoanalytikern, lautete: Jung und seine Freunde schrieben psychoanalytische Artikel, ohne Freuds Namen zu erwähnen. Freud, der Urheber der Theorie, meinte, übergangen zu werden. Das war die Wiederholung eines Vorwurfs, den Freud Jahre zuvor von

Fließ hatte hören müssen. Jung entschuldigte sich: Er habe angenommen, Freud sei als Schöpfer der Psychoanalyse inzwischen so bekannt, daß man ihn nicht jedesmal beim Namen rufen müsse, wenn von Psychoanalyse geredet werde. Doch Freud «beharrte auf seinem Standpunkt und nahm die Sache persönlich. Plötzlich stürzte er zum Schrecken seiner Freunde ohnmächtig zu Boden. Der kräftige Jung trug ihn schnell zu einer Couch in der Halle, wo er bald wieder zu sich kam.» Soweit Jones, Freuds Biograph, der bei dem Vorfall zugegen war. Jung war es also doch einmal gelungen, Freud auf die Couch zu legen – wenn es auch nur die Couch war, die in einer Münchener Hotelhalle stand...

Jones berichtet weiter, Freud habe geäußert, zwischen dem Ohnmachtsanfall in Gegenwart Jungs und einem früheren Ohnmachtsanfall in Gegenwart von Fließ seien Parallelen zu erkennen. Freuds Worte, in der Version von Jones, will ich hier zitieren, weil sie die These belegen, daß sich in der Beziehung Freud–Jung etwas aus der Beziehung Freud–Fließ wiederholte: «Ich sah München zuerst, als ich Fließ während seiner Krankheit besuchte, und die Stadt scheint eine starke Verbindung mit meiner Beziehung zu diesem Mann gewonnen zu haben. Am Grunde steckt ein Stück eines unbeherrschten homosexuellen Gefühls dahinter.» Man wird sich erinnern müssen, daß Ohnmachtsanfälle zu jener Zeit als Symptome hysterischer Frauen galten. Dieses Symptom hatte symbolischen Charakter: Ohnmacht, das Aufgeben einer Macht, ist identisch mit Hingabe.

Freud war in Gegenwart Jungs in München zum *zweitenmal* ohnmächtig geworden. Bei einem früheren Vorfall war es nicht, wie jetzt in München, um eine aggressive Auseinandersetzung gegangen, sondern Freud war in Gegenwart Jungs ohnmächtig zu Boden gefallen, nachdem er Jung *verführt* hatte. Auch diese Verführung hatte symbolischen Charakter: Freud, Ferenczi und Jung saßen in einem Bremer Restaurant zusammen. Jung hatte sich bis zu diesem Tage an das von Bleuler allen Mitarbeitern in Burghölzli auferlegte Alkoholverbot gehalten. Freud und Ferenczi verführten Jung nun, die Abstinenz aufzugeben. Als die Verführung gelungen war, Jung Wein getrunken, dem Gott des Rausches, Dionysos, geopfert hatte, geschah etwas Unerwartetes: «Gerade darauf... fiel Freud in Ohnmacht» (Jones).

Freuds Sehnsucht nach einem *Mann* enthüllt die Sehnsucht des Sohnes nach einem starken Vater, der verläßlich vor der Mutter, vor der Frau als *Verführerin*, schützen könnte. Dies ist die *eine* Seite des Ödipuskomplexes. Die *andere* Seite zeigt den Streit um Priorität: Wer ist der *erste:* Vater oder Sohn? Während der idealisierte starke Vater schützen, möglicherweise auch retten und erlösen, den Sohn aus den Banden einer nicht-aufgelösten symbiotischen Verstrickung mit der Mutter befreien soll, provoziert die andere Seite des Vaters Haß, der dem Rivalen gilt, der *angstfrei* eine Beziehung zur Mutter / Frau eingehen kann, um von ihr zu bekommen, wovor der Sohn sich ängstigen muß, solange seine Identität schwach ist und durch die Nähe zur Mutter / Frau erneut bedroht werden könnte (vorausgesetzt, der Sohn hat sich mit ersten Schritten überhaupt von der Mutter gelöst). Der homosexuell-libidinös besetzte, als Identifikationsobjekt auserwählte Vater / Rivale wird idealisiert. Diese Idealisierung hält nicht nur den Haß in Schranken, sie ist auch Voraussetzung für die Identifikation mit dem Rivalen, die den Aufbau der männlichen Identität des Sohnes weiterhin unterstützen soll. Wettstreit und Konkurrenz sind förderlich, soweit die Auseinandersetzung mit dem väterlichen Rivalen nicht von vornherein aussichtslos erscheinen muß. Der Sohn muß eine Chance haben, mit dem Vater zu konkurrieren, wenn er ihm ähnlich werden will. Aus all dem, was wir über Freuds eher tragisch verlaufende Männerfreundschaften wissen, wäre auf den Konfliktbereich zu schließen, der in diesen Männerfreundschaften reaktiviert, wiederholt und am Ende doch nicht gelöst worden ist.

Der Vater schützt vor der Mutter; aber er versperrt auch den Weg zu ihr. Der Vater muß überwunden, aber er darf nicht zerstört werden, weil sonst der Schutzschild brechen würde, den der Sohn benötigt, um seine männliche Identität gegen die Mutter zu verteidigen und zu sichern. Die Mutter wird ersehnt; doch sie wird auch als Verführerin gefürchtet. Die Mutter könnte ein Flucht-Punkt sein, ein in der Vergangenheit liegendes Ziel; doch eben dieser regressive Wunsch bedroht auch die Identität des Sohnes. Die Mutter muß verlassen werden; der Sohn wendet sich dem Vater zu, um in dieser Beziehung zum Mann zu werden. Die Mutter mag sich in diese frühe «Männerfreundschaft» störend einmischen. Der Ödipuskomplex (und seine Vorläufer) bestehen aus komplexen, verschlungenen Gefühlsbindungen und Gefühlslösungen, die *alle* Affekte implizieren, zu denen Menschen fähig sind. In einem Brief (1911) an Freud äußerte Jungs Ehefrau, Freud möge sie doch nicht «zu jenen Frauen» zählen, «die, wie Sie einmal sagten, stets Ihre Freundschaften (zu Männern – B. N.) stören». Emma Jung spricht, eher beiläufig, Freuds Problem an: das Problem, das lange Zeit

– auch auf theoretischem Gebiete (man denke etwa an die erst spät begonnenen Ausführungen Freuds zur *weiblichen* Sexualität) – den Rückweg zur Mutter *versperrte*. Freud arbeitete «am» Vater, «am» Mann. Er arbeitete an der eigenen nicht zu Ende gebrachten männlichen Identität. Von diesem Problem aus betrachtet erscheint die Frau als Störerin der Beziehung zu Männern und (oder) als *Verführerin*.

Die Frau als Verführerin: Das ist *das* große Thema, das im Werk Freuds endlos variiert wird; das sich noch hinter scheinbar gänzlich abstrakten Fragestellungen verbirgt. Doch am Ende seines Lebens haben das Schicksal und die Frauen Freud eingeholt: Die Leiber der Frauen umgeben den alten, kranken Mann wie eine Wagenburg, in deren Innerem Freud, an Gaumenkrebs leidend, haust, während die feindliche Außenwelt mit Hilfe der Frauen abgewehrt wird. Der Ring aus Frauenleibern legt sich wie ein Reizschutz um den empfindlich gewordenen Leib des alten Mannes. Die Ehefrau, die Schwägerin, die Haushälterin, die treue Antigone-Anna, die Tochter also, die den Vater bis zum Tode pflegt, ihn in der Außenwelt mehr und mehr vertritt, zu seiner Stellvertreterin wird: das sind die Frauen, die als Vermittlerinnen zwischen Freud, zwischen dem Inneren der Wohnung, dem Fluchtpunkt, und dem Äußeren der Wohnung, der Welt, stehen. Nach innen hin pflegen sie: der Mann wird versorgt. Nach außen hin schirmen sie ab: der Mann wird isoliert. Und bis zuletzt brütet dieser Mann Freud über dem einen großen Problem, das in anderer Formulierung lautet: Warum ist die *Beherrschung der Leidenschaften* so lebensnotwendig? Freud erkennt sich schließlich im «Mann Moses» wieder. Moses sind die letzten großen Arbeiten Freuds gewidmet. Der *Mann* (Freud / Moses) rätselt vor der Doppelgestalt der Sphinx, deren eine Hälfte mit der «Verführung» (zur Leidenschaft) und deren andere Hälfte mit der «Beherrschung» (der Leidenschaft) zu tun hat.

Sabina Spielrein hatte Freud in ihrem Brief um eine «kleine Audienz» gebeten. Freud hatte ihr geantwortet und sich dabei «dumm» gestellt, sich verstellt, um weitere Auskünfte zu erhalten. Diese bekommt er: Sabina Spielrein verfällt einem Schreib-Rausch. Sie schreibt sich das Drama der Beziehung zu Jung, das Drama der vergangenen und der gegenwärtigen Wünsche, der Enttäuschungen und der Verletzungen von der Seele. Dabei entsteht das Portrait einer leidenschaftlich liebenden Frau.

Sabinas Mutter hatte einen anonymen Brief aus der Schweiz erhalten, als dessen Absenderin die Tochter später Jungs Ehefrau vermutet.

In diesem Brief wird der Mutter mitgeteilt, ihre Tochter sei dabei, die Ehe des Dr. Jung zu zerstören; die Mutter möge das doch verhindern. Die Mutter wendet sich an den Arzt, der die Tochter behandelt hat. Dr. Jung antwortet. Er ist bemüht, seine Hände in Unschuld zu waschen. Er sei wohl bei mancherlei Schwärmerei zu weit gegangen, räumt er ein. Aber das große Thema klingt wieder an: Die Frau als Verführerin des Mannes. Jung *verrät* im Brief an die Mutter die Liebe zur Tochter. Damit stürzt der «Götterabkömmling» jählings zu Boden. In einem Brief an Freud schreibt Sabina, sie wäre froh, «wenn mir jemand», hinsichtlich Jungs, des gestürzten Götterboten, «zeigen könnte, dass er doch kein Schurke ist». Das zu zeigen, ist unter gegebenen Umständen schwer. Dennoch gelingt es Sabina Spielrein, die Trauer zu verarbeiten, Jung als einen *Menschen*, nicht mehr als einen Halbgott, aber auch nicht als einen Teufel in Erinnerung zu behalten. Der Prozeß einer schmerzhaften Ablösung geht dieser Lösung und Erlösung allerdings voraus.

An die Mutter seiner früheren Patientin hatte Jung geschrieben, er sei der Tochter «vom Arzte zum Freunde geworden, indem ich aufhörte mein eigenes Gefühl in den Hintergrund zu drängen. Meine Rolle als Arzt konnte ich umso leichter aufgeben, da ich mich ärztlich nicht verpflichtet fühlte, denn ich habe nie Honorar verlangt. Dieses letztere ist es, welches die Grenzen, die dem Arzte gezogen sind, deutlich markiert. Sie werden nun verstehen, dass ein Mann und ein Mädchen unmöglich auf die Dauer unbegrenzt freundschaftlich verkehren können ohne dass möglicherweise auch einmal weitere Consequenzen dazutreten. Denn was könnte schliesslich die beiden abhalten die Consequenzen ihrer Liebe zu ziehen? Ein Arzt und eine Patientin dagegen können unbeschränkt lange von jeglicher Intimität sprechen... Der Arzt aber kennt seine Grenzen und wird sie nie ueberschreiten, denn er ist für seine Mühe bezahlt. Das legt ihm die nötige Beschränkung auf. Ich schlage Ihnen darum vor, um meine Stellung als Arzt, von der Sie wünschen dass ich sie beibehalten möge zu umgrenzen, mir ein Honorar auszusetzen als angemessene Entschädigung für meine Bemühung. Damit sind Sie absolut sicher, dass ich meine Pflicht als Arzt unter allen Umständen respektieren werde... Mein Honorar beträgt fr. 10 pro Consultation.»

Diesen Brief kann man auch als Dokument der Hilflosigkeit lesen, wenn man darauf verzichten will, sich moralisch zu empören. Ein Therapeut, der *seine* Grenze verloren hat, erinnert sich, daß unter bestehenden gesellschaftlichen Verhältnissen die verläßlichste Grenze zwischen den Menschen die des Geldes ist. Was die Liebe, was das Gefühl verbinden könnte, kann das Geld allemal trennen. Ein Schweizer rechnet mit kühlem Kopf. Und er hat natürlich recht! Er hat genau das Recht, das jede Prostituierte beansprucht, wenn sie zwischen ihren Körper und den des Freiers die Barriere des Geldes legt. Der Austausch der Gefühle ist durch den Tausch der Waren und durch den Verkehr des Geldes zu ersetzen.

Jungs Verweis auf «fr. 10 pro Consultation» soll helfen, eine Grenze wiederzufinden; die Geliebte wäre in die Patientin zurückzuverwandeln. Wie notwendig eine solche Rückverwandlung wäre, geht aus einem zweiten Schreiben Jungs an die Mutter Sabinas hervor. Darin heißt es: «Ich habe Ihrer Tochter immer gesagt, dass das Sexuelle ausgeschlossen sei und dass ich bloß mit meiner Handlungsweise meinem Gefühle der Freundschaft Ausdruck verleihen wollte. Als dies geschah, befand ich mich in einer sehr weichen und mitleidigen Stimmung...» Die «sehr weiche und mitleidige Stimmung» mag der therapeutischen Empathie entgegengekommen sein. Aber gerade dann, wenn solche Stimmung vorherrscht, müßte sie auch kontrolliert werden. Führt, verführt sie sonst nicht in Situationen und zu Handlungen, die das Ziel der Behandlung in Frage stellen?

Jung schreibt, «das Sexuelle» sei zwischen ihm und seiner Patientin «ausgeschlossen» gewesen. Es gibt keinen Grund, an dieser Aussage Jungs zu zweifeln – jedenfalls dann nicht, wenn «das Sexuelle» im bürgerlich-kleinbürgerlichen und *nicht* im psychoanalytischen Sinne verstanden wird. Für Freud bedeutet «das Sexuelle» bekanntlich eine Gefühlsqualität, die *nicht* notwendig an den Gegensatz der Geschlechter, an die Fortpflanzungsfunktion, an den expliziten Gebrauch der Genitalien gekoppelt sein muß. Im Sinne eines traditionell enggefaßten Begriffs von Sexualität mag «das Sexuelle» im Falle der Beziehung zwischen Jung und Sabina Spielrein also «ausgeschlossen» gewesen sein. Denken wir aber auch daran: Die zielgehemmte Libido, die keine Befriedigung findet, stiftet bisweilen die leidenschaftlichsten und unauflöslichsten Bündnisse, während die triebhaft befriedigte Sexualität oftmals überwindet oder zerstört, woran sie sich befriedigt hat.

Der Brief an die Mutter stellt Sabina vor das Problem, sich von Jung zu *trennen*. Sie erkennt ihre Illusionen; und sie möchte sich befreien. An Freud schreibt sie (über Jung): «Mein heissester Wunsch ist dass ich mich liebend von ihm trenne... Ein Gefühl zu unterdrücken taugt für mich nicht, denn wenn ich es Dr. Jung gegenüber tue, so kann ich niemand mehr lieben.» Und weiter heißt es: «Ich möchte mich vollkommen von Dr. Jung trennen und meine selbständige Bahn einschlagen. Das kann ich aber nur wenn ich soweit frei bin, dass ich ihn lieben kann...» Sabina Spielrein hat recht: Der Haß auf eine alte Liebe zerstört, solange er anhält, jede mögliche neue Liebe...

Wird das Muster einer Liebe wieder aufgetrennt, kommt es also zur Trennung, so entfesseln sich auch die Extreme, die gebunden waren, solange die Bindung bestand. Trennung setzt extreme Gefühle frei. Sabina meint, eine Lösung von Jung sei nur möglich, «wenn ich ihm entweder alles verzeihe oder ihn ermorde». Alles zu verzeihen, alles zu vergessen, was vorgefallen ist? Das hieße, die neu erkannten Seiten des Geliebten, die «bösen» Seiten, wieder zu vergessen, weil sie nicht zum Bild des Ideals passen. Den Geliebten zu ermorden? Das hieße, die «guten» Seiten seines Bildes aus dem Gedächtnis zu tilgen, ein Stück des eigenen Lebens zu zerstören. Zwischen beiden Möglichkeiten wäre ein Weg zu suchen, eine Lösung zu finden. Trennung bleibt ein Stück Tod, das im Leben zu bewältigen ist. Zeitweise hatte Sabina die Hoffnung, die Illusion, Jung, ihr Held, werde sich von seiner Frau trennen, um sich ganz seiner Liebe, Sabina, zuzuwenden. Solche Hoffnungen hatte Jung durchaus genährt, bevor er sie – in Gestalt des Briefes an die Mutter – abrupt enttäuschte. In einem Brief an Freud schreibt Jung, er habe sich, als «die Situation» sich «so zugespitzt hatte», daß er sich als Opfer weiblicher Verführungskunst wähnte, gewehrt; «da wehrte ich mich in einer Weise, die sich moralisch nicht verteidigen läßt. In meinem Wahne befangen, ich sei quasi Opfer der sexuellen Nachstellungen meiner Patientin, schrieb ich an deren Mutter, dass ich nicht der Befriediger der Sexualität ihrer Tochter, sondern bloss der Arzt sei... In Anbetracht des Umstandes, dass die Patientin noch kurz vorher meine Freundin war, die mein weitgehendes Vertrauen hatte, war meine Handlungsweise eine durch Angst eingegebene Schufterei...»

Die Angst gebiert manchmal Helden; viel häufiger aber zeugt sie Schufte. Sabina schreibt an Freud, daß Jung «mit mir so lange spielte, bis er von der Mutter einen Brief erhielt und Angst kriegte». Auch die Verzweiflung gebiert bisweilen Taten: Heldentaten, Verzweiflungstaten. Als Sabina Jungs Brief an die Mutter kennt, kommt es zu einer Szene (geschildert in einem Brief Sabinas an Freud): Mit «einem Messer in der linken Hand» steht Sabina vor Jung. Sie «weiss nicht, was ich damit wollte; er hat mich bei der Hand gefasst, ich wehrte mich; weiter weiss ich nichts». Sie stürzt aus dem Haus, sitzt in der Bahn, «mit zugedecktem Gesicht», weint «in Strömen», trifft auf Freundinnen, die entsetzt reagieren: «‹Sie bluten ja!›» Sabina antwortet, kaum verständlich, da der Vorfall, die Zusammenhänge nicht geklärt werden: «‹Das ist nicht mein Blut, das ist das seine: ich habe ihn ermordet!›»

Atemlos, weinend ist sie aus seiner Wohnung gerannt. Jetzt sieht sie Blut an ihren Händen. Sie denkt an das Messer – und daran, sie habe Jung ermordet. Ihn zu ermorden, das mag ein Teil des Wunsches gewesen sein, der sie in Jungs Haus geführt hatte. Später stellt sich heraus, daß sie ihn geohrfeigt, nicht ermordet hat. Als Sabinas Vater von dem Vorfall hört, lobt er die Tochter. Er, an ihrer Stelle, hätte nicht anders gehandelt, sagt er. Und er fügt hinzu: Man habe aus diesem Mann, aus Jung, «einen Gott gemacht und er ist nichts als ein gewöhnlicher Mensch...»

Weniger einem Gott und mehr und mehr einem ganz gewöhnlichen Menschen glich auch Freud im Drama, das er durch die Briefe Sabina Spielreins und C. G. Jungs erfuhr und in dem er nach und nach selbst eine Rolle übernahm.

Am Ende eines Briefes, den Sabina an Freud schreibt, heißt es, sie habe einen Traum gehabt, der sie vor Freud warnte. Der Traum habe die Botschaft enthalten, Freud werde nicht sie, die Träumerin, sondern Jung «beachten». Sabina Spielrein schreibt dies, obgleich sie zu diesem Zeitpunkt Freud persönlich noch nicht kennt. Sie weiß auch nicht, daß zu diesem Zeitpunkt hinter ihrem Rücken bereits eine Absprache zwischen beiden Männern besteht; sie weiß also nicht, daß Freud Jung mitgeteilt hat, er werde sich «dumm» stellen, um Sabina auszuhorchen. Sie weiß dies alles nicht, aber sie träumt.

In einem anderen Brief an Freud schreibt sie: «Wer mir im Wege stand, war Prof. Freud selbst.» Wiederum ist dies ein Satz, der Ahnungen reflektiert. Das trifft auch auf den folgenden Satz zu: «Es existieren bestimmte Charaktereigentümlichkeiten, welche ich (Spielrein – B. N.) in Ihnen (Freud – B. N.) sofort bemerkte, weil sie möglichst vollkommen unterdrückt in mir enthalten sind und so dachte ich Dr. Jung muss das von Ihnen abstossen...»

Vier Jahre *vor* dem Bruch zwischen Jung und Freud ahnt eine Frau den Bruch der Beziehung zwischen beiden Männern voraus. Diese Frau kennt Jung sehr gut, hat aber Freud noch nie gesehen. Sie kennt nur Freuds Schriften und hatte bis dahin zwei kurze Briefe von ihm erhalten. Es wird nicht erläutert, welche «Charaktereigentümlichkeiten» gemeint sind, von denen Sabina glaubt, sie besitze sie selbst, Freud aber habe sie in einem Ausmaße, das Jung eines Tages abstoßen müsse.

Als Antwort auf ihren langen, leidenschaftlichen Brief an Freud, der es verdienen würde, in die Sammlung großer Bekenntnisbriefe der Geschichte aufgenommen zu werden, bekommt Sabina von Freud ein Schreiben (24. 6. 1909), das auch eine Entschuldigung enthält: «Ich habe heute (das ist eine erneute Unwahrheit, denn Freud war von Jung weit früher informiert worden – B. N.) durch Dr. Jung selbst Einsicht in die Sache bekommen, wegen welcher Sie mich besuchen wollten, und sehe nun, daß ich Einiges richtig errraten, anderes fälschlich zu Ihrem Nachteil construiert habe. Wegen dieses letzteren Anteils bitte ich Sie um Entschuldigung. Meinem Bedürfnis nach Achtung vor den Frauen entspricht es aber sehr, daß ich mich geirrt habe, und daß die Verfehlung dem Manne und nicht der Frau zur Last fällt, wie mein junger Freund selbst zugibt. Nehmen Sie den Ausdruck meiner vollen Sympathie für die würdige Art, wie Sie den Conflict gelöst haben.»

Der «junge Freund», mit dessen Namen man offenbar recht gut spielen konnte (erinnern wir uns an eine *frühe* Tagebucheintragung Sabinas, bei der Jung zum Jungen wurde), war als Verführer geständig und entlarvt. Das Drama schien – jedenfalls für Freud – beendet zu sein. Doch einige Jahre später erlebte Freud an Jung ebenfalls eine Enttäuschung. Freud sieht sich gezwungen, vom Ideal des arischen Kron*prinzen* Jung Abschied zu nehmen. Der Bruch zwischen beiden Männern ist definitiv. Der Abschied bleibt unversöhnt.

Aufgrund des Scheiterns der Beziehung zu Jung schreibt Freud an Sabina Spielrein einen Brief. *Jetzt* stellt sich Freud auf eine Stufe mit Sabina Spielrein. Unversehens werden aus ihm und Sabina zwei verschmähte Liebhaber, die vom Geliebten betrogen, getäuscht und ausgenutzt worden sind: «Wir sind u bleiben Juden. Die anderen werden uns immer ausnützen u uns nie verstehen oder würdigen.»

Zu *dieser* Einschätzung Freuds läßt sich Sabina Spielrein *nicht* überreden. Gegen Freuds Versuche, sie davon zu überzeugen, Jung sei ihrer Zuneigung, ihres Andenkens nicht würdig, gegen Versuche, sie Jung zu entfremden, wehrt sich Sabina Spielrein. Sie hält zu Jung. Das heißt, sie hält die Beziehung aufrecht, die sie inzwischen zu Jung gefunden hat. In theoretischer Hinsicht und als praktizierende Psychoanalytikerin ist sie eine Anhängerin Freuds. Aber sie denkt nicht daran, Jungs Verrat von einst verspätet zurückzuzahlen. Obgleich Freud versucht, alte Wunden in ihrem Gedächtnis aufzureißen, läßt sie sich zum Verrat an Jung nicht verführen.

Zwischen zwei Männern – C. G. Jung und Sigmund Freud – findet eine Frau, Sabina Spielrein, ihren eigenen Standpunkt. Einer leidenschaftlich liebenden Frau gelingt es, eine Trennung, eine Kränkung, eine Enttäuschung zu bewältigen, einen Verrat zu verzeihen. Und deshalb gelingt es ihr auch, das Lebensprinzip Freuds, die Leidenschaften zu *beherrschen*, nicht zum Prinzip *ihres* Lebens zu machen.

1914 erhält Sabina Spielrein von Freud einen Brief. Darin heißt es: «Ich wünsche Ihnen natürlich, daß es Ihnen gelingen möge, das infantile Ideal des germanischen Recken u Helden (gemeint ist als Verkörperung dieses Ideals: Jung – B. N.), an dem Ihre ganze Opposition gegen Milieu u Herkunft steckt (gemeint ist das jüdische Elternhaus – B. N.), als Plunder beiseite zu werfen... Nichts ist mächtiger als beherrschte u abgeleitete Leidenschaft.» Nichts drückt aber auch die Schwäche, den unverziehenen Schmerz der Trennung deutlicher aus, als der Wille, ein altes Ideal nachträglich als «Plunder» zu denunzieren. Möglicherweise lassen sich Macht und Herrschaft als Derivate der Selbstbeherrschung und der Unterdrückung der Leidenschaften erklären. Macht wäre als Konsequenz einer Distanzierung vom eigenen Begehren zu verstehen. Vielleicht ist Macht auch der allgemeinste Ausdruck eines Begehrens, das sich von der Fähigkeit zur Hingabe gelöst hat. Wer Gott ähnlich, vielleicht auch nur ein zweiter «Mann Moses» werden will, muß auf die Liebe der Menschen verzichten können. Gott *ist* die Liebe. Er braucht sie nicht – und er bekommt sie doch in Form von Verehrung.

In einem 1909 geschriebenen Brief erteilt Freud Sabina Spielrein den folgenden Rat: «...so möchte ich Sie zur Selbstprüfung auffordern, ob die Gefühle, welche diese Beziehung (gemeint ist die zu Jung – B. N.) überdauert haben, nicht etwa verdienen, unterdrückt und erledigt zu werden, in der eigenen Seele meine ich und ohne äußere Aktion und Heranziehung dritter Personen.» Man mag sich aller Gefühle und Leidenschaften entledigen, weil mit ihnen peinliche und peinigende, schmerzhafte oder sonst unerwünschte Erinnerungen verbunden sind. Schließlich empfahl Freud diese Übung, Verdrängungen durch Zurückweisung aus einsichtigen und vernünftigen Gründen zu ersetzen, jedermann. Diese Empfehlung liegt auch Freuds therapeutischem Konzept zugrunde. Die Vernunft tritt somit an die Stelle der Verdrängung. Vernunft wird zum Widerpart der Leidenschaften. Und sie wird zum Verbündeten der Macht, zum Bestandteil von Herrschaft. Ein vernünftiger Gebrauch von der Vernunft ist das allerdings nicht.

7

Seit Aldo Carotenuto die Dokumente zum «Fall» Spielrein veröffentlicht hat, wurden sie zu Zwecken der Anklageerhebung, wahlweise gegen Jung, gegen Freud, gegen die Männer oder gegen die Psychoanalyse überhaupt benutzt. Jeder, der in Liebesangelegenheit stets die Wahrheit gesprochen, sich niemals verstellt, niemals Verrat geübt hatte, konnte nun guten Gewissens mit dem Finger auf Jung oder auf Freud deuten. Die entsprechenden Ankläger vergessen allerdings, daß die Frau, die sie mit solchen Übungen zu verteidigen meinen, zeitlebens Freud und Jung verbunden blieb und als Psychoanalytikerin jene Theorie schätzte, die von den Anklägern nachträglich, unter Benutzung ihres «Falles», verdammt werden soll.

Als Aldo Carotenuto die von ihm herausgegebenen Dokumente zum «Fall» Spielrein vor einem Kongreß amerikanischer Freudianer referierte, vergaßen diese, was ihren Beruf von dem eines Staatsanwaltes unterscheidet *könnte*. Sie erhoben Anklage – gegen Jung selbstverständlich. Plötzlich erschien ihnen die Frage nach Fakten wichtiger als die nach Phantasien. In bezug auf Jung und seine Patientin beschäftigten sie sich mit der Frage, die jeden Spießer aufwühlt, wenn er ein Liebespaar aus dem Schatten treten sieht: Haben die beiden miteinander geschlafen – oder haben sie nicht? Die Freudianer vergaßen, im Dienste ihres Interesses, was Freud zum Begriff der Sexualität gesagt hatte; sie wollten wissen, ob es zwischen Jung und Sabina Spielrein zum Koitus gekommen war oder nicht. Die Tendenzen ergeben ein nicht allzu überraschendes Bild: Psychoanalytiker Freudscher Richtung glauben eher daran als Psychoanalytiker Jungscher Richtung, daß ein Faktum zu bestätigen sei, das – wie etwa Werther zeigt, der sich trotz des Fehlens eines solchen Faktums eine Kugel in den Kopf schoß – für eine leidenschaftliche Gefühlsbeziehung eher von zweitrangiger Bedeutung ist. Wie dem auch sei: Im Nachwort des Dokumentationsbandes meint der Jungianer Carotenuto, zwischen Jung und Sabina Spielrein sei es nicht zum Koitus gekommen; und im Vorwort desselben Buches widerspricht der Freudianer Cremerius dieser Ansicht, wobei er sich auf, von ihm etwas einseitig interpretierte, Äußerungen eines amerikanischen Kollegen, Bruno Bettelheim, stützt.

Bruno Bettelheim hatte geschrieben («New York Review of Books»; dt. Übersetzung: «Tagesanzeiger»/Zürich, 1983): «Es ist mehr als siebzig Jahre später sicher relativ unwichtig, ob die große Liebe, die Jung und Sabina Spielrein füreinander empfanden, eine sexuelle Erfüllung fand.» Das bloße *Faktum*, so fügen wir hinzu, kommt täglich und im Zweifelsfalle ganz *ohne* «große Liebe» vor.

Gewiß, so meint Bettelheim, die Beziehung zwischen Jung und Sabina Spielrein sei «äußerst zärtlich und intim» gewesen. Die Frage, ob es zum «Geschlechtsverkehr» gekommen sei, lasse sich dennoch nicht eindeutig mit «Ja» beantworten. Sicher sei hingegen, daß Jung sich Sabina Spielrein gegenüber «lümmelhaft» verhalten habe, als er es mit der Angst bzw. mit Sabinas Mutter zu tun bekommen habe. Bettelheim meint, «sehr wahrscheinlich» sei es zwischen Jung und Sabina Spielrein zum «Geschlechtsverkehr» gekommen. Aus dieser Bemerkung entnimmt Cremerius, Bettelheim habe «mit Entschiedenheit» vertreten, was Carotenuto ebenso entschieden dementiert und was schließlich auch nach Ansicht von Cremerius eine Nebensächlichkeit ist; denn «... ist das überhaupt ein wichtiger Punkt?»

Cremerius fährt fort: «Sind nicht Täuschung, Verrat, Demütigung und Mißbrauch von Vertrauen, die Zerstörung von Würde und Selbstwert, viel folgenschwerer...?» Gewiß! Zu all dem ist *kein* Geschlechtsakt nötig – und der Geschlechtsakt kann im Einzelfall auch ein Begleitumstand solcher Kränkungen sein. Er kann aber auch Ausdruck des Gegenteils, Ausdruck einer Liebe sein, die nicht beschädigt. Was soll also die Frage nach dem *Faktum*, wenn es um die Würdigung von Gefühlen, um emotionale Verletzungen und um *emotionale* Vergewaltigungsmöglichkeiten geht?

Auch die Liebe des Kindes zu den Eltern (und einen Ersatz für solche Liebe hatte sich Sabina Spielrein gewünscht, wie sie in ihr Tagebuch zu Beginn der Behandlung in Burghölzli geschrieben hatte) kommt in der Regel *ohne* Geschlechtsakt aus. Dennoch kann gerade *diese* Liebe benutzt, ausgenutzt, mißbraucht, vergewaltigt werden.

In den letzten Jahren ist hinsichtlich familiärer Beziehungen eine Diskussion über «Faktisches» geführt worden, die der Diskussion zum «Fall» Spielrein in mancherlei Aspekten ähnelt. Ausgelöst wurde die Debatte durch Vorwürfe, die Alice Miller und Jeffrey Masson an die

Adresse Freuds gerichtet hatten: Freud habe aus opportunen Gründen die Verführungstheorie aufgegeben, hieß es. Er habe unzulässig die Annahme wieder verworfen, daß Kinder häufiger von ihren Eltern oder von anderen Erwachsenen im tatsächlichen, greifbaren Sinne sexuell mißbraucht werden würden.

Zum einen stimmt die Pauschalität des Vorwurfs nicht: Freud hat zu *keinem* Zeitpunkt die Verführungstheorie (im expliziten Sinne) gänzlich verworfen. Beispielsweise fügte er ein Vierteljahrhundert nach der Erstpublikation einer Krankengeschichte in einer Neuauflage hinzu, die Patientin sei nicht, wie es aus Gründen der Diskretion in der Erstveröffentlichung hieß, von ihrem «Onkel», sondern von ihrem *Vater* als Kind sexuell mißbraucht worden. Warum sollte ein Autor, dem unterstellt wird, er habe die Verführungstheorie *aufgegeben*, Jahrzehnte später eben das Faktum der expliziten Verführung eines Kindes durch einen Elternteil noch einmal gesondert bemerken und unterstreichen?

Tatsächlich hatte Freud die Verführungstheorie ergänzt: Er meinte, nicht alle entsprechenden Erinnerungen von Patienten gäben die tatsächlichen Vorfälle korrekt wieder. Bisweilen seien solche Erinnerungen auch bloße Phantasien, die eine *Wunsch*vorstellung des Kindes zum Ausdruck brächten. In jedem Falle sei das Kind kein unschuldiger Engel, sondern ein Lebewesen, das von Geburt an eine *eigene* Triebhaftigkeit besitze, demnach nicht nur passiv zum Opfer von Verführungen werde, sondern auch aktiv zu entsprechenden Phantasien oder tatsächlichen Handlungen beitragen könne. Diese Sicht korrigiert nun allerdings die biedermännische Vorstellung Erwachsener vom Kind, wonach das Kind nur Opfer sein kann. Eröffnet wird eine Perspektive, die ein «Jenseits» von Täter und Opfer zumindest denkbar erscheinen läßt.

Gewiß fällt in der revidierten Theorie Freuds dem Kind mehr Verantwortung zu als in der reinen Verführungstheorie, und bisweilen wurde die revidierte Theorie auch dazu benutzt, die Relationen einfach nur umzukehren, so daß aus dem Kind der «Täter» wurde, der sich – zumindest in der Phantasie – die Eltern als «Opfer» seiner perversen Impulse sucht. Die Neigung der Menschen, das «Böse» dingfest zu machen, es irgendwo zu lokalisieren, scheint unausrottbar zu sein. Sie ist auch unter Psychoanalytikern (nicht zuletzt in der Theoriebildung) vorhanden.

Freuds Revision der ursprünglichen Fassung der Verführungstheorie eröffnet aber noch eine andere Perspektive: Es könnte auch «Verführungen» geben, die ganz ohne offensichtliche, greifbare Handlungen auskommen; die also an «Tatsachen» nicht festzumachen sind. Solche Vergewaltigungen *ohne* sichtbare, ohne greifbare – und daher mit schwer erinnerbaren und begreifbaren – Wunden könnten mindestens ebenso verheerende Folgen haben wie jene Vergewaltigungen, von denen in einem «faktischen» Sinne gesprochen werden kann. Von Erniedrigung, Verletzung und Ausbeutung muß also nicht immer nur dann die Rede sein, wenn Handgreiflichkeiten, gleich welcher Art, offensichtlich und erkennbar sind. Dies wäre bei jeder Debatte zum Thema «Sexualität und Gewalt» zu berücksichtigen.

8

In der psychoanalytischen Literatur wird im allgemeinen die Ansicht vertreten, die Idealisierung sei ein Erbstück, eine Art Entschädigung für einen verlorenen, tatsächlich aber einmal realen idealen Zustand. Dieser ideale Zustand wäre der Zustand vor der Geburt, als Milch und Honig flossen. Ich meine, die Idealisierung könnte auch noch eine andere Quelle haben: Je traumatisierender die Realität war, der sich das Kind ausgesetzt fühlte, desto notwendiger waren schöne Bilder, Idealisierungen, die das *Überleben* in einer ansonsten aussichtslos erscheinenden Situation ermöglichen sollten. Die Idealisierung der vergewaltigenden Mutter, des vernichtenden Vaters, des eigenen erbärmlichen, gedemütigten Selbst: Gäbe es nicht Gründe genug, Zuflucht bei *solchen* Selbsttäuschungen, bei solchen Mitteln der Selbst-Erhaltung zu suchen?

Gesetzt also, die schönen Bilder der Idealisierung verdeckten eine schreckliche Vergangenheit, erschreckende Erlebnisse: Wen würde es wundern, wenn Ideale in der Regel hartnäckiger verteidigt werden als das eigene, *nackte* Leben? Verbinden wir diesen Gedanken mit einem zweiten: Ganz sicher gibt es psychoanalytische Behandlungen, in deren Verlauf es zu Neutraumatisierungen, zu Verletzungen und zu Vergewaltigungen kommt, die nicht sichtbar, dennoch real sind. Ich meine also Erlebnisse, die *nicht* lediglich im Sinne von Übertragungsphantasien zu deuten wären, wenngleich sie sich – wie das Unsichtbare stets – am ehesten in *Phantasien* ausdrücken dürften. Gälte vielleicht auch für solche Verletzungen das Gesetz, demzufolge Idealisierungen den schmerzbetäubenden Zweck erfüllen, eine schreckliche Realität zu verdecken? Die Frage, anders gestellt, würde lauten: Woher kommt es, daß die Psychoanalyse, daß Freud von Psychoanalytikern in einem Ausmaß idealisiert werden mußten (und werden), das in keiner anderen Wissenschaft Parallelen findet?

Noch die *Angst* vor der Psychoanalyse, der Einspruch gegen sie, beispielsweise formuliert als Einspruch, sie sei keine «Wissenschaft», verweist indirekt auf die Macht, die ihr unterstellt wird: Der Vorwurf, sie könne als angewandtes Verfahren zerstörerisch *wirken*, unterstreicht ihre Wirklichkeit, wenn auch in einem negativen Sinne. Der Psychoanalytiker «operiert», wie Freud an Jung schreibt, mit der «Liebe». Vielleicht handelt es sich dabei um eine der folgenschwersten Operationen, die denkbar sind.

Cremerius unterstellt in seinem Vorwort zur Dokumentation des «Falles» Spielrein, Sabina habe sich von ihren Verletzungen, die ihr von Jung zugefügt worden seien, kaum mehr erholt. Die «brutale Zerstörung» ihrer «ersten Liebe» – nämlich der zu Jung – habe Sabina Spielrein zu einem Leben in Unruhe und Unstetigkeit gezwungen. Die Briefe, die Sabina nach ihrer Trennung an Jung schreibt, sprechen, wie ich meine, jedoch eine andere Sprache – nämlich die der Versöhnung und die der Bewältigung des Schmerzes. Briefe, die zwischen ihr und Jung gewechselt werden, sind bis zum Jahre 1919 erhalten. Die Anreden sind beredt: «Liebes!» (1911); «Lieber Herr Doctor!» (1917) – so schreibt Sabina Spielrein an C. G. Jung. «Meine Liebe!» (1911); «Liebe Freundin!» (1913); «Liebe Frau Doctor!» (1917) – so antwortet C. G. Jung Sabina Spielrein...

Der eigenartige Tatbestand, daß Männer im nachhinein eine Frau verteidigen, die es nicht nötig hat, verteidigt zu werden, und die am Ende weniger bedauert werden muß als jene Männer, deren vermeintliches Opfer sie war, findet eine Fortsetzung, wenn es um eine nachträgliche Würdigung des theoretischen Werkes Sabina Spielreins geht. Ich meine also die Behauptungen, Sabina Spielrein habe als erste das Konzept vom «Todestrieb» vertreten, das sich dann später Freud angeeignet habe, ohne Sabina Spielrein als Vorläuferin genügend zu nennen und zu würdigen. Die Anhänger dieser These – Cremerius und Carotenuto stimmen hinsichtlich dieser These überein, obgleich sie sich sonst häufiger widersprechen – benutzen die vermeintliche Verteidigung einer Frau (Spielrein) gegen einen Mann (Freud) dazu, das Wesentliche der Gedanken der Frau über «Die Destruktion als Ursache des Werdens» zu ignorieren. Auf diese Weise kann die Identität der Gedanken Sabina Spielreins mit dem Freudschen Konzept vom «Todestrieb» behauptet werden. Nicht immer also sind die Verteidiger der Frauen notwendigerweise deren beste Anwälte. Im konkreten Fall wurde der revolutionäre Gedanke einer Frau entschärft, indem man ihn einem späteren Gedanken Freuds gleichsetzte, der keineswegs dasselbe ausdrückt wie der ursprüngliche Gedanke Sabina Spielreins. Ich komme auf diesen Punkt noch ausführlich zurück.

Im Rückblick auf das Jahr der Verzweiflung notiert Sabina Spielrein 1910: «Es war eine schreckliche Zeit für mich, da ich mich von meinem Freunde trennte und mit den finsteren Kräften kämpfte, die mir den Glauben an Ideale nehmen wollten. Ich weinte faktisch Tag und Nacht...» Wenn je die Tränen des Eros, wenn je der Schmerz der Trennung befruchten konnten; wenn je die «Destruktion» die Ursache neuen Werdens war; wenn je der Sturz eines Idols den früheren Helden *nicht* zum Teufel machte, sondern aus dem gestürzten Engel ein ganz gewöhnlicher Mensch werden *durfte*; wenn also je verletzende Erfahrungen bewältigt worden sind, soweit sie überhaupt bewältigt werden können – *dann* wäre Sabina Spielrein als Beispiel für das Beispiellose zu nennen. – Anders gefragt: Was hat es zu *bedeuten*, wenn Männer aus dieser Frau, unter dem Vorwand, sie gegen andere Männer (Jung, Freud) in Schutz zu nehmen, nachträglich ein bemitleidenswertes Opfer machen wollen? Sagt das etwas über die Frau oder sagt das etwas über die Männer aus?

Jung gestand Sabina Spielrein eines Tages, nachdem er zuvor andere Hoffnungen erweckt hatte, er werde sie nicht heiraten können. Sie notiert im Tagebuch den Hinderungsgrund: «... weil ein grosser Philister in ihm steckt, der das enge und spezifisch schweizerische braucht.» Und, so fügen wir hinzu, weil Jung seine wissenschaftliche Karriere nicht einer verbotenen Liebe opfern wollte. Hingegen ermöglichte die Opferung der verbotenen Liebe eine wissenschaftliche Karriere, die den einstmaligen «Götterabkömmling», der zwischenzeitlich zum «gewöhnlichen Menschen» und zum engstirnigen Schweizer «Philister» geworden war, wieder an das Firmament der Phantasien katapultierte (ich rede von den Phantasien seiner Schüler, Anhänger und Bewunderer). Von oben herab, etwas wolkig manchmal, konnte Jung über Mystisches reden. Am Ende wurde aus dem «Götterabkömmling» doch noch ein Prophet. Im Falle Jungs war das Ideal leibhaftig gestürzt. Das hinderte ihn aber nicht daran, aus den Trümmern ein neues Standbild zusammenzusetzen. Anders, und doch ganz ähnlich bei Nietzsche: Ein Denker, der alle Ideale zerstören wollte, wurde für seine begierigen Bewunderer am Ende selbst wieder zum Ideal. Offenbar lebt der Mensch ohne Brot schlecht. Aber ohne Ideale verhungert er. Demnach ist die Inkonsequenz auch konsequent, wenn wir in Sabinas Tagebuch 1910 über den «Philister», der kurze Zeit zuvor noch blutig verletzt worden war, lesen: «Mit meinem Freund hatten wir die zärtlichste Poesie... letzten Mittwoch. Was wird das wohl geben?»

Soweit sich das Ideal in einem Menschen ver*körpert*, soweit es Fleisch und Blut geworden ist, liegt es im Wesen dieses Ideals, daß man ihm nicht *zu* nahe kommen darf. Nähe zerstört das Ideal. Symbolisiert das Ideal das Unerreichbare, so symbolisiert es zugleich das *Unnahbare*. Die Kreuzigung des Menschen, von dem man glaubte, er sei Gott, während er sich, als man ihm *zu* nahe kam, als ein ganz gewöhnlicher Mensch entpuppte, ist Ausdruck einer menschlich-allzumenschlichen Enttäuschung.

Ein Grund, warum die Götterhäuptlinge des Primitiven «tabu» sind, liegt darin: Gott kann in der Gestalt eines Menschen nur überleben, wenn ihn von allen anderen Menschen eine Zone trennt, die nicht betreten werden darf. Der Götterhäuptling ist unnahbar. Zumindest aber fordert die Annäherung an ihn die Beachtung vorgeschriebener Rituale. Das Überschreiten der Distanz ohne Beachtung der rituellen Schritte der Annäherung, ein Tabu-Bruch also, zerstört den Frevler; es sei denn, der Frevler wäre stark genug, die Nähe auszuhalten, die er sich, das «Tabu» verletzend, angeeignet hat. Ist er hierzu in der Lage, dann zerbricht das Ideal. Der vermeintliche Gott kehrt auf den Boden der menschlichen Tatsachen zurück: Gott ist entweiht; er stirbt.

Die Phase der Trennung, während der sich die Beziehung zwischen Sabina Spielrein und C. G. Jung wandelte, reicht etwa von 1909 bis 1911 und hinterläßt nicht nur Wunden, sondern auch symbolische Heilungen. Ich meine wichtige Arbeiten Sabina Spielreins und C. G. Jungs, die in dieser Zeit entstehen. Sabina hatte ihr Staatsexamen in Medizin abgelegt und bei Bleuler «Über den psychologischen Inhalt eines Falles von Schizophrenie» (enthalten, mit anderen psychoanalytischen Schriften, in: Spielrein 1986b) promoviert. Die Dissertation wie auch die ein Jahr später publizierte Schrift über «Die Destruktion als Ursache des Werdens» (1912) entstehen in teilweiser Zusammenarbeit mit Jung. Er trägt Formulierungen bei und sorgt für die Veröffentlichung beider Werke Spielreins in einem psychoanalytischen Periodikum.

Die Studie über die Schizophrenie ist zum Teil als Rückblick aufzufassen: Eine Patientin aus der Anstalt Burghölzli gibt Auskunft über ihr Erleben. In Burghölzli war aber früher die Autorin der Arbeit selbst behandelt worden. Sie hatte an einer Krankheit gelitten, die, wie es in einem der Tagebücher heißt, «nach dem Tode» einer Schwester in früher Kindheit ausgebrochen war. Die Patientin, die jetzt untersucht wird, ist, im übertragenen Sinne verstanden, auch eine Schwester.

Das Erleben, die Phantasien, die Sprache, die Beziehungsangebote und die Symbole der schizophrenen Frau aus der Anstalt Burghölzli wären zu *verstehen:* Ist das möglich? Sicher gibt es kein Verstehen ohne Mit- und Nach-Erleben. Man kann manches klären und erklären, wenn man sich in zureichender Distanz zum Objekt aufhält. Aber man kann nichts verstehen, was man nicht – wenigstens abgeschwächt – *selbst* erlebt hat. Darin liegt der wirkliche Unterschied zwischen Erklärtem und Verstandenem: Für das Erklären ist Distanz (vor allem zu eigenen Gefühlen) notwendig, während für das Verstehen Nähe (vor allem zu eigenen Gefühlen) unabdingbare Voraussetzung bleibt.

Psychoanalytische Konzepte und Termini mögen für mancherlei Erklärung benutzt werden; *verstanden* werden sie nur dann, wenn sie sich in *eigenem* Erleben auflösen lassen. Die *Sprache* eines psychoanalytischen Textes zeigt noch am deutlichsten, in welchem Sinne der Autor psychoanalytische Termini benutzt: Handelt es sich um enteignetes oder um angeeignetes Wissen? Ist im Abstrakten das Konkrete, das Erfahrbare und Selbsterfahrene, zu finden? Oder liegt das Konkrete des abstrakten Textes gerade in der Tatsache, daß er *keine* Erfahrung, sondern nur Begriffe vermittelt? Sabina Spielreins Texte sind gelungene Versuche, das Nicht-in-der-Sprache-Liegende *in* der Sprache zum Ausdruck kommen zu lassen. Die Darstellung der Destruktion als Ursache des Werdens erfordert die Fähigkeit zur Darstellung einer Paradoxie: Feuer und Wasser müssen so gemischt werden, daß das Wasser der Abstraktion das Feuer des Erlebten nicht löscht; und daß das Feuer des Erlebten das kühlende Wasser der Abstraktion nicht verflüchtigt.

Die Sprache der Schizophrenen eignet sich vorzüglich für die Darstellung von Paradoxien. Die von Sabina Spielrein untersuchte Patientin äußert über einen Therapeuten: «Dr. J. wurde verfolgt von der Liebe, die das Wesen seiner Fröhlichkeit und die mystische Behandlung der sexuellen Frage ihm brachten, d. h. von der Sympathie, die in Antiphatie umschlagen kann.» Hat dieses Sprachspiel einer schizophrenen Patientin noch irgendeinen Sinn? Hat «Dr. J.» die «sexuelle Frage» einer «mystischen Behandlung» unterworfen? Wenn ja: Warum hat er das getan? Und welche Folgen hatte das? Hatte Freud den «Dr. J.» nicht ausdrücklich davor gewarnt, die «sexuelle Frage» – bzw. deren Antwort: die Libidotheorie – zu mystifizieren? Eine Entsexualisierung, eine Reinigung der Theorie zugunsten sittlicher und biedermännischer Überzeugungen bedeute, so meinte Freud, nicht bloß eine Konzession, sondern mehr: Der Verzicht auf die Libidotheorie bedeutete den Verzicht auf ein Bollwerk gegen die «Schlammfluten des Aberglaubens». Das Sinnliche, das Erdhafte, das Körperliche wird mit Hilfe dieses Verzichts ins Übersinnliche, ins Überirdische, ins Geisterhafte zurückverwandelt. «Dr. J.» lag aber gerade daran: am Mystischen, am Symbolischen, am Verwandelten. Die schnöde Sexualität als Brennpunkt und Sammelbecken aller menschlichen Gefühle zu *verstehen* (auch jener Gefühle, die im Laufe der Jahrhunderte ins Göttliche oder ins Teuflische transformiert worden sind), das wollte «Dr. J.» nicht.

Während Sabina Spielrein «Über den psychologischen Inhalt eines Falles von Schizophrenie» nachdachte, war Jung mit seiner Arbeit «Wandlungen und Symbole der Libido. Beiträge zur Entwicklungsgeschichte des Denkens» (1911) beschäftigt. Bis ins Alter hinein schrieb er an dieser Arbeit weiter und um, die 1950 dann unter neuem Titel erschien: «Symbole der Wandlung – Analyse des Vorspiels zu einer Schizophrenie».

Das Thema der Wandlung, der Verwandlung, um das es in Jungs Werk geht, ist *das* Thema des Märchens. Leiden und Leidenschaften, Wünsche und Verwünschungen, Erlösung und Lösungen: darum geht es im Märchen – und darum geht es auch im psychotischen Erleben. Die Wahrheit des Märchens, derzufolge es keine Befreiung, kein Werden ohne vorausgehende Destruktion desjenigen geben kann, der durch die Liebe zum anderen im Fremden das Eigene erlösen will, ist eine möglicherweise ernüchternde Wahrheit.

In Jungs Werk geht es auch um die Geburt des Helden. Es geht also um die Ablösung des Sohnes von der Mutter; um Schmerz und Trennung, um Geburt, um ein blutiges Ereignis – denn jede Geburt ist ein blutiges, schmerzhaftes Ereignis. Es geht um die Individuation. Und um die Verwandlungen, die den Prozeß der Individuation begleiten, der dem Prozeß der Zivilisation in so vielen Aspekten gleicht. Alles wandelt sich – alles bleibt gleich: In allen Wandlungen und Verwandlungen muß doch die Identität erhalten bleiben, muß sich doch das gleiche, das Individuum, endlos wiederholen, soll überhaupt noch ein einheitliches Bewußtsein erhalten bleiben, das am Anfang und am Ende *dasselbe* und doch *verschiedenes* ist. Und «dazwischen»: All die Stufen der Verwandlung, das «Werden», das jeweils für das Vorausgegangene den Tod bedeutet und seinen eigenen Tod herbeiführt, um das Nachkommende zu ermöglichen.

Die Zahl der Verwandlungen ist endlos. Versteht man den Prozeß der Individuation nicht als einen Vorgang, der sich nur *innerhalb* des Individuums abspielt – denn das Individuum als das Nicht-mehr-Teilbare wäre ja erst das (fiktive) Resultat des Individuationsprozesses –, so wären die möglichen Verwandlungen zu begreifen als Ergebnis eines *Austauschs* mit anderen Menschen. Dabei tauschen auch die bekannten Fixpunkte – das «Gute» und das «Böse», das «Kranke» und das «Gesunde», das «Vernünftige» und das «Unvernünftige» – wiederholt die Plätze. Wer als Täter beginnt, endet als Opfer. Und der Verführte entlarvt sich als Verführer. Das Fließende versteinert. Und aus dem Stein wird – wenigstens im Märchen – ein Vogel, der in den Himmel fliegt. Es gibt kein Wesen, für das es keinen Spiegel gäbe, in dem sein eigenes Unwesen zu erkennen ist.

Für Jung war die Arbeit über «Symbole» und «Wandlungen» außerordentlich wichtig. Der spätere Teiltitel, «Analyse des Vorspiels zu einer Schizophrenie», deutet rückblickend auf eine Wandlung hin, eine Krise, eine Krankheit, die kommen sollte – nach der *Trennung* Jungs von Freud. Den Entwurf des ersten Teils seiner Arbeit hatte Jung nach Wien geschickt. Als Freud später in Zürich bei der Familie Jung zu Besuch weilte, erwähnte er die für Jung so wichtige, im Entstehen begriffene Arbeit mit *keinem* einzigen Wort. Das Tot-Schweigen hat nicht nur im Märchen, sondern auch im wirklichen Leben Folgen.

Der Titel von Sabina Spielreins Schrift «Die Destruktion als Ursache des Werdens» wäre vielleicht auch zu übersetzen mit: Die Trennung als Voraussetzung einer neuen Bindung. Dieses Werk erschien ein Jahr nach der Promotionsarbeit der Autorin. Die Zeit der Trennung und Beziehungsumwandlung (die Jahre 1909, 1910, 1911, 1912) sind für beide – für Spielrein wie für Jung – außerordentlich produktiv.

Sabina Spielreins zweite Schrift ist schonungs-los: die Autorin nimmt darin keine Rücksicht mehr auf die Ideale, auf die Illusion von der Liebe. Das Konstruktive (die Liebe, die Bindung) ist nach Meinung der Autorin vom Destruktiven (von der Trennung, von der Zerstörung) *nicht* zu lösen. Beschrieben werden die *zwei* Seiten *eines* Geschehens, das sich für den vermeintlich gesunden Menschenverstand in Gegensätze auflöst. Diese Gegensätze finden jedoch hinter dem Rücken der Vernunft, als etwa in der Welt der Leidenschaften, wieder zu einer Einheit zusammen. Das ist im übrigen eine alte, eine uralte, nämlich eine biblische Wahrheit. Sie mußte sowohl dem Sohn eines christlichen Pastors (Jung) wie der Enkelin eines Rabbiners (Spielrein) vertraut gewesen sein: Das Korn fällt in den Schoß der Erde; doch bevor es nicht erstirbt, wächst kein neues Leben daraus.

So gelesen, erscheint Sabinas Schrift über «Die Destruktion als Ursache des Werdens» auch als das neue Leben, das aus dem Tod der alten, leidenschaftlichen Liebe zu Jung hervorgegangen ist. Sabina schenkt Jung ein Exemplar ihrer Schrift. Sie spricht von einem «Produkt unserer Liebe». Das Werk wird mit dem illusionären Sohn, mit «Siegfried», gleichgesetzt. Das Werk ist das Ergebnis der leidenschaftlich-unglücklichen Liebe einer jüdischen Frau und eines arischen Mannes. In einem Brief an Jung schreibt Sabina Spielrein: «Das hat eine Riesenmühe gegeben, aber für Siegfried war mir nichts zu schwer... Wenn die Arbeit von Ihnen in den Druck genommen wird, fühle ich meine Pflicht Ihnen und Ihrem Söhnchen gegenüber erfüllt. Dann erst bin ich frei.»

Jung lobt die Arbeit als «außerordentlich intelligent»; sie enthalte «vortreffliche Ideen». So steht es in einem Brief, den Sabina Spielrein erhält. In einem Brief an Freud schlägt Jung andere Töne an: Die Autorin habe «nicht gründlich» gearbeitet. Die Schrift sei verflacht ausgefallen. «Im übrigen ist die Arbeit enorm ‹komplexbedingt›.» Das soll heißen, Thema und Ausführungen wurden vom (unbewußten) Erleben der Autorin (mit-)bestimmt. Der «Komplex» (der Ausdruck geht auf Jung zurück und findet sich in späteren psychoanalytischen Termini wie: «Ödipuskomplex», «Kastrationskomplex») ist ein Knotenpunkt, in dem Fäden der Erinnerung, Gefühlsfäden, Phantasiefäden zusammenlaufen. Auflösung des «Komplexes» hieße: All diese Fäden, diese Verwicklungen ließen sich entwirren. Jung spricht abermals mit gespaltener Zunge: In einem Brief an Freud steht ein anderes Urteil als in einem Brief an Sabina Spielrein. Was aber soll der Vorwurf, die Arbeit sei «komplexbedingt», bedeuten? Gibt es überhaupt eine psychologische Arbeit, von philosophischen, literarischen Schriften ganz zu schweigen, die *nicht* komplexbedingt wäre?

Wenn Aldo Carotenuto im Nachwort zur Dokumentation schreibt, *jede* Metapsychologie bringe die wichtigsten und quälendsten Probleme ihres Urhebers, ihres Autors, zum Ausdruck – und zwar «ungeachtet ihrer tatsächlichen Gültigkeit» –, so ist dieser Bemerkung Carotenutos zuzustimmen. Sie stimmt im weitesten Sinne. Sie gilt für *jede* psychologische Untersuchung. Noch das Bemühen der «akademischen» Psychologen, «objektive» Aussagen über einen «Gegenstand» zu formulieren, ist «komplexbedingt». Dieses «akademische» Bemühen wäre verstehbar, könnte die Angst erlebt werden, die im Komplex gebunden ist, der den Forscher dazu zwingt, sich den Gegenstand seiner Untersuchung (in der Regel einen anderen Menschen) buchstäblich *vom Leibe* zu halten. Und noch in diesem vermeintlich so fremden Gegenstand ist das versteckt enthalten, was dem «objektiven» Forscher an sich *selbst* interessiert.

9

Die in Sabina Spielreins Werk über «Die Destruktion als Ursache des Werdens» gestellte Frage lautet: «Warum dieser mächtigste Trieb, der Fortpflanzungstrieb, neben den a priori zu erwartenden positiven Gefühlen negative, wie Angst, Ekel, in sich beherbergt?»

Solange die Leidenschaften nicht gezähmt, die Energien des Körpers nicht gebunden sind, gibt es jene Doppelbödigkeit des Verlangens, das sich vor dem fürchtet, wonach es sich sehnt. Werden die Leidenschaften gezähmt, sind die Sinne abgestumpft, so verflachen auch die Ambivalenzen. Geringere Intensität des *Er*lebens wird durch einen Gewinn an Sicherheit, Vertrautem, Gewohntem ersetzt; erspart bleiben die Stürme der Leidenschaft, das Chaos der Sinne, die *Widersprüche* des intensiven Erlebens.

Erwachen die Leidenschaften von neuem, werden sie durch eine neue Liebe wieder geweckt: Warum provoziert dann der Wunsch nach Hingabe, nach *Ohnmacht*, nach Selbstpreisgabe sofort wieder die entgegengesetzten, die widersprechenden Wünsche? Das Objekt der Begierde soll beherrscht werden; es wird versucht, sich dieses Objekts zu bemächtigen, es zu unterwerfen. Vielleicht ist das letzte, das geheimste Ziel des Verlangens die Vernichtung des begehrten Objekts?

Die Verfügung über Leben und Tod ist Ausdruck totaler Macht. Warum ist der Wunsch nach Macht so eng mit dem sexuellen Begehren verbunden? Warum gesellt sich zum Bedürfnis nach Vertrauen und nach Sich-Anvertrauen heimlich der Wunsch, den anderen auszubeuten, ihn zu betrügen, zu manipulieren, zu mißbrauchen? Warum werden solche Wünsche stärker, wenn der andere bereit ist, sich auszuliefern?

Lebt der Verliebte nur deshalb im Himmel, damit er in der nächsten Sekunde um so tiefer, bis in die Hölle, fallen kann? Warum wirkt sich der leiseste Stimmungswechsel des Geliebten-Anderen so aus, als jagten Stromstöße bis in die tiefsten Fasern des Abhängig-Liebenden? Warum muß jeder Liebende ein Leidender sein? Warum gibt es keine Leidenschaft ohne Leiden? Sabina Spielrein fragt nach der *Wahrheit* der «destruktiven Komponente des Sexualinstinkts». Es geht um die Unbarmherzigkeit der Nähe. Hinter den Masken und Maskeraden, hinter allen Verkleidungen und Kostümen, hinter all der Schminke und den Pudern – liegt diese Wahrheit verborgen. Die kulturellen Verirrungen, die rituellen Schritte der Annäherung und die Fassaden der wohlanständigen Liebe – verdecken diese Wahrheit. Das aber heißt nicht, daß sie nicht zu entdecken, aufzudecken, zu erfahren wäre. – Warum also ist der Baum des Lebens eben jenes Kreuz, an das der unglücklich Liebende, der Erlöser sein wollte, an das der Leidende geschlagen wird?

Sabina Spielreins Arbeit über die «Destruktion» in der Liebe ist Wühlarbeit. Sie untergräbt die Fundamente, auf denen die «Kultur» ruht. Zu dieser Kultur gehört die Häuslichkeit der Geschlechter, gehört die Versöhnung der Geschlechter im Alltag. Sabina Spielrein schreibt *nicht* über den Alltag. Sie redet vom Exzeß: von *ihrer* Liebe, von *ihren* Schmerzen der Trennung, von *ihren* Verwandlungen. Eingangs zitiert sie Worte Jungs: «Wer auf das Wagnis zu erleben verzichtet, muß den Wunsch dazu in sich ersticken, eine Art Selbstmord begehen.»

Das Wagnis des *Er*lebens! – Nicht das Leben, das *Er*leben ist das Wagnis. Und die Alternative zum Erleben ist «eine Art Selbstmord». Der schleichende, ins Leben sich einschleichende Tod. Jung schreibt weiter: «Man muß sich um ein weniges aus bürgerlich gesitteten Umständen herausdenken, um zu verstehen, welch ein Gefühl grenzenloser Unsicherheit den Menschen befällt, der sich bedingungslos dem Schicksal übergibt.» Das «Schicksal»? – Ist das Schicksal das Andere des bürgerlichen Lebens? Ist das Schicksal vielleicht gar die Alternative zum Leben eines Schweizer «Philisters»?

Es geht nicht um Äußerlichkeiten. Die Rede ist von Innerlichkeiten. Derselbe «Akt», der ohne Liebe und ohne Risiko zum *Er*leben jederzeit möglich ist, der maschinenhaft oder manipuliert veranstaltet werden kann – *könnte* auch die Stürme des Glücks entfesseln. Er *könnte* auch von Todesangst begleitet sein: «Fehlt die Liebe, dann ist die Vorstellung einer Veränderung des psychischen oder körperlichen Individuums unter dem Einflusse fremder Macht wie beim Sexualakt eine Vernichtungs- oder Todesvorstellung» (Spielrein). Ist das die Vorstellung *jeder* Frau? Ist das jedermanns Vorstellung? – Wohl kaum. Die Masken des blühenden Lebens, die auf toten, erstarrten Gesichtern liegen, täuschen in der Regel andere Erfahrungen vor, als sie von Sabina Spielrein dargestellt werden. Vielleicht schützt dieser bürgerliche Tod im Leben – um den Preis des Absterbens – vor dem Schrecken des *Er*lebens...

Die Phantasien des Schreckens, die jenen des Glücks so eng verschwistert sind, entspringen dem regressiven, dem infantilen, dem archaischen, dem animalischen – meinetwegen: dem kranken, dem verrückten – *Er*leben. Sabina Spielrein beschreibt solche Phantasien. Sie beschreibt das Leben, wie es vom Standpunkt des Abhängig-Liebenden aus erscheint. Sie nimmt den Standpunkt des Kindes ein, den auch das Märchen vertritt. Dieser Standpunkt erlaubt eine eigenartige Perspektive, verändertes Erleben. Ist dieser Standpunkt erst einmal eingenommen, so hört es sich keineswegs verrückt an, wenn gesagt wird, ein Mensch könne verschlungen oder zerstückelt werden, er könne zu Stein oder zu einer Bestie umgewandelt werden. Dieser Mensch, über den gesprochen wird, mag vor den Augen eins vernünftig blickenden Erwachsenen ganz unwandelbar stehen – vor den Augen eines Kindes kann er im selben Augen-Blick in Stücke springen oder als Vogel in den Himmel fliegen.

Sabina Spielreins Sprache im Buch über die «Destruktion» ist der Sprache des Märchens verwandt. Es werden Bilder des archaischen Erlebens beschworen. Bereits 1909 hatte die Autorin in einem Brief an Freud angekündigt, womit sie sich beschäftigen würde: «Dieser unsterbliche Satz: ‹Ein Teil von jener Kraft, die stets das Böse will und stets das Gute schafft.› Diese dämonische Kraft, die doch ihrem Wesen nach Zerstörung ist (das Böse) und zugleich auch die schöpfende Kraft ist, indem aus der Vernichtung (von 2 Individuen) ein neues entsteht. Das ist eben der Sexualtrieb, der seinem Wesen nach ein Zerstörungstrieb, Vernichtungstrieb für das einzelne Individuum ist und daher auch meiner Ansicht nach einen so grossen Widerstand bei jedem Menschen zu ueberwinden hat; doch das noch einmal hier beweisen zu wollen, würde viel zuviel Zeit bei Ihnen in Anspruch nehmen.»

«...bei Ihnen...»; damit ist *Freud* gemeint. Eine Frau schreibt in einem Brief an einen Mann, was sie über die Sexualität, über das Verhältnis der Geschlechter denkt und erfahren hat. Doch am Ende resigniert sie. Die Frau zweifelt, ob der Mann hören will, was sie zu sagen hat. Ob er sie überhaupt verstehen will? Vielleicht will der Mann seine Illusionen *über* die Liebe behalten, anstatt sich mit der Wahrheit einer Frau zu beschäftigen?

Sabina Spielrein bekennt als Frau, insofern sie sexuelles Wesen sei, sexuelles Verlangen habe, sei sie Teil des «Bösen», Teil jener Kraft, die vernichtet, um zu schaffen. *Will* das ein Mann verstehen? *Kann* das ein Mann verstehen? Oder liegt ein ewiges Mißverstehen zwischen den Geschlechtern: Hatten am Ende die Inquisitoren, die Hexenjäger, recht? Kannten sie die «wahre» Liebe, also die Wahrheit der Liebe, von der Sabina Spielrein spricht? Liebe ohne «Destruktion» gibt es nicht. Möglicherweise wußten das die Männer immer. Vielleicht hat sich ihr Haß auf die «Wahrheit» zum Haß auf die Frauen gewandelt? So konnte die Destruktion ihr Ziel finden: Hexen, Huren. Und zugleich konnte das «Hohelied» der Liebe weiter gesungen werden: vor den Türen der Heiligen, der Mütter, der Frauen im Heim und am Herd. Öffentliche Frauen und Hausfrauen: Ist der Unterschied tatsächlich so groß, wie von Männern behauptet?

Mörderische Wut entfesselt, wer lebensnotwendige Ideale bedroht. Eines dieser Ideale heißt: Die Liebe kann nicht «falsch», sie kann nicht gefährlich sein. Also können nur die Frauen, beziehungsweise manche Frauen, «falsch», gefährlich sein. Frauen sind «falsch», solange sie sich den Illusionen der Männer von der Liebe nicht unterwerfen. Daß solche Überzeugungen von der «wahren» (und doch so falsch gesehenen) Liebe auch für Frauen gelten, darüber belehrt ein großer Teil der Literatur, die in den letzten beiden Jahrzehnten im Zusammenhang mit der Frauenbewegung entstanden ist.

Dieser winzige, dieser gewaltige Schritt, den Sabina Spielrein wagte: mitten in das Herz der Liebe die Zerstörung, die Destruktion zu legen, das «Böse» dort zu finden, wo keiner es vermutet hatte; es dort *wahr*zunehmen, wo jeder es verleugnet hatte: die Zerstörung ist nicht der Gegensatz, sie ist ein Teil der Liebe. Das ist die Botschaft des Buches über «Die Destruktion als Ursache des Werdens».

Freud hat diesen Schritt *nicht* gewagt. Für ihn blieb die Liebe als «Eros» rein (wenn auch vieles von dem, was er über die «Sexualität» schreibt, an Spielrein erinnert). Wenigstens *theoretisch* mußte der Mann Freud die Reinheit der Liebe postulieren. Wenigstens als Grundtrieb, als Eros, als Lebenstrieb war die Liebe rein zu halten. Sabina Spielrein wagte einen *anderen* Gedanken: Die «andere» Hälfte der Welt, das «Böse», ist unverbrüchlicher Bestandteil des «Guten». Freud hörte die

Botschaft wohl aus dem Munde einer Frau. Er las ihre Briefe; er las ihr Buch. Allein, es fehlte ihm die Kraft, diese Botschaft zu glauben.

Sabina Spielreins Theorie der Liebe, wonach das «Böse» ein Teil des *eigenen* Wesens der Liebe ist, nötigt zu neuen Bildern: von der Liebe, vom Geschlecht, vom Mann, von der Frau, von der Beziehung zwischen den Geschlechtern. Diese neuen Bilder stellen das Bild der vertrauten, der männlich geordneten, der säuberlich in «Gut» und «Böse» *geteilten* Welt auf den Kopf.

Lange Zeit war der revolutionäre Gedanke Sabina Spielreins «vergessen»; so wie man die Autorin selbst vergessen hatte. Ihr Buch über die «Destruktion» spielte kaum eine Rolle in der psychoanalytischen Diskussion. Vielleicht war es einigen Spezialisten bekannt. Nach Wiederentdeckung der Frau, ihres Lebens, ihres Werkes ist auch ihr Buch über die «Destruktion» wieder im Gespräch. Und was geschieht mit dem mutigen Gedanken, den diese Frau formuliert hatte? Unter dem Vorwand die Frau zu verteidigen, wird der Gedanke so rasch wie möglich zerstört. Man verharmlost ihn; man setzt ihn herab zu einem vorläufigen Gedanken: So kommt es zur Konstruktion, Sabina Spielrein habe als erste das Konzept vom «Todestrieb» vertreten. Freud, der Mann, habe undankbarerweise die Urheberschaft der Frau zuwenig gewürdigt, als er selbst die Theorie vom «Todestrieb» der Öffentlichkeit präsentierte. Oberflächlich betrachtet wird mit dieser Argumentationsfigur die Originalität einer Frau gegen die Anmaßung eines Mannes verteidigt.

Nicht alle Frauen waren und sind so offen-herzig, so frei-gebig wie Sabina Spielrein. Sie sagte, was sie dachte, was sie erfahren hatte, was sie als *Frau* wußte. Man hörte ihr nicht zu. Sie hatte einer seit Ewigkeiten gültigen Sicht der Dinge, der Liebe, der männlich geordneten Welt widersprochen. Das «Böse» lokalisierte sie im Herzen des Orkans des «Guten». Damit waren Zweifel angebracht am «Guten», das seit Jahrhunderten über die Welt tobt, um sie vom «Bösen» zu befreien.

10

Freud begreift Thanatos als den ausrücklichen *Gegen*spieler des Eros. Was die Liebe aufbaut, zerstört der Tod. Die Herrschaft des Lebenstriebes begrenzt die des Todestriebes (und umgekehrt). «Destruktion» ist das Zeichen einer *Gegen*macht, *nicht* das Zeichen des Eros. Die späte

Trieblehre Freuds wurzelt – wie auch die früheren Fassungen der Trieblehre – in einem manichäischen Weltbild. Eine *böse* Mutter gibt es in Freuds theoretischem Werk nicht. Die Mutter ist «nur»-gut; allenfalls taucht sie als Verführerin des Kindes auf. Aber auch in dieser Eigenschaft will sie das Kind nur zur Liebe, vielleicht gar zur Sexualität, aber gewiß nicht zum «Bösen» verführen. Das «Böse» verkörpert in Freuds Theorie der Vater. Das manichäische Weltbild hat einen familiären Hintergrund.

Sabina Spielreins Entwurf von der «Destruktion» als Bestandteil der Liebe hat wenig, vielleicht gar nichts gemein mit Freuds Konzept des «Todestriebes». Dennoch wurde das Gegenteil behauptet: Marthe Robert, eine französische Germanistin, war eine der ersten, die behaupteten, Freuds Konzept vom Todestrieb und Sabina Spielreins Konzept der Destruktion als wesentlicher Bestandteil der Liebe glichen sich «fast Punkt für Punkt». Diese Ansicht wiederholt Carotenuto fast wörtlich, wenn er schreibt, «beinahe Wort für Wort» gleichen sich Freuds und Spielreins Konzepte. Zwar kennt Carotenuto den von Nunberg und Federn in den «Protokollen der Wiener Psychoanalytischen Vereinigung» (Bd. 3) formulierten Einwand *gegen* diese These von der Ähnlichkeit der Theorien Spielreins und Freuds; er zitiert den Einwand sogar. Doch dann wischt er ihn achtlos beiseite. Nunberg und Federn war aufgefallen, daß Spielreins Theorie, wonach «der Sexualtrieb, d. h. der Lebens- oder Schöpfertrieb, selbst eine destruktive Komponente enthält», *nicht* mit der Theorie Freuds zu vereinbaren ist. Denn in Freuds Theorie treten der Sexualtrieb, der Lebenstrieb, der Eros als *Gegen*spieler der Destruktion (des Todestriebes) in Erscheinung. Es mag manche Charakterisierungen des Todestriebes bei Freud geben, die an Formulierungen Spielreins erinnern, die von ihr gebraucht wurden, um die Destruktionskomponente der Sexualität zu veranschaulichen. Dennoch sind beide Theorien, beide Konzepte, auch beide Begriffe verschieden, denn Begriffe erhalten ihren *Sinn* erst durch den theoretischen Rahmen, in den sie gestellt worden sind. Freud selbst hat den *Unterschied* zwischen seiner Auffassung und anderen Auffassungen betont. Was er vertrete, gleiche der Theorie nicht, derzufolge «alles, was an der Liebe gefährlich und feindselig gefunden wird, lieber einer ursprünglichen Bipolarität ihres eigenen Wesens zuzuschreiben» wäre, meinte er. Freud bemühte sich darum, die Liebe *freizusprechen* von den – bildlich ausgedrückt – Verunreinigungen, die durch Sabina Spielrein in den Diskurs über die Liebe eingebracht worden waren.

Wer die Perspektive nicht wechseln will, der wird Sabina Spielreins Ansichten nicht zustimmen können. Oder er wird ihre Ansichten mit jenen Freuds verwechseln *müssen*. Bisweilen genügt ein bloßer Wechsel der Perspektive, so daß die plötzliche *Verwandlung* des «Guten» ins «Böse» sichtbar wird. Wer solche Verwandlungen *nicht* sehen will, muß die Augen vor der Wahrheit verschließen, die Sabina Spielrein ausgesprochen hat. Die Verwandlung des «Guten» ins «Böse» (und umgekehrt) ist das Thema der *Märchen*bücher und der Bücher, die das im Märchen ausgedrückte Erleben als Realität aufschlüsseln. Aber sie ist gewiß nicht das Thema der *Gesetz*bücher.

Sosehr sich der Jungianer Carotenuto (im Nachwort zur Dokumentation) und der Freudianer Cremerius (im Vorwort zur Dokumentation) *widersprechen*, wenn es um die Frage geht, ob es zwischen Jung und Sabina Spielrein zum Koitus gekommen sei oder nicht (die Bedeutungslosigkeit dieser Frage zeigt sich jetzt, vor dem Hintergrund der Spielreinschen Theorie über die Liebe, im ganzen Umfang), sosehr sind sich beide Männer, der Jungianer und der Freudianer, darin einig, daß Sabina Spielreins Konzept von der «Destruktion» dem Konzept Freuds vom «Todestrieb» gleichzusetzen sei. Man könnte diese These noch verteidigen, wenn man den «Todestrieb» aus dem Gesamtrahmen der späten Triebtheorie Freuds löste, den Begriff isoliert betrachtete, manche seiner «Eigenschaften» mit dem vergliche, was Sabina Spielrein über die «Destruktionskomponente» in der Liebe zu sagen wußte. Die folgende Aussage von Cremerius bleibt aber auch unter dieser Voraussetzung falsch: «Sabina ist die erste, die die These vertritt, daß das Triebleben aus zwei entgegengesetzten Trieben besteht: dem Lebens- und dem Todestrieb.» Nein! Sie wäre die letzte, die bereit gewesen wäre, *diese* These aufzustellen. Und sie ist als erste zu nennen, wenn dieser vertrauten männlichen Sicht der Liebe und der Welt entschieden *widersprochen* werden soll, weil diese These der Wirklichkeit der Liebe, über die Sabina Spielrein spricht, nicht gerecht wird.

Wozu hätte Sabina Spielrein die klaren Augen ihrer Krankheit benötigt, wenn sie nur den traditionell abgestumpften, männlichen Blick auf die Liebe hätte werfen wollen? Warum hätte sie unter Schmerzen die Augen öffnen sollen, wenn sie nur den sattsam bekannten stumpfen Blick der Betbrüder und deren «emanzipierten» Schwestern auf die Liebe hätte werfen wollen? Wozu wäre die Rede Sabina Spielreins nützlich, wenn sie nur wiederholt und nachgesagt hätte, was viele Männer zuvor gesagt haben und was Freud, eingebunden in die Tradition des männlichen Blicks, später auch nur wiederholte und in veränderter Diktion zu Papier brachte?

Sind die Augen der Männer zu schwach für *solche* Blicke, wie Sabina Spielrein sie auf die Liebe warf? Selbst Freud findet Formulierungen, die den Eindruck erwecken, seine Theorie des Todestriebes sei mit früheren Annahmen eines Destruktionstriebes verwandt. Allerdings vermeidet Freud in diesem Zusammenhang, den Namen Sabina Spielreins zu erwähnen. Dieser Name fällt bei Freud erst, als es darum geht, ein Geständnis abzulegen: Freud spricht über die «inhalts- und gedankenreiche, für mich leider nicht ganz durchsichtige Arbeit» Sabina Spielreins. Gemeint ist: «Die Destruktion als Ursache des Werdens». Diese Schrift wird damit von Freud als undeutlich und teilweise unleserlich für den männlichen Blick charakterisiert. Die Schwierigkeit, eine Aussage über die Liebe deutlich vor die Augen eines Mannes treten zu lassen, hatte Sabina Spielrein allerdings in einem Brief an Freud sehr frühzeitig bemerkt, als sie versuchte, Freud gegenüber ihre Auffassungen vom «Wesen» des Sexualtriebes darzustellen. Das Wesentliche daran sei der «Zerstörungstrieb», hatte sie in einem Brief an Freud geschrieben. Aber dann fügte sie resignierend hinzu: «. . . das noch einmal hier beweisen zu wollen, würde viel zu viel Zeit bei Ihnen in Anspruch nehmen.»

Viel Zeit; *zuviel* Zeit. Der Abstieg zu den Müttern erfordert viel Zeit. Und erst dort, bei den «Müttern», wäre der grundlose Grund der Liebe zu finden. Das erweckt Angst, zuviel Angst. Und das nötigt zu Konstruktionen, mit denen Mütter *entschuldigt* werden sollen. Die Mutter, die das Leben, somit auch den Tod schenkt: Soll man ihr für das Leben danken, oder soll man sie für den Tod bestrafen? Die Beantwortung dieser Frage wäre zu umgehen, wenn man die Liebe (das Leben) und den Tod grundsätzlich (oder wenigstens theoretisch) voneinander *trennen* könnte. Jede andere «männliche» Trennung, auch die der «guten» und der «bösen» Frauen, folgt dieser ersten Trennung nur.

Über Liebe und Tod hatten die Psychoanalytiker in Freuds Wohnung, hatte die «Mittwochsgesellschaft» wiederholt gesprochen. 1907 hatte Wilhelm Stekel in einem Vortrag über «Sexualität und Tod», «Eros und Thanatos» gesprochen: «Isolierte Triebe gebe es nicht. So erscheine der Geschlechtstrieb immer in Begleitung zweier Triebe: des Lebens- und des Todestriebes», heißt es im Protokoll. *Das* ist der Ursprung der späten Theorie vom Todestrieb; *das* ist die gewohnte männliche Zweiteilung, die der Sicht Sabina Spielreins nur dem Anschein nach gleicht, um ihr dennoch, wesentlich, zu widersprechen.

Als Sabina Spielrein ihre Arbeit über «Die Destruktion als Ursache des Werdens» zum Druck vorbereitete, fiel ihr ein Buch Stekels in die Hände. Bestürzt schreibt sie über Stekel an Jung: «... und hören Sie an, was der gute Mensch schreibt... ‹Wo sich der Tod zeigt, da meldet sich auch der Lebenstrieb. In dem Märchen vom Gevatter Tod ersucht der Arzt den Tod sein zur Neige gehendes Lebenslicht durch ein frisches zu ersetzen. Was erwidert der Tod? Ich kann nicht. Erst muss eines verlöschen, damit ein neues anbrennt.›»

Auch in einem Brief Jungs an Sabina Spielrein wird Stekel 1912 als Autor erwähnt, der ähnliche Gedanken wie Sabina vertreten habe. Dann aber schränkt Jung ein: Stekels und Spielreins Ansichten seien *nicht* gleichzusetzen. Schließlich fragt Jung, vielleicht habe Sabina ihre Gedanken auch von ihm, von *Jung*, übernommen? Die Antwort muß heftig ausgefallen sein (Sabinas Brief ist nicht erhalten), denn Jung sieht sich genötigt, in einem späteren Brief zu beschwichtigen: «Sie regen sich wieder ganz unnötig auf. Wenn ich sage, es seien ‹unheimliche› Ähnlichkeiten, so haben Sie das wieder viel zu buchstäblich genommen. Ich meinte damit vielmehr, Ihnen ein Compliment zu machen. Die Arbeit (die Schrift über die «Destruktion» – B. N.) ist ausserordentlich intelligent und enthält vortreffliche Ideen, deren Priorität ich Ihnen gerne zuerkenne. Die Todestendenz rsp. der Todeswunsch war Ihnen früher klar wie mir, verständlicherweise!... Vielleicht habe ich auch bei Ihnen gepumpt; sicher habe ich unwillkürlich ein Stück Ihrer Seele aufgeschluckt, so gut wie Sie bei mir.» Jung spielt mit dieser letzten Bemerkung auf sein Buch «Symbole der Wandlung» an, in dem ebenfalls von destruktiven Tendenzen gesprochen wird. Jahre später liest man es in einer Fußnote zu eben diesem Buch (Kap. VII) jedoch anders. Im Haupttext wird über die Mutter gesprochen, die nicht nur gebiert, sondern auch zerstört und verschlingt; die nicht nur das Leben, sondern auch den Tod schenkt. Hierzu heißt es in einer Fußnote weiter: «Aufgrund dieser Tatsache hat meine Schülerin Dr. Spielrein ihren Gedanken des ‹Todestriebes› entwickelt, den dann Freud aufgenommen hat.» Da von «Schülerin» die Rede ist, wird suggeriert, Sabina Spielrein habe ihren wichtigsten Gedanken von *Jung* übernommen, der sich auf diese Weise auch noch zum Stammvater des Freudschen Konzepts vom «Todestrieb» erklärt.

Als die Arbeit über «Die Destruktion als Ursache des Werdens» fertiggestellt ist, kann Sabina Spielrein Zürich, das heißt: Jung, verlassen. Sie geht für kurze Zeit nach Wien. Hier nimmt sie an den Diskussionen der «Mittwochsgesellschaft» teil. So hört sie einen Vortrag Reiks «Über Tod und Sexualität». Während der anschließenden Diskussion äußerst Tausk, eine völlige Hingabe an die Liebe sei nahezu ausgeschlossen, da die Angst vor dem Verlust der eigenen Persönlichkeit, vor dem Verlust der Grenzen, die Angst vor Abhängigkeit und Ausbeutung – eine solche Hingabe unmöglich mache. Die Angst, um die es geht, ist ihrem innersten Wesen, ihrer frühesten Form nach – *Todesangst*. Kehrt man diesen Gedanken um, dann lautet er: Das innerste Geheimnis der Liebe, das *Rätsel* der Liebe, kennt nur *eine* Lösung; und das ist die Antwort, die Ödipus einst der Sphinx gab. Die Antwort lautet: der Mensch. Der Mensch wird geboren *und* stirbt.

Diese Antwort enthüllt den Tod als das innerste Geheimnis des Lebens. Das Leben wird im Rätsel der Sphinx als ein Prozeß der Individuation dargestellt: Die vier Beine, die den Beginn des Lebens symbolisieren, meinen eben nicht nur das krabbelnde Kind, sondern auch das kopulierende Paar. Die drei Beine, die das Ende des Lebens symbolisieren, zeigen den Mensch in Begleitung (des Todes, der Krankheit, der Schwäche, der Hinfälligkeit). Zwischenzeitlich, am Mittag, steht der Mensch aufrecht, auf zwei Füßen, auf *eigenen* Beinen. Dieses Bild symbolisiert das abgegrenzte Individuum, den Menschen auf dem Höhepunkt der Macht, den Menschen am «Mittag», einen Helden, der den Schmerz der Trennung von der Mutter überwunden und den Vater besiegt hat, indem er ihm gleich wurde. Doch dies ist nur ein kurzer Augenblick: Die Liebe, die *jetzt* möglich wird, zeugt neues Leben und offenbart die Schuld der Begierde: den Tod. Der «Abend» bringt dann des Rätsels letzte Lösung zutage: Ödipus' Untergang.

Ödipus, der das Rätsel der Sphinx löst, stürzt das präödipale Ungeheuer in den Abgrund, dem es entstammt. Aber er vereinigt sich auch mit diesem Ungeheuer; denn die Königin Jokaste ist die Priesterin der Sphinx und somit deren verwandelte Gestalt. Die Sphinx (1), Jokaste als Gattin (2) und Jokaste als Frau (3), die erneut den Tod bringen wird, das sind die *drei* Gestalten der Frau. Die Vereinigung mit der «Mutter» bedeutet stets den Tod; ob dies nun der Tod im Sinne der Regression zur präödipalen Zeit sei oder der Tod, der mit der Geburt des neuen Lebens eingeleitet wird, ist einerlei.

Wenn sich, wie Sabina Spielrein behauptet, im Innersten der Liebe der Tod verbirgt, dann hat auch das Märchen recht. Denn die märchenhafte Liebe, die Vereinigung des Verwunschenen mit dem Erlöser, wird nur möglich, wenn zuvor das *Leben* gewagt worden ist. Die Prüfungen, die der Held zu bestehen hat, die Rätsel, die er zu beantworten hat, fordern als Einsatz das Leben, *beenden* das Leben des Helden als eines niemandem verpflichteten Individuums. Der Held muß seine Angst vor dem Tod überwinden, wenn er neues Leben erwecken will: wenn er sich der Liebe hingeben will.

Sabina Spielrein äußert in der Diskussion, die sich an Reiks Vortrag anschließt, die Angst, die an einer vollständigen Hingabe hindere (also die Angst, die der Held im Märchen überwinden muß), sei die Angst vor der «Verwandlung in eine andere Persönlichkeit». Die Verwandlung der Persönlichkeit ist aber wiederum das Resultat der Vereinigung, der Verschmelzung zweier Körper.

Warum ist diese Einheit im Sinne einer Endgültigkeit unmöglich, wenn sie doch als Wunsch und sogar als Erleben möglich ist? Vielleicht wäre die endgültige Erfüllung *dieses* Wunsches gleichbedeutend mit dem Tod? Das Leben aber besteht aus der immerwährenden Anstrengung, diesen Wunsch nach restloser Vereinigung, nach grenzenloser Verschmelzung zu erfüllen, *und* aus der entgegengesetzten Anstrengung, der Erfüllung dieses Wunsches *auszuweichen*. Denn die unwiderrufliche Wunscherfüllung wäre identisch mit dem Traum, mit dem Tod.

Als Sabina Spielrein vor den Wiener Analytikern selbst einen Vortrag hielt, faßte sie einige Gedanken ihrer Arbeit über die «Destruktion» zusammen. Das Protokoll notiert, sie habe der Sexualität eine «Todeskomponente» zugesprochen. «So ist die Destruktion die Ursache des Werdens: die alte Form muß zerstört werden, damit die neue zustande kommt. Es gibt daher keinen absoluten Todesbegriff, und was für die alte Form tot bedeutet, ist für die neue Leben. Der Tod an sich ist wohl grauenhaft, aber im Dienste des Sexualinstinktes ist er heilbringend.»

Die Diskussion unter den anwesenden Männern zeigt, daß schlecht verstanden wurde, was eine Frau sagen *wollte*. Eine Zuhörerin, «Frau Dr. Stegmann», wiederholt die Botschaft noch einmal: «Die Furcht vor der Liebe ist die Furcht vor dem Tode der Persönlichkeit.» Freud zieht aus Sabina Spielreins Vortrag allerdings nur den Gewinn, gegen Ansichten *Jung*s zu polemisieren, die er aus Sabina Spielreins Ausführungen herauszuhören glaubte. Was die *Frau* – unabhängig von Jung – zu sagen hat, scheint ihn nicht weiter zu interessieren. Nach Freud spricht als letzte noch einmal Spielrein: Sie «bedauert», so notiert der Protokollant, «daß ... eine Begriffsverwirrung die Diskussion beeinträchtigt habe».

Dieses Schlußwort Sabina Spielreins soll auch im vorliegenden Text die Debatte um Liebe und Tod, um das Verhältnis der Geschlechter, dargestellt an einem exemplarischen «Fall», beenden. Es scheint, als sei der Standpunkt einer Frau schwer zu begreifen, die das *principium individuationis* nicht als das einzig mögliche Prinzip zur Erklärung der Welt und der Beziehung zwischen den Geschlechtern anerkennen wollte. Diese vertraute männliche Welt als *principium individuationis* wäre auch einmal anders, mit anderen Augen, *verwandelt* anzuschauen. Sabina Spielrein hatte keine Wahl: Sie *mußte* mit ihren Augen sehen. Und dieser Blick ermöglichte diese Sicht: «Ich mußte zur Einsicht gelangen, das Hauptcharakteristikum des Individuums bestehe darin, daß es ein Dividuum ist.»

Das *Dividuum* als Prinzip der Welt, der Liebe und des Todes: Welche Bilder von der Welt, vom Menschen, von den Geschlechtern wären möglich, wenn sich diese Ein-Sicht, wenigstens als Ergänzung zur Sicht, die der männliche Blick erlaubt, durchsetzen ließe?

II

Es sind noch einige Fakten aus dem Leben Sabina Spielreins nachzutragen. Sie hatte 1912 Pawel Scheftel, einen russisch-jüdischen Arzt, geheiratet. 1913 wurde die Tochter Renata geboren; 1925 eine zweite Tochter, Eva. Aus Wien kehrte Sabina über einige Umwege und Zwischenstationen wieder für längere Zeit in die Schweiz zurück. In Genf praktizierte sie als Psychoanalytikerin. In dieser Stadt wurden 1977 auch die Dokumente und Briefe gefunden, von denen im vorliegenden Text die Rede war.

Anfang der 20er Jahre – Freud hatte soeben seine Theorie vom «Todestrieb» publiziert – kehrte Sabina Spielrein in ihre alte Heimat zurück. Diese hatte sich verändert: Zwischen dem zaristischen Rußland und der Sowjetunion lag die «Destruktion» als Ursache des Werdens: die Revolution. Mit der Revolution waren Hoffnungen verbunden – auch unter Psychoanalytikern.

Schon im Zarenreich hatte es Psychoanalytiker gegeben. Die meisten Arbeiten Freuds waren ins Russische übersetzt worden. Sabina Spielrein trug sich mit dem Gedanken, auch Arbeiten Jungs ins Russische zu übertragen. Freud versuchte, sie davon abzuhalten. Nach der Rückkehr in die Heimat wurde Sabina Spielrein Mitglied der neugegründeten «Russischen Psychoanalytischen Vereinigung». Sie war als Dozentin am Moskauer Psychoanalytischen Institut tätig. Es gab psychoanalytische Publikationen, Fachzeitschriften, in denen psychoanalytische Beiträge veröffentlicht werden konnten. Es gab Universitäten, an denen Psychoanalyse gelehrt wurde, und Kliniken, an denen nach dieser Theorie behandelt wurde. Sabina Spielrein schien in ein Land zurückgekehrt zu sein, das viele Möglichkeiten offerierte – auch für Psychoanalytiker. Die psychoanalytische Lehre vom «neuen» Menschen, der doch der «alte» ist und bleibt und nur ein *neues* Verhältnis zu sich und zu anderen Menschen gewinnen kann, schien mit der marxistischen Lehre vereinbar zu sein.

Doch es kam anders. Die Destruktion in ihrer rohesten Erscheinungsform, organisiert als staatliche Gewalt, enthüllte ihre Fratze – eine Maske, die man, europäischen Dünkel vorausgesetzt, allenfalls in der «Wildnis» vermutet hatte. Stalins Terror – später gefolgt von der Barbarei Hitlers – forderte Opfer. In der Sowjetunion wurde die Psychoanalyse etwa um dieselbe Zeit verboten wie im sogenannten «Dritten Reich». Stalin führte einen gnadenlosen Kampf gegen die russische Intelligenz, soweit sie nicht bereit war, als «Sozialismus» zu goutieren, was Stalin und seine Schergen dafür ausgaben. Drei Brüder Sabina Spielreins fielen den Mordkommandos einer denaturierten Arbeiter- und Bauernmacht zum Opfer. Darunter auch Isaak Spielrein, der in Deutschland bei Wundt, Stern und Cohen Psychologie studiert und dieses Fach als Hochschullehrer an einer russischen Universität vertreten hatte.

Was Stalin nicht zu Ende brachte, erledigten Hitlers Henker: 1941 fielen deutsche Truppen in Rostow – in der Heimatstadt Sabina Spielreins – ein. Die Jüdin wird mit ihren beiden Töchtern zuletzt in einem Zug von Juden gesehen. Man treibt diese Menschen in die Synagoge. Dort, in einem Gotteshaus, ermordeten deutsche Soldaten ihre Opfer. Das Leben einer leidenschaftlich liebenden Frau – war beendet.

Literatur

Carotenuto, A. (Hg.): Tagebuch einer heimlichen Symmetrie. Sabina Spielrein zwischen Jung und Freud. Freiburg i. Br. (Kore) 1986
Jung, C. G.: Wandlungen und Symbole der Libido. Beiträge zur Entwicklungsgeschichte des Denkens (1911). Später enthalten in: Symbole der Wandlung. Analyse des Vorspiels zu einer Schizophrenie (1950). Gesammelte Werke, Bd. 5. Olten, Freiburg i. Br. (Walter) 1973

Nunberg, H., Federn, E. (Hg.): Protokoll der Wiener Psychoanalytischen Vereinigung, Bd. 3 (1910–1911). Frankfurt/M. (Fischer) 1979

Spielrein, S.: Die Destruktion als Ursache des Werdens (1912). Neuauflage: Tübingen (edition diskord) 1986a

Spielrein, S.: Ausgewählte Schriften (hg. von G. Bose und E. Brinkmann). Berlin (Brinkmann & Bose) 1986b

Drucknachweise

1 Unter dem Titel «Sexualität» (Stichwortartikel) erstmals erschienen in: Langenbucher, W. R. et al. (Hg.): «Kulturpolitisches Wörterbuch – Bundesrepublik Deutschland/DDR im Vergleich». Stuttgart (Metzler) 1983, 639–641

2 Zusammenfassung zweier Beiträge, erstmals erschienen in DIE ZEIT: «Erhellung und Verdunkelung; fünf Sexualaufklärungsbücher – und zu empfehlen nur eins» (27.11.1970); «Schleier aus Blei; über einige neuere Versuche zur Quadratur des Sexus» (22.3.1985)

3 Erschienen in: Borneman, E. (Hg.): «Sexualität. Materialien zur Sexualforschung». Weinheim, Basel (Beltz) 1979, 239–247

4 Erschienen in: Psychologie heute, Mai 1977, 35–36

5 Unter dem Titel «Die introvertierte Transzendenz» erschienen in: «Trans. Magazin für therapeutische Kultur». München (Kaiser) 19, 17–25

6 Unter dem Titel «Männlichkeit» (Stichwortartikel) erstmals erschienen in: Bonorden, H. (Hg.): «Was ist los mit den Männern? Stichworte zu einem neuen Selbstverständnis». München (Biederstein) 1985, 117–124

7 Erschienen in: Orlando, V. (Hg.): «Mit den Waffen eines Mannes. Teil I: Die Verführung». München (Matthes & Seitz) 1982, 135–160

8 Unter dem Titel «Überflüssige Erregung» erschienen in: Überblick 1/1985

9 Erschienen in: Konkursbuch 13, 1984, 157–176

10 Unter dem Titel «Fünf Thesen zur Verteidigung der Vernunft des Marquis de Sade» erstmals erschienen in: Konkursbuch 9, 1982, 99–108

11 Erstmals erschienen in: Bochumer Archiv für die Geschichte des Widerstandes und der Arbeit 6, 1984, 13–28

12 Erschienen in: DIE ZEIT (15.11.1985)

13 Erschienen in: DIE ZEIT (28.3.1969)

14 Erschienen in: DIE ZEIT (3.2.1984)

15 Erweiterte Fassung eines Vortrags, gehalten an der Universität Oldenburg (Symposium «Herrschaft und Gewalt von Männern und Frauen», 13./15.6.1984); veröffentlicht im Symposiumsband (Westdeutscher Verlag 1987). Eine Fortführung dieses Beitrags findet sich in: Nitzschke, B.: «Der eigene und der fremde Körper. Bruchstücke einer psychoanalytischen Ge-

fühls- und Beziehungstheorie». Tübingen (Konkursbuch Verlag) 1985, 213–254

16 Erschienen in: DIE ZEIT (Magazin vom 8. 1. 1971)

17 Erschienen in: DIE ZEIT (6. 7. 1984)

18 Originalbeitrag. Eine Weiterführung dieses Artikels findet sich in: Nitzschke, B.: «Der eigene und der fremde Körper. Bruchstücke einer psychoanalytischen Gefühls- und Beziehungstheorie». Tübingen (Konkursbuch Verlag) 1985, 93–120

19 Unter dem Titel «Messer im Herz, Dreieck im Kopf. Vignetten zur Pornographie der Gefühle» erschienen in: Konkursbuch 10, 1983, 53–88

20 Originalbeitrag

21 Erschienen in: Eicke, D. (Hg.): «Die Psychologie des 20. Jahrhunderts, Bd. II». Zürich (Kindler) 1976, 363–402

22 Originalbeitrag

C 2120/5b